창조적 사고를 요구하는 새로운 입시제도,
아우라 사회논술로 잡는다!

사 회 논 술 의 새 로 운 패 러 다 임

아우라 사회논술

이 책은 단순히 모범 답안을 제시하는 것이 아니라, 학생·교사 간의 소통 과정을 보여 준다는 점에서 흥미롭다. 작성된 답안에 대한 일방적인 평가가 아니라 글을 쓰기까지의 학생의 사고 과정을 좇는 피드백을 통해, 제시문을 분석하고 논거를 마련하는 방법 즉 생각하는 방법 자체를 점검하게 한다. 이 책은 통합교과논술에 대한 실질적인 길잡이가 될 것이다.

_권동희 동국대 지리교육과 사범대학 교수

『아우라 사회논술』은 저자들의 전공 관련 전문성과 생생한 논술지도 경험이 어우러진 맞춤형 논술 교육 프로그램이다. 논술 작성 원리의 이해 정도와 실제 글쓰기 능력을 기준으로 학습자를 분석하여, '알면서도 안 써지는' 학생들의 어려움을 진단하고 이에 맞는 처방을 보여주고 있기 때문이다. 이 책에 제시된 논술 지도 과정은 논술을 준비하는 학생뿐만 아니라 논술을 지도하는 교사들에게도 매우 유용한 교수 자료가 될 것이다.

_김유미 서울대 사범대학 부설 여자중학교 국어교사

논술 관련 서적들이 무수한 가운데 새로운 책을 낸다는 것은 변명을 필요하다. 읽기 자료만 나열해 놓은 책, 실제 논술 경향과는 무관한 내용을 실어 놓은 책들이 부지기수이다. 『아우라 사회논술』의 장점은 풍부한 예문, 관련 용어 분석 및 배경 지식 전달, 학생 답안에 대한 첨삭 지도 등으로 학생들이 실질적인 도움을 얻을 수 있다는 것이다. 좋은 논술 답안을 작성하는 데 있어 다독과 다상량, 다작 외에 왕도는 없다. 그러나 목적지에 도달하기까지 좋은 반려자는 필수적이다. 『아우라 사회논술』이 그리스 신화의 네스토르나 멘토르처럼 지혜롭고 충실한 반려자가 되리라는 점을 의심하지 않는다.

_김형욱 EBS 교육방송 PD

좋은 논술은 대상을 거시적으로 바라보는 사고틀에 기초했을 때 비로소 가능하다. 그리고 거시적 사고틀은 단순히 학원에서 강제하는 지식의 단순 축적에서가 아니라 정치, 경제, 문화, 역사, 지리 등의 상호 연관성을 꿰뚫는 사고의 훈련 속에서 배양된다. 그러한 논술 교육이 어떻게 공교육 현장에서 가능한가를 『아우라 사회논술』은 보여주려고 노력했다.

박선웅 한국교원대 일반사회교육과 교수

『아우라 사회논술』은 무엇보다 기획력이 돋보이는 책이다. 이 책은 텍스트와 학생, 학생과 학생, 학생과 교사, 국어 교과와 사회 교과, 고등학교와 대학교 등 논술 교육 현장을 둘러싼 다차원적인 상호 작용이 빚어낸 결과물이다. 학습자의 글쓰기 능력을 향상하기 위해 협동학습, 범교과학습, 연계 교육을 논술 교육에 접목한 『아우라 사회논술』의 참신한 시도는 공교육 논술 교육이 나아갈 방향을 제시하고 있다.

_박재현 국립국어원 국어진흥교육팀 학예연구사

논술은 학생의 논리적이고 창의적인 사고를 함양시키고, 동시에 사고의 표현력과 문제 해결 능력을 키워 주는 데 매우 유용하다. 또한 현실적으로 대학 입학 준비에서도 그 중요성이 점점 강조되고 있다. 그럼에도 불구하고 기존의 논술 교재들은 기출문제의 해설과 단편적인 지식 습득 훈련 수준에 머물러 있다. 반면 『아우라 사회논술』은 유능한 사회과와 국어과 교사들의 혁신적인 논술 방법과 첨삭 예시를 통해, 누구나 자연스럽게 사고 능력을 키우고 논술 고사를 효과적으로 준비할 수 있게 하는 최고의 선택이다.

_신정엽 서울대 사범대학 지리교육과 교수

어떤 분야에서건 크게 도약하기 위해서는 기초가 튼튼해야 한다. 논술도 기초가 튼튼해야 실력이 빠르게 향상되고 또 다양한 유형의 문제에 효과적으로 대처할 수 있다. 대입 논술에서 기초가 되는 것은 교과서이다. 『아우라 사회논술』은 사회 교과서를 바탕으로 논제가 될 만한 것을 찾아 만든 책이라는 점에서 다른 논술 교재들과는 구분이 된다. 또 구체적 사례를 통해 학생들이 실제로 범하기 쉬운 실수를 지적하고 바로잡아 줌으로써 혼자 논술을 공부하는 학생들에게는 좋은 가정교사 역할을 한다는 것도 이 책의 특징이다.

_이대욱 정신여자고등학교 국어교사

스스로 문제를 발견하고, 자신의 생각으로 논제를 재구성하여 해결책을 제시하는 게 논술이다. 배경 지식이나 규격화된 틀의 학원식 논술에는 이러한 '나'가 없다. 이 책은 평범한 고교생인 '나'가 자신의 정보와 사고를 통해 생각의 길을 찾는 방법을 제시하고 있다. 자신을 생각의 주체, 논술의 주체로 재발견할 수 있는 훌륭한 교재이다. 게다가 학제 간 연구를 집대성한 이인식 과학문화연구소 소장의 과학칼럼을 지문으로 삼고 있어 진정한 통합교과형 글의 전범을 익힐 수 있을 것으로 보인다.

_이연, 이연 독서논술 원장

이 책은 과학과 인문, 사회과학의 영역을 넘나드는 이인식 소장의 글을 사회과 교과서와 접목시킨 한 차원 높은 논술 교재이다. 다양한 주제를 통해 종합적 사고력을 넓히고 논리력을 향상시키는 데 더없이 좋은 책이다.

_임성진 전주대 사회과학부 교수, 제8기 국가과학기술자문위원

이 책을 지은 선생님들

○○ **김평원**
서울대학교 대학원 국어교육과 박사과정
서울특별시 교육연수원 논술직무연수과정 강사
숙명여자대학교 인문학부 강사
서울시 마포고등학교 교사

○○ **김성우**
고려대학교 사회학과 졸업
고려대학교 대학원 사회학과 졸업
전 KBS한국방송 기자

○○ **송창현**
고려대학교 사범대학 국어교육과 졸업
서울특별시 교육청 꿀맛사이버논술교실 지도교사
서울시 선덕고등학교 교사

○○ **이은영**
서울대학교 사범대학 지리교육과 졸업
서울특별시 교육청 연합학력평가 출제위원
한국대학교육협의회 〈논술길라잡이〉 집필진
서울시 신목고등학교 교사

○○ **이지선**
성균관대학교 국어국문학과 졸업
서울대학교 대학원 국어교육과 졸업
부천시 원종고등학교 교사

○○ **유희경**
동국대학교 사범대학 역사교육과 졸업
동국대학교 사범대학 지리교육과 졸업(복수전공)
서울시 마포고등학교 교사

○○ **정소연**
고려대학교 사범대학 국어교육과 졸업
고려대학교 대학원 교과교육과 졸업(문학교육 석사)
서울특별시 교육연수원 논술직무연수과정 강사
서울시 성수공업고등학교 교사

○○ **최상희**
이화여자대학교 사범대학 사회생활학과 졸업
한국교원대학교 대학원 일반사회교육과 졸업(석사)
서울시 송파중학교 교사

아우라 사회논술

AURA Upgrade Program Writing on Social Science

김평원 김성우 송창현 이은영
이지선 유희경 정소연 최상희 지음

해나무

2008학년도부터 통합교과논술이 강조됨에 따라 그 범위와 수준에 관한 논의들이 분분하다. 단기간에 사교육에 의존하여 예상 답안을 암기하는 학습법이 청산되어야 한다는 것을 많은 사람들이 인정하지만 '통합교과논술'이라는 새로운 형식의 시험을 받아들이는 것이 또한 큰 부담이 되고 있는 것이다.

교육부에서 발표한 지침과 각 대학의 기출문제를 보면 차후 인문사회 계열 통합교과논술은 사회과 교과 내용에 대한 추론의 논리성이나 논거의 타당성을 평가하는 유형으로 변모할 것으로 예상된다. 기존의 고전 논술에서는 학생의 다양한 독서 체험을 강조했다면 통합교과논술은 교과 내용을 토대로 자신의 논리와 주장을 펼쳐가는 종합적인 사고력을 중요시한다.

시중에 나와 있는 대부분의 사회논술 교재는 기출문제를 변형한 제시문과 논제를 워크북의 형태로 제시한 다음, 예시 답안과 관련 자료를 제시하는 전형적인 형태를 취하고 있다. 원칙적으로 교과 내용과 글쓰기 원리를 모르면 글을 잘 쓸 수도 없다. 하지만 글쓰기 때문에 고민하는 우리 학생들의 고민은 다른 데 있다. 특히 우리 학생들이 괴로워하는 것은 '몰라서 못 쓰는 것'이 아니라 '알면서도 안 써진다'는 것이다. 우리 학생들이 원하는 것은 다양한 분야를 다루는 주제의 '넓이'보다는 평범한 학생이 작성한 답안을 관찰하고 분석하면서 표현측면(국어과)과 내용측면(사회과)을 설명해 주고 분석해 주는 '깊이'다.

역사, 지리, 일반사회(정치, 경제, 법, 사회문화)는 통합교과논술이라며 요란을 떨지 않아도 본질적으로 서로 밀접한 관계를 맺으며 통합교과의 성격을 지니고 있다. 역사는 과거의 정치, 경제, 사회, 문화에 대한 산물이며 이러한 인간의 활동은 인간이 살아가는 공간(지리)에서 펼쳐질 수밖에 없기 때문이다.

과거부터 차곡차곡 쌓여온 지혜가 오늘의 정치, 경제, 사회, 문화를 형성하므로 현대 사회도 과거 사회와 밀접한 연관성이 있을 수밖에 없다. 예를 들어 현대 사회에서 좀더 효율적인 세금 제도가 나오기 위해서는 과거의 세금 제도에 어떠한 허점이 있었는지를 이해할 수 있어야 하는 것이다.

그러므로 사회과를 구성하는 역사, 지리, 정치, 경제, 문화, 법률은 각각 독립적인 요소가 아니라, 사회적 현상을 깊게 이해하기 위한 종합 과학이라 할 수 있다. 그리고 사회 현상은 어느 한 가지 요소로 이해하기 매우 어렵다. 이 책은 이러한 문제의식을 갖고 사회과 교과서와 검증된 저술가 이인식(李仁植)의 글을 토대로 사회논술 프로그램을 기획해 공교육 현장에서 직접 운영한 성과를 정리한 것이다. 프로그램을 운영하고 그 결과를 기술하는 과정에서 저자들은 단순히 논술 답안을 작성하는 기교를 나열하거나 상식적인 학습 방법을 정리하는 차원에 머물지 않고자 노력하였다. 대신 평범한 학생들의 성취 과정을 체계적으로 기술하여 논술을 대비하는 학생들에게 하나의 전범을 제시하는 데 중점을 두었다. 이를 위해 국어교사와 사회교사가 한 팀이 되어 사회논술 프로그램을 실시하였고 이 책에 소개된 것은 지난 1년 동안 네 명의 국어교사와 네 명의 사회교사가 세 개의 학교(서울 마포고, 서울 선덕고, 경기 원종고)에서 많은 시행착오를 겪으면서 이루어 낸 성과물들이다.

교과의 벽을 넘어 열린 시각으로 논술 교육 프로그램을 운영할 수 있도록 많은 조언과 배려를 아끼지 않은 마포고등학교, 선덕고등학교, 원종고등학교 국어과, 사회과 선생님들과 논술 답안 정리와 보조 교사 역할을 담당한 숙명여자대학교 학생들, 본인의 글에 대한 저작권 사용 문제를 위임해주신 이인식 과학문화연구소 소장님께 감사의 말을 전한다.

저자 대표 김평원

■ 기존 사회논술 교재의 문제점

　시중에 나와 있는 논술 책 대부분이 정치·경제·사회·문화·지리·
역사와 관련된 제시문을 중심으로 논제를 구성한 이른바 '사회논술'이
다. 하지만 이렇게 많은 책의 홍수 속에서도 현장 선생님들은 방과후학교
교재로 쓸 만한 책이 없다고 하소연하고 학생들은 논술 책을 보면 논술이
더 막연해진다고 하고 있다. 도대체 왜 그럴까?

첫째, 겨루기를 위주로 연습을 시키고 있다.

시중의 사회논술 교재는 대부분 최신 기출문제를 변형한 제시문과 논제를 워크
북의 형태로 제시한 다음, 예시 답안과 관련 자료를 제공하는 전형적인 형태를
취하고 있다. 결국 기출문제의 동형화 검사 프로그램인 셈이다.
가령, 큰 규모의 태권도 대회는 결국 겨루기 시합이다. 그렇다면 태권도 시합을
준비하는 학생은 겨루기 연습만을 집중적으로 하면 되는가? 그렇지 않다. 겨
루기와는 직접 연관이 없는 것처럼 보이는 품세 역시 집중적으로 연습한
다. 품세를 체계적으로 익혀야 겨루기에서 진정한 실력이 발현되기 때
문이다.
논술 역시 기출문제를 변형한 장황한 제시문과 어려운 논제를 집중적
으로 연습한다고 실력이 붙는 것은 아니다. 이는 겨루기만을 집중적으
로 연습하는 것과 다를 바 없다. 품세를 익히듯 학생의 논술 답안을 엄
청난 품을 들여 분석하고 연구해서 피드백(추수지도)을 제공해야 실
전에서 살아남을 수 있다.

둘째, 가장 궁금한 부분을 생략하고 있다.

논술 지도의 꽃은 첨삭 지도이다. 하지만 첨삭 지도는 뻔한 말을 반복하는 경우가 많다. '학생은 주어진 논제를 잘못 파악하였습니
다. 다음부터는 논제를 제대로 파악하십시오' 같은 내용의 첨삭 지도는 사실 공염불에 불과하다. 논제를 제대로 파악해야 한다는
사실을 모르는 학생은 없기 때문이다.
일선 현장의 교사 또는 학생들이 사회논술을 준비하면서 겪는 답답함은 EBS 교재나 유명 출판사의 논술 교재 모두 첨삭 지도 내
용이 빈약하다는 점이다. 다시 말해 학습과 관련된 모든 정보를 공개하지 않는 인터넷 강의 부교재나 학원 교재와 별 차이점이 없
다는 것이 문제인 것이다.

셋째, 첨삭 지도가 단선적이다.

사회과 교과 내용이 제시문으로 등장하는 통합교과논술 시대에는 사회 선생님의 전문적인 첨삭과 국어 선생님의 문장 및 표현 평
가가 동시에 이루어져야 한다. 논술이 사고력을 측정하는 것이라면 첨삭 지도 대상은 원고지에 적힌 글이 아니라 결국 그 글을 만
들어 낸 학생의 생각이기 때문이다. 교과 내용과 관련된 생각을 국어 선생님이 분석하는 것도 문제가 있으며 텍스트 차원의 구조
분석을 사회 선생님이 담당하는 것도 문제가 있다.

▪ 차별화된 논술 교재 『아우라 사회논술』

이 책은 2008학년도부터 확대 시행하는 통합교과논술에 대비하기 위하여 사회 교과서와 검증된 저술가 이인식의 글을 바탕으로, 지난 1년간 일선 학교에서 운영한 사회논술 프로그램의 성과를 정리한 것이다. 이 책의 특징을 설명하면 다음과 같다.

첫째, 검증된 과학 저술가의 글을 제시문으로 활용한 교재이다.

논술 문제를 출제할 때 가장 어려운 점은 출제 의도에 맞는 제시문을 구성하는 일이다. 시간이 부족하거나 예산이 부족하면 대입 논술시험의 격과는 거리가 있는 부실한 내용의 글이 제시문으로 출현하는 일이 빈번하다. 이 책은 검증된 글만을 제시문으로 구성하는 것을 원칙으로 하였다. 다양한 분야에 걸쳐 주옥 같은 칼럼을 발표한 이인식 과학문화연구소장의 저술을 하나의 사전 형태로 집대성한 『미래교양사전』과 『이인식의 과학나라』, 교과서만을 제시문으로 사용했다.

둘째, 공교육을 통해 실천할 수 있는 통합교과논술 교육의 성과물이다.

통합교과논술이 활성화되면서 일선 학교에서 가장 우려한 부분은 학생들을 학원으로 내몰거나 학원 강사들을 방과후학교 강사로 초빙하는 파행적인 논술 교육이 자리 잡을 것이라는 점이었다. 통합교과논술이 올바르게 뿌리내리기 위해서는 공교육이 주도하는 올바른 논술 교육 프로그램이 활성화되어야 한다. 다양한 분야를 다루는 주제의 '넓이' 보다는 평범한 학생이 작성한 답안을 관찰하고 분석하면서 표현측면(국어과)과 내용측면(사회과)을 설명해 주고 분석해 주는 이 프로그램은 공교육 논술 교육의 전범을 제시하고 있다.

셋째, 제시문, 교사, 학생 모두가 실명으로 살아 숨 쉬는 '소통'을 표방한 교재이다.

출처 불명의 제시문, 임의적으로 작성한 모범 답안, 구체적인 분석이 결여된 상투적인 첨삭 지도 등은 붕어빵 같은 논술 답안을 찍어내는 주범이다. 이 책은 이인식의 저서와 사회과 교과서를 활용하여 일선 고등학교 현장에서 국어교사와 사회교사가 협동수업으로 이뤄낸 결과물 모두를 실명으로 공개했다.

넷째, 평범한 학생들을 대상으로 했다.

이 책에 소개된 학생들은 특목고, 자립형 사립고의 엘리트 학생들이 아니라 평범한 인문계 고등학교 학생들이다. 흠잡을 데 없는 모범 답안만을 예로 든 것이 아니라 평범한 학생들의 다소 부족한 답안을 놓고 지도했기 때문에 논술 준비를 하는 많은 학생들에게 실질적인 도움이 될 것이다.

다섯째, 시간과 공간 속의 인간을 탐구하는 방식으로 접근했다.

역사는 과거의 정치, 경제, 사회, 문화에 대한 인간의 흔적이며 이러한 활동은 인간이 살아가는 공간(지리)에서 펼쳐질 수밖에 없다. 즉 과거부터 차곡차곡 쌓여 온 인간의 지혜가 오늘의 정치, 경제, 사회, 문화를 형성하게 했으며 이러한 지혜는 자연환경인 공간과 영향을 주고받는다. 이 프로그램은 사회과를 구성하는 다양한 교과를 억지로 조합하여 통합 문제를 설계하는 방식을 지양하고 중핵이 되는 테마를 중심으로 역사와 지리 분야로의 확장을 꾀했다. 즉 일반 사회가 정치, 경제, 법, 사회문화를 바라보는 '사고의 틀'에 해당한다면 이러한 틀이 시간의 벽을 넘어 역사학적인 체계를 형성하고 공간의 벽을 넘어 지리학적인 체계를 형성한다고 전제하고 프로그램의 방향을 설계한 것이다. 따라서 우선 일반 사회에 해당하는 8개의 주제를 기본과 심화로 나누어 설계하고, 이를 토대로 역사와 지리 영역으로 내용을 확장하도록 구성했다.

아우라 사회논술

차례

01

『아우라 사회논술』은

통합교과논술의 인문 · 사회 계열 출제 경향을 완전히 분석하여 그 해결 방안을 제시한다.

첫째 마당 : 통합교과논술이란?

논술고사가 달라진다

| 수준 높은 사고력을 요구하는 논술

아우라 한수지도

서울대를 비롯해 연세대, 고려대, 성균관대, 인하대 등 많은 대학이 고3 학생들을 대상으로 수차례의 통합교과논술 모의고사를 실시한 후, 학생들의 수준을 파악하고 출제 방향을 수정하고 있다.

2006년부터 몰아친 통합교과논술의 열풍이 이제 어느 정도 가라앉아 통합교과논술이란 어떠한 것이며 기존의 논술과는 무엇이 다른지에 대한 기본적인 논의는 더 이상 찾아보기 힘들게 되었다. 이처럼 통합교과논술의 성격과 방향은 모두가 알고 있는 상식 아닌 상식이 되었지만, 출제 방향을 명확히 분석한 학습 프로그램을 운영하는 것은 말처럼 쉬운 일이 아니다. 이미 통합교과논술을 실시한다고 선언한 대학들도 '완제품'을 결정한 상태가 아니라 여론과 수험생들의 수준을 고려하여 계속 '제품'을 수정하는 형태를 취하고 있기 때문이다.

이러한 현실은 복잡한 사회적 파장으로 인해 통합교과논술의 범위와 수준에 대해 간단히 언급할 수 없는 현실을 보여준다. 당위론적인 차원에서 많은 사람들이 기존의 논술 문제가 가지고 있는 한계, 즉 사교육에 의존하여 예상 답안을 암기하는 잘못된 학습법이 청산되어야 한다는 것을 인정하지만, 통합교과논술이라는 새로운 형식을 받아들이는 것을 부담스러워하기 때문이다.

수학능력시험의 영향력이 줄어드는 대학 입시

2008학년도 이후 대학 입시는 ① 수학능력시험의 영향력이 줄고, ② 학생부 반영 비중이 늘어나며, ③ 입학사정관제 도입으로 대입전형의 전문화 체제가 강화되고, ④ 특수목적고 동일계 특별전형이 도입되며, ⑤ 사회적 소외계층이 대학 진학 기회를 가질 수 있도록 정원 내 특별전형을 활성화하는 것 등으로 요약할 수 있다.

2008학년도부터 수학능력시험은 과목별 등급만 제공하는 형태로 바뀌어 현행 표준점수와 백분위를 반영할 수 없게 되었다. 2006학년도 수능 응시 인원(554,345명)을 기준으로 등급별 인원을 추정해 보면 1등급 22,173명, 2등급 38,804명, 3등급 66,521명, 4등급 94,238명, 5등급 110,869명에 이른다. 이렇게 되면 1등급 인원과 주요 상위권 10개 대학 정원이 유사하게 되며 이 대학 지원자들에게 있어 학생부와 수학능력시험 성적의 변별력은 사실상 없어진다. 이제 상위권 대학은 논술과 심층면접 등 논술고사에 의해 수험생을 변별할 수밖에 없는 상황에 직면한 것이다.

■ 수학능력시험의 변화

현행

- 표준점수, 백분위, 등급(9등급) 제공
- 통합교과적 출제-교육과정과 연계 미흡
- 폐쇄형 출제방식

변경

- 영역별(과목별) 등급(9등급)만 제공
- 고교 교육과정 출제 강화
- 문제은행식 출제로 전환

■ 수학능력시험 성적 9등급제 실시

등급	1	2	3	4	5	6	7	8	9
비율(%)	4	7	12	17	20	17	12	7	4
누적(%)	4	11	23	40	60	77	89	96	100

아우라 한수 지도

수학능력시험의 변별력이 사실상 사라짐에 따라 상위권 대학에서 논술과 심층면접에 의존하는 비중이 커질 것으로 보인다.

이러한 수학능력시험의 변별력 상실 현상은 2, 3등급 인원이 몰려 있는 중위권 대학도 마찬가지일 것으로 보인다. 이로 인해 각 대학들은 성적이 우수한 학생을 선발하기 위하여 논술, 구술, 심층면접, 적성검사와 같은 다양한 전형 방법을 총동

원하고 있다.

1994년부터 실시한 수능 시대의 논술 고사는 크게 세 단계의 변화를 겪어 왔다. 첫 번째 시기는 '시사 논술'로서 초창기 논술 시험은 대부분 시사적인 쟁점에 대한 학생들의 견해를 묻는 문제가 주를 이루었다. 두 번째 단계는 1997학년도부터 본고사가 폐지됨에 따라 실시한 이른바 '고전논술'로서 동서양 고전에서 발췌한 제시문에 대한 분석 능력을 묻는 문제가 주를 이루었다. 세 번째 단계가 바로 2008학년부터 실시하는 '통합교과형 논술'이다.

새로운 형식의 '통합교과논술'

논술과 관련된 교육부 지침인 이른바 '가이드 라인'의 핵심을 한 마디로 요약하면 '어렵게 출제하지 말고 고등학교 교과 내에서 쉽게 출제하라'이다. 하지만 우수한 학생들을 변별해야만 하는 상위권 대학들의 고민은 고등학교 교과 내용만으로 우수한 학생들을 선발하기가 쉽지 않다는 데에 있다. 특히 올해부터는 등급제로 바뀐 수학능력시험이 자격시험의 성격을 갖게 됨에 따라 많은 대학들이 교육부 가이드 라인을 준수하면서 우수한 학생을 변별해 낼 수 있는 양질의 논술 문제를 개발하는 것을 고심하게 되었고 결국 '통합교과논술'이라는 형식이 자리 잡게 되었다. 하지만 진도를 나가기에도 급급한 현장 고등학교의 수업은 대부분 전통적인 강의식으로 이루어지는 데 반해, 입시는 다양한 형식의 논술 유형으로 수준 높은 사고력을 요구함에 따라 수험생은 그 어느 해보다도 불안해하고 당황해할 수밖에 없게 되었다.

암기식 논술 교육의 한계

하루가 다르게 다양한 논술 서적과 논술 교육 프로그램이 쏟아져 나오고 있다. 국어국문학은 물론 철학 전공자까지 가세하여 이미 엄청난 사교육 시장이 형성되어 있음은 주지의 사실이다. 논술 고사가 수학능력시험의 한계를 보완하고 창의력과 논리력이 뛰어난 학생들을 선발할 수 있는 형식의 시험이라는 데에는 이견이 없다. 하지만 창의적인 사고를 강조하는 논술이 과열된 사교육 시장에 의해 구조화되어 판에 박은 유사한 답안을 속출시킨다면, 우리는 무엇이 창의적이고 논리적인 논술 답안인지에 대한 본질적인 질문을 던질 수밖에 없다. 주요 대학들이 2008학년도부터 기존의 논술 시험을 이른바 '통합교과논술'로 바꾸려는 이유 또한 이러한 문제와 무관하지 않다.

작년부터 각 대학에서 공론화한 바와 같이, 사교육 시장의 논리나 학부모의 기대와 달리 각 대학의 훈련된 채점자는 학원에서 연습한 논술 답안과 학생이 창의적으로 생각한 답안을 정확하게 구별하고 있다. 특히 서강대학교 입학처장은 특정 대학 논술을 일주일 만에 완성한다고 하는 건 지금 시스템에선 '사기'라고 비판한 다음 학원을 다녀야 논술을 잘할 수 있다는 주장은 100% 장삿속이며, 오히려 학원에서 배운 대로 작성한 논술 답안은 특출한 경우가 아니면 점수를 제대로 받기 어렵다고 밝혔다. 서울대학교 이장무 총장 역시 사교육 주도의 논술 교육 프로그램은 출제 과정에서 철저히 배제하겠다고 밝힌 바 있다.

아우라 한수 지도

물론 모든 붕어빵 답안이 완벽하게 똑같은 것은 아니다. 그 중에서도 나름 개성 있는 답안도 있다. 하지만 이는 붕어빵에 넣는 소스와 굽는 온도에 따른 맛의 차이일 뿐 정해진 틀(훈련된 양식)에 소스(준비된 내용)을 넣어 구워 낸다는 붕어빵의 속성을 뛰어 넘는 결과물은 아니다.

---

2 2006년 1월 20일 금요일 **종 합**

"판에 박힌 학원식 논술 답안

점수 제대로 받기 어렵다"

▶ 관계기사 8면

서강대 입학처장 '학원식 논술' 비판

이런 게 학원식 논술

1 도입부를 일상 생활 에피소드나 널리 알려진 속담으로 시작
학원 측 "채점자의 시선을 끌기 위해"
대학 측 "그런 답안지가 너무 많아 식상"

2 전개부에서 지문의 주요 문장이나 아리스토텔레스·소크라테스 등의 명언을 이용
학원 측 "지적 수준을 보여줌"
대학 측 "다수의 학생이 동일한 구절을 인용, 주제별 인용 리스트 있어 문맥에 맞지도 않게 거론"

3 중도적 입장에서 지식만 나열
학원 측 "자기 주장이 뚜렷하면 관점에 따라 감점 요인이 될 수 있음"
대학 측 "자기 목소리는 없어 신선하지 않아"

"답안 100장 읽으면 학원 수강생 드러나"
학원 측 "창의적 사고도 훈련 필요" 반박

"학원에 다녀야 논술을 잘할 수 있다는 건 100% (학원의) 장사법이다."

서강대 김영수 입학처장은 19일 이렇게 단정적으로 말했다. 그는 "특정 대학 논술을 1주일 만에 완성한다고 하는 건 지금 시스템에선 사기"라는 얘기까지 했다. 그는 "학원에서 배운 대로 작성한 논술 답안은 특출한 경우가 아니면 점수를 제대로 받기 어렵다"고 말했다.

학부모와 수험생들에게 김 처장의 말이 '딴 나라' 얘기처럼 들릴지 모른다. 2008학년부터 달라지는 대입 제도 하에서는 논술이 더욱 난해해지고, 이 관문을 통과하려면 사교육에 기댈 수밖에 없다는 생각을 하고 있기 때문이다. 이미 많은 학부모와 수험생이 학원 문을 두드리고 있는 상황이다.

김 처장은 그러나 "논술 답안 100장만 읽으면 학원 다닌 학생, 스스로 쓴 학생이란 게 나온다"며 '학원식 논술'을 부정적으로 평가했다. 유명 논술학원 수강생의 합격률이 결코 높지 않다는 얘기도 덧붙였다. '사회 통계'가 전공인 김 처장은 "2008학년도부터 수능 변별력이 떨어져 논술의 중요성이 커진다"며 "정확한 데이터를 확보하고 있지 않으면 (학생을 뽑는 데) 실패할 우려가 있어 얼마나 신경을 쓰는지 모른다"고 말했다. 자신의 주장이 실증적 데이터를 근거로 하고 있다는 말이었다.

◆"구렁이 담 넘어가는 듯한 논술"=그는 학원식 논술 답안을 보면 ▶일상생활 얘기나 널리 알려진 속담으로 글을 시작하고▶아리스토텔레스나 소크라테스 등의 명언을 인용하며▶중도적 입장만 나열할 뿐 학생 자신의 목소리가 없다고 했다. 논리 전개 패턴도 비슷하다고 했다. 그는 "학원에서 주제별로 나눠준 인용 구절을 수험생은 단지 주제가 같다는 이유로 문맥과 관계없이 대입해 쓴다"고 전했다. 이런 패턴이 반복되는 점을 감안해 문제를 낸다고 귀띔했다. 예를 들어 막연히 '세계화에 대해 써라'가 아니라 여러 개의 제시문을 주고 근거를 찾거나 개선 방안을 묻는 식이다. 그는 "강의 들을 ▨▨▨▨▨▨▨ 경우가▨▨▨▨▨▨▨다. 실제 서강대는 올 수지 2학기 때 서울 대치동에서 '비싸고 논술 잘한다고 소문난' 학원 두 곳의 수강생 명단을 입수했다고 한다. 서강대 지원자의 실제 합격률을 알아보기 위해서였다. 그는 "강북 지역 고교와 비슷한 수준에 불과했다"고 전했다.

◆"꾸준한 독서와 신문 읽기, 글쓰기를 해야"=그의 논술 처방은 단순했다. ▶학교 생활을 통해 학업 지식을 얻고 ▶독서나 신문을 꾸준히 읽으며▶글쓰기 훈련을 게을리하지 말아야 한다는 것이다. 그는 "논술은 돈이 아니라 스스로 노력이 필요한 것"이라고 말했다.

◆"깊게 생각하도록 이끄는 게 중요"=대부분의 학원 관계자는 대학 측의 이런 주장에 반발한다. 학원이건 학교건 학생들의 논술 능력을 키워주면 되는 것 아니냐는 것이다. 논술 전문학원인 유레카의 박흥순 대표강사는 "보통 창의력이라면 기발한 생각을 떠올리지만 실제로는 심층적이고 다각적인 논의 전개 능력, 즉 깊이 있는 사고를 통한 차별화를 말한다"며 "토론 등을 통해 누가 얼마나 학생들을 깊이있게 사고하도록 이끄느냐가 중요하지, 이끄는 장소가 학교나 학원이냐가 중요한 게 아니다"라고 반박했다.

고정애 기자
ockham@joongang.co.kr

자료 출처 : 〈판에 박힌 학원식 논술 답안 점수 제대로 받기 어렵다〉, 중앙일보(2006. 1. 20)

■ 이런 게 학원식 논술

❶ 도입부를 일상 생활 에피소드나 널리 알려진 속담으로 시작
학원 측 "채점자의 시선을 끌기 위해"
대학 측 "그런 답안지가 너무 많아 식상"

❷ 전개부에서 지문의 주요 문장이나 아리스토텔레스, 소크라테스 등의 명언을 이용
학원 측 "지적 수준을 보여 줌"
대학 측 "다수의 학생이 동일한 구절을 인용, 주제별 인용 리스트 있어 문맥에 맞지도 않게 거론"

❸ 중도적 입장에서 지식만 나열
학원 측 "자기 주장이 뚜렷하면 관점에 따라 감점 요인이 될 수 있음"
대학 측 "자기 목소리는 없어 신선하지 않아"

출처 불명의 제시문, 임의적으로 작성한 모범 답안, 구체적인 분석이 결여된 상투적인 첨삭 지도 등은 붕어빵 같은 논술 답안을 찍어내는 주범이다. 현재 각 대학들은 사교육에서 훈련된 붕어빵 논술 답안과 전쟁을 치르고 있다고 해도 과언이 아니다.

아우라 한수지도

대학이 제시하는 통합교과논술 유형은 정답이 어느 정도 정해져 있는 교과 지식형이 아니다. 요즘 논술은 결론을 이끌어 내는 사고력을 중시한다.

| '논술 답안 작성의 비결'은 없다

앞으로 통합교과논술은 교과 지식을 서술형으로 평가하는 초기 단계의 통합교과논술 유형에서 벗어나 높은 사고력을 요하는 새로운 유형으로 변화할 것이다. 이미 여러 대학에서 공개한 통합교과형 논술 유형을 분석해 보면, 통합교과논술은 교과 지식형 문제에서 결론을 이끌어 내는 과정을 중시하는 사고력 중심의 시험으로 바뀌어 가고 있다. 수험생 각자가 고등학교에서 배워야 할 것을 제대로 배웠는지, 배운 것을 얼마나 자기 것으로 만들었는지, 그리고 앞으로 배울 것을 잘 통합하여 새로운 지식을 창출할 준비가 되었는지를 측정하기 위해서이다. 이에 따라 수험생들도, '고르는 기술' 보다 풍부하고 정확한 범교과적 지식, 독창적인 사고, 논리적인 사고 과정과 결과를 글로 보여 주어야만 하는 상황에 직면하였다.

충실하게 배우고 익혀라

학생(그리고 학부모)들은 학교를 외면한 채, 교과 지식을 묻는 문항의 어미를 '~논술하시오'로 바꾸어 급조한 참고서에 의존하고 있으며, 주관식 서술형과 통합교과논술을 혼동한 상태에서, 사교육을 통해 '통합된 결과'와 '사고 과정을 이미 거친 결론'을 암기하고자 한다. 다시 말해서 지식을 습득하여 자신의 것으로 만들고 그것을 표현하는 과정을 배우고 익히기보다, '배우고 익히는 과정을 생략한 채' 그 결과를 '돈'으로 사 버리려고 한다. 그리고 이러한 성급함을 업고 '비결'이나 '비법'이 있는 양 내세우는 이들에게 달려가기도 한다.

이렇듯 해결책을 잘 모르거나 쉬운 해결책이 있다고 믿는 이들에게, 토론을 통해 생각을 정리하고 글로 정리하는 정직한 학습법만이 통합교과논술을 정복하는 유일한 길임을 강조하면 실망하는 기색이 역력하다. 우리 교사들과 학생들이 간절하게 원하는 통합교과논술 작성의 비결이란 정말 존재하는 것인가?

냉정하게 결론부터 이야기하면 그런 것은 절대로 없다. 그리고 매년 적게는 수천 장, 많게는 수만 장의 답안을 채점하는 대학에서, '자기 것'이 아닌 답안이 좋은 답안으로 통할 리가 없다. 만약에 비결이 있다면, 각 대학에서 발표한 통합교과형 논술고사의 도입 취지를 정확하게 이해하여, 고등학생이 배워야 할 것을 충실하게 배우고 익히며, 스스로 원칙에 따라 대비하는 방법뿐이다.

이제 수험생들은, 국사·세계사·지리·일반사회 혹은 물리·화학·생물·지구과학 등 별개의 과목으로 나누어 교과 내용을 심화 학습했던 기존의 학습 방법을 수정하여 교과 개념에 대한 배경지식을 천천히 곱씹어야 하며, 현상을 다양한 각도에서 분석·정리하여 글로 표현하는 습관을 키워야 한다. 통합은 지도 교사가 해주는 것이 아니라 학생 스스로 해야 하는 것임을 빨리 깨닫고 교과 학습 중심으로 공부하는 것이 결국 가장 빠르고 가장 정직한 학습법인 것이다.

논술 참고서에 대한 집착을 버려라

논술 답안 작성의 원리와 방법을 '방법적 지식'이라 한다면, 그동안 학생들은 다양한 비교과서 교재와 사교육을 통해 방법적 지식을 익혀 왔다. 하지만 방법적 지식과 실제 글쓰기 능력은 큰 차이가 있다. 학생들은 어떠한 답안이 높은 점수를 얻는다는 것을 알면서도 막상 쓰려고 하면 잘 안 써진다는 고민을 털어 놓는다.

이처럼 알면서도 안 되는 문제를 극복하기 위해서는 무엇보다도 논술 참고서에 대한 집착을 버려야 한다. 원칙적으로 통합교과논술은 특정 교재를 여러 번 학습한다고 해서 대비할 수 있는 시험이 아니다.

공교육이 주도하는 논술 교육 프로그램의 중요성

제시문과 논제로 구성된 쓰기 평가는 주어진 텍스트(제시문)를 처리한 후 새로운 텍스트(논술 답안)를 만들어 내는 복잡한 과정을 거치게 된다. 수험자가 쓰기 과제를 접하고 이를 독해하여 논점을 파악하는 과정, 제시문과 관련된 배경 지식을 인출하는 과정, 이를 토대로 자신의 논리와 논거를 구성하는 과정, 이를 답안에 옮겨 하나의 완성된 텍스트로 기술하는 과정, 평가자에 의해 점수로 계량화되는 과정 등을 거친다. 언어를 매개로 하는 일종의 커뮤니케이션인 것이다. 논술 지도의 본질이 학생들을 성적에 따라 줄 세우는 것이 아니라 학생들의 사고력과 쓰기 능력 향상을 위한 유용한 정보를 제공하는 일임을 고려한다면, 논술 지도는 답안을 작성하기 이전, 계획하기 단계에서부터 쓰기에 이르기까지 전 과정에 대한 정보를 파악하는 데 중점을 두어야 한다.

대학생 수준의 지식을 선행 학습하고 이를 통합교과논술 답안에 반영했다고 해서 대학생 수준의 사고력을 가지고 있다고 평가받는 것이 아님을 명심해야 한다.

사고력은 학생의 발달 단계와 교과 수준에 맞게 길러져야 한다. 대학이 요구하는 답안은 고등학생 수준에 맞는 창의적인 사고와 논리이다.

고등학생 수준에 맞는 창의적인 사고와 논리가 중요

실제로 대학에서 논술고사를 기획하고, 출제 채점하는 교수들은 고3 학생들이 그들의 수준에서 생각하여 답할 수 있으되, 사고의 정교함에 따라서 답안의 우열을 가릴 수 있는 논제를 찾고자 부단히 노력하고 있다. 이를 위해서 출제진과 채점진은 교육과정과 전교과의 교과서를 매우 심도 있게 연구한다. 교육과정 내에 있으면서도 학생들이 반드시 생각해야 할 가치들을 찾고, 이에 대한 사고의 과정과 수준을 평가할 수 있는 문항을 만들기 위해서이다.

지난 1학기에는 통합교과논술을 실시하는 많은 대학이 2~3차에 걸쳐 모의논술고사를 실시하였고 최근 그 결과를 우수 답안과 함께 공개했다. 각 대학들은 논제를 자의적으로 해석하여 엉뚱한 답안을 작성한 경우를 많이 지적하였는데 대표적인 유형은 다음 세 가지이다.

그림 1

자의적인 답안의 대표적 유형

① 제시문과는 상관없이 자신이 알고 있거나 미리 준비해 온 것을 적은 답안

② 주어진 전제를 무시하고 자신의 논리대로 밀어붙이는 식의 억지 답안

③ 고등학생 수준에 적합하지 않은 내용을 억지로 외워서 적은 인상을 주는 답안

①번과 ②번 유형의 답안이 채점자에게 어떠한 인상을 주는지는 아래 초등학생들의 답안을 보면 쉽게 깨달을 수 있다.

제시문과 상관없이 자신의 답안을 작성하는 버릇을 가진 학생은 사슴이 들고 있는 물건이 가위인지 거울인지를 묻는 문제에 그림 1처럼 '사슴이 미쳤다'고 적는 초등학생과 다를 바 없다. 또 전제를 무시하고 자신의 논리를 밀어붙이는 버릇을 가진 학생은 '사각형이 아니다'는 문제의 전제를 무시하고 그림 2처럼 원래 사각형이었다는 식의 억지 답안을 작성한 경우이다.

그림 2

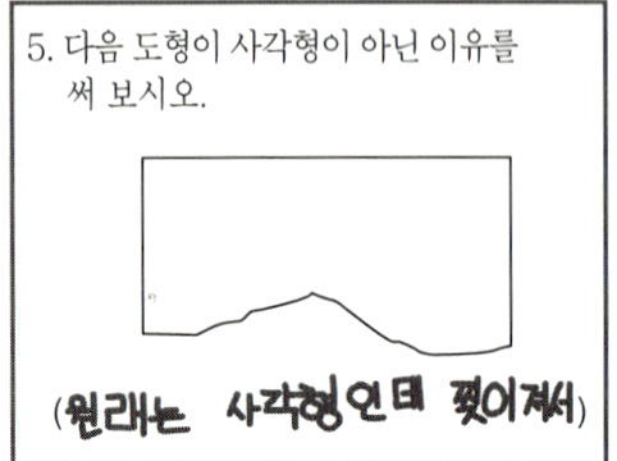

③번 유형은 상위권 대학을 준비하는 학생들의 답안에서 자주 나타난다. 일전에 서울대 진학을 위해 논술 과외를 받고 있는 학생의 교재를 보고 깜짝 놀란 적이 있다. 그 학생은 이공계 대학원생으로부터 대학 교재를 깔끔하게 정리한 내용을 집중적으로 공부하고 있었다. 실제로 강남의 많은 사설학원들이 유명 대학의 교양 교재 내용을 가르치고 있다. 통합교과논술의 도입 취지를 생각할 때 이것은 아니라는 생각이 들어 한국대학교육협의회 논술 자문 교수에게 문의한 결과 이러한 학습 방법은 '헛수고' 라는 대답을 재차 확인하였다.

이는 교육학에선 상식으로 통하는 '나선형 교육과정' 을 통해 쉽게 이해할 수 있다. 교육학자 브루너가 제안한 '나선형 교육과정' 이란 동일한 교육 내용을 계속해서 단순히 반복하는 것이 아니라 점진적으로 심화 · 확대함으로써 완전 학습에 이를 수 있다는 논리를 핵심으로 한다. 이러한 논리에 따르면 학생의 수준에 맞게, 표현 방법을 달리하면 어떤 발달 단계에 있는 어떤 학생에게나 어떤 교과든지 교육 내용을 충실하게 이해시킬 수 있다. 중학교에서 배우는 1차 함수의 개념을 초등학교 1학년 학생들에게 이해시키기 위해서는 다음과 같은 숫자 상자를 활용하면 된다.

> 【초등 문제】 다음과 같은 상자에 2를 적은 카드를 넣으면 얼마가 되나요?
>
> $$+3$$
>
> 【중등 문제】 $f(x)=x+3$에서 $f(2)$의 값은?

초등학교 교과서나 학습지에서 흔히 볼 수 있는 숫자 상자에 카드를 넣는 메커니즘은 문제를 재미있게 내려고 한 장치가 아니라, $f(x)=x+3$이라는 1차 함수의 개념을 초등학생의 수준에 맞게 변형한 것에 해당한다. 이러한 논의는 교과 수준과 발달 단계에 맞는 사고력이 어떠한 것인가를 이해하는 데 시사하는 바가 매우 크다. 학생들은 뭔가 신기한 비법과 공식에 목말라할 필요가 없으며 학교에서 배운 교과 내용 범위 안에서 자신의 과학적인 사고를 표현하는 훈련에 충실하면 된다.

아우라 한수 지도

브루너의 두 가지 핵심 가설
■ 지식의 최전선에서 새로운 지식을 만들어 내는 학자들이 하는 것이나 초등학교 3학년 학생이 하는 것이나 모든 지적 활동은 근본적으로 동일하다.
■ 어떤 교과든지 지적으로 올바른 형식으로 표현하면 어떤 발달 단계에 있는 어떤 아동에게도 효과적으로 가르칠 수 있다.

keyword

■ 나선형 교육과정(Spiral Curriculum) : 교육내용으로서의 지식의 구조는 수준에 관계없이 그 성격이 동일하며, 이러한 동일한 성격의 교육 내용이 학년이 높아짐에 따라 더 폭넓게, 또 깊이 있게 가르쳐져야 한다는 것을 강조하는 교육이론이다. 이러한 교육과정이 마치 달팽이 껍질 모양과 같다고 하여 '나선형(螺旋形) 교육과정' 이라 부른다.

아우라 한수 지도

신기하게도 함수(Function)의 한자 역시 개념을 담고 있다. 함수(函數)의 '함(函)' 은 상자라는 뜻이다. 즉 어떤 숫자를 상자 안에서 처리를 한 다음 그 결과를 상자 밖으로 내보내는 시스템을 의미하는 것이다. 단 하나의 입력에 단 하나의 결과만을 내놓을 수밖에 없다는 이 숫자 상자의 메커니즘을 초등학생들이 이해했다면 중학교 수학의 내용을 이해한 것과 다를 바 없는 것이다.

논술 평가에 대한 인식의 전환

주관식 문항으로 구성된 지필검사를 비롯하여 평정을 요구하는 관찰과 면접, 논술 평가 등은 후광효과, 관용의 오차, 집중경향의 오차, 논리적 오차 등이 작용하여 채점자나 평정자로 인한 채점의 오차를 피할 수 없다. 한 사람의 채점자가 모든 수험생을 채점하는 상황이 아닌 이상 이러한 채점자 간 신뢰도 문제는 대단위 수험생이 응시하는 논술 평가 상황에서 민감한 사회 문제로 대두되고 있다.

 **| 논술 능력 개선을 위한 논술 평가**

실제로 논술 평가를 시행하는 대학 및 평가 기관은 늘 '정밀한 채점 기준을 어떻게 만들어 낼 것이며, 그 정밀성을 감당할 채점자는 또 어떻게 준비시킬 것인가?'를 고민하고 있다. 이러한 고민은 객관적인 평가 기준이 없어서라기보다는 다수의 채점자에 의한 오차 때문에 전문가 수준의 평가 결과를 보장할 수 없다는 데 기인한다. 최근에는 복수 채점자의 평균 점수를 부여하는 전통적인 방식에서 벗어나 공학적으로 채점의 신뢰도 문제를 해결하려는 다양한 방식이 시도되고 있다. 어느 한 대학의 기출 문제를 보고 작성한 논술 지도 전문가 집단의 점수 부여 형태를 퍼지 함수로 표현하면 다음과 같다.

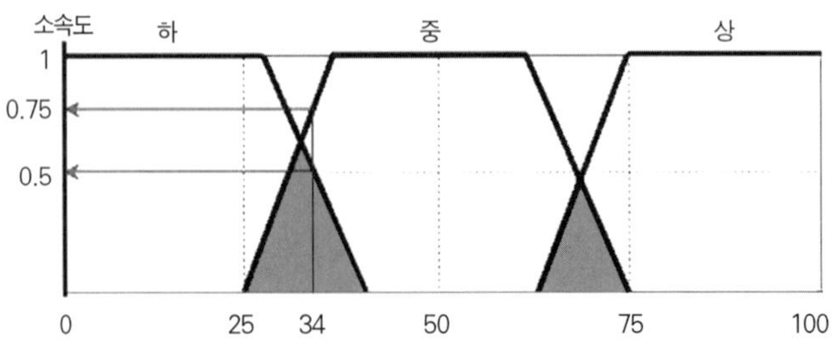

논술 평가 퍼지(Fuzzy) 함수

앞의 그림을 보면 모든 채점자가 100점을 '상'이라고 생각하고 0점을 '하'라고 생각하며 50점을 '중'이라고 생각하고 있다. 하지만 등급이 교차하는 영역에서는 채점자마다 다양한 이견이 있음을 알 수 있다. 25점부터 42점 사이에 하급과 중급이 중첩되고 있으며, 59점과 75점 사이에서 중급과 상급이 중첩되고 있는 것이다. 이는 전문가 집단에서는 34점에 대해 0.75 정도는 중급의 속성을 0.5 정도는 하급의 속성을 지니고 있다고 파악하고 있음을 의미한다. 이처럼 줄 세우기를 위한 논술 평가는 신뢰도 문제와 직결되어 여러 가지 측면을 고려해야 한다. 하지만 이러한 고민은 대학이나 평가기관의 몫이고 논술 지도를 위한 평가는 평가의 본질에 충실한 원론적인 방식으로 접근해야 한다.

평가는 '줄 세우기'가 아니다. 평가의 본질은 '정보를 제공하는 일'이다. 대학에서는 불가피하게 논술을 줄 세우기 위한 도구로 사용하고 있지만 현장의 논술 교육마저 좀 더 앞줄에 서기 위한 테크닉을 학생들에게 전수하는 방식이 되어서는 곤란하다. 논술과 관련하여 단위 학교는 학생들에게 '줄 세우기'를 위한 등급(A, B, C)을 제공하는 것이 아니라 논술 능력 개선을 위한 유용한 정보를 제공하는 등 평가의 본질에 충실해야 한다.

흔히 평가의 과정은 다음과 같은 선형적인 과정으로 나타난다. 이와 같은 선형적인 과정은 각 단계의 입력과 출력만을 고려하기 때문에 평가의 실시 과정 내부에서 일어나는 다양한 의사소통 작용을 무시하게 된다.

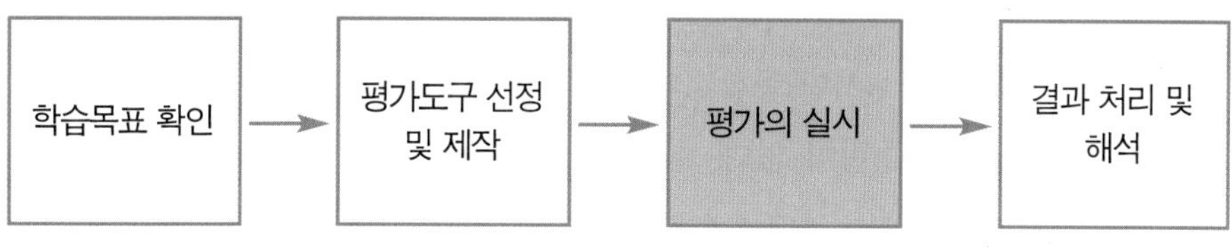

선형적인 평가 과정

이러한 관점에서는 피험자와 평가자인 '사람'을 중요시하지 않는다. 좀 거칠게 표현하자면, '현상'을 객관화하기 위해서 '사람'을 배제한다. 이런 식으로 평가의 결과가 하나의 분석 단위로 환원되는 동안 정작 가장 중요한 피험자의 의사소통 과정과 이에 대한 복잡한 변인은 수치화되어 뒤편으로 분절되는 모순이 생기고 있다.

즉 가장 중요한 과정이 블랙박스로 치부되고 있는 것이다.

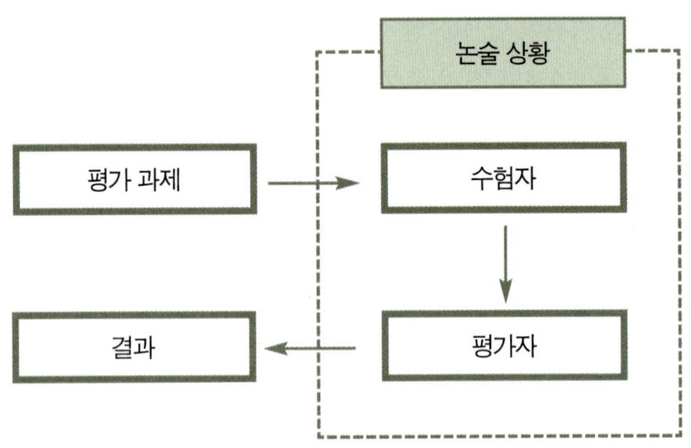

논술 평가의 의사소통적 이해

　논술은 텍스트(제시문)를 매개로 텍스트(논술 답안)를 생산하는 복잡한 과정이다. 학생이 논술 과제를 접하는 과정과 이를 바탕으로 글쓰기 전략을 모색하는 과정 그리고 채점자가 점수를 부여하는 일련의 과정은 의사소통 과정에 해당한다. 따라서 논술 능력을 계량화하는 것 못지않게 '평가 상황' 자체도 중요한 피드백(추수 지도) 정보로 다루어질 필요가 있다.

　최근 각 대학은 논술 평가 상황 중에서 수험자의 답안을 평가하는 것과 관련된 정보를 일부 공개하고 있다. 비록 실제 시험이 아니라 모의논술 시험에 한해 제한적으로 공개하는 수준이지만 통합교과논술을 대비하는 데 그 어느 자료보다도 가장 좋은 자료임에는 틀림이 없다. 한국대학교육협의회(http://www.kcue.or.kr)에서는 『논술길라잡이』라는 형태로 이러한 자료를 하나의 책으로 묶어 배포하고 있다. 다음은 성균관대에서 발표한 자료이다.

2008학년도 성균관대학교 모의논술 〈문제 1〉에 대한 출제위원의 채점평과 답안 예시

이번 모의논술의 1번 문항은 세 가지 제시문을 읽고 요약하는 것이었다. 요약 문제에서 가장 필수적인 것은 제시문에 대한 정확한 이해이다. 또한 이 문항과 같이 여러 제시문이 주어지는 경우는 각 제시문들에서 파악되는 입장들을 분명하게 제시하고 이들이 가지는 논리적 관계 등을 명확히 하는 것이 필수적이다.

학생들은 〈제시문 1〉과 〈제시문 2〉에 나타난 역사에 대한 관점을 정확히 이해하고 이 입장들이 대립적인 구도를 가지는 것이라는 점에 대해서는 대체로 잘 파악하여 요약·서술하였다. 그러나 〈제시문 3〉의 내용을 정확히 이해한 학생은 드물었고, 특히 〈제시문 3〉이 〈제시문 2〉와 어떠한 입장 차이를 보이는지를 정확히 서술한 학생은 거의 없었다.

요약과 논술을 잘 구분하지 못하는 학생들의 경우도 있었다. 요약에서 수험생의 견해가 필요하다면, 그것은 제시문들이 가지는 관계를 드러낼 수 있는 내용이어야 한다. 그러나 제시문들 간의 논리적 관계를 명확히 하는 내용이 아니라 역사를 보는 관점에 관한 자신의 입장 및 견해를 표명하는 경우가 적지 않았다. 또한 제시문의 내용과 관련이 되지만, 제시문에서 보여 주지 않은 내용, 즉 자신이 제시문의 내용과 관련하여 알고 있는 지식을 나열하는 등의 불필요한 서술은 모두 요약의 기본 성격을 잘 이해하지 못하고 있는 것으로 볼 수 있다.

〈문제 1 우수 답안 예시〉

① 세 제시문은 역사 인식의 차이에 관한 것이다. 〈제시문 1〉은 역사를 있는 그대로의 사실로 보고 있고, 〈제시문 2, 3〉은 선택될 수 있다고 보고 있다. 다만 〈제시문 2〉는 그 선택의 기준의 현재의 관점이고 〈제시문 3〉은 기억이라는 것이다. 〈제시문 1〉은 주관을 배제한 사실로서의 역사를 주장한 랑케의 입장과 일치한다. 그러므로 역사 서술을 수동적으로 증거 중심으로 해야 한다고 본다. 〈제시문 2〉는 역사를 현재를 기준으로 주관적으로 보아야 한다는 카의 입장과 일치한다. 그래

서 역사를 현재와 과거의 끊임없는 대화로 보아야 한다는 입장이다. 〈제시문 3〉은 역사는 우리의 정체성을 결정하는 학습된 문화적 산물이라는 입장이다. 그렇기 때문에 자연적으로 역사를 아는 것이 아니라 주입된 교육을 통해 기억으로 역사를 알고 집단과 개인의 정체성을 결정한다는 것이다. 그래서 지배 집단이 이 역사를 임의적으로 조합해 재구성하여 이념을 정당화하기도 한다는 입장이다.

② 세 제시문들은 역사를 인식하는 관점, 즉 '역사관'에 대한 각기 다른 세 가지 견해를 제시하고 있다. 먼저 〈제시문1〉은 객관적인 역사 탐구를 지향한다. 이러한 관점은 개인이 주관적 판단이나 사회적 제약을 통제하는 것이 가능하다는 전제 하에, 과거 사실들에 대한 객관적이고 정확한 재현만을 의미 있는 것으로 본다.

즉, 과거나 미래에 대한 가치 판단을 배제한 채, 증거의 관찰을 통해 있었던 그대로의 사실을 보여 주는 데 의의를 두는 것이다. 이와 대조적으로 〈제시문 2〉는 역사는 필연적으로 주관적이라는 입장이다. 역사가들은 당시의 문화에서 지배적인 개념이나 원칙의 영향을 받게 마련이며, 따라서 역사는 이러한 맥락 속에서 사실을 선택하고 정리한 것이다. 따라서 불가피하게도 모든 역사는 '그 당시의' 역사일 수밖에 없다는 것이다. 이들은 역사를 집단적 정체성을 결정하는 사회적 기억장치로 규정한다. 이러한 점에서 역사를 특정한 방식으로 조합하고 재구성함으로 지배자의 특정 집단에 대한 지배 또한 가능하다.

〈문제 1 일반적인 답안 예시〉 : 앞의 기준으로 볼 때 적절하게 작성되지 못한 예

① 세 제시문들은 역사를 바라보는 관점에 대해 서로 다른 견해를 가지고 있다. 이것은 문학에서의 시점으로 비유할 수 있다. 먼저 〈제시문 1〉은 3인칭 관찰자 시점이라고 할 수 있다. 역사를 탐구하는 과정에서 역사라는 이야기에 관여하지 않고 밖에서 보이는 그대로만 표현해야 하기 때문이다.

반면에 〈제시문 2〉는 역사라는 이야기 속에서 봐야 한다. 탐구하고 있는 '나'의 주관이 개입된다. 즉, '나'가 주인공이 되는 것이다. 따라서 이것은 '나', 다시 말해서 주인공이 누구냐에 따라 한 시대의 역사에서도 다양한 견해가 나올 수 있다. 왜냐하면 주인공이 현재 자신의 입장에서 중요하게 여기는 게 다르기 때문이다.

마지막으로 〈제시문 3〉은 3인칭이 아닌 1인칭 관찰자들인 우리의 시점이 된다. '나'라는 개인이 아니라 '우리'라는 집단의 입장에서 역사를 인식하는 것이기 때문이다. 〈제시문 2〉와 비슷하지만 개인의 주관이 아니라 우리라는 집단의 주관이 개입되어서 우리의 정체성을 형성시켜 주는 것이다. 예를 들자면, 우리나라 사람들은 우리는 단군의 자손인 단일민족이라는 과거의 '우리'가 남긴 사회적 기억을 현재의 우리에게 교육으로 주입시켜 혼혈아들을 '튀기'라고 비하하며 멸시하는 풍조를 만든 것이다.

② 역사란 지나온 것들에 대한 것이다. 이 '지나온 것'이라는 의미에는 과거사라는 의미 외에도 현재와 미래를 연결하는 코드가 내재되어 있다. 〈제시문 1·2·3〉은 각각 이러한 역사의 면모를 기술하고 있다.

우선 〈제시문 1〉은 세계를 객관적 틀로 인식하고 현실에서 기술되는 역사의 개념을 그 속에서 객관화된 것을 추출하는 것으로 파악한다. '객관화'에 중점이 놓여 있으므로 역사를 판단하고 기술하는 자의 개입을 배제하는 것에서 서술의 의의를 찾아 낸다. '모든 역사구성은 선택적이다'라는 원칙으로 역사 서술의 주관성을 판단하는 〈제시문 2〉의 경우, 과거에 있었던 사실보다는 선택된 현재의 사실에 더 주목한다. 다시 말해 살아남은 사실들만이 의미 있는 역사로 파악될 뿐이다. 또한 시간적 개념의 틀을 넘어서서 역사를 구동하는 주체에 관심을 가지고 있는 〈제시문 3〉의 경우 역사가의 특정 관점보다는 역사를 향유하는 다수의 기억에 중점을 두어 다수가 선택한 역사, 즉 현재 우리의 정체성을 결정하는 코드가 '역사'여야 한다는 것에 의의를 두고 있다.

〈제시문 1·2〉의 경우 역사를 시간적 관점에 입각해 과거와 현재의 잣대로서 역사 서술의 가치를 보고 있는 반면 〈제시문 3〉의 경우는 특정 사가의 관점보다는 역사를 구동하고 이끄는 주체로서 민중의 관점을 채택해 현재 우리를 지배하는 자가 바로 역사의 주인공이라고 파악한다.

● 자료 출처 : 한국대학교육협의회, 『논술길라잡이 Ⅱ』

02

『아우라 사회논술』은
공교육을 통해 실천할 수 있는 통합교과논술 교육의 성과물이다.

둘째 마당 : 아우라 사회논술 프로그램

제시문 구성의 원리

아 우 라 한 수 지 도

논술을 예비하기 위해선 제시문 독해 능력을
키워야 한다. 제시문의 문제의식을 이해하는
것이 성패를 좌우하기 때문이다. 쓰기 훈련과
읽기 훈련을 병행해야 하는 것은 이 때문이다.

| 논술은 '쓰기'가 아닌 '읽기'로부터

"뻔한 말씀 감사합니다." 이 말은 KBS 〈개그콘서트〉에서 뉴스 등 교양 프로그램에서 뻔한 이야기를 하는 전문가들을 풍자하는 유행어이다. 그럴듯한 해결책 같지만 결국 큰 도움을 주지 못하는 뻔한 이야기는 논술 학습법을 논의하는 곳에서도 예외가 아니다. 다음은 논술과 관련하여 학생들에게 주문하는 대표적인 '뻔한 말씀'이다.

① 배경 지식을 쌓아야 한다.
② 독해 능력을 향상시켜야 한다.
③ 글쓰기 연습을 꾸준히 지속해야 한다.
④ 논제의 의도를 파악하는 훈련을 해야 한다.

배경 지식을 쌓아 독해 능력을 향상시키고 글쓰기 연습을 꾸준히 하되 출제자의 의도에 맞게 답안을 작성하는 훈련을 해야 한다는 사실을 몰라서 논술을 못 하는 것이 아니다. '알면서도 안 되는 것'이 우리 학생들의 고민이다. '논술 작성의 원리'와 '실제 글쓰기 능력'을 고려하면 학생들은 다음과 같이 크게 네 가지 유형으로 구분할 수 있다.

유형	논술 작성 원리의 이해	실제 글쓰기 능력	설 명
A	논술 답안 작성의 원리를 안다	논술문 작성 능력이 뛰어나다	논술의 원리와 방법을 잘 알고 실제 글쓰기도 잘하는 이상적인 경우
B		논술문 작성 능력이 떨어진다	논술의 원리와 방법을 잘 알지만 실제 글쓰기 능력이 떨어지는 경우
C	논술 답안 작성의 원리를 모른다	논술문 작성 능력이 뛰어나다	논술의 원리와 방법을 모르지만 실제 글쓰기는 잘하는 경우
D		논술문 작성 능력이 떨어진다	논술의 원리와 방법을 모르고 실제 글쓰기 능력도 떨어지는 경우

　기존의 논술 교재 및 논술 교육 프로그램은 학생들을 '유형 D'로 규정하고 '유형 A'를 이상적인 학습 목표로 상정하고 있다. 이에 대한 처방도 방대한 양의 배경 지식과 정형화된 모범 답안을 제시하는 것이 주종을 이루고 있다. 하지만 일선 교육 현장에서는 '유형 B'에 해당하는 학생들이 문제시된다. '유형 D'에 해당하는 학생들은 논술을 보지 않는 대학으로 진학하려 하고 '유형 A'와 '유형 C'는 이미 글쓰기 수준이 높기 때문에 논술 교재 학습이나 논술 교육 프로그램보다는 첨삭 지도를 병행해 주는 논술 모의고사를 활용하기 때문이다.

　'유형 B'와 같이 '몰라서 못 쓰는 것'이 아니라 '알면서도 안 써진다'는 학생들을 위해선 논술문 쓰기의 원리를 반복해서 가르치기보다는 논술에 대한 생각 자체를 바꾸어 주는 것이 선행되어야 한다. 논술은 주어진 제시문을 바탕으로 이루어진다. 논술에는 정답이 없다는 말을 흔히 하지만, 논술은 단지 자신의 생각을 자유롭게 쓰는 것이 아니다. 제시문에 나타난 문제의식을 충분하게 이해하는 것이 논술 답안 의 성패를 좌우하는 첫걸음이다. 많은 학생들이 논술의 제시문은 뭔가 굉장할 것이라고 생각한다. 그러나 제시문은 '두루 읽힐 만한 좋은 내용'으로서 학생들의 시야를 넓혀주는 것으로 선정된다. 시험을 본다는 느낌으로 제시문을 대하기보다는 좋은 정보를 얻는다는 마음으로 내용을 음미한다면 제시문은 편하게 다가올 수 있다.

논술은 쓰기 평가인가? 일단 논술은 답안을 원고지에 적어 내기 때문에 맞는 말처럼 들릴지 모른다. 하지만 모든 논술고사의 시작은 제시문의 독해로부터 시작한다. 제시문의 내용을 분석하거나 내용을 참조해서 자신의 견해를 피력하라는 형식이 많기 때문에 제시문에 나타나는 핵심은 곧 논술 답안의 핵심이 될 수밖에 없다. 따라서 논술을 대비하기 위해서는 크게 읽기 훈련과 쓰기 훈련을 동시에 해야 한다. 논술을 위한 읽기 훈련과 쓰기 훈련의 측면은 다음과 같이 정리할 수 있다.

측면	연습 내용
읽기	· 다양한 관점의 글에서 단일 주제를 파악하는 연습
	· 다양한 관점의 글을 일정한 기준에 따라 비교 · 분석하는 연습
	· 글에서 말하고자 하는 내용을 정확히 이해하는 독해 연습
쓰기	· 독창적이면서도 타당한 근거를 통해 자신의 주장을 펼쳐나가는 연습
	· 추상적인 개념을 실생활 속의 사례로 설명하는 연습

| 이인식의 『미래교양사전』

국내 과학 저술가 1호로 통하는 이인식 소장
- 서울대학교 전자공학과 졸업
- 과학문화연구소 소장(1995년~현재)
- 제8기, 제9기 국가과학기술자문회의 위원
- 제1회 한국공학한림원 해동상 수상
- 제47회 한국출판문화상(저술부문) 수상

통합교과논술 답안의 질은 자신의 견해를 뒷받침하는 논거가 얼마나 타당성을 가지고 있느냐에 따라 결정된다. 어떻게 하면 논리적이고 깔끔한 답안을 작성할 수 있을까? 답변은 의외로 간단하다. 가장 원칙적인 것이 정답이기 때문이다. 바로 어릴 때부터 책을 많이 읽은 사람과 글을 많이 써 본 사람이 좋은 결과를 얻는다는 것. 따라서 독서와 글쓰기를 병행하면서 사고력을 키우는 데 힘쓰는 것이 가장 정직하게 실력을 키울 수 있는 방법이다. 하지만 우리 학생들은 어릴 때부터 책을 많이 읽지 못했고, 많은 글을 써 볼 시간도 없다. 그렇다면 어떻게 해야 하는가? 시간이 부족한 수험생들은 불가피하게 좋은 글을 선별해서 읽은 다음 직접 글을 써 보며 첨삭 지도를 받아야 한다.

논술에서는 읽기 능력이나 추론 능력 못지않게 배경지식이 중요하다. 한번쯤 독서 체험을 통해 미리 접해 보고 정리해 본 경험이 있는 주제가 출제된다면 답안을 작성하기가 한결 수월해지기 때문이다. 통합교과논술 시대에는 고등학교 전 과정의 교과서를 논술 준비의 가장 기본적인 교재로 삼아야 하며, 논술 주제가 전 교과에 걸쳐 도출될 수 있다는 것을 염두에 두어야 한다. 그리고 교과서의 내용을 이해하는 단계를 넘어서 내용에 대해 비판적으로 성찰하고, 교과서가 다루는 주제와 관련된 다양한 텍스트를 읽고, 토론하며, 이것을 자연스럽게 글쓰기와 연계시키는 지도 과정이 있어야 한다.

교과서 이외의 폭넓은 학습을 강조하는 통합교과논술의 첫걸음은 다양한 주제의 글을 많이 읽는 것이지만 우리 학생들에겐 그럴 시간적 여유가 없다. 내신과 수학능력시험 준비와 더불어 논술 준비까지 해야 하는 학생들에게 다양한 책을 천천히 음미하면서 읽기를 요구하는 것은 처음부터 무리인지 모른다. 이 때문에 불가피하게 '적독(摘讀)'을 해야 한다. '적독'이란 발췌독(拔萃讀)으로 한 권의 책 가운데서 자기에게 꼭 필요한 부분만 골라 읽는 방법이다. 예를 들어 논술을 대비하기 위해 토마스 쿤의『과학 혁명의 구조』라는 원본(1차 텍스트)을 읽는 것도 중요하지만 현실적으로 검증된 저술가의 2차 텍스트를 많이 읽는 것이 보다 현실적이다.

이 책의 논술 프로그램에서는 여기저기에서 짜깁기한 쪼가리 글 대신 검증된 글만을 제시문으로 구성하는 것을 원칙으로 하였다. 따라서 이인식 과학문화연구소장의 다양한 저술을 하나의 사전 형태로 집대성한『미래교양사전』과『이인식의 과학나라』, 사회과 교과서만을 제시문으로 사용했다.

대통령 과학기술 자문 위원 중에는 석사 학위조차 없는 일반인이 있었다. 바로 '국내 과학 저술가 1호'로 통하는 이인식 소장. 이 소장은 교수도 아니고 박사 학위도 없지만 우리나라의 대표적인 과학 저술가로 자리를 굳건히 하고 있다. 많은 공대 교수들도 제도권 밖에 머물고 있는 그와 의견을 주고받으며 친분을 유지하고 있다. 마치 조선 중기 조광조가 신분에 구애받지 않고 갖바치와 허심탄회하게 지내며 의견을 주고받은 것처럼…….

다양한 논술 읽기 자료가 있지만 이 책에서는 창의력과 과학적 사고 과정을 담아낸 이인식 과학문화연구소 소장의 글에 주목하였다. 과학 저술 및 칼럼 분야를 개척하고 다양한 글들을 꾸준하게 발표하고 있는 이인식 소장의 다양한 저술들은 우리 청소년들의 추론 과정의 논리성, 그리고 종합적인 문제 해결 능력을 활성화시켜 줌은 물론 글 자체가 글쓰기의 전범이 되고 있다. 본질과 전혀 상관없는 비유를 동

아우라 한 수 지도

적독은 띄엄띄엄 가려서 읽는 것을 말하며, 통독(通讀)보다 효율적이긴 하지만 자칫 중요한 부분을 놓칠 수 있다.

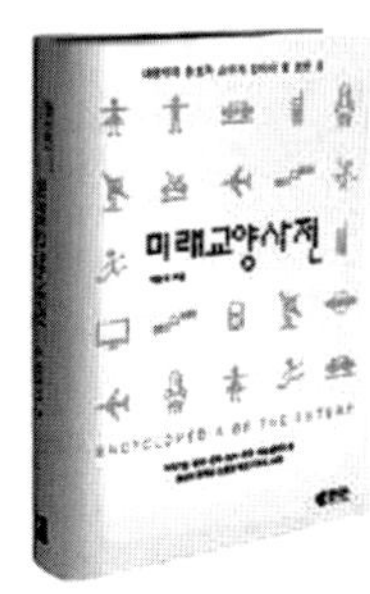

『미래교양사전』은 2050년까지 인류사회를 크게 변화시킬 것으로 예상되는 이론, 아이디어, 지식을 369개의 표제어로 집약한 교양사전이다. 논술 제시문이나 언어영역 독해 지문으로 바로 활용할 수 있을 정도로 완성도가 높은 핵심적인 교양을 압축적으로 담고 있다. 상위권 대학을 지원하는 학생들이나 논술 교육 프로그램을 운영하는 교사들에게 유용한 책이다.

원하거나 개인적인 에피소드를 나열하는 식의 교양서적들과 달리 이인식 소장의
글은 감히 흉내낼 수 없는 품격인 '아우라'를 지니고 있기 때문이다.

우리 시대의 비중 있는 논객으로 평가받고 있는 그의 글은 다양한 연령층을 아우
를 수 있는 힘을 지니고 있다. 그가 쓴 저술의 특징은 크게 네 가지로 정리할 수 있
다. 첫째는 독창성이다. 이인식은 유명한 주제나 소재보다는 지금 현재 살아 있는
이슈나 기술 문제를 다룬다. 많은 교양 도서들이 대부분 기초 교과 내용을 중심으
로 다루면서 과거 지향적으로 흐르는 것과는 대조적으로 이인식은 학문 간 경계를
넘나들면서 미래 지향적인 비전을 제시하고 있다.

둘째는 개인적 이야기를 섞지 않는다는 점이다. 이인식의 글은 철저하게 사적 경
험담을 배제함으로써 수필로 흐르는 것을 막고 있다. 꼭 필요한 경우를 제외하고는
유추나 비유를 하지 않지만 그의 글은 오히려 부드러운 감성으로 넘쳐난다.

셋째는 스스로 공부해서 정리한 소화된 지식이라는 점이다. 번역본에 의존하지
않고 철저히 원전을 찾아 원저자의 의도를 면밀히 검토하는 편집증에 가까운 그의
꼼꼼함은 그의 글에 내공을 불어넣는다. 비록 지식 습득의 대부분을 독학에 의존했
지만 나노 기술 분야처럼 전공 교수보다 더 깊은 내공을 가지고 있는 경우도 많다.

넷째는 글이 쉽다는 점이다. 하지만 내용은 얕지 않다. 이는 천착을 통해서 나온
결과이기에 가능한 것이다. 과학계의 최근 이슈를 다룬「유비쿼터스 컴퓨팅 시대
가 온다」를 예로 들면 그의 글은 일반인을 대상으로 유비쿼터스를 소개하는 그 어
떤 글보다도 쉽다.

유비쿼터스 컴퓨팅 시대가 온다

제3의 컴퓨터 물결이 밀려온다. 메인 프레임, 퍼스널 컴퓨터에 이어 유비쿼
터스 컴퓨팅 시대가 다가오고 있다. 영어를 줄여 유비컴이라 불러도 무방할
성싶다. 유비컴은 말 그대로 컴퓨터가 어디에나 퍼져 있다는 뜻에서 편재컴퓨
팅이라고 한다.

편재컴퓨팅은 한 마디로 컴퓨터를 눈앞에서 사라지게 하는 기술이다. 실로
천을 짜듯 컴퓨터가 의식주의 모든 수단에 파고들기 때문에 사람들은 컴퓨터

를 더 이상 컴퓨터로 생각하지 않게 되는 것이다. 요컨대 편재컴퓨팅 시대에는 컴퓨터가 도처에 존재하면서 동시에 보이지 않게 된다.

유비컴 기술의 성패는 신발, 옷감, 손목시계 등 필수품을 비롯해서 커피잔이나 돼지고기 조각에까지 장착이 가능할 정도로 작은, 태그(꼬리표)처럼 생긴 컴퓨터의 개발 여부에 달려 있다.

유비컴 시대가 되면 주변의 모든 물건이 지능을 갖는다. 영리한 물건들은 스스로 생각하고 사람의 도움 없이 임무를 수행한다. 이를테면 돼지고기에 숨겨둔 컴퓨터 태그는 오븐 안에서 스스로 온도를 조절해 고기가 알맞게 익도록 한다. 피하주사 바늘은 환자 손목에 달린 태그로부터 신원을 확인해 알레르기가 있다면 바늘 끝을 붉게 물들여 의사에게 알린다.

유비컴의 세계에서는 지능을 가진 물건과 사람 사이의 정보 교환이 무엇보다 중요하다. 따라서 사람은 컴퓨터가 내장된 옷을 입게 된다. 이른바 입는 컴퓨터가 필요한 것이다. 사람이 착용한 시계, 혁대 장식, 운동화 따위에 컴퓨터가 장착되면 주변 환경에 설치된 컴퓨터와 통신하여 일상 생활을 더욱 편리하게 해 줄 것으로 기대된다. 예컨대 손목시계에 내장된 컴퓨터의 고유 정보를 사용하여 출입문, 캐비닛, 서랍을 자동으로 여닫을 수 있다.

유비컴은 사람과 물건 사이뿐만 아니라 사람과 사람 사이의 의사소통을 원활하게 해 줄 것 같다. 가령 입는 컴퓨터를 걸친 사람끼리 악수하면 손을 통해 정보가 건네지므로 피차간에 직장 이름, 사무실 전화번호, 취미 따위를 즉시 교환할 수 있다.

유비컴 기술의 최대 골칫거리는 사생활 보호 문제이다. 당신이 이른 새벽 컴퓨터에게 커피 두 잔을 주문하면 컴퓨터는 밤을 함께 보낸 손님이 있음을 눈치 채고 집 앞에 주차된 자동차 번호로 손님의 신분을 파악한다. 만일 당신이 기혼자이고 손님이 묘령의 아가씨라면 당신은 컴퓨터가 알고 있는 정보를 비밀로 하고 싶을 터이다.

-이인식, 『이인식의 과학나라』

「유비쿼터스 컴퓨팅 시대가 온다」의 도입부만 보아도 이인식 글쓰기의 특징이

k e y w o r d

■ **선문답(禪問答)** : 참선하는 사람들끼리 진리를 찾기 위해 주고받는 대화를 지칭하며 언뜻 보아서는 주어진 문제와는 전혀 상관없는 이야기를 하는 것 같지만, 한가로이 주고받는 이야기 속에 놀라운 진리를 숨기고 있는 경우를 일컫는 말.

잘 드러난다. 이 글 역시 유비쿼터스를 다루는 다른 글과 마찬가지로 도입 문단에서는 유비쿼터스의 개념을 소개하면서 시작한다. 하지만 이인식의 글은 작가가 이해한 언어로 개념을 풀어서 설명하기 때문에 할 말은 다 하면서도 정리된 형태의 깔끔한 정보를 제공한다.

그의 글은 안정된 구조를 가지고 있다. 아래의 ①번처럼 '컴퓨터를 눈앞에서 사라지게 하는 기술'로 유비쿼터스를 규정하고, ②번처럼 실로 천을 짜듯이 컴퓨터가 일상으로 파고든다는 표현으로 발전시킨 다음, ③번과 같은 선문답에 가까운 표현으로 앞서 나열한 개념을 종합시킨다. 다른 과학 저술이 ④번 같이 외래어와 전문 용어를 남발하면서 독자를 어리둥절하게 만드는 것과는 대조적이다.

제3의 컴퓨터 물결이 밀려온다. 메인프레임, 퍼스널 컴퓨터에 이어 유비쿼터스 컴퓨팅 시대가 다가오고 있다. 영어를 줄여 유비컴이라 불러도 무방할 성싶다. 유비컴은 말 그대로 컴퓨터가 어디에나 퍼져 있다는 뜻에서 편재컴퓨팅이라고 한다.

편재컴퓨팅은 한 마디로 ① <u>컴퓨터를 눈앞에서 사라지게 하는 기술이다.</u> ② <u>실로 천을 짜듯 컴퓨터가 의식주의 모든 수단에 파고들기 때문에 사람들은 컴퓨터를 더 이상 컴퓨터로 생각하지 않게 되는 것이다.</u> ③ <u>요컨대 편재컴퓨팅 시대에는 컴퓨터가 도처에 존재하면서 동시에 보이지 않게 된다.</u>

–이인식, 『이인식의 과학나라』의 도입부

'유비쿼터스(Ubiquitous)'란 언제 어디서나 존재한다는 라틴어에서 유래한 말로 '유비쿼터스 컴퓨팅'의 줄임말이다. 이는 언제 어디서나 어떤 것을 이용해서라도 온라인 네트워크 서비스를 받는 환경 내지 공간을 의미하는데, '유비쿼터스'는 우리가 보는 모든 사물에 $1cm^3$ 이하의 크기로 만들어지는 저전력 칩인 RFID가 깃드는 것을 전제로 삼는다. 칩이 깃들게 되는 사물은 모두 컴퓨터가 되며 우리는 그 순간부터 컴퓨터 속에서 살게 되는 것이다. ④ <u>유비쿼터스 시대가 도래하면서 디바이스(전기적 장치)는 이제 디바이스 그 자체</u>

> 로 끝나지 않고 사용자와의 인터페이스를 더욱 간편하게 하는 방식으로 변모
> 하기 시작했다. 이를 통해 모든 사물을 디바이스화하고 있다.
>
> — 「유비쿼터스 네트워크 시대」(신문기사)의 도입부

일반인을 대상으로 하는 글의 후반부는 ⑤번과 같이 쟁점을 정리하고 전망과 문제점을 언급하면서 끝을 맺는 경우가 대부분이다. 하지만 이인식의 글은 가상의 상황을 제시하면서 세련되게 끝을 맺는 경우가 많다. 텍스트는 그것을 에피소드로 구조화할 수 있는 정도에 따라 이해하고 회상하기가 쉬워지는데 오랜 저술 활동을 통해 이인식은 이를 체득하고 있다. 「유비쿼터스 컴퓨팅 시대가 온다」에서도 개인적인 경험이나 억지스러운 비유 대신 ⑥번같이 묘한 여운을 남기는 가상의 일화로 끝을 맺는다. 이러한 열린 결말은 독자에게 잔잔한 여운으로 다가온다. 과학적 지식이 결국은 우리와 삶의 영역으로 다가와 독자의 기대지평이 확대되는 순간이다.

keyword

■ **기대지평** : 문학 작품의 독자는 작품을 읽을 때 무엇인가를 기대하고 작품을 읽으면서 작품 속에 있는 미완성적인 요소들을 나름대로 완성해 나간다는 개념.

> 이런 추세라면 언젠가 몸 속에 칩이 장착되어 인간이 사이보그로서 활동하게 될 날이 도래하게 될지도 모른다는 전망까지 나오고 있다. 이 경우 인간이 활용하는 ⑤ 모든 디바이스는 칩 형태로 인체에 장착돼 인간의 사고를 도와주고 대체하는 역할까지 하게 될지도 모른다.
>
> — 「유비쿼터스 네트워크 시대」(신문기사)의 후반부

> 유비컴 기술의 최대 골칫거리는 사생활 보호 문제이다. ⑥ 당신이 이른 새벽 컴퓨터에게 커피 두 잔을 주문하면 컴퓨터는 밤을 함께 보낸 손님이 있음을 눈치 채고 집 앞에 주차된 자동차 번호로 손님의 신분을 파악한다. 만일 당신이 기혼자이고 손님이 묘령의 아가씨라면 당신은 컴퓨터가 알고 있는 정보를 비밀로 하고 싶을 터이다.
>
> — 이인식, 『이인식의 과학나라』의 후반부

국어-사회 협동수업

| 협동수업 모형을 활용한 통합논술 프로그램

국어 · 사회 교사의 느슨한 팀티칭

keyword

■ **팀티칭(team teaching)**: 여러 명의 교사가
팀을 이루어 학생의 학습지도를 담당하는
교수조직 형태. 공교육 현장에서 통합 교과
형 논술을 효과적으로 대비하기 위해서는
팀티칭 방식이 불가피하다.

현장에서 실천 가능한 통합교과논술 교육의 형태는 국어교사와 교과교사가 하나의 팀을 이루어 수업을 운영하는 '협동수업(team teaching)'이다. 2명의 교사가 함께 운영하는 이러한 수업은 느슨한 팀티칭이기 때문에 4~5명의 교사로 구성된 팀티칭과는 달리 준비 기간이 짧아 현장의 방과후학교에서 적용하기 용이하다. 마포고등학교(이하 마포고등학교는 마포고로, 선덕고등학교는 선덕고로, 원종고등학교는 원종고로 표기)에서는 지난 2년간 국어-과학과, 국어-사회과의 협동수업으로 통합논술 프로그램을 운영하였고, 그 결과 논술문 작성에 대한 지도와 교과의 개념 및 원리에 대한 지도가 동시에 이루어질 때 수준 높은 통합논술 지도가 담보될 수 있음을 확인했다.

이 책의 저자들이 기획한 사회논술 프로그램은 출제, 첨삭, 면담, 토론 전반에 국어교사와 사회교사가 동시에 참여하는 팀티칭 방식으로 운영되었다. 학원이 아닌 공교육 현장에서 이뤄진 색다른 프로그램이어서 학생들의 열의 또한 대단하였다. 논술에 전혀 신경을 쓰지 않았던 일반고 학생들이 점차 통합교과논술에 익숙해지게 되었다. 마포고에서 운영한 사회논술 프로그램을 소개하면 다음과 같다.

제1단계 (1주차) : 논술 문제 풀이

제시문과 출제 의도를 강의식으로 미리 해설한 다음 학생들로 하여금 논술 답안을 작성하게 하는 전통적인 방식이 아니라, 처음부터 사회논술 과제를 직접 풀게 했다. 미리 논제 설명을 한 다음 답안을 작성하면 대부분 강의 내용에서 크게 벗어나지 않는 붕어빵 답안을 양산하기 때문이다. 논술 과제를 수행하는 두 시간 동안 사회교사와 국어교사는 함께 학생들의 문제 해결 과정을 관찰한다.

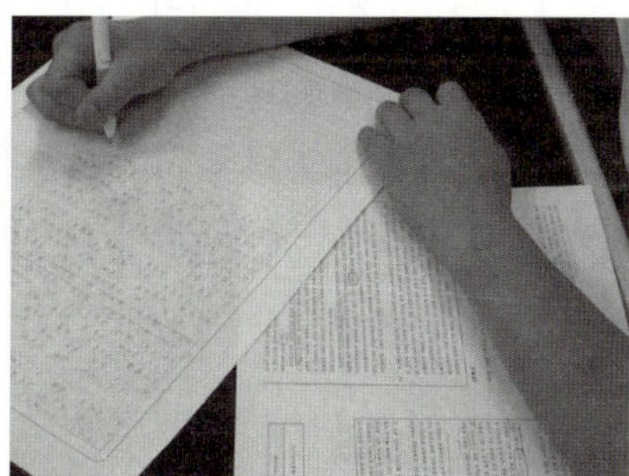

사회논술 문제를 풀고 있는 마포고 학생들

제2단계 (2주차) : 지면 첨삭 지도

학생들의 답안은 국어교사는 빨간 펜으로 사회교사는 파란 펜으로 첨삭하여 되돌려 준다. 국어교사는 문장 구성과 문장력을 중심으로 사회교사는 교과 내용을 활용하는 전략과 논거의 타당성을 집중적으로 분석해 준다. 학교 상황에 따라 지면 첨삭 지도 부분은 수업을 담당하는 교사가 직접 하지 않고 첨삭 지도 전담 교사가 담당할 수 있다. 또 프로그램을 확장하여 고등학교 간 연계교육 프로그램으로 활성화할 수도 있다. 실제로 필자들은 마포고 학생의 답안을 선덕고 국어교사가 첨삭하거나 원종고 학생의 답안을 마포고 사회교사가 첨삭하는 시도를 해 보았는데 학생들은 오히려 더 자극이 된다는 반응을 보였다.

● **통합교과 사회논술특강(마포고)**

- 대상 : 2~3학년 인문사회 과정
- 시행 시기 : 2007학년도 1학기
- 모집인원 : 20명 내외
- 총시간수 : 32시간
- 강의 내용
  ① 국어-사회 협동수업을 통한 사회논술 프로그램
  ② 국어교사와 사회교사의 협동수업으로 인문사회 계열 논술의 기초를 확립한다.
  ③ 매월 한 개의 일반 사회 주제를 선정하여 이를 역사와 지리 교과를 넘나들면서 체험한다.
- 강의 계획

		내 용	교 과
1학기	주제 1	개인과 사회	정치
	주제 2	사회과학 연구방법	시민윤리
	주제 3	인간과 동물	경제 사회문화
	주제 4	국가	윤리와 사상
2학기	주제 5	민주주의	국사
	주제 6	과학과 인간	근현대사 세계사
	주제 7	정상과 비정상	한국지리
	주제 8	근대화	세계지리

- 사용교재 : 자체 제작 프로그램

● 제3단계 (2~3주차) : 면담 (프로토콜 분석)

학생들의 답안을 첨삭하여 되돌려 준 후, 직접 학생을 대면하여 답안을 평가해 준다. 먼저 제시문을 읽고 답안의 개요를 작성하기까지의 과정을 거슬러 회상하면서 '쓰기 전 단계'를 점검한다. 이때는 제시문을 올바로 이해했는지를 점검하고 출제 의도를 어떻게 파악하고 답안을 작성했는가를 파악하는 것이 핵심이다.

이때 국어교사는 답안의 논리 전개 방식과 구성을 중점적으로 분석해 주어야 하며, 사회교사는 학생이 가지고 있는 잘못된 개념을 집중적으로 교정해 주어야 한다. 학생들은 교사와 대화하면서 개요를 짜고 답안을 완성하는 동안 머릿속에 일어나는 모든 과정을 솔직하게 표현해야만 한다. 이처럼 제시문을 읽으면서 머릿속에서 떠오르는 생각을 말로 표현하도록 한 다음 이를 토대로 학생의 사고를 분석하는 방법이 이른바 '프로토콜 분석법(protocol analysis)' 이다. 학생 입장에서도 글을 읽어가면서 머릿속에서 일어나는 사고 과정을 언어로 표현하게 되면 사고의 유연성이 발달하게 되고, 주어진 과제를 해결하기 위해 다양한 방법을 사용하는 능력을 키울 수 있다. 지면 첨삭 지도와는 별도로 학생 면담을 통한 프로토콜 분석을 활용해야 하는 이유가 여기에 있다. 사교육 시장의 유명 논술학원도 저마다 '대면 첨삭'을 강조하고 있지만 평상시 수업시간을 통해 학생의 특성을 파악하고 있는 교과 담당 교사에 의한 프로토콜 분석이 가장 효과적이다.

첨삭 지도는 논제에 따라 개인 면담과 집단 면담을 적절하게 활용한다.

제4단계 (4주차) : 토론 및 정리

3단계에 걸쳐 개별적으로 운영했던 첨삭 지도를 끝내고 한 강의실에서 다른 학생들의 답안과 자신의 답안을 비교하면서 토론하는 기회를 제공한다. 정답의 개념이 없는 논술 시험의 특성상 다른 학생들의 답안을 살펴보고 자신의 답안과 비교해 보면서 토론해 보는 경험은 논술 주제와 관련된 사회 교과 내용을 다시 한 번 확실하게 정리하는 기회를 제공할 수 있다. 이 단계에서는 특히 사회교사의 역할이 중요하다. 여러 학생들이 공통적으로 착각하거나 잘못 알고 있는 개념에 대해 사회교사는 다시 한 번 완벽한 피드백을 제공해 주어야 한다.

토론 및 정리는 사회교사의 주도 하에 이루어진다.

대학–고교 연계 글쓰기 상담

 **| 공교육 논술 교육 활성화를 위한 대학–고교 연계 프로그램**

모든 학생에게 양질의 첨삭 지도를 해 줄 수 없는 열악한 현실을 감안하여 최근 공교육 현장에서는 방과후학교 프로그램을 학교 간 연계하는 방안을 모색하고 있다. 이 책의 셋째 마당에 소개한 성과물 역시 세 개의 단위 학교(마포고, 선덕고, 원종고) 선생님들이 연계하여 운영한 사회논술 프로그램에 해당한다.

다음에 소개하는 것은 대학과 고등학교가 연계하여 논술 교육 프로그램을 운영한 사례이다. 교직을 준비하고 있는 예비교사가 '아우라 사회논술' 프로그램을 활용해 논술 대면 첨삭 보조교사로 활동한 성과물이다. 논술 대면 첨삭 지도가 어떻게 이루어지는지 파악하는 데 도움이 될 것이다.

대학–고등학교 연계교육 모형

마포고는 2005년부터 '방과후학교' 프로그램 및 논술교육의 다양한 모델을 연구하고 운영해 오고 있다. 마포고는 4년제 대학과 일선 인문계 고등학교가 함께 운영할 수 있는 연계교육(Articulation Education)의 모형을 제안하고, 이를 실제 현장에 적용하여 구체적인 교육적 성과를 분석함으로써 궁극적으로 현장의 교수–학습 여건을 개선하고자 노력하고 있다.

연계교육은 대학생과 고등학생의 교육적 요구를 모두 충족시켜 줄 수 있다. 특히 사범대학 학생들은 현장 경험 부족을 호소하고 있으며, 고등학교 학생들은 대학과의 교류를 통해 질 높은 방과후학교나 특별활동 교육을 갈망하고 있다. 대학-고등학교 연계교육 모형은 방과후학교 교육의 질 제고와 현실화 방안을 모색하는 데도 의미 있게 기여할 수 있으며 더 나아가 계발 활동 같은 특별활동 영역에서도 대학-현장 간 연계 방안을 모색할 수 있다.

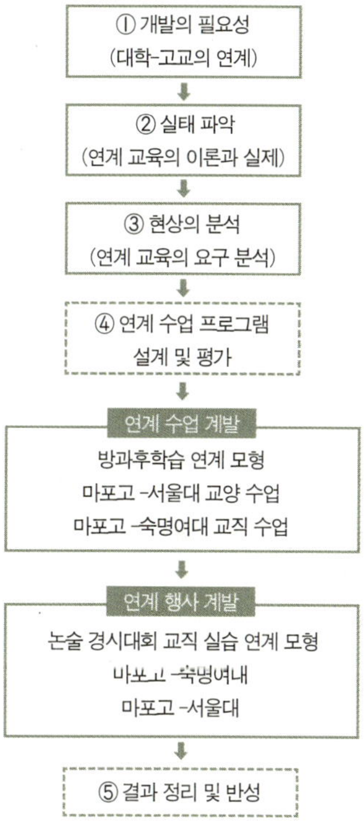

1. 마포고 연계 교육 프로그램 사례

프로그램	내용
사범대학-고등학교 방과후학교 연계 모형	● 마포고는 인접한 인하대 사범대학과 연계 수업을 실시함. 인하대 사범대학 국어교육과 전공 〈화법교육론〉과 고등학교 방과후학교 〈대입 구술·면접특강〉을 연계하여 운영함. ● 사범대 학생들에겐 현장 경험을 제공하고 고등학생들에게는 방과후학교의 질을 제고할 수 있도록 유도함.  
일반대학-고등학교 방과후학교 연계 모형	● 서울대 일반교양수업 〈국어화법〉과 고등학교 방과후학교 〈구술·면접특강〉을 연계하여 운영함. ● 〈국어화법〉을 수강하는 학생들에겐 화법 평가를 경험하고, 고등학생들에게는 무료로 대입 구술 면접 학습의 기회를 제공함.  

사범대학의 전공 수업은 말할 것도 없고, 대학에는 고등학교 현장과 연계하여 교육적 효과를 증진시킬 수 있는 교양 수업이 의외로 많다. 본 프로그램은 ① 연계 수업과 관련된 대학생과 고등학생의 요구를 파악하여 현상을 분석하고, ② 여러 단계에 걸친 전문가 공청회와 워크숍을 통해 연계 학습 모형을 설계 후, ③ 파일럿 테스트를 통해 모형을 수정하여 프로그램을 개선하는 일련의 절차를 거쳐 개발되었다.

대학 교직 수업–고등
학교 논술경시대회 추
수지도 운영

● 숙명여대 교직 과목 현장 실습(글쓰기 상담)과 마포고 논술 경시대회를
연계하여 운영함. 논술 경시대회에 제출한 답안에 대한 심층적인 상담
프로그램을 운영함.

고등학생 오리엔테이션(마포고)　　　　대학생 오리엔테이션(숙명여대)

대학–고교 연계 글쓰기 상담 프로그램

2. 숙명여대–마포고 연계 논술 상담 프로그램 사례

　　다음은 '아우라 사회논술'을 활용한 고교–대학 연계교육 프로그램에 참가한 27
명의 숙명여자대학교(이하 숙명여대) 학생들이 제출한 분석 보고서들 중에서 일부
를 발췌한 것이다. 이 내용은 담당 교수의 평가 및 수정을 거쳐 해당 고등학생에게
제공됐다. 학생이 부담하는 논술 상담 비용은 전혀 없다.

마포고 손범희 학생과 숙명여대 대학원
조안나 보조 교사의 상담 장면

문제 1(☞**셋째 마당 2장 논술 심화 문제**) | ※ 제시문 (가)~(라)는 과학적 탐구 방법, 사회 현상에 대한 실증주의적 탐구의 어려움, 과학적 지식의 객관성과 상대성 등에 대한 글이다. 이 제시문들을 적절한 논거로 활용해서 다음 명제에 대해 자신의 견해를 논술하시오 (1,200자 내외).

명제 : '제시문 (바)의 미국 연구진은 제시문 (마)의 멜라네시아 원주민보다 더 과학적인 행위를 했다.'

가. 학생 답안

마포고 손범희

미국의 연구진과 멜라네시아 원주민들중 어느 쪽이 더 과학적인가를 논하기 이전에 우리는 '과학적'이라는 말의 정확한 뜻부터 짚고 넘어가야 할 필요가 있다. '과학'은 합리적인 방법에 의해 세워진 지식체계로, 정확성, 명백성, 실증성 등을 특징으로 하고, 확고한 경험적 사실을 근거로 한다. 따라서 '과학적'이란 말은 누구나 신뢰할 수 있는 객관적인 지식을 의미하게 되었다.

이러한 관점에서 볼 때, (바)는 여러 사례들의 공통점을 추출하여 원리를 발견하는 귀납적 방법을 통해서 사회과학적인 방법으로 탐구한, 해석적 탐구 방법을 사용한다.

1973년부터 1998년까지의 4일째의 심장마비 사례를 종합하여 바스커빌 효과를 도출해 낸 미국 연구진들은 과학적인 행위를 했다고 할 수 있다.

그렇다면 (마)는 어떠할까? 멜라네시아의 원주민들은 그들이 본 활주로와 관제탑 같은 항공기기들의 정보를 모방하여 그들만의 공항을 만들었고, 그들에게 물자를 가져다 줄 비행기를 기다리고 있었다. 그들의 입장에서는 비행기의 등장이 곧 물자의 공급이었음이 틀림없었으며, 거기에서 시작된 논리적 추론은 그들로 하여금 나무 조각을 이어 만든 이어폰, 횃불 유도등, 대나무 안테나 등의 세부적 모방을 하도록 만들었다. 비록 그 속에는 실제 유도등, 이어폰, 안테나 등에 들어간 기술 공학이 없을 뿐, 그들의 확고한 경험과 논리가 함축되어 있다. 멜라네시아 원주민들은 비행기가 오면 물자가 공급된다는 자명한 이치에서 세부적인 이치, 유도등, 이어폰 등을 추론한 연역적 방법을 사용한 것이다. 또한 이 연역적 방법의 추론은 하나의 패러다임을 형성하여 멜라네시아 원주민들이 기존에 가지고 있던 신앙을 몰아내고 적하 숭배라는 새로운 신앙을 만들어 내었다.

그러므로 (바) 또한 연역적 방법을 통한 패러다임의 형성, 그리고 기존의 패러다임 간의 혁명적 변환을 통한 과학적 진보를 이룩한 것이다.

'어느 것이 더 과학적인지' 라는 비교에서는, 귀납적 방법을 통한 바스커빌 효과의 발견보다 연역적 방법을 통해 새로운 패러다임으로 과학적 혁명을 성취한 멜라네시아의 원주민들이 더 '과학적' 인 행위를 했다고 할 수 있다. 비록 말라네시아 원주민들의 적하 숭배가 잘못된 이론으로 세워진 것이라 할지라도 그 논리적 사고와 추론은, 미국의 연구진들의 귀납적 방법에 의한 결과 도출보다 그들 사이에선 더욱 큰 과학적 진보가 되는 것이다.

따라서 (바)의 미국 연구진보다 (마)의 멜라네시아 원주민들이 더 과학적인 행위를 했다.

나. 지면 첨삭 지도(숙명여대 조안나)

장점

답안이 문제의 핵심을 정확하게 파악하지 못하였으나 나름대로 자신의 주장을 펼치고 있습니다. 주어진 제시문을 잘 조합하여 자신의 주장에 맞게 부분적으로 배열하였습니다. 일관된 논지의 흐름을 보여 주며 문장이 간단 명료하고 의미 전달이 정확한 편입니다.

단점

답안이 논리적 전개상으로는 크게 문제될 것은 없습니다. 다만 제시된 명제를 반박해야 한다는 생각에서 무리한 주장을 하고 그러한 주장을 뒷받침하기 위해 적절하게 논거를 제시하지 않았습니다. 처음부터 좋지 않은 방향을 선택했기 때문에 논리 전개를 자연스럽게 진행하기 어려웠다고 생각합니다.

구성의 특징

과학에 대한 개념 정의에서 출발하여 두 가지 사례를 비교하고 그 결과를 토대로 두 가지 사례 가운데 어느 것이 더 과학적인지에 대한 본인의 주장을 제시하였습니다. 과학에 대한 개념 정의로부터 두 가지 사례가 과학적이었다는 진술로 이어지는데 첫 번째 사례를 두 단락으로 나누어서 서술하였습니다. 그러나 이것은 하나의 내용이므로 묶어서 서술해야 합니다. 두 번째 사례 역시 두 단락으로 나누어 서술하였습니다. 두 가지 사례의 과학적 성격에 대해 정리한 내용 때문에 따로 단락을 나눈 듯하지만 분량상으로 보아 두 단락으로 독립시키기에는 적절하지 않습니다. 물론 두 번째 사례를 너무 장황하게 서술했기 때문에, 단락을 나눈 면도 있겠지만 장황한 서술을 줄인다면 한 단락으로 합칠 수 있을 것입니다.

두 가지 사례를 비교한 뒤 별다른 논증 과정 없이 두 번째 사례가 더 과학적이라고 단언합니다. 글 어디에도 두 번째 사례가 더 과학적이라는 주장을 뒷받침할 수 있는 논거가 제시되어 있지 않습니다. 두 번째 사례가 더 큰 과학적 진보이기 때문에 더 과학적이라는 진술은 나타납니다. 그러나 이것이 인과관계가 될 수는 없습니다.

표현

문장 간의 연결이 접속 표현에 의해 저절로 가능해진다고 생각하는 듯합니다. 예를 들어 '따라서' 라는 단어가 앞뒤 문장을 인과관계로 묶어 준다고 생각하는 듯합니다. 그러나 이것은 앞뒤 문장이 인과관계일 때 사용하는 표현이지 인과관계를 만들어 주는 표현은 아닙니다. 내용의 연결이 이루어져야 거기에 어울리는 적절한 표현을 사용할 수 있는 것입니다.

제언

논술에 대한 막연한 인식을 고칠 필요가 있습니다. 주어진 명제에 대해 무조건 반대되는 주장을 한다고 해서 논술이 성립하는 것이 아니며 또한 창의적인 논술로 평가를 받게 되는 것은 아닙니다. 또한 내용을 정확하게 파악하고 그러한 이해를 토대로 해서 자신의 주장을 전개해야 하며, 그러한 주장이 자연스럽게 연결되도록 표현하는 것이 필요합니다.

평가항목	등급	총평
이해·분석력	C	출제자의 의도를 정확하게 파악하는 데 실패하였습니다. 주어진 명제를 반박하여야 한다고 생각하여 제시문에 주어진 논거를 적절하지 않은 맥락에서 사용하였습니다. 논술을 주어진 명제에 대한 반박으로만 생각한 듯합니다.
논증력	C	논리적 흐름이 부자연스러우며, 근거도 타당하지 않습니다. 자신의 주장을 뒷받침하기 위해 논거를 적절하게 사용하지 못했습니다.
창의력	B	주어진 개념에 대해 문제를 제기하는 점은 창의적이라고 할 수 있으며 주어진 명제에 대해 반박을 시도하는 것도 창의적이라고 할 수 있습니다. 그러나 주어진 찬반 구도에 매몰된 것은 문제가 됩니다.
표현력	B	어법에 맞게 문장을 구사했습니다.

다. 글쓰기 상담

① 인사

조 : 안녕하세요.

손 : 안녕하세요.

조 : 피곤하죠? 김평원 선생님께서 학생들 수련회 갔다 와서 피곤할 거라고 말씀하셨는데…….

손 : 아…그건 1~2학년이요.

조 : 아……. 그럼 간단히 자기소개부터 하고 시작하도록 하죠. 자, 범희부터.

손 : 저요? (웃음)

조 : 내가 누군지는 알아요?

손 : 아뇨. 잘…….

조 : 지금 학생들 온 게.

손 : 대학생들. 국어교사가 되실 대학생들이라고.

조 : 우선 선생님은 국어교육 대학원생이구요.

손 : 아…대학원생.

조 : 대학교와 대학원의 차이는 알죠?

손 : 그걸 모를까 봐요? (웃음)

조 : 아…내가 가르쳤던 예전 고3은 진로에 관심이 없어서 대학원을 학원으로 알더라구요.

손 : (웃음) 근데 그렇게 안 보이세요. 2~3학년 정도?

조 : 더 어려 보여요? (웃음) 고마워요. 내 소개를 하면, 내 이름은 조안나라고 해요. 적지 않아도 돼요. 이름은 조안나, 대학원생이고. 그 다음에 범희는?

손 : 고등학교 3학년이요.

조 : 문과?

손 : 예, 문과예요. 바로 옆 반.

② 래포 형성

조 : 문과면 앞으로 어디 갈지 생각해 봤어요? 내일부터가 수시 시작이라고 하던데.

손 : 아 … 저는 수시가 잘, 논술형 아니 수능형이라서……. 그러니까 모의고사가 내신보다 훨씬 잘 나오는 스타일이라서.

조 : 아……

손 : 2학년 2학기에 쓰거나 아니면 정시로 가야죠.

조 : 그렇지. 수능이 내신보다 잘 나오면 정시로 가는 게 좋지.

손 : 예. 수시는 썼는데 정시 비중이 높은 수시 있잖아요? 예를 들면 정시 비중이 있는데 그중에 내신 비율이 80이고, 논술이 20인 거. 그러니까 논술을 잘 써야죠. (웃음)

조 : 그렇죠. 논술이 중요하네. 오늘이 중요한 시간이네. (웃음) 그런데 아까 달력을 보니까 33일 전이던데.

손 : 예, 이제 33일 남았어요.

조 : 부담이 크겠네.

손 : 아무래도 크죠. 형이 재수해서 인하대 국어교육 들어갔거든요. 동생이니까 더

면담 학생을 기다리는 보조 교사들 (마포고)

면담 학생의 글쓰기 전략을 분석하는 보조 교사들

잘해야 할 텐데……. 동생이라고 부모님께서 형보다 더 많이 챙겨 주셨거든
요. 학원도 그렇고.

조 : 음… 계열이 다르면 그래도 괜찮은데 같은 문과라서……. 그럼 범희는 무슨
과를 가고 싶은데요?

손 : 역사교육이요.

조 : 역사교육? 특이하네. 그런데 역사교육이 있는 대학이 별로 많지 않잖아요?

손 : 예, 다 통폐합되고 별로 없어요. 고려대, 홍대 그렇게밖에 없는 거 같아요.

조 : 그렇게 들어가고 나서 또 임용고시도 봐야 하는데…참, 내년에 임용 시험 형태
가 바뀌는 거 알아요?

손 : 아니요. 저번에 알아보니까 필기랑 논술, 면접 뭐 그런 거 보는 거 같던데요.

조 : 응. 내년부터 시험이 좀 달라지는데 논술 비중이 더 많아졌어요. (웃음) 이래
저래 오늘은 중요한 날이네요.

③ 학생 답안에 대한 전반적인 총평

조 : 그럼 범희가 쓴 글을 본격적으로 들어가 볼게요. 우선 김평원 선생님이 먼저
범희가 쓴 글을 주셔서 나는 A4로 옮겨진 걸 봤거든요. 전반적으로 서론, 본
론, 결론 구조를 갖춰서 잘 쓴 거 같아요.

손 : 그래요? (웃음)

조 : 예전에 이건 여담이지만 6개월 정도 논술 강의를 했었거든요. 근데 그때 보면
애들이 논술과 그냥 글 쓰는 거를 많이 헷갈려 해요. 그냥 일반 글 쓰는 거랑
논술은 다르거든요. 글을 쓸 땐 자신의 느낌도 들어가고, 감상도 들어가고, 조
금만 문학적인 표현, 아름다운 표현이 있으면 잘 쓴 거 같잖아?

손 : 그렇죠. (웃음)

조 : 그런데 논술에서는 그런 표현이 좋은 점수를 받지 못하거든요. 논술이라는 게
주장하는 글이잖아요. 그래서 주장이 아무리 좋고 참신해도 근거가 타당하지
않으면 안 되는데 그런 측면에서 볼 때 문학적인 표현을 많이 배제했고. 음…
그래서 좋다는 거예요. (웃음)

손 : 예. (웃음)

조 : 그리고 서론, 본론, 결론 구성에 맞춰서 쓰려고 노력한 거 같아요. 그런데 한 가지 아쉬운 점은 범희는 원주민이 더 과학적이라고 했는데 지금 논거를 살펴보면 원주민의 경우를 분석한 거 하나뿐이거든요? 그래서 논거가 더 있었으면 더 좋은 글이 됐을 거 같아요.

손 : 예.

조 : 사실 논술은 답이 없거든요.

손 : 그렇죠.

조 : 원주민이 더 과학적일 수도 있고, 미국이 더 과학적일 수도 있는데 다만 논거의 차이예요.

손 : 그런데 출제자가 뭘 원하는지 그런 것도 있지 않나요?

조 : 그렇죠. 물론 출제자의 의도도 있지. 그래서 오늘 상담을 하면서 출제자의 의도, 그런 것도 다시 한 번 생각해 보는 시간을 가지려구요.

④ 글쓰기 전략 탐문

조 : 그럼 본격적으로 범희가 어떤 생각을 가지고 글을 썼는지 제시문 좀 잠깐 볼게요. 먼저 (가) 글의 중심 생각은 뭐인 거 같아요?

손 : 그러니까 귀납적 방법과 연역적 방법이요.

조 : 그렇지. 자연과학의 방법론들에 대해서 설명하고 있죠. 그럼 (나)의 글에서는요?

손 : 제가 생각했을 때는 그냥 굳이 과학적이지 않아도 해석학적 방법이 있어서, 음…그러니까 '모든 걸 과학적으로 할 수 없으니까 사회문화 현상은 이런 방법으로 할 수도 있다' 그 정도로 알았는데 지난 번에 설명을 들으니까 과학은 무조건 인과관계가 있어야 되고 사회과학은 상관관계로 이루어지니까 그럼 '아…과학은 꼭 인과관계가 아니구나'를 도출해 냈죠.

조 : 그럼 여기서 사회과학은 앞에서 (가) 글의 자연과학과 같은 것 같아요?

손 : 다르죠.

조 : 어떻게 다른 거 같나요?

손 : 자연과학은 누구나 다 인정할 수 있게 논리적인 추론 이런 걸 해야 되는데 사

회문화 현상은 꼭 논리적인 추론으로 되는 게 아니잖아요.

조 : 통계라든지 그런 걸로 딱 떨어지게 볼 수 없다는 거죠?

손 : 예.

① 조 : 음…그렇구나. 그럼 (다) 글에서는 어떤 이야기를 하려는 거 같나요?

손 : 과학의 어원 같은 걸 하면서 과학적이란 거에 대해 정의를 내렸다고 생각했어
　　요. '과학은 객관적인 지식이다.'

조 : 그럼 이 글에서는 과학적이란 거에 대해서 어떤 태도를 취하는 거 같나요?

손 : 딱 부정적인 건 아닌 거 같고……. 그냥 과학이란 이런 것이고 과학은 각 분
　　야로 뻗어 나가고 있다.

조 : 음…선생님은 어떻게 생각했냐면 (다) 글 밑에 문장을 보면 과학을 어쩌고 하
　　는 게 있잖아요. 이걸 보고 과학을 사람들이 맹신하는 걸 염려하고 있는 게 아
　　닌가 생각했거든요. 아래 문장을 보면 그렇게 생각할 수도 있겠죠?

손 : 네.

조 : 음…그럼 (라) 글을 읽고 무슨 얘기를 하고 있는지 설명해 보세요.

손 : '패러다임이 과학적 방법, 귀납적 방법, 연역적 방법에 의해 증명이 됐어도 그
　　게 뭐 사회나 문화에 따라서 변화할 수 있다' 그런 얘기 같은데요.

조 : 그럼 '과학은 사람들이 맹신할 게 못 된다' 그런 얘긴가요?

손 : 그러니까 '그 시대엔 할 수 있어도 언제나 그게 확실히 옳은 게 아니다, 보장
　　은 없다' 그걸 얘기하는 거 같아요.

조 : 그럼 전체적으로 요약해 보면?

손 : (가) 글은 그냥 귀납적, 연역적 방법이고, (나) 글은 사회과학은 자연과학과
　　다르다는 것, (다) 글은 과학적인 거 뜻이랑 부정적인 기능도 가지고 있으니까
　　맹목적이면 안 된다 이런 거. 그리고 (라)는 꼭 절대적인 게 아니라 시대에 따
　　라서 변할 수도 있다.

조 : 우리가 지금 범희가 쓴 글을 보기 전에 제시문을 먼저 봤는데 그때 이해했던
　　거랑 지금 이해했던 거랑 차이가 있나요?

손 : 음…솔직히 (나) 글은 인과관계랑 상관관계에 대해서 솔직히 생각을 못했어
　　요. 도덕적 무능감하고 담론 여기까지도 생각을 못했어요. 생각을 한 거 같긴
　　한데 제시문에 써 먹기에는 맞지 않는다고 생각을 했었어요.

조 : 사실 이게 5, 6교시 두 시간에 쓰는 거라 시간이 촉박해서 더 그랬을 수도 있어요.

② 손 : 처음 봤을 때는 뭐 이런 당연한 걸 물어 보냐고, 더 과학적인 게 맞는데, 확실한데…….

조 : 아…미국 쪽이 더 과학적이라고 생각했었어요?

손 : 예. 언뜻 보면 과학적이잖아요, 미국이. 그러니까 원주민이 과학적이라고 쓰면 될 것 같아서…….

조 : 아…명제가 너무 당연한 거니까.

손 : 어떻게 보면 원주민은 웃긴 거잖아요. 그래서 다 이렇게 쓰니까 다르게 쓰면 될 거 같아서…….

조 : 음…범희는 이 명제가 너무 뻔한 말을 하니까 이게 다른 측면이 있지 않을까 반대로 생각해 본 거구나.

손 : 그렇죠.

③ 조 : 그럼 범희는 미국은 귀납적 방법으로 했고, 원주민은 연역적 방법을 사용했다고 했는데 그럼 연역적 방법이 더 과학적이라고 생각한 거예요?

손 : 사실 제가 윤리를 선택했는데 거기서 귀납적, 연역적 방법에 대해서 배웠거든요. 귀납법은 경험론이잖아요. 연역법은 합리론자들이고. 그런데 경험론자들은 이성을 믿지 않잖아요. 어려운 말로 선험적 지식이라고 하나……. 아무튼 그건 안 믿잖아요. 모든 것이 경험에 의해 축적되고 이뤄진 거잖아요. 그렇게 보면은 귀납법은 하나하나의 경험에서 끌어낸 거잖아요. 공통적인 걸 추출해 내잖아요. 그런데 다른 경험이 나오면 그건 망하는 거잖아요. 그러니까 귀납법은 모든 걸 조사할 수 없으니까 완벽한 게 아니라고 생각했구요. 연역적 방법은 애초에 결과를 정해 놓고 그게 옳은지 아닌지를 찾기 위해서 실험하는 거니까 오히려 연역적 방법이 더 과학적인 게 아닌가…….

조 : 근데 연역법도 모든 걸 다 실험할 수 없잖아요. 범희는 귀납법이 모든 사례를 조사할 수 없으니까 약간 모순을 갖고 있다고 했는데 연역법도 결과를 정해 놓고 사례를 통해서 증명해야 하는데 모든 사례를 할 수가 없잖아요?

손 : 연역법은 자명한 원리에서 하는 거잖아요. 기본적인 거, 가장 당연한 거.

조 : 근데 그 원리가 틀릴 수도 있잖아요?

손 : 음⋯그건 그러네요.

조 : (웃음) 범희가 꼭 틀렸다는 게 아니고 그렇게 생각해 볼 수도 있지 않나⋯⋯. 하나의 방법을 제시해 주는 거예요. 어쨌든 그래서 범희는 연역법이 더 과학적이라고 생각했구나. 그럼 다시 범희가 쓴 글을 보면 범희는 미국이 귀납법을 사용했다고 했는데, 이 경우는 사실 사회과학이라고 할 수 있잖아요? 근데 아까 귀납법은 자연과학의 방법이었는데 그럼 미국은 귀납법이라고 딱 말할 수가 없지 않나요?

손 : 음⋯이거는 물론 사회과학 측면이긴 한데 그 방법으로 자연과학의 귀납법을 차용했다고 생각한 거거든요. 귀납적 방법을 사용해서 사회과학을 탐구했다, 뭐 이런 거.

조 : 음⋯그럼 주제는 사회과학이고 방법은 자연과학의 방법?

손 : 예. 그렇죠.

조 : 그럼 범희 쓴 글에서 (마) 글 나오는 단락을 보면 연역적 방법을 이용해서 기존에 갖고 있던 신앙을 몰아내고 적하 숭배라는 새로운 신앙을 만들어 냈다고 썼는데 그건 어떤 문장을 보고 쓴 거예요?

손 : (마) 글 자체를 보면 적하 숭배라는 신앙이 생겨났잖아요.

조 : 근데 생겨났다는 말이 없지 않나요? (마) 글 첫째 단락과 두 번째 단락은 사실 첫째 단락 이야기를 두 번째 단락에서 다시 부연 설명하는 거거든요.

손 : 음⋯⋯.

조 : 그럼 아마 원주민의 방법은 연역법 말고도 귀납법이라고도 생각할 수 있지 않을까?

손 : 그렇네요.

조 : 그런데 기존 신앙을 몰아냈다는 말이 제시문에 있나요?

손 : 아⋯이건 적하 숭배라는 신앙이 생겨난 거잖아요. 그럼 기존에 있던 신앙은 없어졌을 거 아니에요? 그렇게 생각했어요. 원래 부족마다 신앙이 있잖아요? 그런데 적하 숭배는 현대 문명 때문에 생겨난 거잖아요. 그래서 이게 원래 기존의 신앙을 몰아내고 새로운 신앙으로 자리 잡았다 그렇게 생각했죠.

조 : 그럼 범희는 특유의 신앙을 기존의 것을 몰아낸 새로운 신앙이라고 생각한 거네?

손 : 네. 그렇죠.

조 : 그런데 논술은 제시문에 충실해야 하거든요. 그래서 범희가 추측한 건 좋은데 다른 의도로 해석하면 오류가 생길 수 있어요. 예를 들면 지금 문장을 보더라도 몰아냈다는 말이 없는데 그걸 자칫 잘못 쓰면 오히려 마이너스가 될 수도 있거든요. 논술은 그래서 더 조심해야 해요. 논술은 주장보다도 근거의 타당성에 더 많은 점수를 주거든요.

손 : 네.

조 : 아니, 그걸 꼭 적을 필요는 없고. (웃음) 그럼 그 다음 단락을 보면 범희는 신앙을 새로운 패러다임으로 보고 있는데 그럼 신앙과 과학은 같은 측면으로 볼 수 있는 건가요?

손 : 제시문을 보면 패러다임은 가설, 법칙 이런 걸 통틀어서 말하는 거잖아요. 그럼 적하 숭배는 원주민들이 나름대로 만들어 낸 가설, 이론이잖아요. 그래서 이것도 하나의 패러다임이 될 수 있지 않을까 그래서…….

조 : 그러면 범희는 신앙이 패러다임에 속할 수 있다고 생각하는 거네?

손 : 네. 신앙도 어떻게 보면 패러다임이라고 할 수 있는 거 같아요. 종교라는 거 자체가 각자 나름의 법칙과 개념이 있고 이론을 가지고 있잖아요. 나름대로 윤리적 개념, 법칙 같은 게 많잖아요. 그러기 때문에 이것도 하나의 패러다임, 잘 변하지 않는 오래된 패러다임이라고 할 수 있지 않나…….

조 : 그런데 아까 범희가 사회과학과 자연과학은 다르다고 했는데 신앙은 사회과학에 속하지 않나요?

손 : 그런데 그렇게 딱 나누는 게 힘든 거 같아요. 사회 속에서 생겨난 거니까 사회과학적인 측면도 있고. 나름대로의 원리를 가지고 있으니까 자연과학적인 측면도 있고.

조 : 그럼 사회과학적인 측면과 자연과학적인 측면 모두 가지고 있다고 생각하는 거네요.

손 : 네. 비중을 보면 사회과학적인 게 좀 더 크지만……. 사실 여기서 사회과학은 해석학적 방법이라고 했는데 제시문에 그게 없어 가지고. 저희 학교에 사회문화 과목이 없어서 제가 그쪽을 잘 모르거든요. 사회과학적인 게 뭔지 더 설명되어 있지 않아서 잘 모르겠어요.

④조 : 그럼 마지막 범희의 결론을 보면 귀납법을 쓴 미국보다 연역법을 쓴 원주민
이 더 과학적으로 진보했다고 생각하는 건가요?

손 : 꼭 그런 건 아니고 미국은 귀납법을 통해서 발견을 했지만 원주민들은 하나의
패러다임을 만들어 냈잖아요. 그것이 틀릴 수도 있지만 어쨌든 제시문 (라)에
나오는 것처럼 혁명적 성취를 한 거잖아요. 그래서 이게 새로운 발견보다는 새
로운 패러다임을 만들어 낸 게 더 과학적이라고 생각했지요.

조 : 음 … 그럼 범희는 패러다임을 만들어 낸 것에 더 큰 의의를 두는 거네요?

손 : 네. 그렇죠.

조 : 그럼 범희는 처음 제시문을 접했을 때 미국이 당연히 더 과학적이라고 생각했
잖아요? 그런데 읽다 보니까 그게 너무 당연해서 원주민이 더 과학적이지 않
을까 생각하고 썼다고 했는데 다른 측면에서 접근하면 둘 다 과학적이지 않을
수도 있지 않을까요?

손 : 그렇게도 생각해 봤는데 둘 다 과학적이지 않다고 하면 논지 자체가 성립하지
않을 테니까. 물론 처음엔 그렇게 생각했었는데 여기 보면 제가 처음에 개요
짠 게 있거든요. 마지막에 보면 '어떤 게 더 과학적인지 분석할 수 없으며 비
교하는 것이 어렵다' 이렇게 생각했었어요. 결국 '문제 자체가 오류가 있는 문
제다' 그렇게 생각을 했거든요. 여러 가지 생각 중에 이런 것도 있었는데, 그
런데 이렇게 쓰는 게 더 논거가 타당한 것 같아서 원주민이 더 과학적이라고
썼거든요. 그래서 우선 과학적인 게 어떤 것인지 쓰고 둘 다 사실 과학적이라
고 말하기 어렵지만 비교해서 쓴 거예요. 그리고 제가 알기로는 중국인들은 4
를 좋아하거든요. 빨간 색도 좋아하고. 중국 역사책 봤던 거 보면 사방, 사신
이런 게 나오는데 제가 알기론 4를 중요시한다고 알고 있어요. 그래서 제시문
도 뭔가 이상하다고 생각하고 미국이 과학적이지 않다고 생각했거든요. 사실
숫자 4는 일종의 미신이잖아요. 어쨌든 이것도 그렇고.

⑤ 글쓰기 상담

조 : 그렇구나. 그럼 마지막으로 범희는 이 글을 쓸 때 어렵다거나 힘들었던 점이
어떤 거였어요?

손 : 사실 논거를 더 생각할 수 있었는데 시간이 없어서……아까 개요 짠 거 보셨 잖아요. 연필로 우선 짰는데 그거를 펜으로 옮길 때 시간이 부족해서 글씨가 거의 날아갔어요. 시간이 모자라요. 개요 짠 거를 다 넣으려고 했는데 글자 수 를 훨씬 넘어 버리는 거예요. 아까 숫자 4에 대한 이야기도 쓰려고 했는데 그 럼 1,200자를 훨씬 넘어 버려서 안 썼거든요.

조 : 으흠. 그렇구나. 사실 범희의 글에서 아쉬웠던 게 논거가 약간 부족하지 않나 한 거거든요. 본론에서 원주민의 경우만 분석하는 것이 아니라 미국의 경우까 지 분석해서, 그래서 이러한 결론에 도달했다라는 식으로 썼으면 더 좋았을 거 같아요. 예를 들면 모든 사람이 다 4를 믿는 건 아니다라는 이야기를 넣었으면 더 좋았겠죠.

손 : 예. 만약 정말 논술이었다면 1,800자 2,400자 정도 되니까 그땐 시간만 안 부 족하면 쓸 수 있을 거 같아요.

조 : 응. 다음엔 범희가 알고 있는 배경 지식, 물론 정확한 정보에 한해서 다 써 주 면 글의 타당성을 더 높여 줄 거 같아요. 그런데 범희는 사회문화를 안 배워서 사회문화에 대해서 잘 모른다더니 그래도 잘 아는 것 같은데요? 사회 현상이 뭔지 관심도 있는 것 같고.

손 : 아예 모르지는 않죠. 신문도 보고. 논술 준비하려면 책도 많이 읽어야 하니까. 그리고 원래 책 읽는 걸 좋아해요. 아까 역사교육과 가고 싶다고 했잖아요.

조 : 응. 사실 내 주위도 보면 역사에 관심 많은 애들이 철학 책도 접하게 되고 그래 서 상식이 풍부하더라구요. 범희도 그런 것 같아요.

손 : 아니에요. 그렇지도 않아요.

조 : 사실 교과서 외 책도 많이 읽고 철학도 접해 보고 이런 게 논술에 많이 나오거 든요. 단기간에 효과를 볼 순 없더라도 꾸준히 계속 읽다 보면 그게 다 배경지 식이 돼서 언젠가 다 범희한테 도움이 될 거예요.

손 : 아…도움이 돼야 될 텐데요.

조 : (웃음)

손 : 그런데 제가 잘 쓴 건가요? 맞게 쓴 건지 잘 몰라서.

조 : 아까도 말했지만 논술엔 정답이 없어요. 범희가 쓴 게 맞을 수도 있고 미국이 더 과학적일 수도 있고. 아니면 둘 다 비과학적일 수도 있죠. 다만 타당성의 정

도인데 논거가 충분하면 그 주장이 더 설득력 있게 되거든요. 그리고 아까 범희도 말했듯이 출제자의 의도도 중요해요. 출제자의 의도는 딱 보면 드러나지 않잖아요.

손 : 예. 계속 읽어도 헷갈리더라구요.

조 : 응. 출제자의 의도는 제시문 곳곳에 숨어 있는데 그걸 간파하는 게 중요하죠. 그 다음에 서론, 본론, 결론 구성에 맞게 개요를 짜고, 타당한 근거를 본론에 배치해서 쭉 써 나가는 거죠. 그거야 범희도 알겠지만.

손 : 네.

조 : 음. 이걸로 범희가 쓴 글에 대한 글쓰기 지도는 마칠게요.

⑥ 컨설팅

조 : 그런데 아까 범희는 선생님이 되고 싶다고 했죠?

손 : 예. 역사교육.

조 : 나랑 같은 교육 분야네. (웃음) 그럼 현실적으로 생각할 때 서울에 있는 학교에 들어가야 하는데 이때 중요한 게 논술이에요. 내가 고3일 때도 보면 성적이 낮은데 논술 덕분에 더 좋은 대학 가는 애들 많이 봤거든요. 면접이나 뭐 다른 건 몰라도 논술로 갈리는 건 많이 본 거 같애. 그런데 특히 역사교육은 글쓰기도 잘해야 되는 거 알아요?

손 : 예.

조 : 사실 대학교 1학년 때까지만 해도 복수전공으로 역사를 하고 싶어서 사학 쪽 과목을 들었는데 나는 그쪽을 만만하게 생각하고 들었거든요. 중·고등학교 때 국사를 좋아했거든. 그래서 들었는데 진짜 장난이 아닌 거야. 철학과 가까워서인지 오히려 국문과보다 더 잘 쓰는 것 같더라구요.

손 : 예. 철학도 들어가고 사실 역사는 말 한 마디에 함축돼 있는 게 되게 많아서. 어떻게 보면 쪼잔하대요. 어떻게 했다 그 한 문장 가지고 사람들끼리 막 분석하고 반대하고.

조 : 응. 게다가 범희는 그 분야를 가르치는 선생님이 되고 싶다고 했잖아요. 그러려면 논술이나 글쓰기는 기본이어야겠네.

손 : 예. (웃음)

조 : 그런데 선생님이 되려면 우선 임용 시험을 봐야 하는데 뭐 좀 알아봤어요?

손 : 예. 기본 과목 좀 알아봤는데 1차 필기, 뭐 심층 면접도 있고 그렇다고 하더라구요.

조 : 응. 그런데 그 시험에서조차 논술의 비중이 점점 커지고 있어요. (웃음). 그래서 내가 하고 싶은 말은 앞으로 범회가 살아가는 데 논술이 아주 많이 중요해질 거라는 거예요. 뭘 해 먹고살든, 사실 대학교에서는 모든 과제, 시험이 글쓰기거든요.

손 : 예. 형을 봐도 그런 거 같아요.

조 : 그러니까 신경 써서 공부하되 너무 어렵게만 생각하지 말고.

손 : 네.

조 : 그래요. 그럼 시간이 다 됐으니까 오늘 논술 상담은 이걸로 마칠게요.

손 : 예. 선생님도 수고하셨습니다.

글쓰기 상담을 통해 보조교사는 가르침으로써 성장하고, 학생은 배움으로써 진보한다.(教學相長)

다. 손범희 학생의 글쓰기 전략 분석

(1) 독해

　출제 의도에도 나와 있듯이 본 문제는 객관적인 진리라 여겨지는 과학적 지식에 대해 학생들이 비판적으로 생각해 볼 것을 요구하고 있다. 특히 (다)의 글은 과학에 대한 무비판적인 맹신에서 벗어나자는 것이 중심 생각이다. 하지만 학생은 제시문을 다르게 해석하고 있다.

①

조 : 음…그렇구나. 그럼 (다) 글에서는 어떤 이야기를 하려는 거 같아요?

손 : 과학의 어원 같은 걸 하면서 과학적이란 거에 대해 정의를 내렸다고 생각했어요. '과학은 객관적인 지식이다.'

조 : 그럼 이 글에서는 과학적이란 거에 대해서 어떤 태도를 취하는 거 같아요?

손 : 딱 부정적인 건 아닌 거 같고…….　그냥 과학이란 이런 것이고 과학은 각 분

> 야로 뻗어 나가고 있다.

　예를 들어서 학생은 (다) 글의 앞부분에 초점을 두고 제시문이 과학에 대한 정의를 내렸다고 보고 있다. 그러나 과학적 지식에 대한 개념은 앞부분에만 언급되어 있을 뿐 실상 이 글의 중심 문장은 마지막 문장 "이러한 과학 지상주의는 ~ 초래하고 있다"로 볼 수 있다. 즉 과학적 지식이 객관적인 진리로 받아들여지고 있는 현실을 비판하고 있는 것이다. 따라서 학생은 제시문을 독해하고 요약하는 과정에서 제시문을 잘못 이해하고 있다고 볼 수 있다. 모든 논술은 제시문 독해에서 시작된다. 그러므로 학생은 글을 바르게 읽고 핵심을 올바르게 파악하기 위해서 읽기 훈련을 병행해야 할 것이다.

⑵ 논점 파악

> ②
>
> 손 : 처음 봤을 때는 뭐 이런 당연한 걸 물어 보냐고, 더 과학적인 게 맞는데, 확실한데…….
>
> 조 : 아…미국 쪽이 더 과학적이라고 생각했었어요?
>
> 손 : 예. 언뜻 보면 과학적이잖아요, 미국이. 그러니까 원주민이 과학적이라고 쓰면 될 것 같아서…….
>
> 조 : 아…명제가 너무 당연한 거니까.
>
> 손 : 어떻게 보면 원주민은 웃긴 거잖아요. 그래서 다 이렇게 쓰니까 다르게 쓰면 될 거 같아서…….
>
> 조 : 음…범희는 이 명제가 너무 뻔한 말을 하니까 이게 다른 측면이 있지 않을까 반대로 생각해 본 거구나.
>
> 손 : 그렇죠.

　학생은 명제가 당연하다고 생각하고 그에 반대되는 주장을 마련했다. 출제자가 너무 쉽고 당연한 문제는 내지 않았을 것이라고 생각한 것이다. 이는 출제자의 의도보다 오히려 한 발 앞서 나간 나머지 논점 자체를 잘못 파악했다고 할 수 있다.

이 논술 문제의 의도는 과학적 지식의 절대성에 대해 고민해 보는 것이다. 그래서 과학적 방법으로 도출해 내기 어려운 사회 현상을 예로 들었다. 그러나 학생은 미국과 원주민의 경우가 사회 현상이라는 점을 간과하고 어느 것이 더 과학적인지의 비교에만 초점을 맞추었다. 아마도 제시문을 제대로 이해하지 못하고 논점을 파악하려 했기 때문에 이러한 오류가 생긴 듯하다.

(3) 논리 구성

학생은 자신의 논점(원주민의 경우가 더 과학적이다)에 맞게 논리를 구성하기 위해 우선 서론에서는 어떤 것이 과학적인지에 대하여 밝혔다. 그리고 미국과 원주민의 사례를 분석한 뒤 그 둘을 비교하였다. 구성 면에서 보자면 서론, 본론, 결론이 일관되게 전개되고 있으며 비교적 짜임새 있게 구성되었다고 할 수 있다.

그러나 미국과 원주민의 비교의 결과에서 별다른 논증 과정 없이 두 번째 사례가 더 과학적이라는 결론으로 이어지는 것이 아쉽다. 원주민의 사례가 더 큰 과학적 진보이기 때문에 더 과학적이라는 진술은 나타나지만 더 과학적이라고 할 때의 논증이 없다. 그리고 앞서 이야기 했듯이 본 논술 문제의 의도는 어느 것이 더 과학적인지를 비교하는 것이 아닌데 논점을 잘못 파악하여 과학적인 것에만 초점을 맞춘 것이 아쉽다.

(4) 논거 구성

학생은 자신의 배경지식을 인출하여 미국은 귀납법을, 원주민은 연역법을 사용하였다고 생각했다. 그리고 그 둘을 비교했을 때, 귀납법보다 연역법이 더 과학적이므로 원주민의 경우가 더 과학적인 성취를 했다고 보았다.

③

조 : 그럼 범희는 미국은 귀납적 방법으로 했고, 원주민은 연역적 방법을 사용했다고 했는데 그럼 연역적 방법이 더 과학적이라고 생각한 거예요?

손 : 사실 제가 윤리를 선택했는데 거기서 귀납적, 연역적 방법에 대해서 배웠거든

요. 귀납법은 경험론이잖아요. 연역법은 합리론자들이고. 그런데 경험론자들은 이성을 믿지 않잖아요. 어려운 말로 선험적 지식이라고 하나……아무튼 그걸 안 믿잖아요. 모든 것이 경험에 의해 축적되고 이뤄진 거잖아요. 그렇게 보면은 귀납법은 하나하나의 경험에서 끌어낸 거잖아요. 공통적인 걸 추출해 내잖아요. 그런데 다른 경험이 나오면 그건 망하는 거잖아요. 그러니까 귀납법은 모든 걸 조사할 수 없으니까 완벽한 게 아니라고 생각했구요. 연역적 방법은 애초에 결과를 정해 놓고 그게 옳은지 아닌지를 찾기 위해서 실험하는 거니까 오히려 연역적 방법이 더 과학적인 게 아닌가…….

하지만 두 사례의 비교에서 과학적이라고 하는 기준이 모호하다. 학생은 귀납법이 모든 사례를 조사할 수 없으므로 연역법보다 덜 과학적이라고 하였는데, 연역법 역시 결과를 미리 정해 놓긴 하지만 사례를 조사해야 한다. 이때 모든 사례가 그 결론과 맞지 않을 수도 있다.

④

조 : 그럼 마지막 범희의 결론을 보면 귀납법을 쓴 미국보다 연역법을 쓴 원주민이 더 과학적으로 진보했다고 생각하는 건가요?

손 : 꼭 그런 건 아니고 미국은 귀납법을 통해서 발견을 했지만 원주민들은 하나의 패러다임을 만들어 냈잖아요. 그것이 틀릴 수도 있지만 어쨌든 제시문 (라)에 나오는 것처럼 혁명적 성취를 한 거잖아요. 그래서 이게 새로운 발견보다는 새로운 패러다임을 만들어 낸 게 더 과학적이라고 생각했지요.

그리고 미국은 발견을 했지만 원주민의 경우 패러다임을 만들어 냈기 때문에 더 과학적이라고 하였는데, 발견과 패러다임 생성의 차이는 무엇인지 그 기준 또한 모호하다. 발견보다 패러다임이 좀 더 과학적이라고 한다면, 왜 미국은 발견이고 원주민의 경우는 패러다임을 만들어냈다고 생각했는지에 대한 부연 설명이 있어야 할 것이다.

⑤ 기술

학생의 답안이 문제의 핵심을 정확하게 파악하지 못하였으나 자신이 생각한 논리에 따라 구성한 내용을 비교적 논리 정연하게 기술하고 있다. 논지의 흐름도 일관적이며 문장이 간단명료하여 의미 전달이 정확한 편이다.

논술 상담 중에 학생은 시간이 부족해 논거 하나를 쓰지 못했다고 하였다. 학생이 짠 개요대로 '4'에 대한 중국인의 생각을 썼다면(물론 정확한 정보에 한해서) 더 설득력 있는 주장이 되었을 것이다. 주어진 시간에 개요에 짠 사항을 다 기술하지 못한 것은 학생이 특정 단계에서 많은 시행착오를 겪었기 때문일 것이다. 학생은 제시문과 출제자의 의도를 파악하는 데 시간이 오래 걸린 듯하다. 또 여러 예상 답안에 맞는 논거를 다 찾으려 하다 보면 독해 및 논점 파악 단계에서 시간이 지체될 수밖에 없다. 앞으로는 제시문을 바르게 독해하되, 되도록 빨리 논점을 파악하고 그에 해당하는 논거를 찾아내는 전략이 필요할 것이다.

라. 글쓰기 상담을 마치고

숙명여대 교육대학원 국어교육전공 조안나

사실 고등학교로 실습을 하러 간다는 말을 들었을 때는 두려움보단 기대가 더 컸다. 지난 학기 교육 실습을 할 때의 느낌이 새록새록 떠올랐기 때문이다. 물론 중학생들보다는 덩치도 정신도 모두 성숙하겠지만 그래도 어린 학생들을 마주 대한다고 하니 기대가 됐었다. 하지만 그것도 잠시, 실습날이 하루하루 다가오면서 아직 나 자신도 부족한데 학생을 어떻게 지도해야 하나 걱정이 되기 시작했다. 가기 전날 선생님께서 올려주신 제시문과 첨삭 지도의 샘플을 보고 나서는 걱정이 두려움으로 바뀌기도 했다. 제시문도 쉽지 않았을뿐더러 샘플에 실린 이현준 학생의 글이 너무 잘 쓴 글이었기 때문이다.

불행인지 다행인지 내가 맡은 학생의 글은 이야기해 볼 만한 수준(?)이었기에 무사

숙명여대 예비 국어교사와 마포고 연계교육 프로그램

히 수업을 진행해 나갈 수 있었다. 물론 처음에는 어색하고 긴장이 풀리지 않아서 당황하기도 했지만 시간이 지날수록 손범희 학생의 글쓰기에 대해 진지하게 이야기를 나눌 수 있었다.

단순히 학생이 쓴 글을 가지고 '잘됐다, 잘못됐다'를 이야기하는 것이 아니라 학생이 어떤 생각을 가지고, 어떻게 글을 썼는지 들어 보고 함께 이야기해 보면서 결과로만 평가하는 것이 얼마나 잘못된 평가 방식인지 새삼 깨달을 수 있었다. 글쓰기에 관한 책들을 보면 논술에는 정답이 없다고 한다. 논거만 타당하다면 예외의 답도 허용해 줄 수 있어야 한다고 한다. 하지만 우리는 그동안 학생의 답안지만 보고 잘된 글인지, 그렇지 않은 글인지 말 그대로 '줄 세우기'만 해 왔다.

처음에는 나 역시 손범희 학생이 쓴 글을 읽고 어디가 잘못되었는지 찾는 것에만 열중했다. 그러나 직접 학생과 대면하여 이야기해 보는 시간을 통해 학생의 주장도 그 나름의 일리가 있다는 생각이 들었다. 물론 그것이 출제자가 원하는 방향이 아니어도 이 시간을 통해 학생이 자신의 글쓰기를 돌아볼 수 있다면 그 자체만으로도 의의가 있는 수업이 될 수 있을 것이다. 그리고 학생들 역시 단순한 지면 첨삭이 아닌 함께 이야기해 보는 시간을 통해 자신의 글쓰기를 되짚어 볼 수 있는 수업을 더 원할 것이라는 생각이 들었다.

김평원 선생님께서 주신 매뉴얼에도 나와 있듯이 글쓰기는 비단 입시에만 국한되어 있는 것이 아니다. 나 또한 겪어 봤듯이 대학에서 모든 과제 및 시험은 글쓰기로 이루어져 있고, 좋은 직장을 얻기 위해서도 글쓰기 전략은 필요하다. 하지만 학생들이 접하는 글쓰기 지도는 단순하기 짝이 없다.

고등학교 2학년 때 입시 준비를 위해 논술 학원을 다닌 적이 있었다. 주어진 제시문을 20여 분에 걸쳐 설명한 뒤 남은 시간 동안 답안지를 작성하는 게 전부였다. 그리고 며칠 뒤에 대여섯 줄의 추상적인 조언과 대문짝만한 글씨로 점수가 적혀 있는 답안지를 되돌려 받으면 끝. 지금 생각해도 참 허접한 수업이 아니었나 싶다. 물론 전문적인 논술학원이 아니어서 체계적인 수업이 이루어지기가 어려웠다지만 답안지를 다시 받을 때면 '초등학교 때 하던 아이템플과 비슷하다니… 너무 심한 것 아냐'(초등학교 때 아이템플이라는 학습지가 유행했었다. 매일 일정량의 문제를 풀면 학습지 교사가 걷어간 뒤 채점과 함께 코멘트를 적어 보내줬었다)라는 생각이 들곤 했다. 결국 나의 글쓰기 실력은 나아지지 않았고 몇 번 다니다 그만두고 말았다. 아마 요즘도 버젓이 논술학원이라는 간판을 걸어두고 그런 식의 수업을 진행하는 학원이 많이 있을 것이다. 하지만 그때의 나에게나 지금의 학생들에게나 가장 필요한 것은 결과만을 알려 주는 지도가 아니라 처음부터 끝까지 자신의 생각을 이끌어 주고 어떻게 써야 잘된 글쓰기인지 가르쳐 주는, 과정과 전략에 대한 가르침일 것이다.

이번 현장 실습을 통해서 가르치는 것의 중요성에 대해서 다시 한 번 생각해 볼 수 있었다. 그동안 막연하게 선생님이 되어야겠다는 생각만 하고 막상 어떠한 수업을 할지 고민해 보지 않았는데, 앞으로 교사가 된다면 글쓰기뿐 아니라 읽기는 어떻게 가르치는 것이 효과적인지, 말하기의 지도는 어떻게 할 것인지 등에 대해 생각해 볼 수 있었던 시간이었다. 그리고 새삼 꼭 좋은 선생님이 되어야겠다는 다짐을 하게 되었다.

『아우라 사회논술』은

고등학교 현장에서 국어교사와 사회교사가 협동수업으로 이루어 낸 효과가 확인된 논술지도 프로그램이다.

셋째 마당 : 주제별 실전 연습

개인과 사회

논술 고사의 형태가 어떻게 바뀌더라도 인문 · 사회계열 논술에서 변함없이 살아남을 주제가 있으니 그 중 하나가 바로 '개인과 사회'와 관련된 쟁점이다. 지금까지 출제된 각 대학의 기출 문제에서 '민주주의 정치 질서 속에서 개인과 개인, 개인과 국가 사이의 이익을 조화시켜 어떻게 공동선을 이룰 수 있는가' 라는 주제를 찾는 일은 그리 어렵지 않다. 하지만 생소한 주제보다도 이처럼 누구나 예측 가능한 유명한 주제가 오히려 논술 답안을 작성하기 더 어려운 경우가 많다. 남들이 다 언급하는 내용을 뛰어 넘는 독창적인 답안을 작성하기란 그만큼 더 어렵기 때문이다.

본 문제는 금연 정책과 관련하여 개인의 기본권과 국가 권력이 충돌하는 영역을 다루고 있으며 이 둘 사이의 균형을 찾는 일은 어찌 보면 너무나도 뻔한 답을 요구하는 논제이다. 이번 논술 과제를 해결하는 과정에서 민주주의와 기본권 개념을 숙지하고 더 나아가 경제 이론에 대한 이해를 바탕으로 둘 사이의 균형을 모색하는 수준 높은 논리를 구성해 보도록 하자.

논술 기본 문제

■ 교과 체계

구분	관련 교과 및 단원
기본	고등학교 『법과 사회』 Ⅳ. 국가 생활과 법 고등학교 『정치』 Ⅰ. 시민 생활과 정치 고등학교 『시민 윤리』 Ⅰ. 시민 사회와 윤리 고등학교 『경제』 Ⅱ. 시장과 경제 활동심화
심화	고등학교 『경제』 Ⅱ. 경제 주체의 합리적 선택 고등학교 『윤리와 사상』 Ⅰ. 윤리와 사회 사상의 의의 고등학교 『사회 문화』 Ⅱ. 개인과 사회 구조 Ⅳ. 인간과 문화 현상의 이해 고등학교 『정치』 Ⅰ. 시민 생활과 정치 고등학교 『시민윤리』 Ⅰ. 시민 사회와 윤리

(가) 담배를 쉽게 끊지 못하는 것은 니코틴의 중독성 때문이다. 니코틴은 뇌의 신경세포로 하여금 도파민을 분비하게 한다. 도파민은 쾌락과 관련된 화학물질이다. 요컨대 담배가 쾌락을 제공하므로 금연이 쉽지 않은 것이다. 니코틴이 진정제인 헤로인이나 마취제인 코카인보다 중독성이 더 강력한 것으로 알려졌다. 따라서 흡연자들이 갖가지 방법으로 금연을 시도하지만 대부분 실패할 수밖에 없는 것이다.

그럼에도 불구하고 각국의 보건당국은 획일적인 규제와 벌금 위주의 금연정책에 의존하고 있기 때문에 소기의 성과를 거두지 못하고 있다. 다시 말해서 무조건 금연을 강요하는 것만이 능사는 아니라는 것이다. 일방적인 금연정책보다는 담배의 해악을 극소화하려는 전략으로 흡연 문제를 해결한 나라는 스웨덴이다. 2000년까지 흡연자 비율을 인구의 20%로 낮추자는 세계보건기구(WHO)의 제안을 충족시킨 유일한 나라이다. 이는 스너스(snus)라는 제품 덕분이다.

스너스를 입 안에 물고 있으면 니코틴이 피 속으로 직접 방출되기 때문에 발암물질에 노출될 염려가 없다. 이 덕분인지 스웨덴 남자들은 유럽에서 폐암 발생률이 가장 낮은 것으로 나타났다. 스너스가 흡연 문제의 궁극적인 해결책이 될 수는 없지만 인간의 의지만으로 금연이 불가능한 경우 차선책이 될 수는 있을 것 같다.

– 이인식, 『이인식의 과학나라』

(나) 홉스와 로크에서 볼 수 있듯이 국가는 국가가 성립하기 이전부터 모든 인간이 지니고 있는 자연권을 보장하는 데 근본 목적이 있다. 즉 국가 권력을 행사하는 목적이 기본권 보장에 있다. 그러나 때로는 국가 권력이 행사되는 과정에서 기본권이 침해되거나 제한되는 경우가 발생한다. 이때 기본권의 보장을 목적으로 삼고 있는 국가가 권력을 행사하는 과정에서 오히려 기본권을 침해하게 된다. 따라서 국가 권력은 무제한 행사될 수 있는 것인지 아니면 일정한 제한 속에서 행사될 수 있는 것인지에 대한 문제가 발생한다. 이러한 문제를 우리나라 헌법에서는 어떻게 해결하고 있는지 알아보자.

제10조 모든 국민은 인간으로서의 존엄과 가치를 가지며, 행복을 추구할 권리를 가진다. 국가는 개인이 가지는 불가침의 기본적 인권을 확인하고 이를 보장할 의무를 진다.

제37조 제2항 국민의 모든 자유와 권리는 국가 안전 보장 · 질서 유지 또는 공공 복리를 위하여 필요한 경우에 한하여 법률로써 제한할 수 있으며, 제한하는 경우에도 자유와 권리의 본질적인 내용을 침해할 수 없다.

– 고등학교 『정치』

(다) 시민사회에서는 개인적 가치와 삶의 목표가 서로 다르더라도 그것이 타인의 동등한 자유와 권리를 침해하지 않는 범위 내에서는 최대한 허용되어야 한다. 이처럼 시민 사회에서는 개인에게 최대한의 자유를 허용하고 사회적 가치의 강제를 최소화함으로써 공동선을 실현할 수 있다고 본다.

keyword

■ 자연권(自然權) : 자연적으로 인간이 태어날 때부터 가지는 권리. 홉스, 로크 등이 주창한 자연법 사상에 따르면, 인간의 자연권은 법률 이전의 천부의 권리이며, 국가가 법률로써 이를 침해하거나 제한할 수 없다.

그런데 인간의 자유와 이성은 불완전하므로 사회는 법이나 제도 등 타율적인 영역을 설정해 줄 필요가 있다. 대체로, 사적인 영역에 속하는 것은 자율에 맡기는 반면에, 공적인 영역에 속하는 것은 법과 제도로써 타율적인 강제를 적용하게 된다.

우선, 타인의 이익과 자유에 직접적인 영향을 주는 사회적 가치와 행위 규범들에 대해서는 법과 제도 등을 통해 강제성을 띨 것이다. 예를 들어, 폭력 행사나 공장 폐수의 방류 등과 같은 것을 규제의 대상으로 하는 것은 좋은 사례라고 하겠다.

다음으로, 사적인 영역의 자유와 자율이라 해도 시민사회의 자유는 방종을 위한 자유가 아니라는 점을 유념해야 한다. 이는 오히려 개인의 주체성과 창의성을 자극하고, 합리적 능력을 계발시키며, 더 나아가 자율적으로 사회의 윤리성을 고양시키기 위한 가치이다.

– 고등학교『시민 윤리』

(라)　보건복지부의 담뱃값 대폭 인상 추진을 둘러싸고 옹호와 반박이 이어지고 있다. 담배에 물리는 국민 건강 증진 부담금을 2004년에 1천 원을 올린 뒤 2005년부터 2007년까지 해마다 500원씩 더 인상해 담뱃값을 지금보다 3천 원가량 인상한다는 것이 복지부의 방안이다.

이렇게 하면 현재 60.5%(세계 1위)인 성인 남자 흡연율을 2007년까지 30%로 낮출 수 있다는 것이다. 과연 담뱃값 인상이 복지부의 구상대로 흡연율을 줄일 수 있을까? 흡연율이 감소한다면 그 효과는 얼마나 될까? 담뱃값 인상이 뚜렷한 금연 효과는 낳지 못한 채 상대적으로 흡연율이 높은 저소득층의 세 부담만 더 늘리는 건 아닐까? 재정경제부는 담뱃값 인상이 뚜렷한 금연 효과는 고사하고 물가만 올리고 세수 감소라는 부작용만 가져온다며 담뱃값 인상에 반대하고 있다.

– ○○신문(2003. 8. 13), 고등학교『경제』중에서

(마)　경제학에서는 수요·공급의 변화와 수요량·공급량의 변화를 구분하여 수요·공급 곡선의 이동은 수요·공급의 변화라 하고, 주어진 수

요 곡선, 공급 곡선상의 점의 이동은 수요량·공급량의 변화라 한다. 그 재화의 가격이 변해서 수요량·공급량이 변화하는 경우에는 곡선의 이동이 아닌 곡선상의 점의 이동으로 나타나며, 그 재화의 가격 이외의 요인에 의하여 수요·공급이 변화하는 경우에는 수요·공급 곡선 자체의 이동으로 나타난다. 즉, 각 가격 수준에서 수요와 공급이 변하는 것이다.

※ 수요 곡선의 이동과 수요 곡선상의 점의 이동

(1) 담뱃갑에 흡연이 건강에 미치는 폐해에 대한 글귀가 인쇄된 것을 보고 담배의 유해성을 깨달은 흡연자들이 담배를 덜 피우게 되었다. 즉, 담배에 대한 수요가 감소하였다.

(2) 정부는 담배 소비를 줄이기 위해 담배에 부과되는 세금을 인상하여 담뱃값을 올렸다. 그 결과 담배 수요량이 감소하였다.

– 고등학교 『경제』

문제 1 | 국가가 정책적으로 시민의 흡연 행위를 제한하는 것이 시민의 자유권과 행복추구권을 침해하는 것은 아닌지에 대해 제시문 (나)와 (다)에 나온 주요 개념들을 사용해서 자신의 견해를 논술하시오(450~500자).

문제 2 | 제시문 (가)의 저자는 정부의 획일적인 규제 위주의 금연 정책의 한계를 지적한다. 이에 대한 대안으로 스웨덴의 흡연 문제 해결책을 소개하고 있는데, '개인의 자유와 국가'라는 측면에서 스웨덴의 정책을 평가해 보시오(450~500자).

문제 3 | 제시문 (라)에서 보건복지부가 담뱃값을 올리려 하는 것은 제시문 (마)에 나온 경제이론 중 어떤 것을 따른 것인지 설명하고, 보건복지부의 정책에 반대하는 재정경제부 입장에서 취할 수 있는 금연 정책에는 어떤 것이 있는지 논술하시오(450~500자).

 **| 문제 해설**

1. 출제 의도

이 과제는 흡연 문제에 있어서 개인의 자유가 어느 정도까지 허용될 수 있고, 국가는 금연 정책을 추진하는 과정에서 개인의 자유를 어떤 방법으로 규제할 수 있는가에 초점을 맞추고 있다. 특이할 만한 점은 세 개의 논제가 순차적으로 제시되면서 점차 사고의 수준과 범위가 확대되고 있다는 것이다. 우선 첫 번째 문제에서는 개인의 자유와 국가의 개입에 대한 관점을 세우도록 요구하고 있다. 이를 위하여 개인의 자유권을 설명하고 있는 정치 교과, 자유와 사회적 통제의 조화를 설명하고 있는 시민 윤리 교과를 연결하였다. 학생들은 첫 번째 문제를 해결하는 동안 형성된 나름의 관점을 다른 나라 정책을 평가하는 두 번째 문제에 반영하게 된다. 평가는 자신의 견해와 관점을 토대로 이루어지기 때문에 첫 번째 문제에 대한 답안의 수준이 그대로 두 번째 문제에도 영향을 끼치게 된다. 이처럼 학생들은 문제1과 문제2를 해결하는 동안 문제 상황에 대해 나름의 입장을 정리하게 된다. 세 번째 논제는 이러한 학생 나름의 관점을 토대로 실제 사례로 확대 적용하는 능력을 평가하는 실전형 통합교과논술 과제이다. 여기서는 경제 교과의 지식과 연결할 뿐 아니라 구체적으로 어떤 정책을 추진할 수 있는지에 대한 창의적인 아이디어를 요구하고 있다.

2. 제시문 분석

제시문 (가)는 『이인식의 과학나라』에서 발췌한 것으로, 흡연을 막기 위해 국가가 획일적으로 규제하거나 벌금을 부과하는 방식의 한계를 지적하고 있다. 그리고 스웨덴의 사례를 들며 무조건 끊게 하는 것보다 담배의 해악을 줄이는 현실적인 방식을 채택할 때 오히려 국민 건강 증진 효과가 있음을 강조한다. 이러한 사례를 통해 학생들은 스웨덴 정부가 개인의 자유 추구와 국가의 역할 사이에서 어떤 철학을 가지고 정책을 추진했는지 유추해야 한다.

제시문 (나)는 고등학교 『정치』 교과서에서 발췌한 것이다. 자유권 등 인간의 기본권은 국가와 관계없이 존재하고 있는 것이므로 이를 제한할 때는 최소한 그 본질을 해치지 않아야 한다는 것을 설명하고 있다. 제시문 (다)는 시민 윤리 교과서에서 발췌한 것으로 인간의 자유권은 중요하지만 그것이 방종으로 치닫지 못하도록 법과 제도를 통하여 규제할 필요성이 있음을 언급하고 있다. 학생들은 제시문 (나), (다)를 통하여 인간의 자유를 억압하여서도 안 되지만 전혀 제한하지 않을 수도 없다는 사실을 알게 된다.

제시문 (라)와 (마)는 고등학교 『경제』 교과서에서 발췌하였다. (라)는 시민들의 금연을 유도하기 위해 담뱃값을 올리겠다는 보건복지부의 정책과 이를 반대하는 재정경제부의 주장 내용을 담고 있다. (마)는 수요의 변화와 수요량의 변화라는 경제 교과 지식을 설명하고 있다.

기본 철학	흡연 문제와 관련된 주장
개인의 기본권은 최대한 보장되어야 하며, 국가의 규제는 최소화되어야 한다.	흡연은 자유 및 행복 추구 등 침해할 수 없는 기본적인 권리에 해당된다.
개인의 기본권은 종종 법과 제도를 통하여 규제될 필요가 있다.	흡연은 공공복리를 해치는 행위로 규제 받아야 마땅하다.

3. 문제 해설

문제 1은 제시문 (나), (다)와 관련되어 있다. 학생들은 제시문을 읽고 '흡연' 이라는 행위를 개인의 행복추구권, 자유권 등 기본권으로 볼 것인지, 아니면 공공복리를 해치는 행위로 봐야 하는지에 대하여 논리를 전개하여야 한다. 각각의 입장에 따라 흡연을 자율적인 행위 영역에 둘 수도 있고, 타율적인 강제와 제재 영역에 둘 수도 있을 것이다.

문제 2에서 스웨덴의 정책을 '개인의 자유와 국가' 라는 측면에서 평가하라는 것은 흡연 행위를 규제해야 할 필요성이 있다 하더라도 개인의 자유와 국가의 공권력 중 어느 것을 더 중시하는지에 따라 규제 정책의 모습이 달라질 것이기 때문이다. 물론 학생의 입장에 따라 스웨덴의 정책을 긍정적으로도, 부정적으로도 평가할 수 있다. 예를 들어, 흡연은 개인의 문제가 아니라 사회적인 문제라고 보는 학생은 이에 대해 강력한 규제를 펴는 것은 시민들의 보다 나은 자유를 보장하기 위한 국가의 의무라고 주장할 수 있다. 반면 사회가 발전할수록 개인이 보다 자유로워져야 한다고 믿는 학생이라면 금연을 확대하기 보다는 환기 시설을 첨단화해서 흡연자와 비흡연자가 한 공간에서 자유롭게 공존할 수 있게 하는 식의 정책을 추진해야한다고 주장할 수도 있을 것이다.

문제 3은 위의 두 문제의 내용을 실제 사례에 적용하도록 한 것이다. 또한 이 문제는 문제 1과 문제 2에서 묻고 있는 개인의 자유와 국가 개입 사이의 바람직한 관계에 대한 철학을 반영하고 있다. 즉 학생들은 앞의 두 문제를 거치면서 가격을 통해 강제적으로라도 금연하게 할 것인지 아니면 자발적으로 유도해야 할 지 입장을 정한 상태일 것이다.

문제 3에서는 기본적으로 가격을 변동시키는 것은 수요량을 움직여 수요 곡선 상에서 점의 이동이 이루어지게 만드는 것임을 이해해야 한다. 즉 담뱃값을 올리겠다는 보건복지부의 정책은 수요량의 변화를 유도하는 정책이다. 그리고 재정경제부는 수요의 탄력성을 고려하지 않았다는 점에서 이 정책을 비판하고 있다는 것을 파악할 수 있다. 금연 정책은 값을 올림으로써 수요량을 줄이는 방법도 있지만, 수요 즉 담배 소비의 욕구 자체를 줄이는 방법도 있다. 이러한 측면에서 수요의 감소를 유도하기 위해 재정경제부가 취할 수 있는 정책들을 찾을 수 있을 것이다. 예를 들어 담배의 해악에 대해 지속적으로 광고를 하여 전체적인 수요를 줄어들게 할 수 있을 것이다.

기본 입장	금연 정책 방향
개인의 자유가 국가의 공권력보다 더 중요	흡연자와 비흡연자의 평화로운 공존을 강조하며, 흡연자가 자율적으로 금연할 수 있도록 함.
국가의 공권력이 개인의 자유보다 우선	흡연은 본인과 타인의 건강을 해치는 것이므로 강제적으로 금연할 수 있도록 함.

학생 답안과 첨삭 지도의 실제(1)

학생 답안

마포고 장성필

①흡연을 하는 인구의 비율이 날이 갈수록 늘어나게 되자 자율적인 흡연의 시행을 허용했던 국가도 점차 흡연의 규제를 강화하고 있다.

②이는 분명 개인의 기본권 침해에 관한 소지가 있다. 그러나 더불어 살아가는 사회에서 개인의 흡연이 타인의 쾌적한 환경의 추구권을 침해한다면 그 흡연은 분명 문제가 있는 것이다. ③그것이 지극히 개인적 영역의 자유 추구라고 해도 타인이 피해를 받게 된다면 이제는 더 이상 흡연 행위가 자유가 아닌 방종이 될 것이다.

국가의 흡연 행위의 제한에 대해 흡연자들은 자신들의 자유권이 침해 받았다고 생각한다. ④현대 시민 사회에서도 사적인 영역은 자율에, 공적인 영역은 법과 제도에 맡긴다. 그러나 사적인 개인의 흡연이 공공에게 피해를 준다면 이것은 곧 법과 제도에 의한 규제가 있어야 함을 의미한다. 게다가 인간의 자유와 이성은 불완전하기 때문에 규제를 통한 타율적 영역의 설정이 필요하다. 그러므로 흡연 행위에 제한은 타당하다.

■ 글의 개요 분석

1. 흡연의 규제가 강화되고 있다.
2. 규제는 기본권 침해의 소지가 있다.
3. 타인이 피해를 입는다면 자유가 아닌 방종이다.
4. 인간의 이성은 불완전하므로 규제가 필요하다.

사회과 첨삭 지도

최상희 선생님

논리분석

위 학생은 흡연의 규제가 기본권 침해의 소지가 있지만 타당하다고 주장합니다. 주장의 논거로 첫째, 타인에게 피해를 주는 자유는 방종이며 둘째, 인간의 자유와 이성은 불완전하므로 타율적 영역의 설정이 필요하다고 제시합니다.

①번 문장에서처럼 흡연율의 증가가 흡연 규제의 원인이 아닙니다. 흡연과 질병 발생의 상관관계, 간접흡연의 영향 등이 밝혀지면서 국가가 국민의 건강을 위해 정책적으로 금연을 장려하고 있습니다. 흡연의 나쁜 점을 언급하면서 서론을 시작한다면, 뒤이은 본론에서 흡연이 타인에게 피해를 준다는 논거의 타당성이 높아질 것입니다. 서론부터 비논리적인 글로 시작하면 글 전체의 신뢰성이 떨어지게 됩니다.

③번 문장은 '국가의 흡연 규제는 타당하다'는 주장에 대해 적절한 논거를 제시하고 있습니다. 제시문의 개념을 활용하여 논제를 충실하게 따르고 있습니다.

④번 문장은 앞의 논거인 타인에게 피해를 주는 것은 방종이므로 규제되어야 한다는 앞의 논거와 반복되는 내용입니다. 특히 제시문 (다)를 그대로 인용하여 창의력이 부족해 보입니다. 앞의 논거를 뒷받침할 수 있도록 흡연이 타인에게 피해를 주는 구체적인 예를 드는 등 반론에 대비하여 흡연자의 흡연권을 보호하는 방안을 제시하는 것이 좋겠습니다.

개념분석

기본권, 자유, 방종, 사적·공적 영역 등 기본적인 개념들을 적절히 사용하고 있습니다.

제언

금연 정책의 기본권 침해의 소지를 인정함에도 불구하고 규제가 필요하다는 주장을 논리적으로 잘 풀어낸 글입니다. 그런데 다양한 측면에서 논거를 생각해 내지 못했기 때문에 결국 반복을 하게 되고 어려운 개념을 사용하여 추상적인 글로 마무리하였다는 생각이 듭니다. 논거를 찾기 어려울 때에는 좀 더 구체적인 사례를 고민해 보면 좋겠습니다. 또한 예상되는 반론을 잠재울 수 있는 대안을 제시한다면 더욱 설득력이 있는 글이 될 것입니다.

평가항목	등급	총평
이해·분석력	A	주어진 논제와 제시문을 정확하게 이해하고 있으며, 논제에 충실하게 논술문을 작성하였습니다. 제시문의 개념을 활용하라는 유의 사항도 잘 지켰습니다.
논증력	B	주장과 관련 있는 적절한 논거를 제시하였습니다. 그러나 동일한 내용의 논거가 반복되고 있으며 제시문을 그대로 인용하고 있습니다.
창의력	C	논지에 맞는 논거이지만 독창적인 의견이 아쉽습니다. 제시문의 개념과 설명을 그대로 인용하여 진부한 논술문이 되었습니다. 본인만의 참신한 논거를 제시한다면 논거의 타당성이 높아질 것입니다.
표현력	B	서론-본론-결론의 내용이 매끄럽게 이어지며, 단락의 구성이 적절합니다.

국어과 첨삭 지도

장점

서론 부분에서 흡연 문제에 관한 현재 상황을 잘 설명하였고, 본론에서 흡연 행위를 규제해야 한다는 자신의 견해에 대해 논거를 적절히 활용하였습니다. 본인의 논지에서 크게 벗어나지 않게 글의 내용을 전개한 것이 칭찬할 만합니다.

단점

주장에 대한 논거가 부족합니다. 논제에서 제시문을 활용하여 기술하라는 조건을 제시하였지만 지나치게 제시문에만 의존한 듯한 느낌이 듭니다. 본인이 알고 있는 사례 등을 제시하였다면 답안이 더욱 돋보였을 것입니다. 또한 문맥을 고려한 자연스러운 문장 표현에 대한 연습도 필요합니다.

구성의 특징

서론에서는 현재 우리 사회에서 흡연에 대한 규제가 강화되고 있음을 기술하여 문제점을 진단하고 있습니다. 본론에서는 기본권 침해의 소지가 있기는 하지만 타인의 권리를 침해한다면 이는 방종임을 근거로 흡연 행위에 대한 규제를 옹호하고 있습니다. 마지막 결론에서도 다시 한 번 흡연 행위에 대한 규제가 필요함을 언급하고 있습니다. 문제를 기술하고 상반되는 입장을 논박하면서 자신의 입장에 대한 논거를 세운 구조는 훌륭합니다. 다만 논거를 제시할 때 타당성이나 창의성 등이 더 고려되어야 합니다.

표현

②번 문장은 표현이 매우 어색합니다. '이는 분명 개인의 기본권을 침해할 소지가 있다'로 고치는 것이 더 자연스럽습니다.
④번 문장에서 '그러나'를 썼는데, 앞문장은 뒷문장의 근거나 이유에 해당하므로 인과관계를 나타내는 접속어를 사용해야 합니다. '그러므로', '따라서' 등이 적절합니다.

제언

위 학생은 국가가 시민의 흡연 행위를 정책적으로 제한하는 것에 대한 본인의 생각을 잘 정리하였습니다. 특히 논제에서 요구한 대로, 제시문의 개념을 명확히 이해하고 이를 논리적으로 잘 배열하였습니다. 하지만 제시문의 개념이나 사례들을 그대로 옮겨 쓴 것이 큰 단점입니다. 자신의 생각을 기술하는 부분이기 때문에 논거에 대한 적절한 사례들을 새롭게 제시했다면 참신한 답안이 되었을 것입니다. 논제에서 요구하는 바를 벗어나지 않으며 본인만의 창의성을 보여줄 수 있는 글 구성 능력이 요구됩니다.

평가항목	등급	총평
이해 · 분석력	A	논제에 대한 분석을 명확하게 하였습니다. 국가의 정책적인 흡연행위 규제에 대한 상반되는 입장을 잘 파악하여 자신의 입장에 대한 근거를 찾으려 한 노력이 엿보입니다.
논증력	B⁺	단락별 논지 전개의 흐름이 자연스럽습니다. 단락을 크게 세부분으로 나누어 '문제제기 - 논증 - 결론'의 구조를 취하고 있습니다. 그러나 논증의 과정에서 근거가 약간 부족하여 타당성이 떨어집니다.
창의력	B	본문의 구성은 잘 하였지만 독창적인 시각이 아쉽습니다. 제시문의 주요 개념들을 잘 사용하였지만 그대로 옮긴 것들이 많아 참신함이 많이 부족합니다. 새로운 사례들을 좀 더 생각해 봅시다.
표현력	B⁺	문장의 표현이 매끄럽지 못한 부분이 있습니다. 자신의 생각을 분명하고 정확하게 전달하기 위해서는 정확한 의미의 단어 사용이 매우 중요합니다.

학생 답안과 첨삭 지도의 실제(2)

학생 답안

■ **글의 개요 분석**

1. 스웨덴의 금연 정책은 효율적이고 실용적이다.
2. 스너스는 흡연자의 자유와 권리를 침해하지 않다.
3. 스너스는 발암물질로부터 건강을 보호해 준다.
4. 스웨덴의 금연정책은 우리 사회의 나아갈 방향을 시사한다.

원종고 김용현

①스웨덴의 금연 정책은 가장 효율적이고 실용적인 정책이다. ②다른 나라들이 일방적인 금연 정책을 시도한 반면에 스웨덴은 담배의 해악을 극소화하려는 전략으로 흡연 문제를 해결하고자 노력했다. ③스너스라는 제품을 통해 강제적인 금연 정책을 펼쳤지만 흡연자들은 계속해서 흡연을 통해 행복을 추구할 수 있었고 자유와 권리의 본질적인 내용을 침해 받지는 않았다. 오히려 니코틴을 피 속으로 직접 방출하여 발암물질에 노출될 걱정을 덜어주어 개인의 건강까지 보호 받았다.

④스웨덴의 금연 정책은 흡연자들이 가지는 불가침의 기본적 인권을 최대한 보장했고 무조건 금연을 강요하는 정책을 피함으로써 진정한 공동선을 실현했다. ⑤스웨덴의 금연 정책은 우리의 사회가 앞으로 나아가야 할 방향을 시사하고 있다. ⑥대부분의 정책이 개인의 자유와 권리는 침해하면서 국가의 질서와 안정을 유지하고자 한다. ⑦그러나 우리는 국가가 국가 권력을 행사하는 목적이 개인의 기본권 보장에 있다는 것을 간과해서는 안 된다.

사회과 첨삭 지도

최상희 선생님

논리분석

②, ③번 문장은 주장에 대한 적절한 논거입니다. 개인의 자유 보장과 국가의 규제 정책을 동시에 만족시키는 정책이라고 평가하여 주어진 논제에 충실한 논거를 제시했습니다.

④번 문장은 앞 단락의 논거와 반복되는 내용입니다. 논거의 반복은 글 전체를 진부하게 만듭니다.

⑥번 문장에 대한 근거가 없습니다. 구체적인 사례를 들어 주장하는 것이 좋겠습니다. 아니면 '공익을 추구하는 국가 정책이 때로 개인의 자유와 권리를 침해할 때가 있다'고 하는 것이 반론의 여지를 남기지 않습니다.

⑦번 문장은 좋은 마무리입니다. 국가의 권력 행사가 결국 구성원 모두의 기본권 보호를 위한 것이라고 마무리하여 공권력의 목적과 한계를 밝히고 있습니다.

Idea Tip

- 스웨덴의 흡연 규제 정책에 덧붙일 수 있는 창의적인 방안을 생각해 봅시다.
- 공공의 이익을 위해 개인의 기본권을 침해할 수 있는 한계점은 어디까지인지 생각해 봅시다.

개념분석

자유와 권리, 기본적 인권, 국가 권력 등 논제에서 요구하는 개념을 바르게 사용하였습니다.

제언

스웨덴 금연 정책의 핵심을 잘 파악하여 논리를 전개하고 있습니다. 그런데 두 번째 문단부터 같은 내용의 주장이 반복되고 있습니다. 첫 문장에서 효율성과 실용성을 주장하였으므로 이것에 대한 자세한 논거가 첨가되었으면 좀 더 짜임새 있는 글이 되었을 것입니다. 또는 마지막에서 주장한 '국가 권력 행사가 개인의 기본권 보장을 위한 것이다' 라는 주장을 좀 더 확대하여 구체적인 사례와 함께 제시하면 창의적인 논술문이 될 수 있습니다.

평가항목	등급	총평
이해 · 분석력	A	논제를 정확히 파악하고 있습니다. 논지에 벗어나지 않고 전체적으로 일관된 주장을 하고 있습니다.
논증력	A	논제에 대한 분명한 견해를 표현하고, 주장에 대한 적절한 논거를 제시했습니다.
창의력	C	주장과 논거가 관련성이 있으나 제시문의 개념만을 사용하고 주요 내용을 반복하여 창의력이 부족합니다.
표현력	A	우리나라에 적용시킬 수 있는 사례나 반론에 대한 대안을 제시하는 것이 좋겠습니다.

국어과 첨삭 지도

이지선 선생님

장점

스웨덴 금연 정책에 대한 자신의 견해를 한 문장으로 압축해 문두에 제시하였습니다. 간결하고 경쾌한 시작입니다. 논제에서 요구하는 바를 잘 파악하였습니다. 스웨덴의 금연 정책에 대한 자신의 견해를 '개인의 자유와 국가' 라는 측면에서 명확하게 제시하고 있습니다. 또한 정책에 대한 평가 내용이 분명하고, 매끄럽게 전개되어 읽기 편합니다. 다른 나라들과의 차이점을 부각시켜 스웨덴 금연 정책의 장점을 더욱 돋보이게 하고 있습니다. 이는 주장에 논리적 힘을 부여해 줍니다.

단점

끝 부분의 내용이 좀 어색합니다. 다른 나라들의 정책에 대한 언급은 앞의 문제점을 제시하는 부분에 첨가하는 것이 더 좋을 듯합니다. 결론은 주장하고자 하는 바를 최종적으로 요약하고 끝맺는 부분입니다. 스웨덴의 금연 정책에 대한 자신의 생각을 정리해 덧붙이는 게 좋습니다.

구성의 특징

위 학생의 답안은 크게 두 부분으로 나뉩니다. 앞문단에서는 스웨덴의 금연 정책이 행복추구권을 보장하며 기본적인 자유와 권리를 침해하지 않는다고 설명하고 있습니다. 뒷문단에서는 스웨덴의 금연정책이 앞으로 우리 사회가 나아가야 할 방향을 제시해 주고 있으며 국가의 권력 행사의 목적이 국민의 기본권 보장에 있음을 명심해야 한다고 강조합니다. 뒷문단의 앞부분은 앞문단과 연결되는 내용이므로 뒷문단을 두 문단으로 나누는 것이 좋겠습니다.

표현

①, ②번 첫 문장으로 필자의 주장을 명확하게 보여 주어 글의 시작이 명쾌합니다. 또한, 스웨덴의 금연 정책의 의도를 잘 파악하여 그 특징을 부각시켰습니다.

③번 문장에서 '스너스라는 제품을 통해 강제적인 금연 정책을 펼쳤지만'은 행동의 주체가 기술되어 있지 않아 어색합니다. 또한 스웨덴의 금연 정책이 강제적이었다는 부분은 제시문으로는 파악하기 힘든 내용입니다. '스너스를 통한 스웨덴의 금연 정책으로'로 고치는 것이 더 자연스럽습니다.

④번 문장의 '흡연자들이 가지는 불가침의 기본적 인권을 최대한 보장했고'는 앞부분과 중복됩니다. 생략하는 것이 오히려 의미 전달에 도움이 됩니다.

⑤, ⑥, ⑦번 문장은 논지의 흐름상 부자연스럽습니다. 오히려 앞부분에 제시되었다면 '개인의 자유와 국가'라는 측면을 보완할 수 있을 것입니다. 또한 ⑥번 문장의 '대부분의 정책이 개인의 자유와 권리는 침해하면서'는 과장된 표현입니다. → '일부 정책은 개인의 자유와 권리는 침해하면서'

제언

논제를 파악하는 능력이나 본인의 생각을 논리적으로 기술하는 능력은 뛰어납니다. 문제에서 요구하는 바대로 기술하였으며 문장의 표현들이 쉽고 분명하게 제시되어 있습니다. 다만 문단을 구성하는 능력이 부족합니다. 문장이나 문단을 어떻게 배열하느냐에 따라 글의 초점이 달라집니다. 끝까지 논지를 흐트리지 않고 기술할 수 있는 구성 능력을 연습할 필요가 있습니다. 또한 제시문의 내용은 잘 정리하고 있으나 습득한 내용을 새롭게 기술하는 능력이 아직 미흡합니다. 완성도 높은 답안을 위해서는 새로운 논리와 논거를 창조하는 능력이 반드시 필요합니다. 이에 대한 끊임없는 연습과 자각이 요구됩니다.

평가항목	등급	총평
이해 · 분석력	A	논제의 핵심을 잘 파악하고 있습니다. 스웨덴의 흡연문제 해결책을 옹호하고 이의 유용성을 잘 기술하고 있습니다. 논제에서 요구한 '개인의 자유와 국가'라는 측면에서 논거들을 찾고 있어 내용에 대한 분석이 타당해 보입니다.
논증력	B+	논지의 흐름이 논리적이며 매끄럽습니다. 스웨덴의 금연 정책에 대한 긍정적인 면을 타당한 근거를 잘 설명하고 있습니다. 다만 결론 부분에서 우리 사회가 나가야 할 방향을 제시한 부분은 논지에서 약간 벗어난 느낌입니다.
창의력	B	독창적인 시각이 아쉽습니다. 제시문의 내용에서 크게 벗어나지 않는 근거들만 제시하고 있어 창의적인 표현이 아쉽습니다. 자신만의 새로운 사실을 근거나 사례를 제시한다면 신뢰성을 줄 수 있는 답안이 될 것입니다.
표현력	B+	전반적으로 문맥이 자연스럽고 간명하나, 모호한 단어의 선택으로 의미가 어색해진 경우가 있습니다. 정확한 단어의 뜻에서 문장의 의미가 결정되는 경우가 많으니 이에 대한 철저한 학습이 필요합니다.

학생 답안과 첨삭 지도의 실제(3)

학생 답안

원종고 서보영

①보건복지부에서는 담배 수요를 줄이기 위해 담뱃값을 올리려 하고 있다. 재화의 가격이 변하면 수요량과 공급량이 변하게 되는데 담배의 가격이 오르면 수요가 감소하게 되므로 흡연율을 줄일 수 있을 거라 생각한 것이다. ②그러나 담뱃값 인상은 흡연율을 줄이기보다는 물가를 상승시켜 다른 문제를 일으키게 된다. ③그러므로 담뱃값 인상보다는 경제적으로 부담이 덜한 방법을 찾아야 하는데 그 중 하나가 담배를 대체할 만한 상품을 마련하는 것이다. ④이미 시중에는 금연초나 약재 등 담배를 줄이기 위한 대체 상품들이 많이 있는데 비싸기만 할 뿐 큰 효과를 기대하기 어렵다. 그렇기 때문에 나라에서 저렴하고 신뢰할 수 있는 제품을 준비해 준다면 흡연자들의 관심을 끌기에 충분하다. 그리고 흡연에 대한 교육을 실시해 흡연자가 금연 의지를 확고히 할 수 있도록 도와야 한다. 상담소 건립을 통해 지속적으로 도울 방법을 찾는 것도 좋다. ⑤금연은 무엇보다 자신의 의지가 중요하기 때문에 개인별 특성도 무시할 수 없지만 국가적 차원의 해결도 꼭 필요하다.

■ 글의 개요 분석

1. 보건복지부는 가격으로 수요량을 조절하려 한다.
2. 보건복지부의 담뱃값 인상은 물가를 상승시키므로 경제적으로 부담이 된다.
3. 대안으로 대체 상품을 마련할 수 있다.
4. 흡연에 대한 교육을 실시하여 금연 의지를 확고히 할 수 있다.
5. 상담소 건립으로 지속적으로 흡연자를 도울 수 있다.

사회과 첨삭 지도

이은영 선생님

논리분석

담배 수요량을 줄이기 위한 보건복지부의 가격 인상 정책은 물가를 상승시킬 뿐이라고 주장하며 반대합니다. 그에 대한 대안으로 국가가 담배를 대체할 만한 상품을 준비하고, 흡연자의 금연 의지를 확고히 하기 위한 방안으로 금연 교육과 상담소 건립을 제안하고 있습니다.

①번 문장에서는 제시문 (마)에 나온 경제 이론 중 어떤 것을 따를 것인지 밝히길 요구하고 있습니다. 보건복지부의 정책은 가격을 변화시켜 수요량을 변화시키고 수요곡선 상에서 점의 이동으로 나타난다고 정확히 밝혀야 합니다. 그래야 뒤에 나온 비가격 정책과의 차이점이 대비되어 주장의 요점이 뚜렷해집니다.

②번 문장에서 담배 가격의 인상이 흡연율을 줄이는 것이 아니라 오히려 물가를 상승시킨다는 구체적인 설명이 없어 논리가 빈약해졌습니다. '탄력성'의 개념을 이용하여 담배라는 상품이 가격 비탄

Idea Tip

- 가격 비탄력적 상품의 수요량을 변동시킬 수 있는 방법을 생각해 봅시다.
- 대체재와 보완재의 차이점을 비교해 봅시다.

력적이며, 따라서 가격의 인상에도 담배의 수요량은 많이 변화하지 않는다는 설명을 덧붙이는 것이 좋겠습니다.

③, ④번 논제는 재정경제부의 정책이 수요 자체를 감소시키는 비가격 정책이 될 것이라고 의도하고 있습니다. 경제 이론의 개념을 이용하여 '그러므로 재정경제부는 담배 가격의 인상으로 수요량을 변화시키는 정책보다는 수요 자체를 변화시켜 담배 소비를 감소시키는 정책을 제안할 것이다. 대표적인 것이 담배의 대체재이다.'로 주장하는 것이 논제에 적합합니다.

또한 비가격 정책으로서 대체재 공급은 제시문 (가)에서 이미 제시된 것으로 독창성이 떨어지는 대안입니다. 재화의 수요에 영향을 주는 가격 외의 요인은 소비자의 소득 수준, 다른 재화(대체재, 보완재)의 가격, 소비자들의 취향, 미래에 대한 기대 등이 있습니다. 금연 정책과 관련된 예로 담배의 선호도를 감소시키는 금연 홍보, 금연침의 보급, 금연학교 운영 등이 있으며, 대체재의 보급도 한 예입니다. 비흡연자에 대한 보험료 인하 등 금연에 대한 경제적 유인책 등을 제시하는 것도 창의적인 대안이 될 것입니다.

⑤번 문장은 전체의 논지에서 벗어난 군더더기 문장입니다. 제시문과 논제는 모두 금연에 대한 국가 정책에 집중하고 있으며, 개인의 의지는 논제에서 벗어난 언급입니다. 결론 부분은 본인의 주장을 요약, 강조하거나 새로운 대안을 제시하면서 마무리하는 것이 좋습니다. 담배의 수요를 줄이기 위한 참신한 방법을 한 가지 더 제시하였으면 좋았을 것입니다.

개념분석

논제에서 요구하는 경제이론의 개념을 활용하지 않고, 쉬운 표현으로만 문장을 이어나가고 있습니다. 구체적인 사례 제시는 쉬운 용어를 사용하는 것이 좋으나, 자신의 주장을 요약 · 강조할 때는 전문적인 개념을 정확히 사용하는 것이 주장의 신뢰성을 높여줍니다.

또한, 수요와 수요량을 정확히 구분하지 않고 사용하여 경제적 지식이 부족한 것 같은 인상을 줍니다. 논제 자체가 경제적 지식을 요구하고 있는 만큼 기본적인 경제적 개념을 올바르게 사용했다면 더욱 설득력이 있었을 것입니다.

①번 문장에서는 수요량과 수요를 혼동하여 사용하고 있습니다. 수요는 소비자가 어떤 상품을 구입하고자 하는 욕구이고, 수요량은 소비자가 값을 치르고 구입할 의사와 능력이 있는 상품의 수량을 뜻합니다.

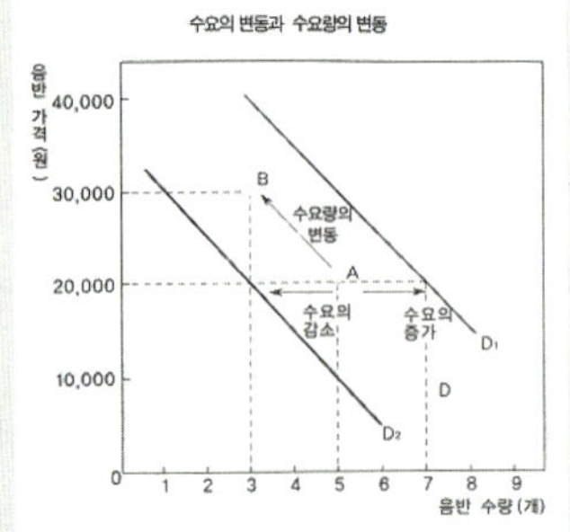

왼쪽의 도표에서처럼 수요의 변화는 재화의 가격 이외의 다른 시장 여건에 의해 모든 가격 수준에서 수요량이 변화하는 것으로, 수요 곡선 자체의 이동으로 나타납니다.(D → D₁, D₂)

수요량의 변화는 다른 시장 여건은 변하지 않고 오직 그 재화의 가격이 변함에 따라 수요량이 변화하는 것으로, 수요 곡선 상의 이동으로 나타납니다.(A → B)

여기서는 담배 가격이 변동하는 경우를 설명하고 있으므로 '수요량'이 맞습니다.

제언

주장과 관련이 있는 논거를 제시하는 논리적 글쓰기 능력은 있으나 기본적인 경제 개념 파악이 부족합니다. 사회 공부를 할 때 교과서의 기본 개념을 충실히 학습하면서, 구체적 적용 사례를 생각하는 연습을 해보세요. 개념 파악은 사회 통합 논술의 기본입니다.

평가항목	등급	총평
이해 · 분석력	B	논제를 정확히 파악하지 못했으며, 제시문을 적절히 활용하지 못하여 아쉽습니다.
논증력	B	적절한 논거를 제시하고 있으나, 결론 부분이 논제에서 약간 벗어나 전체적으로 주장의 일관성이 약해졌습니다.
창의력	C	제시문의 예시를 사용하여 독창적인 대안이 제시되지 못했습니다.
표현력	B	경제 이론의 기본 개념을 효과적으로 사용하지 못했습니다.

국어과 첨삭 지도

이지선 선생님

장점

논리적 흐름이 자연스럽습니다. 또한 자신의 생각을 간명한 문장으로 이해하기 쉽게 기술하였습니다. 또한 금연 정책에 대한 실천 가능한 대안을 제시해 깊이 공감하게 됩니다.

단점

논제에 대한 예리한 분석이 아쉽습니다. 보건복지부와 재정경제부 정책의 차이점을 확실하게 인식하는 것이 중요한데 이에 대한 분석이 부족합니다. 논제가 강제적 통제와 자발적 유도 사이의 선택 문제를 다루고 있으며 재정경제부의 정책이 수요의 변화를 유도하는 방법이라는 것을 이해했어야 합니다. 또한 금연 정책에 대한 대안이 참신하지 못해 아쉬움이 남습니다. 논술문에서 좋은 점수를 받기 위해서는 천편일률적인 제안보다는 창의적인 제안과 논거가 필수입니다. 생각을 새롭게 하는 연습이 필요합니다.

구성의 특징

이 학생의 답안은 크게 두 부분으로 나누어지는데, 앞부분은 보건복지부의 금연 정책에 대한 설명과 문제점을 기술하고 있으며 뒷부분은 재정경제부의 금연 정책으로 제시할 수 있는 대안들에 대한 설명을 하고 있습니다. 보건복지부의 금연 정책에 대한 문제점을 기술하여 그 대안으로 재정경제부 금연 정책들을 선보였다는 것이 특징입니다. 그러나 금연 정책이 제도적인 차원에서 그치고 있어 아쉽습니다. 개인적인 차원에서의 대안도 보완했다면 더욱 실효성이 느껴졌을 것입니다.

표현

②번 문장은 의미가 명확하지 않습니다. 추상적으로 표현하기보다 구체적인 문제점을 기술해야 합니다.

③번 문장은 출제자의 의도를 파악하지 못했다는 오해를 받을 수 있습니다. 단순한 경제적 부담으로 새로운 금연 정책을 기술하라는 것이 아니고 보건복지부와 상반되는 재정경제부의 정책을 제시해 보라는 것이 논제입니다.

⑤번 문장에서 '자신의 의지가 중요하기 때문에 개인별 특성도 무시할 수 없지만 국가적 차원의 해결도 꼭 필요하다'는 의미가 분명하지 않습니다. '본인의 의지가 중요한 개인적 문제이지만 국가적 차원의 제도적 뒷받침도 병행되어야 한다.' 정도가 적절합니다.

제언

논술에서 무엇보다 중요한 것은 정확하게 논제를 파악하는 것입니다. 위 학생은 문제 1, 2번과 연결시켜야 하는 3번 문제의 핵심을 꿰뚫지 못했습니다. 논제에서 재정경제부 입장에서 취할 수 있는 금연 정책을 제시하라는 요구는 수요량이 아닌 수요의 변화를 가져올 수 있는 방안을 찾으라는 것입니다. 결국 자발적으로 금연을 할 수 있도록 유도하는 정책을 제시하라는 것입니다. 제시될 정책들은 기존의 금연 정책과는 다른 창의적인 것이어야 좋은 점수를 받을 수 있습니다. 창의적 발상은 현상을 바라보는 색다른 시각에서 출발할 수 있습니다. 주변의 모든 문제에 대해 남다른 관심을 가질 때 자연스럽게 얻게 될 것입니다.

평가항목	등급	총평
이해 · 분석력	B⁺	논제에 대한 분석이 명확하지 않습니다. 제시문 (라)의 상황이 어떠한 경제 이론인지에 대한 이해는 하였으나 이에 대한 설명이 부족합니다. 보건복지부와 재정경제부의 정책 차이가 개인의 자유와 국가 개입의 관계를 나타낸다는 사실에 대한 이해가 필요합니다.
논증력	B⁺	단락별 논지 전개의 흐름이 자연스럽습니다. 단락을 크게 두 부분으로 나누어 문제제기-대안의 구조를 취하고 있습니다. 문제제기의 보충 설명과 대안의 해결책이 미흡한 것이 아쉽습니다.
창의력	B	본문의 구성은 훌륭하지만 독창적인 시각이 아쉽습니다. 본문에 제시되지 않은 새로운 사례를 제시하는 것이 좋습니다. 금연 정책으로 제시한 것들이 식상한 느낌을 줍니다. 남들도 다 알고 있는 것을 제시한다면 완성도 있는 답안으로 채택되기 어렵습니다. 사회 현상에 대한 남다른 시각이 요구됩니다.
표현력	A	문장이 자연스럽고 의미 전달력이 뛰어납니다. 간명한 문장력을 칭찬할 만합니다. 다양한 어휘를 익혀 풍부한 의미를 생산할 수 있어야 합니다.

 | ## 논술 심화 문제

(가)　서양에서는 인간을 일종의 동물로 보면서도, 다른 한편으로는 동물과 근본적으로 다른 존재로 보고 있다. 고대 그리스 이후 서양에서는 인간이 자기를 에워싸고 있는 환경이나 자기 자신에 대해서 알며 생각하는 힘, 즉 이성을 가지고 있다고 믿어 왔다.

　서양에서는 이러한 인간의 이성이 우리로 하여금 직접적이고 일차적인 감각이나 감정의 차원에서 벗어나게 해 준다고 보았다. 또, 이성이 외부의 자극에 대하여 창조적으로 다양하게 반응할 수 있게 해 주기 때문에, 인간은 학문과 제도, 기술 등을 발전시킬 수 있게 되었다고 생각하였다. 이러한 이성중심적 인간관은 서구 인간관의 주류를 이루는 합리주의적 인간관으로 발전하게 되었다.

　합리주의적 인간관에 의하면, 사람은 이성에 따라 생각하고 행동할 때에 가장 사람다운 사람이 된다. 그런데 이러한 이성이라는 개념이 생성된 과정을 보면, 그 자체가 인간의 생존을 위한 도구적 성격을 지니고 있다. 따라서, 인간의 이성은 자연을 이용하는 도구가 되기도 한다. 이에 따라, 인간이 자연을 정복할 권리를 가진 것처럼 잘못 생각하기도 한다.

– 고등학교 『윤리와 사상』

(나)　과시 소비란 자신이 경제적 또는 사회적으로 남보다 앞선다는 것을 여러 사람들 앞에서 보여 주려는 본능적 욕구에서 나오는 소비를 말한다. 결국 과시 소비란 돈을 가지고 남들 앞에서 자신의 신분을 높게 보이도록 하기 위해서 하는 소비이다. 따라서, 이 소비는 사람들이 많이 모이는 곳일수록 잘 나타나고, 대개는 실제보다 과장되게 나타나곤 한다.

　과시 소비가 지배 본능에서 나온 것이라면, 모방 소비는 모방 본능에서 나온 것이다. 모방 소비란 내게 꼭 필요하지도 않으면서 남들이 하니까 나도 무작정 따라서 하는 식의 소비이다. 이러한 모방 소비에 참

keyword

■ **사회 명목론과 사회 실재론**: 사회 명목론은 사회란 이름일 뿐이며 실제로 사회에는 개인이 실재(實在)한다는 이론. 이 이론에 따르면 개인은 사회보다 우위에 있다. 반면 사회 실재론에서 사회는 이를 구성하는 각 개인과 동일하지 않은 별개의 독자적 실재로 본다. 개인보다 사회가 우위에 있다고 보는 사회이론이다.

여하는 사람들의 수가 대단히 많다는 점에서 모방 소비는 과시 소비 못지않게 개인적·사회적으로 낭비적이고 사치적인 소비 풍조를 가져온다.

— 고등학교 『경제』

(다)　사회 명목론을 주장하는 사람들은 사회는 그저 개인들의 모임에 지나지 않는다고 주장한다. 사회는 개인의 목표를 증진시켜 주는 도구에 불과하며 개인들의 단순한 집합체이므로 실제로 존재하지 않는 명목에 불과하다는 것이다. 따라서 중요한 것은 개인의 특성과 행동 양식이며, 사회적 집합체는 전적으로 개인에 의해 수행되는 조직적인 행위 양식과 그 결과로서 다루어져야 한다고 본다. 이러한 입장에서 보면, 사회의 기존 단위는 단 한 명의 개인이 된다. 사회 명목론은 개인주의와 자유주의에 토대를 두고 있으며, 사회 계약설은 이에 바탕을 둔 논의라고 할 수 있다.

　사회 실재론을 주장하는 사람들은 사회의 구성원으로서의 개인은 인정하지만, 사회란 개개인의 합을 뛰어넘는 그 이상의 독립적인 실체라고 주장한다. 따라서, 사회는 개인의 외부에 실제로 존재하면서 개개인의 성질과는 전혀 다른 나름대로의 고유한 특성을 지닐 뿐 아니라 오히려 개인들의 삶을 규제하고 좌우하는 구속력마저 갖고 있다는 것이다. 이러한 입장에서 보면, 개인은 사회라는 보이지 않는 거대한 구조 속에 갇혀 있는 하나의 성원에 불과하므로, 사회 현상을 탐구하려면 사회 조직이나 사회 집단 등과 같은 집합적 단위로서의 구조를 살펴보아야 한다.

— 고등학교 『사회·문화』

(라)　흰개미는 역할에 따라 여왕개미, 수개미, 병정개미, 일개미로 발육하여 수만 마리씩 큰 집단을 이루고 살면서 질서 있는 사회를 형성한다. 흰개미는 흙이나 나무를 침으로 뭉쳐서 집을 짓는다. 아프리카 초원에 사는 버섯흰개미는 높이가 4미터나 되는 탑 모양의 둥지를 만들 정도

이다. 이 집에는 온도를 조절하는 정교한 냉난방 장치가 있으며, 애벌레에게 먹일 버섯을 기르는 방까지 갖추고 있다.

개개의 개미는 집을 지을 만한 지능이 없다. 그럼에도 흰개미 집합체는 역할이 상이한 개미들의 상호 작용을 통해 거대한 탑을 만들었다. 이와 같이 하위수준(구성요소)에는 없는 특성이나 행동이 상위수준(전체구조)에서 자발적으로 돌연히 출현하는 현상을 창발(emergence)이라 한다.

– 이인식, 『미래교양사전』

문제 │ 제시문 (가)에서 보듯 서양의 근대사회는 합리적이고 이성적인 인간에 대해 믿음을 보내는 합리주의가 지배적인 인간관으로 자리했다. 하지만 실제 사회에서 인간은 이렇게 합리적으로만 행동하지는 않는다. 과시 소비가 대표적인 예다. 제시문 (다)와 (라)가 공통적으로 다루고 있는 내용을 바탕으로 과시 소비 현상이 나타나는 이유와 그것이 우리 사회에 미치는 영향, 그리고 해결 방안에 대해 논술하라(1,200자 내외).

│ 심화 문제 해설

1. 출제 의도

개인과 사회의 관계를 보는 관점은 보통 두 가지로 구분할 수 있다. 하나는 개인을 중시하여 모든 사회현상을 개인 행위자 입장에서 설명하는 것이고 다른 하나는 사회를 중시하는 쪽에서 사회현상을 개인 행위로 설명할 수 없는 사회적 요인으로 설명하려는 것이다.

본 실전 논술 문제는 과시 소비 현상을 개인 행위자 차원에서 설명할 수 없다는 문제의식을 토대로, 우리 사회에서 왜 과시 소비 현상이 나타나는지를 사회적으로 설명해 볼 것을 요구하고 있다.

사회학자 장 보드리야르가 『소비의 사회』에서 말하고 있듯이, 소비는 개인의 취향이나 선호로 해석할 수 있는 행위가 아니라 집단적으로 학습하고 사회적으로 영

■ **문제 핵심분석**

● 합리주의와 인간 행동
● 과시 소비 현상의 개인적 · 사회적 원인
● 과시 소비 현상의 사회적 영향과 해결 방안

향을 받으면서 나타나는 행위이다. 따라서 학생들은 합리성과 이성을 중시하고 개인을 강조하는 서양 인간관에 대해 이해하는 한편, 인간이 항상 합리적이지만은 않다는 사실을 인식하여야 한다. 단순하게 사회 명목론·사회 실재론을 암기하는 것이 아니라, 입장에 따라 사회 현상을 어떻게 다르게 보는지를 파악할 수 있어야 하는 것이다.

본 문제에서는 이러한 내용을 이성 중심적인 계몽주의 인간관을 설명하고 있는 윤리 교과, 과시 소비 현상을 설명하고 있는 경제 교과, 사회·문화 교과와 연계하여 묻고 있다.

2. 제시문 분석

제시문 (가)는 인간의 이성을 중시했던 서양 계몽주의 인간관을 설명하고 있는 고등학교 『윤리와 사상』 교과서에서 발췌한 것이다. 이성적인 인간은 합리적이므로, 감정에 따라 무분별하게 행동하는 것이 아니라 철저한 반성과 계획을 통해 행동한다. 즉 인간은 이성을 갖고 있기 때문에 다른 동물들과 구별되는 존귀한 존재라는 것이다.

제시문 (나)는 『고등학교 경제』 교과서에서 발췌한 내용으로 과시 소비 현상을 설명하고 있다. 스스로를 뽐내고 싶어하는 마음에 합리적인 수준 이상의 소비를 진행하는 것을 과시 소비라고 설명하고 있다.

경제학에서 상정하고 있는 인간은 합리적인 인간이다. 합리적인 소비자는 가격이 싸면 상품을 많이 구입하고, 비싸면 적게 사기 때문에 수요곡선이 우하향한다. 그런데 이런 고전적인 경제법칙에 대해 최초로 반론을 제기한 학자가 베블런이다. 베블런은 저서 『유한계급론』에서 뽐내고자 하는 욕구로 인해 오히려 비싼 상품을 더 많이 소비하는 유한계급의 소비 행태를 분석했고, 이러한 관점은 장 보드리야르의 소비사회 이론으로 이어졌다. 그래서 비쌀수록 더 많이 팔리는 상품을 '베블런재'라고도 한다.

제시문 (다)는 사회·문화 교과에서 설명하고 있는 사회 명목론과 사회 실재론에 대한 내용이다. 사회 명목론은 사회란 실재하지 않으며 단지 개인들의 집합에 사회라고 이름을 붙였을 뿐이라는 것이다. 반면 사회 실재론은 개인들을 단순히 모아둔 것 이상의 어떤 힘을 발휘하는 사회가 실재한다는 입장이다.

제시문 (라)는 이인식의 『미래교양사전』에서 발췌한 것이다. 개별 흰개미들은 집을 지을 수 있는 지식이나 능력이 없지만, 이들이 떼로 작업할 경우 거대한 규모의 구조물을 지을 수 있다는 것을 예로 들면서 부분으로는 설명할 수 없는 전체의 특성이 있음을 지적하고 있다. 인간 사회에서도 이런 모습을 찾아볼 수 있다. 이성적이고 도덕적인 개인들이 군중을 형성할 경우 광적인 모습을 보이기도 하는 것은 집단의 힘 때문이다.

3. 문제 해설

과소비는 제시문 (가)에서 설명하고 있는 이성적인 인간관으로는 설명할 수 없는 현상이므로 그 원인을 사회에서 찾아보아야 한다. 이를 위하여 제시문 (다)와 (라)가 말하고 있는 내용 중 공통적인 것이 무엇인지를 도출하여야 하는 것이다.

학생들은 제시문 (라)에서 설명하는 특성이 (다)에서 설명하고 있는 내용 중 사회 실재론적 입장임을 파악해야 하고, 과시 소비의 원인을 개인의 취향에 두는 것이 아니라 사회적인 경향성에 중점을 두고 분석하여야 한다. 그 대책 역시 이러한 관점에서 도출해야 한다.

사회 명목론	사회 실재론
사회란 실재하지 않으며 단지 개인들의 집합에 사회라고 이름을 붙였을 뿐임.	개인들을 단순히 모아둔 것 이상의 어떤 힘을 발휘하는 사회가 실재함.
인간은 이성을 지닌 합리적인 존재이므로 과시 소비를 설명할 수 없음.	개인은 이성적이지만, 집단을 형성하면 쉽게 비합리적인 행동이 가능함. 과시 소비도 그러한 예로 볼 수 있음.

심화 문제 예시 답안

■ 글 개요 분석 및 특징

1. 사회 속의 개인들이 자신을 남과 다르게 표현하고자 하는 욕구에서 과시 소비가 발생한다.
2. 과시 소비는 경제 흐름을 원활하게 한다는 장점이 있다.
3. 과시 소비는 낭비·사치 소비문화 형성, 빈부격차로 인한 소외감 발생, 모방 소비로 인한 카드 남용·신용 불량 문제 등을 야기한다.
4. 가정에서는 올바른 소비교육, 저축하는 태도를 길러 주어야 한다.
5. 각 개인은 개성과 능력을 기르려는 노력을 해야 한다.

젊은이들을 중심으로 '된장남, 된장녀'라는 말이 빠르게 확산되고 있다. 이 말은 겉으로는 고급 브랜드의 상품과 커피로 자신을 포장하는 사람들이 집에서는 된장찌개를 먹는다는 말에서 유래되었다. 이처럼 ①젊은이들 사이에서는 자신을 과시하기 위한 소비풍조가 너무나 자연스러운 현상이 되었는데 이것을 '과시 소비'라고 한다. ②사회 실제론에 의하면 개인은 사회를 구성하는 하나의 성원에 불과하고, 사회는 개인의 삶을 규제하고 좌우하며 직접 또는 간접적인 영향을 준다. ③이러한 상황 속에서 자신을 남들과 같지 않게 여기고 이를 물질적인 것을 통해서라도 표현해 내고 싶어하는 인간의 욕구에서부터 과시 소비 현상은 시작되었다. ④과시 소비는 사회에 많은 영향을 준다. 개인적 차원에서 보면 개인이 물건을 구매함으로써 만족을 느낄 수 있고 소비를 촉진하여 경제 흐름을 원활하게 한다는 장점이 있다. 그러나 사회적 차원에서 보는 것은 다르다. 필요하지도 않은 고가의 제품을 자기과시를 위한 목적으로 구매한다면 자칫 돈의 가치를 잊게 되어 낭비적이고 사치스러운 소비문화가 만연하게 될 수 있다. 게다가 사치스러운 생활을 하는 일부의 부유층을 보며 대다수의 중산층 및 하류층 사람들은 빈부의 격차를 느끼게 된다. 산업사회로 인한 계급 분화와 경제적 이유에서 오는 소외감을 오늘날에도 맛보게 되는 것이다. 또한 자신이 남들보다 우위에 있음을 과시하고 싶은 욕망은 부유층 사람들에게만 있는 것이 아니다. 경제적으로 크게 넉넉하지 못한 사람들도 모방 소비를 하며 과시 소비에 동참하고자 한다. 이는 오늘날 크게 문제가 되고 있는 무분별한 카드 사용과 신용 불량자 문제와 적지 않은 관련이 있다. ⑤그렇기 때문에 과시 소비 문제에 대한 대책 마련이 시급하다. 그러나 개인주의가 만연하고 개인의 자유를 인정해 주어야 하는 오늘날, 국가적 차원의 해결에는 적지 않은 무리가 있다. 그렇기 때문에 가정 내의 소비 교육이 중요하다. 돈을 가치 있게 여기고 아껴 쓸 수 있도록 가르치는 부모의 역할이 있어야 하고 저축하는 태도도 길러 주어야 한다. ⑥각 개인도 물질적인 것 외에 자신을 내세울 수 있을 만한 개성과 능력을 길러야 한다. 얼마든지 길은 열려 있고 부러움과 감탄을 받을 수 있다.

⑦내적인 아름다움을 추구하기보다는 외적인 요소를 더 부각시키는 게 요즘 시대이지만 본질적인 것은 변하지 않는다. 또한 개인은 사회를 구성하는 하나의 개체일 뿐이라 하지만 반대로 생각해 보면 사회를 이루기 위해 꼭 필요한 하나이기도 하다. 하나뿐인 자신이기에 주체성을 잃고 자신을 과시하기에 급급한 사람이 되어서는 안 된다.

사회과 첨삭 지도

최상희 선생님

논리분석

과시 소비 현상이 나타나는 이유를 사회 실재론의 입장에서 설명하고 있습니다. 또 과시 소비가 우리 사회에 미치는 영향을 두 가지 측면에서 분석하고 있습니다. 우선 장점으로 소비를 촉진하여 경제 흐름을 원활하게 한다는 것입니다. 그리고 단점은 낭비·사치의 소비문화를 형성하고, 빈부 격차로 인한 소외감을 발생시키며, 모방 소비로 인한 카드 남용·신용 불량 문제를 야기한다는 설명입니다. 이를 해결하기 위해서, 먼저 가정에서는 올바른 소비 교육, 저축하는 태도를 길러 주어야 한다고 보고 있습니다. 또한 각 개인은 개성과 능력을 기르려는 노력을 해야 한다고 주장합니다.

③번 문장은 사회 속의 개인이 가지는 과시 소비 욕구를 논리적으로 잘 표현하였습니다.

④번 문장은 장점과 단점을 모두 살펴본 것이 설득력이 있습니다. 그런데 개인적 차원과 사회적 차원으로 구분한 것이 부자연스럽습니다. 개인적 소비로 인한 경제 흐름의 원활화는 결과적으로 사회적 차원으로 해석될 수 있지 않을까요? 개인적 차원의 장점은 필요와 욕구를 충족시키는 것에서 찾는 것이 더 합리적일 것입니다. 또한 개인적 차원에서도 단점이 존재합니다. 예를 들어 과시 소비로 인한 경제 파탄 같은 것이 있겠지요.

⑤번 문장에서 해결 방안을 가정 교육의 필요성에서 시작하고 있는 것이 인상적입니다. 개인의 자유를 강조하는 학생의 입장 표명도 칭찬해 주고 싶습니다. 그러나 국가적 차원의 해결에 무리가 있다면서 개인 차원의 해결점만 언급하는 바람에 글의 마무리가 빈약해지고 말았습니다.

개념분석

소비, 욕구, 만족, 경제 흐름, 소비문화, 빈부의 격차, 무분별한 카드 사용, 신용 불량자 문제, 개인의 자유, 소비 교육, 저축하는 태도 등 다양하고 핵심적인 개념들을 적절하게 활용하였습니다.

②맞춤법 실수라고 생각됩니다만, 항상 주요한 개념의 맞춤법이 틀리지 않도록 주의하십시오.

제언

과시 소비 현상의 원인과, 사회적 영향, 해결 방안을 구체적으로 잘 풀어 내고 있는 글입니다.

주장을 펼칠 때 다양한 측면을 고려하되, 논리의 비약이 없는지 확인할 필요가 있습니다. 가령 과시 소비의 사회적 영향에 대한 부분에서 장점과 단점을 나눈 것은 좋았지만, 이것이 개인적·사회적 차원으로도 구분되면서 반론의 가능성이 나타났습니다. 굳이 개인과 사회적 차원으로 나누려면, 개인적 차원과 사회적 차원의 장단점을 모두 설명하는 것이 더 논리적일 것입니다.

이 글에서 학생은 사회를 국가와 개인이라는 두 가지 측면으로 나누어 생각하고 있기 때문에 다양한 해결 방안이 나올 수 없었습니다. 사회를 개인과 국가로만 생각하지 말고 '시민 사회'의 측면을 고려해 보십시오. 그러면 강제력이 있는 국가의 법과 같은 방법들 외에, 우리의 인식이나 사회 풍토를 바꾸는 사회적 차원의 해결 방안들을 떠올릴 수 있을 것입니다.

그리고 남과 다르게 보이려고 과소비를 한다고 했는데 반대로 생각할 수도 있습니다. 남들과 똑같이 보이려고 명품을 사고, 과소비를 한다고 분석할 수도 있습니다. 여러 각도로 생각해 보십시오.

평가항목	등급	총평
이해·분석력	A	논제를 제대로 이해하고 있으며 논리의 진행이 매끄럽습니다.
논증력	A	주장과 이유가 명확하게 드러납니다.
창의력	B	도입이 신선한 데 비하여, 사회적 영향과 해결 방안 부분에서 창의적인 아이디어가 아쉽습니다.
표현력	B	다양한 개념을 적절하게 사용하였지만, 불필요한 문장이나 반복되는 내용들이 있습니다.

국어과 첨삭 지도

이지선 선생님

장점

논제의 논리적 흐름을 잘 파악하여 답안을 작성하였습니다. 서론에서 현대의 사회적 현상을 시작으로 문제를 제기하고 본론을 통해 사회적 현상의 영향과 그 대안을 설명하고 있습니다. 서론의 '된장남, 된장녀' 현상을 소재로 이야기를 시작한 것이 인상적입니다. 과시 소비 현상을 자연스럽게 이끌어 낼 수 있는 주제라서 이해가 쉽습니다. 또한 과시 소비 현상이 우리 사회에 미치는 영향을 개인의 문제와 잘 연결시켜 소개하고 있습니다.

단점

과시 소비 현상이 나타나는 이유를 제시문에서 끌어내는 능력이 약간 미흡했습니다. 제시문 (라)와 (다)를 통해 과시 소비 현상의 원인을 개인적인 문제가 아닌 사회적인 경향성에 두어야 합니다. 물질적 가치를 통해 표현하고자 하는 욕구로 인해 과시 소비 현상이 생겼다는 논리로는 좀 아쉬운 점이 있습니다. 제시문 (가)에서 보이는 합리적이고 이성적인 인간관으로는 설명되지 않는 현상이므로 사회적인 원인을 제시했어야 합니다. 또한 과시 소비 현상이 사회에 미치는 영향을 너무 개인적 차원에 초점을 맞춘 듯하여 아쉽습니다.

구성의 특징

서론에서는 과시 소비에 대한 사례로 '된장남, 된장녀'의 예를 제시하고 과시 소비가 무엇인지, 어떻게 생겨났는지 설명하고 있습니다. 본론에서는 과시 소비 현상이 사회에 미치는 영향을 개인적 차원과 사회적 차원으로 나누었습니다. 사회적 차원의 부분에 더 중심이 실렸다면 좋았을 것입니다. 그 다음으로는 과시 소비에 대한 대책을 개인적·가정적 차원으로 제시하고 있습니다. 결론에서도 사회의 구성원인 개인이 가지는 주체성을 강조하여 과시 소비 현상에서 벗어날 것을 강조하고 있습니다. 논제에서 요구한 바에 충실한 답안입니다.

표현

①번 문장에서 과시 소비 현상의 문제를 꼭 젊은이들 사이의 문제로만 한정짓기에는 무리가 있습니다. 현대 사회 모든 이들의 문제로 보는 것이 타당하며, 본문에 제시된 '된장남', '된장녀'의 문제가 젊은이들 사회의 소비 행태에 초점을 두고 만들어졌음을 이야기하는 것이 더 적절합니다.

③번 문장의 '자신을 남들과 같지 않게 여기고' 보다는 '남들과 다르게 여기고'가 더 자연스러운 표현입니다. 전체적으로 문장이 매끄럽지 않아 '이러한 상황에서 자신만의 개성과 우월성을 나타내고 싶어하는 인간의 욕구로부터 과시 소비 현상이 시작되었다'로 고치는 것이 좋겠습니다.

④경제 흐름을 원활하게 한다는 장점은 개인적 차원이 아닌 사회적 차원의 영향으로 보입니다.

⑥번의 마지막 문장은 무엇을 의미하는지 모호합니다. 삭제하는 것이 좋겠습니다.

⑦번의 '주체성을 잃고 자신을 과시하기에 급급한 사람이 되어서는 안 된다'는 표현이 읽는 이의 공감을 얻을 수 있으며 글의 완성도를 높이고 있습니다.

제언

대체적으로 논리적 완결성이나 깔끔한 문장 표현이 돋보이는 우수한 답안입니다. 다만 과시 현상에 대한 대책 마련에서 아쉬움이 남습니다. 사회적 현상에 대한 대안을 마련하라는 대책형 논술에서는 그 대안이 얼마나 실현 가능하고 타당하며 구체적인가가 중요합니다.

평가항목	등급	총평
이해·분석력	A	출제자의 의도를 잘 파악하였습니다. 과시 소비 현상이 나타나는 이유를 제시문을 통해 잘 포착하였고, 그것이 미치는 사회적 영향과 해결 방안에 대해 소신껏 접근하고 있습니다.
논증력	A⁺	단락별 논지 전개의 흐름이 매우 자연스럽습니다. 내용상 군더더기가 없고 논리적 타당성에 부합하는 글 구성입니다.
창의력	B	구성은 매우 훌륭하지만 독창적인 시각이 아쉽습니다. 해결 방안을 제시할 때 좀 더 다양한 관점에서 접근했다면 좋았을 것입니다. 사회의 문제는 단순히 개인적인 차원뿐만 아니라 사회적 측면 또한 포함하는 경우가 많습니다.
표현력	B⁺	대체적으로 문장이 자연스럽고 군더더기가 없습니다. 간혹 의미가 모호한 부분이 있으니 이에 대한 연습이 필요합니다.

| 제시문 원문 읽기

1. 이인식, 『이인식의 과학나라』 중 「담배를 끊기 어려울 때는」

WTO 세계 금연의 날 포스터

올해부터 정부의 금연 정책이 강력히 시행된다. 보건복지부는 학교와 의료기관을 절대 금연구역으로 지정하고 이들 건물 안에서 흡연하는 사람에게 과태료를 부과할 계획이다.

통계청이 발표한 〈2001 한국의 사회지표〉를 보면, 18살 이상 성인이 1년 동안 1,049억 개비의 담배를 피워 5조 2,800억 원을 허공으로 날려 보냈다. 보건복지부는 금연 종합 대책의 시행으로 67.8%에 이르는 성인 남성의 흡연율을 2010년까지 30% 이하로 낮춘다는 목표를 세워놓고 있다.

담배는 저승사자의 풀이다. 흡연자는 비흡연자보다 폐암에 걸릴 확률이 25배나 높다. 심장발작을 일으킬 가능성도 2~3배 많다. 담배가 건강에 해로운 것은 니코틴 때문만이 아니다. 물론 니코틴도 독성이 있지만 니코틴 중독으로 사람이 죽지는 않는다. 담배를 태울 때 약 4,000 가지의 화합물이 생기는데, 그 중 적어도 60가지가 암을 일으키는 물질인 것으로 확인되었다. 그러나 흡연자는 줄어들기는커녕 오히려 증가 추세이다.

전 세계적으로 담배 소비량은 해마다 약 1% 증가하고 있으며 흡연 인구는 2001년 11억 명에서 2025년 16억 명이 될 것으로 전망된다.

담배를 쉽게 끊지 못하는 것은 니코틴의 중독성 때문이다. 니코틴은 뇌의 신경세포로 하여금 도파민을 분비하게 한다. 도파민은 쾌락과 관련된다. 화학물질이다. 요컨대 담배가 쾌락을 제공하므로 금연이 쉽지 않은 것이 니코틴이 진정제인 헤로인이나 마취제인 코카인보다 중독성이 더 강력한 것으로 알려졌다. 따라서 흡연자들이 갖가지 방법으로 금연을 시도하지만 대부분 실패할 수밖에 없는 것이다.

그럼에도 불구하고 각국의 보건당국은 획일적인 규제와 벌금 위주의 금연 정책에 의존하고 있기 때문에 소기의 성과를 거두지 못하고 있다. 다시 말해서 무조건 금연을 강요하는 것만이 능사는 아니라는 것이다.

일방적인 금연 정책보다는 담배의 해악을 극소화하는 전략으로 흡연 문제를 해결한 나라는 스웨덴이다. 2000년까지 흡연자 비율을 인구의 20%로 낮추자는 세계보건기구(WTO)의 제안을 충족시킨 유일한 나라이다. 이는 스너스(snus)라는 제품 덕분이다.

스너스를 입 안에 물고 있으면 니코틴이 피 속으로 직접 방출되기 때문에 발암물질에 노출될 염려가 없다. 이 덕분인지 스웨덴 남자들은 유럽에서 폐암 발생률이 가장 낮은 것으로 나타났다. 스너스가 흡연 문제의 궁극적인 해결책이 될 수는 없지만 인간의 의지만으로 금연이 불가능한 경우 차선책이 될 수는 있을 것 같다.

2. 이인식, 『미래교양사전』 중 「창발, 질서와 혼돈 사이」

흰개미는 역할에 따라 여왕개미, 수개미, 병정개미, 일개미로 발육하여 수만 마리씩 큰 집단을 이루고 살면서 질서 있는 사회를 형성한다.

흰개미는 흙이나 나무를 침으로 뭉쳐서 집을 짓는다. 아프리카 초원에서는 버섯흰개미는 높이가 4미터나 되는 탑 모양의 둥지를 만들 정도이다. 이 집에는 온도를 조절하는 정교한 냉난방 장치가 있으며, 애벌레에게 먹일 버섯을 기르는 방까지 갖추고 있다.

개개의 개미는 집을 지을 만한 지능이 없다. 그럼에도 흰개미 집합체는 역할이 상이한 개미들의 상호 작용을 통해 거대한 탑을 만들었다. 이와 같이 하위수준(구성요소)에는 없는 특성이나 행동이 상위수준(전체구조)에서 자발적으로 돌연히 출현하는 현상을 창발(emergence)이라고 한다.

창발은 복잡성의 과학의 기본 주제이다. 복잡성 과학의 연구 대상은 사람의 뇌나 생태계 같은 자연 현상, 주식시장이나 세계 경제 같은 사회 현상이다. 이를 통틀어 복잡계로 부른다. 복잡계는 적어도 두 가지 면에서 공통점이 있다.

첫째, 복잡계는 단순한 구성요소가 수많은 방식으로 상호작용한다. 가령 사람 뇌는 수십억 개의 신경 세포가 거미줄처럼 연결되어 있다. 주식시장은 수많은 투자자들로 들끓는다.

둘째, 복잡계는 환경의 변화에 수동적으로 반응하지 않고 구성요소를 재조직하면서 능동적으로 적응한다. 사람 뇌는 끊임없이 신경세포의 회로망을 재구성하면서 경험을 통해 학습하고 환경에 적응한다.

복잡계의 행동은 언뜻 보아 무질서한 것 같다. 왜냐하면 구성요소의 상호작용이 고도로 비선형적인 행동을 나타내기 때문이다. 비선형 세계에서는 초기 조건에서 발생하는 작은 변화가 출력에서는 엄청나게 큰 변화를 야기한다. 그러한 현상의 하나가 혼돈(카오스)이다.

카오스는 바다의 난류 또는 주식 가격의 폭락처럼 불규칙적이며 예측

하기 어렵다. 그러나 복잡계는 혼돈 대신 질서를 형성해낸다. 혼돈과 질서의 균형을 잡는 능력이 있기 때문이다. 다시 말해서 혼돈계와 복잡계는 비선형이라는 점에서 같지만 혼돈계에서는 혼돈이, 복잡계에서는 질서가 나타난다는 면에서 다르다.

복잡계는 단순한 구성요소가 상호간에 끊임없이 적응과 경쟁을 통해 질서와 혼돈이 균형을 이루는 경계면에서, 완전히 고정된 상태나 완전히 무질서한 상태에 빠지지 않고 항상 보다 높은 수준의 새로운 질서를 형성해 낸다. 이를테면 단백질 분자는 생명체를, 기업이나 소비자는 국가 경제를 형성한다.

단백질 분자는 살아 있지 않지만 그들의 집합체인 생물은 살아 있다. 생명은 단백질이 완전히 고착되거나 완전히 무질서한 상태에서는 솟아날 수 없다. 질서와 혼돈 사이에 완벽한 평형이 이루어지는 영역에서 생명의 복잡성이 비롯된다.

이처럼 혼돈과 질서를 분리시키는 극도로 얇은 경계선을 혼돈의 가장자리(edge of chaos)라 한다. 요컨대 생명은 혼돈의 가장자리에서 창발하는 것이다. 생명은 혼돈의 가장자리에서 한쪽으로는 너무 많은 질서, 다른 한쪽으로는 너무 많은 혼돈 속으로 언제든지 빠져들 위험을 긴꼭한 채 평형을 지키려는 유기체의 특성이라 할 수 있다.

혼돈의 가장자리는 복잡성 과학을 상징하는 용어가 되었다. 복잡계는 혼돈의 가장자리에서 가장 복잡한 행동을 창발함과 동시에 환경에 가장 잘 적응할 수 있기 때문이다.

복잡성 과학은 1980년대에 등장한 풋내기 과학이며 장래가 반드시 낙관적인 것만은 아니다. 그럼에도 거의 모든 자연 세계와 사회 현상이 복잡계로 간주될 수 있기 때문에 창발의 원리를 밝히려는 복잡성 과학에 거는 기대는 상상 외로 크고 뜨거울 수밖에 없다.

| 좀더 자세히

1. 금연단체, 입담배 세금감면 추진

뉴질랜드 금연 단체는 스웨덴 입담배 스너스(Snus)의 세금 감면을 요구하며, 이 제품의 판매를 공식적으로 지지하고 나섰다.

스너스는 스웨덴에서 만들어진 분말 형태의 담배로, 작은 캔이나 티백 주머니 포장에 담겨 판매되며 일반 담배와는 달리 입술 사이에 넣고 니코틴만 즐길 수 있게 만든 제품이다.

실제로 북유럽 지역에선 운전자나 여성들이 일명 '스웨덴 초콜릿'이라 불리는 이 제품을 이와 잇몸 사이에 넣고 애용하는 장면을 쉽게 볼 수 있다.

크라이스트처치 의약품 스쿨은 최근 이 스너스에 대한 연구 결과를 발표했다. 입에다 넣고 니코틴만 흡수하는 형태의 이 입담배는 흡연에 비해 폐에 무리를 덜 주며, 니코틴 함량도 훨씬 낮다는 것. 물론, 담배를 아예 안 피는 것보다는 건강에 해롭다.

뉴질랜드 금연단체는 이 새로운 연구 결과를 근거로, 스너스의 판매를 지지하고 세금 감면을 요청하는 공식적인 입장을 밝혔다. 그러나 보건부는 추가적인 조사가 필요하다는 입장을 밝혔다.

● 자료 출처 : 뉴질랜드 뉴스(2007. 4.12)

2. 수요의 가격탄력성과 그 결정변수

수요의 법칙에 따르면 어느 재화의 가격이 하락함에 따라 그 재화의 수요량은 증가한다. 수요의 가격탄력성은 가격이 변할 때 수요량이 얼마나 변하는지 나타내는 지표다. 한 재화의 수요량이 가격 변화에 대해 민감하게 변하면 그 재화의 수요는 탄력적이라고 한다. 가격이 변할 때 수요량이 약간 변하면 수요는 비탄력적이라고 한다.

어느 재화의 수요의 가격탄력성은 그 재화 가격이 상승한 경우 소비자들이 그 재화 소비를 얼마나 줄일 것인지를 나타낸다. 따라서 수요의 가격탄력성은 개인의 욕구를 형성하는 다양한 경제적 · 사회적 · 심리적 요인에 의해 결정된다.

① 밀접한 대체재의 존재

어느 재화에 밀접한 대체재가 있으면 소비자들은 그 재화 대신 다른 재화를 사용할 수 있으므로 그 재화의 수요는 탄력적이다. 예를 들어 버터와 마가린은 충분히 서로 대체할 수 있으므로 마가린 가격이 변하지 않고 버터 가격이 조금만 오르면 버터 판매량은 크게 감소한다. 반면에 달걀에 대해서는 마땅한 대체재가 없으므로 달걀의 수요는 버터의 수요에 비해 덜 탄력적이다.

② 필수품과 사치품

대체로 필수품에 대한 수요는 비탄력적인 반면, 사치품에 대한 수요는 탄력적이다. 병원 진료비가 오르면 병원을 방문하는 횟수가 다소 줄기는 하지만 급격히 줄지는 않는다. 그러나 자가용 보트의 가격이 상승하면 수요가 현저하게 감소한다. 대부분의 사람들에게 병원 방문은 필수품인 데 반해 자가용 보트는 사치품이기 때문이다. 물론 어느 재화가 필수품인지 사치품인지는 그 재화 자체의 속성보다는 소비자의 선호에 의해 좌우된다. 예컨대, 건강에는 별 신경을 쓰지 않으면서 보트 타기에 광적인 사람에게는 자가용 보트가 필수품이므로 수요가 비탄력적인 반면, 병원 진료는 사치품이므로 수요가 탄력적이다.

③ 시장의 범위

어느 시장에서든 수요의 가격탄력성은 재화를 얼마나 광범위하게 정의하느냐에 따라 달라진다. 재화의 범위가 좁을수록 대체재를 찾기 쉽기 때문에 좁게 정의된 재화에 대한 수요는 광범위하게 정의된 재화의 수요에 비해 더 탄력적이다. 예를 들어 식료품이라는 포괄적인 재화에 대해서는 대체재를 찾기 어려우므로 수요가 비탄력적인 편이다. 반면에 아이스크림이라는 보다 좁게 정의된 재화에 대해서는 대체재가 많으므로 탄력성이 더 크다. 범위를 더 좁혀서 바닐라 아이스크림이라는 재화를 생각해 보면 여러 가지 다른 아이스크림이 바닐라 아이스크림의 훌륭한 대체재가 될 수 있으므로 수요는 매우 탄력적이다.

④ 시간의 차원

시간을 길게 잡을수록 수요는 더 탄력적이 된다. 휘발유 가격이 인상될 때 처음 몇 달 동안에는 수요가 큰 폭으로 줄지 않는다. 그러나 시간이 흐름에 따라 사람들은 보다 연비가 높은 차를 사거나, 대중교통수단을 이용하거나 직장과 가까운 곳으로 이사를 한다. 따라서 휘발유 가격이 오르고 몇 년이 지나면 수요는 크게 줄어든다.

● 자료 출처 : N. Gregory Mankiw, 『맨큐의 경제학(4판)』, 교보문고, 2007, 108~109쪽

3. 프로슈머 경제

앨빈 토플러는 판매나 교환을 위해서가 아니라 자신의 사용이나 만족을 위해 제품, 서비스 또

는 경험을 생산하는 이들을 '프로슈머(prosumer)'라는 신조어로 지칭했다. 개인 또는 집단들이 스스로 생산하면서 동시에 소비하는 행위를 '프로슈밍(prosuming)'이라고 한다. 최근 UCC 열풍이 불고 있는데, UCC를 제작하는 것도 일종의 프로슈밍이라고 할 수 있겠다.

제품, 서비스 또는 경험을 화폐 경제 안에서 팔고자 하는 사람들을 '생산자(producer)'라고 부르며, 그 과정은 생산(production)이라 칭한다. 그러나 비공식 경제, 즉 비화폐 경제 안에서 벌어지는 활동에 해당하는 단어들은 존재하지 않는다. 나는 『제3의 물결 *The Third Wave*』에서 판매나 교환을 위해서라기보다 자신의 사용이나 만족을 위해 제품, 서비스 또는 경험을 생산하는 이들을 '프로슈머(pro-sumer)'라는 신조어로 지칭했다. 개인 또는 집단들이 스스로 생산(PROduce)하면서 동시에 소비(conSUME)하는 행위를 '프로슈밍(prosuming)'이라고 한다.

우리가 파이를 구워 그 파이를 먹는다면 우리는 프로슈머이다. 그러나 프로슈밍은 단순히 개인 차원의 행동이 아니다. 돈이나 그에 상응하는 보상을 바라지 않고 가족, 친구, 이웃과 나누고자 파이를 구웠을 수도 있다. 교통수단, 커뮤니케이션, IT의 발달로 세계가 점점 작아지는 오늘날 이웃이라는 개념은 세계를 의미할 수도 있다. 이는 심층기반인 공간에 대한 우리의 관계가 변화된 결과이기도 하다. 프로슈밍에는 세상 반대쪽에 사는 타인과의 공유를 위해 대가를 받지 않고 창조하는 가치도 포함된다.

인생을 살면서 사람은 누구나 한번쯤 프로슈머가 된다. 모든 경제에는 프로슈머가 존재한다. 극히 개인적인 필요나 욕구를 시장에서 모두 충족시켜 줄 수 없고, 또 너무 비쌀 수도 있기 때문이다. (중략) 프로슈머가 하는 일은 소프트웨어 샘플을 만들거나 램프 배선을 바꾸는 일에서 학교 기금 마련을 위해 과자를 굽는 자원봉사 활동에 이르기까지 그 형태가 무한하다.

● 자료 출처 : 앨빈 토플러, 『부의 미래』, 청림출판, 2007, 225~227쪽

4. 정부와 개인 사이에 존재하는 영역으로서의 시민사회

시민사회를 바라보는 여러 가지 입장들이 존재한다. 그 중에서 다음의 입장은 공적 부분과 사적 부분을 연결하는 제3의 매개체로서 시민사회를 상정하고 있다.

시민사회에 대한 강건한 민주주의적 관점은 공적 영역과 사적 영역을 구분한다. 말하자면 정부와 그 주권을 행사하는 제도로 이루어지는 국가 영역과, 개인 및 시장에서의 계약에 의한 결사체가 존재하는 사적 영역을 가리킨다. 그리고 양자의 가치를 공유하면서 그 둘을 매개해 주는 제3의 영역을 상정한다. 이러한 제3의 독립적 영역은 시민적 공동체로 규정된다. 그 핵심은 다원적인 시민적 공동체이다. 이것은 자발적 참여를 장려하는 개방적이고 평등주의적인 회원들의 결사체이다.

(중략) 강건한 민주적 시민사회에서 다원주의는 자유의 전제 조건이다. 많으면 많을수록 좋은 것이다. 강건한 민주적 시민사회는 다양한 유형으로 나타난다. 이러한 의미에서 시민사회는 민주적 덕목을 보유하고, 민주적 삶의 관습과 관행을 장려하며, 공공성과 자유, 평등주의와 자발주의에 의해 규정된다. 이것이 바로 이상적인 민주적 시민사회의 모델이다. 여기서 시민은 단순히 정부 서비스의 소비자에 머물거나 정부의 개입을 저지하려는 우익 인사만이 아니다. 또한 정치적 대리인이 그저 책임지는 척만 히도록 방관하는 단순한 유권자나 수동적 감시인도 아니다. 오히려 민주적 시민은 집단이나 공동체의 적극적이고 책임감 넘치는 구성원이다. 상충하는 가치와 이익 갈등이 발생하게 되면 공동의 토대를 찾아내고 공공의 업무를 수행하고, 공동의 관계를 추구함으로써 그러한 차이를 조정하기 위해 노력을 기울이는 존재이다. 강건한 민주적 시민사회에서 맺어지는 사회 관계는 생산과 소비를 통해 이루어지는 경제적 상호작용이나 시장에서 제공하는 것보다 훨씬 더 보상이 크고 굳건한 것이다. 물론 혈연 공동체가 제공하는 것보다 뿌리가 깊고 단단하지는 않다. 자발적인 공원 청소 작업에서 누군가의 이웃이 되는 일은 누군가와 피를 나눈 형제가 되는 일보다야 든든하지 않겠지만, 투표소에서 만난 개별 유권자나 상점에서 부딪히는 익명의 소비자에 대해 느끼는 감정보다는 훨씬 더 단단한 것이다.

● 자료출처 : 벤자민 R. 바버, 『강한 시민사회 강한 민주주의』, 일신사, 2006, 55-60쪽

◎ 조선시대에 국가에 의해 개인의 자유가 침해당한 경우에 국가는 어떻게 했는가?

> 야인 400여 기(騎)가 여연(지금의 중강진 근처)에 쳐들어와 우리나라 사람과 물건을 노략질하여 갔으므로 강계 절제사 박초가 군사를 거느리고 추격하여 붙들려가던 사람 26명과 말 30마리, 소 50마리를 도로 빼앗아 왔으나 우리나라 사람으로 전사자는 13명, 적의 화살에 맞아 부상한 자가 25명이나 되었는데, 마침 날이 저물어 끝까지 추격하지 못하였습니다.
>
> – 세종 14년 12월 9일 평안도 감사 긴급보고

위의 내용은 여진족이 조선시대의 변방을 침략했던 당시 평안도 감사의 보고내용입니다. 이 글을 참고로 그 당시 변방민족에 대한 외교정책과 백성들에 대한 국가의 정책 내용을 알아보고 이로 인한 개인자유 침해에 대하여 국가가 어떻게 대응했는지도 알아봅시다.

1. 조선시대의 여진족에 대한 기본적인 외교정책은 무엇이었을까요?

조선은 건국과 함께 사대교린(事大交隣)을 외교정책의 기본으로 삼았습니다. 명(明)에 대해서는 존명사대(尊明事大)의 자세를 취하면서 변방민족이었던 야인(野人)이나 일본에 대해서는 교린(交隣)의 관계를 유지하였습니다. 그들은 1년 또는 수년마다 조선의 국왕에게 숙배(肅拜)함으로써 주종관계를 유지하였습니다.

여진족은 고려 초기부터 양계지역이었던 압록강 주변의 서북계와 두만강 주변의 동북계에 세력을 형성하고 있었는데 서북계는 원명 교체시기에 공민왕에 의해 장악되었으나 동북계인 두만강 지역으로의 진출은 쉽지 않았습니다. 그러나 이후 이성계가 여진족과 여러 차례의 전쟁을 치르며 두만강 하류까지 진출하는 획기적인 전과를 올리게 되었습니다. 그러나 세종 대에 다시 여진족들의 약탈과 내습이 시작되었습니다. 이에 세종은 북진정책을 마련하여 4군과 6진을 개척하고 압록강과 두만강 전역으로 영토를 확장시키는 성과를 올렸습니다.

앞에서도 말했듯이 조선시대의 변방민족에 대한 외교정책은 강경책과 회유책을 병행하는 것이었습니다. 세종은 여진에 대하여 박초가 강계 절제사로 임명되어 임지로 떠나기 전 인사를 위해 세종을 찾았을 때 "가서 사졸(士卒)을 훈련하고 농상(農桑)을 권장하며 야인(여진 오랑캐)이 쳐들어오거든 어루만져 위로하고 물러나거든 추격하지 않는 것이 좋겠다"고 당부하였습니다. 여러 차례 여진에게 기습을 당했을 때에도 그들은 생계를 위한 것이었기 때문에 가능하면 여진족의 요구를 들어 주고 무마하는 방식으로 해결해 왔습니다. 조선은 여진족에게 관직, 토지, 주택을 공급하며 귀순을 장려하여 우리 주민으로 동화시키려 하였고, 무역소나 북평관 등을 두어 국경무역과 조공무역을 허락하기도 하였습니다. 그러나 잦은 약탈로 백성들이 피해를 입게 되자 무력으로 정벌하여 4군 6진을 개척하였습니다.

2. 여진족을 막기 위해 대내적으로 어떤 정책을 사용하였을까요?

4군 6진이 개척된 이후에도 여진족의 침입이 끊이지 않아 조선정부의 방어노력도 끊이지 않았습니다. 함길도 · 평안도 주변으로의 이민정책도 야인에 대한 정책 중 하나였습니다. 북방 변경지역으로의 이민은 태조 대에도 있어온 일이지만, 세종 16년부터 본격적으로 실시되어 도내와 남도로부터의 이민이 수차례에 걸쳐 이루어졌습니다. 평안도 변경지역으로의 이민은 세종 19년경부터 이루어지게 되었습니다. 1433년(세종 15) 경원부 자리에 영북진을 설치하고 대규모의 이주를 단행하였는데, 이것은 강원도는 물론이고 충청 · 전라 · 경상도에서까지 자원하거나 선정된 사민을 모집하는 방법을 동원한 대거 사민 정책이었습니다. 선정된 사민은 주로 범죄자들로, 강제로 입거되곤 했습니다. 하삼도(下三道)의 양민이 변경으로 이주를 할 경우에는 품계를 높여 주거나 토관(土官)직을 주고 향리(鄕吏)와 역리(驛吏)는 역을 면해 주었고, 천민은 양민화시켜 주는 등의 우대정책을 펴기도 했습니다.

한편 사민의 공평한 선정과 이주 후의 안정된 정착을 위하여 여러 가지 통제와 벌칙이 마련되기도 하였습니다. 평안도 일대에서는 1437년부터 3년간 여덟 번에 걸쳐 1만 5,000여 명(1,000여 호)이 국경 지대 가까이 이주를 하였습니다. 그 까닭은 여진족의 국경 침입이 잦은 데다가 국경의 경비에도 취약점이 많기 때문입니다. 그렇게 하여 평안도 일대에는 황해도를 비롯하여 남도지방 일대에서 사민 3,000여 호를 모집하여 이주시켰습니다. 이러한 사민정책은 국가의 입장에서는 변방지역을 충실하게 하기 위한 것이었으나 이주하는 사람들의 입장에서는 강제적 이민의 성격을 띠는 것이었으므로 참을 수 없는 고역이었고 도망자가 속출할 수밖에 없었습니다. 그러나 세조 이후에도 하삼도 양민의 평안도로의 이주는 계속되었으며 이러한 사민정책은 성종 때까지 지속되었습니다.

 **| 기출문제 탐구**

(2006년 수학능력평가 국사 기출문제)

1. 다음 밑줄 친 '이 지역'에 대한 정책으로 옳은 것을 〈보기〉에서 모두 고른 것은?

> <u>이 지역</u>은 본래 우리 땅이었는데 중간에 여진족에게 점거되었다. 태조가 이 지역에 처음으로 부를 설치하였다. 태종 때 야인이 침입해 와서 백성들을 경성군으로 옮기고 그 땅은 비워 두었다. 세종 때 이 지역을 되찾기로 하고 정벌하여 회복하였다.

보기

ㄱ. 토착민을 토관으로 임명하였다.

ㄴ. 조세 운반을 위하여 조창을 설치하였다.

ㄷ. 무역소를 설치하고 국경 무역을 허락하였다.

ㄹ. 삼남 지방의 일부 주민들을 이주시켜 살게 하였다.

① ㄱ, ㄴ ② ㄱ, ㄹ ③ ㄴ, ㄷ ④ ㄱ, ㄷ, ㄹ ⑤ ㄴ, ㄷ, ㄹ

정답 : ④

☞ **문제 해설**

위의 내용에서 말하는 이 지역은 압록강, 두만강 지역을 의미합니다. 조선 태조에서 세종에 이르는 동안 이 지역에 4군과 6진을 설치하여 여진족을 방어하였으며 이때 압록강과 두만강의 국경이 확정되었습니다. 여진족에 대한 기본 외교정책은 교린정책으로 주택이나 토지 등을 하사하여 귀순을 장려하거나 무역을 허용했습니다. 그러나 약탈이 잦아질 경우 군사력으로 정벌하기도 하였습니다. 변방지역에 대한 주민 자치적 방어를 위해 사민정책을 써서 남쪽의 하삼도 백성들을 대거 이주시키기도 하였습니다. 그러므로 정답은 ④입니다.

(2004년 10월 전국연합학력평가 기출문제)

2. 밑줄 친 '이들'과 우리나라의 관계에 대한 설명으로 옳은 것은?

> · 조선은 국경 지방에 무역소를 두어 **이들**의 국경 무역을 허락하였으나, 국경을 침입할 때에는 군대를 동원하여 정벌하기도 하였다
>
> · **이들**은 조선이 임진왜란을 겪는 동안 급속히 성장하여 후금을 세웠으며, 나중에 국호를 청이라 고쳤다.

보기

ㄱ. 광해군은 명과 이들 사이에서 중립 외교를 펼쳤다.

ㄴ. 고려는 이들과의 협상을 통하여 강동 6주를 확보하였다.

ㄷ. 윤관은 별무반을 이끌고 이들을 북방으로 쫓아버렸다.

ㄹ. 이들의 요청에 의해 파견된 통신사는 선진 문화를 전파하는 역할도 하였다.

① ㄱ, ㄴ ② ㄱ, ㄷ ③ ㄴ, ㄷ ④ ㄴ, ㄹ ⑤ ㄷ, ㄹ

정답 : ②

☞ **문제 해설**

위의 내용에서 설명하는 민족은 여진족을 의미합니다. 여진족은 12세기 초 부족의 통일을 이루었으며 이들이 고려 국경까지 남하하면서 고려군과 충돌하였습니다. 이때 윤관이 별무반을 만들어 여진족을 북방으로 몰아내고 동북 9성을 쌓았습니다. 조선 초에는 교린정책의 일환으로 귀순을 장려하거나 무역을 허용하는 등 회유책을 사용하기도 하였지만 잦은 약탈로 인해 무력으로 여진족을 정벌하기도 하였습니다. 이들은 임진왜란 후에 조선과 명이 왜와의 전쟁에서 지친 틈을 타서 급속히 성장하였으며 왜란으로 조선과 명의 힘이 약화된 틈을 타 누르하치가 나타나 후금을 세우고 명의 변방을 위협하였습니다. 이때 광해군이 중립 외교정책을 유지함으로써 국내에는 전쟁의 화가 미치지 않았으며, 정묘호란 후 후금은 국호를 청이라 고치고 병자호란을 일으켰습니다. 그러므로 정답은 ②입니다. ㄴ은 거란족과 관련된 사건이며 ㄹ은 일본과 관련된 내용입니다.

3. 지도의 (가) 국가를 세운 민족과 관련된 설명으로 옳은 것을 〈보기〉에서 모두 고른 것은?

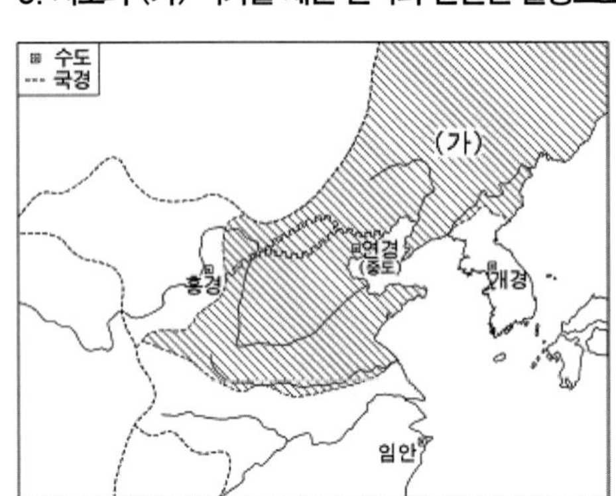

<12세기 동아시아 정세>

보기

ㄱ. 고구려는 이들의 조상을 오랫동안 지배하였다.

ㄴ. 고려는 별무반을 편성하여 이들을 정벌하기도 하였다.

ㄷ. 고려는 친송 정책에 불만을 품은 이들에게 여러 차례 침입을 받았다.

ㄹ. 조선 초에는 이들의 침략에 대응하기 위한 방편으로 사민을 실시하였다.

① ㄱ, ㄴ　② ㄴ, ㄷ　③ ㄷ, ㄹ　④ ㄱ, ㄴ, ㄹ　⑤ ㄱ, ㄷ, ㄹ

정답 : ④

☞ **문제 해설**

　지도에서 빗금 친 부분이 나타내는 지도는 여진족이 세운 금나라의 영역입니다. 과거 대부분의 말갈족은 고구려의 지배를 받았습니다. 이후 발해의 지배를 받다가 발해 멸망 후 흑수부 말갈은 거란에 복속되어 여진이라고 불렀습니다. 여진은 생여진과 숙여진으로 나뉘었는데 생여진은 후에 금나라를 건국하는 주체세력이 됩니다. 금은 1115년에 건국되었으며 당시 우리나라는 고려시대였습니다. 1107년에 여진에 대하여 윤관이 동북 9성을 쌓기도 하였지만 고려의 집권자였던 이자겸은 금과 타협함으로써 고려의 북방정책이 일시 좌절되기도 하였습니다. 이후 조선 초에는 교린정책으로 여진족에게 주택과 토지를 지급하기도 하였고 귀화를 장려하기도 하였으며 무역소를 두어 무역을 허용하기도 하였습니다. 그럼에도 불구하고 잦은 약탈로 조선백성의 피해가 빈번해지자 무력으로 정벌하기도 하였으며, 사민 정책을 쓰기도 하였습니다. 그러므로 정답은 ④입니다.

(2007년 9월 전국연합학력평가 기출문제)

4. 다음의 시조가 쓰인 시기에 있었던 역사적 사실로 옳은 것은?

○ 삭풍은 나무 끝에 불고 명월은 눈 속에 찬데
○ 만리변성(萬里邊城)에 일장검 짚고 서서
○ 긴 파람 큰 한소리에 거칠 것이 업세라.
　　　　　　　　　　　　　　　　　　－김종서
○ 긴 칼을 빼어들고 백두산에 올라 보니
○ 환하게 밝은 세상이 전란으로 어지러워라
○ 언제나 남북의 병란을 평정해볼까 하노라.
　　　　　　　　　　　　　　　　　　－남이

① 철령 이북의 땅을 수복하였다.
② 후금과 명 사이에서 중립 외교를 펼쳤다.
③ 어영청, 총융청, 수어청 등을 설치하였다.
④ 사군과 육진을 설치하여 북방을 개척하였다.
⑤ 청에 대한 적개심으로 북벌론이 제기되었다.

정답 : ④

☞ **문제 해설**

　김종서는 문관으로서는 드물게 6진을 개척하여 동북 지역의 안정을 이끌어내고 조선의 영토를 두만강까지 확대시킨 주역입니다. 남이 장군은 1457년(세조3) 약관의 나이로 무과(武科)에 장원, 세조의 지극한 총애를 받았던 장군입니다. 남이가 여진토벌(女眞討伐) 때 읊은 시 "白頭山石磨刀盡, 豆滿江水飮馬無, 男兒二十未平國, 後世誰稱大丈夫" 속의 '미평국(未平國 : 나라를 평정하지 못함)'이라는 글귀를 '미득국(未得國 : 나라를 얻지 못함)'으로 조작하여 역모의 모함을 받았던 것은 잘 알려진 내용입니다. 그러므로 위의 내용은 조선 초 4군 6진이 개척되던 시대와 관련된 설명이므로 정답은 ④번입니다. ①번은 공민왕과 관련된 내용이며, ②번은 광해군 시대와 관련된 내용, ③번은 인조반정 이후의 일이며, ⑤번은 병자호란 후의 일입니다.

◎ 환경은 한 국가만의 문제인가?

극지방이 시름시름 앓고 있다

캐나다 연구팀은 북극의 눈에서 산업 공해 물질과 농업 살충제를 다량 검출했다. 이 물질들은 주변 국가의 산업 지역에서 이동되어 온 것이라고 밝혔다. 북극의 생물들은 방사능과 환경 호르몬인 폴리 염화 비닐에 오염되어 생명을 위협받고 있다. 북극의 오염은 1950~1980년대 사이에 북극 근처에 실시된 대기 핵실험과 1986년 체르노빌 원자력 발전소 사고, 유럽 각국의 핵 물질 재처리 지연 등으로 인해 발생한 것이다.

한편, 남극에서도 기준치를 초과하는 산성비가 나타나 기지 구조물에 부식 현상이 발생했다고 보고되었다. 이는 남아메리카와 아시아의 오염 물질이 남극으로 확산된 결과로 보인다. 환경학자들은 '극 지방은 지구 전체의 기후를 조절하는 역할을 하고 있으며, 물질의 순환 기간이 길어 한번 손상되면 복원이 어렵다'고 말한다.

-○○일보, 2001. 5. 11

- 고등학교 『사회』

■ 환경오염에 대하여 각국은 어떠한 노력을 하는지 알아봅시다.

1992년 정식으로 체결된 기후변화협약은 지구 온난화 방지를 위하여 이산화탄소를 비롯한 온실가스의 배출을 규제하는 국제 협약입니다. 주된 내용은 지구온난화 물질인 이산화탄소, 프레온가스, 메탄가스 등의 배출량을 2000년까지 1990년 수준으로 동결하는 것이며, 구체적인 감축 방법은 이산화탄소 배출 기준 선정, 이산화탄소 방출에 따른 탄소세 부과, 수력 및 원자력 등 비화석 연료 사용, 에너지 효율 향상 기술 개발 등이 제시되고 있습니다. 국제적 논의 끝에 이러한 기후 변화 협약의 실천 내용이 1997년 교토 회의에서 채택되었으며, 미국, 일본, 유럽 연합 등 선진국들은 의무 감축 국가로 지정되어 2012년까지 각각 6~8%로 지정된 의무 삭감량을 지켜야 합니다. 교토의정서는 기후변화협약 회원국 가운데 55개국 이상이 비준해야 하고, 비준서를 제출한 선진국들의 이산화탄소 배출량이 전 세계 배출량의 55% 이상 초과되면 90일 이후 발효됩니다. 우리나라가 2002년 10월 국회에서 교토의정서를 비준하는 등 120여 개 국가가 교토의정서를 비준해 첫 번째 조건은 충족됐으나 비준한 선진국의 온실가스 배출량은 전체 선진국 배출량의 37.4%에 불과하여 두 번째 조건이 충족되지 않아 발효가 늦어졌습니다. 또한 세계 온실가스 배출량의 25%와 선진국 배출량의 36.1%를 차지하는 미국이 불참 원칙을 고수하여 교토의정서는 좌초위기에 놓였었으나 최근 '교토의정서' 비준을 거부했던 조지 부시 미국 대통령이 2013년 이후 온실가스 감축을 위한 중장기 전략 마련을 위해 한국을 포함한 15개국이 회의를 갖자고 제안하고 나선 상태입니다. 이 밖에 환경 보호를 위한 국제 협약으로 유해 폐기물의 국가 간 이동을 규제하기 위한 바젤협약, 지구 상의 생물 유전인자를 보호하고 생물자원의 이용 관리 및 규제를 통해 생태계를 보전하고자 하는 생물 다양성 협약 등이 있습니다.

| 기출문제 탐구

(2005년 수학능력평가 경제지리 기출문제)

1. 표는 여러 가지 환경 문제와 관련된 내용이다. 빈칸에 들어갈 대응책으로 적절하지 않은 것은?

환경 문제	사회 경제적 배경	발생 요인	대응책	국제적 노력
지구 온난화	산업 혁명 이후의 급격한 공업화	화석 연료 사용	(가)	기후변화협약 교토의정서
산성비	공업화	화석 연료 사용	(나)	헬싱키의정서 소피아의정서
오존층 파괴	산업과 생활의 고도화	프레온(CFC_s) 냉매	(다)	빈조약 몬트리올의정서
열대림 감소	인구 급증, 빈곤, 자원 채취	화전 농업, 벌채 및 개발	(라)	국제열대목재 협정
사막화	인구 급증	방목, 경작 과다	(마)	사막화방지협약

① (가) : 온실 가스 배출량의 감축 의무를 부과한다.

② (나) : 탈황 장치를 보급하고 청정 연료의 사용을 늘린다.

③ (다) : 플라스틱 사용을 줄이고 폐기물의 수출입을 금지한다.

④ (라) : 열대 목재의 적절한 이용을 위한 국제 협력을 증진한다.

⑤ (마) : 생태계를 고려한 경작을 권장하고 삼림 면적을 확대한다.

정답 : ③

☞ **문제 해설**

　기후변화협약과 교토의정서는 지구 온난화 방지를 위한 협약으로, 이산화탄소 등을 비롯한 온실 가스의 배출을 규제합니다. 헬싱키의정서와 소피아의정서는 유황과 질소산화물 배출을 감소시켜 산성비의 피해를 줄이고자 하는 협약입니다. 몬트리올 의정서는 오존층 보호를 위한 프레온가스(염화불화탄소) 사용을 금지하는 협약입니다. 국제열대목재협정은 열대 목재의 지속가능한 이용과 보존을 위해 브라질, 말레이시아, 인도네시아 등 목재 생산국과 일본, 중국, 미국 등 목재 소비국이 참여해 온 협정으로 열대 목재 생산국의 열대 목재 보존 사업을 지원하고 있습니다. 사막화방지협약은 지나친 경작과 많은 가축 방목으로 사막화되어 가는 현상을 막기 위한 협약입니다. ③번 오존층 파괴를 막기 위해 맺어진 몬트리올의정서는 프레온가스의 제조와 수출입 금지를 골자로 하는 것으로 플라스틱 사용을 줄이고, 폐기물 수출입을 금지하는 것은 관련이 없습니다. 유해폐기물의 국제적인 이동을 금지하는 협약은 바젤협약입니다.

(2005년 수학능력시험 세계지리 기출문제)

2. 다음에 소개된 환경 운동의 목적으로 가장 적절한 것은?

> '그린벨트운동'은 1977년 지구의 날에 케냐에서 시작되었다. 케냐 국토의 일부는 아프리카 사헬 지대에 포함된다. '그린벨트운동'은 비 도시 지역에서 나무 심기를 장려하며 전국적인 네트워크를 만들었다. 1999년에는 '그린벨트운동' 여성 회원 5만여 명이 2000만 그루 이상의 나무를 심은 것으로 추정되는데, 수백만 그루는 아직도 자라고 있다고 한다.
>
> —『지구환경보고서 2003』

① 케냐 경제의 세계화에 따른 대비
② 산성비에 의한 농경지의 피해 축소
③ 농촌의 도시화에 따른 수질 오염 방지
④ 사하라 사막 남쪽의 사막화에 대한 대응
⑤ 지나친 벌목으로부터 열대 우림 보호

정답 : ④

☞ **문제 해설**

사하라 사막 남쪽 지역인 사헬 지대는 이동성 유목과 화전 농업이 행해지던 반건조 스텝 기후 지역입니다. 그러나 최근 이 지역이 급속도로 사막화되면서 원주민들이 삶의 터전을 잃고 있습니다. 사헬 지대의 사막화는 인구의 급속한 증가로 인한 유목 규모의 확대, 화전 농업의 확대가 주요 원인입니다. 이외에 지구 온난화로 인한 이상기후, 지나친 지하수 개발로 인한 지하수면의 하강 등도 원인으로 지목되고 있습니다. 사헬 지대의 국가들은 사막화를 방지하기 위하여 조림 사업 운동을 활발히 벌이고 있습니다. 중앙아시아의 아랄 해 주변, 중국의 고비 사막 주변도 사막화 현상이 확대되고 있습니다.

(2007년 수학능력시험 경제지리 기출문제)

3. 다음은 배출권 거래 제도에 대한 인터넷 검색 자료이다. 이 제도에 대한 설명으로 가장 적절한 것은?

| 백과사전 검색 | 배출권 거래 제도 | 검색 |

지구 전체에서 배출되는 오염 물질의 총량을 정한 후 국가마다 일정한 양의 오염 물질을 배출할 수 있는 권한을 주고, 이 한도를 넘는 경우에는 정해진 양을 다 사용하지 않은 국가로부터 배출권을 구매할 수 있게 한 제도이다. 이때 가격 및 거래량은 배출권의 수요와 공급에 의해 결정된다.

① 국제적 환경 문제 해결에 시장 원리를 도입한 제도이다.
② 환경 문제에 대한 국가 간 상호 감시를 강화하는 제도이다
③ 수질 오염에 대한 국가 간 분쟁을 해결하기 위한 제도이다.
④ 환경 협약 체결에 보다 많은 국가의 참여를 유도하기 위한 제도이다.
⑤ 국가 간 환경 분쟁에 있어 국제 기구의 역할을 강화하기 위한 제도이다.

정답 : ①

☞ **문제 해설**

오염물 배출권 거래제도는 오염물질의 지나친 배출을 막기 위해 오염물질의 총량을 정하고 국가마다 배정받은 오염물질을 다 배출하지 않았을 경우 다른 나라에 그 배출권을 팔 수 있도록 하는 제도로 국제적 환경 문제 해결에 시장의 원리를 도

입한 제도라고 할 수 있습니다.

(2007년 수학능력시험 세계지리 기출문제)

4. 지도의 (가)~(마)에서 자료와 관련된 환경 문제를 가장 심화시키는 지역 개발 사례를 고른 것은?

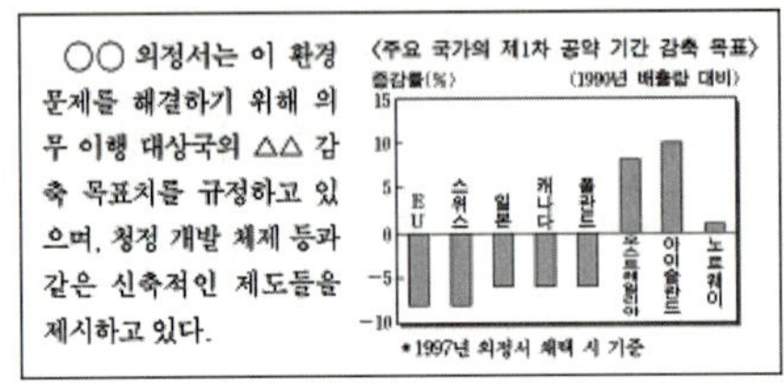

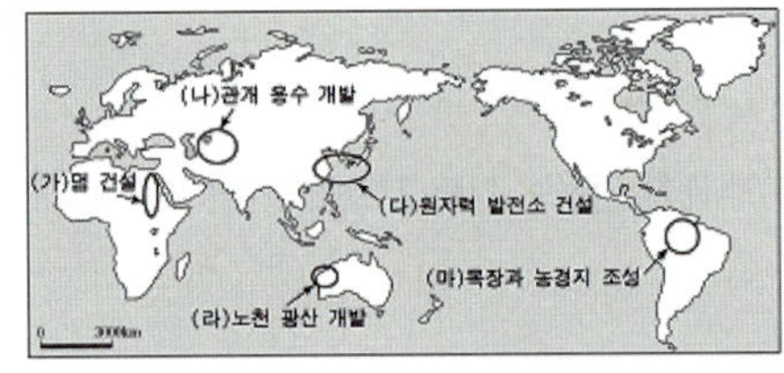

① (가)　② (나)　③ (다)　④ (라)　⑤ (마)

정답 : ⑤

☞ 문제 해설

　문제에서 제시된 국제 협약은 교토의정서입니다. 교토의정서는 지구 온난화 방지를 위한 국제 협약으로 온실가스인 이산화탄소의 배출을 규제하는 내용을 담고 있습니다. 지구 온난화는 화석 연료 사용으로 인한 이산화탄소 배출이 주요 원인이지만, 삼림 파괴로 인한 산소 공급 감소도 원인으로 지목되고 있습니다. 특히 브라질의 (마) 지역은 아마존 강의 열대우림인 셀바스 지역으로 '세계의 허파'라고 불리며 지구 산소의 약 4분의 1을 공급하는 지역입니다. 최근 브라질 정부가 농경지 조성과 지하자원 개발을 위하여 아마존 지역을 개발하면서 셀바스 열대림 파괴가 가속화되고 있습니다. 세계 각국은 브라질의 열대림 파괴를 비난하며 지구 온난화 방지를 위하여 열대림을 보호해 줄 것으로 요청하고 있지만, 브라질 정부는 세계 환경 보호를 위하여 자국의 경제적 이익을 희생할 수는 없다는 입장입니다.

(가)는 이집트 나일 강의 아스완 하이댐 건설 지역으로, 댐 건설 이후 수질오염, 병충해 증가, 유적지 수몰, 나일 강 삼각주의 토양 척박화 등의 환경문제가 발생했습니다.

(나)는 중앙아시아 아랄 해 지역으로 건조지역의 관개 농업 확대로 인한 사막화로 아랄 해가 점점 축소되는 지역입니다.

(다)는 동아시아의 원자력 발전소 건설입니다. 원자력 발전소는 석유와 달리 연료의 안정적인 확보가 가능하고 발전 용량이 커서 자원이 부족한 선진국에서 선호하는 발전 양식입니다. 그러나 방사성 폐기물의 처리, 사고발생 시 방사능 유출 등의 환경문제가 발생합니다.

(라)는 오스트레일리아는 노천 광산 지역입니다. 광물의 노천 채굴은 생산비를 절감시켜 경제적 이익이 크지만, 분진과 소음 피해, 생태계 파괴, 대규모 토양 유실 등으로 주변 지역에 심각한 환경 피해를 남기고 있습니다.

사회과학의 탐구

대학은 학문을 하는 곳이다. 그러다 보니 대입 논술 고사에서도 학문 연구자에게 필요한 기본적인 자세와 관점에 대한 질문을 곧잘 던진다. 고등학교 교육 과정에서는 사회문화 과목 정도에서만 다루는 사회과학 방법론이 논제에 자주 출제되는 것은 이런 이유에서다. 실증적 분석과 해석학적 분석, 인간관계의 중요성, 통계 해석상 나타나는 오류나 관점 차이, 표본조사의 의미 등이 이런 주제에 포함되는 하위 주제들이다.

사회를 바라보는 인식적인 측면과 지식 탐구의 방법을 다루는 이 주제는 다양한 사회현상을 사례로 들어 변형될 수 있는 중요한 쟁점이기도 하다. 본 장의 기본 논술 문제에서는 실증주의적 접근 방법의 특징과 문제점을 분석하고, 심화 논술 문제에서는 지식의 객관성과 상대성의 문제를 구체적인 사례를 통해 입증해 보도록 하고 있다.

논술 기본 문제

■ 교과 체계

구분	관련 교과 및 단원
기본	고등학교 『사회 · 문화』 Ⅰ. 사회 · 문화 현상의 탐구 고등학교 『시민 윤리』 Ⅲ. 경제생활과 직업 윤리 고등학교 『경제』 Ⅳ. 국민 경제의 활동과 경제 변동
심화	고등학교 『윤리와 사상』 Ⅱ. 윤리의 흐름과 특징 고등학교 『시민 윤리』 Ⅱ. 현대 사회 문제와 시민 윤리 고등학교 『사회 · 문화』 Ⅰ. 사회 · 문화 현상의 탐구

(가)　눈이 내리거나 계절의 변화가 나타나는 현상은 엄격한 인과법칙을 따르기 때문에 경험적인 증거가 확실하다면 원인을 둘러싼 혼란이 발생하지 않는다. 그런데 우리 사회가 외환 위기를 맞게 된 원인이 무엇인지 연구한다고 생각해 보자. 단순히 샴페인을 너무 일찍 터뜨린 국민들의 과소비 때문일까? 외환 위기를 맞게 된 것은 일부 국민들의 과소비에도 그 원인이 있지만 재벌들의 무리한 차입 경영과 문어발식 사업 확장에도 그 원인이 있고, 권위주의적인 정부에 의해 주도된 경제성장 전략 탓도 있을 것이다. 뿐만 아니라, 능력 있고 책임감이 강한 정치인을 선출하는 데 무관심했던 국민들의 정치의식에도 원인이 있다. 그런데 이들 중 어느 것 하나가 전적으로 위기를 불러온 것도 아니고, 서로 얽히고설켜 복잡하게 작용했을 것이며, 이외에도 다른 여러 가지 원인이 있을 수 있다. 이와 같이 하나의 사회 · 문화 현상이라도 그것이 발생하게 된 원인은 매우 다양하고 복잡하다.

– 고등학교 『사회 · 문화』

(나)　산소와 수소의 화학 반응에 의해 물이 생성되는 현상처럼 남녀 간의 사랑도 인간의 두뇌 내부에서 일어나는 화학 작용에 의한 것이라고 분석하는 학자도 있다. 이와 같이 사회 · 문화 현상의 본질이 자연현상과 다르지 않다고 생각하고 자연과학의 탐구 방법을 그대로 수용하여 사회 · 문화 현상을 탐구하는 것을 가리켜 실증주의적 방법이라고 한다. 실증주의적 탐구 방법에 의하면 자연현상과 마찬가지로 사회 · 문화 현상도 경험적으로 관찰할 수 있으며 측정을 통하여 수량화할 수 있다. 물을 가열하면 수온이 상승하는 것을 온도계로 측정할 수 있듯이, 인구가 늘어나면 그에 따라 범죄가 증가하는 것도 측정할 수 있다고 보는 것이다. 또한, 화학실에서 리트머스 종이가 염산에 의해 어떻게 변하는지 실험할 수 있듯이, 사회 · 문화 현상도 통제된 실험이 가능하다고 보는 것이다. 이와 같은 실증주의적 탐구 방법은 사회를 움직이는 보편적인 인과법칙을 발견하여 모든 현상에 일반화시키고 적용하는 것을 목적으로 한다.

– 고등학교 『사회 · 문화』

(다)　그리스의 철학자 아리스토텔레스가 삶의 목적은 행복이라고 설파한 뒤 수많은 철학자가 행복이 무엇인지, 어디에서 오는지 한마디씩 거들었지만 과학적으로 설명되지는 못했다. 과학자들에게 행복한 삶에 필수적인 요소를 확인하는 과제가 넘겨진 셈이다.

이른바 '행복학'을 연구하는 과학자들은 개인은 물론 국가 차원의 행복을 끌어올리는 방법을 찾고 있다. 가령 영국 정부는 과학자들에게 국민의 생활 만족도를 조사하도록 했다. 2002년 12월 발표된 보고서에는 영국의 행복 수준을 향상시키는 제안이 들어 있다. 이를테면 보건과 교육에 관한 정책을 수립할 때에는 '생활의 질' 지수를 고려하도록 권고했다. 또한 ①국가의 활동을 가늠하는 잣대로 국민총생산(GNP)을 사용하는 대신 국민총행복(GNH) 개념을 도입할 것을 주문하기도 했다.

– 이인식, 『미래교양사전』

(라)　　경제발전의 정도를 나타내는 지표로 가장 손쉽고 널리 쓰이는 지표는 1인당 국민총생산이다. 그런데 경제발전의 지표로 1인당 국민총생산을 사용하는 데에는 몇 가지 문제가 있다. 첫째, 국제 비교를 위해서 그것을 달러로 환산하는데, 이때 사용되는 환율이 구매력을 정확하게 반영하지 못하고, 둘째 1인당 국민총생산은 총생산을 인구로 나눈 단순 평균 개념일 뿐 실제로는 소득분배가 매우 불평등하여 국민 대다수는 평균 소득에 훨씬 미달할 수도 있으며, 셋째 1인당 국민총생산은 경제발전 과정에서 나타나는 공해의 증가나 여가 시간의 변화 등을 반영하지 못한다는 점이다.

– 고등학교 『시민 윤리』

(마)　　우리가 소득분배 문제에 대해 관심을 갖는 것은 과연 소득이 공평하게 분배되어 있는지의 여부라고 말할 수 있다. 그러나 공평성은 여러 가지 측면이 모두 감안되어 정의되어야 하는 복합적 개념이기 때문에 한 마디로 정의를 내릴 수는 없다.

　　소득분배의 불평등도라는 것은 원칙적으로 공평한 분배에 대비되어 측정되는 개념이다. 불평등도 지수에서 암묵적으로 가장 이상적인 분배 상태라고 상정하는 것은 모든 사람이 균등한 몫을 차지하는 경우이다. 즉, 균등성이 바로 평등성을 의미한다는 전제하에서 현실의 분배 상태를 측정하고 있는 것이다. 그렇다면 경제의 불평등 정도를 측정하는 방법에는 무엇이 있을까? 10분위 분배율은 가장 못사는 40%의 사람들이 차지하는 소득 점유율을 가장 잘사는 20%의 사람들이 차지하는 소득 점유율로 나눈 값으로 나타낸다.

　　이 10분위 분배율은 지니계수와는 반대로 그 값이 클수록 평등한 분배 상태를 나타낸다. 10분위 분배율은 측정하기가 간단하면서도 소득분배 정책의 주 대상이 되는 하위 40% 계층의 분배 상태를 직접 나타낼 수 있고, 또 이를 상위 계층의 분배 상태와 비교할 수 있다는 점이 장점이다.

– 고등학교 『경제』

문제 1 │ 제시문 (나)는 자연과학적인 방법으로 사회 · 문화 현상을 분석하는 실증주의적 방법에 대해 서술하고 있다. 제시문 (가)의 입장에서 (나)에 제시된 실증주의적 탐구 방법의 목적을 비판하되, 구체적인 예를 들어 논술하시오(450~500자).

문제 2 │ 제시문 (라)를 참고로 해서 ①과 같은 요구가 나온 이유를 '통계수치의 허점'이라는 관점에서 논한 뒤, 같은 관점에서 (마)에서 설명하고 있는 '10분위 분배율'의 유용성에 대해 논술하시오(550~600자).

│ 문제 해설

1. 출제 의도

대학은 장차 사회생활을 위한 준비 과정이기도 하지만, 그 본연의 임무는 학문을 탐구하여 지식을 생산하는 것이다. 특히 인문 사회과학을 전공하는 사람들에게는 자신을 포함한 인간과 사회를 어떻게 연구해야 하는지에 대해 끊임없이 반문하는 과정이 곧 학문의 길이다.

본 논술 문제는 '인간과 사회현상을 과연 자연과학적인 방법을 취하는 실증주의적인 연구 방법만으로 파악할 수 있는 것인가' 하는 문제의식에서 출발하였고 이러한 문제의식을 가지고 '보편적인 인과법칙의 발견'이라는 실증주의의 연구 목적이 인간 사회현상을 분석하는 데도 타당성을 갖는지 비판적으로 검토할 것을 요구하고 있다.

또한 객관적이라고 믿고 있는 수치 자료가 드러내 주지 못하는 진실을 직시하게 함으로써 자연과학적 연구 방법에 무조건적인 신뢰를 보내는 태도를 비판하고, 인간과 사회현상을 어떻게 탐구하는 것이 가장 적합한가에 대해 고민하게 하고 있다. 이를 위해 사회 · 문화 교과를 통해 실증주의적인 탐구 방법과 해석학적인 탐구 방법에 대한 기초적인 내용을 살펴본 뒤, 시민 윤리와 경제 교과에 나오는 GNP와 소득 10분위 분배율 등을 예로 들어 이런 수치화된 자료를 맹신할 경우 저지를 수 있는 잘못에 대해 고민해 봄으로써 실증주의를 비판적으로 이해하도록 하였다.

2. 제시문 분석 및 문제 해설

이 문제에 접근하기 위해서 학생들은 우선 17, 18세기 자연과학이 발전하자 사회현상을 자연과학적인 방법으로 분석하려는 시도가 계속되면서 사회학, 정치학, 경제학 등의 사회과학이 성립됐다는 사실을 이해해야 한다. 더불어 이런 실증주의적인 탐구 방법을 비판하면서 인간에 대한 해석학적인 연구를 주장하는 입장들도 나왔다는 사실을 이해해야 한다.

제시문 (가)는 자연현상과 구별되는 사회현상의 특징을 서술하고 있다. 사회현상은 매우 복잡한 과정을 거쳐 일어나기 때문에 자연현상처럼 명확한 인과관계를 파악하는 것이 매우 힘들다. 제시문 (나)는 실증주의적인 연구가 인간과 사회현상도 물리적인 현상과 비슷한 것으로 보고, 자연과학적인 방법과 비슷한 방식으로 탐구할 경우 보편적인 법칙을 발견할 수 있을 것이라고 기대한다는 내용이다.

문제 1은 실증주의적인 연구의 특성을 정리한 제시문 (가)와 (나)를 이해하고 실증주의적 연구를 비판하라는 것을 요구하고 있으며 여기서 핵심은 인간 사회에서 과연 보편적인 인과법칙을 발견하는 것이 가능한가를 파악하는 데 있다.

각 사회마다 처한 상황이 다르고, 문화가 다르기 때문에 한 사회에서 적용되는 이론이 다른 사회에서는 무용지물이 되는 경우도 많다. 학생들은 이러한 사례를 구체적으로 언급하면서 보편적인 법칙을 발견하고자 하는 실증주의적인 탐구 방법에 대해 비판해야 한다.

문제 2는 통계를 맹신할 경우 진실을 보지 못할 수 있음을 GNP와 소득 10분위 분배율을 예로 들어 설명할 것을 요구하고 있다. 제시문 (다)에서 국민총생산(GNP) 대신 국민총행복(GNH)이라는 개념을 도입하자는 요구가 나온 것은 GNP가 물질적인 생산 이외에 다른 중요한 의미들을 담고 있지 못하다는 비판 때문이다. 즉 GNP가 높으면 국민들이 느끼는 삶의 질 수준도 높을 것이라고 생각하지만 실제로 사람들이 느끼는 행복에는 물질적인 요인 말고도 많은 다른 것들이 존재한다.

그런데 GNP는 이 가운데 물질적인 것만 포착한 것이다. 제시문 (라)는 평균 개념인 GNP에 문제를 제기하고 있다. 평균 수치만을 강조할 경우 실제 그 평균값을 중심으로 어떤 분배 상태를 보이는지 알 수 없게 된다. 즉 평균값을 중심으로 분포가 넓게 벌어진 나라와 좁게 벌어진 나라를 동일하게 취급하기 때문에 부의 불평등 정도를 알 수 없는 것이다.

일반적으로 분배론자들은 이러한 이유로 GNP에 문제를 제기하면서 소득 10분위 분배율을 강조하고 있다. 제시문 (마)에서 소득 10분위 분배율은 가장 잘사는 20% 계층의 소득을 가장 못사는 40% 계층의 소득으로 나눈 값으로, 이 값이 커지면 그만큼 잘사는 사람들이 더 많이 벌었다는 의미가 되므로 소득 불평등이 심화된 것으로 해석한다. 그리고 실제 최근 몇 년간 이 수치가 커졌다는 것을 근거로 들며 현 정부 정책이 분배를 생각하지 않는다고 비판하기도 한다.

하지만, 이 결과는 자칫 진실을 오도할 수 있음을 경계해야 한다. 예를 들어 소득 10분위 분배율 값이 커지면 불평등 정도가 심해졌다고 정부 정책을 비판하곤 하는데, 실제 소득 10분위 분배율이 작은 나라보다 그 값이 큰 나라의 상태가 바람직한 경우도 있다. 예를 들면 그 값이 작은 나라, 즉 균등하게 부가 분배된 나라의 최상위층이 그 값이 큰 나라, 즉 불평등 정도가 심한 나라의 최하위층보다 못사는 경우에 우리는 불평등이 있다 해도 전반적으로 경제 수준이 높은 상태를 지향해야 하는 것이다.

'통계수치의 허점'이라는 관점에서 분석하라는 것은, 수치화된 자료가 숫자 이상의 진실을 드러내 주는 데 한계를 보이기도 하기 때문에 사회현상에 대한 실증주의적 분석을 맹신하는 것을 조심해야 함을 토대로 논의하라는 말이다. 이처럼 본 문제를 풀기 위해서는 기본적인 경제 교과 지식이 갖춰져 있어야 한다.

학생 답안과 첨삭 지도의 실제(1)

학생 답안

■ 글의 개요 분석

1. 실증주의적 탐구 방법은 명확한 수치나 인과관계를 가진다.
2. 수치상 인구의 증가는 범죄율의 증가를 가져오지만 실제적인 범죄 증가의 원인은 다양하며, 둘 사이의 상관성을 증명하기도 어렵다.
3. 이를 통해 볼 때 사회 · 문화 현상을 탐구하기 위한 실증주의적 실험 조건 충족은 매우 어려운 일이다.

원종고 윤정선

①물이 생성되는 현상, 가열로 상승한 수온을 온도계로 측정하는 과정, 염산에 닿은 리트머스 종이가 변화하는 현상의 공통점은 무엇일까? 그것은 정확한 수치와 명확한 인과관계를 갖는다는 것이다. 그러나 남녀 간의 사랑이 발생하는 과정, 외환 위기의 과정에서 정확한 수치나 명확한 인과관계를 알아낼 수 있을까? ②비슷한 예로 인구 증가와 범죄 증가 간의 상관관계에 대해 살펴보자.

③인구 증가 시 범죄율이 증가하는 것은 발생 가능한 현상이다. ④그러나 범죄율 증가의 원인이 오로지 인구 증가에만 있지는 않다. 폭력적이고 선정적인 문화의 확산이거나 무시와 핍박 속에서 성장한 인성, 물질 만능주의의 확산 등 그 원인은 다양하다. ⑤또한 인구가 몇 퍼센트 증가할 때 어떤 종류의 범죄가 어느 정도 증가한다는 정확한 수치는 존재하지 않는다.

⑥실증주의적 방법을 통해 사회 · 문화 현상을 탐구하기 위해선 위의 두 조건이 충족될 수 있어야 한다. ⑦그러나 사회 · 문화적 현상은 자연과학적 현상과 달리 그것이 어렵다는 것을 위의 예시를 통해 알 수 있었다. ⑧따라서 실증주의적 탐구 방법을 통해 사회 · 문화적 현상을 분석하는 것은 올바르다 할 수 없다.

사회과 첨삭 지도

유희경 선생님

논리분석

과학적인 현상은 실증주의적 연구 방법을 통해 통계수치와 인과관계가 명확하게 드러나는 데 반해 사회 · 문화 현상은 통계 집계가 어렵기도 하고 인과관계 또한 명확하지 않습니다. 이는 사회 · 문화 현상이 다양하고 복잡한 원인에 기인해 자연법칙처럼 보편화되기 어려움을 의미합니다. 이 학생은 인구 증가와 범죄율 증가 사이의 인과관계를 밝히는 것이 매우 어렵다는 논거를 제시하여 주장을 뒷받침하고 있습니다.

③, ④번 문장에서처럼 인구 증가와 범죄율 증가의 원인이 단순히 다양하기 때문에 실증주의적 탐

Idea Tip

■ 상관관계와 인과관계의 개념 정의에 대해 알아봅시다.
■ 물리적 현상과 사회·문화적 현상의 차이점에 대해 알아봅시다.

구 방법을 사용할 수 없거나, 둘 사이의 상관관계에 대한 정확한 수치를 찾을 수 없기 때문에 실증주의적 탐구 방법이 적용되지 않는 것은 아닙니다. 그러므로 이 논거를 통해 그 현상의 원인이 다양할 수밖에 없는 이유가 어디에 기인하는지, 또한 정확한 수치가 존재하지 않는 이유가 어디에 있는지를 밝혀 내는 것이 핵심이라고 하겠습니다.

⑤번 문장에서 인구 증가와 범죄율 증가의 인과관계를 밝히기 어려움을 구체적 사례를 들어 언급했습니다. 그런데 다음 단락 첫 번째 문장은 성급하게 주장을 일반화하고 있다는 인상을 주고 있습니다. 위의 두 조건만 충족되면 모든 사회·문화 현상이 실증주의적 방법을 통해 해결될 수 있으리라는 주장을 펼치고 있는 것입니다. 자신의 생각이 명확하게 전달될 수 있도록 논의의 범위를 한정할 필요가 있습니다.

개념분석

상관관계, 인과관계, 실증주의적 탐구 방법, 사회적 현상 분석 등 핵심적인 개념들을 직접 표현하며 자신의 의견을 비교적 매끄럽게 표현하였습니다.

①번 문장에서 물리적인 현상과 인간사회에서 나타나는 현상의 차이점을 통계수치와 인과관계의 개념을 통해 정확하게 파악하였습니다.

②번 문장은 핵심적 개념에는 잘 접근하였으나 상관관계와 인과관계의 개념을 정확하게 사용하지는 못했습니다. 상관관계가 있다고 꼭 인과관계가 성립하는 것은 아닙니다. '구체적으로 인구 증가와 범죄 증가 간의 상관관계와 인과관계에 대해 살펴보자'로 바꾸는 것이 자연스럽습니다.

제언

실증주의적 연구 방법을 사회·문화적 현상에 적용하여 보편적인 인과법칙을 발견하기는 매우 어렵다는 점을 비교적 정확하게 파악하여 서술한 글입니다. 그러나 그것보다 더욱더 중요한 것은 그러한 실증주의적 연구 방법을 왜 사회·문화 현상에 적용하기 어려운지에 대해 설명하는 것이라고 할 수 있습니다. 궁극적으로 자신이 무엇을 밝혀야 하는지가 분명하지 않았기 때문에 논거를 적절하게 이용하지 못한 것은 아쉬운 점입니다. 또한 짧은 분량의 글쓰기일수록 자신의 주장이 성급하게 내려지지는 않는지 점검하는 태도가 필요합니다. 대체로 핵심적 개념을 모두 이용하여 자신의 의견을 잘 전개했습니다.

평가항목	등급	총평
이해 · 분석력	B	문제 1의 논제는 제시문 (가)의 입장에서 (나)의 실증주의적 탐구 방법의 목적을 비판하는 것입니다. 이는 단순히 실증주의적 탐구 방법 자체만을 비판해서는 안 되며, 그 방법이 추구하는 목적을 비판해야 합니다. 즉 사회 · 문화 현상은 자연과학적 현상들처럼 보편적이고 획일적인 법칙으로 설명되기에 어렵다는 점을 중점적으로 설명해야 합니다.
논증력	B⁺	제시문에 언급된 사례를 구체적으로 설명함으로써 자신의 주장을 뒷받침하고는 있으나, 논제에 대한 이해가 부족하기 때문에 정확한 논증에는 다다르지 못하고 있습니다. 논거를 통해 사회 · 문화 현상의 보편화가 얼마나 어려운가를 설명할 수 있어야 합니다.
창의력	B	구체적 예를 들어 설명해야 하는 부분에서 자신만의 예를 찾지 못한 점은 아쉬움으로 남습니다. 논제를 정확히 이해하였다면 좀 더 참신한 논거를 찾을 수 있었을 것입니다. 또한 같은 예를 들더라도 다양한 측면에서 그 현상의 보편적 적용이 어려움을 증명하였으면 하는 아쉬움이 남습니다.
표현력	B⁺	짧은 형식의 글을 짜임새 있게 구성하여 자신의 생각을 잘 표현하고 있습니다.

국어과 첨삭 지도

장점

이 학생은 논제의 논리적 흐름을 잘 파악하여 답안을 작성하였습니다. 서론에서 문제를 제기하고 본론을 통해 논거를 들고, 이를 통해 결론에 도달하는 전개가 자연스럽습니다. 또한 과학현상과 사회현상의 차이를 들어 서론을 이끌어 간 것이 두드러집니다.

단점

논제에서 요구한 실증주의 탐구 방법의 목적을 비판하는 부분이 명확하게 드러나지 않았습니다. 전체 내용의 흐름상 그 내용을 인지하고 있는 것 같으나, 문장 표현의 부족으로 그 의미가 제대로 전달되지 않았습니다. 구체적인 사례를 본문에서 차용한 듯한 느낌을 줍니다. 독창적인 사례를 찾는 연습이 필요합니다.

구성의 특징

서론에서는 자연과학 현상과 사회문화 현상의 차이를 설명하며, 인구 증가와 범죄율 증가의 관련성에 대해 문제를 제기했습니다. 본론에서는 인구 증가와 범죄율 증가의 관련성을 논하며, 실제적인 범죄 증가의 원인은 매우 다양함을 보여주었습니다. 이로 인해 사회문화 현상을 실증주의적 탐구 방법으로 연구할 경우의 오류를 지적하고 있습니다. 결론에서는 본론의 예시를 통해 논지를 정리하고 있습니다.

표현

③번 문장은 의미가 모호한 표현입니다. '사람 사이의 갈등으로 인해 발생하는 범죄율이 인구가 증가함에 따라 높아지는 것은 당연한 결과이다' 로 고치는 것이 자연스럽습니다. 내용의 흐름상, 이럴 수도 있고 저럴 수도 있다는 식의 '발생 가능한 현상' 이라는 표현보다는 '예측 가능한, 자연스러운, 당연한' 등의 표현이 더 적절합니다.

⑤번 문장은 추상적인 표현을 사용하여 의미가 분명히 전달되지 않습니다. 좀 더 구체적인 상황이나 사례를 생각해 봅시다.

⑥, ⑦번 문장은 지시하는 대상이 모호합니다. '위의 두 조건'과 '그것이 어렵다는 것' 등이 의미하는 바를 추론하기가 매우 어렵습니다. 의미를 정확하게 전달할 수 있는 표현이 필요합니다.

⑧번 문장에서 '올바르다'는 '말이나 생각, 행동 따위가 이치나 규범에서 벗어남이 없이 옳고 바르다'는 의미로 사용되는 단어입니다. 옳고 그름의 여부가 개입된 개념이므로 문맥에는 어울리지 않습니다. '적절하지 않다'라는 표현이 어울릴 듯합니다.

제언

논술에서 무엇보다 중요한 것은 정확한 논제 파악입니다. 이 학생은 자연과학적인 방법으로 사회·문화 현상을 분석하는 실증주의적 방법이 가지는 목적을 지적하라는 출제자의 의도를 완벽하게 파악하지 못했습니다. 실증주의적 탐구 방법을 사회과학적 현상에 적용하는 데 한계가 있다는 점은 알고 있으나 논지를 좀 더 발전시키지 못했습니다. 일관된 논지를 펴는 능력은 갖추었으나, 본론의 사례가 다소 부족합니다. 논리적 타당성을 갖춘 논거는 글 전체의 완결성과 직결되므로 적절한 논거 활용 능력이 필요합니다. 특히 논제에서 구체적인 사례를 요구할 경우, 창의성 측면에서 개인차가 많이 드러나므로 사례 제시에 더욱 신경을 써야 합니다.

평가항목	등급	총평
이해·분석력	B	논제에 대한 분석이 명확하지 않습니다. 자연과학적 방법인 실증주의적 탐구 방법이 사회·문화적 현상에 적용하기 힘들다는 사실은 알고 접근하고 있으나, 궁극적으로 자신이 무엇을 밝혀야 하는가에 대해서는 조금 모호하게 접근하고 있습니다.
논증력	R⁺	단락별 논지 전개의 흐름이 자연스럽습니다. 단락을 크게 세 부분으로 나누어 문제제기 – 논증 – 결론의 구조를 취하고 있습니다. 분세세기 – 논증의 과정은 매ㅛ러우나 결론을 도출힘에 있어 성급한 일빈화의 오류가 보입니다.
창의력	B	본문의 구성은 훌륭하지만 독창적인 시각이 아쉽습니다. 제시문 속에 있는 사례보다는 자신이 직접 찾은 사례를 제시하는 것이 좋습니다. 이는 자신이 논제에 대해 분명히 이해하고 있다는 인상을 줍니다. 또는 제시문 속의 사례를 다시 언급할 때는 새로운 관점에서 해석할 수 있어야 합니다.
표현력	B⁺	문장의 의미가 부자연스러운 부분이 있습니다. 자신의 생각을 분명하고 정확하게 전달하기 위해서는 정확한 의미의 단어 사용이 매우 중요합니다.

학생 답안과 첨삭 지도의 실제(2)

학생 답안

■ 글의 개요 분석

1. GNP는 전체 생산량을 나타낼 뿐 개인의 수치는 반영되지 않는다.
2. 개인의 수치를 반영하지 않기 때문에 불균등한 소득분배를 반영하지 못한다.
3. 10분위 분배율은 하위 40%와 상위 20%를 반영한다.
4. 그러므로 10분위 분배율은 GNP에 비하여 통계수치의 허점을 보완할 수 있다.

원종고 김다나

국민총생산(GNP) 대신 국민총행복(GNH)을 권장하는 데는 몇 가지 이유가 있다. 이것은 GNP의 조사 과정에서 야기되는 통계수치상의 허점 때문이다. ①GNP값은 단순히 전체 생산량을 총 인구수로 나눈 값이다. ②즉, 다시 말하자면, 개개인의 수치는 반영되지 않는다. ③물론 경제발전의 정도를 한눈에 들어오는 값으로 도식화한다면 GNP는 전 세계 여러 나라를 함께 비교하거나 우리나라의 위치를 따지기 원활하다는 이점도 갖는다. 그러나 그 통계수치가 나타내는 숫자를 늘 믿을 수는 없다. 아무리 높은 수치를 갖더라도 불균등한 소득의 분배로 인해 실제 대다수 국민의 경제력은 현저히 낮을 수도 있기 때문이다. ④그러한 허점을 고려해 본다면 생활의 질을 나타내는 수치인 국민총행복(GNH)이 더욱 효율적일 것이다.

⑤위와 같은 소득의 불평등 분배를 무시하는 통계수치의 개념과 달리, 이러한 통계수치의 허점을 어느 정도 극복한 방법이 '10분위 분배율'이다. ⑥10분위 분배율은 GNP와 다르게 경제적 하위 계층 40%와 상위 20%의 계층의 분배 상태를 진단하고 직접적인 방법으로 비교 가능하다는 점에서 유용하다. 이러한 방법은 통계수치의 허점을 보완해 주는 역할을 한다는 점에서 높이 평가할 수 있을 것이다.

사회과 첨삭 지도

유희경 선생님

논리분석

GNP는 단순히 국민 전체의 총 생산량을 나타내기 때문에 개개인의 소득분배에 대해서는 알 수가 없으며, 또한 GNP 규모가 크다고 하여 반드시 국민 전체가 행복한 것은 아니라고 주장하고 있습니다. 이 점이 통계수치가 갖는 허점이며, 10분위 분배율은 상위 20%와 하위 40%를 나타냄으로써 GNP가 갖는 허점을 일부 보완해 줄 수 있다는 점에서 유용하다고 주장하고 있습니다. 전반적인 논리 흐름은 논제에서 요구하는 방향과 일치한다고 할 수 있습니다.

경제 발전의 정도가 한눈에 들어온다는 것은 이점이기도 하지만 한편으로 통계수치상의 허점이기

Idea Tip

- GNP에 대한 정확한 개념 이해와 GNP의 장단점에 대해 알아봅시다.
- 10분위 분배율의 개념과 장단점에 대해 알아봅시다.
- 로렌츠 곡선과 지니계수의 정확한 의미와 둘의 차이점에 대해 알아봅시다.

도 합니다. 논제의 흐름상 허점 쪽에 초점을 맞추어야 하는데, ③번 문장으로 인해 글의 논리력이 약해졌습니다.

개념분석

어려운 개념을 비교적 쉽게 사용하고 있습니다. 전체적으로는 논제를 정확하게 파악하고 있으나 정확하지 않은 지식의 사용과 논제에서 다소 벗어나는 문장을 사용하여 글 전체의 완성도를 떨어뜨렸습니다.

①번 문장에서의 의미는 한 나라의 국민이 국내 또는 해외에서 일정한 기간 새롭게 생산한 재화와 서비스의 시장 가치를 합산한 것으로, '국민'에 초점을 맞춘 개념입니다. 정확하지 않은 지식은 쓰지 않는 것이 좋습니다.

제언

전반적으로 본인이 의도하는 대로 논리적으로 글을 쓰는 능력을 갖추고 있습니다. 그러나 사회적 개념에 대한 지식이 부족해 보입니다. 사회 공부를 할 때 개념의 정확한 뜻을 파악해 두는 연습을 해 보십시오. 정확하지 않은 개념을 글에 함부로 사용하면 오히려 글의 완성도를 떨어뜨립니다.

또한 10분위 분배율의 한계에 대해 인식하고 있다면 통계 자료의 의미에 대해 보다 객관적인 태도를 취할 수 있을 겁니다.

평가항목	등급	총평
이해 · 분석력	A	논제를 정확히 파악하고 있습니다. ①의 이유를 제시문 (라)를 참고하여 '통계수치의 허점'이라는 관점에서 논의하고 있으며, 이를 통해 '10분위 분배율'의 유용성을 설명하고 있습니다. 비교적 어렵지 않게 논제를 이해하고 정확하게 분석하고 있습니다.
논증력	B	논리는 자연스럽고 적절하나 지식이 정확하지 않습니다. 경제 및 정치 용어는 정확한 의미를 바탕으로 사용되어야 명확한 논리 전개가 가능합니다.
창의력	B	논술에서의 창의력은 완전히 새로운 것을 제시하는 데 있지 않습니다. 기존에 제시되어 있는 논거들을 새로운 관점으로 바라보고 조합하는 데 있습니다. 이 점에 초점을 맞추어 생각을 정리한다면 좀 더 좋은 글이 되리라 생각합니다.
표현력	B	개념을 적절하게 사용하고 있으나 지식에 대한 자신감이 부족합니다.

국어과 첨삭 지도

이지선 선생님

장점

이 학생의 글은 논제에 대해 충실하게 답변하려는 노력이 돋보입니다. 전반적으로 논제에서 요구하는 방식대로 잘 기술하였습니다. 국민총생산이 가지는 통계수치상의 허점을 지적하고, 이를 국민총행복이 도입되는 근거로 설명하였습니다. 또한 같은 맥락에서 10분위 분배율이 가지는 유용성으로 결론을 맺고 있어 논리적 흐름이 매우 자연스럽습니다. 문장이 간단명료하여 의미하는 바가 잘 드러납니다.

단점

답안의 전체적인 논리적 흐름은 자연스러우나 주장을 뒷받침하는 근거들을 제시하는 데는 미흡함을 보입니다. '통계수치의 허점'이나 '국민총생산'의 단점을 설명하는 근거가 모호하여 명확하게 드러나지 않습니다. 특히 국민총생산의 이점을 설명하는 것은 내용 전개상 불필요한 부분입니다. 단순한 경제적 평균값이 보여 줄 수 없는 삶의 다양한 질적 요소들이 무엇인지 표현하는 것도 필요합니다. 무엇보다 논제에서 요구하는 10분위 분배율의 유용성에 대한 설명이 부족하여 아쉽습니다.

구성의 특징

전체 글은 크게 국민총행복 개념이 권장되는 이유와 10분위 분배율의 유용성에 대한 설명으로 볼 수 있습니다. 전반부에서는 통계수치의 허점을 국민총생산의 문제점으로 지적하고 삶의 질을 고려하는 국민총행복의 효율성을 잘 설명하고 있습니다. 후반부에서는 같은 맥락에서 국민총생산보다 10분위 분배율이 가지는 유용성을 직접적인 비교 방법이라는 면에서 설명하고 있습니다. 후반부에서는 분량뿐만 아니라 10분위 분배율에 대한 논리적 근거가 부족하여 글의 초점이 전반부에 쏠린 듯한 느낌이 듭니다. 논제에서 제시하는 대로 균형 있는 답안이 요구됩니다.

표현

②번 문장에서 '즉'과 '다시 말하자면'은 의미상 동일한 개념입니다. 둘 중에 하나만 사용하는 것이 적절합니다.

논제에서는 제시문 (라)에서 보이는 국민총생산의 문제점을 참고할 것을 요구하는데 ③번 문장에서 오히려 그것과는 상반되는 내용을 기술하여 논리적 흐름을 방해합니다.

④번 문장에서 통계수치의 허점으로 경제적 분배를 보장받을 수 없다는 면도 중요하지만, 경제력이 국민의 행복이나 생활의 질을 모두 보장해 줄 수는 없으며 이외의 요소들이 중요하게 여겨지는 사회적 풍토에 대한 설명을 보충한다면 논리적 타당성이 더욱 견고해질 것입니다.

⑤번 문장에서는 '소득의 불평등 분배를 무시하는 통계수치의 개념'과 '통계수치의 허점을 어느 정도 극복한 방법'이 불필요하게 반복되어 내용의 정확성이 떨어집니다. '앞서 제시한 국민총생산과는 달리 통계수치의 허점을 어느 정도 극복한 개념으로 10분위 분배율이 있다'로 수정하는 것이 좋겠습니다.

⑥번 문장에서 '계층의 분배 상태를 진단하고 직접적인 방법으로 비교 가능하다는 점'에 대한 구체적 근거가 부족하여 의미가 모호합니다. 실제 논제에서 요구한 10분위 분배율의 유용성을 설명하기에는 '계층의 분배 상태를 진단하고 직접적인 방법으로 비교 가능하다'는 진술은 미흡한 점이 있습니다.

제언

논제를 분석하고 논리적 흐름에 맞게 전개하고 있으나, 자신의 견해에 타당한 근거를 제시하지 못해 의미 전달이 정확하지 못합니다. 특히 10분위 분배율의 유용성에 대한 설명이 많이 부족하여 전체적인 글의 균형을 해치고 있습니다. 논리적 타당성을 갖춘 논거는 글 전체의 완결성과 직결되는 것이므로 적절한 논거 활용 능력이 필요합니다. 또한, '논술문의 답은 논제에 있다'는 말처럼 논제를 잘 파악하면 요구하는 답안을 쉽게 구할 수 있습니다. 논제에서 요구하는 조건과 답을 명확하게 읽어 낼 수 있도록 많은 연습이 필요합니다.

평가항목	등급	총평
이해 · 분석력	A	출제자의 의도를 잘 파악했습니다. 논제에서 요구하는 사항을 반영하여 자신의 글을 구성하고 있습니다. 또한 논제의 핵심 사항, '통계수치의 허점'이라는 관점을 일관되게 유지하여 글을 전개해 나가고 있습니다.
논증력	B+	논제에서 요구한 논거의 보충이 필요합니다. 좀 더 구체적인 논거가 필요합니다. 국민총생산이 통계적으로 허점을 가지는 이유를 좀 더 구체적인 사례(도시와 농촌, 도시 내 빈부의 격차 등)를 통해 설명하였으면 하는 아쉬움이 남습니다.
창의력	B	제시문에서 더 나아간 내용이 별로 없습니다. 창의력은 주어진 논거에 대해 새로운 관점에서 논리적 연관성을 맺어 나가는 것이라 할 수 있습니다.
표현력	B	문맥의 흐름은 자연스러우나, 주장이 구체적이지 못하고 일반적이고 포괄적이어서 의미 전달이 명확하지 않습니다.

 | 논술 심화 문제

(가)　근대 자연과학의 발달은 인간의 사고방식과 생활양식을 바꾸어 놓았다. 종래의 형이상학적이고 신학적인 세계관과 사고방식이 과학적이고 합리적으로 바뀌게 된 것이다. 근대 자연과학에서 사용된 방법론은 크게 두 가지로 구분된다. 그 하나는 사유와 지식의 근원을 경험으로 보고, 경험적 관찰과 실험을 통해 여러 가지 사례들의 공통점을 추출함으로써 어떤 일반적인 원리를 발견하는 귀납적 방법이다. 다른 하나는 사유와 지식의 근원을 이성으로 보고, 이미 확인된 어떤 자명한 원리로부터 개개 사물의 이치를 논리적 추론을 통해 알아내는 연역적 방법이다. 이것들에 기초한 사상들이 바로 근대 철학의 두 줄기인 경험론과 합리론이다.

– 고등학교 『윤리와 사상』

(나)　1998년 미국의 한 연구에 따르면, 흡연자의 이혼율이 비흡연자보다 53%나 높은 것으로 나타나 흡연과 이혼 간에 인과관계가 성립되는 것으로 생각되었다. 그렇지만 흡연자가 이혼을 했다고 해서 단지 흡연 때문에 이혼을 하게 된 것만은 아닐 것이다. 사회·문화 현상 속에는 통계와 같은 수량화와 법칙으로 설명할 수 없는 다른 어떤 것이 있기 때문이다. 이와 같이 사회·문화 현상의 성격이 본질적으로 자연현상과 다르다고 생각하고 사회과학만의 독특한 방법으로 탐구하려는 입장을 해석학적 탐구 방법이라고 한다.

– 고등학교 『사회·문화』

(다)　과학은 어떤 사물을 '안다' 라는 라틴어의 'Scire' 에서 연유된 말로, 어떤 가정 위에서 일정한 인식 목적과 합리적인 방법에 의해 세워진 광범위한 지식 체계를 의미한다. 전통적으로 과학은 아무도 반증하지 못한 확고한 경험적 사실을 근거로 해서 성립된 보편성과 객관성이 인정되는 지식 체계를 필수 조건으로 하였다. 그러므로 과학은 인간이 추구

하는 지적 활동 중에서 가장 권위 있는 것으로 인정받아 왔다. 과학은 정확성, 명백성, 실증성 등을 특징으로 하고 있기 때문에, 누군가가 우리에게 "그것은 이미 과학적으로 증명되었다" 또는 "그것은 과학적인 근거가 있다"라고 말할 때 우리는 그 사실을 참된 진리라고 쉽게 믿는다.

따라서, '과학적'이라는 말은 단순히 주관적인 믿음을 넘어선 누구나 신뢰할 수 있는 객관적인 지식을 의미하게 되었고, 반대로 '비과학적'이라는 말은 아무도 주목할 가치가 없는 미신과 같다는 말로 사용되기도 하였다. (중략)

오늘날, 우리는 과학과 과학적 방법을 신뢰하고 많은 영역에서 진리의 해석자 혹은 중재자로서 여겨지고 있는 과학자에게 상당한 정도로 의존하고 있는 문화 속에서 살아가고 있다. 과학적 방법은 물리적 세계뿐만이 아니라, 인간 존재의 의미에 대한 진리의 원천으로 여겨지고 있다. 하나의 언어와 방법으로서의 과학 지상주의가 그것의 적절한 한계를 넘어서서 다른 영역으로 스며들고 있다. 이러한 과학 지상주의는 '도덕적 무능감'의 확산과 '도덕적 담론'의 소멸을 초래하고 있다.

– 고등학교 『시민 윤리』

(라) 과학전쟁(science wars)은 과학철학과 과학사회학 등 과학학 이론가들이 과학 지식은 객관적인 진리가 아니며 사회문화적 조건의 영향을 받는다고 주장한 것이 빌미가 되어 과학 지식의 본질을 놓고 자연과학자와 인문과학자 사이에 전쟁하듯 주고받는 논쟁을 가리킨다.

가령 과학철학자인 토머스 쿤(1922~1996)은 1962년 『과학혁명의 구조』에서 과학의 진보가 누적적으로 이루어지는 것이 아니라, 패러다임의 변환을 통해 혁명적으로 성취된다고 주장했다. 한 시대의 과학자 사회가 채택한 가설, 법칙, 이론, 개념을 통틀어 패러다임이라 한다. 따라서 과학에 관한 지식은 본질적으로 어느 한 집단의 공통된 속성일 따름이라는 것이다. 쿤의 패러다임 이론은 상대주의적 과학관의 씨앗을 뿌린 셈이다.

아우라 한수 지도

■ 반증 : 어떤 사실이나 주장이 옳지 아니함을 설명할 때, 그에 반대되는 근거를 들어 증명하는 것을 의미한다. 혹은 그 증거를 말한다.

쿤의 영향을 받은 포스트모더니즘 철학자들 역시 과학의 합리주의 전통을 부정하면서 과학을 신화 또는 사회적 구성물로 간주하는 문화적 상대주의의 입장을 견지한다.

— 이인식, 『미래교양사전』

(마)　남태평양의 멜라네시아 원주민들은 조상의 영혼이 현대 문명의 이기를 가득 실은 배 또는 비행기를 타고 돌아와서 백인의 지배로부터 해방시켜 준다는 믿음을 갖고 있다. 이런 멜라네시아 특유의 신앙을 적하숭배(cargo cult)라고 한다.

전쟁 중에 비행기가 군인들을 위해 온갖 물자를 실어 나르는 것을 본 멜라네시아 원주민들은 그런 일이 자기들에게도 일어날 것이라고 믿었다. 그래서 활주로 비슷한 것을 만들고 활주로 양쪽에 불을 지펴 유도등을 흉내 냈다. 관제탑 같은 오두막집을 만들어 놓고 그 안에 앉아 관제사 역할을 하는 사람은 나무 조각 두 개로 만든 이어폰을 머리에 썼다. 관제사는 대나무로 만든 안테나를 달고 고개를 끄덕끄덕하면서 비행기가 자기들에게 화물을 싣고 오기만을 기다렸다. 모든 형식을 갖추었으므로 비행기가 올 것으로 확신했다. 그러나 비행기는 영영 오지 않았다.

— 이인식, 『미래교양사전』

(바)　오늘처럼 4일째 되는 날에는 한자문화권에 사는 사람들, 곧 중국인, 일본인, 한국인이 심장병 또는 심장발작으로 죽을 확률이 여느 때보다 높다는 연구 결과가 나왔다. 『영국의학저널』에 발표된 논문에서 미국 연구진들은 4라는 숫자가 죽음을 의미하는 한자(死)와 발음이 같기 때문에 중국이나 일본의 병원에 4층 또는 4라는 숫자가 들어간 병실 번호가 없는 경우가 적지 않다는 사실을 상기시키면서 이처럼 4를 재수 없는 숫자라고 믿는 데서 야기된 스트레스로 말미암아 미국의 중국계와 일본계 사람들이 매달 4일째 되는 날 심장병으로 죽는 비율이 다른 날보다 7% 더 높은 것으로 나타났다고 밝혔다. (중략)

숫자 4에 대한 동양인의 미신에 착안한 미국 연구진들은 1973년 1월부터 1998년 12월까지 26년 동안에 사망한 4,700만 명의 백인과 20만 명의 중국 및 일본계 미국인들의 자료를 뒤져 사망 원인을 분석했다. 그 결과 중국 및 일본계 미국인들이 심장병으로 죽은 확률이 매달 4일째 되는 날에 여느 때보다 7% 높은 것으로 밝혀진 것이다. (중략)

미국 연구진들은 4일에 동양인들의 사망률이 높은 현상을 일러 '바스커빌 효과(Baskerville efect)'라고 명명했다. 영국의 작가 코넌 도일의 추리소설인 『바스커빌 가문의 개』에서 따온 말이다. 이 소설의 주인공은 무서운 개와 맞섰으나 극도의 스트레스를 받아 결국 심장마비를 일으키게 된다.

– 이인식, 『이인식의 과학나라』

문제 | 제시문 (가)~(라)는 과학적 탐구 방법, 사회현상에 대한 실증주의적 탐구의 어려움, 과학적 지식의 객관성과 상대성 등에 대한 글이다. 이 제시문들을 적절한 논거로 활용해서 다음 명제에 대해 자신의 견해를 논술하시오(1,200자 내외).

명제

'제시문 (바)의 미국 연구진은 (마)의 멜라네시아 원주민보다 더 과학적인 행위를 했다.'

심화 문제 해설

1. 출제 의도

본 논제는 많은 사람들이 객관적인 진리라고 치부하는 과학적 지식에 대해 비판적으로 고민해 볼 것을 요구하고 있다. 학생들은 어떤 행위가 과학적인지 여부를 판단할 때 필요한 기준이 무엇인지, 과학적인 탐구 방법을 거쳐 도출한 결론, 즉 두 현상 간의 인과관계는 얼마나 신뢰할 수 있는지, 더 나아가 과학적 지식은 절대불변의 진리를 말하고 있는 것인지 등에 대해 진지하게 고민한 뒤 이를 바탕으로 실제 제시된 두 행위가 얼마나 과학적인지를 평가해야 한다.

이러한 질문을 해결하는 과정에서 학생들은 일상 속에서 어떤 현상을 과학과 미신으로 쉽게 예단하는 태도와 과학을 무비판적으로 맹신하는 태도 모두를 지양하고 과학적 지식이나 과학기술 발전에 대해 중립적이고 비판적인 태도를 견지하도록 해야 한다. 이러한 과학적 탐구 방법과 관련된 내용은 고등학교 윤리와 사상, 시민 윤리, 사회·문화 교과서에서 다루고 있다.

2. 제시문 분석 및 문제 해설

서양 근대 사회의 근간을 이루는 이념은 인간의 이성을 신뢰하는 계몽주의 사상이다. 이성에 대한 절대적인 믿음은 곧 인간에 대한 신뢰를 의미하고 이성을 발휘한다면 인간이 모든 것을 지배할 수 있다는 생각으로 발전하게 된다.

이 시기에는 자연과학도 비약적으로 발전하여 관찰과 실험 등을 통해 다양한 자연현상을 체계적으로 설명할 수 있게 되는 등 미지의 영역들이 기지의 영역으로 들어오면서 이성에 대한 믿음, 이성을 실현한 과학에 대한 믿음도 더 굳건해진다. 이처럼 이성과 과학에 대한 신뢰가 쌓여 가면서 과학은 '정확함', '깨끗함', '공정함', '진리' 등의 긍정적인 의미를 내포하게 된다.

우리는 과학의 잣대로 이러저런 행동들을 평가하고, 우리의 상식을 바탕으로 이것은 과학적이고 저것은 미신이다, 하는 식으로 쉽게 결론을 내리곤 한다. 하지만 과학과 과학적 지식이 무엇인지, 또 그것은 진실만을 말해 주는 것인지 등에 대해서는 좀 더 비판적으로 생각해 보아야 한다.

제시문 (가)는 근대 서양 사회에서 과학에 대한 믿음이 커졌음을 설명하면서 과학적인 탐구 방법으로 관찰과 경험을 중시하는 경험론과 기존의 이론으로부터의 추론을 중시하는 합리론을 소개하고 있다. 이 제시문을 통해 학생들은 과학적인 결론을 내리기 위해 관찰이나 경험, 또는 연역의 방법을 사용해야 하다는 사실을 파악해야 한다. 또한 학생들은 어떤 현상이나 행위를 과학적인지 아닌지를 판단하기 위해서는 그 행위 자체가 아니라 얼마나 과학적인 과정을 거쳐 도출됐는지를 파악해야 함을 알아야 한다. 예를 들어 운동선수가 시합 전에 머리를 깎지 않는 행위를 생각해 보자. 그 선수가 직관에 따라 그런 행동을 했다면 미신적인 행위지만, 머리를 깎았을 때와 깎지 않았을 때의 성적을 비교 분석해서 그렇게 행동했다면 충분히 과학적인 행위가 될 수 있다.

과학적인 탐구의 목적이 현상 간의 인과관계를 파악하는 것이라면, (나)는 사회현상 사이의 인과관계를 도출해 내는 것이 힘들다는 사실을 보여준다. 실제로 상관관계와 인과관계를 구분하는 것은 사회과학 연구자의 가장 기본적인 자질 중 하나이다. 두 현상이 상관성은 있다 하여도 꼭 인과관계가 형성되는 것은 아니기 때문이다. 예를 들어 소방차 출동 대수와 화재 규모는 상관관계가 있지만, 인과관계가 형성되는 것은 아니므로 면밀히 탐구하지 않으면 소방차가 많이 출동할수록 화재 규모가 크다는 식의 잘못된 결론을 내릴 수도 있는 것이다. 결손가정 아이들이 비행을 많이 저지를 것이라는 편견도 두 현상 간의 인과관계를 잘못 도출한 것에 해당한다. 이처럼 사회현상은 자연현상과 달리 통제된 실험 등을 할 수 없기 때문에 인과관계로 결론내리는 데 매우 신중을 기해야 한다.

제시문 (다)는 과학적 지식이 사람들에게 마치 객관적인 진리인 것처럼 받아들여지기 쉽다는 사실을 언급하고 있다. 제시문 (라)는 과학전쟁의 사례를 들며 과학적 지식이 객관적인 것이 아니라 사회와 시대에 따라 상대적일 수 있다는 점을 설명하고 있다. 이는 토머스 쿤의 '패러다임' 론과 연결되는 것으로 쿤은 그의 저서 『과학혁명의 구조』에서 과학적인 지식도 객관적인 절대불변의 진리를 드러내 주는 것이 아니라 상대적이라고 강조하였다. 최근 미국에서도 과학적 지식의 상대성에 대한 입장을 둘러싸고 격렬한 논쟁이 있었는데 제시문에서는 이를 '과학전쟁'으로 소개하고 있다.

이러한 제시문을 통해 학생들은 어떤 행위가 과학적인지 여부를 판단하기 위해 필요한 기준으로 연역적 또는 귀납적 방법이 있음을 알고, 그런 논리적인 과정을 거친다 해도 사회현상 사이의 인과관계를 설정하는 것이 매우 힘들다는 점, 자연과학적 지식조차도 상대적일 수 있다는 점 등의 의미를 뽑아내야 한다. 이를 토대로 비행장 모형을 만들어 놓으면 실제 비행기를 얻을 수 있을 거라 결론을 내린 (마)의 멜라네시아 원주민의 행동과 숫자 4에 대한 불길한 믿음 때문에 아시아인들은 4일에 더 많이 죽는다고 결론 내린 미국 의사의 행동을 비교 평가해야 한다.

심화 문제 예시 답안

■ 글 개요 분석 및 특징

1. 제시문 (바)의 미국 연구진 행위가 제시문 (마)의 원주민 행위보다 과학적이지 않다.
2. 숫자 4에 대한 미국 연구진의 결과가 객관성과 신뢰성을 가지고 있다고 할 수 없다.
3. 과학적 지식이 상대적이라는 입장에서 판단할 때도 원주민이 더 비과학적이라 볼 수 없다.
4. 원주민은 자신의 사회 안에서 나름대로 과학적인 방법을 이용하여 연구한 것이기 때문이다.

제시문 (다)에서 제시된 과학적 지식의 객관적 지식을 강조하는 측면에서 볼 때, 제시문 (바)의 미국 연구진의 행위가 제시문 (마)의 원주민들의 행위보다 더 과학적이라고 말하기는 어렵다. 제시문 (다)에 따르면, '과학적 지식' 이란 '누구나 신뢰할 수 있는 객관적 지식' 이다. 그런데 미국 연구진의 '동양의 4에 대한 미신과 동양인의 잦은 심장마비에는 ①상관관계가 있다' 는 연구 결과가 객관성과 신뢰성을 획득한다고는 얘기하기 어렵다. 동양에 숫자 4에 대한 불길한 미신이 있는 것은 맞지만, 모든 동양인이 그 미신을 믿는 것도 아닐뿐더러 그 미신이 심장마비를 일으킬 정도로 큰 스트레스를 유발한다는 점도 입증되지 않았기 때문이다. 또한 제시문 (나)에서 설명한 바와 같이 통계적 수치가 서로 연관 관계를 가진다 해서 그 본질적 현상들이 반드시 인과관계를 지니는 것이 아닌 만큼, 미국 연구진들의 행위가 더 과학적이라 보기 어렵다.

제시문 (라)의 인문과학자들이 주장하는 바처럼 과학적 지식의 상대성을 강조하는 관점에서 보더라도 결론은 다르지 않다. 이 관점에 따르면, ②과학적 지식은 '어느 한 집단의 공통된 속성' 일 뿐, 절대적인 진리는 아니다. 따라서 제시문 (마)의 원주민들의 행위도, 그 나름의 사회·문화적 배경을 바탕으로 함을 고려하면 과학적 지식이라 말할 수 있을 것이다. 더욱이 원주민들의 행위를 살펴보면, 비행기가 화물을 실어다 주는 것을 목격한 경험을 바탕으로 나름의 가설을 세우고 그를 실험하는 귀납적 탐구 방법을 따랐음을 알 수 있다. 이러한 점으로 미루어 볼 때, 원주민들의 행위가 미국 연구진들의 행위보다 비과학적이라고 말하기는 어렵다.

사회과 첨삭 지도

유희경 선생님

논리분석

미국의 연구진이 멜라네시아의 원주민보다 과학적이라고 말할 수 없다고 주장하고 있습니다. 그 이유는 미국의 연구진이 동양인 사망률과 숫자 4의 상관관계를 조사한 내용이 반드시 신뢰할 수 있는 객관적인 자료라고 말할 수 없기 때문입니다. 또한 과학이란 어느 한 집단의 공통적인 속성일 뿐 절대적인 진리가 아님을 감안할 때 멜라네시아 원주민은 그들의 사회 안에서 경험을 바탕으로 가설을 세우고 귀납적 연구 방법을 이용하였기 때문에 나름대로는 과학적이라고 말할 수 있습니다.

①번 문장은 논리적입니다. 그러나 논거를 더욱 확실하게 해 줄 객관적 자료가 추가되면 더욱 좋을 것 같습니다. '통계수치상 숫자 4와 관련된 날 사망한 사람이 더 많다는 이유로 객관성과 신뢰성을 획득한다고 이야기하기는 어렵다. 즉 통계수치상의 상관관계가 인과관계인 것은 아닐 수도 있는 것이다' 라고 바꾸면 더욱 자연스러운 문장이 될 것입니다.

②번 문장은 논리적입니다. 다만 두 현상이 모두 자연과학적 방법으로는 설명할 수 없는 사회·문화적 현상이라는 점을 숙지해야 합니다. 통계수치, 혹은 경험적 사실이라고 모두 과학적인 것은 아닙니다.

개념분석

경험론, 합리론, 쿤의 과학적 지식의 상대성 등의 개념을 적절하게 잘 사용하고 있습니다.

Idea Tip

- 귀납적 방법과 연역적 방법에 대해 알아봅시다.
- 경험론과 합리론의 개념과 역사를 알아봅시다.
- 상관관계와 인과관계의 공통점과 차이점에 대해 알아봅시다.
- 사회적 현상의 연구 방법에 대해 알아봅시다.

제언

미국 연구진의 연구 방법과 멜라네시아 원주민의 연구 방법을 비교하였을 때, 미국 연구진의 행위가 멜라네시아 원주민의 행위보다 더 과학적이라고 할 수 없는 이유를 두 가지 방법을 통해 제시하였습니다. 첫 번째는 통계수치상의 상관관계가 반드시 인과관계를 의미하는 것이 아니라는 전제하에 미국 연구진의 결과가 과학적이라 말할 수 없다는 측면에서 제시하였고, 두 번째는 연구 방법 자체가 과학적이라면 과학적 행위라고 말할 수 있다는 전제하에 멜라네시아 원주민의 행위는 그들 나름의 사회·문화적 배경을 바탕으로 한 과학적 지식이었다고 이야기하였습니다. 내용상으로는 잘 표현하였으나 상관관계나 인과관계 등 핵심적 개념의 단어를 적절하게 사용하였다면 더 좋았을 것이라는 생각이 듭니다.

평가항목	등급	총평
이해·분석력	A	논제를 잘 파악하고 있습니다. 명제에 대한 자신의 견해를 논리적으로 펼치고 있습니다. 이 논제는 과학 지식의 일반적 상대성에 대한 해제가 아니라 주어진 명제의 타당성을 논리적으로 설명하는 데 초점이 놓입니다.
논증력	A	제시문 속에 내재되어 있는 논거를 정확하게 파악하여 자신의 주장의 논거로 변형하여 효과적으로 사용하고 있습니다. 이를 통해 자신의 주장이 완결된 형태로 마무리됨으로써 글의 완성도를 높이고 있습니다.
창의력	B	본문의 구성은 훌륭하였으나 두 현상이 가지는 공통점과 차이점에 대한 분석은 아쉽습니다. 두 현상이 가지는 과학적 지식의 성격과 그로 인한 분석의 방법이 어떻게 달라질 수 있는지를 밝혔다면 좀 더 명확해졌을 것입니다.
표현력	A	간결하고 명확하게 자신의 주장을 표현하고 있습니다. 주어와 서술어의 호응이 잘 이루어지고 있으며, 적절한 위치에 알맞은 접속어를 사용하여 글이 논리적으로 전개되고 있습니다.

국어과 첨삭 지도

이지선 선생님

장점

문제의 핵심을 정확하게 파악하여 논리적으로 그 타당성을 서술하고 있습니다. 여러 개의 제시문을 잘 조합하여 자신의 주장에 맞게 배열하였으며, 주장에 대한 타당한 근거를 두 가지 관점에서 잘 기술하고 있습니다. 이로 인해 논리적 타당성을 확보하였습니다. 일관된 논지의 흐름을 보여 주며 문장이 간단명료하며 의미 전달이 정확하여 군더더기가 없습니다.

단점

이 학생의 답안은 논리적 전개상으로는 크게 문제될 것이 없습니다. 다만 제시문 (가)에 나타난 어떤 현상이나 행위가 과학적인지 판단하기 위해서는 얼마나 과학적인 과정을 거쳐 도출했는가를 알아야 한다는 내용이 앞부분에 제시되었다면 서론의 시작이 더 자연스러울 것입니다.

구성의 특징

주어진 명제에 대한 자신의 생각을 두 가지 관점에서 논리적으로 서술하고 있습니다. 전반부에서는 제시문 (나)의 내용을 활용하여 통계적 수치가 반드시 인과관계를 가지는 것은 아니라는 결론으로 주어진 명제를 설명하고 있습니다. 후반부에서는 제시문 (라)의 과학적 지식의 상대성을 토대로 원주민들의 행위가 미국 연구진들의 행위보다 비과학적이라고 말하기는 어렵다는 자신의 생각을 다시 한 번 강조하고 있습니다. 두 가지 관점에서 주어진 명제에 대한 자신의 생각을 논리적으로 기술하여 그 타당성이 돋보입니다.

표현

문장 간의 논리적 연결이 자연스럽고 문장 표현도 간단하고 명료하여 군더더기가 없습니다. 의미 전달이 명확하여 내용을 이해하기도 쉬운 편입니다.

제언

논제의 핵심이나 출제자의 의도를 파악하는 능력이 매우 우수합니다. 통일된 논지를 전개하는 능력을 갖추었으며, 주장과 근거를 적절하게 구성하는 능력도 탁월합니다. 이에 더하여 창의성을 돋보이는 답안 작성을 좀 더 연습한다면 좋은 결과가 있을 것입니다.

평가항목	등급	총평
이해 · 분석력	A⁺	출제자의 의도를 정확하게 파악하였습니다. 사회 · 문화적 현상을 자연과학적 방법으로 탐구한다고 해서 완전히 과학적이라고 말할 수 없음을 논리적으로 설명하고 있습니다.
논증력	A	논리적 흐름도 자연스럽고, 근거도 타당합니다. 제시문 속의 논거를 모두 활용하여 자신의 주장을 뒷받침하고 있습니다.
창의력	B	두 현상의 연관성에 대한 분석이 이루어졌으면 합니다. 두 현상이 사회 · 문화적 현상에 속하며, 과학적 방법이 되기 위해서는 무엇이 더 필요한지에 대한 검토가 이루어졌으면 하는 아쉬움이 남습니다.
표현력	A	주장과 논거의 구조가 명확하며, 표현이 간단명료합니다.

제시문 원문 읽기

1. 이인식, 『이인식의 과학나라』 중 「숫자 4를 두려워 마세요」

오늘처럼 4일째 되는 날에는 한자문화권에 사는 사람들, 곧 중국인, 일본인, 한국인이 심장병 또는 심장발작으로 죽을 확률이 여느 때보다 높다는 연구 결과가 나왔다. 『영국의학저널』에 발표된 논문에서 미국 연구진들은 4라는 숫자가 죽음을 의미하는 한자(死)와 발음이 같기 때문에 중국이나 일본의 병원에 4층 또는 4라는 숫자가 들어간 병실 번호가 없는 경우가 적지 않다는 사실을 상기시키면서 이처럼 4를 재수 없는 숫자라고 믿는 데서 야기된 스트레스로 말미암아 미국의 중국계와 일본계 사람들이 매달 4일째 되는 날 심장병으로 죽는 비율이 다른 날보다 7% 더 높은 것으로 나타났다고 밝혔다.

4가 죽음을 상징한다고 생각하는 것은 물론 터무니없는 미신이다. 4는 완전성, 전체성, 질서, 합리성을 상징한다. 4에서 비롯되는 것으로는 동서남북의 4가지 기본방위, 4계절, 정사각형의 4변, 십자가의 4개의 팔 등이 있다. 그리스도교에서는 4는 4복음서, 4명의 대천사, 4대 교부, 4대 예언자 등을 뜻한다. 불교에서는 마음의 네 가지 방향인 4무량심이 있으며, 경남 양산 통도사의 목조 사천왕상처럼 동서남북에 4천왕을 둔다. 동양에서는 4종류의 영적인 짐승인 4신과 4령이 있다. 4령은 청룡, 백호, 주작, 현무, 4신은 기린, 봉황, 거북, 용이다.

숫자 4에 대한 동양인의 미신에 착안한 미국 연구진들은 1973년 1월부터 1998년 12월까지 26년 동안에 사망한 4,700만 명의 백인과 20만 명의 중국 및 일본계 미국인들의 자료를 뒤져 사망 원인을 분석했다. 그 결과 중국 및 일본계 미국인들이 심장병으로 죽을 확률이 매달 4일째 되는 날에 여느 때보다 7% 높은 것으로 밝혀진 것이다.

특히 캘리포니아에 사는 사람들의 사망률이 가장 높았다. 이 지역은 화교를 비롯해 동양인들이 사는 곳이기 때문에 이 연구 결과의 신빙성을 더욱 높여 주었다.

미국 연구진들은 4일에 동양인들의 사망률이 높은 현상을 일러 '바스커빌 효과' 라고 명명했다. 영국의 작가 코넌 도일의 추리소설인 『바스커빌 가문의 개』에서 따온 말이다. 이 소설의 주인공은 무서운 개와 맞섰으나 극도의 스트레스를 받아 결국 심장마비를 일으키게 된다.

오늘 같은 4일에 죽음이 연상되어 스트레스를 받는 사람들이 있다면 명상이나 기도, 심호흡 또는 가벼운 운동으로 이완반응을 불러일으킬 필요가 있겠다.

2. 이인식, 『미래교양사전』 중 「과학전쟁, 당신들은 지적 사기꾼이다」

미국 물리학자 앨런 소칼 교수는 프랑스의 포스트모더니즘 이론가들을 싸잡아 공격하여 단숨에 과학전쟁(science wars)의 영웅으로 떠올랐다.

과학전쟁이란 과학철학과 과학사회학 등 과학학 이론가들이 과학 지식은 객관적인 진리가 아니며 사회문화적 조건의 영향을 받는다고 주장한 것이 빌미가 되어 과학 지식의 본질을 놓고 자연과학자와 인문과학자 사이에 전쟁하듯 주고받는 논쟁을 가리킨다.

가령 과학철학자 토머스 쿤(1922~1996)은 1962년 『과학혁명의 구조』에서 과학의 진보가 누적적으로 이루어지는 것이 아니라, 패러다임의 변환을 통해 혁명적으로 성취된다고 주장했다. 한 시대의 과학자 사회가 채택한 가설, 법칙, 이론, 개념을 통틀어 패러다임이라 한다. 따라서 과학에 관한 지시은 본질적으로 어느 한 집단의 공통된 속성일 따름이라는 것이다. 쿤의 패러다임 이론은 상대주의적 과학관의 씨앗을 뿌린 셈이다.

쿤의 영향을 받은 포스트모더니즘 철학자들 역사 과학의 합리주의 전통을 부정하면서 과학을 신화 또는 사회적 구성물로 간주하는 문화적 상대주의의 입장을 견지한다.

1990년대 들어 자연과학자들은 인문과학자들의 상대주의에 대해 반격을 시도한다. 본격적으로 과학전쟁이 불붙기 시작한 시기는 1994년. 미국 생물학자 폴 그로스와 수학자 노먼 레빗이 함께 펴낸 『고등미신』이 도화선이 되었다. 책의 부제는 '학문적 좌익(academic left)과 그들의 과학과의 싸움' 이다. 사회구성주의자, 포스트모던 과학자, 페미니스트, 급진적 환경론자들을 학문적 좌익으로 규정하고 이들의 과학에 대한 무지와 적대적 태도를 맹공한다.

『고등미신』에서 비판받은 인사들이 가만 있을 리 만무하다. 1996년 봄 포스트모더니즘 계열 학술지인 『소셜 텍스트』에서 한 호를 몽땅 이들의 반론으로 채우고 처음으로 '과학전쟁' 이라는 용어를 만들어 특별호 제목으로 삼았다. 잡지의 맨 끝에는 소칼 교수의 논문이 붙어 있었다. 소칼의 글은 포스트모더니즘과 사회구성주의를 지지하는 이론을 장황하게 전재했다.

『소셜 텍스트』 출판 직후 뜻밖의 사건이 터진다. 소칼이 인터뷰에서 자신의 논문은 날조에 불과한 것이라고 밝혔기 때문이다. 포스트모더니즘 이론가들의 과학에 대한 이해와 주장이 허구임을 입증하기 위해 엉터리 논문을 기고했노라고 털어놓은 것이다. 『소셜 텍스트』 측이 조작된 논문인 줄 모르고 자신들과 같은 상대주의적 입장이라는 이유로 게재할 만큼 과학에 무지몽매한 사실을 만천하에 폭로하고 싶었다는 해명이었다.

과학저술가인 마틴 가드너의 표현처럼 '소칼의 유쾌한 속임수' 는 서구 언론에 대서특필되어 과학전쟁에 대해 지식인들은 물론 일반인들까지 관심을 갖게 되었다. 1997년 10월 소칼은 여세를 몰아 프랑스어로 쓴 『지적 사기』를 프랑스에서 펴냈다. 이 책은 자크 데리다(철학)를 비롯해서 질 들뢰즈(철학), 자크 라캉(심리학), 장 보드리야르(사회학), 줄리아 크리스테바(기호언어학), 뤼스 이리가레이(페미니즘), 펠릭스 가타리(심리분석학), 폴 비빌리오(건축학) 등 기라성 같은 포스트모더니즘학자들의 글쓰기를 문제 삼았기 때문에 프랑스 지성계가 발칵 뒤집혔다. 소칼은 이들이 자신도 잘 모르는 과학 용어를 남용하여 학문을 우롱하는 사기극을 벌이고 있다고 비난했다. 말하자면 자연과학에서 나온 이론과 개념을 인문사회과학에 도입하면서 뻔뻔스럽게 제멋대로 사용하고 있다는 지적이었다.

『지적 사기』 논쟁은 한 번도 과학전쟁이 없었던 국내 학계로서는 강 건너 불일는지도 모른다. 자연과학자와 인문사회과학자가 상대방의 학문에 무관심한 풍토에서 과학전쟁이 일어날 까닭이 없다고 단언하면 지나친 비약일까.

3. 이인식, 『미래교양사전』 중 「국민총행복, 한국사회는 얼마나 행복할까」

행복한 삶을 꿈꾸지 않는 사람은 없을 것이다. 사람마다 행복을 느끼는 정도가 다르기 때문에 매사에 감사하는 사람이 있는가 하면 스스로를 불행하다고 여기는 사람도 적지 않다.

이처럼 행복은 주관적인 감정이므로 한 마디로 규정하기 힘들다. 그리스의 철학자 아리스토텔레스가 삶의 목적은 행복이라고 설파한 뒤 수많은 철학자가 행복이 무엇인지, 어디에서 오는지 한마디씩 거들었지만 과학적으로 설명되지는 못했다. 과학자들에게 행복한 삶에 필수적인 요소를 확인하는 과제가 넘겨진 셈이다.

이른바 '행복학' 을 연구하는 과학자들은, 개인은 물론 국가 차원의 행복을 끌어올리는 방법을 찾고 있다. 가령 영국 정부는 과학자들에게 국민의 생활 만족도를 조사하도록 했다. 2002년 12월 발표된 보고서에는 영국의 행복 수준을 향상시키는 제안이 들어 있다.

이를테면 보건과 교육에 관한 정책을 수립할 때에는 '생활의 질' 지수를 고려하도록 권고했다. 또한 국가의 활동을 가늠하는 잣대로 국민총생산을 사용하는 대신 국민총행복 개념을 도입할 것을 주문하기도 했다.

물론 국민총행복을 국민총생산처럼 계량화하는 일은 쉽지 않다. 하지만 행복을 체계적으로 연구하는 것이 불가능한 일만은 아니다. 왜냐하면 다양한 문화, 직업, 종교에 따라 사람들이 느끼는 행복을 측정한 연구가 이미 수백 차례 진행되었기 때문이다.

전 세계 규모로 행복과 삶의 만족도를 조사한 대표적 사례는 4년마다 사회과학자들이 65개 나라를 대상으로 실시하는 '세계 가치 조사(WVS)' 이다. 이 보고서에는 국민들이 행복을 느끼는 정도에 따라 나라별로 순위가 매겨지기 때문에 관심사가 되고 있다.

행복을 연구하는 학자들은 사람들을 행복하게 만드는 요소가 예전에는 국가의 경제성장이었으나 이제는 개인의 삶의 질로 바뀌고 있다고 강조한다. 따라서 행복학 학자들은 정부 정책이 실업률을 줄이고, 개인의 정신 건강을 개선하며, 국민이 정치에 참여하는 기회를 확대하는 방향으로 나아가야 한다고 주장한다. 특히 사회적 신분을 추구하는 사람이 많은 사회는 결코 행복한 나라가 될 수 없다고 덧붙인다.

한국처럼 젊은이들이 고시에 목을 매는 사회가 어찌 행복할 수 있으랴.

| 좀 더 자세히

■ 인간은 고정관념의 포로인가

인간의 고정관념이나 관성적 사고 경향성을 비즈니스에 적절하게 활용하는 사례는 우리 주변에 꽤 많다. 대표적인 사례인 마케팅 분야에서는 그 방법도 점점 더 치밀하고 정교한 방식으로 진화하고 있다.

◆ 관성적 사고를 이용하는 사례

각종 상품의 가격을 보면 999원, 9,900원 등 '9'로 끝나거나 '9' 자가 들어가는 경우가 유난히 많다. 이를 단수가격(Odds Pricing)이라고 부른다. 단수가격을 사용하는 이유는 두 가지다.

우선 9로 끝나는 가격은 10만 원, 100만 원 등에 비해 왠지 정확하고 공정한 가격 같은 인상을 소비자들에게 준다. 끝자리 숫자까지 기재함으로써 거품이 없다든가, 원가를 정확하게 반영한 제품이라는 느낌을 준다는 것이다. 또 다른 이유는 999원의 가격표는 1,000원에 비해 자릿수가 한 단위 적기 때문에 싸다는 느낌을 준다. 단수가격은 특히 소비자들이 쇼핑 전에 '10만 원 또는 만 원을 넘는 물건은 사지 않겠다'는 것과 같은 원칙을 정한 경우 이 같은 심리적 저항을 극복하는 데 효과적이다.

고가 제품에는 그러나 이와는 반대로 '역단수가격'이 적용되기도 한다. 예를 들어 옷값을 7만 1,000원 10만 2,000원으로 매겨 놓는 경우다. 7만원, 10만 원에 오히려 1,000~2,000원을 더 붙여 놓는 식이다. 역단수가격은 가격에 구애 받지 않는 명품 마니아들에게는 오히려 환영받는데 '싸구려'가 아니라는 인식을 소비자에게 주는 효과가 있다.

기존 가격표를 X자로 지우고 더 싼 가격을 옆에 써 놓는 방식도 관성적 사고 경향을 이용한 것이다. 소비자들은 기존 가격이 정말 존재했던 가격인지 알 수도 없지만 막연히 정가보다 싸게 판다는 느낌 때문에 충동적으로 구매하는 경우가 종종 있다.

끼워 팔기 역시 유사한 전략이다. 특정 생활용품을 사면 증정품도 함께 주는 경우가 많지만 증정품 가격이 미리부터 포함된 경우가 대부분이다. 소비자들은 그러나 왠지 공짜가 생긴다는 생각에 기꺼이 구매하게 된다. '우수고객으로 선정됐다'며 특정 상품 패키지를 우수고객에 한해 싸게 판매한다는 식의 텔레마케팅도 비슷한 사례. 우수고객으로 뽑혔다는 말로 고객의 기분을 좋게 만든 후 남과는 차별되는 서비스를 싼 값에 공급받는다는 우월감을 갖도록 유도해 상품을 판매하는 방식이다. 그러나 실제로는 모든 고객에게 동일한 내용의 전화를 거는 경우가 대부분이다.

◆관성적 사고의 다양한 측면

관성적 사고를 이용한 마케팅은 정도의 차이는 있지만 동서고금을 막론하고 존재해 왔다.

따라서 이를 모두 부정적으로 볼 필요는 없다. 거의 모든 마케팅 전략은 정도의 차이는 있지만 인간 사고의 이 같은 경향성을 이용하고 있기 때문이다. 사람들이 이 같은 마케팅 전략에 넘어가는 이유는 평소에 갖고 있는 고정관념이나 선험적 경험을 별로 의심하지 않고 무심코 당연한 것으로 받아들이기 때문이다.

그러나 이 같은 기법의 마케팅은 때에 따라서 고객에 대한 기만 행위가 될 수 있으며 형법상 사기죄에 해당할 수도 있다. 얼마 전 무작위로 개인들에게 전화를 걸어 '당신의 카드가 연체됐으니 확인하라'는 메시지를 듣게 한 뒤 가짜 은행원과 연결시켜 주민등록번호와 카드번호 등 개인정보를 빼내던 사기꾼들이 있었다. '카드 연체'라는 말에 관성적으로 혹은 조건반사적으로 반응하는 소비자들의 행동을 사기에 이용했던 것이다. 물론 이 경우는 명백한 사기죄에 해당한다.

고정관념이나 관성적 사고를 깨고 비판적 시각으로 보는 자세가 필요하며 모두가 너무나 당연하다고 간주하는 것들을 뒤집어 생각할 때 의외로 놀라운 결과를 가져오는 경우가 많다. 코페르니쿠스의 지동설이나 뉴턴의 만유인력의 법칙 등은 모두 당시로서는 사람들이 당연하다고 여겨 오던 것에 대해 근본적인 의문을 제기하는 것에서부터 출발했다. 관성적 사고를 깨뜨리는 것은 이처럼 인류 역사상 위대한 과학적 발견이나 발명, 새로운 학설의 등장으로 이어지는 경우가 많으며 예술 분야에서는 새로운 장르가 개척되는 계기를 제공하기도 한다. 고정관념이나 경향적 사고 중 상당수는 오랜 시간 인간의 경험과 지혜가 쌓이면서 형성된 것이지만 이 중 일부는 인간의 합리적인 판단은 물론 때로는 문명과 과학의 발전을 가로막는 거대한 장벽으로 작용하기도 하는 셈이다.

● 자료 출처 : 김선태(한국경제신문 경제교육연구소 연구위원), 한국경제신문, 『생글생글』 99호(2007. 5. 25.)

◎ 역사란 무엇인가?

> 한자의 역사(歷史)라는 말 중에서 역(歷)이란 세월, 세대, 왕조 등이 하나하나 순서를 따라 계속되어 가는 것으로서 '과거에 있었던 사실'이나 '인간이 과거에 행한 것'을 의미하며, 사(史)란 활쏘기에 있어서 옆에서 적중한 수를 계산 기록하는 사람을 가리키는 말로서 '기록을 관장하는 사람' 또는 '기록한다'는 의미로 쓰였다. 한편 영어에서 역사를 뜻하는 'history'라는 단어의 어원으로는 그리스어의 'historia'와 독일어의 'Geschichte'를 들 수 있다. 그리스어의 'historia'라는 말은 '탐구' 또는 '탐구를 통하여 획득한 지식'을 의미하며, 독일어의 'Geschichte'라는 말은 '과거에 일어난 일'을 뜻한다.

1. 위의 내용을 통해 '역사란 무엇인가'에 대하여 생각해 봅시다.

역사라는 말에는 두 가지 의미가 포함되어 있다고 할 수 있습니다. 과거의 사실 그 자체를 의미하는 역(歷)과 그 사실을 기록하는 사(史)의 의미입니다. 왜 이렇게 두 가지 의미를 포함하고 있을까요?

역사는 과거에 일어났던 사건들이며 이미 모두 다 지나가 버린 일입니다. 즉 현존하지 않는 것입니다. 우리가 지금 알고 있는 역사는 기록으로 전승되어 온 것들, 그리고 후대인들이 그것을 근거로 새롭게 편집, 정리, 해석한 것들입니다. 이러한 점에서 역사란 결국 파악되는 순간에 이해되는 것이라고 할 수 있을 것입니다. E. H. 카는 "역사는 역사가와 그의 사실들과의 사이에 이루어지는 상호작용의 계속적인 과정이며, 현재와 과거와의 끊임없는 대화이다"라고 정의하면서 역사의 현재성을 극명하게 부각시켰습니다. 이때 주목해야 할 점은 과거가 매 순간 파악될 때, 파악하는 사람의 과거에 관한 관념에 영향을 받는다는 것입니다. "역사란 하나의 문화가 자신들의 과거에 관해서 설명하는 하나의 정신형식이다"라는 아우징아거의 정의는 바로 이러한 과정을 명료하게 표현한 것이라고 할 수 있습니다. 즉 역사란 항상 새로운 현재에 이해되고 있는 바이며, 현재의 한 관념의 형식이라고 할 수 있을 것입니다. 이러한 이유로 역사는 사실과 기록이라는 의미를 담고 있습니다.

2. 근대 이후의 역사 연구 방법은 어떻게 변화되어 왔는지 알아봅시다.

　흔히 근대 역사학의 시작은 랑케 사학에서 찾고 있습니다. 랑케에 의하면 역사학의 임무는 과거의 사실을 있는 그대로 밝히는 것이라고 했습니다. 랑케는 "역사가는 자기 자신을 죽이고 과거가 본래에 어떤 상태로 있었는가를 밝히는 것을 지상과제로 삼아야 하며, 이때 오직 역사적 사실들로 하여금 이야기하게 해야 한다"고 하였습니다. 주관이 가미된 역사는 후세로 하여금 과거에 대한 오해를 낳을 수 있기 때문에 좀 더 정확한 과거를 전달하기 위해서는 실증적인 자료로 남아 있는 사실만을 전달해야 한다고 한 것입니다. 그렇다 보니 역사 연구란 사료에 남겨져 있는 역사적 사실들을 밝혀 내는 것으로 여겨졌으며 사료의 비판과 분석이야말로 역사 연구에 중요한 방법이 되었습니다. 이러한 이유로 랑케 사학에서는 개인적 견해나 해석이 가미되지 않은 공적인 문헌 사료를 주로 이용하였으며 그 대상은 정치사나, 외교사, 제도사 같은 것이었습니다. 이러한 역사를 대중에게 전달하는 것이 그 당시 역사 교육의 과제였고 역사 교육의 목적은 사실을 통해 교훈을 얻는 것과 사실을 아는 것 그 자체였습니다. 인과관계는 역사 서술의 중요한 원리가 되었습니다. 이러한 경향은 지나치게 공적 문헌 사료만을 위주로 역사를 서술함으로써 다양한 자료의 활용을 제약했으며 정치사 중심의 서술은 지배층 중심의 역사학을 가져와 상대적으로 인간의 삶을 배우는 것을 어렵게 하였습니다.

　20세기에 접어들면서 역사 연구는 사회과학적 역사 연구와 역사 서술로 전환하게 되었습니다. 이러한 관점은 역사가 정치, 경제, 사회, 문화 등 사회의 여러 분야와 긴밀한 관계를 가지며 개별적인 사건보다는 그 사건들과 연결된 '과정(process)', '구조(structure)'를 밝히는 것이 중요하다고 생각하였습니다. 역사란 우리 자신을 이해하고 당면 문제를 해결하며 미래를 가르쳐 주는 데 기여한다고 보았기 때문에 폭넓은 영역을 연구해야 한다고 생각하였으며, 역사 해석에도 사회과학에서 사용하는 방법론과 개념을 이용하여 공적인 사료뿐만 아니라 유물이나 유적, 관습, 민담 등 다양한 자료를 활용해야 한다고 주장하였습니다. 그러나 이러한 경향은 사회적 구조와 조건에 지나치게 매달려 역사적 사건에 영향을 주는 인간적 요소를 경시하게 되었다는 비판을 받고 있습니다.

| 기출문제 탐구

(1999년 수학능력평가 기출문제)

1. 다음은 역사의 본질에 관한 역사가들의 견해이다. 이와 일치하는 것을 〈보기〉에서 모두 고르면?

> 모든 역사는 현재의 역사다.
>
> —크로체
>
> 역사란 현재와 과거의 대화이다.
>
> – E.H. 카

보기

ㄱ. 역사는 과거에 일어났던 객관적 사실 그 자체만을 의미한다.

ㄴ. 역사는 과거 사실에 대해 현재 역사가들이 탐구하고 재구성한 것이다.

ㄷ. 역사 연구는 과거의 실상을 밝히기 위한 것이지 현재와 미래를 위한 것은 아니다.

ㄹ. 역사가들은 자신의 현재적 관심에 따라 역사를 연구하므로 역사는 시대마다 새롭게 씌어질 수 있다.

① ㄱ, ㄷ　　② ㄱ, ㄹ　　③ ㄴ, ㄷ　　④ ㄴ, ㄹ　　⑤ ㄷ, ㄹ

정답 : ④

☞ **문제 해설**

　위의 내용은 현재의 관점에서 역사를 바라본다는 내용을 나타내고 있습니다. 즉 사실을 바라보는 사람의 관념에 따라 역사는 달리 씌어질 수 있다는 것으로 역사의 주관성(기록)을 강조한 내용을 골라야 합니다. 그러므로 현재성을 부각시킨 ㄴ, ㄹ 이 문제에 부합한 내용이 될 것이며 ㄱ과 ㄷ은 역사의 사실 자체 즉 객관성을 강조한 내용이므로 오답입니다.

(2004년 4월 고3 전국연합학력평가 기출문제)

2. 다음은 역사의 의미에 대한 견해이다. 밑줄 친 부분에 관한 설명으로 옳은 것을 〈보기〉에서 고르면?

역사란 무엇인가에 대한 견해는 다양하게 제시될 수 있지만, 일반적으로 '과거에 있었던 사실'과 '조사되어 기록된 과거'라는 두 가지 의미를 지니고 있다.

보기

ㄱ. 역사는 시대에 따라 그 평가가 달라질 수 있다.

ㄴ. 과거로부터 현재까지의 모든 사건을 의미한다.

ㄷ. 역사란 과거 사실에 대해 현재 역사가들이 재구성한 것이다.

ㄹ. 역사는 과거에 있었던 사실을 있는 그대로 밝히는 것이다.

① ㄱ, ㄴ   ② ㄱ, ㄷ   ③ ㄴ, ㄷ   ④ ㄴ, ㄹ   ⑤ ㄷ, ㄹ

정답 : ②

☞ **문제 해설**

위의 내용은 '조사되어 기록된 과거' 즉 누군가에 의해 씌어진 역사로 역사가의 주관이 가미된, 기록을 강조하는 내용입니다. 〈보기〉의 내용에 주관성이 가미될 수 있는 내용을 고르면 답이 될 것입니다. ㄴ과 ㄹ은 역사의 객관적인 사실 자체만 중요하게 여긴 것이므로 오답입니다.

◎ 마르코 폴로의 『동방견문록』은 실증적인 자료들만 수록한 지리서일까요?

사실 · 허구 혼합된 신비한 이야기

대부분의 독자들은 아마 이 책의 원 제목이 '동방견문록' 이 아니라 '세계의 서술 (Description of the World)' 이었다는 사실을 모를 것이다. 다시 말해 그가 이 글을 통해 유럽의 독자들에게 알리려 했던 것은 단순히 자신의 여행담이 아니라, 당시 유럽인들이 전혀 알지 못하던 새로운 세계에 대한 체계적인 지식이었던 것이다. 그런 의미에서 '동방견문록' 은 지리서이자 박물지(博物誌)이고, 동시에 여러 민족의 생활 보고서라고 할 수 있다.

그러나 이 책은 이처럼 딱딱한 '사실' 들로만 채워져 있는 것은 아니다. 상상력을 자극하는 수많은 '일화' 들이 독자들의 흥미와 호기심을 자극하기도 한다. 바그다드라는 도시를 설명하면서 삽입한 일화를 예로 들어 보자.

하루는 이슬람권의 수장인 칼리프가 기독교를 탄압할 계책을 생각해 냈다. 그는 기독교 신자들을 불러 놓고 만약 '성경' 을 하나님의 말씀이라고 믿는다면 '겨자씨만 한 신앙이라도 있으면 산을 옮길 수 있다' 는 구절도 믿느냐고 물었다. 그들이 그렇다고 대답하자, 만약 그것이 사실이라면 열흘 안으로 바그다드 교외에 있는 두 산을 옮겨서 하나로 합쳐 놓으라고 명령했다. 만약 그렇게 하지 못할 경우 시내의 기독교도들은 모두 처형될 것이라고 경고했다.

궁지에 빠진 기독교도들은 외눈박이 구두수선공을 찾아갔다. 그는 신발을 고치러 온 한 여인의 아름다운 발을 탐욕스런 눈으로 바라보는 자신의 모습을 깨닫고 스스로 눈을 찔러 외눈박이가 될 정도로 믿음이 깊은 사람이었다. 신도들의 부탁을 들은 그는 두 산이 보이는 벌판으로 나가 칼리프와 모든 시민들이 보는 가운데 십자가 앞에 무릎을 꿇고 큰 소리로 기도를 올렸다. 그러자 산은 한 순간의 지체도 없이 흔들리며 움직이기 시작했다고 한다.

마르코 폴로는 이 밖에도 환락의 정원을 꾸며 놓고 젊은이들을 유인한 뒤 자신의 명령에 따라 목숨까지 던지는 무서운 암살단을 조직했던 '산상의 노인' 에 관한 이야기, 쿠빌라이 칸의 장엄하고 화려한 도시와 궁전들, 낯선 여행자들에게 기꺼이 아내와 딸을 내주어 동침케 하는 풍습을 지닌 지방들에 관한 이야기, 성 토머스(St. Thomas)의 유해가 묻혀 있다고 하는 인도의 마아바르(Maabar) 해안에 관한 서술 등 사실과 허구가 교묘히 혼합된, 믿을 수도 그렇다고 믿지 않을 수도 없는 놀라운 이야기들을 펼쳐 보인다.

120종에 가까운 필사본 만들어져

'동방견문록'에 보이는 이러한 여러 특징들은 이 책이 그가 실제로 여행해서 체험한 것에 기초한 것이 아니라 여기저기서 들은 이야기를 교묘하게 종합한 것이 아니냐 하는 의문을 불러일으켰다.

예를 들어 중국에 관해 설명하면서 어떻게 한자(漢字)나 전족(纏足), 차(茶)에 관해서 한 마디 언급도 없을 수 있느냐 하는 의문이 제기됐다. 또한 그는 몽골군이 양양(襄陽)이라는 도시를 공격할 때 자기가 주선해서 제작한 투석기를 사용했다고 기록했지만, 그 도시는 이미 그가 도착하기 전에 함락됐다는 점도 지적됐다. 당시 중국 측 기록에서 그의 존재를 시사할 만한 어떤 언급도 찾아볼 수 없는 것 역시 의구심을 더하는 요소가 됐다.

그는 입만 열면 '백만' 운운하며 과장했다고 해서 '밀리오네'라는 별명이 붙을 정도로 허풍쟁이기도 했다. 또한 이 책이 처음 필사된 이래 지금까지 120종에 가까운 필사본과 인쇄본이 만들어졌으니, 손에 손을 거치면서 그 내용에 얼마나 많은 가감과 수정이 가해졌을지는 상상이 가고도 남음이 있다.

● 자료 출처 : 김호동 서울대 동양사학과 교수, 「역사와 상상이 조화를 이룬 세상 이야기」, 스카이뉴스 제24호(2001. 2. 19.)

◆ 지리서를 분석하는 틀은 무엇일까요?

중세 유럽인들에게 마르코 폴로의 『동방견문록』은 미지의 동방 세계에 대한 놀라운 지식의 보고로 다가왔습니다.

마르코 폴로는 1275년에 서아시아 · 중앙아시아를 거쳐 원나라의 상도에 이르러 쿠빌라이에게 신임을 얻고 여러 관직을 지내면서 중국 각지를 여행하였습니다. 그는 귀국 후 베네치아와 제노바의 전쟁에 참가했다가 포로가 되었는데, 1298~1299년에 제노바 감옥에서 루스티첼로에게 자신의 동방여행 경험을 구술하여 필기하도록 한 것이 이『동방견문록』입니다.

『동방견문록』 삽화

『동방견문록』은 어느 지역을 여행하며 자신이 보고 느낀 것을 적은 것이라기보다는, 13세기 후반 유럽 이외의 다른 지역에 대한 체계적인 서술이라는 특징이 있습니다. 예를 들어 그는 어느 지방에 대해서 이야기할 때, 그 방위와 거리, 주민의 언어, 종교, 산물, 동식물 등을 하나씩 기록하였습니다. 즉『동방견문록』은 지리서이자 박물지이고, 동시에 여러 민족의 생활 보고서라고 할 수 있습니다.

이처럼 지리서에는 자연과 인간과의 상호작용을 반영하고 있기 때문에 자연과 인간의 관계를 바라보는 관점에 따라 차이가 있고 절대 불변의 사실만을 기록하는 것이라고 보기는 어렵습니다. 지리서 역시 자연과 인간의 관계를 중심으로 여러 각도에서 파악해야 할 연구 자료로 접근해야 합니다. 지리학에서는 자연과 인간의 관계, 공간, 공간적 상호작용, 지역의 개념을 중점적으로 배웁니다.

| 기출문제 탐구

(2004년 4월 고3 전국연합학력평가 기출문제)

1. 다음 사례와 유사한 인간과 자연의 관계는?

> · 새만금 간척 사업이 끝나면 여의도 면적의 약 140배에 이르는 용지를 확보하게 된다.
>
> · 남강 댐은 낙동강 하류의 농경지 침수를 막기 위해 건설되었다.

① 중앙아시아의 벼농사는 고려인에 의해 전파되었다.

② 겨울 기온이 낮은 북부 지방의 가옥 구조는 폐쇄적이다.

③ 농약 대신 천적을 이용하여 무공해 딸기를 재배하였다.

④ 눈이 많은 울릉도는 전통 가옥에서 우데기를 볼 수 있다.

⑤ 강화도와 김포 사이에 다리를 건설하여 교통이 편리해졌다.

정답 : ⑤

☞ **문제 해설**

위의 내용은 간척사업과 낙동강 하류의 댐 걸설을 통해 자연의 구체적인 선택과 이용은 인간의 의지에 따라 이루어지다는 '가능론'을 주장하고 있습니다. 선택지의 내용 중 ①번은 문화결정론적 시각, ②번은 환경결정론적 시각, ③번은 생태학적 시각, ④번은 환경결정론적 시각을 나타내며, ⑤번은 가능론적 시각을 나타내고 있으므로 ⑤번이 정답입니다.

(2005년 4월 고3 전국연합학력평가 기출문제)

2. 그래프는 자동차 등록 대수와 산성비 농도의 연도별 변화를 나타낸 것이다. 이를 통해 알 수 있는 인간과 자연의 관계는?

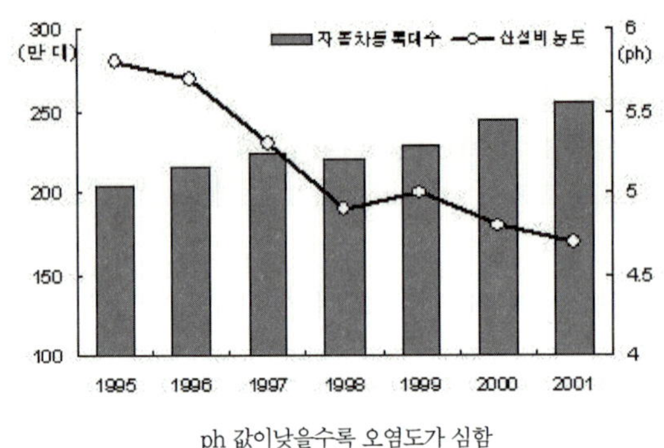

① 인간은 지표의 산물이므로 자연에 순응하면서 살아야 한다.

② 자연은 인간에 의해 변화되어도 스스로 평형 상태를 유지한다.

③ 인간의 지나친 자원 소비는 환경을 악화시키는 결과를 가져온다.

④ 인간은 자연을 개발함으로써 보다 편리한 삶을 영위할 수 있다.

⑤ 자연은 경제적 가치가 있고, 그것을 이용하는 것은 인간의 의지이다.

정답 : ③

☞ 문제 해설

　1995년부터 2001년까지 자동차 등록 대수는 소폭 상승하고 있습니다. 이에 산성비 농도는 해가 갈수록 ph값이 낮아지며 오염도가 심해지는 것을 알 수 있습니다. 오염도의 심화는 인간 생활환경을 악화시키므로 결국 인간에게 해를 가져온다는 것을 유추할 수 있습니다. 그러므로 이 문제는 생태학적 관점을 강조하기 위한 문제이며 이와 관련된 ③번이 정답입니다.

(2005년 10월 고3 전국연합학력평가 기출문제)

3. (가)와 (나)에서 공통으로 강조하고 있는 자연관과 가장 관계 깊은 것은?

(가) 인간이 자연환경을 변화시킬 수 있다는 사실을 인식한 것은 오래전의 일이거니와, 이러한 인식은 인간이 인위적인 환경의 변화를 예방하기 위해 노력해야 한다는 인식과 함께 발전해 왔다.

– 윌리엄 마이어, 『인간에 의한 환경 변화』

(나) 자연 풍토가 인간에게 영향을 미친다는 것은 분명하지만, 풍수는 어느 한쪽의 주도(主導)를 인정하지 않고 서로가 맞느냐 맞지 않느냐 하는 문제에 주로 관심을 쏟는다. 풍수는 기본적으로 사람과 땅 사이의 상생 조화에 관심을 갖기 때문에 경제적인 측면이 어느 정도 간과되는 것은 사실이다.

– 최창조, 『땅의 눈물, 땅의 희망』

① 자연 환경은 인간의 활동에 의해 변형되어 왔다.
② 인간은 본질적으로 자연환경의 피동적 소산이다.
③ 인간은 자연을 이용할 수 있는 능력을 지니고 있다.
④ 지역성은 오랫 동안 누적된 자연 극복 과정의 산물이다.
⑤ 지속 가능한 개발은 건강한 자연환경을 중요시하고 있다.

정답 : ⑤

☞ **문제 해설**

제시문 (가)의 내용은 인간이 자연환경을 변화시키되 인위적 환경 변화를 예방하기 위해서는 노력해야 한다고 말하며 인간과 자연이 상호 보완적으로 이해되어야 한다고 주장하고 있습니다. 제시문 (나)의 내용은 풍수란 사람과 땅 사이의 상생 조화에 관심을 갖는다는 것을 나타내고 있습니다. 두 제시문은 공통적으로 생태학적 관점을 나타내고 있으므로 이에 해당되는 내용은 ⑤번입니다.

인간 존엄성

대학 입시 논술 시험에서 다루는 주제는 수없이 많다. 하지만 조금만 주의 깊게 이 주제들을 살펴보면 현대 사회에 큰 의미가 있는 내용들이 선별적으로 나오는 것을 알 수 있다. 우리 사회는 정치적으로 자유민주주의, 경제적으로는 자본주의 체제다. 이런 체제 속에서 나타날 수 있는 문제나, 고민거리들은 논술 시험의 단골 주제다. 이런 것들이 현재 시점과 관련된 주제라면, 인간의 본질에 대한 질문은 시간과 사회에 상관없이 깊은 성찰을 요하는 주제이기 때문에 논술고사에서 자주 다룬다.

본 실전 문제는 인간이란 무엇이며, 다른 존재들과 인간의 관계를 어떻게 설정해야 하는가 하는 철학적 물음을 던진다. 철학이란 구체적인 체제가 설 수 있는 토대를 제공해 준다. 과실을 맺기 위해 뿌리가 튼튼해야 하는 것처럼, 개인과 사회 모두 흔들림 없이 현실을 만들어 가기 위해서는 인간과 사회에 대한 철학적 토대가 튼실해야 한다. 우리 인간에 대한 답을 찾아가는 것은 뿌리를 튼튼하게 하기 위한 출발점이다. 이런 이유로 대학 입시 논술에서도 인간 존재에 대해 근본적인 질문을 던지기도 한다. 본 실전 문제는 인간의 의미, 이성의 가치, 정신과 육체의 관계, 인간과 여타 존재들과의 관계 설정 등에 대해 진지한 고민거리를 제공해 줄 것이다. 철학적 분위기에 익숙하지 않은 우리 학생들에게는 쉽지 않은 주제가 될 것이다.

| 논술 기본 문제

■ 교과 체계

구분	관련 교과 및 단원
기본	고등학교 『사회 · 문화』 Ⅱ. 개인과 사회 구조 고등학교 『시민 윤리』 Ⅰ. 시민 사회와 윤리
심화	고등학교 『윤리와 사상』 Ⅰ. 윤리와 사회 사상의 의의

(가) 동양의 경우, 민주주의(民主主義)가 제도적으로 발전하는 데 한계가 있었지만 인간(人間) 존엄성의 사상은 매우 뿌리가 깊다. 유교에서는 인간이 인의예지(仁義禮智)의 착한 성품을 갖추고 있고 자신을 성찰(省察)할 수 있는 도덕적 능력을 갖춘 존재이기 때문에 다른 동물과 구별된다고 하였다. 불교에서는 인간이란 육체(肉體)와 감수 기능을 가지고 상상하고 행동하며, 의식(意識)을 지닌 동물로서 불성(佛性)을 깨달음으로써 고통을 극복하고 해탈의 경지에 도달할 수 있다고 하였다.

– 고등학교 『시민 윤리』

(나) 인간은 생각할 수 있는 '정신적 존재'이며, '윤리적 존재'이다. 짐승은 필요한 만큼 먹고 마시며 과식을 하지 않으나, 인간은 과음 과식을 하여 소화 불량에 걸릴 수도 있다. 짐승은 본능에 따라 욕구를 쉽게 자동 조절할 수 있으나, 인간은 그때그때마다 자기 반성, 즉 정신적 활동을 통해서 자기를 제어해야 한다. "사람이 된다"는 우리말 속에 이미 윤리성이 들어 있다. '사람다운 사람'이라는 말은 인간이 본질적으로

윤리적 존재임을 보여 주고 있다.

지금까지 살펴본 인간의 여러 가지 특성에 따르면, 인간은 대체로 육체적 욕구를 가진 점에서는 동물과 비슷하지만, 도덕적·정신적인 면에서는 동물의 범주를 벗어난다고 할 수 있다. 다시 말해서, 모든 동물은 본능적으로 행동하는 데 비하여, 인간은 의식적으로 행위하며, 스스로 가치를 추구하고 정신적으로 행동할 수 있다.

— 고등학교 『윤리와 사상』

(다) 합리주의적 인간관에 의하면, 사람은 이성에 따라 생각하고 행동할 때에 가장 사람다운 사람이 된다. (중략) 합리론의 대표자는 데카르트이다. 그는 감각적 경험을 통해 얻은 지식은 주관적일 뿐만 아니라 단편적이고 우연한 것이어서, 명백한 진리로 믿을 수 있는 것이 못 된다고 보았다. 따라서, 그는 의심할 여지 없이 확실한 지식을 찾기 위하여 일단 모든 것을 의심해 보았다. 이것이 이른바 '방법적 회의'이다. 그 결과, 아무리 모든 것을 의심한다고 해도 더 이상 의심할 수 없는 한 가지 사실에 이르게 되었는데, 그것은 "의심(생각)하고 있는 내가 있다"는 것이다. 그리하여 그는 "나는 생각한다. 그러므로 나는 존재한다"라는 확고부동한 명제를 얻을 수 있었다. 데카르트의 이러한 태도에는 인간의 사유 능력, 즉 이성에 대한 신뢰가 깔려 있으며, 이는 대부분의 합리론자들에게 공통되는 모습이기도 하다.

— 고등학교 『윤리와 사상』

(라) 1800년 1월 9일 남부 프랑스의 생세랭이란 마을 근처의 숲에서 한 이상한 생물체가 나타났다. 직립하여 걷고, 11~12세 정도의 소년으로 판명되었음에도 불구하고, 인간이라기보다는 동물에 더 가깝게 보였다. 소년은 단지 날카롭게 이상하게 들리는 소리밖에 내지 못했다. 겉보기에 소년은 개인 위생에 대한 감각이 전혀 없었으며 언제 어디서나 마음대로 용변을 보았다. 곧 그는 지방 경찰의 주목을 받게 되었고 근처 고아원에 수용되었다. 처음에 그는 끊임없이 탈출하고자 했고 그

를 다시 잡기 위해서는 상당한 어려움을 겪어야 했으며, 옷을 입히자마자 바로 그것을 찢어 버리곤 했다. 소년은 의학적인 종합 검사를 받았으나, 어떠한 비정상성도 발견되지 않았다. 거울을 비춰 주자 거울에 비친 상을 보는 것 같았으나, 자신을 알아보지는 못했다. 한 번은 거울에서 본 감자를 잡기 위해 거울 안으로 손을 뻗은 적도 있었다(감자는 실상 그의 머리 뒤에 있었다). 꽤 많은 시도를 하고서야 머리를 돌리지 않고 어깨 너머로 손을 뻗쳐 감자를 집게 되었다. 후에 사람들은 그 소년을 파리로 옮겨 그를 '야수에서 인간으로' 변화시키고자 하는 체계적인 시도를 하게 되었다. 그러나 그 노력은 단지 부분적으로만 성공했을 뿐이었다. 그는 화장실 사용에 익숙해졌고 옷 입는 것을 받아들였으며 스스로 옷 입는 것도 배웠다. 하지만 그는 장난감이나 게임에는 전혀 관심을 보이지 않았고, 몇 개의 단어 이상은 절대로 습득하지 못했다. 이것은 그가 정신적인 발달이 지체되어 있기 때문이 아니다. 그는 인간의 말을 완전히 습득할 의지나 능력이 없는 것처럼 보인다. 그는 더 이상의 발전을 보이지 않았고, 약 40세 정도가 된 1828년에 사망하였다. (기든스, 『현대의 사회학』)

– 고등학교 『사회 · 문화』

(마)   옥시토신은 여자가 어머니다운 행동을 보여 줄 때 분비되는 대표적인 화학물질이다. 시상하부에서 합성되어 뇌하수체를 통해 혈류로 방출되는 호르몬이다. 아기의 울음소리가 들리면 어머니의 몸에서는 옥시토신이 분비되기 시작하며 그 결과 젖꼭지가 꼿꼿이 서게 되므로 당장 젖을 먹일 채비가 되는 것이다.

새와 파충류에서도 옥시토신에 의해 유발되는 행동과 비슷한 반응을 일으키는 화학물질이 발견되었다. 이러한 발견은 적어도 일부 동물이 사람처럼 로맨틱한 사랑을 하고 있음을 강력히 암시하고 있다. 말하자면 로맨틱한 사랑이 인간의 전유물이 아닌 셈이다.

사랑을 느낄 줄 아는 동물은 사랑하는 짝을 잃었을 때 슬픔을 느끼는 것처럼 보인다. 슬픔을 느끼는 동물들은 혼자서 외딴 곳에 앉아 허공을 쳐다보고 있거나, 음식 먹는 것을 중단하거나, 짝짓기에 관심을 갖지 않게 된다.

예컨대 어느 수컷 침팬지는 어미가 죽은 뒤에 단식하고 결국 굶어죽었다. 고래가 자신의 새끼를 잡아먹는 광경을 보고 있던 어미 강치는 소름끼치는 소리를 내면서 울부짖었다. 가장 슬픔을 잘 느끼는 동물은 코끼리이다. 새끼나 가족이 죽으면 며칠 동안 밤샘을 하면서 시체 곁을 떠나지 않는다. 돌고래는 죽은 새끼를 살려 내기 위해 백방으로 노력한다.

— 이인식, 『미래교양사전』

문제 1 | 제시문 (가), (나), (다)의 내용을 종합하여 인간이 동물과 다른 이유를 논술하시오(450~500자).

문제 2 | 제시문 (가), (나), (다)의 관점에서 볼 때 제시문 (라)에 소개된 이 소년은 존엄성을 갖고 있는 인간으로 대해야 할 존재인지, 아니면 동물과 똑같이 대해야 할 존재인지에 대해 논술하시오(450~500자).

문제 3 | 제시문 (나)와 (마)의 견해가 어떻게 다른지 설명하고, 이런 견해차가 나게 된 근본 이유가 어디에 있는지 논술하시오(450~500자).

 ## | 기본 문제 해설

1. 출제 의도

인간은 이성과 성찰 등 정신적인 능력을 가지고 있다는 점에서 동물과 구별되는 존재이다. 서양의 계몽주의 사상이 등장한 이후 인간은 이성적 존재라는 믿음이 커졌으며 정신은 육체나 물질과는 다른 것으로 여겨져 왔다. 동양의 사상 역시 인간이 갖추어야 할 덕목들을 가르치면서 정신적인 도야가 필요함을 강조하고 있다.

그러나 유물론에 따르면 정신작용이라는 것도 결국은 물질작용에 불과하다. 뇌에서 일어나는 물질작용에 따라 사람의 희로애락이 형성되는 것일 뿐이라고 본다.

본 실전 문제는 학생들로 하여금 인간이 가지고 있는 이성과 정신작용이 다른 물질작용과 구분되는 독특한 것인지, 또 이러한 정신적 능력 때문에 인간은 다른 어떤 존재보다 존엄한 것인지에 대해 비판적으로 고찰할 것을 요구하고 있다.

이를 위하여 윤리와 사상, 시민 윤리 등에 등장하는 인간의 본질에 대한 내용을 제시하였고, 이인식의 저서에서 소개하고 있는 유물론적인 사상을 토대로 인간과 여타 동물의 유사성이나 차이점을 고민해 보도록 하고 있다.

2. 제시문 분석 및 문제 해설

일반적으로 인간과 동물은 육체적 욕구를 갖는다는 점에서는 유사하지만 인간에게는 동물이 갖고 있지 않은 정신 능력, 이성이 있기 때문에 만물의 영장이며 동물이나 여타 생물과는 질적으로 다른 존재라고 여겨진다. 이러한 관점이 반영된 것이 동양의 인간관을 설명한 제시문 (가)와 데카르트 이후 서양의 이성중심적 인간관을 설명한 제시문 (나)와 제시문 (다)이다.

이러한 관점에 따르면 인간은 동물이 진화한 존재가 아니라, 본질적으로 동물과는 질적인 차이를 보이는 존재이다. 그리고 그 근본 이유는 바로 이성에 있다. 이성을 통해 인간은 선과 악, 미와 추를 구분하는 등 추상적인 사고를 할 수 있는 것이다. 이성은 물질이 진화한다고 해서 가질 수 있는 것이 아니며, 동물이 가지고 있는 본능과도 완연히 구분된다. 데카르트는 인간을 육체와 정신을 가진 이원론적인 존재로 파악한 뒤, 육체는 허상이며 정신만이 인간을 인간답게 하는 것이라고 주장하였다. 그리고 "나는 생각한다. 그러므로 나는 존재한다"는 유명한 말을 남겼다.

학생들은 제시문 (가), (나), (다)를 통해 인간과 동물의 차이를 밝히기 위해서는 결국 이성에 주목해야 한다는 사실을 알게 된다. 하지만, 문제 1에서 인간이 이성적인 존재이기 때문에 동물과 다르다고 정리한 학생들은 문제 2에서 보다 어려운 질문을 접하게 된다.

문제 2는 사회 · 문화 교재에 소개된 늑대인간의 사례로, 태어났을 때부터 늑대에게 길러진 어린 소년이 사람들에게 발견되어 교육을 받은 일화를 소개하고 있다. 늑대 소년의 행동을 관찰해 본 결과, 소년은 동물과 구별되는 인간의 특징인 이성을 갖고 있지 않은 것처럼 보인다. 인간이 동물과 다른 본질적인 이유가 이성의 소유 때문이라면, 이성을 갖고 있지 못한 인간 즉 이성적인 능력을 보이지 못하는 사람을 과연 인간으로 생각해야 할 것인가 라는 철학적인 질문을 던지고 있다.

이 질문에 대해 학생들은 인간의 존엄성을 말할 때 '인간' 이라는 개념은, 개별적인 한 명 한 명을 뜻하는 것이 아니라 인간이라는 하나의 종을 뜻하는 것이고, 이 늑대소년은 인간 종에 속하기 때문에 이성을 갖고 있는 인간과 똑같이 다루어야 한다고 주장할 수 있다. 반대로, 어떤 대상을 다룰 때는 집단적인 종이 아니라 각각의 개체로서 존중해야 하며, 늑대소년은 이성을 갖고 있지 않기 때문에 인간과 동등하게 대할 수는 없다고 주장할 수도 있다. 늑대소년 사례에서 보듯 인간이 태어나면서부터 이성을 갖고 있다는 것은 신뢰할 수 없는 주장이며, 결국 인간이 이성을 갖고 있기 때문에 동물과 구별된다는 제시문 (가), (나), (다)의 관점 자체가 잘못됐다는 주장을 펼 수도 있을 것이다. 아니면 다른 제3의 주장을 펴는 것도 가능하다.

제시문 (마)는 인간의 정신 능력과 이성을 물질작용과 같은 것으로 보고 있다. 예를 들어 사랑의 감정도 옥시토신이라는 물질이 분비되기 때문으로 설명할 수 있으므로 결국 동물과 인간이 같은 감정을 갖고 있다는 것이다.

제시문 (나)와 제시문 (마)가 대비되는 가장 큰 차이는, 정신과 물질이 다른 것인가 아니면 같은 것인가 라는 물음에 있다. 여기서는 데카르트적인 이원론을 비판하는 유물론적 관점에 대한 이해가 요구된다. 유물론적 관점에 따르면 정신이란 것도 결국 물질작용이고, 따라서 인간은 동물보다 조금 더 복잡한 물질에 불과하므로 동물과 인간을 이원론적으로 보는 것은 옳지 않다.

본 실전 논술 문제는 결국 인간의 본질에 대해 비판적으로 탐구하고, 이를 바탕으로 이 세상에 존재하는 다른 존재와 인간과의 관계를 어떻게 봐야 할 것인지를 묻고 있는 것이다.

| 학생 답안과 첨삭 지도의 실제(1)

학생 답안

■ 글의 개요 분석

1. 동물은 본능에 따른다.
2. 인간은 도덕적인 존재이며 이성을 가지고 있다.
3. 동물은 의식적·윤리적 행동을 하지 않으므로 근본적으로 인간과 구분된다.

원종고 최슬아

①동물에게는 '착함'이나 '나쁨'이라는 본성이 없다. 이들은 단지 본능에 따라 생존을 위해 먹고 마실 뿐이다.

②반면, 예로부터 유가에서는 인의예지를 들어 인간이 도덕적 존재이자 착한 존재라고 여겼다. ③인간은 자신을 성찰하는 능력이 있기 때문에 잘못을 반성하고 고통을 극복하여 해탈에까지 오른다. 또한 인간은 육체적 욕구만을 따르는 것이 아니라, 의식적으로 행위하여 자신의 신념을 추구하기도 한다. 특히 서양의 합리론자 데카르트는 이성을 가진 사람만이 진정한 인간이라는 입장에서 인간의 사유 능력을 신뢰했다.

이러한 인간의 윤리적 특징이나 정신적 특징들은 '인간의 존엄성'이라는 절대적 가치를 뒷받침하는 근거가 되었다. 반면 동물은 정신적 사유의 과정에 다른 의식적·윤리적 행동을 하지 않는다. 따라서 동물에게는 '생명의 존엄성'은 있을지라도 동물의 고유한 '동물의 존엄성'이 존재하지 않는다. ④바로 이 '인간의 존엄성'이 동물과 인간을 구분 짓는 가장 근본적인 차이점이다.

사회과 첨삭 지도

김성우 선생님

논리분석

학생의 글은 이런 흐름으로 전개되고 있습니다. 동물에게는 본능만 있다 → 인간은 이성을 가지고 있다 → 따라서 인간은 동물과 다르며 존엄하다.

이 글에서 가장 잘 된 부분을 꼽는다면 마지막 단락입니다. 인간이 이성적인 존재이기 때문에 동물과 다르다는 것은 여느 학생이라도 할 수 있는 흔한 주장입니다. 이 학생은 이런 피상적인 주장에 머문 것이 아니라 인간의 존엄성을 강조하는 주장이 직면할 수 있는 반론을 예상하면서 논의를 좀 더 확장합니다. 동물이 갖고 있는 '생명의 존엄성'과 '인간의 존엄성'을 구분해서 제시한 것입니다. 데카르트와 같은 이성중심주의자들은 인간을 육체와 정신으로 나눈 이원적 존재로 보고, 인간을 인간답게 하는 것은 정신(이성)이라고 여깁니다. 그러다 보니 정신(이성)을 갖지 못한다고 여겨지는 동물이나 기계보다도 인간을 더 우월한 존재로 봅니다. 인간 대 동물, 인간 대 기계, 인간 대 환경을 이항 대립적으로 보는 것은 이런 이유에서고, 그 때문에 데카르트는 이원론자로 불립니다.

이성중심주의가 직면하게 되는 비판 중 하나는 그것이 인간을 우월적 존재로 봄으로써 여타 존재는 인간의 복지를 위해 마음껏 이용해도 되는 수단 정도로 전락시켰다는 것입니다. 아마 학생들 대부분은 이성중심주의를 인간중심주의로 받아들이면서 인간을 목적으로, 다른 존재는 수단으로 위치시켰다는 것까지는 생각할 수 있었을 것입니다. 이 학생은 여기서 더 나아가 '생명의 존엄성'이라는 개념을 제시함으로써 이성중심주의가 다른 존재를 수단시한다는 비판에서 벗어날 수 있었습니다. 인간은 이성적이기에 존엄하고, 동물 역시 생명을 가진 존재이기에 함부로 대할 수 없다는 논리로 이어질 수 있기 때문입니다. 이를 통해 분석의 깊이가 한층 깊어졌습니다.

논리적 구성 면에서는 보완할 점들이 있습니다.

첫째, 앞으로 글을 쓸 때 두괄식으로 쓰는 연습을 하십시오. 특히 짧은 글을 쓸 때는 핵심적인 것만 압축적으로, 긴장감 있게 논의가 전개되어야 합니다. 논제에서 인간과 동물이 다른 이유를 쓰라고 했다면 평가자는 수험생이 제대로 파악했는지를 가장 궁금히 여깁니다. 그런데, "동물에게는 '착함'이나 '나쁨'이라는 본성이 없다. 이들은 단지 본능에 따라 생존을 위해 먹고 마실 뿐이다"라고 시작을 하면 평가자의 궁금증은 해소되지 않습니다. 무엇 때문에 인간과 동물이 다른가에 대한 직접적인 답이 안 나왔기 때문입니다. '인간은 이성적이고 도덕적인 판단 능력이 있기 때문에 동물과는 다른 존재이다'라는 내용이 앞부분에서 나와 줘야 평가자는 이 글에 계속 관심을 두게 됩니다.

둘째, 논의를 분산시키지 말고 비슷한 내용끼리 묶어서 전개하십시오. 이 글을 보면 처음에 동물에게는 생존 본능만 있다는 얘기가 두 문장 나온 뒤, 인간이 갖고 있는 정신적 특성에 대한 얘기가 뒤따릅니다. 그리고 다시 동물은 윤리적 행동을 하지 않는다는 얘기가 나오고, 결론적으로 인간과 동물이 다르다고 전개하고 있습니다. 인간과 동물의 대비되는 특성을 분리해서 모아 두고 이를 토대로 볼 때 인간과 동물은 다르다고 전개했다면 평가자가 더 쉽게 이 글을 이해할 수 있었을 것입니다.

개념분석

①번 문장에서 '착함'이나 '나쁨'이라는 것은 인간이 내리는 가치 판단에 해당합니다. 무엇을 착하다, 나쁘다고 하는 것은 그 사회를 살아가는 사람들의 가치에 따라 나뉜 것일 뿐입니다. 이는 시대와 사회에 따라 변하는 기준입니다. 인간과 동물을 대비시키기 위해 이 문장을 쓴 것이라면 착함이나 나쁨이라는 본성이 없다가 아니라, 동물은 이성적이며 정신적인 판단력이 없다고 써야 더 정확합니다.

②번 문장의 '착한 존재'라는 개념은 논란의 여지가 있습니다. 왜냐하면 유가에서 착한 성품을 강조했다 해도, 여기서는 유가의 주장과 함께 서양 합리론 철학도 검토해서 인간과 동물의 차이를 종합적으로 밝히라고 하고 있기 때문입니다. 여기서는 도덕적, 이성적 존재의 개념만 강조하는 것이 좋겠습니다.

③번 문장에서 반성적인 사고나 성찰할 수 있는 능력을 제시한 것은 적절하나, 이것으로 인해 고통을 극복하고 심지어 해탈에 이른다는 것은 지나친 주장입니다. 모든 인간이 해탈의 경지에 오르는 것은 아니며, 해탈이라는 것은 특정 종교에서 언급하는 개념이니까요. 두 세 제시문을 보면 유교, 불교, 서양 철학 이야기가 나오는데, 이 각각을 기계적으로 끌어다 붙이지 말고 공통적으로 적용되는 의미를 뽑아 논의를 전개해야 합니다. 이 글에서의 공통적 논의는 정신적, 이성적 능력이겠죠. 또한 ③번 문장은 유가에서 그렇게 얘기했다는 것인지, 아니면 본인이 그렇게 생각하고 있다는 것인지 명확하지 않아 혼란스럽습니다. 만일 본인의 이야기를 쓴 것이라면, '인간은 자신을 성찰하는 능력이 있기 때문에 잘못을 반성할 수 있다. 이에 예로부터 유가에서는 인간을 도덕적 존재로 여겼다' 같은 식으로 써 주는 게 좋습니다. 만약 이 뒷문장이 유가의 이야기라면, '유가에서는 인간에게 자신을 성찰하는 능력이 있고, 이를 토대로 잘못을 반성할 수 있다는 점에서 인간을 도덕적 존재로 보았다' 같이 인용하고 있다는 게 드러나도록 써 줘야 합니다.

이렇게 본인의 이야기인지 인용하는 것인지 혼란스러워 보이는 이유는 학생이 제시문 내용을 소화해서 자기 말로 풀어 쓴 것이 아니라, 제시문에 나온 내용과 문장을 그대로 옮겨 놓았기 때문입니다. 논술 고사에서는 이렇게 본문 내용을 그대로 옮겨 적으면 크게 감점을 받습니다. 표절이기 때문입니다. 그러므로 남의 이야기를 그대로 적을 때는 철저하게 인용하는 문장으로 써 주십시오. 무엇보다 필요한 것은 가급적 제시문 문장을 그대로 쓰지 마시고 이해한 바를 토대로 자신이 풀어서 쓰는 것이겠지요.

④번 문장에서 동물과 인간을 구분하는 근본적인 차이점을 '인간의 존엄성'으로 귀결한 것은 논리적으로 주장과 논거를 혼동한 것입니다. 본 논제는 인간과 동물이 왜 다른 것인지, 즉 인간이 왜 동물보다 존엄한 존재인지를 묻고 있습니다. 그런데 결론에서 인간의 존엄성이 동물과 인간을 구분 짓는다고 밝힌 것은 마치 '인간은 존엄하기 때문에 동물보다 존엄하다'와 같이 동일한 말을 반복해서 쓴 것과 같습니다. 여기서는 인간은 도덕과 이성, 정신적 능력을 갖고 있기 때문에 동물과 다르다는 내용으로 써야 합니다.

제언

수험생들은 글을 쓰는 연습을 많이 해 보지 않았기 때문에 자신의 머릿속에 있는 것들을 아무렇게나 쓰면 뜻이 전달되리라 생각합니다. 하지만 정작 학생들이 쓴 글을 보면 어떤 의도로 그런 글을 썼는지 이해가 가지만, 의미가 제대로 정확하게 통하지 않는 경우가 매우 많습니다. 예를 들면 학생들은 '호랑이'라는 의미를 전달해 주고 싶어서 펜으로 쓰지만, 정작 원고지에는 '흐렁이'라고 씁니다. 그리고 난 뒤 호랑이라는 의미가 전달되지 않는다고 지적하면 오히려 이해해 주지 못하는 것을 더 답답해합니다.

유치원에 다니는 조카들을 생각해 보십시오. 아이들은 자신이 생각하고 있는 것을 다른 사람도 똑같이 생각한다고 여깁니다. 신이 나서 친구 얘기를 하는데, 어른들이 그 아이가 누구냐고 물으면 왜 그 아이를 모르냐며 짜증을 내기도 합니다. 차근차근 설명은 해주지 않은 채, 어른들만 타박하는 것입니다. 아이들은 사실 정확한 개념과 용어로 차근차근 설명하는 게 힘들기도 합니다.

대입 수험생들이 쓰는 글도 이런 경우가 많습니다. 본인은 이런 의도라고 쓰지만 정작 그런 의도가 제대로 표현되지 못하는 것입니다. 용어나 개념이 부정확하거나, 문장 자체가 말이 안 되기 때문입니다. 이런 실수는 학생들이 좀 더 심사숙고해서 글을 쓰지 않았기 때문에 일어납니다.

글은 독자를 잘 이해시키기 위해 쓰는 겁니다. 자신이 쓴 글을 제3자의 입장에서 검토해 보십시오. 다른 사람의 눈으로 검토하다 보면 부정확한 용어나 개념, 문장이 눈에 띄게 줄어들 것입니다.

문장이 제대로 갖춰지면 그 다음에 생각해야 할 것이 구성입니다. 앞서 설명했듯이 자신의 주장이 앞에 나오는 것이 좋습니다. 짧은 글은 군더더기가 들어갈 공간이 없습니다. 핵심적인 것들만 모아서 쓰기도 모자랍니다. 따라서 구성을 할 때 논제에서 요구하고 있는 바가 무엇인지 정확히 분석한 뒤, 쓰려고 하는 것 중 필요한 것만 모으고 나머지는 과감히 버리십시오. 그런 뒤 물음에 대한 답을 먼저 제시하고, 그 이유를 풀어 나가십시오. 논거를 제시할 때는 이 내용 저 내용 분산시켜 산만하게 만들어서는 안 됩니다. 비슷한 내용끼리 압축적으로 모아서 전략적으로 배치해야 평가자가 글 내용을 잘 이해할 수 있습니다.

글을 쓸 때 또 주의해야 할 것은 제시문을 참조하되 자신의 말로 써야 한다는 것입니다. 그러기 위해서는 제시문 내용을 보지 않고서도 남에게 설명해 줄 수 있을 정도로 제대로 파악하고 있어야 합니다. 제시문을 옆에다 놓고 그대로 옮겨 적는 식으로 글을 쓴다면 좋은 평가를 받기 어렵습니다.

평가항목	등급	총평
이해 · 분석력	A	이성적이고 정신적인 능력을 갖고 있는가를 중심으로 인간과 동물의 가치를 잘 구분해서 정리했습니다. 정신적인 능력이 인간 존엄성이라는 절대적 가치를 뒷받침하고 있다는 표현에서 알 수 있듯이, 이 학생의 글은 논제와 제시문 내용을 정확히 파악했을 뿐만 아니라, 이해한 내용을 자신의 말로 잘 풀어 내고 있습니다.
논증력	B⁺	논의가 분산된 면이 보이긴 하지만, 전반적으로 논리적 체계가 잘 갖춰진 글입니다. 다만 앞으로는 가급적 두괄식으로 글을 써 보십시오. 논제는 왜 인간과 동물이 다른지 밝히라고 했습니다. 질문에 대한 답이 먼저 나오고, 그 이유를 차근차근 풀어 나가는 식으로 써 보십시오. 글이 훨씬 명쾌해질 것입니다.
창의력	A	'생명의 존엄성'과 '동물의 존엄성'을 대비시킨 것이 인상적입니다. 이런 대비를 함으로써 인간의 존엄성을 강조하는 주장이 인간 이외 다른 존재를 함부로 대해도 된다는 극단적 주장으로 나가는 것을 방지할 수 있기 때문입니다. 스스로 많은 고민을 한 흔적이 보입니다.
표현력	B	생각의 깊이나 논리적 흐름에 비해 상대적으로 떨어지는 부분은 문장 표현력입니다. 남의 얘기를 인용해서 논거로 쓰는 것과 자신의 이야기를 하는 것이 잘 구분되지 않습니다. 둘째 문단을 보면 유가나 데카르트가 정신적 능력을 이유로 들며 인간이 동물과 다르다고 주장하는 것인지 아니면 본인이 그렇게 주장하는 것인지 잘 구분되지 않습니다.

국어과 첨삭 지도

장점

논제를 파악하는 능력이나 논리적으로 추론해 내는 능력을 칭찬하고 싶습니다. 논제를 분석하는 데 있어서는 요구하는 바가 무엇인지를 정확하게 이해하는 것이 무엇보다 중요합니다. 동물과 인간의 차이를 구분하면서 동양과 서양의 각 사례를 제시문에서 적절하게 추론하였습니다. 또한 인간의 특성을 부각시키기 위해 동물에게는 없는 인간의 존엄성을 제시한 것도 의미가 있습니다. 무엇보다 '유가'와 '데카르트'를 통해 동·서양의 인간관을 잘 종합·정리한 것이 돋보입니다.

단점

이 학생의 답안은 동·서양의 인간관을 비교·종합하여 인간과 동물의 차이를 기술하고 있습니다. 제시문의 주어진 (가), (나), (다)는 내용상 두 부분으로 나눌 수 있습니다. 동양의 인간관을 드러내는 (가)와 서양의 이성중심적 인간관을 보여주는 (나), (다)의 차이점을 좀 더 자세하게 기술하였다면 제시문을 종합한다는 의미에서 좋은 답안이 되었을 것입니다. 논제에서 의도한 핵심적 개념은 인간의 '이성'인데, 위 답안은 '이성'보다는 '인간의 존엄성'에 초점을 두고 있습니다. '인간의 존엄성'만으로는 동물과 구별되는 인간의 고유한 특성인 '이성'을 설명하기에는 부족한 느낌입니다.

구성의 특징

첫째 문단에서는 동물에게는 본성이 없고 본능에 따라 생존함을 밝히고 있고, 둘째 문단에서는 '유가'를 통해 성찰하고 반성하고 의식적 행위를 하는 동양적인 인간관과 '데카르트'의 예를 통해 이성을 통한 인간의 사유 능력을 설명하고 있습니다. 셋째 문단에서는 앞의 내용을 바탕으로 인간이 가진 특징들이 '인간의 존엄성'이라는 절대적 가치를 뒷받침한다고 기술하고 있습니다. 내용상 첫째 문단과 둘째 문단은 모두 인간과 동물의 차이를 설명하는 부분이기도 하고, 분량상 첫째 문단이 매우 적어 균형이 맞지 않는 것 같습니다. 첫째 문단과 둘째 문단을 합쳐 하나의 문단으로 만드는 것이 더 적절할 것 같습니다. 분량이 짧은 글에서는 굳이 서론－본론－결론의 구조를 갖추지 않아도 됩니다. 이때는 본론－결론의 구조가 더 좋을 것 같습니다.

표현

①번 문장은 다소 어색한 표현입니다. '본성'은 사람이 본디부터 가진 성질을 뜻하는 것으로 '본성이 드러나다/그 사람 본성이 나쁜 것은 아니다/사람은 본성을 속일 수가 없다' 등으로 쓰입니다. 따라서 '착함'이나 '나쁨'의 본성을 논하기보다는 '이성, 반성, 성찰' 등에 초점을 두어 기술하는 것이 적절합니다.

②번 문장에 '착하다'라는 인간의 성품이 언급되는 것은 문장의 맥락에서나 글 전체의 흐름에도 어울리지 않습니다. 삭제해도 무방할 것 같습니다.

③번 문장은 '해탈에 이른다'는 표현이 더 자연스럽습니다. 고치는 것이 좋겠습니다.

제언

논제의 요구에 맞게 논리적으로 기술한 훌륭한 답안입니다. 글의 흐름에 불필요한 부분은 과감히 삭제하고 핵심적인 개념어들을 적절하게 활용하였습니다. 결론 부분에서 동물과 인간의 차이를 정리한 것이 명쾌해 보입니다. 논리적인 증명 과정을 거쳐 결론에 이르는 일련의 과정이 매우 깔끔하며 숙달된 모습을 보입니다. 내용에 따른 단락의 구성에 좀 더 관심을 기울인다면 탄탄한 구성을 갖춘 글이 될 것입니다. 또한 단어의 사용에 있어 그 의미를 정확하게 이해하고 적재적소에 배치할 수 있는 연습이 필요합니다. 단어의 미묘한 차이가 큰 의미의 차이를 가져올 수 있다는 것을 꼭 기억해야 합니다.

평가항목	등급	총평
이해 · 분석력	A	논제에서 의도한 바를 잘 파악하였습니다. 제시문에 나타난 동 · 서양의 인간관을 타당하게 분석하였으며, 이를 근거로 인간이 동물과 다른 이유를 잘 이해하였습니다. 제시문 (가), (나), (다)의 인간관에 대한 종합적인 언급이 필요한 것 같습니다.
논증력	A	인간과 동물이 다른 이유에 대해 사례를 들어가며 논리적으로 기술하였습니다. 특히 동 · 서양의 인간관을 '유가'와 '데카르트'에서 찾아 근거로 든 것이 설득력을 갖습니다. 결론에 제시한 '인간과 동물의 차이점'이 타당한 논증 과정으로 도출되었습니다.
창의력	B⁺	제시문에 주어진 이상의 창의적인 사례를 찾기 어렵습니다. 내용에서 크게 벗어나지 않는 정돈된 답안이라 밋밋한 느낌을 주기도 합니다. 인간의 특성을 설명하는 데 있어 좀 더 독창적인 사례를 언급했다면 창의적인 답안이 되었을 것입니다. 사회 현상에 대한 다양한 시각과 안목이 요구됩니다.
표현력	A	문장이 정돈되어 있고 논리적으로도 흐트러짐이 없는 편입니다. 군더더기 없는 간명한 표현이 글의 의미 전달력을 높이고 있습니다. 어휘의 부정확한 표현이 다소 아쉽습니다.

| 학생 답안과 첨삭 지도의 실제(2)

학생 답안

■ **글의 개요 분석**

1. 제시문 (가), (나), (다)의 관점은 인간이 존엄성을 가진 독자적인 존재라는 것이다.
2. 제시문 (라)의 소년은 전혀 이성적이거나 합리적이지 않다.
3. 제시문 (가), (나), (다)에 따르면 존엄성은 인간이 이성을 지닌 도덕적·합리적인 경우에만 성립한다.
4. 소년은 인간의 형상을 하고 있지만 이성이 없으므로 인간다운 인간으로 간주할 수 없다.

원종고 최슬아

①제시문 (가), (나), (다)의 관점은 동물과 다르게 인간은 존엄성을 지닌 독자적인 존재라는 것이다.

②그런데 제시문 (라)의 소년은 인간들 사이에서 사회화가 이루어지지 않아 인간의 형상을 지녔음에도 행동이 그에 걸맞지 않았다. 용변을 아무 데서나 보았고, 의복을 입어야 한다는 자각조차 하지 않았다. 이성적이고 합리적인 사유의 결과에 따른 행동을 하지 않았음은 두말할 나위가 없다.

③이에 대해 제시문 (다)에서는 이성을 지니고 합리적 행동을 하는 사람만이 사람답다고 말한다. 따라서 제시문 (라)의 소년은 '사람다운 사람'과 달리 스스로 사유하고 의식적으로 행동하지 않기 때문에 존엄성을 지닌 인간으로 대해야 할 존재는 아니다. 제시문 (가), (나), (다)의 입장에서 인간의 존엄성은 이성을 지닌 도덕적·합리적 인간인 경우에 성립된다는 전제가 있기 때문이다.

④여기서 알 수 있는 점은, 인간은 단지 인간의 형상을 하고 있지만 이성적 사유가 불가한 경우에 인간다운 인간으로 간주하지 않는다는 것이다. ⑤즉, 인간인 동시에 이성을 통한 합리적 사유도 가능한 사람이 '인간다운 인간'으로 간주될 수 있다.

사회과 첨삭 지도

김성우 선생님

장점

본 논제는 (가), (나), (다)의 인간관에 비춰 볼 때 늑대소년이 인간인가 아닌가 하는 것을 묻고 있습니다. 제시문들은 이성 때문에 인간이 동물과 다른 존재임을 밝힙니다. 이를 단순하게 받아들인다면 늑대소년은 이성이 없기 때문에 인간이 아니라고 결론내릴 수 있습니다.

하지만 이 논제에서 의도한 바는 그렇게 단순하지 않습니다. 이성이 없기는 하지만 늑대소년이 인간이 아니라고 결론내리기도 꺼림칙합니다. 늑대인간은 정신병자나 치매노인, 뇌사자같이 비슷한 상황에 처해 있다고 여길 수 있는 다른 많은 인간을 상징한다고 볼 수 있기 때문에 인간이 아니라는

Idea Tip

- 데카르트의 이원론에 대해 공부해 봅시다.
- 육체와 정신 가운데 정신만을 중시할 때 생길 수 있는 문제점은 무엇일까요?
- 인간과 다른 존재의 관계를 바람직하게 설정하기 위해 어떤 자세가 필요할지 고민해 봅시다.

주장이 이런 사람들에게도 해당될 수 있기에 더욱 조심스럽습니다. 그렇다고 이성 때문에 인간이 동물과 다르다고 했는데 이성이 없어 보이는 늑대소년을 인간이라고 하면 스스로 모순되니 고민이 더욱 커질 수밖에 없습니다. 학생들은 이런 난제를 해결하기 위해 어떤 식으로 입장을 정해 논리를 풀어 나가야 할지 고민에 고민을 거듭해야 합니다.

늑대소년도 인간이라고 주장할 수 있는 논리들은 어떤 것이 있을까요? 제시문에서 말하는 이성은 인간 개개인에게 해당하는 문제가 아니라 인간이라는 집단 종에 해당하기 때문에 인간 종에 속하는 늑대소년도 인간이다, 이성이 있어야 인간이라는 것은 그것이 완전히 발현됐을 때만을 상정한 것이 아니라 발현될 수 있는 잠재성을 갖고 있을 때도 상정하는 것이므로 이런 이성적 잠재력을 갖고 있는 늑대소년도 인간이다, 늑대소년을 이성이 없다고 보고 인간 취급을 하지 않으면 비슷한 상태인 다른 많은 인간들도 그런 평가를 받을 수 있게 되기 때문에 이를 막기 위해서도 늑대소년은 인간으로 대우해야 한다 등 여러 의견이 나올 수 있을 것입니다.

이 학생은 스스로 모순되는 것을 피하기 위해 인간이 아니라는 결론을 택한 듯합니다. 하지만 고민이 적다 보니 쉽게 반론을 받을 수 있는 여지가 많아졌습니다. 자신이 택한 주장이 받을 수 있는 반론을 예상하고 그것을 극복하기 위해 또 다른 논리를 여러 각도로 고민했다면 좀 더 나은 글이 됐을 것입니다. 예를 들면 이성이라는 기준에서 봤을 때는 인간의 범주에 포함되지 않지만, 이것이 그를 마구 대해도 좋다는 것을 말하지는 않는다 정도로 논리를 진행했다면 좀 더 받아들이기 편하지 않았을까 합니다. 이성이 '있다', '없다' 식의 이분법적 접근으로 제시문을 기계적으로 대입하는 것이 아니라, 좀 더 응용해서 분석하고 적용하시길 바랍니다.

논술은 주장의 날을 세워야 합니다. 하지만 이것이 꼭 흑백논리식의 접근을 뜻하는 것은 아닙니다. 흑과 백을 종합한 제3의 주장을 펴는 것도 날을 세우는 방법 중 하나입니다.

①글의 제일 첫 문장은 글의 주제를 드러내는 내용이 오는 것이 좋습니다. 그래야 평가자가 글의 방향을 명확히 파악한 상태에서 글을 읽을 수 있습니다. 여기서 본인의 주장은 "늑대소년은 인간이 아니다"입니다. 입장을 먼저 밝힌 뒤 그 이유를 서술해 주세요.

문제 1에 대해서도 인간이 '존엄성'을 지녔기 때문에 동물과 다르다고 썼는데, 여기서도 같은 실수를 했습니다. 여기서의 핵심은 '존엄성'이 아니라 '이성적 능력'입니다. 이성 때문에 존엄한 것이고요.

②번 문장에서 "이성적이고 합리적인 사유의 결과에 따른 행동을 하지 않았음은 두말할 나위가 없다"고 했는데, '사유의 결과에 따른 행동'에서 보듯 문장이 너무 장황합니다. '이성적이고 합리적으로 행동하지 않았다는 것을 뜻한다' 정도로 쓰면 문장이 훨씬 간결해집니다.

또, '두말할 나위가 없다'는 표현처럼 극단적인 긍정이나 부정의 표현은 자제하십시오. '~라고 생각한다', '~인 듯싶다', '~가 아닐까 한다'처럼 자신감 없는 표현도 문제지만, 나의 견해를 절대 옳은 것처럼 표현하는 것도 문제입니다.

가령, 이 글에서는 옷을 입지 않았기 때문에 이성이 없다는 게 확실하다고 썼는데 옷을 입는 행위가 이성과 관련이 있을까요? 그럼, 아무 데서나 옷을 벗고 다니는 어린이나 오지의 원주민들이나 아주 옛날 원시인들은요? 어린이나 원시인들은 이성적 능력이 떨어지기 때문에 그런 것이고 현대 사회로 오면서 이성적 능력이 발전한 것이라고 답한다면, 다시 반론이 들어갈 수 있습니다. 그렇다면, 이성은 인간이 진화를 통해 얻은 것인가요? 그럼 동물도 진화하면 이성을 가질 수 있다는 겁니까? 그렇게 되면 인간과 동물은 본질적으로 차이가 나는 것이 아니라 단지 이성의 발현 정도에서 차이가 나는 것일 뿐인데, 이성 때문에 인간과 동물이 다르다는 것은 억지 주장이 되겠군요. 이렇게 이성적이다 아니다고 판단하는 것은 매우 신중해야 할 문제입니다. 계속 하는 이야기지만, 그렇기 때문에 고민에 고민을 거듭하면서 답을 찾아 나가야 합니다. 그런 뒤 확신이 든다면 그때 단호한 표현을 쓰십시오.

③번 문장은 제시문의 내용을 기계적으로 반복 서술하고 있습니다. 이를 좀 더 확장해서 분석, 적용하기를 바랍니다.

문장은 간결하면서도 우리말에 어울리게 써야 합니다. ⑤번 문장의 '이성을 통한 합리적 사유도 가능한 사람' 처럼 '통한', '가능한' 등 꾸며 주는 말이 계속 반복될 경우에는, 뜻이 통하는 다른 표현을 찾아보십시오. '합리적 사유도 가능한' 같은 표현도 영어 문장을 번역한 느낌이 많이 납니다. '이성을 통해 합리적으로 생각할 수 있는 사람' 으로 바꾸면 더 우리말답지 않을까요? 어려운 말을 어색하게 늘어놓으면 좋은 글이 아닙니다. 읽는 사람이 막힘없이 읽어 나갈 수 있게 자연스럽게 쓴 글이 좋은 글입니다.

개념분석

아직 이 주제에 대해서 잘 이해하지 못하다 보니 ④번 문장에서와 같이 '인간', '사람', '이성' 이라는 용어들이 섞여서 나오는 것 같습니다. 먼저 '인간' 은 다른 존재와 구분되는 우리 종(種)에게 붙은 이름입니다. 이름을 붙이는 이유는 다른 존재와 구분되는 특징이 있기 때문입니다. 그 특징으로 제시문은 '이성' 을 들었습니다. 그렇다면 우리가 '인간' 이라고 이름을 부르는 순간 그 이름으로 부르는 존재에게는 이성이 있다는 것을 받아들여야 합니다. 그런데, '인간인 동시에 합리적 사유도 가능한 사람' 이라고 쓰는 것은 마치 '합리적 존재이면서 합리적 사유도 가능한 사람' 이라고 쓰는 것과 같습니다.

이 학생은 '육체와 정신' 을 구분해서 쓰고 싶었던 것 같습니다. 데카르트도 인간을 '육체와 정신' 으로 구분해서 봤습니다. 육체는 허상일 가능성이 크지만 정신은 확실하다고 보고, 정신, 즉 이성 때문에 인간이 인간일 수 있다고 말한 것입니다. 그러니 육체의 형상으로 인간이냐 아니냐를 판단할 수 있는 것이 아니라 정신(이성)이 있는가로 판단할 수 있다는 얘기로 이어질 수 있을 것입니다. 육체와 정신으로 논의를 전개했다면 개념 사용에서 나타나는 혼란을 줄일 수 있었을 것입니다.

제언

이 문제는 요구하는 양은 적지만 매우 많은 고민이 필요한 논제입니다. 이성이 무엇인지, 그것은 선천적인 것인지 아니면 학생 글 '사회화'라는 표현에서 보듯 후천적으로 만들어지는 것인지, 후천적이라면 이성이 발현되지 않은 사람도 똑같은 사람으로 대해야 하는지, 그렇다면 그 이유는 무엇인지, 사람만이 갖고 있다고 생각하는 이성과 도덕, 희로애락은 정말 사람만이 갖고 있는 것인지, 정신은 물질과는 다른 것인지 등 매우 어렵고 복잡한 철학적인 질문들을 담고 있기 때문입니다. 이 문제는 이러한 질문들에 대해 고민할 수 있는 기회를 준 것입니다.

고민할 때는 혼자 해서는 안 됩니다. 도를 닦는 것처럼 벽만 바라보고 고민한다고 해서 답이 나오지는 않습니다. 누군가와 함께 이야기하고 토론해야 합니다. 그 누군가는 사람이 될 수도 있고, 사람이 써 놓은 책이 될 수도 있습니다. 의문을 던지고, 의문에 대한 다른 사람의 의견을 이야기나 독서를 통해 얻고, 그것을 다시 곱씹으면서 자신의 생각을 만들어 나가면 어려운 주제에 대해서도 자기만의 생각을 만들어 갈 수 있습니다. 창의력, 비판력과 관련해서 알고 있는 잘못된 생각 중 하나는 그것을 마치 하늘에서 뚝 떨어지는 것처럼 여기는 것입니다. 하늘 아래 새로운 것은 없습니다. 다른 사람들의 생각을 참조하고, 그것을 이 각도 저 각도로 비교하고 비판하다 보면 창의적이고 비판적인 생각의 힘이 자랍니다. 그렇기 때문에 독서와 토론, 한 마디로 말해서 공부가 필요합니다. 인간의 문제에 대해서 이미 세상에 나온 많은 논의들을 열심히 공부한다면 지금보다 더 깊이 있는 생각을 할 수 있을 것이고, 그런 글을 쓸 수 있을 것입니다.

평가항목	등급	총평
이해·분석력	A	이 문제는 어려운 철학적 논제입니다. 앞 제시문들은 '이성'이 인간과 동물을 구분하는 핵심 기준이라 밝힙니다. 그렇다면 이성이 없는 인간도 인간인가 하는 질문을 받을 수 있습니다. 이 학생은 이성이 없기 때문에 늑대소년은 인간이 아니라고 단순히 주장했습니다. 그렇다면 치매노인, 정신병자, 뇌사자 등도 인간이 아닌가 하고 되물을 수 있습니다. 이 주제에 대해 보다 깊이 있게 쓰기 위해서는 이러한 반론을 극복할 수 있는 논리를 개발해야 합니다. 많은 고민이 필요한 문제인데, 너무 단순하게만 접근했습니다.
논증력	C+	이성이 있기 때문에 인간은 동물과 다르다. 그런데 늑대소년은 이성이 없다. 따라서 늑대소년은 인간이 아니라고 주장하는 것은 너무 단순한 접근입니다. 쉽게 반론을 받을 수 있기 때문입니다. 1번 문제에서 이 학생은 이성중심주의가 직면할 수 있는 비판을 벗어나기 위해 '생명의 존엄성'이라는 개념을 사용했습니다. 이 문제에서도 이런 개념을 통해 늑대소년이 이성이라는 측면에서 봤을 때는 인간이라고 보기 힘들지만, 다른 인간과 동등하게 대우해 줘야 한다는 정도로 전개했다면 더 좋았을 것 같습니다. 적어도 늑대소년을 함부로 대해도 된단 말인가 하는 반론은 피할 수 있기 때문입니다.
창의력	C+	논리가 단순하고 예상 가능한 수준입니다. 좀 더 다른 각도에서도 고민을 해 봤다면 더 독창적인 글이 나왔을 것입니다. 창의력은 가만히 앉은 자리에서 갑자기 나오는 것이 아닙니다. 문제에 대해 끊임없이 고민하고 해결하는 가운데 독창적인 생각이 나온다는 것을 명심하십시오.
표현력	B	같은 의미의 단어와 문장을 자주 반복하고 있습니다. 이 주제에 대해 무엇을 써야 할지 모르다 보니 했던 말을 또 하고, 또 하는 모습을 보이는 것 같습니다. 장황한 문장도 많이 있는데, 좀 더 짧고 단순하게 쓰십시오.

국어과 첨삭 지도

장점

논제에서 요구한 늑대소년에 대한 자신의 견해를 논리적으로 밝히려는 노력이 돋보입니다. 지시어나 기호를 사용하여 제시문의 내용을 적절히 활용했다는 인상을 줍니다. 문제를 제기하고 그에 대한 견해를 논리적으로 기술하여 결론에 이르는 과정이 일목요연하고 깔끔합니다. 문장들 간의 관계도 유기적이어서 논리적인 서술 방식이 능숙해 보입니다.

단점

글의 맨 처음에서 제시한 제시문 (가), (나), (다)의 관점은 인간의 특성을 '존엄성'이라고 기술하고 있습니다. 이는 인간의 '이성'이나 '합리성' 등으로 대체되는 것이 더 타당합니다. 또한 첫 번째 단락과 두 번째 단락은 내용상 합쳐져도 큰 무리가 없어 보입니다. 오히려 하나로 묶어 서론 부분으로 여기는 것이 적절할 것 같습니다. 논제에서 요구한 바는 제시문의 늑대소년을 인간으로 볼 수 있느냐 없느냐에 대한 견해입니다. 따라서 답안의 큰 줄기를 이루는 본문은 견해에 대한 논증 과정이 차지해야 합니다. 본론에 대한 부연 설명이 필요할 듯합니다. 또한 늑대소년을 인간으로 볼 수 없다는 근거에 인간의 존엄성을 거론한 부분은 논거가 부족합니다. '이성'에 초점을 맞추어 논의를 더 확대해 나간다면 깊이 있는 답안이 될 수 있습니다.

구성의 특징

서론에서는 앞의 세 제시문의 내용을 요약·정리하면서 인간이 동물과 다른 점을 존엄성으로 설명하고 있습니다. 또한 제시문 (라)에 보이는 늑대소년의 특징들을 설명하며 이성적이며 합리적인 사고가 어려움을 기술하였습니다. 본론에서는 이성과 합리적 행동을 근거로 늑대소년은 인간으로 대할 존재가 아님을 주장하고 있습니다. 그가 보인 행동들이 이성에서 벗어난 것임을 전제로 삼고 있습니다. 마지막 결론에서는 지금까지의 내용을 정리하면서 인간의 형태를 가지고 있다고 해서 인간으로 간주되는 것이 아니라 이성을 통한 합리적 사유가 가능해야 '인간다운 인간'임을 주장합니다. 문단 간 논리적 연계가 자연스러우며 군더더기가 별로 없습니다.

표현

내용의 흐름상 인간이 동물과 다른 점의 핵심은 '이성'의 유무입니다. ①번 문장의 '인간의 존엄성'이라는 단어로 설명하기에는 부족한 느낌입니다. 수정하는 것이 좋겠습니다.
②번 문장의 '자각조차 하지 않았다'는 '자각조차 하지 못했다'가 옳은 표현입니다. '그러한 행동을 이룰 수 없거나 이룰 능력이 없다'는 의미이므로 '못하다'가 맞습니다. '하지 않았다'의 의미에는 개인의 의지가 개입되는데, 본문의 늑대소년에게서는 그러한 것을 유추해 내기가 어렵습니다.
③번 문장에서 '제시문 (다)에서는 이성을 지니고 합리적 행동을 하는 사람만이 사람답다고 말한다'와 '제시문 (가), (나), (다)의 입장에서 인간의 존엄성은 이성을 지닌 도덕적·합리적 인간인 경

우에 성립된다는 전제가 있기 때문이다'가 서로 의미가 중복되는 내용입니다. 사실 앞 문장의 내용은 제시문 (다)에서만 드러난 것이 아니라 제시문 (가), (나), (다) 전체에 해당하는 말입니다. 앞의 서술 내용은 오히려 다른 내용을 기술한 것 같아 의미의 혼란을 가져올 수 있습니다. 제시문의 명확한 파악과 의미의 정확한 표현이 요구됩니다.

④번 문장의 '인간은 단지 인간의 형상을 하고 있지만 이성적 사유가 불가한 경우에'는 의미가 부자연스러운 표현입니다. '인간의 형상을 하고 있더라도 이성적 사유가 불가능한 경우에는'으로 고치는 것이 좋겠습니다.

제언

제시문을 적절히 활용하여 논리적 서술을 진행한 점이 돋보이는 답안입니다. 말하고자 하는 바와 뒷받침하는 근거들의 결합이 견고합니다. 서론-본론-결론의 3단 구성을 취할 때는 내용과 분량을 잘 조절해야 합니다. 의미상의 내용으로 단락을 묶어 주어야 하며 형식적인 분량도 고려해야 합니다. 논제에서 요구한 주요 문제인 늑대소년을 인간으로 볼 수 있는가와 그에 따른 근거들은 본론 부분에서 자세하게 다루어져야 할 것입니다. 아쉬운 점이 있다면, 심도 있는 논의가 부족하다는 점입니다. 늑대소년은 인간이 아니라는 결론이 도출될 때, 출제자가 궁극적으로 의도했던 바는 '이성'이나 '합리적 사유'에 대한 회의입니다. 인간이 본래 이성이 있어 동물과 구별된다는 관점을 의심할 수도 있는 것입니다. 이러한 한 발 앞선 사고가 꼭 필요합니다. 철학적 사유가 꼭 멀리 있는 것만은 아니라는 것을 기억해야 합니다.

평가항목	등급	총평
이해·분석력	A	논제의 핵심을 잘 파악하였으며 질문에서 요구하는 바대로 기술하려 노력했습니다. 앞의 제시문 (가), (나), (다)의 인간의 특성을 종합하고, (라)의 늑대소년에 대한 자신의 견해를 논증하였습니다. 인간 이성에 대한 근본적인 고찰이 부족한 것이 아쉽습니다.
논증력	B⁺	논리적 완결성을 갖추려 노력하였습니다. 늑대소년이 인간이 아님을 논증하는 데 인간의 도덕성·합리성을 근거로 들고 있습니다. 제시문의 논거를 잘 사용하여 본인의 생각을 뒷받침하였으며 본론의 내용을 바탕으로 '인간됨'의 특성을 잘 도출하여 결론을 맺었습니다.
창의력	B	제시문의 내용에서 크게 벗어나지 못했습니다. 인간의 존엄성이나 도덕적·합리적 인간의 특성을 제시하며 늑대소년은 인간으로 여길 수 없다는 논지를 펴고 있습니다. 그 기준이 되는 이성이나 합리성, 도덕성 등에 대한 깊이 있는 고민이 뒤따랐다면 색다른 답안이 되었을 것입니다.
표현력	B⁺	간명하게 표현하려 노력하였으며, 접속어나 지시어 등을 적절히 잘 활용하였습니다. 여러 근거를 대고 타당성을 밝히려다 보니 문장이 다소 길어진 부분도 보입니다.

학생 답안과 첨삭 지도의 실제(3)

학생 답안

■ 글의 개요 분석

1. 제시문 (나)는 인간만이 윤리적·정신적 가치를 지닌 존재라고 본다.
2. (마)는 동물도 사람과 비슷한 감정을 느끼고 행동한다고 주장한다.
3. 두 제시문의 견해 차이는 동물의 행동을 바라보는 방법이 다른 데서 기인한다.
4. 제시문 (나)는 동물이 사유할 수 없으므로 인간과 다르다고 본다.
5. 제시문 (마)는 동물이 사유했는가와 관계없이, 인간과 비슷한 감정을 느끼고 행동했는지에 초점을 두고 있다.

원종고 최슬아

제시문 (나)는 인간만이 윤리적·정신적 가치를 지닌 존재로서 본능을 제어하고 자기반성이 가능하다고 보았다. 반면, 제시문 (마)는 인간만이 감정을 느끼는 것이 아니라 동물 또한 사람과 비슷한 감정을 느끼고 행동한다고 보았다.

①이러한 견해 차이는 동물의 행동을 바라보는 방법 자체가 다르기 때문이다. ②제시문 (나)는 동물들이 정신적이고 윤리적인 사고에 입각하여 행동하는 것이 아니라 본능에 따라 행동한 것이라고 보았기에 인간을 동물과 다른 독자적 존재라고 여겼다. ③이에 비해 제시문 (마)는 동물들의 행위가 정신적이고 윤리적인 것에 입각한 것이 아니더라도 어떠한 일련의 현상에 반응하여 행동하는 것처럼 보이면 동물 또한 사람이 느끼는 것과 같은 감정을 느낀다고 보았기에 두 제시문의 견해 차이가 발생했다.

즉, 제시문 (나)는 인간과 같이 사유할 수 없기에 동물이 인간과 다르다고 본 것이고, 제시문 (마)는 동물이 사유를 했는가 하지 않았는가에 연연하기보다도 인간이 느끼는 감정과 비슷한 것을 느끼고 행동했는가에 따라 판단한 것이라 할 수 있다.

사회과 첨삭 지도

김성우 선생님

논리분석

두 제시문은 정신활동을 인간만이 하는가 아니면 동물도 할 수 있는가 하는 문제에 대해 서로 다른 견해를 보입니다. (나)는 인간만이 정신적, 윤리적 존재라는 말로 육체적 본능에 의해서만 움직이는 동물과 인간을 구분합니다. 반면 (마)는 동물도 인간처럼 사랑이나 분노의 감정을 느끼기도 한다면서 인간만이 정신활동을 하거나 감정을 느끼는 것은 아니라고 말합니다.

이런 견해 차이가 나타나는 근본적인 이유가 어디에 있을까요? (나)는 정신과 물질, 정신과 육체적 본능을 서로 다른 활동으로 보고 정신활동은 인간만이 할 수 있다고 주장하지만, (마)는 도덕적, 윤리적 판단과 희로애락의 감정 등 정신활동도 모두 물질작용으로 보았기 때문에 옥시토신이라는 물질이 분비될 때 느끼는 어머니의 사랑의 감정을 다른 동물도 느낄 수 있다고 말하는 것입니다.

정신과 물질(육체)을 서로 다른 것으로 본다면 정신을 소유한 인간이 동물보다 존엄하고 우월한 존재라고 결론내릴 수 있지만, 이 둘을 모두 물질작용으로 본다면 인간이 동물보다 존엄하다고 말할 수 있는 근거가 약해집니다. 단순한 물질작용이냐 아니면 복잡한 물질작용이냐 하는 정도의 차이만 있기 때문입니다. 어느 관점을 취하느냐에 따라 다른 인간관을 가질 수 있을 것입니다.

이러한 내용을 이해해야 본 논제를 제대로 풀 수 있습니다만, 이 학생은 내용 파악이 안 된 상태에서 글을 쓰다 보니 의미가 통하지 않는 문장도 많이 보이는 등 고전하고 있는 느낌입니다. 철학적 훈련이 덜 된 우리 학생들에게서 공통적으로 보이는 모습입니다.

첫 번째 단락은 내용적으로 큰 문제가 없습니다. 하지만 글을 쓸 때는 자신의 의도가 잘 드러나도록 전략적으로 써야 합니다. 위 내용으로 한 문단을 구성한다면 먼저 두 제시문이 공통적으로 논의하고 있는 문제가 무엇인지 찾아내십시오. (나)에는 윤리적, 정신적이라는 말이 나오고 (마)는 감정에 대해서 얘기하고 있는데, 이는 모두 육체와 대비되는 활동으로서의 정신활동을 말하는 것입니다. 그런 뒤에 이 두 제시문이 이 문제에 대해 어떤 입장 차이를 보이는지 주제 문장을 써 주십시오(두괄식). 그러고 나서 (나)와 (마) 각각이 구체적으로 어떻게 설명하고 있는지 풀어 써 준다면, 첫 문장을 통해 이 문단의 전체 흐름을 잡고, 그 다음 문장을 통해 각론을 이해하게 됩니다. 가령 이렇게 쓴다면 어떨까요. '인간만이 정신활동을 하는 것인지 여부에 대해 두 제시문은 다른 입장을 보인다(주제문장). (나)는 인간을 윤리적, 정신적 존재로 보면서 육체적 본능에만 반응하는 동물과 다른 존재로 파악한다(각론 1). 반면 (마)는 사랑이나 공포, 슬픔을 느끼는 동물의 사례를 들며 정신활동이 인간만의 전유물이 아니라고 말한다(각론 2).'

두 번째 단락에서 행동을 바라보는 방법이 다르다는 것이 무슨 의미인지 명확하지 않습니다. 바라보는 방법이라면 눈으로 보느냐, 도구를 이용해서 보느냐 같이 어떤 수단을 이용해서 바라본다는 것을 말하기 때문에 여기서 방법이라는 개념을 쓰는 것은 적합하지 않습니다. 독자적 존재로 보았다는 것도 정확한 표현이 아닙니다.

(나)는 동물들이 본능에 따라 행동한 것이라고 보았기에 인간을 동물과 달리 독자적으로 보았다는 것은 제시문을 표면적으로 이해한 것입니다. 그렇게 본 더 근본적인 이유는 정신과 육체적 본능을 서로 다른 것으로 봤다는 데 있습니다. 셋째 문장은 논리적으로 의미가 통하지 않습니다. '반응하여 행동하는 것처럼 보이면 동물 또한 사람이 느끼는 것과 같은 감정을 느낀다고 보았다'에서 행동하는 것처럼 보이는 것과 감정을 느낀다고 보았다는 것 사이에 논리적 연관성이 없습니다.

세 번째 단락은 정확한 문장이 아닙니다. '제시문 (나)는 인간과 같이 사유할 수 없기에 동물이 인간과 다르다고 본 것'이라고 시작을 했으면 이어지는 문장에서는 (마)가 이런저런 이유로 동물도 인간과 같다고 본 것이라는 문장이 나와 줘야 호응이 됩니다. 그런데 여기서는 '제시문 (마)는……

행동했는가에 따라 판단한 것이라 할 수 있다' 로 끝냈습니다. 무엇을 판단했다는 것인지도 나오지 않았습니다.

개념분석

철학적인 논의이고, 추상적인 개념이 사용되다 보니 부정확한 말들이 많이 보입니다. 또한 제시문에 나와 있는 논의를 토대로 본인의 개념을 뽑아 내서 써야 하는데, 제시문에 나와 있는 개념들을 기계적으로 본인 글에 그대로 옮겨 놓은 모습도 많이 보입니다. 그러다 보니 억지로 짜깁기한 글이라는 냄새가 많이 풍깁니다.

제시문에 나온 말을 그대로 쓸 필요는 없고, 다시 재구성해서 쓰십시오. 예를 들어 (나)를 요약할 때 '(나)는 사랑이나 공포, 슬픔을 느끼는 동물의 사례를 들며 정신활동이 인간만의 전유물이 아니라고 말한다' 고 쓴다면 제시문 내용을 반영하고 있으면서도 개념이나 용어를 그대로 베껴 쓰지는 않았다는 것을 알 수 있습니다. 이렇게 자신의 말로 풀어 쓰는 연습을 해야 합니다.

많은 학생들은 제시문에 나온 개념이나 문장을 그대로 쓰지 않으면 정답이 아닐 거라는 불안감 때문에 제시문에 얽매이는 경향이 있습니다. 아니면 어휘력이 부족해 자기 말로 풀어 쓰지 못하기 때문입니다. 책을 많이 읽어서 수준 높은 개념들을 익히고 어휘력을 키우는 게 중요합니다. 어휘력은 영어에만 필요한 것이 아닙니다.

제언

다시 한 번 공부의 중요성을 강조합니다. 우리 학생들에게 매우 어려운 주제이기는 하지만, 대학입시 논술에서는 인간과 동물이 같은 존재냐 다른 존재냐, 인간을 닮은 기계가 탄생했을 때 그런 기계가 인간이 아니라고 말할 수 있는 근거가 무엇이냐, 생물과 무생물은 어떻게 구분해야 하는가, 그들 간의 관계는 어떻게 설정해야 하는가 등 철학적인 질문들이 종종 나옵니다.

글쓰기는 먹은 것을 토해 내는 것과 비슷합니다. 이것저것 먹은 것이 많다면 토해 내기가 쉽습니다. 하지만 먹은 것이 없을 때 토해 내는 것은 너무나도 고통스럽습니다. 나올 게 없는데도 짜내야 하는 고통을 상상해 보세요. 글도 마찬가지입니다. 머릿속에 집어 넣은 것이 많으면 어떤 주제를 접하건 자기 생각을 쏟아 낼 수 있습니다. 머릿속에 집어 넣은 것이 없다면 쓸 말이 없어서 했던 말 또 하고, 했던 말 또 하고를 반복할 뿐입니다. 억지로 짜내다 보면 말이 안 되는 문장도 많이 나옵니다.

논술은 단순히 문법에 맞는 글쓰기가 아닙니다. 여러 주제와 관련해서 깊이 있게 공부하고, 그 내용이 머릿속에 차곡차곡 쌓이다 보면 어느 순간에 터져 나오게 됩니다. 그때 터져 나오는 것을 정확한 문장과 문단으로 구성해서 써 내려가는 것이 논술입니다. 앞으로 다양한 주제에 대해서 비판적인 시각을 가지고 깊이 있게 공부하기를 바랍니다.

평가항목	등급	총평
이해 · 분석력	C⁺	논제의 표면적인 의미는 파악했지만, 근본적인 문제까지 읽어 내지는 못했습니다. 인간만이 정신적, 윤리적 존재인가 여부에 대한 두 제시문의 차이는 정신과 물질을 서로 다른 것으로 보는지, 아니면 같은 것으로 보는지에 따른 것입니다. 유물론에 대한 이해가 없다면 이 논제를 제대로 읽어 낼 수 없습니다.
논증력	C⁺	두 제시문의 견해 차이가 있다는 것은 뽑아 냈지만, 왜 이런 차이가 나는지 이유를 밝히지는 못했습니다. 그러다 보니 동물도 인간과 비슷한 것을 느끼기에 (마)는 (나)와 견해가 다르다고 말합니다. 논제에서 요구하는 것은 어떻게 이런 견해 차이가 생기는지를 밝히라는 것입니다.
창의력	C⁺	지식이 뒷받침되지 못하다 보니 제시문의 표면적인 내용에만 천착하고 있는 느낌입니다. 제시문 내용을 반복적으로 옮겨다 적었을 뿐 스스로 해석해서 쓰고 있지 못합니다.
표현력	B	철학과 관련한 주제이다 보니 개념, 문장 등의 의미가 부정확합니다. 문장과 문장의 연결도 부자연스럽습니다.

국어과 첨삭 지도

장점

논제에 충실히 답하려고 노력한 답안입니다. 제시문 (나)와 (마)의 차이를 중심으로 그 차이의 원인을 밝히려고 노력하고 있습니다. 마지막 부분에서 앞의 내용을 요약 · 정리하고 있어 말하고자 하는 바가 분명하게 드러납니다. 인간만의 특성으로 제시되는 정신적 · 윤리적 사고와 동물도 감정을 느끼고 행동한다는 점을 대비하며 설명하여 이해가 쉽습니다.

단점

이 학생의 답안은 동물의 행동을 바라보는 방법의 차이로 논지를 전개하고 있습니다. 하지만 논제에서 요구한 것은 데카르트적 이원론을 비판하는 유물론적 관점에 대한 이해입니다. 정신과 물질의 관계를 어떻게 볼 것이냐에 따라 인간과 동물의 관계 또한 달라질 수 있음을 설명하고 있습니다. 이러한 (마)의 견해를 얼마나 분석할 수 있느냐가 관건이었는데, 이 답안은 다소 부족합니다. 동물의 행동을 바라보는 관점의 차이는 이와는 별개이기 때문입니다. 그래서인지 서론과 본론, 결론에 이르기까지 같은 논지를 반복하고 있다는 느낌을 주기도 합니다. 이원론적 사고와 유물론적 사고에 대한 언급이 있었다면 그 핵심을 드러내기가 수월했을 것입니다.

구성의 특징

서론에서는 제시문 (나)와 (마)의 내용을 서로 비교하여 설명하였습니다. (나)의 동물과 구별되는 윤리적 · 정신적 존재로서의 인간과 (마)의 인간과 유사한 감정을 느끼는 동물의 특성을 보여 주었습니다. 본론에서는 이러한 (나)와 (마)의 차이가 동물의 행동을 바라보는 방법 차이라고 설명합니다. (나)는 동물의 행동을 본능적인 것이라고, (마)는 동물들의 행위가 인간과 같은 감정을 느낀다는 견해를 내세웁니다. 마지막 결론에서는 앞의 내용을 정리하여 그 차이를 한 문장으로 표현하고 있습니다. '문제제기-논증-정리 · 요약' 의 기본적인 구조로 탄탄한 구성력을 보여 주었습니다.

표현

①번 문장의 '동물의 행동을 바라보는 방법'이란 부분은 '수단'의 의미를 갖는 '방법' 보다는 '시각'의 의미를 가지는 '관점'이 더 적절할 듯합니다. 고치는 것이 좋겠습니다.

②번 문장의 '인간을 동물과 다른 독자적 존재라고 여겼다'는 이성적 사고 여부에 따라 인간과 동물이 엄연히 구분되었음을 의미하는 부분입니다. 따라서 '인간과 동물을 명백히 구분하는 이분법적 사고를 보여 준다' 등으로 고치는 것이 어떨까요?

③번 문장의 '어떠한 일련의 현상에 반응하여 행동하는 것처럼 보이면'은 내용상 생략해도 의미 전달에는 영향을 미치지 않을 것 같습니다. 삭제하면 문장도 간명해지고 뜻도 더 명확해질 것입니다.

제언

논제를 분석하는 것은 논술에서 항상 중요한 위치를 차지합니다. 이 논제의 경우 출제자가 의도했던 제시문들 사이의 근본적인 차이를 파악하는 것이 무엇보다 중요합니다. 합리성이나 이성으로 대변되는 인간의 특성을 뛰어넘는 정신과 물질의 관계까지 바라볼 수 있는 안목을 요구하는 것입니다. 따라서 문맥 속에 숨겨진 출제자의 의도를 파악하기 위해 제시문 전체의 배열이나 구성을 꼼꼼히 살펴봐야 합니다. 논제를 해결하기 위한 실마리는 제시문 속에 숨겨져 있음을 잊지 말아야 합니다. 아울러 제시문의 표현을 그대로 옮기지 말고 자신만의 언어로 새롭게 재창조해 내는 능력을 길러야 할 것입니다. 길게 설명하는 표현보다는 간단명료한 문장이 오히려 논제의 핵심을 찌를 수 있습니다.

평가항목	등급	총평
이해 · 분석력	B⁺	논제는 정확하게 파악하였으나, 출제자의 숨은 의도를 제대로 이해하지 못하였습니다. 정신과 물질의 관계와 이를 바라보는 관점 차이에 대한 깊이 있는 사고가 아쉽습니다. 제시문 (나)와 (마)의 견해 차이의 핵심을 잘 파악하고 설명하고 있어 이해가 쉽습니다.
논증력	B	제시문 (나)와 (마)의 견해 차이의 근본적 이유를 동물의 행동을 바라보는 방법의 차이로 설명하고 있습니다. 서론의 문제제기와 결론의 요약은 깔끔하게 정리되어 있습니다. 다만 본론의 논리적 타당성이 다소 아쉽습니다.
창의력	B	제시문의 내용을 반복한 것 같아 식상한 느낌을 주기도 합니다. 제시문을 바탕으로 작성하는 답안이라 할지라도 사례나 표현에 있어서는 남과는 다른 독창적인 요소들이 필요합니다. 답안의 창의성이 완성도 있는 답안의 지름길입니다.
표현력	A	적절한 어휘와 표현으로 내용을 이해하기 쉽게 서술하였습니다. 다소 긴 문장들이 있어 이에 대한 수정이 필요합니다.

논술 심화 문제

(가-1)　인간은 생각할 수 있는 '정신적 존재'이며, '윤리적 존재'이다. 짐승은 필요한 만큼 먹고 마시며 과식을 하지 않으나, 인간은 과음 과식을 하여 소화 불량에 걸릴 수도 있다. 짐승은 본능에 따라 욕구를 쉽게 자동 조절할 수 있으나, 인간은 그때그때마다 자기반성, 즉 정신적 활동을 통해서 자기를 제어해야 한다. "사람이 된다"는 우리말 속에 이미 윤리성이 들어 있다. '사람다운 사람'이라는 말은 인간이 본질적으로 윤리적 존재임을 보여 주고 있다.

지금까지 살펴본 인간의 여러 가지 특성에 따르면, 인간은 대체로 육체적 욕구를 가진 점에서는 동물과 비슷하지만, 도덕적·정신적인 면에서는 동물의 범주를 벗어난다고 할 수 있다. 다시 말해서, 모든 동물은 본능적으로 행동하는 데 비하여, 인간은 의식적으로 행위하며, 스스로 가치를 추구하고 정신적으로 행동할 수 있다. 그러나 우리는 주변에서 인간성을 상실한 사람들을 가끔 찾아볼 수 있다. 산업화와 도시화로 치닫고 있는 우리 사회에서는 전반적으로 인간성 상실의 문제가 심각하게 대두되고 있다. 우리는 이러한 문제를 해결하기 위하여 인간 자체에 대해 한층 더 깊고 넓은 탐구를 해야 할 것이다.

– 고등학교 『윤리와 사상』

(가-2)　짐승들은 행동이 옳지 못하다는 것을 반성할 수 없으며, 스스로 옳지 못한 행동을 자제할 줄도 모른다. 짐승들은 타고난 본능에 따라 기계적 혹은 조건 반사적으로 움직이기 때문에, 그들의 세계에서는 윤리가 성립되지 않는다. 하지만 인간은 생각하고 도구를 사용하는 능력을 이용하여 엄청나게 큰 힘을 가질 수 있으며, 다른 사람이나 사회 집단에게 의식적으로 고통을 가하거나 심각한 피해를 줄 수도 있다.

윤리는 한 사람 혹은 다른 사람이나 사회 집단에 대하여 직접 또는 간접적으로 해를 끼치지 않도록 스스로 행동을 규제하기 위하여 꼭 필요하다. 짐승은 다른 짐승에게 고통을 가할 수 있지만, 어떤 짐승도 의식적으로 해를 끼치는 일은 없다. 인간은 옳지 못한 행동을 분별할 수 있는 능력을 가지고 있으며, 의식적으로 그와 같은 행위를 자제할 수 있다. 즉, 인간만이 자유 의지를 가지고 있으며, 자유 의지가 전제되어야만 윤리가 성립한다.

– 고등학교 『윤리와 사상』

(나-1) 뇌의 구조를 설명한 이론 중에서 가장 많은 지지를 받고 있는 것은, 1973년 미국의 신경과학자 폴 매클린이 제시한 3부 뇌(triune brain) 모형이다. 그는 도마뱀에서 다람쥐에 이르기까지 다양한 동물의 행동을 연구한 끝에, 사람의 뇌는 진화하는 과정에서 차례대로 발달한 3개 부분으로 구성되어 있다는 이론을 발표했다. 3부 뇌 모형에 따르면, 뇌의 구조는 파충류형 뇌, 변연계, 신피질이 서로 연결되어 있다.

파충류는 3억 년 전에 지구상에 출현하여 2억 년 전에 하등의 포유류로 진화되었기 때문에 사람의 파충류형 뇌는 약 2억~3억 년 전에 진화된 것으로 보인다. 이 뇌 부분은 호흡과 같은 인간의 생존에 필요한 일상적 행동을 조정하는 기능을 한다.

파충류형 뇌를 둘러싼 부분은 하등의 포유류에서 볼 수 있는 변연계이다. 대략 1억 5,000만 년 전에 진화된 것으로 보인다. 변연계는 공포, 기쁨, 분노와 같은 정서 반응과 관련된 조직으로 이루어져 있다.

포유류가 진화하여 5,000만 년 전에 인류의 조상인 영장류가 출현함에 따라 마지막으로 신피질이 발달하였다. 신피질은 인간의 기억, 학습, 사고의 기능을 맡고 있다. 파충류형 뇌와 변연계가 인간의 동물적 본능을 지배하는 원시적 뇌라면, 뇌의 90퍼센트를 점유하는 신피질은 원시적 뇌를 통제하여 인간의 이성을 드러내는 역할을 한다.

– 이인식, 『미래교양사전』

(나-2)　　옥시토신은 여자가 어머니다운 행동을 보여 줄 때 분비되는 대표적인 화학물질이다. 시상하부에서 합성되어 뇌하수체를 통해 혈류로 방출되는 호르몬이다. 아기의 울음소리가 들리면 어머니의 몸에서는 옥시토신이 분비되기 시작하며 그 결과 젖꼭지가 꼿꼿이 서게 되므로 당장 젖을 먹일 채비가 되는 것이다.

새와 파충류에서도 옥시토신에 의해 유발되는 행동과 비슷한 반응을 일으키는 화학물질이 발견되었다. 이러한 발견은 적어도 일부 동물이 사람처럼 로맨틱한 사랑을 하고 있음을 강력히 암시하고 있다. 말하자면 로맨틱한 사랑이 인간의 전유물이 아닌 성싶다.

사랑을 느낄 줄 아는 동물은 사랑하는 짝을 잃었을 때 슬픔을 느끼는 것처럼 보인다. 슬픔을 느끼는 동물들은 혼자서 외딴 곳에 앉아 허공을 쳐다보고 있거나, 음식 먹는 것을 중단하거나, 짝짓기에 관심을 갖지 않게 된다.

예컨대 어느 수컷 침팬지는 어미가 죽은 뒤에 단식하고 결국 굶어 죽었다. 고래가 자신의 새끼를 잡아먹는 광경을 보고 있던 어미 강치는 소름끼치는 소리를 내면서 울부짖었다. 가장 슬픔을 잘 느끼는 동물은 코끼리이다. 새끼나 가족이 죽으면 며칠 동안 밤샘을 하면서 시체 곁을 떠나지 않는다. 돌고래는 죽은 새끼를 살려내기 위해 백방으로 노력한다.

– 이인식, 『미래교양사전』

문제 | 인간과 동물의 관계에 대해 (가)와 (나)는 서로 다른 입장을 전개하고 있다. 이 둘의 견해가 어떻게 다른지 밝히고, 아래 〈참고〉 제시문을 적절한 논거로 활용해 (가)와 (나) 중 어느 쪽 견해가 더 타당한지 논술하시오. (1,200자 내외)

〈참고 1〉 1971년 스탠퍼드 대학 심리학과의 짐바르도 교수는 교도소 생활이 인간의 심리에 미치는 영향을 알아보기 위하여 면접을 통하여 전과 기록이나 정신적, 심리적 이상이 없는 아주 정상적인 24명의 지원자를 선발하였다. 그리고 실제 교도소와 가장 유사한 환경을 갖춘 감옥 세트를 만들고, 참가자들이 진짜 감옥이라는 생각을 갖게 하기 위해서 눈을 가린 채 그곳으로 데려왔다.

실험이 시작된 지 이틀이 되던 날 죄수 역할을 하던 사람들은 갑자기 그곳의 대우에 불만을 품고 폭동을 일으켰다. 물론 폭동은 실제 교도소 상황인 것처럼 진압되었고, 주동자들은 독방에 가두어졌다. 그리고 실험이 시작된 지 36시간 만에 참가자들은 정신적인 문제가 있는 사람처럼 심한 정서 장애 및 혼란스런 사고와 감정을 보이기 시작했다. 시도 때도 없이 울거나 웃고, 분노에 차서 공격적인 행동을 보이기도 하는 등의 문제를 나타내기 시작한 것이다. 실험이 계속될수록 이러한 문제가 점차 심각해지자 결국 이 실험은 시작된 지 6일 만에 중단되어야 했다.

– 고등학교 『사회 · 문화』

〈참고 2〉 우리는 가정과 학교 등에서 부모님, 선생님, 친구들과 같이 어울려 생활하면서 많은 사회적 행동을 배우고 있다. 이와 같이 인간은 태어나면서부터 가족을 비롯한 여러 집단에 속하여 생활하게 되고, 이에 따라 사회적 존재로 성장하게 된다. 사회적 존재로서의 인간은 사회의 구성원으로서 사회적 소속감을 갖게 되며 사회적 관계를 지속할 수 있는 도구인 상징 체계를 학습하게 된다. 또한, 사회적으로 합의된 가치들을 내면화시켜 정상적인 사회인으로서 지내게 되는데, 이러한 인간의 사회적 성장 과정을 사회화라고 한다.

개인적인 측면에서 인간은 사회화를 통하여 특유한 자아상 또는 인성을 형성한다. 이를 통해 인간은 옳고 그름을 구별하고, 자신의 목표나 자신에 대해 판단을 할 수 있게 된다. 사회적인 측면에서 인간은 각 사회의 규범, 문화적 유산과 가치 등을 학습하고 이를 다음 세대로 물려준다. 이와 같이 인간은 사회화의 과정을 통해 일상 생활에 필요한 언어, 욕구 충족의 방법과 절차 등을 배움으로써 다른 사회 성원들과 원만한 상호작용을 하게 되는 것이다.

– 고등학교 『사회 · 문화』

심화 문제 해설

1. 출제 의도

기본 문제가 인간의 본질에 대한 여러 가지 관점을 이해하는 데 중점을 두었다면, 심화 문제는 이러한 인식을 바탕으로 학생 스스로 어떠한 견해가 더 타당한지를 선택도록 요구하고 있다.

앞서 설명했듯이 인간의 본질에 대한 일반적인 설명은, 인간이 정신능력과 이성을 갖고 있기 때문에 다른 생물들과는 질적으로 구별되는 존재라는 것이다. 데카르트로 대표되는 이러한 이원론적 관점은 인간이 다른 생물들을 지배하고 다스리는 것을 정당화하는 논거로 작용하였다.

그러나 유물론적인 생각을 갖고 있는 사람들은 인간의 정신활동이 동물의 본능적 반응보다 좀 더 복잡한 물질작용에 불과하다고 간주하며, 그 비밀은 인간의 뇌에 있다고 주장한다. 이들에 따르면 뇌의 물질작용만 제대로 이해하게 된다면 뇌를 닮은 물질(기계)을 만드는 것이 가능할 뿐 아니라, 나아가 인간과 똑같이 행동하고 느끼는 사이보그도 만들 수 있다.

학생들은 본 문제를 통해 인간의 본질과 더불어 인간과 동물의 차이를 비판적으로 생각할 뿐 아니라, 사고의 범위를 보다 확장하여 21세기 첨단 과학기술시대의 화두가 될 수 있는 '인간과 기계의 관계'에 대해서도 고찰할 수 있을 것이다.

2. 제시문 분석 및 문제 해설

제시문 (가-1)과 (가-2)가 논하고 있는 것은 인간과 동물이 차이이며, 논의의 중심에는 인간의 이성이 자리하고 있다.

제시문 (가-1)에 따르면 동물은 본능에 따라 필요한 만큼만 먹고 생존하기 때문에 과식을 하지 않지만, 정신적·윤리적 존재인 인간은 과식을 하거나 소화불량에 걸리기도 한다. 이러한 관점에 따르면 이성적 능력은 인간만이 갖고 있고, 이를 통해 인간은 본능을 적절히 통제하며 윤리적인 삶을 살아가는 것이다.

하지만 제시문 (나-1)과 (나-2)는 인간만이 갖는다고 믿었던 감정이나 이성적인 능력도 뇌의 물질작용으로 설명할 수 있다고 주장하면서, 인간의 감정과 유사한 능력을 동물들에게서도 찾을 수 있다는 사실을 설명하고 있다. 이러한 유물론적 관점을 따르자면 인간과 동물은 질적인 차이가 없다. 단지 단순한 물질에서 보다 복잡한 물질로 진화한 것일 뿐이라는 것이다.

학생들은 이 두 가지 입장 중 한 가지를 지지해야 하며 문제의 〈참고〉 글을 적절한 논거로 활용해야 한다.

〈참고 1〉은 스탠퍼드 대학에서 있었던 감옥실험 사례로, 실험에 참가한 사람들이 며칠이 지나지 않아 이성으로 통제 불가능한 본능적인 공격성을 보였다는 것이다. 〈참고 2〉는 인간이 사회적 존재로서 갖춰야 할 것을 배우며 정상적인 인간으로 성장하는 사회화를 설명하고 있다.

인간도 동물원의 동물과 마찬가지로 비정상적인 상황에서 스트레스를 심하게 받을 경우 동물과 똑같은 본능적 반응을 보인다는 것은 인간과 동물의 차이를 비판하는 논거로 사용될 수 있다. 따라서 사회화되지 않은 인간은 결국 동물과 같은 상태일 것이므로 인간과 동물이 본질적으로 다르다는 주장은 타당하지 않다는 논거를 전개할 수 있을 것이다.

반면에 사회화라는 것 자체가 인간과 동물의 질적 차이를 인정하는 것이라고 주장할 수도 있다. 즉, 사회화되지 않은 인간은 상황에 따라 동물과 마찬가지 본능적인 반응을 보인다. 이 때문에 사회화 과정이 필수적인 것이다. 그런데 결국 사회화를 가능하게 하는 것은 인간 종이 가지고 있는 집합적인 이성이다. 더구나 인간은 사회화 과정을 통해 이성을 갖게 되지만 동물은 사회화를 시도한다 하더라도 이성을 가질 수 없다. 이러한 점에서 인간과 동물은 완연히 구분된다는 주장이 나올 수 있다.

학생들은 본 문제를 통해 인간의 본질, 인간과 동물의 차이를 정신과 물질이라는 측면에서 진지하게 고민해 보아야 하고, 이러한 고민을 보다 확장하여 미래 사회에 인간을 닮은 기계를 만드는 게 가능한지, 만약 그렇다면 사이보그와 인간의 관계는 어때야 하는지 등에 대해서도 고찰해 볼 수 있다.

예를 들어, 인간과 똑같이 생각하고 행동하고 느끼는 기계를 만들어 내었다면, 혹은 인간을 복제하게 된다면, 사이보그나 복제인간을 죽였을 때 그것이 살인죄에 해당하는지 기물파손죄인 것인지를 생각해 볼 수 있겠다.

심화 문제 예시 답안

원종고 최슬아

①제시문 (가)에서는 인간과 짐승이 엄연히 구별되는 존재라고 밝힌다. 인간은 생각할 수 있는 이성을 지닌 정신적·도덕적 존재이다. 따라서 옳고 그름에 대한 분별 또한 가능하다. 도구의 사용이나 자기반성을 하는 것은 물론이다. 이에 반해 동물은 육체적·본능적 욕구를 지녔다는 점에서 인간과 비슷하다 할지라도, 정신적 사고가 불가능하기에 인간과 구별된다. 본능에 따라 조건반사적으로 반응하고 윤리적 특성 없이 약육강식의 원리를 따르기 때문이다.

따라서 동물에게 있어서 자기반성이나 ②옳지 못한 행동에 대한 통제 등은 이루어지지 않는다. 이처럼 제시문 (가)의 내용은 인간과 짐승이 정신적 측면에 있어 상이한 특징을 보이기에 존재적인 대등 관계가 성립하지 않는다는 것이다.

제시문 (나)에서는 인간과 동물은 감정적·생물학적 측면에 있어서 상이하지 않다고 밝히고 있다. 사람의 뇌는 오랜 시간에 걸쳐 동물의 뇌에서부터 진화해 온 것이라는 주장이 이를 뒷받침해 준다. ③인간의 뇌는 파충류형 뇌, 변연계, 신피질로 구성되어 있는데, 이들은 약 2~3억 년 전부터 진화해 온 것이다. 이는 진화론에 근거한 주장으로써, 인간은 동물이 진화한 결과물이라는 점에서 인간과 동물이 크게 다르지 않음을 주장하는 단적인 예이다. 또한 동물은 인간에게서 발견되는 호르몬에 의한 모성 본능이나 이성에 대한 사람의 감정을 지니는 것처럼 보인다. 이러한 점에서 동물은 인간과 다르지 않다는 주장과 일맥상통한다.

제시된 〈참고 1〉을 보면, 인간은 환경의 영향을 지대하게 받는다. 지극히 정상적인 인간일지라도, 급격한 환경의 변화에 따라 사람들은 이성을 잃고 정신적 문제를 겪게 되었다. 〈참고 2〉에서는 인간이 집단적 생활을 하고 사회적 관계를 습득하는 사회화 과정을 거쳐야만이 온전한 인간으로서 기능할 수 있다고 밝힌다. 인간은 사회화 과정을 통해 언어나 욕구 충족, 사회 성원과의 관계를 습득한다. 본래적으로 주어진 것만으로 인간이 되는 것이 아니라 ④

■ **글 개요 분석 및 특징**

1. 제시문 (가)는 인간과 동물이 구별되는 존재라고 본다. 정신적, 윤리적 특성과 자기반성이나 행동에 대한 통제는 인간만 지닌 것이다.
2. 제시문 (나)는 인간과 동물이 감정적, 생물학적 측면에서 같다고 본다. 예컨대 인간의 뇌 구성과 호르몬에 의한 모성본능이나 사랑의 감정 등이 동물과 유사하다.
3. 〈참고 1〉은 인간이 환경의 영향을 지대하게 받음을 시사한다.
4. 〈참고 2〉는 진정한 인간이 되기 위해서는 사회화과정이 필수적이라는 내용이다.
5. 결국 인간은 동물과 근원적 출발이 같으나 환경과 교육에 의하여 지금과 같이 발달하였다고 볼 수 있다.

사회를 통해 배움으로서 인간이 되는 것이다. ⑤이러한 점에서 볼 때, 인간은 이성적 · 윤리적 특성과 관계없이 환경과 교육의 영향을 받는다. 이는 환경에 영향을 받는 동물의 특성과 비슷한 것으로 결국 인간의 동물이 진화한 형태이며 교육에 의해 발달했다는 가능성을 시사한다. 따라서 인간은 동물과 철저히 분리된 존재가 아니라 동물과 근원적 출발이 동일한 존재라고 볼 수 있다. ⑥그렇기에 인간과 동물은 유전적 · 진화적 특성의 유무에 따른 존재라는 (나)의 입장이 바람직하다.

사회과 첨삭 지도

논리분석

이와 같은 열린 형식의 논제는 수험생의 논리 구성 능력에 따라 답안의 수준이 결정됩니다. 단순히 제시문을 요약한 다음 학생의 견해를 덧붙이는 방식은 누구나 생각할 수 있는 방식입니다. 창의적인 논술 답안을 작성하기 위해서는 좀 더 종합적인 시각에서 제시문과 논제를 분석해야 합니다.

첫 번째 단락과 두 번째 단락에서 제시문 (가)는 정신적 · 윤리적 특성과 자기반성, 통제력 등 동물과 구별되는 인간만의 특징이 존재한다고 주장하고 있으며, 제시문 (나)는 뇌 구성이나 호르몬 등에 있어 인간과 동물이 유사하다는 입장임을 논리적으로 잘 설명하였습니다.

세 번째 단락에서 〈참고 1〉을 통하여 인간이 환경의 영향을 지대하게 받는다는 결론을 내릴 수 있으며 〈참고 2〉에서는 진정한 인간이 되기 위해서는 사회화 과정이 필수적이라는 내용이 핵심임을 파악하였습니다. 하지만 〈참고 1〉과 〈참고 2〉를 이처럼 논술 답안 본론에서 자세하게 언급하는 것은 논제를 잘 못 파악했다고 볼 수 있습니다. 논제에서 요구하는 것은 〈참고 1〉과 〈참고 2〉를 논거를 활용하는 것입니다.

⑤번 문장에서 자료를 분석하여 인간은 동물과 근원적 출발이 같으나 환경과 교육에 의하여 지금과 같이 발달하였다는 주장을 이끌어 내었습니다. 하지만 이는 순서가 뒤바뀐 구성입니다. '인간은 동물과 다를 바 없다. 왜냐하면 〈참고〉 자료를 보면 인간은 동물과 근원적 출발이 같으나 동물과 다른 인간의 특성은 환경과 교육에 의한 것이기 때문이다' 라는 논리로 구성을 해야 논제가 요구하는 조건에 충족한 답안이 될 수 있습니다.

그러나 '환경의 영향을 받는 동물의 특성과 비슷' 하다는 주장은 너무 추상적입니다. 마지막 줄의 '가능성을 시사한다' 는 표현을 조금 더 구체적으로 분석해야 수준 높은 답안으로 거듭날 수 있습니다. 너무 크게 맴도는 주장을 구체적인 논의로 좁히기 위해서는 학생과는 반대의 주장을 하는 답안

Idea Tip

- 환경 결정론과 문화 결정론의 차이를 알아봅시다.
- 존재와 지각에 대해 좀 더 자세히 알아봅시다.

을 생각해 보면 됩니다. 학생과는 달리 '동물이나 인간 모두 환경의 영향을 받지만 인간은 사회화를 통해 동물과는 다른 차원의 삶을 영위하고 있으며, 이 사회화 과정 자체가 동물과는 다른 인간의 특징이기 때문이다'는 식으로 논의를 전개할 수도 있기 때문입니다.

개념분석

정신적·도덕적 존재, 윤리적 특성, 자기반성, 진화, 환경의 영향, 사회화, 교육 등의 주요 개념들을 적절히 사용하고 있습니다.

②번의 표현은 분별이나 자유의지라는 개념을 사용하면 좀 더 자연스러워질 것 같습니다. 제시문이나 교과지식을 활용하여 주어진 개념을 다양한 시각애서 접근하고 이를 답안에 반영하는 것이 좋습니다.

③번은 제시문에 언급된 내용을 소화하여 좀 더 일반적인 내용으로 종합하는 것이 좋습니다. '인간의 뇌는 세 부분으로 구성되어 있는데'라고 바꾸어보면 어떨까요?

⑥번 문장의 '바람직하다'는 표현은 가치 판단에 해당하는 개념입니다. 이러한 가치 판단은 반드시 그 근거를 명시해야 합니다. 옳고 그르다는 식의 '평가' 영역에 해당하는 언급을 할 때는 기준을 논거로 제시해야 하고, 그러한 논의는 서론 부분에서 간략하게 언급한 경우에 한해서 가능합니다. 갑자기 본론이나 결론에서 바람직하지 않다는 논의가 튀어 나오면 독자(채점자)는 어리둥절할 수밖에 없습니다.

제언

전체적으로 흐름이 좋은 글임에도 불구하고 무엇인가 부족하다고 느껴지는 것은 논거가 주장을 확고하게 뒷받침해 주지 못하고 있기 때문입니다. 왜 그럴까요? 다시 한 번 논제를 살펴봅시다. 논제에서 제시한 참고 자료를 논거로 활용해야 한다는 것이 이 문제의 조건입니다. 따라서 감옥실험과 인간의 사회화 과정을 다룬 참고 자료를 어떻게 활용할 것인가에 대한 고민을 했어야 합니다. 문제의 조건이 논거에 대한 것이라면 본인의 주장을 내세우기 전에 주어진 논거에 어떠한 시각으로 접근해야 할 것인지를 먼저 생각해 보아야 합니다.

평가항목	등급	총평
이해·분석력	A	문제와 제시문의 두 가지 입장, 참고 글의 사례가 이야기하고자 하는 바를 제대로 이해하고 있습니다. 또한 자료들의 핵심을 잘 파악하여 글로 나타내었습니다.
논증력	B	제시문을 참조하여 본인의 주장을 논리적으로 잘 이끌어 내었습니다. 그러나 정작 본인의 주장을 뒷받침하는 논거가 불명확하여 학생의 사고와 설득력을 확인할 수 있는 정보가 제한적입니다.
창의력	B⁺	주어진 자료들을 학생의 시각에서 적절하게 재구성하여 정리하였으며 나름의 명확한 주장을 피력한 것은 좋았으나 주장을 뒷받침하는 창의적인 논거가 아쉽습니다.
표현력	B⁺	전체적으로 논리적으로 잘 쓴 글입니다. 다만 언급하는 내용의 분량을 균등하게 조정하지 못한 점이 아쉽습니다. 내용별로 언급하는 내용의 양을 균등하게 조정한다면 좀 더 설득력 있는 글이 되었을 것입니다.

국어과 첨삭 지도

이지선 선생님

장점

무엇보다 논제의 핵심을 잘 파악했다는 것을 칭찬하고 싶습니다. 주어진 제시문 (가)와 (나)의 견해가 어떻게 다른 입장인지를 잘 설명했습니다. 또한 이에 대한 자신의 입장을 주어진 제시문의 근거를 활용하여 논리적으로 증명했습니다. 주어진 제시문을 모두 활용하여 요구한 답안을 정석대로 잘 작성했습니다. 제시문에 실마리가 있다는 것을 잘 파악한 것 같습니다. '제시문 (가) 분석-제시문 (나) 분석-견해에 대한 논거'의 3단 구성이 전체적인 글을 안정감 있게 만듭니다.

단점

내용상 논제에서 벗어난 것이 없어 안정적입니다. 논제에서 요구한 것은 크게 인간과 동물의 관계에 대한 (가)와 (나)의 분석과 자신의 견해에 대한 논리적 근거 찾기라 할 수 있습니다. 이 답안은 (가)와 (나)의 분석이 3분의 2를 차지하고 있습니다. 자신의 견해에 대한 설명 부분을 좀 더 많이 기술한다면 훨씬 안정감 있는 글이 될 것입니다. 또, 제시문 (가)에 대한 설명이 두 개의 형식 단락으로 나누어져 있습니다. 뒤에 이어지는 제시문 (나)의 분석이나 논증 과정을 고려해 볼 때 하나의 단락으로 묶는 것이 더 자연스러울 것입니다.

구성의 특징

서론에서는 제시문 (가)의 내용을 상세하게 분석하고 있습니다. 여기서는 인간과 짐승은 엄연히 구별되는 존재라는 이분법적 사고를 설명합니다. 본론에서는 인간과 동물이 감정적이나 생물학적으로 크게 다르지 않다는 제시문 (나)의 내용을 분석하였습니다. 유물론적 관점에서 인간과 동물은 별 차이가 없다는 설명입니다. 결론 부분에서는 〈참고 1〉, 〈참고 2〉를 근거로 인간과 동물의 관계에 대한 견해를 밝히고 있습니다. 견해에 대한 논리적 근거를 잘 설명하고 있으나, 좀 더 자세한 설명이 아쉽습니다.

표현

①번 문장의 '따라서 옳고 그름에 대한 분별 또한 가능하다. 도구의 사용이나 자기반성을 하는 것은 물론이다' 부분은 인간이 이성을 지닌 정신적·도덕적 존재이기에 할 수 있는 활동들을 기술하고 있습니다. '도구의 사용'은 문맥상 적절하지 않으며 뒤에 나오는 '자기반성'과도 등위가 성립하기 어렵습니다. '따라서 옳고 그름에 대한 분별이나 자기반성이 가능하다'로 고치는 것이 좋겠습니다.

④번 표현은 도구나 수단을 나타내는 '사회를 통해 배움으로써'가 옳은 표현입니다.

⑤번 문장의 '인간의 동물이 진화한 형태'라는 표현은 의미상 '인간은 동물이 진화한 형태'가 적절할 듯합니다.

제언

논제에서 요구한 바를 잘 파악하고 자신의 주장을 분명하게 밝히고 있는 잘 쓴 답안입니다. 부단한 노력이 엿보이는 글입니다. 서술에 있어서도 군더더기가 없고 명확한 표현이 주를 이루기에 읽는 데 불편함이 없습니다. 자신의 생각을 논리적으로 기술하는 능력이 뛰어납니다. 다만 문단 간 연결이 매끄럽지 못해 아쉽습니다. 이 점 유의하시기 바랍니다. 문단 간의 자연스러운 흐름을 위해 매끄러운 연결을 시도한다면 더할 나위 없이 좋은 글이 될 것입니다.

평가항목	등급	총평
이해 · 분석력	A⁺	출제자의 의도를 정확하게 파악하였습니다. 상반된 견해를 보여 주는 제시문을 분석하고 주어진 글을 논거로 활용해 자신의 견해를 분명하게 드러내고 있는 점이 훌륭합니다. 논제에서 요구한 내용을 빠짐없이 잘 기술하였습니다.
논증력	A⁺	인간과 동물의 관계에 대한 자신의 견해를 논리적으로 뒷받침할 수 있는 논거들을 잘 활용했습니다. 문단 간의 논리적 흐름 또한 자연스러우며 '서론–본론–결론'의 구성이 매우 탄탄합니다. 칭찬할 만한 답안입니다.
창의력	B	제시문의 내용을 활용한 답안 작성에 그치고 있습니다. 논거를 찾는 데 있어 제시문을 활용하라는 단서가 있기는 하지만, 자신의 언어로 재창조할 수 있는 독창성이 아쉽습니다. 정갈하고 단정한 글이지만 남과 다른 창의적인 답안을 위해 참신한 아이디어나 발상이 요구됩니다.
표현력	A	군더더기 없는 표현과 자연스러운 문장의 연결 등이 흠 잡을 데 없습니다. 본인의 성실한 노력이 엿보입니다.

| 제시문 원문 읽기

이인식, 『미래교양사전』 중 「동물의 마음」

복날에 개 패듯 한다는 말이 있다. 복날에 얼마나 많은 개를 몽둥이로 도살했으면 이런 끔찍한 비유가 우리의 언어생활에 끼어들었을까. 개들은 다양한 몸짓으로 뜻을 나타낸다. 주인과 장난칠 때는 눈 맞춤을 하면서 귀를 세운다. 꼬리를 두 다리 사이에 집어넣고 시선을 피하면서 몸을 낮출 때는 항복했다는 신호이다. 매 맞아 죽는 개들은 슬픈 비명을 지른다. 요컨대 개들도 사람처럼 감정을 느끼는 능력을 갖고 있는 것 같다.

사람이 정서를 느끼는 유일한 동물이라고 생각하는 생물학자들은 동물이 감정을 갖고 있다는 주장에 동의하기를 주저했으나 최근에 변화가 일어나고 있다. 동물행동학과 신경생물학 연구에서 동물도 사람처럼 감정을 느낄 수 있다는 증거가 속출하고 있기 때문이다.

동물의 감정은 1차 감정과 2차 감정으로 나뉜다. 1차 감정이 본능적인 것이라면 2차 감정은 다소간 의식적인 정보처리가 요구되는 것이다. 대표적인 1차 감정은 공포감이다. 공포감은 생존 기회를 증대시키므로 모든 동물이 타고난다. 예컨대 거위는 포식자에게 한 번도 노출된 적이 없는 새끼일지라도 머리 위로 독수리를 닮은 모양새만 지나가도 질겁을 하고 도망친다.

한편 2차 감정은 기쁨, 슬픔, 사랑처럼 일종의 의식적인 사고가 개입되는 감정이다. 동물이 사람처럼 감정을 갖고 있는지에 대해 논란이 되는 대상이 바로 2차 감정이다.

먼저 기쁨의 경우 많은 등뼈 동물이 놀이를 하면서 즐거움을 느끼는 듯한 사례가 관찰되었다. 돌고래와 물소가 좋은 예이다. 어린 돌고래 새끼는 물 속에서 몸이 떠 있는 상태를 즐긴다. 물소는 얼음 위에서 스케이트를 즐긴다. 또한 쥐가 놀이를 하는 동안에 뇌 안에서 도파민이 분비되는 것이 확인되었다. 신경전달 물질인 도파민은 사람의 뇌에서도 분비된다. 일부 동물이 사람처럼 기쁨을 느끼는 능력을 갖고 있는 셈이다.

많은 동물이 사람처럼 로맨틱한 사랑을 하는 것 같다. 구애와 짝짓기 하는 동안에 대부분의 조류와 포유류는 사랑하는 것처럼 행동한다. 큰까마귀와 고래가 대표적인 사례이다. 많은 새들과 포유동물은 사람이 사랑

을 할 때 뇌에서 일어나는 변화와 비슷한 현상을 보여준다. 예컨대 사랑에 빠진 여자나 교미하려는 암쥐의 뇌에서도 도파민의 분비량이 증가한다. 게다가 포유류의 뇌에서는 옥시토신이 분비된다. 물론 사람의 뇌에서도 옥시토신이 분비된다.

옥시토신은 여자가 어머니다운 행동을 보여줄 때 분비되는 대표적인 화학물질이다. 시상하부에서 합성되어 뇌하수체를 통해 혈류로 방출되는 호르몬이다. 아이의 울음소리가 들리면 어머니의 몸에서는 옥시토신이 분비되기 시작하며 그 결과 젖꼭지가 꼿꼿이 서게 되므로 당장 젖을 먹일 채비가 되는 것이다.

새와 파충류에서도 옥시토신에 의해 유발되는 행동과 비슷한 반응을 일으키는 화학물질이 발견되었다. 이러한 발견은 적어도 일부 동물이 사람처럼 로맨틱한 사랑을 하고 있음을 강력히 암시하고 있다. 말하자면 로맨틱한 사랑이 인간의 전유물은 아닌 성싶다.

사랑을 느낄 줄 아는 동물은 사랑하는 짝을 잃었을 때 슬픔을 느끼는 것처럼 보인다. 슬픔을 느끼는 동물들은 혼자서 외딴 곳에 앉아 허공을 쳐다보고 있거나, 음식 먹는 것을 중단하거나, 짝짓기에 관심을 갖지 않게 된다.

예컨대 어떤 수컷 침팬지는 어미가 죽은 뒤에 단식하고 결국 굶어 죽었다. 고래가 자신의 새끼를 잡아먹는 광경을 보고 있던 어미 강치는 소름끼치는 소리를 내면서 울부짖었다. 가장 슬픔을 잘 느끼는 동물은 코끼리이다. 새끼나 가족이 죽으면 며칠 동안 밤샘을 하면서 시체 곁을 떠나지 않는다. 돌고래는 죽은 새끼를 살려내기 위해 백방으로 노력한다.

동물들이 감정을 느끼는 증거가 속속 확보됨에 따라 적어도 일부 등뼈 동물은 공포나 혐오감을 물론이고 인간이 느끼는 대부분의 감정, 이를테면 기쁨, 슬픔, 분노, 사랑, 질투, 연민 등을 느낄 수 있다고 주장하는 생물학자들이 늘어나는 추세이다. 우리가 동물도 사람처럼 감정을 느낄 수 있는 존재라는 사실을 인정하게 되면 인간에게 동물을 학대할 권리가 주어지지 않았음을 깨닫게 될 것이다.

 **| 좀 더 자세히**

1. 인간과 동물의 차이들

인간과 동물은 서로 다른 존재인가? 다른 이유는 인간이 이성이 있기 때문인가? 그렇다면 이성이 없다고 여겨지는 인간, 예를 들어 치매 노인이나 갓 태어난 아기, 정신병자, 그리고 실전 문제에 나온 사례처럼 늑대소년은 동물과 똑같이 다루어도 되는가? 다음 피터 싱어의 글을 통해 이러한 물음에 접근해 보자.

인간과 동물 사이에는 엄청난 간격이 있다는 사실은 서구 문명의 대부분의 역사 속에서 의심을 받지 않았다. 이러한 자정의 기초가 훼손된 것은 우리가 동물로부터 발생했다는 것을 다윈이 발견함에 따라 하느님이 자신의 모습을 본떠 불멸의 영혼을 넣어 인간을 창조했다는 이야기의 신빙성이 약해졌기 때문이다. 어떤 사람들은 우리와 다른 동물의 차이가 종류의 차이(the difference of kind)라기보다는 정도의 차이(the difference of degree)라는 사실을 받아들이기가 어렵다고 생각했다. 그들은 인간과 동물을 구별할 기준을 찾아 나섰다. 지금까지 이러한 경계선들은 오래가지 못하고 폐기되었다. 예를 들어서 인간만이 도구를 사용한다는 사실이 주장되곤 했다. 그러나 갈라파고스 섬의 딱따구리는 나무의 틈 속에서 벌레를 파내기 위해서 선인장 가시를 사용하고 있음이 관찰되었다. 다음으로 다른 동물들이 도구를 사용한다고 해도 인간만이 유일하게 도구를 만드는 동물이라고 주장되었다. 그러나 구달은 탄자니아의 정글에 사는 침팬지가 나뭇잎을 씹어 물을 저실 스펀지를 만들고, 벌레를 잡을 도구를 만들기 위해 가지에서 잎을 훑는 것을 발견했다. 또 언어의 사용이 인간과 동물의 경계라고 주장되기도 했다. 그러나 침팬지와 고릴라와 오랑우탄은 귀머거리의 수신호인 미국식 수화(Ameslan)를 배웠으며, 고래와 돌고래는 그들 나름의 복잡한 언어를 가지고 있다는 증거가 있다.

인간과 동물 간에 경계선을 그으려는 이러한 시도들이 실제 상황과 일치해서 성공한다고 해도, 이러한 것들은 여전히 아무런 도덕적 의미를 가질 수 없을 것이다. 벤담이 지적한 것처럼 한 존재가 언어를 사용하지 않는다거나 도구를 만들 수 없다는 것이 그 존재의 고통을 무시할 이유는 결코 될 수 없다. 어떤 철학자들은 보다 근본적인 차이가 있다고 주장한다. 그들은 동물들은 생각할 수도 없고, 추론할 수도 없으며, 따라서 자신에 대한 어떤 생각, 즉 자의식(self-consciousness)을 가지지 않는다고 주장한다. 동물들은 순간순간으로만 살고 있으며, 그리고 자신을 과거와 미래를 가지는 개별적인 존재로 보지 못한다. 동물들에게는 자율성(autonomy), 즉 어떻게 자신의 삶을 살아갈 것인가를 선택할 수 있는 능력이 없다. 자율적이고 자의식적인 존재가 어떤 점에서는 자신을 과거와 미래를 가지는 개별적 존재로 볼 능력을 가지지 못하고 순간순간 살아가는 존재보다도 더 가치 있고 도덕적으로 더 중요하다고 주장되어 왔다. 이에 따르면 자율적이고 자의식적인 존재의 이익이 일반적으로 다른 존재의 이익보다 도덕적으로 우선권을 갖는 것은 마땅하다. (중략)

자의식적인 존재에게 일어난 어떤 일이 그의 이익에 반할 것이지만, 자의식이 없는 존재의 이익에는 반하지 않을 정도라면 자의식적인 존재가 우선적인 고려를 받을 자격이 있다는 주장은 이익평등 고려의 원칙과 양립할 수 있다. 자의식적인 존재는 어떤 일이 일어나고 있는지를 더 잘 알기 때문에 사건들을 보다 긴 시기의 전체적인 틀 속에 넣어서 고려할 수 있기 때문에, 그리고 그 밖의 여러 이유 때문에 위와 같을 수도 있다. 그러나 이는 내가 이 장의 첫머리에서 이미 인정한 점이며, 극단적으로 우스꽝스러운 경우가 아니라면, 예컨대 나는 자의식적이고 육용 송아지는 그렇지 못한데 나에게서 송아지 고기를 빼앗아가는 것이 송아지에게서 걷고 움직이고 풀을 뜯을 자유를 빼앗는 것보다 더욱 큰 고통을 야기시킨다고 주장하는 것과 같은 것이 아니라면, 동물실험이나 공장식 농장에 가한 비판에서도 부정되지 않는다. (중략)

자의식이나 자율성 혹은 그와 비슷한 특징이 인간과 동물을 구별하도록 해 준다는 주장에 대해서 다른 반박이 가능하다. 즉 다른 많은 동물보다 더 자의식적이고 더 자율적이라고 주장될 수 없는 정신적인 장애가 있는 인간이 있음을 환기시키는 것이다. 우리가 이러한 특징들을 이용해서 인간과 다른 동물들 사이에 간격을 둔다면, 우리는 이러한 무능한 인간들을 우리 반대쪽에 놓아야 할 것이다. 그리고 이러한 간격이 도덕적 위치에도 차이가 있음을 드러내는 것이라면 이러한 사람들은 인간으로서보다는 동물로서의 도덕적 위치를 가지게 될 것이다.

이러한 반박은 매우 강력하다. 왜냐하면 우리들 대부분은 정신적으로 장애가 있는 사람들을 고통스러운 실험에 사용하거나 식도락가의 요리용으로 살찌운다는 생각에 질색할 것이라고 생각하기 때문이다. 그러나 어떤 철학자들은 자의식이나 자율성과 같은 특징을 인간과 다른 동물을 구분하는 기준으로 사용한다고 해도 실제로 위와 같은 결론이 도출되지는 않는다고 주장한다. 이렇게 주장하려는 시도 중 세 가지를 살펴보자.

첫 번째 제안은 심각한 정신적인 장애를 가진 사람들은 정상적인 인간을 다른 동물로부터 구분하게 하는 능력을 소유하지는 못했지만, 그럼에도 불구하고 마치 그러한 능력을 소유하는 종에 속하는 구성원이기 때문이다. 말을 바꾸자면 이러한 제안은 우리가 개인을 그들의 실제적 성질에 따라 다루지 말고

그가 속하는 종족의 일반적인 성질에 따라 다루어야 한다는 것이다. (중략)

두 번째 제안은 심각한 정신적 장애가 있는 사람들이 비록 다른 동물들보다 더 높은 능력을 가지지 못한다 할지라도 그들은 인간이며, 그러기에 우리는 다른 동물과 가지지 못하는 특별한 관계를 그들과 가진다는 것이다. '동물해방' 을 읽은 한 논평자는 이렇게 썼다. "우리 자신의 종족에 대한 당파심, 그리고 종족 내의 보다 작은 집단에 대한 당파심도, 우주와 같이, 받아들이는 것이 좋은 그러한 것이다. (중략)당파적 애정을 배제하려는 시도는 모든, 애정의 원천을 제거해 버릴 수도 있는 위험이 도사리고 있다."(중략)

세 번째 제안은 널리 사용되고 있는 '미끄러운 경사길(slippery slope)' 이라는 논변을 동원한다. 이 논변의 논리는 일단 우리가 어떤 방향으로 한 발자국 내딛게 되면 우리는 미끄러운 경사에 서게 되어 우리가 가기를 원했던 것보다도 더 미끄러져 가게 된다는 것이다. 현재 맥락에서 이 논변은 실험을 하거나 먹기 위해 살찌워도 좋은 존재와 그렇게 해서는 안 되는 존재와의 명백한 구분 기준인 반면, 자의식, 자율성, 삼각의 수준 등은 그렇지 못하다. 이 논변에 따르면, 일단 우리가 정신적 장애를 가지는 사람이 동물보다 더 높은 지위를 가질 수 없다는 것을 허용하면 우리는 내리막길을 내려가기 시작한다. 그 다음 단계는 사회적 부적응자의 권리를 부정하는 것이고, 가장 아래쪽에서는 자신이 좋아하지 않는 어떤 집단을 인간 이하로 분류함으로써 처리해 버리는 전체주의적 통치가 나타나게 된다.

● 자료 출처 : 피터 싱어, 『실천윤리학』, 철학과현실사, 1996, 99~105쪽

2. 데카르트에 대한 도발적 질문 — 이성만 있으면 인간인가?

데카르트는 인간을 육체와 정신을 가진 존재로 본 이원론자다. 이 둘 가운데 인간을 인간답게 하는 것은 육체가 아니라 정신, 즉 이성이라고 본다. '나는 생각한다. 그러므로 나는 존재한다' 는 명제는 이성이 있기에 내가 존재한다는 것을 뜻한다.

데카르트에게 육체는 허상일 가능성이 높았다. 어떤 대상을 본다고 해서 그것이 실제로 존재한다고 확신할 수 없고, 만졌다고 해서 그 대상이 존재한다고 확신할 수 없다. 우리가 그것을 감각적으로 보았다고, 또 느꼈다고 착각하게 누군가가 만들었을 수도 있기 때문이다. 실제 세상을 사는 것으로 알았지만 모든 것이 가상현실로 드러났다는 이야기를 담고 있는 영화 '매트릭스' 는 데카르트의 이러한 생각에 기대고 있다(장자의 '호접지몽' 의 영향을 받기도 했다).

데카르트는 보다 극단적인(또는 우리에게 극단적으로 들리는) 가정을 하기도 한다. 사실 우리는 지금과 같은 육체를 가지고 있지 않다. 있는 것이라고는 뇌뿐이다. 이 뇌를 통 속에 담아둔 뒤, 어떤 사악한 악마가 꾸준히 신호를 흘려보내 마치 지금과 같은 육체를 가지고 살아가는 것처럼 착각하도록 만들었을 수도 있다는 것이다. 그렇지 않다고 어떻게 확신할 수 있는가? 이것이 '통 속의 뇌'라는 데카르트의 생각이다.

이성만을 강조하다 보면 인간 간의 관계가 소홀해질 수도 있다. 『방법서설』에서 데카르트는 존재하기 위해 아무런 물질적인 장소도 필요하지 않다고 말한다. 육체는 허상이고, 이성만 있으면 된다. 이성은 존재하기 위해 물적 토대가 필요하지 않고, 따라서 장소도 필요 없다는 것이다. 안하무인적인 태도로 이렇게 말하고 있는 것 같다. "혼자 왔다 혼자 가는 세상, 관계가 뭐 중요합니까? 정신만 있으면 되지!" 그러나 사람들은 초능력자가 아니다. 텔레파시로 교류할 수는 없다. 다른 사람과 관계를 맺기 위해서는 육체가 필요하다. 그런데 육체가 없어도 된다면, 관계는 어떻게 될까? 인간과 인간, 인간과 동물, 인간과 기계, 인간과 환경의 관계를 무시해서 발생한 근대 사회의 폐해가 혹시 이러한 이성중심주의에서 온 것은 아닐까?

아래 글은 베르나르 베르베르 단편 소설의 한 부분이다. 육체의 제약을 벗어나 완전한 사색의 세계로 들어가기 위해 주인공은 과학 기술의 힘을 빌려 뇌의 상태로 보존된다. 실제로 이 사람(또는 이 뇌)은 깊은 깨달음을 얻기도 한다. 하지만, 이 뇌를 처음 본 딸의 외침은 "저게 우리 아빠야?"이다. 아버지가 존재하기 위해 필요한 것은 무엇일까? 온전한 육체? 온전한 정신? 아버지와 관계를 맺는 어머니와 자식들? 아래 글을 읽고, 지금까지의 논의를 검토하면서 이 사람(또는 이 뇌)이 아이의 아빠인지 아닌지 생각해 보자.

그녀는 매일같이 음식을 날라다 주고 시중을 들어 주면서 남편을 도왔다. 비록 남편의 신념을 공유하지는 않았지만 그의 평온한 명상을 방해하지 않으려고 최선을 다했다.

그는 날이 갈수록 여위어 갔다.

어느 날 그는 이런 생각을 했다. 인간은 먹어야 하고 잠을 자야 하는 한 영원히 자유로울 수 없다. 수면과 음식에 종속된 노예 상태로부터 벗어나야 한다.

귀스타브는 자기가 행하고자 하는 실험이 어떤 것인지 아내에게 설명했다.

"문제는 육신이야. 우리 몸은 살로 둘러싸여 있고 피와 뼈로 가득 차 있어. 이 살과 피와 뼈는 유지와 부양을 요구하고, 세월이 흐르면 쇠약해져. 우리는 육신을 지켜 주고 먹여 주어야 하며 병이 나면 치료를 해 줘야 해. 육신은 수면과 음식을 필요로 하지. 하지만 우리의 뇌만 놓고 보면 필요한 것이 그렇게 많지 않아."

그녀는 남편이 무슨 말을 하려는 건지 도무지 이해할 수가 없었다. 그가 말을 이었다.

"우리 뇌가 하는 활동의 대부분은 다른 기관들을 관리하는 거야. 우리 몸을 유지하고 보호하는 일에 우리 에너지의 대부분이 허비되고 있는 셈이지."

"하지만 우리의 감각은……."

"우리의 감각은 우리를 속여. 감각 기관들이 보내는 신호를 있는 그대로 받아들이면 안 돼. 그 정보들을 바탕으로 세계를 해석하다 보면 미망에 빠지기 십상이지. 몸은 우리 생각이 자유롭게 펼쳐지는 것을 가로막아."

그는 물이 담긴 유리컵을 일부러 쓰러뜨렸다. 물이 카펫 위로 흘렀다. 그의 설명이 이어졌다.

"여기 컵과 물이 있어. 육체가 컵이라면 정신은 물이야. 컵이 없으면 물이 계속 흐르듯이, 육체가 없으면 정신은 자유로워져."

한순간 발레리는 남편이 미쳐 버린 게 아닌가 하고 생각했다. 어처구니가 없다는 표정을 지으며 그녀가 반박했다.

"그렇다고 해서 육체를 없애 버릴 수는 없어. 그건 죽음이야."

"꼭 그렇지는 않아. 우리는 정신을 그대로 유지하면서도 육체로부터 벗어날 수 있어. 뇌를 따로 떼어 내어 영양액 속에 보존하면 되는 거야."

그녀는 문득 깨달았다. 책상 위에 쌓여 있는 도표들이 무엇을 의미하는지.

(중략)

"아빠는 돌아가신 거야?"

아들의 물음에 어머니가 황황히 대답했다.

"아냐, 아빠는 여전히 살아 계셔. 단지 모습이 달라졌을 뿐이야."

막내둥이 딸은 구토증을 느꼈다.

"이제부터는 저게 우리 아빠란 말이야?"

그러면서 아이는 영양액 속에 들어 있는 뇌를 손가락으로 가리켰다.

● 자료 출처 : 베르나르 베르베르, 「완전한 은둔자」, 『나무』, 열린책들, 2003, 166~170쪽

◎신 중심에서 인간중심으로

> 중세에 있어서는 인간은 오직 인종, 인민, 당파 또는 조합과 같은 협동체의 일원으로서만, 즉 어떤 일반적인 범주에 속하는 존재로서만 스스로를 인식하고 있었다. 이탈리아에서 이러한 구속과 속박이 처음으로 사라지게 되었다. 즉 국가를 비롯하여 현실세계의 모든 사물에 대한 객관적인 고찰과 대응이 가능해진 것이다. 이와 더불어 주관적인 측면도 확립되었는데, 인간은 이제 정신적인 개성을 지닌 존재가 되고, 또한 그러한 존재임을 자각하게 된 것이다.
>
> ―부르크하르트의 말 중에서

1. 인간 중심의 문화는 언제부터 발달하기 시작하였을까요?

고대 그리스에서는 폴리스를 형성하여 그리스인들에게 독특한 자유로운 생활환경을 조성해 주었습니다. 폴리스는 공동체적인 성격을 강하게 지니고는 있었지만 시민 개개인이 타고난 재능을 자유롭게 발전시키는 것을 억제하지는 않았습니다. 이러한 그리스의 문화는 헬레니즘 시대를 거쳐 로마로 전승되었습니다. 위대한 정복자인 로마인도 문화적으로는 그들이 정복한 그리스인에게 오히려 정복되었습니다. 로마는 그리스 문화를 받아들이면서 거기에 독특한 라틴적인 요소를 첨가하여 유럽 고전 문화를 완성시켰으며 로마 말기에 성장한 크리스트교는 중세 유럽의 신 중심의 문화의 원천이 되었습니다. 신 중심의 오랜 중세 문화의 틀을 깨고 다시 인간중심의 문화로 되돌아 가기 시작한 때는 르네상스 시기입니다.

르네상스라는 말은 원래 프랑스어로 '재생(再生)'이라는 뜻이며 보다 더 구체적으로 말하면 14세기경부터 16세기에 걸쳐 그리스·로마의 고전 문예가 부활한다는 것을 뜻합니다. 스위스의 역사가 부르크하르트는 르네상스란 이탈리아를 중심으로 일어난 14세기경부터 고전 고대 문화의 부활을 발판으로 한 근대 문화 창조의 움직임이라고 개념을 확립하였습니다. 그는 르네상스를 중세와 단절된 그리고 고대와 직결된 문화 현상으로 파악하여 많은 비판을 받았으며 이에 대해 여러 가지 수정된 의견이 제시되기도 하였습니다. 결과적으로 르네상스에 대한 여러 가지 견해에 대해 타협안으로 제시된 것이 르네상스를 중세로부터 근대로의 이행이라고 보려는 견해였고 르네상스는 중세와 아무런 관계 없이 고대와 직접 연결되거나 새로운 근대가 완성된 형태로 나타난 것은 아니며 르네상스기에 새로이 인식된 고전 고대 문화의 부흥을 통하여 새로운 근대 문화가 창조된 것이라고 보는 견해가 많은 지지를 받고 있습니다.

2. 인간중심 문화의 부활은 사회·문화적으로 어떠한 영향을 미쳤을까요?

봉건 사회가 무너지고 교황권의 쇠퇴와 더불어 교회가 문화와 생활에 대한 통제력을 상실하게 되자 사람들은 그리스도교적인 중세문화와는 다른 새로운 문화와 인생관을 찾게 되었으며, 고대 문화가 그들의 이러한 욕구를 충족시켜 주고 또한 새로운 생활양식의 원리를 제공해 주는 것으로 생각하게 되었습니다. 그리하여 새로운 관심과 시각을 갖고 고대 작가의 작품 수집에 열중하고 이들을 정리하는 데 몰두하였는데 이러한 기풍을 인문주의라고 합니다. 인문주의는 인간성을 도야하고 세련되게 만들어 주는 품위 있는 글과 예술의 힘을 뜻하는 후마니타스(humanitas)라는 말에서 유래했습니다.

'인간의 발견'은 인간에 대한 중세와는 다른 새로운 인식을 뜻하며, 르네상스의 새로운 인간관은 근대적인 인간이 형성되고 발전한 출발점이 되었습니다. 르네상스기의 이탈리아에서는 사회 계층, 또는 혈통 같은 것이 아무런 문제도 되지 않았으며, 르네상스는 인간의 전체적인 완전한 모습을 발견하고 이를 세인(世人)에게 제시하였습니다. 또한 이러한 인간을 개성적인 존재로 파악하였습니다. 르네상스는 인간성을 종교적 속박에서 해방시키고, 인간이 그의 타고난 개성을 마음껏 기르고 발전할 수 있게 하였습니다. 그 결과 자유분방한 개성적인 인간과 여러 면에 걸쳐 비상한 재능을 가지고 이를 발휘한 '만능의 천재'들을 다른 어느 시대보다도 많이 배출하게 되었습니다.

르네상스의 자유로운 탐구 정신은 화약, 나침반, 활판 인쇄술의 르네상스 3대 발명을 낳게 되었고 더 나아가 근대 과학의 초석을 놓게 되었습니다. 이로 인해 유럽 세계의 확대와 과학혁명을 가져오게 되었으며 이와 밀접한 관련을 갖고 경험론과 합리론이라는 두 조류의 근대 철학이 발달하게 되었습니다. 더불어 정치적으로 주권과 국가이성이 정치의 중심과제가 되어 사회계약설, 자연법사상이 발달하게 되었으며 이것은 인간의 이성의 힘과 그것에 의한 인류의 무한한 진보를 믿는 계몽사상과 이후 일어나게 될 각 국가의 혁명에 큰 영향을 미치게 되었습니다.

 **| 기출문제 탐구**

(1998년 수학능력평가 기출문제)

1. 다음 글에 나타난 필자의 생각을 적절하게 표현한 것은?

> 모든 군주들이 잔인하다기보다는 인자하다는 평판을 받으려 한다. 그러나 인자함도 서투르게 발휘하면 못쓴다. 예컨대 보르지아(Cesare Borgia)는 잔인한 인간으로 통했다. 그러나 그의 이 잔인함은 로마냐(Romagna)의 질서를 회복하고 이 지방을 통일하여 평화를 지키고 충성을 다하도록 하였다.
>
> – 마키아벨리의 『군주론』

① 통치자는 윤리로부터 자유로워야 한다.
② 군주는 국민의 뜻에 따라 통치하여야 한다.
③ 정치권력의 정당성을 국민의 합의에서 찾아야 한다.
④ 국가 발전을 위해서는 다른 민족을 정복하여야 한다.
⑤ 이탈리아의 통일을 위해서는 인자한 군주가 필요하다.

정답 : ①

☞ **문제 해설**

앞의 글은 이탈리아 르네상스 시기의 마키아벨리의 군주론의 일부입니다. 이탈리아 피렌체 출신의 마키아벨리는 『군주론』에서 훌륭한 지배자의 자질과 통치 기술을 논하였으며 이를 논함에 있어 종래의 종교나 도덕의 규범을 완전히 무시하였습니다. 그는 정치학을 종교나 도덕과는 관계없는 독자적인 분야로 독립시키고, 또한 목적을 위하여 수단과 방법을 가리지 않는 권모술수, 즉 마키아벨리즘의 창시자로 지목되었습니다. 그의 이러한 입장은 당시 저마다 근대 국가의 요소를 다분히 간직하고 있던 개별적 독립 국가들로 이루어져 있던 이탈리아 통일을 이루어 줄 군주가 출현하기를 바라는 염원이 반영된 것이라고 할 수 있습니다.

(2007년 수학능력평가 세계사 기출문제)

2. 밑줄 친 '이 시기'에 탄생한 작품을 〈보기〉에서 모두 고른 것은?

이 시기 예술가들은 고전 미술과 있는 그대로의 자연에서 예술적 영감을 얻었다. 해부를 통해 얻은 정확한 지식을 바탕으로 인간 육체의 아름다움을 표현하되, 인간의 내면적인 정신에까지 파고들어 감정의 미묘한 움직임조차 놓치지 않으려 했다. 또한 사물이 광선에 따라 색채와 형태가 달라짐을 관찰하기도 했다. 그들이 다루는 주제는 여전히 종교적이었지만 그 정신은 인간적이고 현실적이었으며 그리스 신화나 주변의 일상에 관해서도 다루었다.

보기

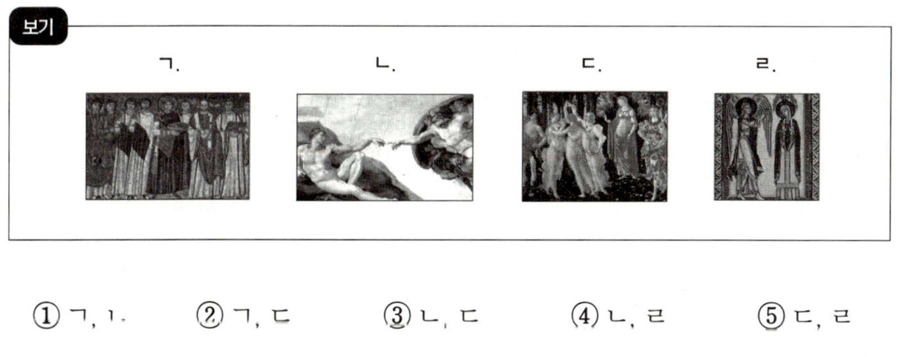

① ㄱ, ㄴ　　② ㄱ, ㄷ　　③ ㄴ, ㄷ　　④ ㄴ, ㄹ　　⑤ ㄷ, ㄹ

정답 : ③

☞ 문제 해설

고전 미술과 그대로의 자연에서 예술적 영감을 얻으며 인간의 육체와 내면에 관심을 갖고, 여전히 예술의 주제는 종교적 영향을 받으나 정신은 인간적이고 현실적이라는 글의 내용으로 미루어 르네상스 시기의 예술에 대해서 설명하고 있음을 알 수 있습니다. ㄴ은 미켈란젤로의 〈천지 창조〉, ㄷ은 산드로 보티첼리의 〈봄〉이라는 작품으로 르네상스 시기의 작품입니다. 그러므로 정답은 ③번입니다.

◎ 플랜테이션 농장의 노동자들의 삶에 대해 알아 봅시다.

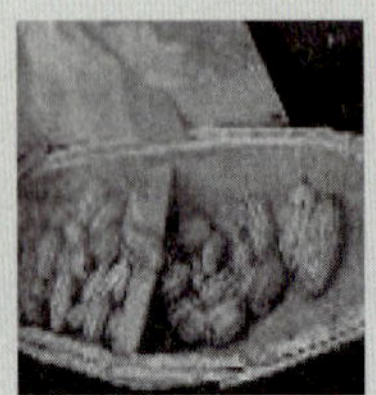
카카오 나무는 온도와 습도가 높고, 햇볕이 잘 안드는 침침한 장소에 서 잘 자란다. '신이 내린 선물' 카카오는 라틴아메리카가 주산지로 한때 음료나 약, 또는 화폐로 이용되기도 하였다. '가나' 하면 보통 초콜릿이 떠오르듯이, 가나는 초콜릿의 주원료인 카카오의 생산지로 유명하다. 가나 경제의 큰 부분을 이 카카오가 차지하고 있어 카카오 경제라는 말도 있다.

-고등학교 『세계지리』

1. 플랜테이션이란 무엇일까요?

플랜테이션이란 열대 아열대에서 이루어지는 재식농업(栽植農業)으로 일반적으로 백인들이 이주하면서 커피 · 사탕수수 · 목화 · 바나나 등의 열대성 상업작물을 대규모로 재배하여 외국으로 수출하는 형태의 농장 경영을 말합니다.

플랜테이션은 지역에 따라, 시기에 따라 그 의미가 조금씩 다르기도 합니다. 그러나 몇 가지 공통점은 있습니다. 첫째는 작물이 하나 또는 두 가지로 특화되어 있다는 것입니다. 둘째는 영농의 규모가 대규모이고, 많은 노동력을 필요로 하며, 노동력은 원주민이 제공한다는 것입니다. 셋째는 플랜테이션의 기술자나 관리자는 유럽인이고, 자본도 이들이 공급합니다. 마지막으로 플랜테이션 작물은 수출에 앞서 가공을 해야 하기 때문에 농장 주변에 가공시설이 존재합니다. 아프리카 지역에서는 두 가지 형태의 플랜테이션이 존재하는데 유럽인이 거주하기 불리한 고온다습한 지역에서는 유럽인은 직접 플랜테이션을 경영하지 않고 원주민이 소규모로 생산하는 카카오, 기름야자, 고무, 커피 등을 독점 수매하여 수출하고, 비교적 기후가 쾌적한 지역은 유럽인이 직접 투자하여 경영하는 플랜테이션이 발달합니다.

2. 플랜테이션 농장의 노동자들의 지위는 어땠을까요?

과거 에스파냐 왕은 매번 새로운 땅을 빼앗을 때마다 정복자에게 획득한 토지와 포로를 마음대로 사용할 권리인 '엔코미엔다'를 부여하고 그 대가로 국왕에게 조세를 납부할 의무를 지우는 제도를 시행하였습니다. 마찬가지로 신대륙의 정복자는 인디오의 노동력을 마음대로 동원할 수 있는 자신들의 권리를 인정받는 대신, 조세를 납부하고 원주민들을 가톨릭으로 개종시키는 대가로 그들의 노동력을 무임 착취할 수 있는 권리를 부여받았습니다. 즉 교회를 유지하며 식민지를 방어할 의무를 지키면 그만이었던 것입니다. 이러한 이유로 토지는 소수에게만 집중되었고 극소수의 대토지 소유주와 다수의 땅 없는 인디오 농민이라는 양극화 현상이 발생하게 되어 이를 근간으로 식민지 시대에, 해외 자본과 노예 노동력을 근간으로 수출 작물을 재배하던 대토지 소유제인 플랜테이션과 같은 토지소유 형태가 나타나게 되었습니다. 엔코미엔다 제도는 심한 노동력 착취로 말미암아 인디오 인구를 감소시켰고 이 때문에 얼마 가지 않아 이 제도 자체가 쇠퇴하게 되었습니다.

1820년을 전후하여 대부분 독립한 라틴아메리카는 독립하는 과정에서 플랜테이션 농장이 황폐화되는 경우도 많았습니다. 특히 노예제도가 폐지되면서 노예 노동력에 의존하던 플랜테이션은 침체되었습니다. 이후 인도, 중국, 서남아시아 등의 아시아인들이 계약 노동자로 들어와서 노예 노동력을 대체하였습니다. 식민지에서 벗어난 이후에도 라틴아메리카는 여전히 토지분배에 있어 불평등하였으며 이러한 이유로 지주가 정하는 작물에 의해 단일한 작물이 경작되었고 지주의 이익을 늘려 주는 작물을 더 경작하기 위해 식용작물을 재배하기 위한 경작지마저 축소되어 대농장에서 풍작을 거두고도 농민들은 굶어죽는 사태가 일어나게 되었습니다. 플랜테이션 농업 경영은 단일상품 수출을 통한 돈벌이가 최대의 목표이다 보니 이를 위해 저렴한 노동력이 필요했던 자본가들은 임금 인상과 복지 증진에 대한 노동자의 요구를 이해조차 하지 않았고 그들의 항거 또한 무차별 탄압하였습니다.

식민지 시대의 유럽인이 떠난 후 19세기 이래 미국 자본이 라틴아메리카의 플랜테이션에 대거 투자되어 플랜테이션은 이제 다국적 회사의 성격을 띠게 되었으며, 20세기에 들어서 미국은 라틴아메리카 각국에서 다수의 플랜테이션을 직접 소유하고 운영하고 있습니다. 예전에 비하여 기계화가 많이 이루어졌으며, 농약과 비료도 많이 사용하는 등 변화가 있었지만 여전히 플랜테이션 농장에서는 저임금으로 노동자를 고용하고 있습니다.

| 기출문제 탐구

(2006년 수학능력평가 세계지리 기출문제)

1. 지도를 보고 물음에 답하시오.

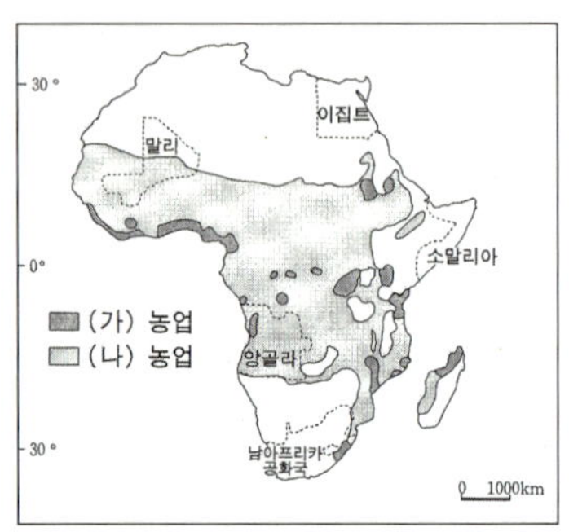

자료는 두 지역 주민 간의 대화 내용이다. (가)와 (나) 농업 양식에 대한 설명으로 옳은 내용을 〈보기〉에서 모두 고른 것은?

> (가)농업 지역 주민 : "우리는 농장 주인하고 사이가 별로 안 좋아. 일하는 것에 비해 임금이 너무 적거든. 그러면서도 우리들의 생활 수준을 향상시켜 주었다고 늘 이야기해."
>
> (나)농업 지역 주민 : "우리도 어려움이 많아. 토양이 척박해서 농사를 제대로 지을 수가 없어. 그래서 숲에 불을 질러 나무를 다 태우고 농사를 짓지."

보기

ㄱ. (가)는 (나)보다 농경 역사가 짧다.

ㄴ. (가)는 노동 집약적, (나)는 자본 · 기술 집약적이다.

ㄷ. (가)는 상품 작물, (나)는 식량 작물을 주로 재배한다.

ㄹ. (가)와 (나)에 의해 생산되는 농산물은 주로 수출된다.

① ㄱ, ㄴ　　　② ㄱ, ㄷ　　　③ ㄴ, ㄷ　　　④ ㄴ, ㄹ　　　⑤ ㄷ, ㄹ

정답 : ②

☞ **문제 해설**

(가)는 아프리카의 플랜테이션 농업 지역을 나타내고 있으며 (나)는 아프리카의

전통적인 농경 방식인 이동식 경작 지역을 나타냅니다. 이동식 경작 방식은 아프리카 열대 지방에서 이루어지는 원주민의 전통 농업으로, 삼림이나 초지를 불태워 경지를 만든 후에 카사바, 타로감자, 얌감자 등의 농사를 짓습니다. 이 농업은 4~5년 계속 하면 토지의 비옥도가 떨어져 다른 경지를 만들어야 하는데, 새로운 경지가 멀리 떨어져 있으면 주거지를 옮기기도 합니다. 열대우림에서 이와 같은 이동식 경작이 나타나는 이유는 정착해서 농사지을 만큼 토양이 비옥하지 않기 때문입니다. 이동식 경작보다는 플랜테이션 농업의 역사가 짧으며, 이동식 경작은 식량작물을, 플랜테이션 농업은 주로 상품작물을 재배하여 수출합니다. 그러므로 정답은 ② 번입니다.

(2007년 7월 전국연합학력평가 세계지리 기출문제)

2. (가), (나)와 관련된 농업의 특색을 그림에서 찾아 바르게 연결한 것은?

(가) 서구의 자본과 기술이 현지의 노동력과 토지를 이용하여 열대·아열대성 작물을 대규모로 단일 경작하는 농업

(나) 열대 지역에서 밀림을 불태운 후 그 재를 비료로 하여 작물을 재배하다가 지력이 떨어지면 다른 곳으로 이동하는 농업

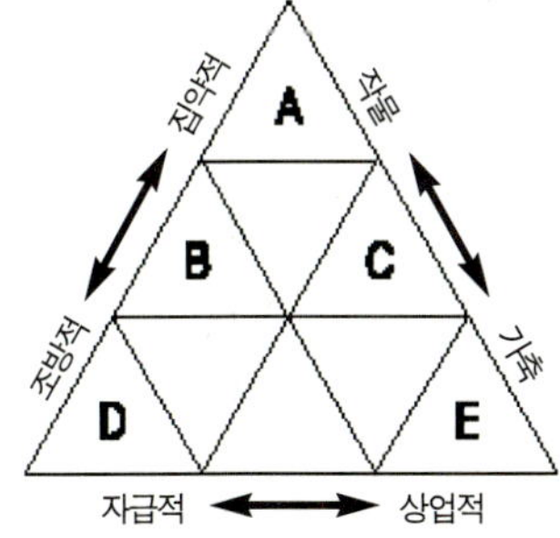

	(가)	(나)
①	A	D
②	A	E
③	B	C
④	C	E
⑤	D	B

정답 : ①

☞ **문제 해설**

(가)는 플랜테이션으로 최근 국제 시장에서의 가격 하락을 우려하여 단일 경작에서 다각적 경작으로 바뀌어 가고 있습니다. (나)는 원시 이동식 화전 농업을 나

타냅니다. 제시된 자료를 해석하는 방법은 화살표가 가리키는 지점의 값을 읽으면
되는데, A 는 집약적, 작물, 상업적 농업, D 는 조방적, 작물, 자급적 농업, E는 조방
적, 가축, 상업적 농업에 해당됩니다. E에 해당하는 예로는 기업적 방목이 있을 것
입니다. 그러므로 (가)의 플랜테이션은 집약적 토지 이용을 하면서 상품작물이므
로 A 일 것이며 (나)의 이동식 화전 농업(이동식 경작)은 조방적인 토지 이용을 하
면서 자급적 식량 생산을 주로 하므로 D가 됩니다. 따라서 정답은 ①번입니다.

(2006년 4월 전국연합학력평가 경제지리 기출문제)

**3. 다음은 어떤 농업의 형태를 도식화한 것이다. 최근 이 농업이 단일 경작에서 다각화 경영으로 변
화된 이유로 가장 옳은 것은?**

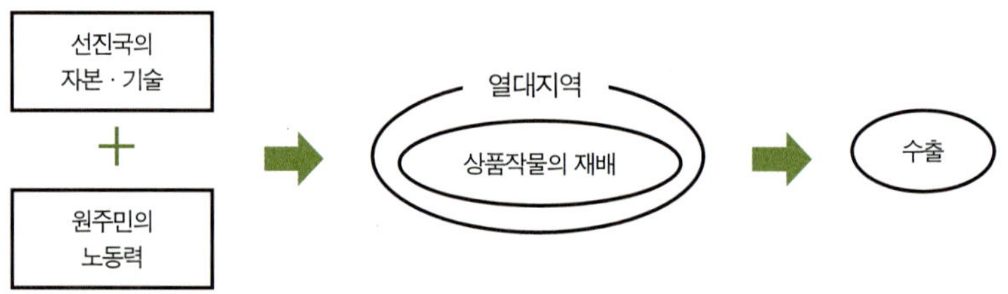

① 기술의 발달로 기계화가 가능해졌기 때문에
② 지구 온난화로 작물의 입지가 변하였기 때문에
③ 지력의 약화로 토지 생산성이 하락하였기 때문에
④ 노동력의 계절적 이동으로 일손이 부족해졌기 때문에
⑤ 생산물의 국제 가격 변동으로 피해가 발생할 수 있기 때문에

정답 : ⑤

☞ **문제 해설**

　그림은 플랜테이션의 형태를 도식화한 것입니다. 열대 지역에서 주로 이루어지
는 플랜테이션은 선진국의 자본과 기술, 원주민의 노동력을 이용하여 열대의 상품
작물을 단일 경작하는 농업 방식입니다. 그러나 최근 자연 재해와 소비구조의 변
화, 국제 가격 폭락으로 인한 피해의 위험을 분산하기 위해 다각화되는 추세입니

다. 그러므로 정답은 ⑤번입니다.

（2007년 3월 전국연합학력평가 경제지리 기출문제 ）

4. 자료의 농작물에 대한 설명으로 옳은 것은?

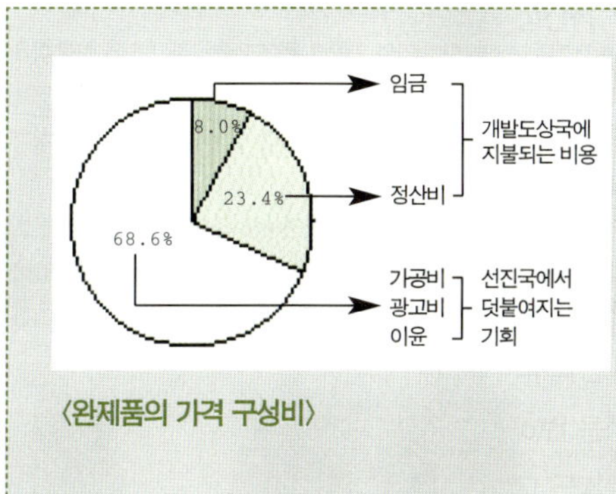

이 작물은 생장기에는 고온 습윤하고 수확기에는 고온 건조한 기후 조건이 필요하다. 브라질, 베트남, 인도네시아, 콜롬비아에서 전 세계 생산량의 약 65%가 생산된다. 다국적 기업과 중간 매입상이 유통을 독점하고 있어, 생산 국가에 지불되는 금액은 매우 적다. 그래서 최근 생산자와 소비자 간 직거래를 통해 이를 개선하려는 운동이 일어나고 있다.

① 생산지에서 주로 소비된다.
② 지력(地力) 유지에 도움이 된다.
③ 대규모 농장에서 시설 농업으로 재배된다.
④ 저렴한 노동력을 바탕으로 생산이 이루어진다.
⑤ 개발도상국의 식량 문제 해결에 기여하고 있다.

정답 : ④

☞ 문제 해설

플랜테이션이란 열대·아열대에서 이루어지는 재식농업으로 일반적으로 백인들이 이주하면서 커피·사탕수수·목화·바나나 등의 열대성 상업작물을 대규모로 재배하여 외국으로 수출하는 형태의 농장 경영을 말합니다. 제시된 자료는 대표적인 플랜테이션 작물인 커피에 대한 설명입니다. 커피는 열대 지방에서 저렴한 노동력을 바탕으로 재배되고 있습니다. 그러므로 정답은 ④번입니다.

국가의 의미

대학 입시 논술 시험에서는 사회 구성원 모두가 옳다고 믿는 도덕이나 신념, 상식에 대해 도발적인 질문을 던지기도 한다.

우리 사회에서 오랫동안 성역으로 존재하면서 비판을 허용하지 않았던 것 가운데 하나가 국가와 민족의 문제다. 조국과 민족의 존재 이유와 그 역할에 대해 비판을 가하는 것은 불경스럽고 위험한 생각이라고까지 여겨졌기 때문이다. 하지만 논술 고사에서는 예술가가 어떻게 국가주의 강화에 기여했는지를 묻거나(2007학년도 연세대 심층 면접 구술 시험 예시), 피의 순결함에 대한 믿음의 위험성을 지적하며 (2006년 숙명여대 정시) 국가와 민족 문제에 대해 비판적으로 고민할 것을 요구하기도 한다.

본 문제는 국가의 의미를 개인과의 관계 속에서 살펴보고 있다. 국가의 등장 배경과 존재 이유 등 여러 측면에서 국가를 바라보고, 이를 토대로 현재 우리의 모습을 비판적으로 고찰한 뒤, 앞으로 국가와 개인의 관계를 어떻게 설정하는 것이 바람직한지 묻고 있는 것이다. 깊이 있고, 독창적인 글은 '마땅히', '당연히' 그래야 한다 식의 직관주의적 사고가 아니라, 왜 그래야 하는지 이유와 근거를 찾으려는 진지한 고민에서 출발한다는 것을 명심하고 본 주제에 대해 고찰해 보자.

| 논술 기본 문제

■ 교과 체계

구분	관련 교과 및 단원
기본	고등학교 『시민 윤리』 　Ⅰ. 시민 사회와 윤리 고등학교 『윤리와 사상』 　Ⅰ. 윤리와 사회 사상의 의의 　Ⅲ. 사회 사상의 흐름과 변화 　Ⅳ. 한국 윤리 및 사회 사상의 정립과 　　 민족적 과제 고등학교 『정치』 　Ⅰ. 시민 생활과 정치
심화	고등학교 『시민 윤리』 　Ⅳ. 국가 발전과 지구 공동체 고등학교 『정치』 　Ⅰ. 시민 생활과 정치 　Ⅳ. 국제 사회와 정치 고등학교 『윤리와 사상』 　Ⅱ. 윤리의 흐름과 특징 　Ⅲ. 사회 사상의 흐름과 변화 　Ⅳ. 한국 윤리 및 사회 사상의 정립과 　　 민족적 과제

(가)　1996년 2월 8일 스위스 다보스에서 미국의 존 페리 발로는 〈사이버 스페이스 독립선언문〉을 발표했다. 사이버공간에서 전개된 아나키스트 저항 운동으로 평가되는 이 선언문은 다음과 같이 시작된다.

"산업세계의 정권들, 너 살덩이와 쇳덩이의 지겨운 괴물아. 나는 마음의 새 고향인 사이버스페이스에서 왔노라. 미래의 이름으로 너 과거의 망령에게 명령하노니 우리를 건드리지 마라. 너희는 환영받지 못한다. 너에게는 우리의 영토를 통치할 권한이 없다. 너에게는 우리의 영토를 통치할 권한이 없다."

이어서 정부를 공격한다.

"우리는 우리가 뽑은 정부가 없을 뿐 아니라 그것의 필요성도 느끼지 않는다. 그래서 자유가 명하는 대로 너에게 말하겠노라. 우리가 건설하고 있는 전 지구적인 사회 공간은 네가 우리에게 덮어씌우려는 독재와는 무관한 것이다. 너는 우리를 지배할 도덕적 권리도 없고 우리가 무서워할 만한 강제적인 방법도 갖고 있지 못하다."

발로의 정부 비판은 계속된다.

"정부는 시민의 동의에서 자신의 정당한 권력을 얻는다. 너희는 우리의 동의를 얻지도 않았고 부름 받지도 않았다. 우리가 언제 너희를 초청했느냐? 너희는 우리에 대해서도, 우리의 세계에 대해서도 전혀 모른다. 사이버스페이스는 너의 관할권 바깥에 있다. 사이버스페이스를 마치 공공 건설사업쯤으로 생각하여 너희가 그것을 만들 수 있다고 생각하지 말라. 너희는 결코 그렇게 할 수 없다. 사이버스페이스는 자연의 움직임이며 우리의 집단적인 행동을 통해 스스로 성장한다. 너희는 우리의 위대한 대화에 참여하지도 않았으며 우리 시장의 부를 만들지도 않았다. 너희는 너희의 법률이 얻는 것보다 훨씬 질서정연한 우리의 문화, 윤리, 불문법에 대해 모른다."

발로는 사이버스페이스의 특성을 설명한 뒤에 다음과 같이 끝을 맺는다.

"우리는 사이버스페이스 안에서 마음의 문명을 창조할 것이다. 너희의 정부가 이미 만들어 놓은 세계보다 훨씬 더 인도적이고 공평한 세계가 될 것이다."

– 이인식, 『미래교양사전』

(나-1)　국가 공동체 의식이 확립된 사람은 국가의 구성원으로서 자신이 누구이고 무엇을 해야 할 것인가에 대한 신념이 분명하며, 특히 자신이 속한 국가라는 집단에 대한 소속감을 지니고 있다. 이것은 개인과 집단의 감정적 유대라고 할 수 있고, 그러한 공동체 의식이 긍정적으로 확립된 경우에는 국가에 대하여 생각할 때마다 자신이 가장 심오하고 강렬하며 활기 있다고 느끼며 마음으로부터의 보람과 자랑스러움을 느끼게 된다. 좀 더 구체적으로는 국민으로서의 기본적 의무를 다하려 하고 국가를 상징하는 국화, 국기, 국가에 대한 많은 관심과 깊은 사랑을 보인다.

　이와 같이 국가 공동체 의식을 확립하기 위해서는 자신을 나라와 겨레의 한 구성원으로 생각하고 그것을 자랑스럽게 여겨야 한다. 그리고 어떤 판단이나 결정을 내릴 때에 이기주의적 자세가 아니라 국가와 민족을 먼저 생각하고 또 실천해야 한다. 특히, 민족 공동체 의

key word

■ **사이버스페이스(cyberspace)** : 사이버스페이스는 1984년 미국의 윌리엄 깁슨(1948~)이 발표한 소설 『뉴로맨서』에서 처음 사용된 말로, 컴퓨터 통신망 안에 존재하는 가상공간을 의미한다. 즉 사이버스페이스란 컴퓨터로 매개되는 통신 기술에 의해 형성된 개념적 공간이다.

식과 관련해서는 우리 민족의 얼 혹은 정신을 파악하고 그것을 소중하게 계승하려는 마음가짐을 가져야 한다.

– 고등학교『시민 윤리』

(나-2)　국가 정체성이란, 한 개인이 국가라는 집단에 속해 있다는 느낌 내지는, 자신을 국가의 구성원으로 생각하는 신념이라고 할 수 있다. 이는 국가의 체제를 존속시키기 위해 없어서는 안 될 필수 요소라고 할 수 있다. 한 국가가 존속하기 위해서는 국가의 체제적 성격과 관계 없이 국민들이 국가 정체성을 확립해 나가야 한다. 국가 정체성이 결여되면, 국민적 단합과 결속이 약화될 뿐만 아니라, 국민으로부터의 충성심도 기대할 수 없다.

국가 정체성의 의미를 개인 정체성이 더욱 확대된 국가 소속 의식이라고 정의한다면, 이는 집단과 개인 간에 감정적 유대가 결속된 심리 상태라고 볼 수 있다. 따라서, 국가 정체성이 긍정적으로 확립된 경우에 개인은 국가에 대하여 보람과 자랑스러움을 느끼게 되며, 한 개인의 과거, 현재, 미래는 민족의 역사 의식과 연결될 수 있는 것이다. 국가 정체성의 확립은 자칫하면 다른 나라 사람에 대하여 배타적인 태도를 지니게 하는 부정적인 면도 있을 수 있지만, 국가에 대한 헌신과 개인적 희생 정신을 고취시킨다는 점에서 긍정적인 의미를 지니고 있다.

– 고등학교『윤리와 사상』

(다)　미래 사회는 개인의 인권과 자유가 더욱 보장되며, 개성이 존중되는 사회가 될 것이다. 인간은 보다 편리한 생활을 추구하게 될 것이며, 행복 실현을 위해 더욱 노력하게 될 것이다. 또, 최첨단의 기계 문명을 이용하여 안락한 생활을 하게 될 것이다. 이러한 생활의 근본적인 발상은 개인주의적 사고 방식에서 비롯된다.

그러나 다른 한편으로는 "나 혼자만 잘 살아서는 안 된다"는 사회 공동체적 삶의 자세를 요구받게 될 것이다. '사회적 존재'로서의 인간의 삶은 편리한 개인 생활만으로는 충족될 수 없는 또 다른 인간의 가치인 것이다.

결국, 미래 사회는 개인주의를 지향하면서도 사회 공동체적인 삶의 양식을 필요로 하게 될 것이다. 따라서, 사회 구성원들은 인권과 자유의 보장을 요구하게 될 것이고, 인간다운 삶을 보장해 줄 수 있는 자유 민주주의의 체제를 더욱 선호하게 될 것이다.

— 고등학교 『윤리와 사상』

(라)　싱가포르는 '클린 앤 그린(Clean and Green)' 정책을 표방하고 있어 거리에 담배꽁초나 쓰레기를 버리면 500 싱가포르 달러(한화로 약 35만 원 상당)의 벌금을 낸다. 호텔, 관청 등의 공공 건물과 학교와 버스 정류장 등 사람들이 줄을 서서 있는 곳에서의 흡연은 법으로 금지되어 있다. 대부분이 벌금 제도이며, 자신이 직접 적발되지 않았어도 목격한 다른 사람의 신고에 의해서 벌금이 부과될 수 있다. 음주 운전의 경우, 혈중 알코올 농도가 100밀리미터 당 80밀리그램이 넘으면 현장에서 체포되고 수갑이 채워진다. 최근에는 껌의 제조 · 판매를 금지하는 조치를 발표하였으나, 소량의 껌을 휴대 · 반입하는 것은 가능하다.

또, 일정량 이상의 마약 거래자에 대해서는 사형을 선고한다. 기물 파손 및 훼손, 장물 보관, 강간 등 파렴치 행위에 대해서는 강제적 태형 (곤장)을 엄격히 집행하므로 각별한 유의가 필요하다.

— 고등학교 『윤리와 사상』

문제 1 | 제시문 (가)의 '사이버스페이스 독립선언문' 과 제시문 (나)는 국가의 존재와 역할에 대해 어떤 입장 차이를 보이고 있는지 밝히시오(450~500자).

문제 2 | (가)의 '사이버스페이스 독립선언문' 의 관점에서 (나)의 내용을 비판하고, (나)의 관점에서 (가) '사이버스페이스 독립선언문' 의 내용을 비판하시오(450~500자).

문제 3 | 제시문 (다)를 읽고, '개인의 자유와 국가의 통제' 라는 관점에서 (라) 싱가포르의 '클린 앤 그린' 정책에 대해 비평하시오(450~500자).

 **| 문제 해설**

1. 출제 의도

국가는 오래전부터 존재하여 왔으며, 국가를 바라보는 관점 역시 매우 다양하다. 우선, 실력설(force theory)은 한 종족이 다른 종족에 대한 실력적 지배 또는 같은 종족 내에서 한 계급의 다른 계급에 대한 실력적 지배가 성립할 때 국가가 발생한다고 보았다. 다음으로 신의설(divine theory)은 신의 명령에 따라 건설한 것이 국가라는 설이다. 이는 국가 성립의 기초를 초자연적 존재인 신의 뜻에 두고 국민에게 절대 복종을 강요하는 신학적 국가론을 말한다. 그러나 현대 국가의 기틀이 된 사회계약론적 관점은 국가는 만인의 만인에 대한 투쟁 상태를 막기 위해 자유로운 개인들이 자신의 자유를 어느 정도 양보한 상태에서 계약을 통해 만들어진 것으로 보았다. 그런데 이렇게 계약을 통해 만들어진 국가가 개인의 생활을 점점 통제하게 됐고, 홉스는 이를 괴물, 즉 '리바이어던'이라 표현했다.

국가의 역할도 시대의 흐름에 따라 많은 변화를 거듭했다. 국가의 역할에 대해 국가는 외적의 침략으로부터 방어, 국내 치안의 유지, 개인의 사유재산 및 자유에 대한 침해의 배제 등 필요한 최소한의 임무만을 수행해야 한다고 하는 야경국가론적 주장도 있으며, 국가가 시민생활에 보다 적극적인 개입과 참여를 해야 한다고 하는 현대의 복지국가론적 입장도 있다.

학생들은 본 논술 문제를 통해 국가의 의미, 개인의 자유와 국가의 통제 사이의 균형은 어디에서 이루어져야 하는지 등에 대해 고민할 것을 요구받는다. 학생들은 정치, 시민윤리, 윤리와 사상 등의 교과 내용을 바탕으로 국가의 기원, 국가와 개인의 관계 등을 비판적으로 살펴봐야 한다. 또한 사이버 공간상에서 개인 행위를 제약하고자 하는 국가의 시도를 비판하고 있는 〈사이버스페이스 독립선언문〉 내용을 통해 사회 환경 변화와 국가의 관계를 비판적으로 검토해야 한다. 이러한 논의는 비단 사이버 공간에만 국한되는 것이 아니라, 국가의 경제 개입 문제나 국가의 교육 지배 문제 등 사회 여러 분야에서 나타나고 있는 문제에도 연계시킬 수 있을 것이다.

2. 제시문 분석 및 문제 해설

제시문 (가)는 이인식 소장의 저서에 소개된 존 페리 발로의 〈사이버스페이스 독립선언서〉이다. 여기에서 존 페리 발로는 '국가'를 산업 시대의 필요에 따라 출현한 산물로만 인정하며, 이제는 그 역할이 한계에 다다랐다고 선언한다. 그는 국가란 시민들의 자발적인 동의에 의해 권력을 소지한 것인데, 새롭게 등장한 사이버 공간에서는 어느 누구도 국가의 개입을 요구한 적이 없다고 말한다. 이에 시민들은 산업화 시대의 국가가 이 새로운 영토에서 지배적인 행위자로 군림하려는 시도를 거부한다고 주장한다.

이러한 관점은 개인들의 자유로운 생각과 행동을 중시하며, 국가가 공동선을 보장하기 위해 등장했지만, 결과적으로 개인의 자유를 제약하고 시민들을 억압하고 통제하는 기제로 작용해 왔다고 주장하는 무정부주의적 입장을 대변하고 있다. 이는 정보기술이 발전하면서 사이버 공간이 사회에 미치는 영향력이 커지자 국가가 다시 이 공간에서 통제를 강화하려고 하지만, 이 영역에서만큼은 국가에게 억압받지 않겠다는 의지를 선언적으로 표명한 것으로 볼 수 있다. 이런 관점에 따르면 국가는 개인들의 생활에 최소한으로만 개입하거나, 아니면 아예 사라지는 것이 바람직하다.

제시문 (나-1)과 (나-2)는 고등학교 사회과 교과서에서 언급하고 있는 국가와 개인의 관계이다. 여기서는 개인의 완성이 결국 국가와 민족에 의해서 가능하다고 본다. 바람직한 국가 정체성을 형성할 때 개개인의 가치관도 완성될 뿐만 아니라, 국가에 대한 헌신과 개인적 희생정신이라는 말로 개인보다는 국가와 민족 공동체를 위하는 마음을 가져야 한다고 설명하고 있다. 이런 관점은 개인보다는 집단, 공동체에 무게 중심을 두는 것으로 사회적인 것, 국가와 민족적인 것에서 개인의 존재 가치를 찾고 있다.

문제 1과 문제 2는 제시문 (가)와 (나-1), (나-2)를 통해 국가의 의미에 대해 두 입장이 어떤 차이를 보이는지 밝히고, 한쪽 입장에서 다른 쪽 입장을 번갈아 비판하도록 함으로써 국가에 대해 균형 잡힌 시각을 갖추게 하려는 의도를 갖고 있다. 학생들은 어느 한쪽 편향된 관점으로 국가를 바라보는 것이 아니라, 양 입장을 고르게 이해해야 한다. 이른바 최소국가론 또는 무정부주의 입장에서 비판하고 있는 국가의 모습, 즉 강력한 국가권력 아래에서 침해받는 개인의 인권의 모습 등을 살펴봐야 한다. 또 그럼에도 불구하고 국가를 없앤다는 것이 현실적으로 가능한 것인지, 그리고 그것이 바람직한 것인지 등에 대해 비판적으로 고민해 본 뒤 개인과 국가 사이의 바람직한 관계에 대한 생각을 정립해야 한다.

문제 3은 제시문 (다)에서 정립된 관점으로 학생들이 제시문 (라) 속의 실제 한 국가의 모습을 평가하기를 요구하고 있다.

제시문 (다)는 자유민주주의 사회에서 개인의 권리와 자유가 무엇보다 중요하지만, 그런 가운데 전체와의 균형을 생각해야 한다는 『윤리와 사상』교과 내용을 담고 있다. 즉 개인을 위해 전체를 희생할 수도 없고, 그렇다고 전체를 위해 개인을 희생할 수도 없기 때문에 이 둘 사이의 균형을 잡아야 하는 것이다.

제시문 (라)는 엄격한 법 적용으로 도시국가를 꾸려 나가고 있는 싱가포르의 사례를 설명하고 있다. 싱가포르는 도시가 더러워지는 것을 막기 위해 껌을 사고파는 행위조차 법으로 막았을 정도로 사소한 일탈행위에 대해서도 엄한 벌을 내림으로써 도시 전체의 규율을 잡아 가고 있는 국가이다.

학생들은 개인의 자유, 전체의 이익 등의 관점에서 이 싱가포르의 정책을 평가해야 한다. 이때 단순히 정치 교과서나 윤리 교과서에 얽매인 상식적인 견해가 아니라, 지금까지 본 실전 논술 문제에서 다뤘던 여러 주제에 대한 고민을 종합하여 논술해야 한다. 예를 들면 이기심과 이타심 등의 인간 본성 문제, 개인과 사회의 관계를 어떻게 조화할 것인지에 대한 문제, 이성적 통제와 감성적 자유의 문제, 국가의 등장 배경, 현대 사회 자유민주주의의 의미 등을 종합적으로 고려하여 글을 쓴다면 보다 깊이 있는 내용이 전개될 수 있을 것이다.

학생 답안과 첨삭 지도의 실제(1)

학생 답안

선덕고 김석현

① 제시문 (가)와 제시문 (나)는 우선 국가의 존재에 대해 상반된 입장을 보인다. ② 먼저 제시문 (가)에서는 기본적으로 사이버 공간에서의 국가의 존재가 필요하지 않다고 말한다. ③ 국가는 구성원의 동의와 필요에 따라 존재하는 것인데, 사이버 공간에서는 자연스럽게 질서가 형성되므로 그 필요성을 느끼지 못한다는 것이다. ④ 반면 제시문 (나)는 국가의 존재를 확신하고, 국민은 그 속에서 국가 정체성을 확립해야 한다고 말한다. 이때에 개인이 국가를 위해 희생하는 것은 긍정적인 의미를 갖게 된다.

⑤ 또한 두 제시문은 국가가 수행하는 역할에 대해서도 입장을 달리한다. 제시문 (가)는 국민이 부여하지 않은 역할을 국가가 수행할 권리가 없다고 말한다. ⑥ 사회는 자유롭게 스스로 성장할 수 있다고 하는 것이다. 반면 제시문 (나)는 소속감과 공동체 의식을 바탕으로 한 집단과의 유대 속에서 개인이 의미를 가질 수 있다고 말하며 국가의 역할을 강조하고 있다.

■ 글의 개요 분석

1. 제시문 (가)는 국가의 존재에 대해 부정적 입장을 보이나, 제시문 (나)는 국가의 존재에 대해 긍정적 입장을 보인다.
2. 제시문 (가)는 국가가 수행하는 역할에 대해 회의적인 입장이나, 제시문 (나)는 국가의 역할을 매우 강조하고 있다.

사회과 첨삭 지도

김성우 선생님

논리분석

제시문 (가)의 '사이버스페이스 독립선언문'은 무정부주의 입장에 가깝고, 제시문 (나)는 집단과 공동체에 좀 더 무게중심을 놓는 입장에 가깝습니다. 이런 점에서 제시문 (가)의 국가는 시민의 동의와 필요성이 있을 때만 시민을 통제할 수 있는 정당한 권력을 부여받을 수 있습니다. 또한 사이버 공간에서는 시민들이 자발적으로 행동하여 실제 세계보다 질서정연한 문화와 윤리, 법을 만들 수 있다고 주장합니다. 이에 반해 제시문 (나)는 국가와 개인의 관계를 국가 우위의 입장에서 바라보는 입장이라 할 수 있습니다. 그러므로 국가 구성원들은 자신의 국가에 대해 강한 소속감과 정체성을 가져야 하며, 어떤 판단이나 결정을 내릴 때는 이기주의적 자세가 아니라 국가와 민족을 먼저 생각하고 실천해야 한다고 주장합니다.

③번 문장에서 국가가 구성원의 동의와 필요에 따라 존재하는 것이 아니라 국가가 구성원의 동의와 필요에 의해 그들을 통제할 수 있는 정당한 권력을 부여받는 것이라고 주장하는 것이 논리적입니다. 국가는 이미 현실 세계에서 존재하며 그 영역이 사이버 영역까지 확대되려고 하기 때문에 이

Idea Tip

■ 아나키스트 저항 운동에 대해 알아봅시다.
■ 사이버 공간에서의 국가의 의미에 대해 알
　아봅시다.
■ 국가 정체성의 의미와 장·단점에 대해 알
　아봅시다.

런 '사이버스페이스 독립선언'을 하게 된 것입니다.

③번 문장과 의미상 병렬 관계를 맞추기 위한 ④번 문장은 다음과 같이 표현하는 것이 타당하다고 생각합니다. '반면 제시문 (나)는 국가의 존재를 인정하고, 국민은 그 속에서 국가에 대한 소속감과 정체성을 확립해야 한다고 말한다. 그 이유는 국가 정체성이란 개인의 정체성의 의미를 확대한 것이므로, 국가에 소속된다는 것은 개인에게 보람과 자랑스러움을 주기 때문이다.'

제시문 (가)의 핵심적 논거는 사이버 공간에서는 시민들이 자발적으로 질서를 형성할 수 있다는 점입니다. 제시문 (나)의 핵심적 논거는 국가의 존재 의미가 개인의 존재 의미가 된다는 점입니다. 이 학생은 이 점을 두 번째 단락에서 논리적으로 잘 표현하고 있습니다.

개념분석

앞의 제시문 속에는 아나키스트 저항 운동, 사이버스페이스, 정부와 국가, 국가 공동체 의식, 민족 공동체 의식, 개인 정체성, 국가 정체성 등 다양한 의미의 용어가 사용되고 있습니다. 제시문을 독해하면서 이런 용어들에 대한 기본적 의미를 파악하지 못한다면 질문에서 요구하는 답을 할 수 없을 것입니다.

①, ②, ③번 문장의 논의와 연계하여 다음과 같은 점을 생각해 볼 수 있을 것입니다. 실제 현실 공간에는 국가가 모든 지역에 존재합니다. 그런데 사이버 공간에서 국가의 존재에 대해서는 깊이 있게 생각해 보지 않았을 것입니다. 그렇다면 사이버 공간에서도 실제 현실 공간과 같이 국가가 존재해야 할까요? 그렇지 않다면 사이버 공간은 무정부적 질서 속에 존재할까요? 이런 질문에 깊이 답하기 위해서는 '사이버스페이스'라는 것을 '가상 공간'으로 받아들이는 게 타당한지도 고민해 봐야 합니다. 우리가 '가상'이라고 할 때는 '가짜'의 의미가 큽니다. 그런데 '사이버스페이스'는 가짜로 존재하는 게 아니라 실제로 우리 현실에 많은 영향을 미치고 있는 '실제 공간'이기도 합니다. 이런 문제를 깊이 고민해 본다면 이 공간에 정부가 필요한지 여부를 판단하는 데 도움이 될 것입니다.

두 번째 단락과 같이 서술하기 위해서는 사회의 의미와 국가의 의미에 대해 명확하게 숙지하고 있어야 합니다. 사회란 일정한 경계가 설정된 영토에서 종교·가치관·규범·언어·문화 등을 상호 공유하고 특정한 제도와 조직을 형성하여 질서를 유지하고 성적 관계를 통하여 성원을 재생산하면서 존속하는 인간 집단을 말합니다. 국가란 일정한 지역·영토 내에 거주하는 사람들로 구성되고, 그 구성원들에 대해 최고의 통치권을 행사하는 정치단체이자 개인의 욕구와 목표를 효율적으로 실현시켜 줄 수 있는 가장 큰 제도적 사회조직으로서의 포괄적인 강제단체입니다. 사회와 국가는 경계가 모호하며 비교 기준에 따라 하나가 다른 하나에 소속되거나 그를 포괄하기도 합니다.

제언

두 제시문은 사이버 공간과 실제 현실 세계에서의 국가의 존재와 역할에 대해 서로 다른 입장을 표명하고 있으므로, 학생은 논거를 찾아 자신의 문장으로 잘 표현할 수 있어야 합니다. 논거는 자신의 주장을 뒷받침하는 데 이바지하여야 하며, 논리적이고 객관적이어야 합니다. 이런 면에서 앞의 학생의 글은 제시문에 대한 정확한 이해와 분석을 바탕으로 하고 있습니다. 다만 논거를 찾아 자신의 주장을 뒷받침하는 데 좀 더 정확해야 할 필요성이 있습니다. 많은 논거 중 어떤 것이 가장 자신의 주장을 논리적이고 타당하게 뒷받침할 수 있을지를 선택하는 것도 매우 중요한 사항입니다. 이 점에 주의해서 자신의 생각을 정리한다면 곧 훌륭한 논술문을 작성하게 될 것입니다.

또한 이 논제는 주어진 제시문을 비교 분석하라고 요구합니다. 500자 정도의 짧은 글을 쓰면서 다른 학생 글과 차별화되는 독창적인 글을 쓰는 것은 사실 매우 힘든 일입니다. 게다가 자신만의 생각을 쓰는 것이 아니라 주어진 제시문을 분석하라는 논제에서는 더욱 그렇습니다. 대부분 비슷한 내용을 쓸 것이기 때문입니다. 하지만 같은 내용을 쓰더라도 그것을 어떤 식으로 제시했느냐에 따라 평가는 달라집니다. 아래 총평에서도 언급했듯이 비교 분석과 요약은 다릅니다. 비교 분석은 먼저 두 제시문을 이해한 뒤 비교하기 위한 기준을 뽑아내는 것이 필요합니다. 이 기준은 제시문에 나와 있지 않습니다. 제시문 내용을 검토하는 가운데 본인이 개념적으로 뽑아내는 것입니다. 예를 들어 두 제시문에 '권력 정당성의 근거'라는 말은 명시적으로 나오지는 않지만 기술되어 있습니다. 이런 내용을 포착했다면 학생 스스로 '권력 정당성의 근거'라는 이름을 붙여 이에 대해 두 제시문이 어떻게 입장 차이를 보이고 있는지 서술한다면 더 체계적으로 글을 썼다는 느낌이 들 것입니다. 이런 기준은 여러 개가 나올 수 있겠죠. 앞으로 비교 분석 논제의 글을 쓸 때는 제시문을 요약하는 것에 머물지 말고 나름대로 기준을 세워 비교 설명해 보십시오. 이런 기준들이 나름대로 분석하는 틀이 되는 것입니다.

평가항목	등급	총평
이해 · 분석력	B	문제 1에 대해 이 학생은 국가의 '존재'와 '역할'에 한정시켜서 각 제시문을 요약하는 방식으로 비교 분석을 했습니다. 많은 학생들이 이런 식으로 비교 분석을 합니다. (가)를 요약하고, '반면' 정도의 접속어로 연결해서 (나)를 다시 요약하는 식 말입니다. 이는 엄밀히 말해 요약이지 비교 분석이 아닙니다. 좀 더 세련된 비교 분석이 되기 위해서는 먼저 비교하기 위한 기준을 뽑아내야 합니다. 즉 두 제시문이 국가의 기원, 역할 범위, 권력 정당성의 근거 등의 기준에 대해 어떤 차이를 보이는지 써 주었다면 더 수준 높은 비교 분석이 됐을 것입니다 .
논증력	B	제시문을 바탕으로 자신의 주장을 잘 뒷받침하고 있습니다. 다만 제시문 (가)에서 말하는 국가는 구성원의 동의와 필요에 의해 존재하는 것이 아니라 그 구성원으로부터 정당한 권력을 부여받는 것이라 하는 것이 더 논리적이라 생각합니다. 또한 사이버 공간에서는 단순히 질서가 자연스럽게 이루어진다고 말하기보다는 질서를 형성하는 주체들, 즉 구성원들의 자정능력을 강조해 줄 필요성이 있습니다.
창의력	B⁺	전반적으로 제시문을 논리적이고 체계적으로 분석하여 두 제시문의 입장 차이를 잘 서술했습니다. 다만 앞서 말했듯이 짧은 글에서 다른 학생보다 돋보이기 위해서는 같은 내용이라도 좀 더 체계적으로 제시하는 게 필요합니다. 이해 · 분석력 평가 항목 조언을 참고하세요.
표현력	B⁺	크게 두 부분으로 나누어 국가의 존재와 역할에 대해 입장을 정리했습니다. 대조 기법을 활용해 두 제시문을 비교하고, 균형 있는 분량으로 잘 썼습니다. 다만 어색한 문장 표현이 가끔 보이는 것이 흠입니다.

국어과 첨삭 지도

송창현 선생님

장점

앞의 학생은 두 제시문의 논지를 정확하게 이해하여 '국가의 존재와 역할'이라는 관점에서 잘 분석하고 있습니다. 또한 논지를 파악하여 이를 뒷받침할 수 있는 적절한 논거를 잘 선택하고 유의미하게 연관시키고 있습니다. 짧은 분량의 글임에도 불구하고 논지가 분명하게 드러나도록 단락을 구성하고 있으며, 대체로 짧고 간결한 문장을 사용함으로써 의미를 분명하게 전달하고 있습니다.

단점

대체로 제시문을 잘 이해하고 분석하고 있으나, 핵심 논지를 전개하기 위해 필요한 논거 선택에 있어서 좀 더 타당하고 논리적일 필요성이 있습니다. 이를 위해 논거들을 정리하고 그중 어떤 것이 가장 논지를 뒷받침하기에 적절할지를 판단하는 훈련이 필요합니다. 또한 의미를 분명하게 전달하기 위해 정확한 어휘 사용 훈련이 필요하며, 의미가 모호해질 수 있는 부분에는 적절히 쉼표를 사용하는 훈련이 필요합니다.

구성의 특징

450~500자 정도의 글은 대개 두 개 단락으로 나누어 논지를 전개해 나가는 것이 좋습니다. 물론 두 개 단락으로 꼭 나누어야 하는 것은 아니지만 분량으로 볼 때 두 개 단락 정도가 적절합니다. 더구나 문제 1은 '국가의 존재와 역할'이라는 두 가지 사항에 대해 설명하라고 하고 있기에 단락을 두 개로 나누어 전개하는 것은 타당하다고 생각합니다. 첫 번째 단락에서 국가의 존재 이유에 대한 상반된 견해를 제시하고, 두 번째 단락에서 국가의 역할에 대한 서로 다른 견해를 제시함으로써 전체 글의 균형을 잘 유지하고 있습니다.

표현

②번 문장에서 '사이버 공간에서의'의 '~의'는 불필요한 조사의 사용입니다. 삭제하는 것이 좋습니다.

③번 문장에서 서술한 것처럼 국가가 구성원의 동의와 필요에 따라 존재하기도 하고 사라지기도 한다는 것은 현실에서는 매우 희박한 일입니다. 이는 최초의 국가가 생길 때의 논의라고 할 수 있습니다. 그리고 사이버 공간에서는 자연스럽게 질서가 형성되기 때문에 국가의 필요성을 못 느끼는 것은 아닙니다. 존 페리 발로는 구성원들이 자발적으로 질서를 형성하고 도덕과 법을 만들어 지키기 때문에 국가가 필요치 않다고 말합니다. 곧 타자에 의해서가 아니라 구성원 스스로가 할 수 있다는 점이 중요합니다. 이는 구성원들 스스로가 질서를 유지할 수 있기에 국가의 통제가 필요하지 않다는 것입니다.

→ '국가 권력의 정당성은 구성원의 동의와 필요성에 의해 주어지는데, 사이버 공간에서는 구성원들이 자발적으로 질서를 유지하고 형성하므로 국가 권력의 필요성을 느끼지 못한다는 것이다'로 바꾸는 것이 좋겠습니다.

④번 문장에서 국민이 국가 정체성을 확립해야 하는 이유에 대한 구체적 언급이 없습니다. 개인이

국가를 위해 희생하는 것이 긍정적이라는 의견에 대한 좀 더 구체적인 이유를 들어 주는 것이 글의 논지를 더욱 강화하는 방법이 됩니다.

→ '반면 제시문 (나)는 국가의 존재를 확신하고, 국민은 그 속에서 국가 정체성을 확립해야 한다고 말한다. 이에 따르면 국가 정체성은 곧 개인 정체성의 확대의 모습이며, 이를 통해 개인은 국가에 대해 보람과 자랑스러움을 느낄 수 있기 때문이다' 로 바꾸는 것이 좋겠습니다.

⑤번 문장에서 '역할' 과 '수행할 권리' 는 각각 문맥에 맞게, '권한' 과 '행사할 권리' 로 바꾸어야 합니다.

⑥번 문장은 의미가 분명하게 전달되는 매끄러운 표현입니다.

제언

제시문을 분석해서 그 속의 필자의 입장을 정리하여 표현하는 것은 논술의 기본이라 할 수 있습니다. 대체로 제시문을 객관적으로 잘 분석하였으며, 필자의 입장을 논리적으로 표현하고자 노력하였습니다. 다만 제시문의 논지를 파악한 후 그것을 보강하는 논거를 선택함에 있어 가장 적절하고 타당한 논거를 선택하는 훈련이 필요하다고 생각합니다. 또한 자신이 표현하고자 하는 의미를 가장 쉽고 정확하게 전달할 수 있도록 문장을 간결하고 정확하게 쓰는 연습을 할 필요가 있습니다. 이런 훈련은 평소 교과서 속 학습활동에 대해 짧은 글로 답하는 방법으로도 충분히 가능하리라 생각합니다.

평가항목	등급	총평
이해·분석력	A	대체로 두 제시문 속에 나오는 논지를 잘 파악하고 있습니다. 제시문 (가)는 존 페리 발로의 말을 통해 사이버 공간에서의 국가의 존재와 역할의 의미를 정확하게 파악해야 합니다. 이와 함께 제시문 (나)에서는 국가와 개인의 관계를 국가 정체성의 의미 속에서 파악해야 합니다. 앞의 학생은 이런 점들을 잘 지적하고 있습니다.
논증력	B	주장과 함께 그 주장을 뒷받침하는 논거가 적절하게 나타나고 있습니다. 다만 문제 1의 경우는 제시무의 입장을 최대한 객관적으로 분석하여 정리하는 것이기에 제시된 논거를 최대한 활용하여 주장을 뒷받침하면 됩니다. 전반적으로 논거를 잘 파악하고 있습니다.
창의력	B⁺	제시문의 입장을 정리하는 문제 1과 같은 유형의 문제에서 창의력이란 새로운 예를 들거나 새로운 주장을 하는 것이 아닙니다. 이 경우 창의력이란 주어진 논거를 얼마나 타당하고 논리적으로 연결하여 자신의 주장을 뒷받침하는가로 나타납니다. 학생은 이런 점을 잘 반영했다고 생각합니다.
표현력	B	짧은 분량의 글이기에 '국가의 존재와 역할' 이라는 두 가지 기준을 두 단락으로 나누어 잘 표현하고 있습니다. 문장도 대체로 간결하게 표현하고 있으나, 어휘를 정확하게 사용하지 못한 것과 의미가 모호한 부분에 쉼표 등을 적절하게 사용하지 못한 것이 아쉬움으로 남습니다.

| 학생 답안과 첨삭 지도의 실제(2)

학생 답안

■ 글의 개요 분석

1. 제시문 (나)의 입장은 국가의 경계가 사라지고 있는 오늘날 세계화의 추세로 볼 때 비판받을 수 있다.

2. 제시문 (가)의 입장은 약육강식과 경쟁의 질서가 지배하며, 인간은 공동체 속에서 의미를 가지는 존재라는 점에서 비판받을 수 있다.

① 제시문 (가)의 관점에서 제시문 (나)는 시대에 맞지 않는 내용이 될 수 있다. ② 사회의 범위가 전 지구적으로 넓어진 현대 사회에서 국가와 민족은 큰 의미를 갖지 못하기 때문이다. ③ 따라서 국민이 국가 정체성을 확립하고 국가와 민족을 우선시해야 한다는 내용은 옳지 않다. ④ 또한 국가 정체성을 확립한 개인은 다른 국가와 민족에 대해 배타적일 수 있으므로 국경이 사라진 현대 사회를 살아가는 데 걸림돌이 될 수 있는 것이다.

제시문 (나)의 관점에서는 제시문 (가)의 내용에서 말하는 자유를 따를 때 나타나는 문제를 지적할 수 있다. ⑤ 제시문 (가)에서는 자유를 통해 자연스럽게 질서가 형성되고 인도적이고 공평한 세계가 될 수 있다고 말한다. 그러나 여기서 말하는 질서는 약육강식과 경쟁의 원리가 지배하는 질서로, 인도적이거나 공평할 수 없는 것이다. ⑥ 또 인간은 공동체 속에서 의미를 갖는 존재이므로 국가가 필요하지 않다는 내용은 잘못이며, 그 속에서 이기적인 자세가 아닌 함께 공존하려는 자세를 가지려 해야 하는 것이다.

사회과 첨삭 지도

논리분석

각각의 입장에서 상대방의 입장을 비판할 때는 각 제시문의 관점을 견지하면서, 논거가 논리적이고 타당해야 합니다.

학생 글에서 제시문 (가)의 관점에서 제시문 (나)의 관점을 비판하고 있는 논거를 요약하면 다음과 같습니다. '사회의 범위가 전 지구적으로 넓어지고 있는 현대 사회에서 국가 정체성을 강하게 확립하는 것은 사회를 살아가는 데 걸림돌이 된다'는 것입니다. 다음으로 제시문 (나)의 국가 정체성을 강하게 확립하자는 관점에서 제시문 (가)의 '사이버스페이스 독립선언문'의 관점을 비판하고 있는 논거를 요약하면 다음과 같습니다. '사이버 공간의 질서는 약육강식과 경쟁의 원리에 의한 질서가 지배하며, 공동체가 존재하지 않는 사이버 공간에서 인간은 의미를 찾을 수 없다'는 것입니다.

각 제시문의 내용을 바탕으로 다른 제시문 주장을 비판하기 위해서는 각 제시문의 핵심 논거를 뽑아내는 것이 필요합니다. 앞서 말했듯이 제시문을 비교 분석하기 위해서는 기준을 제시해야 합니

Idea Tip

- 사이버 공간의 특성에 대해 다각적으로 알아
  봅시다.
- 주장의 타당성과 신뢰성에 대해 알아봅시다.

다. 예를 들어 (가)와 (나)가 '사회의 유지 방법'이라는 분석 기준과 관련해서 서로 다른 입장을 보인다고 분석했다 합시다. (가)는 인간의 능동적, 자율적 본성과 능력에 대한 믿음을 바탕으로 한 '자율적 조정'을 강조한 반면, (나)는 인간의 수동적, 이기적, 타율적 본성상 자연 그대로 두면 약육강식 상태가 될 것이기 때문에 강력한 통제로 사회 질서를 유지할 수 있다는 입장에서 '타율적 강제'를 강조했다고 분석할 수 있습니다. 이런 비교 분석을 했다면 (가)의 관점에서 (나)를 비판할 때도 이런 핵심 논점을 중심으로 진행할 수 있습니다. 가령 '(나)는 인간을 수동적인 존재로 보고 강압적인 방법에 의해서만 통제될 수 있다고 주장함으로써 자율적이고 능동적인 인간의 가능성을 무시했다'는 식이 될 겁니다. 즉, 각 제시문이 강조하는 바를 중심으로 다른 한쪽을 비판한다면 보다 일관적인 글이 될 것입니다. 세계화 시대에 국경의 의미가 사라졌다는 얘기는 (가)에서 언급하고 있는 내용이 아니라는 것을 기본적으로 인식하시기를 바랍니다.

①번 문장은 사회의 범위가 전 지구적으로 넓어진 현대 사회에서 국가와 민족이 큰 의미를 갖지 못하는 이유가 분명하지 않습니다. 교통과 통신의 발달로 국가 간의 거리가 좁아졌고, 하나의 국가 속에 다양한 문화와 생활방식이 존재하며, 전 지구적 문제를 공동으로 해결하는 등의 구체적인 논거를 바탕으로 주장이 전개되어야 합니다.

하지만 세계화가 진행되는 가운데 국가 간, 민족 간 대립과 경쟁도 거세지는 등 국가와 민족의 의미가 과거보다 더 커졌다는 반론도 있을 수 있습니다. 그러므로 ③번 문장과 같이 너무 단편적인 시각으로 상대방의 의견이 옳지 않다고 주장하지 말고, 예상 가능한 반론을 고려하여 이를 극복할 수 있는 논거를 찾을 수 있게 깊이 고민해 봐야 합니다.

⑤번 문장과 같이 사이버 공간에서의 자유를 통한 질서는 약육강식과 경쟁의 원리가 지배하는 질서이고 인도적이거나 공평할 수 없다는 주장은 극단적인 일반화라 할 수 있습니다. 모든 주장은 적절한 논거가 뒷받침될 때 타당성을 확보할 수 있습니다. 인터넷 공간의 무차별 인신공격이라든지, 사이버 범죄 등의 구체적 사례를 통해 자신의 주장을 전개해 나갈 때 주장은 신뢰성과 타당성을 얻을 수 있게 됩니다.

개념분석

이 학생의 글에는 사이버 공간에서 국가의 존재가 필요하지 않음을 실제 현실 세계의 전 지구적 추세로 설명하고 있습니다. 이는 사이버 공간과 실제 현실 세계의 특성을 정확하게 이해하지 못한 것 같습니다. 사이버 공간은 단순히 실제 현실 세계의 전 지구적 추세와는 다른 속성을 지니고 있습니다. 사이버 공간에서는 현실 세계와는 달리 국가적 경계가 처음부터 명확하게 존재하지 않습니다. 그래서 사이버 공간을 시간과 공간이 응축된 공간으로 파악하기도 합니다. 사이버 공간에서 사용되는 언어를 제외하면 사이버 공간의 상당 부분은 어디든지 유사하거나 동일하다고 할 수 있습니다. 그리고 실제 현실 세계보다 훨씬 쉽게 의사소통이 가능하며 정보 교류도 가능합니다. 이러한 점들이 사이버 공간에서 쉽게 국가가 존재하지 못한다고 느끼는 이유가 되기도 합니다.

따라서 사이버 공간이 가지는 특징에 대해 좀 더 깊이 있는 학습을 해 볼 필요가 있습니다. 사이버 공간은 오늘날의 우리들의 삶과 밀접히 관련될 뿐만 아니라, 현실 공간의 일이나 인간관계가 점차 사이버 공간으로 확산되는 등 그 중요성이 커지고 있습니다. 이런 점에서 사이버 공간의 특성, 그 속에서 맺는 상호작용과 공동체의 의미 등은 대학 논술 문제에서도 많이 다루고 있는 제재입니다.

제언

제시문 속의 핵심 논지는 정확하게 이해하고 그 입장을 정리하고 있습니다. 그리고 단락을 두 개로 나누어 상대편의 입장을 논리적으로 비판하려고 하고 있습니다. 각 단락의 비중도 균형 있게 잡아서 글의 안정감을 주고 있습니다. 하지만 각각의 주장을 뒷받침할 수 있는 구체적 논거를 제시하는 능력이 부족합니다. 단순히 주장만 나열하는 글은 설득력을 얻기 어렵습니다. 그런 점에서 제시문의 핵심적인 주장을 파악한 후 그를 뒷받침할 수 있는 논거를 구체적으로 찾아낼 수 있어야 합니다. 이와 함께 주장이 너무 극단적으로 흘러가지 않도록 주의해야 합니다. 한쪽의 주장을 강하게 내세우기 위해 상대방의 입장을 극단적인 방향으로 몰고 가지 않도록 해야 합니다. 이는 오히려 자기 주장의 신뢰성을 떨어뜨리는 역효과를 가져올 수 있습니다. 논리적으로 탄탄한 글을 쓰기 위해서는 자신의 주장에 대해서 예상할 수 있는 반론을 생각해 보고, 그것을 다시 극복하는 논리를 이끌어 내면서 생각의 힘을 키워야 합니다. 이러한 점들을 평소에 의식적으로 염두하고 글을 쓴다면 좋은 글을 쓸 수 있을 것으로 생각합니다.

평가항목	등급	총평
이해 · 분석력	B	각 제시문 관점에서 다른 제시문을 비판하라고 했습니다. 이는 기본적으로 각 제시문의 기본 주장을 토대로 비판하라는 것입니다. 그런데 이 글은 제시문의 핵심 논지를 뽑아 논리를 전개하기보다는 본인이 갖고 있는 일반적인 생각을 토대로 비판하고 있습니다. 가령 (가)의 관점으로 (나)를 비판할 때는 '시대에 맞지 않는다'는 것보다는 (가)에서 언급하고 있는 내용, 독재, 강제적 방법, 시민의 동의, 자율성에 대한 믿음 등의 내용 중 중요하다 생각하는 것을 뽑아 비판하는 것이 좋습니다.
논증력	C	여러 사안을 나열하고 있습니다. 그러다 보니 주장에 대한 논거가 약합니다. 예를 들어 세계화 시대에 국가나 민족이 큰 의미를 갖지 못한다고 했는데 왜 그런지 이유 설명이 없습니다. 또한 자율적인 조정이 힘들며 약육강식만이 나타날 것이라 했는데, 이런 주장을 펴려면 그 앞에서 인간 본성은 이기적이라는 등의 적절한 설명이 나와 줘야 합니다.
창의력	B	각 주장에 대한 반대 논거를 제기하려면 창의적인 사고가 필요합니다. 하지만 창의성은 논지를 훼손하지 않는 범위 내에서 이루어져야 합니다. 이런 점에서 앞의 글은 논지에서 벗어난 면이 다소 보입니다.
표현력	B	두 개의 단락으로 나누어 논지를 전개해 나가고 있습니다. 첫째 단락은 세계화와 배타성이라는 두 내용으로 구성됐는데, 한 가지 내용만을 담는 게 좋습니다. 특히 짧은 글에서는 여러 내용을 나열하기보다는 하나를 깊이 있게 고찰하는 게 좋을 듯합니다. 의미가 모호한 문장이 가끔 보이는 것도 아쉬움으로 남습니다.

국어과 첨삭 지도

장점

제시문 (가)와 (나)의 입장을 정리한 후 그 논리적 흐름에 맞는 논거를 찾고 있습니다. 비록 추상적인 면에서 그치고 있지만 주장을 뒷받침하려는 논거를 찾으려 했다는 점에서는 긍정적으로 평가할 수 있습니다. 그리고 문장 간의 자연스러운 연결을 고려하여 적절한 연결어와 접속어를 사용하고 있는 점도 높이 평가할 수 있습니다. 또한 글의 전체적인 분량을 고려하여 단락별 분량도 균형 있게 잘 유지하고 있습니다.

단점

주장을 제시할 때는 논거의 제시가 반드시 있어야 합니다. 물론 이 논거는 일반적이고 추상적이기보다는 특별하고 구체적인 것이 좋습니다. 이는 주장에 대한 깊이 있는 생각에서부터 시작되는 것으로 창의력과도 밀접한 연관을 맺고 있습니다. 그런 점에서 이 학생의 글은 구체적이고 창의적인 논거 제시 부분에 아쉬움이 남습니다. 이와 함께 상대방의 주장을 비판할 때는 상대방의 특수하고 예외적인 부분을 비판하기보다는 일반적이고 핵심적인 논거를 비판할 수 있어야 합니다. 마지막으로 논거가 항상 주장과 밀접한 관련을 맺고 있는지를 확인해 보아야 합니다. 그렇지 않을 때는 주장과 논거가 유기적으로 구성되지 못해 글의 통일성을 저해하게 됩니다.

구성의 특징

학생의 글은 두 개의 단락으로 구성되어 있습니다. 첫 번째 단락은 사이버 공간에서 국가는 더 이상 필요하지 않는다는 관점에서 제시문 (나)의 강한 국가 정체성 확립이라는 관점을 비판하고 있습니다. 비판의 논거는 전 지구적 현상의 출현으로 인해 국가와 민족의 의미가 사라져 가고 있다는 것입니다. 두괄식 구성을 취하여 주장에 따른 상세 설명을 해나가는 방향으로 단락을 구성하고 있습니다. 두괄식 구성을 취하게 되면 주장이 분명하게 먼저 제시되기 때문에 읽는 사람이 주장을 파악하기 쉽다는 장점이 있습니다.

두 번째 단락은 사이버 공간에서 자유가 가지는 한계와 사회적 동물로서의 인간의 특성을 통해 국가의 존재가 필요함을 역설하고 있습니다. 이 단락 역시 두괄식 구성을 취함으로써 자신의 주장을 분명하게 제시하고 있습니다. 두괄식 구성은 뒷받침 문장이 논리적이고 타당할 때 주제가 돋보일 수 있습니다. 이에 반해 학생 글은 뒷받침 문장의 논리성이 조금 떨어지는 면이 아쉬운 점이라 하겠습니다.

표현

①번 문장의 '제시문 (가)의 관점에서'는 서술어가 생략되어 있습니다. '제시문 (가)의 관점에서 볼 때'로 고쳐 주어야 합니다.

②번 문장에서는 뒤 문맥을 고려할 때 '전 지구적으로 넓어진'보다는 의미를 좀 더 구체적으로 보강할 수 있는 말이 필요합니다.

→ '사회의 범위가 국가를 뛰어넘어 전 지구적으로 넓어진 현대 사회에서 ~'

③번과 같이 서술하기 전에 '국가와 민족을 우선시할 경우 불이익이 있는가? 국가와 민족이 큰 의미를 갖지 못한다고 해서 국가와 민족을 우선시하는 것은 비난받을 일인가?' 이에 대한 반론을 생각해 보아야 합니다. 또한 이 주장은 옳고 그름의 문제가 아니라 타당성과 적절성의 문제라고 생각합니다.

상대방의 일반적이고 핵심적인 논거를 비판해야 자신의 주장이 신뢰성과 타당성을 확보할 수 있게 됩니다. ④번 문장과 같은 논거는 극단적인 정체성이 확립될 때와 관계됩니다.

⑤번 문장에서는 논리적으로 비약이 이루어지고 있습니다. 연결고리가 자연스럽게 이루어지기 위

해서는 논리적 단계를 거쳐서 주장이 이루어져야 합니다.

⑥ 국가가 없다고 해서 공동체적 삶 역시 존재하지 않는 것은 아닙니다. 명확한 의미 전달이 필요합니다. '~ 국가가 필요하지 않다는 내용은' → '~ 국가가 필요하지 않다는 (가)의 내용은' 또한 주술관계의 호응에 주의해야 합니다. '또 인간은 ~ 자세를 가져야 한다.' → '또 인간은 ~ 자세를 가지려 해야 한다는 것이다.'

제언

논제의 특성상 제시문에 대한 정확한 이해와 함께 창의적이고 논리적인 논거의 제시가 중요한 부분을 차지합니다. 그렇기 때문에 자신의 주장을 밝힌 후에는 상대방의 주장을 비판적으로 검토하여 자신의 주장의 보강 논거로 삼을 수 있어야 합니다. 상대방의 약점이 내 주장의 강점이 될 때 주장은 신뢰성과 타당성을 확보하게 됩니다. 이런 면에서 볼 때 학생은 자신의 주장은 잘 내세우고 있으나 상대방의 주장과 논거를 비판적으로 바라보는 능력은 조금 부족합니다. 이 점이 계속 보완될 수 있다면 더욱 탄탄한 논리성을 확보할 수 있을 것입니다.

평가항목	등급	총평
이해 · 분석력	A	두 제시문의 입장은 잘 파악했으나, 그 입장들을 뒷받침할 수 있는 논거를 분석하는 데는 부족함이 보입니다. 이런 문제 유형은 제시문의 논지를 정확히 분석한 후 그것을 보강할 수 있는 논거를 제시문과 자신의 배경지식 속에서 찾아내는 것이 핵심이라 할 수 있습니다.
논증력	B⁺	주장의 타당성을 입증하기 위해 사용하고 있는 논거가 일반적이고 추상적입니다. 주장의 논거가 추상적으로 전개되면 주장에 대해 완벽하게 이해하지 못하고 있다는 인상을 줍니다. 평상시에 구체적인 논거를 생성하는 훈련이 필요합니다.
창의력	B	창의력과 논증력은 매우 밀접한 연관을 맺고 있습니다. 단순히 창의력만 있는 글은 좋은 글이 되기 어렵고, 뻔한 논거를 통해 자신의 주장을 전개해 나가는 글도 좋은 글이라 할 수 없습니다. 또한 창의력은 주장에 대한 깊이 있는 사고가 있어야만 나올 수 있습니다. 이는 구체적 논거를 생성하는 훈련과 일맥상통합니다.
표현력	B⁺	문장과 문장 사이에 적절한 접속어를 사용하여 문맥을 자연스럽게 전개해 나가고 있습니다. 단락 구분도 적절하며, 대체로 평이한 어휘를 사용해 의미를 쉽게 전달하려고 노력하고 있습니다.

학생 답안과 첨삭 지도의 실제(3)

학생 답안

선덕고 오영은

① 국가의 통제 수단인 법과 제도는 직접적으로 개인의 자유 보장을 명시하는 것일 수도 있지만 싱가포르의 '클린 앤 그린' 정책처럼 개인의 행동을 제약하는 것일 수도 있다. ② 이러한 정책은 단순히 개인의 자유를 억압하는 것으로 보이기 쉽다. ③ 하지만 이러한 규제들은 개인주의를 지향하는 가운데 허용되는 것으로 바람직한 통제라고 할 수 있다. ④ 개인주의적 사고방식을 바탕으로 개인의 인권과 자유를 중시하는 사회가 도래하면서 동시에 다른 사람의 그것 또한 존중하려는 공동체적 태도가 형성된 것이다. ⑤ 이런 점에서 싱가포르의 '클린 앤 그린' 정책은 미래 사회에 알맞은 제도를 실현한 좋은 사례가 된다고 할 수 있다. ⑥ 개인이 자유를 누리면서 간과할 수 있는 사회 환경, 공익적 측면을 공식적으로 통제함으로써 개인의 자유를 보다 안전하고 확실하게 보장할 수 있도록 하였기 때문이다.

■ 글의 개요 분석

1. '클린 앤 그린' 정책은 허용될 수 있는 바람직한 통제이다.
2. 현대 사회는 개인의 자유와 함께 타인을 존중하는 사회로 변화하고 있고, '클린 앤 그린' 정책은 이에 부합한다.
3. '클린 앤 그린' 정책은 공익을 추구하기에 개인의 자유를 더욱 보장할 수 있다.

사회과 첨삭 지도

김성우 선생님

논리분석

'개인의 자유와 국가의 통제'라는 문제는 국가가 생긴 이래 지속적으로 논쟁이 되고 있는 문제입니다. 개인의 자유를 무제한으로 보장하다 보면 국가가 질서를 유지하기 어려울 것이고, 반대로 국가가 엄격한 통제를 하게 되면 그 속의 개인은 자유와 기본권을 침해받게 될 것입니다. 현대 사회로 올수록 국가는 개인의 기본권을 최대한으로 보장하고 국가의 전체 질서를 해치지 않는 선에서 자유를 제한하고 있습니다. 하지만 여전히 자유를 침해받는 영역은 존재하며 그런 영역에 대해 얼마나 합리적으로 평가할 수 있느냐가 이번 질문의 핵심이라 하겠습니다.

①은 '통제수단'이라는 말에서 이미 법과 제도를 부정적으로 본다는 뉘앙스가 풍기기 때문에 이를 삭제하는 것이 좋겠습니다. ②는 ①번 문장의 뒷부분과 중복됩니다. ①과 ②를 다음과 같이 학생의 의도가 잘 드러나도록 고치면 더 자연스럽겠습니다.

→ '법과 제도는 개인의 자유 보장을 직접적으로 명시하기도 하지만 개인의 자유를 제약하기도 한다. 싱가포르의 '클린 앤 그린' 정책은 과도하게 개인의 자유를 억압하는 것으로 보인다.'

③번 문장에서는 규제가 허용되는 논거가 구체적으로 드러나지 않습니다. 주장은 있으나 타당한

Idea Tip

- 개인의 기본권에 대해 알아봅시다.
- 개인의 자유가 제한될 수 있는 사유에 대해 알아봅시다.
- 규정이나 규칙이 엄격하게 적용되는 사회와 느슨하게 적용되는 사회를 찾아 비교해 봅시다.

논거가 뒷받침되지 않습니다. 다음과 같이 근거를 들어 줍니다.

→ '하지만 이 정책은 개인의 자유에 어느 정도 제약을 가하고 있으나, 더 큰 공익을 보장하기 위한 제약이라는 점에서 바람직한 통제라 할 수 있다.'

④번 문장에서 '클린 앤 그린' 정책을 긍정적으로 평가함으로써 이 시대가 개인주의적 태도와 함께 공동체적 태도를 형성하게 되었다고 평가하고 있습니다. 하지만 이는 논리적으로 지나칠 뿐만 아니라 성급한 일반화의 오류를 범하고 있습니다. 또한 전체 논지를 고려해 볼 때 불필요한 문장입니다.

⑤번 문장에서는 미래 사회가 어떤 모습인지에 대해서는 언급하지 않은 채 단지 '클린 앤 그린' 정책이 알맞은 정책이 될 것이라고만 말하고 있습니다. 논지를 흩뜨리지 않는 범위 내에서 아래와 같이 미래 사회의 특징을 간략히 언급해 줄 필요가 있습니다.

→ '이런 점에서 싱가포르의 '클린 앤 그린' 정책은 개인주의를 지향하면서도 공동체적 삶의 방식을 중시하는 미래 사회에 알맞은 정책이 될 것이다.'

⑥번 문장에서는 사회 환경과 공익적 측면을 공식적으로 통제함으로써 개인의 자유가 보다 안전하고 확실하게 보장될 수 있는지에 대한 논리적 설명이 필요합니다. 사회 환경이 구체적으로 무엇을 말하는지, 공익적 측면이란 어떤 부분을 이야기하는지에 대한 구체적 언급도 필요합니다.

개념분석

①번 문장에서는 '법', '제도', '정책'이라는 용어를 정확하게 사용해야 합니다.

제도란 사회의 성원 사이에서 여러 가지 생활영역을 중심으로 한 규범이나 가치체계에 바탕을 두고 형성되는 복합적인 사회규범의 체계를 말합니다.

정책이란 정부 · 단체 · 개인의 앞으로 나아갈 노선이나 취해야 할 방침을 말합니다. 그러나 일반적으로는 정부 또는 정치단체가 취하는 방향을 가리킵니다.

이를 통해 볼 때 제도에는 정책이 포함되지 않습니다. 그러므로 앞의 문장은 의미의 병렬 관계가 형성되지 않습니다.

→ '국가는 정책을 통해 직접적으로 개인의 자유를 보장하기도 하지만 싱가포르의 '클린 앤 그린' 정책처럼 개인의 자유를 제약하기도 한다.'

⑥번 문장에서는 '사회 환경'이라는 용어의 정확한 의미를 알고 사용해야 합니다.

사회 환경이란 자연환경에 대응하는 사회적인 조건의 총칭으로 일반적으로 풍토 · 기후 등의 자연환경(물리적 환경)을 기초로 하여 인간이 만들어 낸 제도 · 조직 · 계급 · 풍습 · 규범 등을 말합니다.

제언

제시문의 내용을 이해하고 그 속에서 하나의 입장을 선택한 뒤 실제 현실 세계의 모습을 비판하는 문제 유형입니다. 이런 유형의 문제를 풀기 위해서는 우선 제시문 속에 나타나는 관점들을 정확히 이해한 후 자신이 타당하다고 생각하는 입장을 선택해야 합니다. 그런 후 실제 현실 세계의 구체적 모습을 하나하나 분석하고 비판한 뒤 종합적으로 자신의 입장을 정리해야 합니다. 이러한 일련의 과정을 논리적으로 잘 수행할 수 있어야 글쓰기가 완성됩니다. 이런 점에서 학생은 제시문을 분석하고 이해한 후 입장을 선택해서 글을 쓰고 있으나 실제 현실 세계의 구체적 모습을 분석하는 데는 조금 아쉬움이 남습니다. 싱가포르 '클린 앤 그린' 정책의 세부적인 항목들에도 관심을 가졌다면 더욱 논리적이고 타당한 글이 되었으리라 생각합니다.

또한, 글을 쓸 때는 자신의 주장이 명확히 드러나는 것이 좋습니다. 학생 글을 끝까지 읽어 보면 싱가포르 정책이 자유를 제한하는 듯 보이지만, 이것은 더 큰 자유를 보장하기 위함이라는 것을 알 수 있습니다. 이런 주장을 명확히 하기 위해서는 도입 부분에서 이런 관점의 글을 쓸 것이라는 것을 명쾌하게 드러내는 것이 좋습니다. 예를 들어 제일 첫 부분에서 '국가의 통제 수단인 법과 제도는 직접적으로 개인의 자유 보장을 명시하는 것일 수도 있지만 싱가포르의 클린 앤 그린 정책처럼 개인의 행동을 제약하는 것일 수도 있다' 처럼 쓰기보다는 '싱가포르의 정책은 시민의 더 큰 자유와 이익을 보장하기 위한 정책이다' 와 같이 본인이 주장하는 바를 명시적으로 밝히는 게 좋습니다. 그런 뒤에 이 정책이 개인의 자유를 엄격히 제한하고 있지만, 이는 더 큰 복지를 보장하기 위한 것임을 논술하는 식으로 진행되면 더 힘 있는 글이 될 것입니다.

평가항목	등급	총평
이해 · 분석력	B	'개인의 자유와 국가의 통제' 관점으로 비평하라고 했습니다. 이는 자유를 추구하는 인간, 그럼에도 그것을 통제할 수밖에 없는 사회, 그렇다면 통제는 어느 수준까지 진행되어야 하는지, 그것은 절대 예외가 없는 것이어야 하는지 등을 깊이 고민한 뒤 싱가포르 정책을 평가하라는 것입니다. 학생 글은 이에 대한 깊이 있는 고민이 보이지 않고, 단순히 개인과 사회의 이익이 조화되어야 하는데 싱가포르 정책이 바로 그런 것이라고 막연하게, 당연하게 주장하고 있어서 아쉽습니다.
논증력	B+	이 학생은 '사회 공동체적 삶의 자세' 를 강조하는 입장에서 싱가포르의 '클린 앤 그린' 정책을 옹호하고 있습니다. 이러한 주장을 뒷받침하는 논거로 지금의 시대가 개인주의적 삶뿐만 아니라 사회 공동체적 삶도 함께 중시하며, 그것이 개인의 자유를 더욱 보장하게 할 것이라는 점을 제시하고 있습니다. 주장에 대한 논거가 뒷받침되고 있다는 점은 긍정적으로 평가할 수 있지만, 논거들이 일반적이고 추상적인 수준에서 그치고 있는 점은 아쉽습니다. 또한 논거들이 명확하게 드러나지 못한 점도 아쉽습니다.
창의력	B	자신의 주장을 미래 사회의 모습과 연결지어 설명하려고 하는 부분은 창의적이라 할 수 있으나, 왜 그렇게 연결되는지에 대한 구체적 이유가 드러나지 않고 있습니다. 주장과 근거의 연결고리를 명확하게 할 수 있다면 좋은 점수를 받을 수 있을 것입니다.
표현력	B+	'법' , '제도' , '정책' , '개인주의' , '공익' 이라는 사회 용어를 사용하여 자신의 주장을 효과적으로 표현하려고 하고 있습니다. 그런데 '제도' 와 '정책' 을 같은 의미로 사용하고 있는 것처럼 용어를 적절하게 사용하지 못한 예가 보입니다.

국어과 첨삭 지도

송장현 선생님

장점

글의 시작에서 법과 제도의 두 가지 면을 설명하면서 자연스럽게 '클린 앤 그린' 정책의 이야기로 화제를 이끌어 나가고 있습니다. 그리고 이 정책에 대해 독자가 가질 수 있는 부정적 인식을 먼저 해소시켜 줌으로써 자신의 주장대로 정책을 긍정적으로 평가할 수 있게 하고 있습니다. 또한 현대 사회의 정책 방향이 그와 일치한다고 말함으로써 자신의 주장을 뒷받침하고 있습니다. 마지막으로 자유의 통제를 공익의 목적으로 전환하고 그것이 개인의 자유를 한층 더 보장하는 것이라고 변증법적으로 통합하고 있습니다.

단점

자신의 주장을 논리적으로 펼칠 때 가장 중요한 것은 구체적 논거의 제시입니다. 이를 위해서는 제시문에 대한 체계적인 분석이 이루어져야 합니다. 질문의 요지가 싱가포르의 '클린 앤 그린' 정책에 대한 비평이기 때문에 정책이 가지고 있는 세부적인 항목을 체계적으로 비평할 수 있어야 합니다. 이를 통해 자신의 결론을 종합해야 합니다. 이 점에 비추어 볼 때 학생의 글은 제시문 (라)에 나타나는 '클린 앤 그린' 정책에 대한 평가가 너무 포괄적이고 추상적으로 이루어지고 있습니다. 이는 곧 자신의 주장이 추상적으로 흐를 수 있는 위험성을 내포하게 됩니다.

구성의 특징

이 학생은 정책에 대한 긍정적 입장에서 글을 쓰고 있습니다. 글의 서두에서 예상되는 반론에 대한 보충 설명을 통해 자신의 주장을 보강하고 있습니다. 하나의 단락이지만 정책에 대한 일관된 입장을 유지하고 있고, 선 주장, 후 논거 제시의 방법으로 전체 글을 구성하고 있습니다.

표현

①번 문장은 '~일 수도 있다'는 표현으로 인해 전달하고자 하는 의미가 분명하지 않습니다. 논지를 고려할 때 다음과 같이 바꾸는 것이 자연스럽습니다.

→ '국가의 통제 수단인 법과 제도는 직접적으로 개인의 자유를 보장하고 있는 것도 있지만 싱가포르의 '클린 앤 그린' 정책처럼 개인의 행동을 제약하는 것도 있다.'

②번 문장은 추상적인 진술입니다. 구체적으로 성격을 규정해 주는 것이 좋습니다.

→ '이런 정책은 개인의 자유를 통제하는 성격을 가지고 있다.'

④번 문장은 보다 간결하고 분명하게 바꾸어 의미를 명확하게 전달할 수 있어야 합니다.

→ '이는 우리 사회가 개인의 자유 못지않게 개인이 속한 공동체적 삶도 소중하게 생각하고 있다는 것을 보여 준다.'

⑤번 문장에서 주어인 '정책은'과 서술어인 '사례가 된다'의 호응이 자연스럽지 않습니다.

→ '이런 점에서 싱가포르의 '클린 앤 그린' 정책은 미래 사회에도 알맞은 정책이 될 것이다.'

⑥번 문장에서 '사회 환경, 공익적 측면을 공식적으로 통제함으로써'라는 문장의 의미가 분명하게 전달되지 않고 있습니다. '때문이다'와 호응할 수 있는 부사어가 필요하며, '사회 환경, 공익적 측면'은 단어를 병렬적으로 잘 배치해야 합니다.

→ '왜냐하면 개인이 자유를 누리면서 간과할 수 있는 사회 환경적 측면과 공익적 측면을 국가가 보호함으로써 그 속에서 개인의 자유가 보다 안전하고 확실하게 보장될 수 있기 때문이다.'

제언

하나의 입장을 선택한 후 구체적 현상을 비평하는 유형은 분명한 입장의 선택이 우선순위이며, 구체적 현상을 체계적으로 비평하는 것이 후 순위입니다. 이런 과정으로 볼 때 이 학생의 글은 전반적으로 이런 과정을 잘 준수하면서 자신의 주장을 전개하고 있습니다. 다만 구체적 현상의 비평에 있어서 좀 더 체계적이고 분석적인 방법으로 논리를 펼쳐 나가지 못한 것이 아쉬움으로 남습니다. 또한 주장이 명확하게 전달되기 위해서는 문장의 의미가 분명해야 합니다. 이를 위해 주어와 서술어의 호응 관계, 수식어와 피수식어의 관계를 좀 더 명확하게 설정할 수 있어야 합니다.

평가항목	등급	총평
이해 · 분석력	B	제시문을 통해 자신의 입장을 선택해야 하는 경우와 제시문 속의 대상을 비평해야 하는 경우, 제시문 분석의 수준은 달라집니다. 그런 면에서 제시문 (다)의 경우가 전자라면, 제시문 (라)의 경우는 후자에 속합니다. 후자의 경우에는 그 대상이 가지고 있는 여러 가지 속성을 자세히 분석한 후 구체적으로 비평할 수 있어야 합니다. 이런 면에서 포괄적인 긍정과 부정은 깊이 있는 이해와 분석이라고 보기 어렵습니다.
논증력	B⁺	학생의 글에는 총 3개의 주장이 제시되고 있습니다. 첫째는 '클린 앤 그린' 정책이 바람직하다는 것이고, 둘째는 사회가 변화하고 있어 '클린 앤 그린' 정책은 그에 부합한다는 것, 셋째는 '클린 앤 그린' 정책이 공익을 추구함으로써 개인의 자유가 더욱 보장될 것이라는 것입니다. 그런데 이러한 주장을 뒷받침하고 있는 논거들이 좀 더 구체적이고 주장과 좀 더 긴밀한 연관을 가질 수 있었으면 하는 아쉬움이 남습니다.
창의력	B	이 질문의 경우 창의력은 정책에 대한 세부적 비평과 함께 비평의 과정에서 새로운 의미와 주장을 찾아 낼 수 있을 때 좋은 점수를 받을 수 있습니다. 단순히 정책의 전체가 좋다거나 전체가 잘못되었다고 하기보다는 정책의 구체적 항목을 일반화함으로써 정책을 평가해야 합니다. 그럴 때 남과 다른 새로운 눈이 생길 수 있습니다.
표현력	B⁺	하나의 단락으로 전체 주장을 다 풀어 나가고 있지만 자신의 주장과 논거를 잘 설명하고 있습니다. 하지만 그보다는 글의 첫 번째 단락에서 '개인의 자유와 국가의 통제'에 대한 자신의 관점을 밝히고, 두 번째 단락에서 그에 따라 싱가포르의 '클린 앤 그린' 정책을 비평하는 것이 좋겠습니다. 각각의 단락에 하나의 주제만을 담아 내는 것이 의사전달을 명확하게 하는 방법이기 때문입니다.

| 논술 심화 문제

(가)　홉스는 인간들이 자기 보존을 위하여 이기적일 수밖에 없다고 보았다. 따라서, 자연 상태에서 인간들은 저마다 자신의 생존과 이익만을 추구하며, 그 결과는 '만인의 만인에 대한 투쟁'이다. 그것은 어떠한 법도 규범도 없는 무정부 상태를 의미한다. 따라서, 사람들은 스스로의 생존과 이익을 지키기 위하여 계약을 맺어서 법과 규범을 만들고, 이것을 집행하기 위한 정부를 세우게 된다. 이때 법규의 위반자를 제재하기 위해서는 주권자에게 절대권을 부여해야 한다고 그는 주장하였다. 이러한 홉스의 사상은 당시에 절대 군주제를 옹호하는 역할을 하기도 하였으나, 이후에 국민 주권 사상으로 이어져 근대적 시민 국가를 형성하는 데 이론적인 토대를 제공하였다.

– 고등학교『윤리와 사상』

(나)　오늘날의 국제 사회는 17세기 이후 유럽에서 근대 국가가 등장하면서 형성되기 시작하였다. 중세 유럽은 로마 교황을 중심으로 하는 기독교가 지배하는 사회로, 국왕의 권력이 확고하지 않은 봉건 체제였다. 그렇기 때문에 오늘날과 같이 분명한 영토를 가진 주권 국가가 없었으며, 정치의 주체도 왕, 교황, 봉건 영주, 기사 등 다양하였다.

그러다가 종교 개혁 이후 일어난 30년 전쟁을 마무리하기 위하여 유럽의 여러 국가들이 맺은 베스트팔렌 조약이 계기가 되어 근대 국제사회가 형성되기에 이르렀다. 종교 개혁 등으로 인하여 힘이 약화된 교황이 국제 관계에 개입할 수 없게 되면서 국제 관계를 조정할 세력이 없어졌다. 이후 유럽 각국은 자신의 이해 관계에 따라 새로운 국제 질서를 정립하고자 하였다. 이때 등장한 주권 개념은 일정한 영토를 가진 국가를 절대적 권위를 가진 존재로 만들어 주었다. 그리고 이 주권 국가가 국제 관계의 주요 행위자로 등장하였다.

– 고등학교『정치』

(다) 　미국 독립 선언의 주요 내용은 다음과 같다.

　　　모든 사람은 평등하게 태어났으며, 누구에게도 양도할 수 없는 생명과 자유, 그리고 행복을 추구할 천부적인 권리를 지니고 있다. 정부는 국민의 주권에 의하여 만들어지며, 이러한 권리를 보장하는 데 목적이 있다. 어떠한 정부라도 이러한 목적에 어긋날 경우 국민은 새로운 정부를 구성할 권리를 지닌다.

– 고등학교 『정치』

(라) 　"바벨탑에서처럼 다양한 지방 언어가 존재하던 18세기 말 인쇄술의 발전, 자본주의와 시장, 그리고 통치의 편의를 위해 자연히 일정 지역 내 지배적인 언어 하나가 요구되었다. 이러한 언어가 통용되는 지역에서는 시장과 정치 논리가 상호작용하여 민족 정체성과 경계를 '상상'하게 하는 계기가 되었다."

　　　이 글에서 앤더슨은 민족 형성을 자본주의 발전의 논리적 귀결로서 이해하기보다 자본주의와 인쇄술, 그리고 지배 언어의 탄생이라는 숙명적이고도 우연한 상호작용에 의해 만들어진 '상상적 공동체(imagined communities)'로 간주하고 있다.

– 고등학교 『시민 윤리』

(마) 　아나키(anarchy)는 그리스어에서 '지배자가 없는' 또는 '통치의 부재'라는 뜻이다. 아나키즘(anarchiasm)은 무정부주의, 무정부 상태 또는 폭력이나 테러에 의한 체제 타파 활동을 의미한다. (중략)

　　　아나키스트들이 비판하는 인간 노예화의 3대 족쇄는 기존의 국가, 종교, 경제 제도이다. 일차적인 타도 대상은 물론 국가 또는 정부이다. 아나키스트들은 국가란 약자를 착취하려는 강자의 욕구에서 비롯된 것이며, 개인의 자율과 개성의 신장을 가로막는 파괴적인 존재라고 규정한다. 종교적 압제 또한 아나키스트들의 배척 대상이다. 종교 그 자체보다는 교회를 혐오한다. 교회는 인간을 노예로 만드는 가부장적 권위의 상징이라고 보기 때문이다. 끝으로 기존의 경제 제도를 비판한다. 자본주의를 가진 자들을 위한 수탈의 도구로 간주하고, 국유제를 근간으로 하는 국가사회주의 역시 전체주의 속성이 있으므로 비판한다. (중략)

　아나키즘은 인간의 자유와 존엄성을 속박하는 모든 굴레로부터 인간해방을 역설하는 이데올로기로서 기존 체제와 사회에 대한 비판임과 동시에 바람직한 미래사회에 대한 열망이라 할 수 있다. 아나키스트들이 꿈꾸는 사회는 무질서한 상태가 아니라 구성원들이 강요받지 않고 자발적인 의사에 따라 가입과 탈퇴를 자유롭게 할 수 있으며, 중앙집권적이지 않고 분산된 형태로 모든 제도가 운영되는 사회인 것이다.

– 이인식, 『미래교양사전』

(바)　．국가라고 부르기 위해서는 일반적으로 영토와 국민, 주권의 세 가지 요소가 구비되어야 한다. 특히, 국가의 주권이란 영토 안에 살고 있는 국민들에게 법을 집행하는 최고 통치권을 말한다. 또, 주권은 다른 국가에 대하여 하나의 독립 국가임을 나타내는 요소이다. 이러한 국가가 하고 있는 일은 무엇인가? 국가는 외부의 침입으로부터 국민을 보호하고, 개인과 개인 간, 개인과 집단 간, 집단과 집단 간의 협력을 위해 노력한다. 예를 들어, 물과 같은 공공재의 경우 인간 집단이 지나치게 이기적으로 생각하고 행동할 때에 강물의 오염과 같은 문제가 발생할 수 있다. 따라서, 이러한 사태를 막기 위한 국가의 감시 기능은 필수적이다. 국가가 수행하는 기능에 대해서 다양한 견해가 제시되고 있다. 자유주의자에 의하면, 국가가 국민의 생활에 대하여 지나치게 관여하는 것은 개인의 자유와 권리를 제한할 수 있기 때문에 국가의 개입은 최소화되어야 한다고 주장한다. 또, 복지주의를 주장하는 사람들에 의하면, 국가가 국민 삶의 질을 향상시키기 위하여 광범위한 복지 혜택을 제공하는 것이 바람직하다고 강조하기도 한다.

– 고등학교 『시민 윤리』

문제 │ 제시문 (가)~(바)는 서양 근대 국민국가의 성립 배경, 철학, 국가의 역할 등에 관한 내용을 담고 있다. 이 제시문들을 읽고 다음의 '국기에 대한 맹세'에 대해 자신의 견해를 논술하시오(1,200자 내외).

국기에 대한 맹세

나는 자랑스런 태극기 앞에
조국과 민족의 무궁한 영광을 위하여
몸과 마음을 바쳐 충성을 다할 것을 굳게 다짐합니다.

– 고등학교 『시민 윤리』, 『윤리와 사상』

 **| 심화 문제 해설**

1. 출제 의도

본 심화 논술 문제를 풀기 위해 학생들은 기본 논술 문제의 내용과 문제의식을 확장하여 생각해야 한다. 우리는 현대 사회의 제도와 관습을 당연시하는 경향이 있고, 최근 각 대학 논술 주제의 경향은 이를 비판적으로 살펴보도록 하고 있다. 국가 제도 역시 이러한 비판적 고찰 대상의 하나이다. 본 논술 문제는 국가의 기원과 목적, 현대 사회에서 요구되는 국가와 개인의 관계 등에 대한 교과 내용 및 이인식 박사의 저술 내용을 바탕으로 개인과 사회 전체 관점에서 바람직한 국가관에 대해 논술하기를 요구하고 있다.

또한 각 대학 논술 시험에는 최근에 발생한 시사적 쟁점 중 학생들에게 물어 볼 만한 의미가 있다고 생각되는 사안과 이와 관련한 내용도 출제되고 있다. 지난 2007년 7월 우리나라 행정자치부는 기존의 국기에 대한 맹세 문안이 시대에 적합하지 않다고 판단하고, 문구를 수정했다. 이와 관련한 찬반 논란도 있었다. 본 논술 문제는 우리나라 '국기에 대한 맹세' 폐지 논란에 대해 자신의 견해를 논술하도록 함으로써 국가에 대한 정치, 철학적 지식을 시사 문제에 적용하여 비판적으로 살펴보도록 요구하고 있다.

2. 제시문 분석

본 제시문들은 현대 사회의 국가 형태가 등장하게 된 배경과 철학 등을 설명하고 있다. 이러한 내용을 통해 학생들은 개인이 태어나기 이전에 존재했고, 우리 개개인의 삶보다도 더 중요하다고 여겨졌으며, 과거에도 존재했고 앞으로도 그 권위가 쭉 유지될 것으로 믿어 온 성스러운 '국가'에 대해 객관적인 위치에서 바라볼 수 있게 된다.

제시문 (가)는 사회계약론적 관점에서 그 누구에게도 양도할 수 없는 인간의 자유권을 개인들이 일정 정도 양보하면서 국가를 설립했고, 이렇게 수립된 국가가 전체의 이익을 위해 개인의 자유를 어느 정도 제한하는 것이 가능해졌다는 내용을 설명하고 있다.

제시문 (나)는 국가의 성립을 설명하고 있는 『정치』교과 내용으로, 오늘날 국가 형태의 일반적인 모습인 국민국가(nation state)가 인간의 개인적인 삶 이전 오래전부터 지속되어 온 것이 아니라 17세기 이후 유럽에서 새롭게 등장한 형태임을 설명하고 있다. 제시문 (다)의 천부인권사상에 대한 설명과 함께 학생들은 국민국가가 개인들 위에 군림하는 신성한 존재가 아니라 인간의 필요에 의해 만들어 낸 새로운 정치 제도임을 인지해야 한다.

제시문 (라)는 인류학자 앤더슨의 '상상적 공동체' 개념을 설명하고 있는데, 이것은 민족이라는 개념이 근대 사회에서 상상적으로 만들어 낸 개념임과 이 공동체 의식을 만들어 내는 데 인쇄술 등이 큰 역할을 했음을 설명하고 있다. 예를 들어 근대 사회 신문의 등장은 일정 영역 안에 있는 사람들에게 같은 날 같은 소식을 접하게 함으로써 한 국민, 민족이라는 의식을 만들어 내는 데 기여한 것으로 평가받는다. 민족 개념을 이렇게 이해한다면 민족을 신성불가침의 대상으로 여겨 폐쇄적인 행태로 나아가게 하는 닫힌 개념이 아니라 현대 사회에 적합한 열린 개념으로 발전시킬 수 있을 것이다.

제시문 (마)는 국가, 종교, 경제 제도가 지금까지 인간을 억압해 왔으며, 인간해방을 위해 국가 제도를 없애야 한다는 무정부주의(아나키즘)를 설명하고 있다. 제시문 (바)는 국가가 이기적인 개인과 개인, 집단과 집단, 집단과 개인 간의 관계를 조정하는 역할을 수행해야 하며, 그러기 위해 개인의 권리와 자유를 제한할 수 있지만 그 개입은 최소화해야 한다는 현실적인 국가의 기능을 설명하고 있다.

이러한 제시문을 통해 학생들은 앞에 나온 '국기에 대한 맹세'를 평가해야 한다. 이때 국가의 기원, 이념과 철학, 바람직한 개인과 국가의 관계 등에 대한 제시문 내용을 적극적으로 활용하여 논술해야 한다. 예를 들어 계약적인 관계로 국가를 바라볼 경우 국가에 대해 '몸과 마음을 바친다'는 것은 적절치 못하다고 주장할 수도 있다. 이에 반해 국가를 우리 전체의 이익을 위해 맺은 계약 당사자로 볼 경우 국가는 특정 대상이 아니라 우리 전체의 이익이라 볼 수도 있다. 이에 따르면 국가에 충성한다는 것은 결국 우리 이익을 위해 최선을 다한다는 것이므로 현대에도 여전히 적합한 내용이라 옹호할 수도 있을 것이다.

심화 문제 예시 답안

■ 글 개요 분석 및 특징

1. 국가에 대한 의미 차이로 '국기에 대한 맹세' 개정 논란이 있었다.
2. 홉스의 사회계약론에 따를 때 국가는 개인의 자유를 침해할 수 있고 '국기에 대한 맹세'도 정당하다.
3. 근대 시민사회의 탄생은 개인에게 국가에 대해 저항할 수 있는 저항권을 부여하였으며 이를 통해 개인은 국가 권력을 감시할 수 있게 되었다.
4. 주권국가는 개인에게 맹목적인 충성심을 요구할 수 없으며, 국가에 대한 맹목적인 믿음은 전체주의화의 위험성을 내포할 수 있다.
5. 국민의 자유와 권리가 존중되며 가치가 다원화된 시대에 국기에 대한 맹세는 재검토되어야 한다.

선덕고 하제영

얼마 전 ① 국기에 대한 맹세에 큰 변화가 있었다. 기존의 국기에 대한 맹세는 국가에 대한 개인의 충성을 가장 중요한 가치로 여긴 반면에 새롭게 개정한 맹세문은 개인의 인성과 평화를 중시한다. ② 그러나 위 과정에는 수많은 논란이 있었다. 이는 사람마다 받아들이는 국가의 의미가 각기 다르기 때문이다.

기존의 국기에 대한 맹세는 조국과 민족의 무궁한 영광을 위하여 '나'라는 개인의 충성을 ③ 당연히 한다. 이는 국가의 성립을 사회계약설에서 찾기 때문이다. 특히 홉스는 ④ 인간의 자연상태는 투쟁으로 인식하였다. 따라서 투쟁의 종말을 위해서 리바이어던 즉, 강력한 국가 제도가 필요하다고 보았다. ⑤ 이 사상은 무정부주의자를 비롯한 여러 사람들에게 국가라는 이름으로 개인의 자유를 침해할 수 있다는 명분을 마련했다고 비판받았다. 그러나 홉스의 사회계약설은 근대 국가의 이론적 토대를 마련하였다. 위와 같은 ⑥ 논거로 국가에 대한 개인의 충성은 정당하다.

그러나 근대 시민사회의 탄생으로 이러한 개인의 인식은 변하였다. 미국의 독립 ⑦ 전쟁과 같은 시민혁명과 함께 개인은 저항권을 ⑧ 가지게 되다. 사회계약설에 의해 형성된 국가 조직이 본래의 목적에서 벗어나 존재의 이유를 상실했을 경우 ⑨ 그 국가를 파괴할 수 있는 권리가 인정된 것이다. 로크의 사상과도 일맥상통한 이 사상은 국가 권력을 ⑩ 개인의 힘으로 제한할 수 있다고 보았다. ⑪ 이는 국가와 개인의 상호 감시를 통하여 국가 존재의 본래 목적을 실현할 수 있게 된 것이다.

국가는 주권국가로서 국가 내의 ⑫ 개인을 법을 통하여 통치하고 ⑬ 개인은 국가를 저항권을 통해 감시하는 체제는 자본주의와 함께 더욱 발달하게 되었다. 그러나 이런 체제에서 국가는 개인의 맹목적인 충성을 요구할 수 없다. 분명 근대 국가의 이론적 토대가 사회계약론에 있기 때문에 개인은 개인이 만든 국가에 믿음을 가져야 한다. 그러나 이런 믿음이 변질되어 전체주의화, 국수주의화된다면 그 결과는 너무 참혹할 것이다. 세계 대전과

같은 국제적 패권 전쟁이나 독재자의 횡포와 같은 행위는 국가가 전체주의
화되어 나타난 것으로 볼 수 있다. 따라서 국가에 몸과 마음을 바쳐 충성을
다하라는 요구는 이런 측면에서 매우 위험할 수 있으며 그런 이유로 지양되
어야 한다.

　시대에 따라 사람들이 추구하는 가치도 변한다. 이처럼 국가에 대한 개인
의 인식도 시대에 따라 달라진다. 과거 우리나라는 혼란한 국제사회의 변방
으로 빠른 경제 성장이 필요하였고 이런 이유로 국가를 중심으로 국민이 뭉
칠 필요가 있었다. 그러나 상황이 바뀐 현 시대에서 우리나라는 국민 개개
인의 자유와 권리를 존중하며 ⑭다원주의를 인정해야 한다. 국기에 대한 맹
세도 이런 각도에서 검토되어야 한다.

사회과 첨삭 지도

김성우 선생님

Idea Tip

- 국가의 성립 배경에 대한 역사적 흐름을 알아
  봅시다.
- 현대적 의미이 충선실에 대해 알아봅시다.

논리분석

제시문 속의 정보 중 자신에게 필요한 정보들을 적합한 연결 고리를 통해 논거로 사용하고 있습니
다. 논리적 흐름은 다음과 같습니다.

국가에 대한 의미 차이로 '국기에 대한 맹세' 개정 논란이 있었다. 홉스의 사회계약론에 따를 때 국
가는 개인의 자유를 침해할 수 있고 '국기에 대한 맹세'도 정당하다. 근대 시민사회의 탄생은 개인
에게 국가에 대해 저항할 수 있는 저항권을 부여하였으며, 이를 통해 개인은 국가 권력을 감시할
수 있게 되었다. 주권국가는 개인에게 맹목적인 충성심을 요구할 수 없으며, 국가에 대한 맹목적인
믿음은 전체주의화의 위험성을 내포할 수 있다. 오늘날 국민의 자유와 권리가 존중되며 가치가 다
원화된 시대에 고기에 대한 맹세는 재검토되어야 한다.

첫 번째 단락에서 개정한 맹세문에 대한 언급이 없습니다. 수정된 문구를 통해 자신의 주장을 보강
하는 것이 좋겠습니다. 또한 사람마다 각기 다르게 생각하는 국가의 의미에 대해 간단히 언급해 주
는 것이 좋겠습니다.

두 번째 단락에서는 홉스의 사회계약설의 내용을 적절히 이용하여 자신의 주장을 보강하고 있습니
다. 제시문 (가)와 (마)의 내용을 정확히 이해하고 분석한 예라고 하겠습니다.

세 번째 단락에서 국가 조직의 본래 목적이 무엇인지에 대해 나타나지 않고 있습니다. 제시문 (다)
를 참조할 때 국가 조직의 목적은 국민의 권리를 보장하는 것으로 볼 수 있습니다. 로크의 많은 사
상 중 어떤 부분과 일맥상통하는지에 대해 구체적으로 언급하는 것이 좋겠습니다.

네 번째 단락에서는 국가와 개인이 상호 감시하는 체제가 자본주의와 함께 발달하게 된 이유에 대
해서는 밝히고 있지 않습니다. 제시문 (라)를 통해 볼 때 자본주의의 발달과 상호 감시 체제의 연관
성은 없어 보입니다.

다섯 번째 단락에서 상대방 주장이 가질 수 있는 약점을 통해 자신의 주장을 보강하고 있습니다.

적절한 논박이라고 할 수 있습니다.

마지막 단락에서 우리나라의 현재 상황에 대한 언급이 나와 있지 않습니다. 과거와 달리 어떻게 변화했는지에 대한 간단한 언급이 필요합니다.

개념분석

사회과학과 관련된 논술문을 쓸 때는 학자들의 사상과 전문 용어의 정확한 의미를 알고 있어야 합니다. 이런 의미에서 홉스와 로크의 사상, 전체주의와 국수주의의 의미에 대해 소개합니다.

홉스는 인간은 본래 이기적이어서 '자연 상태'에서는 아무것도 금할 수 없고, 개인의 힘이 권리라고 주장했습니다. 그러나 모든 사람이 자기 이익만을 끝까지 추구하는 자연 상태에서는 '만인의 만인에 대한 투쟁'만이 있고, '사람은 사람에 대하여 이리'이기 때문에 자기 보존의 보증마저 없어진다고 주장했습니다. 그러므로 사람은 각자의 이익을 위해서 계약으로써 국가를 만들어 '자연권'을 제한하고, 국가를 대표하는 의지에 그것을 양도하여 복종해야 한다고 주장했습니다. 홉스는 《리바이어던 Leviathan》(1651)에서 전제군주제를 이상적인 국가 형태라고 생각하였습니다.

로크는 법·정치사상에서는 계약설을 취하지만, 홉스의 전제주의를 자연상태보다도 더 나쁘다고 생각하여 주권재민과 국민의 저항권을 인정하여 대표제에 의한 민주주의, 입법권과 집행권의 분립, 이성적인 법에 따른 통치와 개인의 자유·인권과의 양립 등을 강조하여 종교적 관용을 역설했습니다. 그의 정치사상은 명예혁명을 대변하고 프랑스혁명이나 아메리카 독립 등에 커다란 영향을 주어 서구 민주주의의 근본 사상이 되었습니다.

전체주의란 개인은 전체 속에서 비로소 존재가치를 갖는다는 주장을 근거로 강력한 국가권력이 국민생활을 간섭·통제하는 사상 및 체제를 말합니다. 즉 전체주의란 개인의 이익보다 집단의 이익을 강조하여 집권자의 정치권력이 국민의 정치생활은 물론, 경제·사회·문화생활의 모든 영역에 걸쳐 전면적이고 실질적인 통제를 가하는 것을 말합니다.

국수주의란 극단적인 국가주의와 같은 뜻으로 사용되며, 타민족·타국가에 대하여 배타적·초월적 성격을 지닙니다. 역사적인 실례로 일본의 메이지 이후의 국수보존사상, 제2차 세계대전 당시 이탈리아의 파시즘, 독일의 나치즘을 들 수 있습니다.

제언

전반적으로 제시문을 정확하게 이해하고 있는 편이며, 자신의 입장 역시 분명합니다. 제시문 속에 나오는 개인과 국가의 관계에 대한 역사적 흐름도 정확하게 파악하고 있습니다. 또한 홉스의 사회계약설과 로크의 사상, 미국의 독립 선언문의 취지 등 자신의 주장을 뒷받침할 수 있는 논거들을 분명하게 이해하고 있습니다. 다만 여기서는 국가의 역사를 종적으로 훑는 수준을 넘어, 이것이 현대에 어떤 의미를 갖는지 현재적 논점을 뽑아내는 것이 필요합니다. 그런데 앞의 글은 국가 철학의 흐름을 나열하는 방식을 택해 아쉽습니다. 또한 일부 주장이 뚜렷한 논거 없이 전개되는 모습을 보이는 면도 보강해야 할 부분입니다. 제시문 이외의 자신만의 논거 마련을 조금 아쉬운 부분으로 지적할 수 있습니다.

평가항목	등급	총평
이해 · 분석력	B⁺	논제는 제시문에 나타나는 국가의 성립 배경과 철학, 역할에 대해 이해한 후 '국기에 대한 맹세'에 대해 자신의 견해를 밝히는 것입니다. 이 학생의 주장은 제일 마지막 문단에 나옵니다. 시대가 변했기 때문에 국기에 대한 맹세도 다각도로 재검토해야 한다는 것입니다. 문제는 어떤 이유에서, 또 어떤 측면에서 재검토를 해야 한다는 얘기가 나와야 하는데, 전체 글이 역사적으로 국가에 대한 생각이 바뀌어 왔다는 내용으로 채워졌습니다. 즉 이 글은 논술문이라기보다는 국가관의 변화를 설명한 교과서 같은 서술이 되고 있어 아쉽습니다.
논증력	B	국기에 대한 맹세 재검토 이유를 국가의 기원과 철학 등 여러 측면에서 살펴보고 제시해야 하는데, 이것이 부족합니다. 국가관 변화를 역사적으로 나열하는 것이 아니라, 지금 관점에서 이것이 어떤 맹점을 갖고 있는지를 밝히는 데 주력했어야 합니다.
창의력	B	보다 다양한 측면에서 깊이 있게 국기에 대한 맹세 재검토 주장을 폈다면 더 좋았을 것입니다.
표현력	B⁺	다섯 문단을 양적으로 균형 있게 잘 구성했습니다. 문장과 문장의 연결이 조금 부자연스러운 측면이 있기는 하지만, 문장이나 문단 구성의 기본기는 잘 갖췄습니다. 다만 의미를 정확하게 사용하기 위해 보다 정확한 용어를 사용할 필요는 있습니다. '개인'과 '국민'을 혼동하고 있는 것이 한 예입니다.

국어과 첨삭 지도

송창현 선생님

장점

전체 5개의 문단으로 구성되어 있습니다. 5개의 문단이 서론과 본론, 결론의 3단 구성을 취하고 있습니다. 서론 부분에서 최근의 시사적 쟁점이 되었던 사건을 중심으로 독자의 호기심을 유도하고 이와 함께 본론에서 제기할 문제들도 제시하고 있습니다. 또한 국가의 성립 역사와 관련하여 문단을 순차적으로 전개함으로써 자연스럽게 자신의 주장이 전개되도록 하고 있습니다. 문단의 분량도 균형 있게 유지되고 있으며, 단락별로 주장이 분명히 드러나고 있는 점도 장점이라고 하겠습니다.

단점

문장 부호를 적절하게 사용하지 않아 말하고자 하는 대상이 분명하게 드러나지 않는 단점이 있습니다. 그리고 문장과 분상의 연결을 위해 직질한 지시어와 연결이기 필요합니다. 좁 더 앉 문장과의 맥락을 고려하는 것이 좋겠습니다. 또한 주어와 서술어의 호응 관계를 좀 더 매끄럽게 유지할 수 있도록 문장 쓰기에 주의를 기울여야 하겠습니다.

구성의 특징

서론, 본론, 결론의 3단계 구성을 취하고 있으며, 각 부분이 자신의 기능을 제대로 해 나가고 있습니다. 서론에서 독자의 호기심을 유발하고 본론의 문제제기를 하고 있으며, 본론에서 자신이 주장하고자 하는 바를 국가의 의미 변화와 함께 제시하고 있습니다. 결론 부분에서는 자신의 입장을 요약 마무리하면서 글을 마치고 있습니다.

표현

글에서 다루고자 하는 대상이 하나의 단어가 아닐 때는 문장 부호를 사용하여 분명하게 드러내 주는 것이 좋습니다. 또한 의미가 분명해질 수 있도록 지나친 생략은 자제해야 합니다.

①과 ②는 각각 '국기에 대한 맹세', '그러나 이 개정 과정에서 수많은 논란이 발생했다'로 작은 따옴표를 하는 것이 좋겠습니다.

③의 '당연히 한다'는 어법에 맞게 '당연시했다'로 고칩니다.

④는 서술어와 목적어의 관계를 바르게 설정하기 위해 '인간의 자연상태를'로 고칩니다.

⑤번 문장에서 '침해할 수 있다'에 대한 주어가 분명하지 않습니다. '이 사상은 국가가 개인의 자유를 침해할 수 있는 명분을 주었다는 이유로 무정부주의자를 비롯한 여러 사람들에게 비판받았다'로 고칩니다.

⑥의 '논거'보다는 '이유'가 문맥상 바람직해 보입니다.

⑦은 뒤에 나오는 '시민혁명'과 맥을 같이하기 위해 '미국 독립혁명'으로 바꾸는 것이 좋습니다. 또한 앞 문장과의 시제를 일치시키려면 ⑧은 '가지게 되었다'가 더 적절합니다.

⑨에는 '누구에게'에 해당하는 부사어가 필요합니다. → '국민에게 그 국가를 파괴할 수 있는 권리'로 고칩니다.

⑩ '개인'보다는 '국민'이 문맥상 어울립니다. 또한 적절한 연결어가 필요하므로 ⑪ '이는'을 '이를 통해'로 바꿉니다.

⑫, ⑬의 '개인'은 문맥상 '국민'으로 고치는 것이 좋겠습니다.

⑭ '다원주의'의 대상이 없습니다. '가치의 다원주의'로 대상을 밝혀줍니다.

제언

'국기에 대한 맹세'에 대한 반대 의견을 서론-본론-결론의 3단 구성을 통해 잘 서술하고 있습니다. 전반적으로 자신의 주장이 분명하며 그에 따른 논거 역시 제시문에 대한 정확한 분석을 통해 잘 이끌어 냈다고 평가할 수 있습니다. 다만 문장 간의 의미 연결과 문장 속 성분의 호응 관계가 자연스럽지 못한 점은 아쉬움으로 남습니다. 분량이 많은 글일수록 몇몇 문장의 모호한 의미가 전체 논지를 흐릴 수 있음을 명심한다면 향후 좋은 글을 쓸 수 있을 것입니다.

평가항목	등급	총평
이해 · 분석력	A	제시문의 논지를 잘 파악하고 있습니다. 제시문들의 다양한 정보 속에서 논제에서 요구하는 핵심 정보를 찾아내는 것은 정확한 분석력을 바탕으로 합니다. 사실 중에서 자신에게 필요한 논거를 걸러 내는 작업이 잘 되었습니다.
논증력	A⁺	초기 국가 개념의 성립에서부터 현대 국가의 모습까지를 시간의 흐름에 따라 분석하면서 자신의 주장을 펼쳐 나가고 있습니다. 다만 자신이 선택한 입장의 논리적 합리성을 주장하기 위해 반대편 입장의 극단적 모습을 일반화해 이야기하는 것은 논리적 타당성을 떨어뜨릴 수 있습니다.
창의력	B	전반적으로 제시문 속의 논거를 잘 조합하여 자신의 주장을 뒷받침하고 있습니다. 다만 제시문 속의 논거를 보강할 수 있는 자신만의 논거를 추가할 수 있었으면 하는 아쉬움이 남습니다.
표현력	B⁺	문장이 매끄럽지 못한 부분이 다소 보입니다. 자신의 생각을 정확하게 글로 표현하는 연습이 필요하리라 생각합니다. 또한 문장의 주술 관계 등의 호응에 좀 더 초점을 맞추어 문장 연습을 해야 하겠습니다.

 | **제시문 원문 읽기**

1. 이인식, 『미래교양사전』 중 「아나키즘, 정부는 아무 쓸모 없는 존재」

아나키는 그리스어에서 '지배자가 없는' 또는 '통치의 부재' 라는 뜻이다. 아나키즘은 무정부주의, 무정부 상태 또는 폭력이나 테러에 의한 체제 타파 활동을 의미한다.

아나키즘은 프랑스 혁명(1789~1799) 시기에 나타난 이념으로서 상반된 두 가지 의미로 사용된다. 하나는 부정적 의미로 모든 전통적 가치와 질서를 파괴하는 최악의 혼란 상태를 가리키며, 다른 하나는 긍정적 의미로 사회적 안정과 조화를 이룬 최선의 상태를 뜻한다. 그러나 아나키즘에 대한 일반적인 통념은 부정적인 것으로서 기존 질서에 대한 강한 불만과 환멸에 사로잡힌 과격분자들의 행동을 냉소적으로 비판하는 용어로 사용된다.

아나키즘은 1973년 윌리엄 고드윈(1756~1836)의 저술이 출간된 이후 피에르 조제프 프루동(1809~1865), 미하일 바쿠닌(1814~1876), 레프 톨스토이(1828~1910), 페테르 크로포트킨(1842~1912) 등에 의해 제시된 사상적 전통이다. 이들은 개인의 완전한 자유와 독립이 보장된 무정부 사회의 실현을 목표로 삼는다. 인류의 행복과 번영을 위해서는 개인의 자발적인 사고와 행동에 제약을 가하는 모든 사회적 굴레를 척결해야 한다고 주장한다.

아나키스트들이 비판하는 인간 노예화의 3대 족쇄는 기조의 국가, 종교, 경제 제도이다. 일차적인 타도 대상은 물론 국가 또는 정부이다. 아나키스트들은 국가란 약자를 착취하려는 강자의 욕구에서 비롯된 것이며, 개인의 자율과 개성의 신장을 가로막는 파괴적인 존재라고 규정한다. 종교적 압제 또한 아나키스트들의 배척 대상이다. 종교 그 자체보다는 교회를 혐오한다. 교회는 인간을 노예로 만드는 가부장적 권위의 상징이라고 보기 때문이다. 끝으로 기존의 경제 제도를 비판한다. 자본주의를 가진 자들을 위한 수탈의 도구로 간주하고, 국유제를 근간으로 하는 국가사회주의 역시 전체주의 속성이 있으므로 비판한다.

아나키즘은 특히 니힐리즘(nihilism)과 유사한 점이 있다. 두 가지 사상 모두 기존의 권위와 가치 체계를 배격한다는 점이 같기 때문이다. 그러나 니힐리즘은 삶이란 아무런 목적이 없다는 철저한 허무감에서 출발하지만 아나키즘은 인간에게 잠재된 능력과 역사의 진보에 대한 강한 믿음을 갖고 있다는 점에서 차이가 난다. 말하자면 아나키즘은 인간의 자유와 존엄성을 속박하는 모든 굴레로부터 인간 해방을 역설하는 이데올로기로서 기존 체제와 사회에 대한 비판임을 동시에 바람직한 미래 사회에 대한 열망이라 할 수 있다. 아나키스트들이 꿈꾸는 사회는 무질서한 상태가 아니라 구성원들이 강요받지 않고 자발적인 의사에 따라 가입과 탈퇴를 자유롭게 할 수 있으며, 중앙집권적이지 않고 분산된 형태로 모든 제도가 운영되는 사회인 것이다.

아나키즘은 1939년 스페인 내란의 종식 이후 잊혀진 사상으로 치부되었으나 1968년 프랑스 6월 혁명을 계기로 반체제 운동의 이념적 원천으로 부활했다. 더욱이 모든 사람들이 구속받지 않고 자유롭게 참여하는 인터넷이 출현함에 따라 아나키스트들이 꿈꾸었던 이상사회가 실현될 조짐이 보였다. 인간관계가 수평적으로 연결되는 21세기 네트워크 사회는 아나키즘의 목표에 어느 정도 다가선 공동체의 모습이라 할 수 있겠다.

오늘날 아나키즘은 여러 갈래로 영향력을 행사하고 있다. 환경, 여성, 사이버 공간 문제에서 아나키스트들의 활동이 맹렬하게 전개되고 있다. 우선 에코아나키즘(eco-anarchism)의 경우 사회생태주의(social ecology)의 주창자인 머레이 북친(1921~)은 1960년대부터 생태 파괴의 근원은 국가체제의 파괴적 속성에 있다고 규정한다. 여성 운동에서는 페미니즘과 결합한 아나코페미니즘(anarchofaminism)이 급진적 여성해방 운동을 추구한다.

사이버 공간에서도 아나키스트 저항 운동이 광범위하게 전개되고 있다. 1996년 2월 스위스의 다보스에서 미국의 존 페리 발로가 발표한 〈사이버스페이스 독립선언문〉이 상징적인 사례이다. 이 선언문에는 "우리는 우리가 뽑은 정부가 없을 뿐 아니라 그것의 필요성도 느끼지 않는다"는 대목이 나온다. 또 "정부는 시민의 동의에서 자신의 정당한 권력을 얻는다. 우리는 우리의 동의를 얻지도 않았고 부름 받지도 않았다" 면서 정부를 조롱하기도 한다.

21세기 들어 세계적 이목을 집중시키는 아나키스트는 세계적 언어학자인 놈 촘스키(1928~) 교수일 것이다. 그는 이라크를 침공하는 미국 정부를 향해 민주주의라는 미명하에 야만적 행위를 일삼는 제국주의라고 맹공했다. 그는 행동하는 지식인의 전범으로 손색이 없다.

 **| 좀 더 자세히**

1. 신라 삼국통일의 역사적 한계?

신라가 당과 연합해서 삼국통일을 이끈 행위는 외세를 끌어들였다는 점에서 반자주적이라 평가받는다. 외세의 힘을 빌려 같은 민족인 고구려와 백제를 멸망시켰기 때문에 반민족적이라는 것이다.

베네딕트 앤더슨이라는 학자는 '민족' 개념이 근대 서구 사회에서 상상적으로 만들어진 것이라고 주장한다. 만일 민족의 기원에 대한 이러한 주장을 받아들인다면, 신라의 행위를 반민족적이라 평가하는 것이 타당한지 의문을 가질 수도 있다. 근대 이후 갖게 된 '민족'이라는 잣대로 그러한 기준이 없었던 삼국 시대의 행위를 평가하는 것이 되기 때문이다.

삼국 간의 항쟁에 외세를 이용한 것은 7세기 신라뿐만이 아니다. 백제도 왜 세력을 끌어들여 신라나 고구려와의 전쟁에 이용했고, 고구려 역시 부용 세력인 말갈을 동원해서 백제와 신라를 공격하기도 했다. 현재 우리의 관점으로 볼 때 도저히 같은 민족끼리 벌일 수 있을 것 같지 않은 행위들이다. 혹시 그 당시 삼국 간에는 오늘날 우리가 느끼고 있는 동족의식이란 것이 없었던 것은 아닐까? 그것이 있었다 해도 '동족'끼리의 '싸움'에 '외세'를 끌어들이는 데 아무 거리낌이 없었던 것은 아닐까?

교과서에서는 신라의 삼국통일을 반민족적이라 규정하지만, 논술에서는 끝없는 회의와 질문을 통해 이러한 상식적인 믿음도 비틀어 볼 수 있다. 다음 글들을 통해 민족이란 무엇인지 비판적으로 고민해 보자.

1)

민족은 영어의 에스닉(ethnic)을 번역한 것으로 에스닉이란 민족적이라는 말이다. 이것과 혼돈하는 것의 하나가 민족주의라고 번역하는 내셔널리즘(nationalism)이다. 에스닉에 유래되는 민족은 예컨대 에스놀로지(ethnology)를 민족학이라 옮기는 것과 같은 맥락에서 번역된 것이다. 그러나 내셔널리즘은 네이션(nation)에서 유래된 것이고 내이션을 국민이라고 번역하기에 내셔널리즘은 국민주의라 하는 것이 옳다. 따라서 여기에서는 내셔널리즘을 국민주의로 사용하겠다.

민족을 구성하는 요소를 조사한 샤지부(Wsevolod Jsajiw)에 의하면 인류학자와 사회학자들이 열거하는 민족 구성 요소가 27개나 되며, 그중 빈도가 많이 나타나는 것이 5개 요소라 한다. 이것은 '공동의 지역적 기원' 또는 '공동의 조상', '동일한 문화 또는 관습', '종교', '인종 또는 형질적 특성', 그리고 '언어'라 한다.

첫째로 언급한 공동의 지역적 기원 또는 공동의 조상이란 역사적 근원을 말하는 것으로 한 지역에 오래 거주한 민족의 경우는 한 조상에서 유래되었다는 시조를 말하고, 이민으로 다른 지역에 생활의 근거를 잡은 경우 그것은 어느 지역에서 왔다는 지역적 기원을 말하는 것이 된다. 여기에는 동일 조상으로부터의 유래만이 아니라 그 민족 집단이 경험한 역사도 포함된다. 한 민족이 경험한 수난과 영광의 경험이 한 집단에 속한 사람들이기에 공동으로 경험한 것이 되고 그것은 한 조상에서 유래되었기 때문이라는 결론에서 비롯되어지는 현상을 말하는 것이다.

두 번째로 열거한 것이 동일한 문화를 소유하였다는 문화의 공통성이다. 문화란 의식주를 포함한 생활관습, 일상생활의 규범, 그리고 의례 생활을 통한 공동의식 등을 광범위하게 포함한다. 문화는 한 마디로 삶의 지혜이다. 이러한 문화는 그 영역이 워낙 넓어서 변화되기 쉽고, 다른 민족과의 접촉을 통하여 모방하거나 대치하거나 변질되기 쉬운 영역이다. 그러나 한 민족은 나름대로의 생활, 규범, 그리고 가치관을 공유하는바, 이것을 흔히 민족문화라고 한다.

같은 민족이라는 의식을 형성하는 데 종교는 중요한 기능을 한다. 종교는 말하자면 동일한 신앙 공동체를 말하는 것으로서 고대 국가에서 국왕을 신의 아들이라거나 태양신의 아들이라 하여 민족의 일체감을 조성하는 것과 같이 종교는 민족을 형성하는 중요한 요인이다. 종교는 무엇보다 민족의 양심, 규빔, 그리고 가치관을 포함하는 것이기에 한 민족의 귀속의식을 형성하는 데 중요한 요소가 된다.

민족과 유사한 개념으로 '인종'이 있다. 인종이란 사람의 외형적 특성을 말하는 것으로 흔히 한 민족은 공동의 조상에서 유래되었기 때문에 유사한 체질적 특성을 공유한다는 의식을 갖게 된다. 이것은 극단적으로 인종문제를 포함하는 것으로서 예를 들어 미국에 거주하는 흑인이 아무리 미국문화에 동화되고 백인 미국인과 동일한 가치체계와 의식구조를 가졌다 하여도 흑인과 백인은 하나라는 의식을 가질 수 없는 장벽을 갖게 만드는 것이다. 흑백문제와 같이 뚜렷하지는 않아도 우리의 경우도 외형을 통하여 한국인을 일본인 또는 중국인과 구별할 수 있는 것이다.

민족을 형성하는 5대 요소 중에 가장 기본이 되는 것이 언어이다. 언어는 광의의 문화에 속하지만 문화현상 중에서는 민족의식을 갖게 하는 가장 중요한 요소가 된다. 그것은 언어가 의사소통의 수단일 뿐 아니라 의사소통을 통하여 감정을 나누고 유사한 사유체계를 형성하기 때문이다. 따라서 언어는 민족을 구분하는 가장 중요한 기준이라 하겠다. 그러나 언어가 다른 요소보다 뒤에 오는 것은 이민을 연구한 학자들의 일반적인 경향 때문이다. 이를테면 다른 지역으로 이주한 이민 집단이 민족적 특성을 상실하는 순서가 대략 유사하며 그 순서가 제일 먼저 언어를 상실하고, 다음에 음식을 상실하며, 그리고 다음에 가치관을 상실한다는 것이다.

이러한 민족 집단을 형성하는 요소들을 객관적 요소라 한다. 문제는 이러한 객관적 요소가 민족을 형성하는 것이 아니라 객관적 요소가 주관적인 정체성으로 화할 때 그것이 민족의식이 되고 민족을 형성하는 것이 된다. 이러한 의식을 주관적 요소라 하며 주관적 요소를 강조한 인류학자 바스(F.Barth)에 의하면 민족적 정체성이 형성되는 것은 다른 민족과의 접촉을 통하여 자기를 남에게서 구별하는 데서 형성된다고 하였다. 말하자면 민족이란 사람들이 동일한 집단에 속한다는 동류의식과, 개인이 한 집단에 속한다는 귀속의식의 소산이며, 이러한 의식은 접촉을 통한 경계(boundary)의 설정에서 이루어지는 것이라 하였다.

바스가 말하는 민족의 경계는 민족 집단과 다른 것이다. 집단의 경우 구성원이 확실하지만 경계의 경우 한 경계 내의 문화요소가 경계 밖에도 존재할 수 있는 것이다. 다만 민족은 주관적으로 스스로 인정하는 것이며, 민족은 집단을 형성하는 요건은 되지만 이것이 바로 집단은 아닌 것이고, 또한 민족경계가 바로 민족 집단은 아닌 것이다. (중략)

기원 전후한 시기의 문헌에 의하면 우리나라 주변에 9족이 분포되어 있었다. 만주의 농안과 장춘을 중심으로 한 송화강 유역에 부여족이 있었고, 요하 동부와 남부에는 예맥족이 있었으며, 만주의 동북부에는 숙신족이 있었다. 이들 여러 부족국가는 중국 만주에 있었던 부족들이다. 평안남북도와 황해도 지역에는 조선족이 있었고, 함경남북도 지방에는 옥저족이 있었으며, 강원도 지방에는 예족이 있었다. 당시 마한은 54개국, 진한과 변한은 각각 12개국의 소국으로 형성되어 있었다. 이들 9족 중에서 숙신은 퉁구스계열의 부족이고 8개 부족은 모두 한족(韓族=한민족)계에 속하는 부족이다. 이들을 거주 지역에 따라 부여족, 예맥족, 조선족, 그리고 옥저족은 북방계열이라 하고 마한, 진한, 그리고 변한 등 삼한은 남방계열이라 한다.

● 자료 출처 : 이광규, 『세계한민족총서 총관』, 통일원, 1996

2)

필자는 인류학적 정신에서 다음과 같은 민족의 정의를 제안한다. 즉, 민족은 본래 제한되고 주권을 가진 것으로 상상되는 정치 공동체이다.

민족은 가장 작은 민족의 성원들도 대부분의 자기 동료들을 알지 못하고 만나지 못하며 심지어 그들에 관한 이야기를 듣지도 못하지만, 구성원 각자의 마음에 서로의 교통(communion)의 이미지가 살아 있기 때문에 상상된 것이다. 겔너가 "민족주의는 민족들이 자의식에 눈뜬 것이 아니다. 민족주의는 민족이 없는 곳에 민족을 발명해 낸다"라고 얼마간 잔인하게 규정했을 때 위와 유사한 논점을 이야기하고 있다. 그러나 이 규정의 결점은 민족주의가 거짓된 구실 아래 가면을 쓰고 변장하고 있다는 점을 보여 주려고 너무 애쓴 나머지 '발명'을 '상상'이나 '창조'보다는 '허위날조'와 '거짓'에 동화시킨 것이다. 이렇게 해서 그는 민족에 대조될 수 있는 '진정한' 공동체들이 존재한다는 것을 암시한다. 사실 얼굴을 마주할 수 있는 원초적 마을보다 큰 공동체는 (그리고 아마 이 마을조차도) 상상의 산물이다.

민족은 제한된 것으로 상상된다. 왜냐하면 10억의 인구를 가진 가장 큰 민족도 융통성이 있는 대로 한정된 경계를 가지고 있어 그 너머에는 다른 민족이 살고 있기 때문이다. 어떤 민족도 그 자신을 인류와 동일시하지 않는다. 어떤 구세주적 민족주의자들도 기독교도들이 어느 시대에 기독교만 모인 행성이 도래할 것이라고는 꿈꾸는 것과 같이, 모든 인류의 성원이 그들의 민족에 동참하는 날이 올 것을 꿈꾸지는 않는다.

민족은 주권을 가진 것으로 상상된다. 왜냐하면 이 개념은 신이 정한 계층적 왕국의 합법성을 계몽사상과 혁명이 무너뜨리던 시대에 태어났기 때문이다. 어떤 보편적인 종교의 가장 신앙심 깊은 추종자라도 보편적인 종교들이 여럿 존재한다는 사실과, 각 신앙의 존재론적 주장과 영토적 한계 사이에 이질동형이 존재한다는 사실을 깨닫게 된 오늘날, 민족들은 성숙해지면서 자유롭기를 꿈꾸며 만일 신의 지배를 받아야 한다면 신의 지배를 직접 받기를 꿈꾼다. 이 자유의 표시와 상징은 주권국가이다.

마지막으로 민족은 공동체로 상상된다. 왜냐하면 각 민족에 보편화되어 있을지 모르는 실질적인 불평등과 수탈에도 불구하고 민족은 언제나 심오한 수평적 동료의식으로 상상되기 때문이다. 궁극적으로 과거 2세기 동안 수백만의 사람들로 하여금 그렇게 제한된 상상체들을 위해 남을 죽인다기보다 스스로 기꺼이 죽게 만들 수 있었던 것은 이 형제애이다.

이러한 죽음 때문에 우리는 민족주의가 제기하는 주요 문제에 갑자기 직면하게 된다. 무엇이 겨우 2세기 정도밖에 안 되는 근대 역사의 축소된 상상체들로 하여금 그렇게 대량의 희생을 내게 만들고 있는가? 이 대답의 시작은 민족주의의 문화적 근원에 있다고 필자는 믿는다.

● 자료 출처 : 베네딕트 앤더슨, 『상상의 공동체』, 나남, 2002

2. 싱가포르와 프랑스, 질서와 무질서

세계 여러 사회를 접하다 보면 우리가 당연히 생각하던 것이 꼭 당연한 것만은 아니라는 사실을 깨닫기도 한다. 문화 체험이 필요한 것은 이런 이유에서다. 우리의 생각과 가치관, 그리고 우리의 제도가 당연한 것이라고 생각하다가 전혀 다른 사회를 경험하게 되면 문화충격을 받기도 한다. 그 충격이 우리의 신념을 오히려 더 강화하기도 하지만, 충격에서 벗어나게 되면 세상을 바라보는 시선이 넓어지기도 한다. 국가와 국민의 관계를 설정하기 위해서도 마찬가지 경험이 필요하다.

국가와 경제, 국가와 교육, 국가와 일상생활의 관계 등에서 국가가 관여하고자 하는 범위와 깊이가 있고, 또 우리가 국가 공권력에게 기대하는 수준이라는 것도 있다. 이럴 경우는 정부가 규제를 해야 하고, 저럴 경우는 경찰이 관여해야 하며, 국가에서 정한 규정과 규칙은 이 정도 선에서 지켜야 하는 등 우리는 나름대로 국가와 국민의 관계가 어떠해야 하는지에 대해 어느 정도 공유하고 있는 부분이 있다. 우리 사회 구성원들은 국가가 어느 정도로 자신의 생활에 관여하기를 기대한다고 생각하는가? 또, 국가는 어느 정도까지 개인들의 생활에 개입해야 한다고 생각하는가? 이러한 질문에 대해 싱가포르와 프랑스는 극과 극의 모습을 보여 주어 국가와 개인의 관계가 어떠해야 하는지에 대해 적잖은 고민거리를 던져 준다.

논술 기본 문제 제시문에서 소개한 클린 앤 그린 정책에서 엿볼 수 있듯이 싱가포르는 철저한 규정과 규칙을 바탕으로 움직이는 사회다. 깨끗하고 질서 잡힌 사회를 만들기 위해 싱가포르 사회가 기대고 있는 것은 엄격한 법집행, 잔인하리만큼 가혹한 벌금이다. 지하철 안에서 음식물을 먹어도, 자전거 통행이 금지된 지하도로 자전거를 타고 들어가도, 자동차 정지선을 조금 밟기만 해도 벌금이 수십만 원이다. 지난 2005년에는 싱가포르를 거쳐 다른 나라로 마약을 운반하려던 호주 청년이 싱가포르 당국에 적발돼 사형당하기도 했다. 당시 호주 정부와 국민들이 단순 운반 혐의자에게 사형은 지나치다며 싱가포르 정부에 항의했지만, 사형은 예정대로 집행됐다. 이러다 보니 싱가포르에서는 길거리에 쓰레기를 버리는 사소한 일에서부터 법을 어기는 사람은 찾기 힘들다. 여기에는 싱가포르 사람이건 외국인이건 예외가 없다. 세계에서 찾아보기 힘들 정도로 깨끗하고 질서 잡힌 사회는 이렇게 유지되고 있다(논술 기본 문제 (라) 제시문 참조).

프랑스 파리의 첫 이미지는 싱가포르와 달리 무질서와 불결함이다. 횡단보도 보행자 신호가 빨강색일 때 길을 건너지 않고 기다리는 사람은 대부분 외국에서 온 관광객들이다. 프랑스인들은 차가 오는 것을 한번 휙 둘러본 다음 아무렇지 않게 횡단보도를 건넌다. 그러면 아무리 보행자 신호가 빨강색이었다 해도 지나가던 차는 서 준다. 길거리나 지하철 역사 등 이곳저곳이 쓰레기 천지다. 프랑스인들은 조금도 거리낌 없이 길거리에 쓰레기를 버린다. 처음 프랑스에 발을 들여 놓으면 이런 무질서와 불결함에 질려 선진국이라더니 너무 엉망 아닌가 하여 실망도 하게 되지만, 조금 더 관찰하다 보면 그 속에서 자율적으로 돌아가는 사회를 보게 된다.

고속도로에 제한 속도가 있기는 하지만, 이를 감시하기 위한 카메라는 200킬로미터 정도에 한 대씩 설치돼 있다고 하니 서울을 떠나면 대전쯤에 속도 감지 카메라가 한 대 있다는 얘기다. 아무 데나 쓰레기를 버리는 것을 지적하면 태연하게 '청소하면 되는데 뭘 그리 문제라고 그러는가' 정도의 답이 돌아온다. 적색 신호등을 지키지 않는 보행자에게 그것을 지적하면 차도 안 오는데 왜 건너지 않느냐며 오히려 그런 판단력도 없음을 안타깝게 생각하기도 한다. 이 사회는 규정과 규칙이 있기는 하지만, 그것이 인간 위에 올라서지는 않는다. 판단의 주체는 법이 아니라 이성적 개인 스스로가 된다.

예외 없는 질서 속에서 움직이는 사회와 무질서처럼 보이지만 나름대로 이가 맞물려 돌아가는 사회. 우리에게 적합한 사회 모습은 이 양극단 중간 어디쯤일까? 제시문에 나온 싱가포르의 모습과 아래 소개된 글을 비교하면서 고민해 보자.

1)

똘레랑스는 원래 '허용 오차'를 뜻하는 공학 용어인데 사회적 의미를 갖게 되어 '특별한 상황에서 허용되는 자유'라는 뜻이 된 것입니다.

똘레랑스의 첫 번째 말뜻이 '나와 남 사이의 관계' 또는 '다수와 소수 사이의 관계'에서 나와 남을 동시에 존중하고 다수가 소수를 포용하기 위한 내용을 품고 있다면, '특별한 상황에서 허용되는 자유'라는 똘레랑스의 두 번째 말뜻은 권력에 대하여 개인의 자유와 권리를 보호하려는 의지를 품고 있습니다.

권력은 항상 강력하며 더욱 더 강력해지려는 관성을 갖고 있으며 개인의 자유와 권리를 제한하려는 속성을 또한 갖고 있음을 역사는 가르쳐 주고 있습니다. 이에, 약자인 개인이 권력에 대하여 똘레랑스를 요구함으로써 개인의 자유와 권리를 보호하고자 한 것이 바로 '특별한 상황에서 허용되는 자유'를 말하는 것입니다. (중략)

당신도 파리에서 보셨을 것입니다. 차도에 차선도 중앙선도 없는 길이 꽤 많습니다. 자연 차선 위반이나 중앙선 침범으로 적발되는 일은 보기 어렵습니다. 그리고 금지 표시가 없으면 어디서나 180도 회전도 가능합니다.

또한 당신은 인도 가운데까지 차지하고 영업하는 카페나 식당을 보고 조금 신기해하셨을 겁니다. 이들은 약간의 점유비를 지불하고 인도에 베란다를 설치, 좌석을 늘려 영업할 수 있게 허용된 것입니다.

이와 같이 똘레랑스는 '권리는 아니지만 그렇다고 금지되는 것도 아닌 한계자유'를 뜻합니다. 이러한 똘레랑스에 익숙해 있는 프랑스인들이 가장 싫어하는 것은 관료주의와 권위주의입니다. 관료의 편의주의와 일률적인 규격화에 반대하고 규정을 잘 지키지 않습니다.

건널목의 신호등을 지키기 않고 휴지 등을 길바닥에 잘 버립니다. 나는 순찰차에 타고 있던 경찰이 재떨이를 길바닥에 비우는 것을 보고 놀란 적이 있었지요. 프랑스인들에게 "왜 그렇게 쓰레기를 아무 데나 버리냐"고 말하면, "그래야 청소부들이 실업자가 되지 않는다"라고 대꾸하며 씩 웃기도 합니다.

이렇게 프랑스인들은 '꼭 ……하라' 또는 '……하지 마라'라는 구호나 지시를 아주 싫어합니다. 자동차의 안전벨트 착용을 행정명령으로 지시하였을 때, 우선 갑갑하기도 하지만 그 명령에 승복하기 싫어서도 착용을 거부합니다. 그들이 결국 착용하게 된 것은 안전상 필요하다고 스스로 인정한 뒤의 일이었는데 5, 6년이 걸렸습니다.

이처럼 행정지시를 잘 안 따르고 공중도덕도 엉망이라는 이들인데 희한하게도 해변의 유원지나 들에서는 유리병도 휴지도 아무 데나 안 버리고 꼭 비닐봉지에 싸서 쓰레기통에 버립니다. 유원지의 캠핑장도 밤 10시만 되면 조용해져요. 이율배반으로 보이는 이들의 행동은 똘레랑스를 모르면 이해하기 힘듭니다. 즉 공권력의 영향력에 대하여는 약자로서 강자에게 똘레랑스를 요구하며 응수하지만, 같은 개인에 대하여는 '내가 존중받으려면 남부터 존중한다'는 첫 번째 의미의 똘레랑스를 지키는 것입니다.

프랑스인들처럼 공권력의 간섭을 싫어하는 국민은 아주 드물 것입니다. 예를 들어 이웃 간에 소음 등의 이유로 분쟁이 생겼다고 했을 때, 독일에서는 곧 경찰을 부르겠다고 하고 또 실제 경찰이 동원되어 해결사가 되는 경우가 흔합니다. 그런데 프랑스에선 서로 용인하려고 노력하거나 자기들끼리 해결하지, 경찰의 도움을 청하겠다는 사람은 거의 없습니다. 만약 그런 사람이 있다면 곧 동네에서 바보 취급을 받기 십상입니다.

만약 길에서 두 사람이 언쟁을 하다가 흥분하여 서로 치고받고 싸울 지경에 이르고 근처를 지나던 경찰이 접근한다고 했을 때, 보통 사람들은 서로 자기가 옳고 상대가 잘못했다고 떠들며 경찰을 자기편으로 끌어들이려고 노력합니다. 당신도 그렇지 않습니까? 프랑스인들의 경우에는 그때까지 서로 다투던 두 사람이 오히려 한패가 되어 경찰에게 "당신이 간섭할 일이 아니오!" 하고 대들 수 있습니다.

이렇게 공권력의 간섭을 싫어하는 이유는 사회 불의나 공권력의 남용보다는 차라리 무질서를 선택한다는 프랑스인들의 성격에서도 찾을 수 있을 것이며, 또한 공권력의 간섭을 받기 시작하여 그에 따르다 보면 자연 자율의 폭이 줄어들고 따라서 똘레랑스도 잃어버리게 되는 위험을 알기 때문입니다.

● 자료 출처 : 홍세화, 『나는 빠리의 택시운전사』, 창작과비평사, 1995, 298~302쪽

◎ 〈인간과 시민의 권리선언(인권선언)〉

> 제1조 인간은 자유롭게, 그리고 평등한 권리를 갖고 태어났으며 늘 그렇게 살아간다.
>
> 제2조 모든 정치적 결합의 목적은 그 무엇도 침해할 수 없는 인간의 자연권을 보전하는 데 있다. 그 권리는 자유, 재산, 안전 및 압제에 대한 저항이다.
>
> 제3조 모든 주권의 원천은 본래 국민에게 있다. 어떤 개인이나 단체도 명백히 국민으로부터 나오지 않은 권위를 행사할 수 없다.
>
> 제11조 사상 및 언론의 자유로운 교환은 가장 소중한 인권 중 하나이다. 따라서, 모든 시민은 자유롭게 말하고, 쓰고, 출판할 수 있다.
>
> 제17조 소유권은 그 무엇도 침해할 수 없는 신성한 것이므로 공적인 필요성이 명백히 존재하여 그것이 합법적으로 인정되고, 또 미리 정당한 보상이 제시된 경우가 아니고는 어느 누구로부터도 그것을 빼앗을 수 없다.
>
> -고등학교 『세계사』

1. 주권의 개념은 어떻게 변화되어 왔을까요?

국가의 구성 요소는 국민, 영토, 주권입니다. 국민과 영토는 물리적이고 가시적이며 규정적인 반면, 주권은 추상적이고 비규정적입니다. 따라서 주권에 대해서는 자의적인 다양한 규정이 가능합니다. 모든 시대에 국가는 항상 존재해 왔으나 각 시대의 성격에 따라 국가의 성격도 차이가 나며, 시대에 따라 주권의 성격도 차이가 납니다. 그러므로 시대에 따라 주권론의 내용도 당연히 달라지게 될 것입니다.

고대 그리스의 국가 형태는 도시국가였습니다. 그리스에서는 권력 소유자의 수에 따라 도시국가의 정체가 달라집니다. 각 정체의 권력 소유자들이 바로 주권자들인 것입니다. 그 당시에는 주권이라는 개념이 명시적으로 존재하지는 않았지만 도시 '국가'가 존재했으며, 각 국가는 정체에 따라 군주주권, 인민주권을 가지고 있었습니다. 물론 이 주권의 현실적인 근거는 관습법과 실정법이었습니다. 중세 말기 이후에는 주권의 개념이 명시적으로 사용되기 시작하였습니다. 중세는 교회주권론으로 특징지어집니다. 이 주권론의 근거가 되는 법은 신법 또는 영원법이며, 국가의 형태는 교회국가라고 할 수 있습니다. 그리고 정체는 군주제입니다. 교회와, 국가, 교황권과 황제권 사이에서 교회가 주권의 소유자이며, 교황권이 바로 주권이었던 것입니다. 이때 개인과 사회는 국가와 동일시되었으며 국가 속에 함몰되어 있었습니다. 이러한 관계에서 국가와 황제권이 서서히 우위를 차지하기 시작하면서 근대가 성립되어 갔습니다. 중세에서 근대로 이행하는 과도기에 주권론은 군주주권론이며, 이 주권론의 근거가 되는 법은 신법 또는 자연법이었습니다. (중략) 군주가 국가를 대표하고, 국가는 주권의 소유자였으며, 개인과 사회는 존재하지 않았던 것입니다. 이러한 군주와 신민의 관계는 점차 군주와 시민의 관계로 서서히 변화해 갔습니다. 근대에 들어와 자연법사상과 사회계약설, 계몽사상의 영향을 받아 주권은 국민이 소유하게 되었습니다. 즉 근대의 주권론은 국민 주권론이며, 이 주권론은 자연법이 근거가 됩니다. 주권을 국민이 소유하게 되면서 국가는 민주국가의 형태로 유지되었으며, 국가와 시민사회의 관계는 매우 중요하게 여겨졌습니다. 국가는 시민들의 결사체가 된 것이며, 주권의 소유자는 시민(개인)이 된 것입니다.

● 자료 출처 : 최상용 외, 『인간과 정치사상』, 인간사랑 , 2002, 51~53쪽

2. 로크는 시민사회의 기원을 어떻게 설명하고 있을까요? (로크의 『정부론』에서)

로크는 자연법사상과 사회계약론에 의거하여 시민사회의 기원을 해명하고 있습니다. 그는 홉스 등의 다른 사회계약론자들과 마찬가지로 사회가 성립되기 이전 상태인 자연상태에 대한 설명에서 논의를 시작합니다. 로크는 자연상태를 "사람들이 자연법의 테두리 안에서 스스로 적당하다고 생각하는 바에 따라서 자신의 행동을 규율하고 자신의 소유와 인신을 처분할 수 있는 완전한 자유의 상태"라고 정의합니다. 로크는 인간은 자연상태에서 특정한 권리들을 부여받는다고 주장하였습니다. 그러한 인간들의 권리들, 즉 자연권은 신성불가침의 것이고, 다른 사람들에게 양도될 수 없는 것이라고 주장하였습니다. 모든 인간은 이러한 자연권 향유에 있어서 자유롭고 평등하며 독립적이라고 하였으며, 자연권 중 생명, 자유, 재산에 대한 권리가 가장 기본적이라고 하였습니다. 로크는 인간이 이기적이기는 하지만 외적인 제재 없이도 이해 충돌을 스스로 해결할 수 있을 만큼 이성적이라고 보았기 때문에 자연상태에서 인간은 별다른 충돌 없이 평화로운 상태를 유지한다고 하였습

keyword

■ 실정법 : 입법 절차에 의하여 제정된 성문법을 보통 말하지만 불문법인 관습법이나 조리같이 현실적으로 행해지고 있는 것도 포함된다.

■ 자연법 : 자연법은 현실의 여러 법이나 도덕률을 넘어서서 그 근원에 보편타당한 규범적인 법이 있다는 것이다. 자연법은 고대 그리스 시기에는 자연의 섭리로 인식하였으며, 중세 봉건사회에서는 신의 섭리, 근대 이후에는 인간의 합리적 이성을 근거로 하였다.

니다.

그렇다면 도대체 왜 사회가 필요하게 되었을까요? 로크는 이 물음에 대해 화폐가 발생하면서 자연상태가 변질되었기 때문이라고 답하였습니다. 화폐는 인간에게 재산 축적을 가능하게 해 주었고 이러한 변화에 따라 소유권 분쟁이 격화되면서 시민사회를 형성하게 되었던 것입니다. 경제적 불평등과 소유를 둘러싼 사람들 간의 분쟁에 의해 자연상태의 평화는 불안정해지고, 개인의 생명, 자유, 재산에 대한 권리가 침해받게 되자 이 문제를 해결하기 위해 정부가 필요해진 것이었습니다. 즉 국민들이 자발적으로 합의, 동의하여 정부가 성립된 것입니다. 사람들의 생명, 자유, 재산에 대한 권리 보장은 국민이 국가에 부여한 기능으로서 국가 성립에 대한 동의의 기본 전제조건이 됩니다. 만일 정부가 오히려 자의적으로 국민의 권리를 침해한다면, 그래서 국민의 동의를 얻지 못한다면, 이 정부는 정당성을 가질 수 없게 됩니다. 이러한 정당성의 기준에서 로크는 절대군주제를 비판하였습니다. 절대군주는 강압적으로 국민의 권리를 침해하고 국민의 복종을 요구하기 때문이었습니다.

자신이 동의하지 못하는 국가에 대해서 국민은 어떻게 행동할 수 있을까요? 국민의 권리를 보호하기 위해 국가는 법을 어긴 자들을 제재할 수 있는 권력을 가지고 있어야 합니다. 물론 국가의 권력은 국민이 국가가 자연법과 국가의 목표에 부합하여 기능을 수행할 것이라는 신뢰를 바탕으로 국가에 신탁한 것입니다. 따라서 권력 소유 주체는 국민이고 국가의 권력은 국민이 자신의 권력을 국가에 맡긴 것이 됩니다. 그런데 만일 정부가 그 신뢰를 깨뜨린다면 먼저 정부가 스스로 깨뜨린 것이기 때문에 이 상황은 정부가 국민에 맞서 먼저 전쟁상태를 도발한 것이 됩니다. 따라서 국민은 "스스로를 보호하고 침략자에 맞서 저항할 권리를 갖습니다". 이러한 권리를 저항권이라고 합니다. 로크는 자신의 저서 『정부론』에서 저항권의 정당성을 설파하였고, 로크의 사상은 시민혁명에 매우 큰 영향을 주게 된 것입니다.

● 자료 출처 : 강경석 외, 『동서양 고전』, 한국방송통신대학교출판부, 2002, 226~231쪽

| 기출문제 탐구

〈2004년 수학능력평가 세계사 기출문제〉

1. 다음은 서유럽의 신분제에 관한 자료이다. 자료와 관련된 옳은 설명을 〈보기〉에서 모두 고른 것은?

> • 태초부터 인류는 기도하는 자들, 경작하는 자들, 싸우는 자들, 이렇게 세 부류로 나뉘어 있었다.
>
> —제라르 주교의 말(1025년경)
>
> • 제3신분은 무엇인가? 모든 것(Everything)이다. 정치적 지위에서 제3신분은 지금까지 무엇이었는가? 아무것(Nothing)도 아니었다. 제3신분은 무엇이 되기를 원하는가? 중요한 어떤 것(Something)이 되는 것이다.
>
> —시에예스, 제3신분이란 무엇인가(1789)
>
> • 인간은 태어날 때부터 자유롭고, 권리에 있어 평등하다.
>
> —인간과 시민의 권리 선언(1789)

보기

ㄱ. 계몽 사상은 신분제 철폐에 영향을 끼쳤다.

ㄴ. 제3신분은 근대 시민사회 형성을 주도하였다.

ㄷ. '경작하는 자들' 과 '싸우는 자들' 은 쌍무 계약 관계였다.

ㄹ. '기도하는 자들' 은 신분제 의회인 삼부회에서 배제되었다.

① ㄱ, ㄴ   ② ㄱ, ㄷ   ③ ㄱ, ㄹ   ④ ㄴ, ㄹ   ⑤ ㄷ, ㄹ

정답 : ①

☞ **문제 해설**

계몽사상의 내용은 인간 이성이 자연과 우주를 움직이고 있는 법칙을 인식하고 이것을 인간에게 유리하도록 이용할 수 있다면, 인간의 이성은 인간과 사회를 움직이고 있는 기본원리를 파악할 수 있고, 이에 따라 이를 개혁하고 향상시킬 수 있을 것이라고 믿는 것입니다. 그리하여 계몽사상가들은 무지와 미신을 타파하고, 이성에 어긋나는 구습과, 모순된 제도를 과감하게 개혁할 것을 주장하였습니다. 이러한 이유로 계몽사상은 현존 질서를 타파하는 혁신적 사상이 되었으며 이것은 미국혁명과 프랑스혁명에 매우 큰 영향을 주었습니다. 과거의 낡은 신분제도 또한 혁파해야 할 낡은 구습이었으므로 계몽사상은 신분제 철폐에 영향을 주었고 제3신분은 과거와 다른 지위를 누리면서 근대 시민사회 형성을 주도하였습니다. 앞의 내용은 중세로부터 근대의 신분의 변화를 알 수 있는 것이므로 정답은 ㄱ과 ㄴ으로 ①번이 됩니다. ㄷ은 중세의 영주와 기사 간에 해당되는 내용이고, ㄹ은 성직자도 삼부회에 포함되었으므로 오답입니다.

(2006년 수학능력평가 세계사 기출문제)

2. 자료에 공통적으로 나타난 정신과 부합하는 사건으로 가장 적절한 것은?

> • 종교, 즉 우리가 창조주에게 지고 있는 의무와 그 의무를 이행하는 방식은 오직 이성과 신념에 의해서만 지지될 수 있지, 힘이나 폭력에 의해서 뒷받침될 수는 없다.
>
> —버지니아 권리장전
>
> • 어떤 나라에서는 진실로 여겨지는 것이 다른 나라에서는 틀린 것으로 간주될 수 있다. (중략) 그 어떤 종교나 정부도 실제로는 완전하지 않다. 그러므로 죽을 때까지 싸워야 할 가치가 있는 믿음이란 없다.
>
> — 몽테뉴

① 낭트 칙령의 폐지　　　　　　② 심사법(령)의 제정
③ 베스트팔렌 조약의 체결　　　④ 콘스탄츠 공의회의 개최
⑤ 클뤼니 수도원의 개혁 운동

정답 : ③

☞ **문제 해설**

버지니아 권리 장전의 내용은 종교에 대한 의무는 오직 이성과 신념에 의해서만 지지될 수 있다고 있으며, 몽테뉴의 글에서는 어떤 종교나 정부도 완전하지 않으므로 그것이 만일 나와 맞지 않는다면 죽을 때까지 싸울 가치가 있는 것이라고 말함으로써 종교의 자유권에 대하여 말하고 있습니다. 개인의 종교 선택의 자유는 30년 전쟁 이후 맺은 베스트팔렌 조약에서 개인 종교 선택의 자유를 허용하게 되었습니다. 그러므로 정답은 ③번입니다. 낭트 칙령은 앙리 4세가 발표했던 것으로 위

그노들에게 일정한 지역에서 신앙의 자유를 허용했던 것인데 루이 14세 때 폐지하였으며, 심사법은 영국에서 비국교도의 공직 취임을 막기 위해 실시했던 것입니다. 콘스탄츠 공의회는 위클리프와 후스의 교회개혁 운동 이후 카톨릭 교회가 소집했던 것이며, 클뤼니 수도원의 개혁 운동은 교황령 기증 이후 교황의 부패와 타락이 심해지자 10세기경 일어났던 개혁 운동입니다. 그러므로 모두 개인의 종교 선택의 자유와 연관 없는 내용입니다.

(2006년 9월 전국연합학력평가 세계사 기출문제)

3. 자료에 나타난 정신이 반영된 것을 〈보기〉에서 모두 고른 것은?

프랑스혁명 시기에 일상생활에서 사회 계급과 특권을 나타내는 표현은 폐지되었다. 예를 들면, 농민이 귀족에게 사용했던 '~님'이라는 표현 대신 친한 친구에게만 불렀던 '당신'을 사용하게 되었다. 또한 '신사, 숙녀' 역시 법에 따라 사회적인 동등성을 나타내는 '시민'이라는 호칭으로 바뀌었다. 이렇듯 혁명의 지도자들은 사회 계급 간의 차별을 없애고 모든 프랑스 시민들이 동등하게 대우받는 사회를 만들고자 했다.

보기

ㄱ. 심사법(령)의 내용	ㄴ. 인권 선언의 내용
ㄷ. 빈 회의의 결정 내용	ㄹ. 나폴레옹 법전의 내용

① ㄱ, ㄴ ② ㄱ, ㄷ ③ ㄴ, ㄷ ④ ㄴ, ㄹ ⑤ ㄷ, ㄹ

정답 : ④

☞ 문제 해설

앞의 내용은 프랑스혁명 시기 신분제 철폐에 대하여 서술하고 있습니다. 이것은 당시의 계몽사상의 영향으로 인간 이성을 신뢰하고 이로 인한 진보를 위해서는 모순된 제도와 구습을 시정하고 개혁할 것을 주장하였습니다. 이러한 내용의 영향을 받은 것은 프랑스혁명 당시 발표되었던 인권선언의 내용과 1804년에 제정되어 법 앞에서의 평등, 종교 선택과 양심의 자유, 재산권 보장 및 농노제 폐지 등의 내용이 담겨 있는 나폴레옹 법전입니다. 심사령은 영국에서 비국교도의 공직자 취임을 막기 위해 제정되었던 것이며, 빈회의는 나폴레옹 시대가 끝난 후 혁명전으로 되돌아가자는 보수 반동적인 체제입니다. 그러므로 정답은 ④번입니다.

(2005년 6월 전국연합학력평가 세계사 기출문제)

4. 자료에 나타난 사상이 영향을 미친 사건을 〈보기〉에서 모두 고른 것은?

> 자연상태에서는 살기가 불편하므로 사람들은 공동 관심사인 사회와 정부를 세우기 위해 계약을 맺게 된다. 인간은 자연권 즉 생명, 자유, 재산의 권리를 갖고 있는데, 이러한 권리가 잘 보장되도록 인간은 정부를 세우는 데 합의한 것이다.
>
> — 로크, 『시민정부론』
>
> 국가 수립의 목적인 공공의 복지에 따라서 국가의 모든 힘을 이끌어 낼 수 있는 것은 일반의지이다. ……사회는 이와 같은 공동의 이해관계를 바탕으로 해서 통치되어야 한다. 즉, 주권이라는 것은 일반의지의 행사이므로 결코 남에게 양도될 수 없다.
>
> — 루소, 『사회계약론』

보기

ㄱ. 프랑스 대혁명	ㄴ. 독일의 농민전쟁
ㄷ. 미국의 독립전쟁	ㄹ. 영국의 청교도혁명

① ㄱ, ㄴ　② ㄱ, ㄷ　③ ㄴ, ㄷ　④ ㄴ, ㄹ　⑤ ㄷ, ㄹ

정답 : ②

☞ **문제 해설**

　시민사회의 성장과 함께 자연법사상과 사회계약설이 등장하게 되었습니다. 로크는 인간의 자연권을 더욱 안전하게 누리기 위해 계약을 맺고 국가를 형성하며, 이를 위배하는 경우 정부를 교체할 수 있다고 주장하였습니다. 명예혁명을 옹호한 그의 사상은 미국혁명과 프랑스 계몽사상에 큰 영향을 주었습니다. 반면 루소는 일반계약론자들이 사회계약을 피치자와 통치자 사이의 계약이라고 본 것과 달리 사회구성원의 개별적 의지의 집약인 동시에 그것을 넘어선 '일반의지'에 따를 것을 약속함으로써 국가가 성립하며, 이 약속이 바로 사회계약이라고 하였습니다. 루소는 일반의지의 표현이 바로 법이며, 일반의지의 행사가 주권이므로 주권은 언제나 인민에게 있으며, 양도할 수 없는 것이라고 주장하였습니다. 그리하여 루소는 순수한 직접민주주의를 택했습니다. 일반의지론은 프랑스혁명은 물론 오늘날에 이르기까지 민주주의자들에게 많은 영향을 미쳤습니다. 그러므로 정답은 ②번입니다.

◎다음은 고등학교 『한국지리』 교과서에 실린 「독도는 우리땅」이라는 글입니다. 이 글을 읽고 '영토'의 개념을 다시금 생각해 봅시다.

을사조약 체결 후 일본은 1905년 시마네 현 고시 제40호로써 독도를 다케시마(죽도 : 竹島)라는 이름으로 시마네 현에 편입시켰다. 제2차 세계대전 후 일본의 항복 문서가 인정한 포츠담 선언과 연합군 최고 사령관 훈령 제677호에 의해 독도는 한국 영토임이 확실하게 인정되었다. 이어 우리 정부는 1952년 독도와 부근의 바다에 해양 주권을 선포하여 등대 설치, 해양 경찰의 주둔, 주민의 거주 등으로 우리 영토임을 분명히 하였다.

또한 독도가 우리의 고유 영토라는 사실은 조선시대에 제작된 당시 일본에서 제작된 일본 지도 등에 명백히 드러나 있다. 세조 8년(1462)에 제작한 '동국지도'와 동국여지승람의 '팔도총도', '동람도'에는 울릉도와 우산도(독도)가 별개의 섬으로 그려져 조선 영토에 포함되어 있다. 뿐만 아니라 일본인들이 제작한 일본 지도에서는 '울릉도와 우산도는 조선의 영토이다'라는 글씨까지 표기된 것이 발견되어 있다. 1785년경에 제작된 하야시의 '삼양접도지도'는 나라별로 다르게 채색되어 있어 각국 영토를 쉽게 식별할 수 있다. 이 지도에는 조선이 황색, 일본이 녹색으로 칠해져 있는데, 정확한 위치에 그려진 울릉도와 우산도는 황색으로 칠해져 있다. 그러나 일본은 기회가 있을 때마다 고도의 정략적 계산을 바탕으로 끈질기게 "독도는 일본 영토"라는 억지 주장을 되풀이하고 있다.

－ 고등학교 『한국지리』

---

1. 국가의 공간적 범위는 어디까지일까요?

국가의 영역은 한 나라의 주권이 미치는 공간적 범위로서, 국제법상 '국가가 배타적으로 지배하는 공간'으로 규정됩니다. 국가는 영역으로 한정된 지리적 기반 위에서 주권을 행사하고, 정치 · 경제 · 사회 · 문화적 활동을 전개하므로 영역의 크기, 형태 등은 그 나라의 발전에 매우 중요합니다.

영역은 영토, 영해 및 영공으로 구성됩니다. 영토는 국가의 주권이 미치는 지표상의 범위이고, 영해는 국가의 주권이 미치는 해역을 말하며, 영공은 영토의 영해의 상공을 말합니다.

영공은 애초에 방어를 목적으로 설정되었지만, 최근에는 항공의 발달로 영공의 경제적 가치가 부각되고 있습니다. 우리나라를 경유하여 외국의 도시로 이동하는 항공편이 많을수록 외국과의 외교적·경제적 이익을 취할 수 있기 때문입니다. 영해는 해안선 또는 직선기선으로부터 12해리를 적용하고 있습니다.

2. 배타적 경제수역(EEZ : Exclusive Economic Zone)이란 무엇인가요?

배타적 경제수역은 바다를 끼고 있는 나라에서 경제적 주권을 행사하겠다고 선포한 곳입니다. 1994년 11월 발효된 유엔 해양법 협약은 연안국이 영해기선(영해가 시작되는 선)으로부터 200해리(약 370km) 범위 안에서 배타적 경제수역을 선포할 수 있도록 규정하고 있습니다.

유엔 해양법 협약에 따라 연안국은 수역 내의 생물·비생물·천연자원의 탐사, 개발, 보존 및 관리를 위한 경제적 활동에 관련한 모든 주권적 권리를 행사할 수 있습니다. 또한 인공섬 등 시설물의 설치, 사용과 해양에 대한 조사와 환경보존 등에 관한 관할권도 가집니다.

각국의 배타적 경제수역 선포는 수산자원과 해저석유 등 천연자원을 포함하고 있는 바다를 최대한 확보하려고 하는 경제적 이유 때문입니다.

유엔 해양법의 발효 이후 우리나라도 배타적 경제수역을 확보하려 했으나, 한일의 거리가 400해리가 되지 않아서 경제수역을 설정하기가 쉽지 않았습니다. 이에 한일 양국은 각국의 연안을 배타적 경제수역으로 하고(35해리), 가운데의 일부 수역을 중간 수역으로 하는 어업 협정을 추진하여 1999년에 발효하였습니다.

우리나라와 일본의 배타적 경제수역 설정으로 분쟁이 예상되는 지역은 독도 근해입니다. 동해는 한류와 난류가 만나는 조경수역으로, 어종이 다양하고 어획량이 많은 황금어장입니다. 더구나 독도 주변에 다량의 하이드레이트가 발견되면서 앞으로 에너지 공급 지역으로서의 중요성도 높아졌습니다. 일본은 독도에 대한 영유권을 주장하여 동해에서 일본의 배타적 경제수역을 넓히려고 하고 있습니다. 한일 어업협정 체결의 결과 독도가 중간수역에 포함되어 영유권을 둘러싼 분쟁의 소지가 남게 되었습니다.

 **| 기출문제 탐구**

(2007년 수학능력평가 한국지리 기출문제)

1. (가), (나) 섬의 공통점으로 옳은 것을 〈보기〉에서 모두 고른 것은?

> (가)는 동경 130°48´~52´에 위치한 섬으로, 신생대 제3기에서 제4기에 걸쳐 화산활동으로 형성되었다. 천혜의 자연풍광을 간직하고 있으며, 강수가 연중 고른 분포를 보인다.
>
> (나)는 현무암질과 조면암질 용암이 여러 차례 분출하여 형성된 섬으로, 해발고도에 따라 식생 경관이 다양하다. 최근 행정구역을 개편하면서 특별자치도로 출범했다.

보기

ㄱ. 주변 해역에 조경 수역이 형성된다.

ㄴ. 직선 기선이 영해 결정의 기준이 된다.

ㄷ. 독특한 형태의 전통 가옥을 볼 수 있다.

ㄹ. 해안 저지대에는 난대성 식물이 분포한다.

① ㄱ, ㄴ　② ㄱ, ㄷ　③ ㄴ, ㄷ　④ ㄴ, ㄹ　⑤ ㄷ, ㄹ

정답 : ⑤

☞ **문제 해설**

　(가)는 울릉도이며, (나)는 제주도입니다. 동해에 있는 울릉도는 섬 전체가 종상 화산으로, 경사가 급한 해식애, 파식대 등이 발달하여 관광지로 유명합니다. 섬 중앙의 칼데라 분지인 나리분지에 전통적인 취락이 주로 분포하며, 겨울철 강수량이 많아 특수 가옥시설인 우데기를 볼 수 있습니다.

　남해에 위치한 제주도는 유동성이 큰 현무암이 분출하여 전체적으로 경사가 완만한 순상화산입니다. 한라산을 중심으로 300여 개의 기생화산이 분포하고 있으며, 특이한 자연환경 · 인문환경으로 국제적인 관광지로 발전하고 있습니다. 한라산은 해발고도가 높아짐에 따라 기온이 체감하여 난대림-온대림-냉대림-관목림 식생의 변화를 관찰할 수 있습니다. 또한 태풍 등 바람의 피해를 막기 위해 가옥의 그물지붕, 현무암 돌담 등을 관찰할 수 있으며, 집 안에 고팡이라는 창고를 볼 수 있습니다.

울릉도와 제주도는 모두 최한월 평균기온이 0℃ 이상으로 해안 저지대에서 난대성 식물을 관찰할 수 있습니다. 동해안, 울릉도, 제주도는 해안선인 통상기선을 영해의 기선으로 적용합니다.

2. 다음은 한·일 어업협정과 관련된 내용을 지도로 나타낸 것이다. 이에 대한 설명으로 옳은 것은?

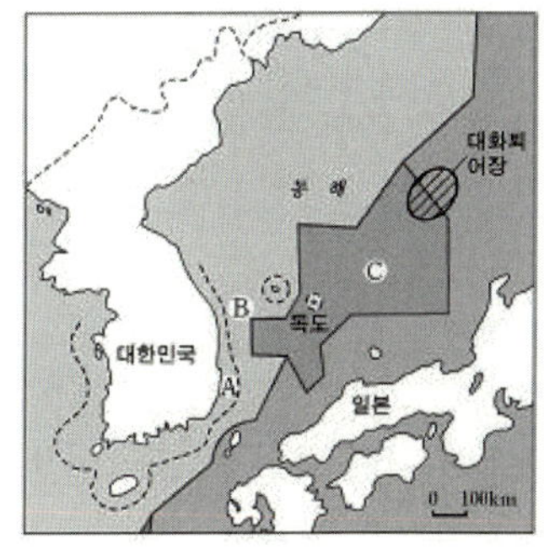

① A는 동해의 경우 직선기선을 적용한다.
② A는 대한해협의 경우 통상기선에서 3해리이다.
③ B에서는 자원에 대한 주권적 권리를 갖는다.
④ B는 영해가 끝나는 곳에서부터 200해리이다.
⑤ C에서는 한·중·일 삼국의 어로 행위가 가능하다.

☞정답 : ③

☞ **문제 해설**

A는 우리나라의 영해입니다. 영해는 기선으로부터 12해리까지 되어 있습니다. 우리나라는 해안선이 단조로운 동해안, 울릉도, 독도, 제주도는 일반적인 해안선인 통상기선을 적용합니다. 그러나 해안선이 복잡하고 섬이 많은 황·남해안은 가장 바깥쪽의 섬을 연결한 직선기선을 적용합니다. 단, 일본과 근접한 대한해협은 예외적으로 기선으로부터 3해리의 영해를 인정하고 있습니다.

B는 우리나라의 경제수역입니다. 배타적 경제수역은 영해의 기선으로부터 200해리를 적용하며, 일본과 경제수역이 중복되는 동해는 어업협정을 통해 한일 경제수역을 설정하였습니다. C는 한일 양국의 어로 행위가 가능한 중간수역입니다. 난류와 한류가 만나는 조경수역으로 어족자원이 풍부한 동해는 경제적 가치가 높아 경제수역 설정시 한일 간 갈등의 소지가 있습니다.

(2006년 9월 평가원 모의수능 한국지리 기출문제)

3. 지도의 지역에 대한 설명 중 옳지 않은 것은?

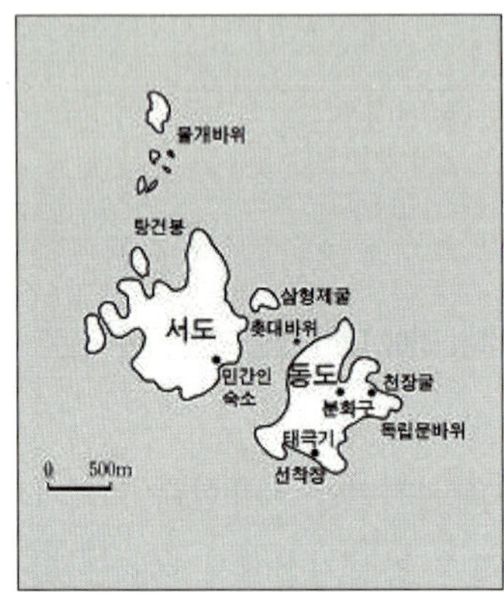

① 동해의 배타적 경제수역은 이곳을 기점으로 설정되었다.

② 시스택, 해식동과 같은 해안 침식 지형이 발달되어 있다.

③ 이곳에서 최단 거리에 있는 유인도는 울릉도이다.

④ 주변 해역은 조경수역으로 좋은 어장을 이룬다.

⑤ 우리나라 동쪽 끝에 있는 화산섬이다.

정답 : ①

☞ 문제 해설

지도의 섬은 독도입니다. 독도는 우리나라의 동쪽 끝에 위치한 화산섬으로, 신생대 제3기~제4기 동안 화산활동으로 형성되었습니다. 섬전체가 경사가 급한 종상화산을 이루고 있으며, 파랑의 침식에 의한 해식애, 해식동, 시스택 등의 지형이 발달하였습니다. 이 지역 주변은 조경 수역을 이루고 있어 어족자원이 풍부하고, 인근 해저에는 경제적 가치가 있는 하이드레이트(고체 천연가스)가 매장되어 있는 것으로 알려져 있습니다. 동해의 배타적 경제수역의 기점은 현재 울릉도이며, 우리나라 정부는 앞으로 독도를 기점으로 경제수역을 재설정하려고 노력하고 있습니다.

(2006년 10월 서울시교육청 학력평가 세계지리 기출문제)

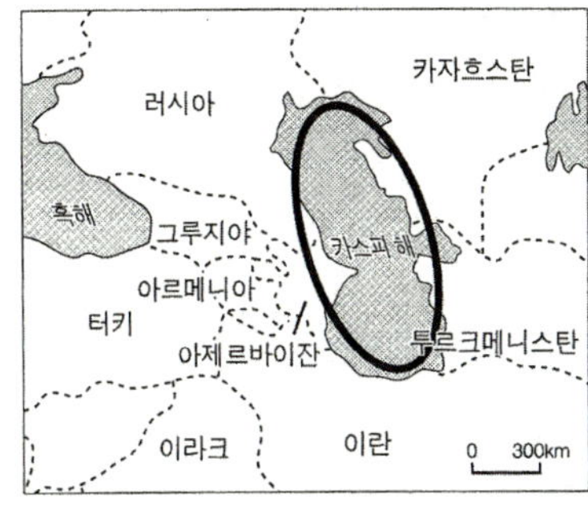

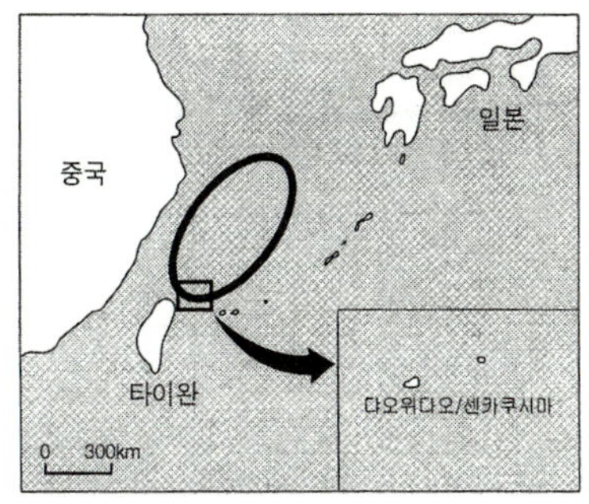

4. ◯로 표시된 지역으로 인해 주변국들 간에 갈등이 발생하고 있다. 이러한 갈등의 공통적인 원인

   으로 가장 옳은 것은?

① 자원 개발　　　② 종교 차이　　　③ 해양 오염

④ 난민 문제　　　⑤ 정치 이념의 차이

정답 : ①

☞ **문제 해설**

　카스피 해 연안과 다이위다오/센카쿠시마 인근 해역은 석유 및 천연 가스 개발
과 관련되어 주변국들 간에 영유권 분쟁이 발생하고 있는 지역입니다. 자원의 보고
로서 비다외 경제저 가치가 높아지자 넓은 바다를 확보하기 위한 국가 간 갈등이
증가하고 있습니다.

　카스피 해는 많은 양의 석유가 매장되어 있는 곳으로 연안 국가인 러시아, 카자
흐스탄, 투르크메니스탄, 아제르바이잔 간에 석유 생산량 조절, 석유 파이프 건설
등의 문제로 갈등이 발생하고 있습니다. 다이위다오/센카쿠시마는 현재 일본이 점
유하고 있으나 중국과 대만이 영유권을 주장하고 있는 지역입니다.

제도와 생활양식으로서의 민주주의

민주주의는 정치 이데올로기인 동시에 제도이며, 개인들에겐 하나의 생활양식으로 작용한다. 정치 제도로서뿐만 아니라, 일상생활 속에서도 민주적 가치와 이념이 실현되어야 우리의 민주주의는 더 성숙할 수 있다.

우리는 언제쯤 민주주의를 완성할 수 있을까? 민주주의는 도착점이 없다. 언제나 진행형이며, 보다 나은 방향으로 바꾸고, 개선해 나가야 하는 무엇이다. 그러기 위해서는 항상 지금 우리의 제도와 사상에 대해 비판적인 시선으로 성찰해야 한다. 이를 위해 필요한 자세는 그것을 성역화하지 않는 것이다. 인간이 만든 제도는 완벽하지 않다. 민주주의 역시 마찬가지다. 다른 정치 이념과 제도에 비해 나아진 것이 민주주의라 해도 결점을 안고 있을 수 있기에 대상화하여 문제를 찾아내야 한다.

민주주의에 대한 여러 질문들 가운데 이 장에서는 다수에 의한 정치가 가져올 수 있는 문제점을 선택했다. 민주주의를 배운 학생들은 '당연히(논술에서 가장 버려야 할 태도 중 하나는 모든 것을 당연하게 받아들이는 것이다)' 모든 사람들이 선거에 참여하는 것이 옳고, 정치가는 다수 여론에 귀를 기울여야 한다고 생각한다. 하지만 다수가 꼭 진리를 이야기하는 것은 아니며, 여론 때문에 사회가 혼란에 빠진 경우도 적지 않다. 그럼에도 불구하고 선거가 일반적으로 행해지는 이유는 무엇일까? 보완점은 없을까? 대중들은 정말 주체적으로 생각하고 표현할까? 만일 어느 대통령이 임기 5년 동안 대다수 시민들의 지지를 받으며 국정을 수행했다면, 법에는 어긋나지만 연임하게 하는 것이 옳을까 아니면 아쉽지만 규정대로 임기를 마치게 하는 것이 옳을까?

이번 장에서는 고전 논술 시대부터 여러 대학에서 '약방의 감초'로 등장하고 있는 민주주의 문제를 심도 있게 다루고자 한다.

■ 교과 체계

구분	관련 교과 및 단원
기본	고등학교 『정치』 Ⅱ. 정치 과정과 참여 Ⅲ. 우리나라의 민주 정치 고등학교 『윤리와 사상』 Ⅲ. 사회 사상의 흐름과 변화
심화	고등학교 『정치』 Ⅱ. 우리나라의 민주 정치 고등학교 『윤리와 사상』 Ⅲ. 사회 사상의 흐름과 변화

논술 기본 문제

(가) 그리스에서는 모든 시민이 정치 과정에 참여하는 직접 민주 정치가 실현되었으나, 근대 이후의 민주 국가들은 영토와 인구 그리고 기능적인 문제로 인하여 대부분 간접 민주 정치를 채택하고 있다. 그런데, 루소는 그리스에서 시행되었던 직접 민주 정치를 이상적인 정치 형태로 생각하고 있었다. 그래서 "의사는 대표될 수 없다"고 주장하면서 간접 민주 정치를 비판하였다. 그는 "영국인은 자유롭다고 생각하고 있지만, 자유롭다는 것은 투표할 때뿐이고, 일단 투표를 하고 나면 이전과 같이 노예 상태가 된다"고 말하였다.

– 고등학교 『정치』

(나) 민주 국가에서는 선거를 통하여 선택된 대표자가 국정을 운영하게 되

므로 국민이 어떤 사람을 대표자로 선택하느냐에 따라 국가 발전이나 국민 생활이 직접 영향을 받게 된다. 따라서 유권자는 금품이나 지연·학연·혈연에 얽매이지 말고 후보자의 정견·정책을 꼼꼼하게 살펴보고 신중히 판단한 후에 선택해야 한다.

유권자가 주인 의식을 가지고 선거에 참여하는 것 역시 중요한 일이다. 대의 민주주의에서 투표 참여는 국민이 정치 과정에 참여하는 기본적인 행위이자 주권을 행사하는 기본적인 수단이다. 따라서 유권자는 단순히 자신에게 주어진 권리를 행사한다는 차원을 넘어 건전한 민주 정치 발전 과정에 참여한다는 주인 의식을 가지고 투표에 참여해야 한다.

– 고등학교『정치』

(다) 오늘날 정치 참여와 관련하여 해결 과제로 제기되는 것이 정치적 무관심의 문제이다. 이것은 시민들이 정치에 별다른 관심을 보이지 않는 경우로 정치적 무관심층이 생겨나는 이유는 다음과 같다.

정치에 참여하여 얻는 것보다 정치 이외의 활동에서 얻는 보상이 더 클 경우, 정치에 참여하더라도 결과는 달라지는 것이 없으며 행사할 수 있는 영향력에 한계가 있어 무력감을 느끼는 경우, 정치 지식이 부족하고 정치 참여에 여러 가지 장애가 있는 경우, 정치에 환멸을 느끼고 증오감을 가지는 경우 등이다.

우리나라의 경우도 최근 정치적 무관심이 증대되는 경향이 있는데 이는 지방 자치 선거의 투표 참여율이 30%대로 떨어진 데에서도 확인할 수 있다.

– 고등학교『정치』

(라) 자유민주주의는 다채로운 의견과 다양한 이익의 표출을 전제로 하는 정치 제도이기 때문에 만장일치의 합의에 도달하기가 쉽지 않다. 따라서, 자유민주주의는 충분한 토의 과정을 거쳐 몇 가지 의안을 성립시킨 다음, 그 가운데에서 가장 많은 사람들의 지지를 얻는 의안을 최종 의

사로 선정하는 '다수결의 원리'를 채택하고 있다. 그러나 자유민주주의는 인간의 존엄성을 존중하는 이념이기 때문에, 부결된 개개인의 소수 의견도 함부로 묵살해 버리지 않는다. 비록, 다수결로 어떤 결정이 내려졌다고 하더라도, 그 시행 과정에서는 가능한 한 소수 의견 중에서 의미 있는 요소를 반영하기 위하여 최선의 노력을 다한다.

- 고등학교 『윤리와 사상』

(마) 여론 형성 과정에 대하여 고전적인 이론에서는, 문제(쟁점) 제기→개인 의견 형성→집단 토의(개인 간의 의견 조정, 집단의 대표적 의견 조성)→집단 간 토의→통일적 의견(여론)의 성립이라는 도식으로 설명해 왔는데, 이 도식은 여론 형성 과정을 정확하게 표현한 것이라고 보기 어렵다. 왜냐하면 현대 사회에서 제기되는 문제는 대부분 복잡한 내용이며, 그것을 이해하고 해결 방책을 찾아내는 데는 많은 정보와 전문적인 판단이 필요한 경우가 많기 때문이다. 일반 시민이 이러한 문제에 관하여 개별적으로 의견을 형성하고 집단적으로 그러한 의견들이 조정, 통합되어 여론을 형성하는 경우는 드물다. 정당이나 이익 집단, 언론 등 각기 어느 입장을 대표하는 조직이 중요한 의견 집단으로 기능하고, 저마다 대중매체 등의 수단을 이용하여 대규모의 선전 활동을 전개하게 된다.

이와 같이 위로부터 확산되는 여론 형성은 여러 문제점을 지니고 있는데, 그 하나가 여론 과정이 통합보다 분열과 대립의 기능을 더 많이 수행하게 될 가능성이 있다는 것이다. 또 하나의 문제는 여론 형성의 주도권이 개인보다 특정 조직으로 옮겨져 한편으로는 여론에서 소외되는 성원이 있는가 하면 다른 한편에서는 제시된 의견을 무비판적으로 수용하는 성원이 생길 수 있다. 그러므로 대중사회에 있어서의 여론 상황은 이러한 점에서 경계해야 할 많은 요소를 가지고 있다고 하겠다.

- 고등학교 『정치』

(바) 다른 사람들의 행동에 따라 어떤 행동의 옳고 그름을 결정하는 것을

사회적 증거(social proof) 현상이라고 한다. 요컨대 사회적 증거에 따라 행동하면 실수할 확률이 줄어든다고 판단하기 때문에 많은 사람들은 다른 사람들이 하는 대로 행동하게 마련이다.

사회적 증거의 대표적인 사례는 텔레비전 코미디 프로그램에서 자주 사용하는 가짜 웃음이다. 가짜 웃음은 바보스럽고 어색하므로 좋아하는 사람이 많지 않을 것이다. 그럼에도 코미디 프로그램에 가짜 웃음을 많이 넣는 까닭은 시청자들이 다른 사람들의 웃음소리를 듣고 더 자주, 더 오래 웃을 뿐만 아니라 그 프로그램을 더 재미있다고 생각하는 것으로 나타났기 때문이다. 코미디 프로그램 제작자들은 사회적 증거라는 지름길에 따라 기계적으로 반응하려는 인간의 속성을 교묘히 이용한 셈이다.

– 이인식, 『미래교양사전』

(사) 벌써 몇 년째 수만 명이 순식간에 길거리로 몰려나오는 군중집회가 사회 분위기를 이끌고 있다. 2002년 여름에는 월드컵 축구 대표팀을 응원하는 붉은악마들이, 가을에는 미군 장갑차 사고로 숨진 여중생들을 추모하는 인파가 거리를 가득 메웠다. 2004년 봄 전국 곳곳에서 연인원 150만 명 이상이 거리에 나와 대통령 탄핵을 반대하는 촛불을 밝혔다. 2005년 봄에는 고등학생들까지 서울 광화문에 모여서 정부의 교육 정책에 항의하는 촛불 집회를 가졌다.

이러한 군중집회의 성격을 규정하는 개념은 보는 각도에 따라 다양하겠지만 적어도 참가자의 상당수가 영리한 군중(smart mob)이라는 사실에는 대부분 동의할 것이다. 영리한 군중은 '휴대전화와 인터넷으로 무장한 새로운 형태의 군중'을 뜻한다. 인터넷을 통해 연결된 집단이므로 네트워크 군대(network army)라고도 부른다. (중략)

영리한 군중은 한국의 대선에 앞서 필리핀에서 정치적 영향력을 발휘한 적이 있다. 2001년 1월 필리핀의 에스트라다 대통령이 네트워크 군대 앞에 무릎을 꿇었기 때문이다. 당시 필리핀 젊은이들 사이에서는 이동전화로 짧은 문자 메시지를 교환하는 행위가 생활의 일부가 되었다.

2001년까지 총인구 7,000만 명 중에서 500만 명의 필리핀 사람들이
휴대전화를 소유하고 있었으며, 날마다 7,000만 개의 문자 메시지를
주고받았다.

– 이인식, 『미래교양사전』

문제 1 | 제시문 (가)와 (나)는 민주 정치의 꽃이라고 할 수 있는 '선거제도'에 대해 서
로 다른 견해를 보이고 있다. 이 두 제시문의 입장 차이가 무엇인지 서술하시오
(450~500자).

문제 2 | 제시문 (가)와 (나) 가운데 한 입장을 선택해 제시문 (다)에 나타난 현상에 대
해 논술하시오(450~500자).

문제 3 | 제시문 (라)~(바)를 참고하여 제시문 (사)에서 설명하고 있는 '영리한 군중'
이 자유민주주의 사회 발전에 끼칠 수 있는 가능성과 위험성에 대해 논술하시오
(450~500자).

 | **문제 해설**

1. 출제 의도

18세기 중엽 서구의 산업 혁명은 대도시를 중심으로 사회를 재편성하였다. 도시의 규모가 거대해지자 모든 시민들이 한 곳에 모여 직접 사회의 문제를 논하고 정책을 결정하는 것이 사실상 불가능해졌다. 또한 시간이 지남에 따라 사회는 점점 분화되고 전문화되어 전문적인 식견 없이는 어떤 결정을 내리거나 문제를 해결하는 것이 어렵게 되었다. 이에 시민들은 그들의 권한을 전문적인 정치인과 행정가에게 위임하게 되었다. 이러한 사회의 변화는 오늘날 대부분의 나라에서 간접 민주 정치를 지배적인 정치 형태로 선택하게 만들었다.

본 논술 문제는 위에서 제시된 대의제 민주주의의 대표적인 제도인 '선거'와 대표적인 의사 결정 방식인 '다수결주의'에 대해 비판적으로 살펴보고자 한다. 대의제 민주주의에서 정치에 직접 참여할 수 없는 시민들은 선거를 통해 정치에 참여한다. 그러나 선거가 시민들의 요구를 제대로 반영하지 못한다는 주장도 있다. 이런 상황에서 본 논술은 학생들이 선거를 시민의 소중한 권리로 무조건 받아들일 것이 아니라 그것이 가진 문제점도 비판적으로 살펴볼 것을 요구한다. 또한 최근 IT의 발전으로 휴대전화 문자 서비스, 인터넷 게시판 등을 통해 직접민주주의의 가능성에 대한 기대가 높아지고 있다. 이와 관련하여 본 논술은 다수 여론에 의한 정책 추진의 명과 암에 대해 학생들이 진지하게 고민하기를 요구한다.

1. 제시문 분석

제시문 (가)는 시민이 직접 정치에 참여하는 직접 민주 정치를 이상적인 모습으로 설명하고, 간접 민주 정치의 투표 제도를 비판하고 있다. 즉 오늘날의 간접 민주 정치에서는 투표를 통해 시민들의 목소리를 대변하는 것처럼 보일 뿐, 그 뒤 수년 동안 시민들은 정치적 의사 결정에서 배제된 채 소외된다고 비판하고 있다.

제시문 (나)는 간접 민주 정치에서 대표자를 선출하는 선거의 중요성에 대해 말하고 있다. 선거는 국민의 기본적 주권 행사이자 민주 정치 발전의 원동력이다. 그러므로 유권자들은 적극적으로 선거에 참여하여야 하며, 후보자의 정견과 정책을 객관적으로 판단한 후 대표를 선출하여야 한다.

제시문 (다)는 오늘날 대의 민주주의의 문제점으로 지적되는 정치적 무관심을 설명하고 있다. 시민들의 정치적 무관심의 요인은 다양하며, 우리나라의 경우에도 심각하게 나타나고 있음을 알 수 있다.

제시문 (라)는 자유민주주의 사회에서는 누구의 자유권이든 보장해 줘야 하며 다수결 원칙에 따라 의사 결정을 내렸다 해도 소수의 의견 역시 보호해 줄 장치를 마련해야 한다고 말한다. 또한 다수의 독주를 막기 위한 사회적 차원의 제도적 장치가 필요함을 말하고 있다.

제시문 (마)는 현대 사회의 여론 형성 과정의 문제점에 대해 설명하고 있다. 과거의 여론 형성이 개인과 집단의 다양한 토의와 조정을 통한 상향식 과정이었던 것에 반해 현대의 여론 형성은 정당이나 이익 집단, 언론 등에 의한 하향식 과정임을 설명하고 있다. 이러한 하향식 여론 형성은 여론의 통합보다는 분열과 대립을 조장할 수 있고, 여론을 무비판적으로 수용하는 방관자적 시민을 양산할 수 있는 문제점을 안고 있다.

제시문 (바)는 다른 사람들의 행동에 따라 어떤 행동의 옳고 그름을 결정하는 사회적 증거 현상을 통해 다수의 결정이 꼭 옳은 것인지 비판적으로 고민하기를 요구하고 있다.

제시문 (사)의 '영리한 군중'은 정보기술이 발전하면서 인터넷을 통해 정치적, 정책적으로 영향력을 행사하는 네티즌의 모습을 일컫는 말이다. 이들이 대의 민주주의의 단점을 보완하면서 직접 민주주의의 가능성을 높인다는 점은 긍정적으로 평가할 만하지만, 이성적인 판단이 아니라 군중 심리에 의한 감성적인 판단으로 현실 정치에 영향력을 행사한다는 점은 비판받을 수 있다.

3. 문제 해설

제시문 (가)는 간접 민주 정치제도하의 '선거제도'에 대해 비판적 시각을 가지고 있다. 이에 따르면 시민이 자유를 누리는 것은 투표할 때뿐이며, 그 이후에는 정치적 노예와 같다고 주장한다. 이는 선거에 의한 대표자의 선출과 선출된 대표자의 책임 정치에 대해 비판적인 입장을 나타낸다. 제시문 (나)는 오늘날의 민주 정치에서 '선거제도'가 국민의 정치적 권리 실현을 위해 매우 중요한 제도임을 역설하고 있다. 또한 선거에서의 투표 행위는 단순한 권리 행사의 의미를 넘어 민주 정치를 발전시키는 원동력으로 작용한다고 말하고 있다. 문제 1에서 학생들은 이러한 두 견해의 입장 차이를 제시문의 내용을 바탕으로 분석 서술하면 되겠다.

문제2에서는 제시문 (가)와 (나)의 두 관점 중 한 가지 입장을 택해 (다)에서 설명하고 있는 정치적 무관심 현상을 설명해야 한다. 제시문 (가)의 입장에서는 대의 민주주의가 가져오는 대표의 무책임과 타락, 시민들의 정치적 영향력 저하 등의 문제를 통해 간접 민주주의의 한계를 지적해 볼 수 있을 것이다. 제시문 (나)의 입장에서는 정치적 무관심을 국민의 정치적 의사 표현의 한 형태로 받아들이는 것으로 평가할 수도 있다. 또한 제시문 (나)의 입장에서도 간접 민주 정치가 가진 한계점을 지적할 수 있을 것이고, 이와 함께 시민들의 정치 참여를 높일 수 있는 방안에 대해 이야기해 볼 수도 있을 것이다.

제시문 (라)는 다수결의 원칙에 대해 설명하고 있고, 제시문 (마)와 (바)는 오늘날의 여론 형성 방법의 문제점과 '사회적 증거 현상'에 대해 지적하고 있다. 문제 3에서는 이를 통해 휴대전화와 인터넷으로 무장한 새로운 형태의 군중인 '영리한 군중'에 대해 비판적으로 분석하기를 요구한다. 정보화가 우리 사회를 빠르게 변화시킴으로 인해 정치적 측면도 영향을 받고 있다. 이와 함께 생겨난 '영리한 군중'이 향후 우리 정치 발전에 어떤 가능성과 위험성을 안겨 줄지에 대해 학생들은 논술하여야 한다. 정보화의 발달은 군중이 직접 정치에 참여할 수 있는 기회를 높여 줌으로써 직접 민주 정치적 측면을 강화하는 장점을 가진다. 하지만 정보화로 무장한 군중들이 제시문 (바)에서 설명한 바와 같이 군중 심리에 의한 감정적 판단으로 현실의 정치에 영향력을 미칠지 모른다는 단점도 있다. 이러한 측면을 고려하면서 답을 논리적으로 설명하면 될 것이다.

 ## | 학생 답안과 첨삭 지도의 실제(1)

학생 답안

■ 글의 개요 분석

1. 제시문 (가)는 선거제도에 대해 부정적 입장이다. 그 이유는 선거 이후에는 유권자들의 의사가 제대로 반영되지 못하기 때문이다.

2. 제시문 (나)는 선거제도에 대해 긍정적 입장이다. 이에 따르면 선거는 국가와 국민에 직접적인 영향력을 줄 수 있는 중요한 행위이며, 신중하게 이루어져야 한다.

선덕고 최한욱

① 제시문 (가)와 (나)는 선거제도에 대해 상반된 견해를 보이고 있다. ② 우선, 제시문 (가)에서는 선거제도가 국민들에게 부정적인 영향을 줄 것이라는 견해를 보이고 있다. ③ 이는 루소가 유권자들은 투표할 때만 자유롭다는 말을 통해 알 수 있다. 즉, 유권자들이 정치에 직접 참여할 수 있을 때는 선거를 할 때뿐임을 의미한다. ④ 이어 그는 유권자들이 투표를 한 이후에는 노예 상태로 돌아간다고 지적했다. ⑤ 이는 국민이 선출한 대표자의 정책이나 법률(국민들의 의사를 반영하지 않은 것조차)에 따라야 하는 것을 나타낸다. 따라서 루소는 이러한 간접 민주 정치를 비판하였다.

⑥ 반면에 제시문 (나)에서는 선거제도가 국민들에게 긍정적인 영향을 줄 것이라는 견해를 보이고 있다. ⑦ 이는 국민이 어떤 대표자를 뽑느냐에 따라 국가나 국민에 직접적인 영향을 받기 때문이다. ⑧ 따라서 (나)에서는 유권자가 선거를 할 때에 갖춰야 할 자세에 대해 설명하고 있다. 유권자는 후보자의 자질과 정책을 고려하여 주인 의식을 가지고 선거에 임해야 한다는 것이다. 국민들의 적극적인 참여만이 선거제가 순기능을 할 것임을 알려준다.

사회과 첨삭 지도

김성우 선생님

논리분석

위 학생은 문제에서 요구하는 바를 충실히 따르고 있으며, 제시문에 대한 이해도 역시 높은 편입니다. 도입부에 제시문 (가)와 (나)의 입장이 서로 상반된다고 밝힌 후 각각의 입장에 대한 세부적인 설명을 하고 있습니다. 제시문 (가)는 '선거제도가 국민들에게 부정적인 영향을 줄 것이다' 라고 부정적 입장을 취한 후 이를 뒷받침하기 위해 '루소'의 말을 인용하고 있습니다. 그리고 이를 종합해 이는 간접 민주주의에 대한 비판이라고 결론짓고 있습니다. 전반적인 논리 흐름은 좋습니다. 다만 국민들이 선거제도에 부정적인 이유에 대해서는 좀 더 깊이 있는 사고가 필요합니다. 루소의 이야기를 기계적으로 요약하지 말고 자신이 이해한 바를 토대로 작성하십시오.

제시문 (나)는 '선거제도가 국민에게 긍정적인 영향을 줄 것이다' 는 입장을 취한 후 선거가 국민

Idea Tip

- 루소의 정치적 견해에 대해 자세히 알아봅시다.
- 선거제도가 가질 수 있는 부정적 현상을 사회 현실과 관련하여 찾아봅시다.

생활에 미치는 영향을 설명하면서 자신의 주장을 뒷받침하고 있습니다. 제시문의 주장을 이용해 논리를 재구성하는 능력은 뛰어나나, 제시문 속 주장들이 숨기고 있는 심층적인 의미를 밝히는 데는 부족함이 있습니다. 곧 '국민의 의사는 대표될 수 있고, 선거는 국민이 자신의 정치적 기본권을 행사하는 중요한 행위이며, 대표들은 이에 구속받게 된다' 는 사실입니다.

①, ②, ③번 문장에서는 논의의 수준이 조금 피상적입니다. '국민의 의사는 대표될 수 없다' 는 루소의 말을 통해 간접 민주주의하에서는 국민의 의사 반영과 정치적 참여 기회가 제한적이라는 점을 지적하는 것이 좋겠습니다.

④, ⑤번 문장에서는 단순히 루소의 입장을 밝히기보다는 루소의 입장을 일반화해 논의를 전개해야 합니다. 그래야 제시문 (나)의 입장과 대응될 수 있습니다. 즉 루소의 입장을 종합해 볼 때, 제시문 (가)의 입장은 선거제도의 불합리함을 통해 직접 민주주의를 주장한다고 요약할 수 있습니다.

⑥, ⑦번 문장에서 어떤 대표자를 뽑느냐에 따라 국가나 국민이 직접적인 영향을 받는 것이 국민들에게 긍정적인 영향을 주는 논거로 작용하기에는 논리력이 부족합니다. 이를 뒷받침하기 위해서는 선거제도를 통해 국민들의 의사가 직접적으로 반영될 수 있다고 해야 합니다. 또한 선거에 의해 선출된 대표 역시 국민의 의사에 따라 정치적 행위를 한다고 해야 합니다. 이런 논의들이 선거를 통해 국민의 의사가 반영될 수 있다는 입장의 논거가 될 수 있습니다.

⑧ 그러므로 단락의 마지막 부분에는 제시문 (나)의 입장은 선거의 순기능을 통해 간접 민주주의를 찬성하는 입장이라고 결론내리는 것이 좋겠습니다.

개념분석

제시문 (가)의 루소는 사회계약론에서 다음과 같이 주장합니다.

"사람들은 계약을 토해 모두를 평등하게 대우하고 자유롭게 행동할 수 있도록 보호해 주는 조직체로서 국가를 구성한다 …… 주권이라는 것은 일반 의사의 행사이므로 걸코 양도될 수 없다."

이러한 루소의 말은 '민주정은 자유롭고 자율적인 개인들이 모여 보편의지(일반의지)로서 사회계약을 맺어 국가를 직접 건설하고 운용하여 이상 사회를 만드는 것' 을 의미합니다. 즉 루소는 직접 민주주의적 요소를 강조한 것입니다.

문제 1의 의도는 '선거제도' 에 대한 상반된 입장을 살펴봄으로써 '선거제도' 에 대해 비판적으로 평가해 보는 것이라 할 수 있습니다. 이러한 점에서 '선거제도' 가 가질 수 있는 긍정적인 면과 부정적인 면을 구체적으로 살펴보는 것이 중요합니다.

오늘날 선거의 기능은 다음과 같이 말할 수 있습니다. 첫째, 국민의 대표자를 선출하고, 둘째, 정치권력에 대한 정당성을 부여하며, 셋째, 정치권력을 통제하며, 넷째, 국민의 여론을 반영하는 것입니다. 이러한 선거의 기능이 올바르게 작용할 때 '선거제도' 를 긍정적으로 평가할 수 있습니다. 그러나 현대의 '선거제도' 는 이런 기능들이 많이 약화되고 있는 것이 사실입니다.

선거제도가 가질 수 있는 부정적인 면은 다음과 같습니다. 첫째, 국민들의 의사가 정확하게 반영되지 못할 수도 있습니다. 이는 국민의 의사가 단일한 선호를 보이는 것이 아니라 다양한 선호를 보이기 때문에 발생하는 것으로, 당선된 대표자가 국민들의 가장 신임을 받는 사람이 아닐 수 있다는 것을 말합니다. 둘째, 국민의 정치적 참여가 저조할 때는 선거를 통한 대표자의 정당성 역시 떨어진다는 점입니다. 셋째, 다양한 대표자의 선택이 불가능할 시에는 정치권력에 대한 통제라는 기능 역시 제 기능을 발휘하지 못할 수 있습니다.

제언

이 학생은 제시문의 내용을 충실히 이해하고 이를 바탕으로 '선거제도'의 상반된 입장을 잘 설명하고 있습니다. 비교적 짧은 분량의 글이었기에 많은 내용을 담을 수는 없습니다. 하지만 제시문들의 입장을 밝히는 부분에서 내용을 요약하거나 그대로 인용하고 있다는 점이 아쉽습니다. 제시문을 통해 입장을 선택하였다면 그 입장을 뒷받침하는 논거는 제시문에 드러나지는 않지만 주장들을 포괄할 수 있는 일반적인 입장을 제시할 수 있어야 할 것입니다. 즉 '국민의 의사가 대표될 수 없다'는 직접 민주주의적 입장과 '국민의 의사는 대표될 수 있다'는 간접 민주주의적 입장으로 설명할 수 있어야 합니다. 이는 평소 사회 교과서를 읽으면서 학자들의 주장이나 입장이 무엇에 대한 구체적 논거인지를 찾아 보는 훈련을 통해 보완될 수 있을 것입니다.

평가항목	등급	총평
이해 · 분석력	B⁺	제시문의 내용을 충실히 이해하고, 이를 바탕으로 두 제시문이 가지는 선거제도의 입장 차이를 밝히고 있습니다. 제시문 (가)와 제시문 (나)가 선거제도에 있어 서로 상반된 입장을 가진다는 점을 정확히 지적하고 있습니다. 다만, 제시문의 입장 차이를 분석함에 있어 제시문을 그대로 요약하거나 인용하는 것은 지양해야 합니다.
논증력	B	제시문에 대한 독해 능력은 뛰어난 편이나, 구체적이고 개별적인 사안 속에 숨어 있는 전제들을 찾아내는 데는 아쉬움이 남습니다. 즉 제시문 (가)의 "의사는 대표될 수 없다"는 루소의 말과 제시문 (나)의 선거의 성격과 영향력에 대한 설명 속에 숨어 있는 기본 전제를 명확히 밝혀야 합니다.
창의력	B	제시문에 대한 독해를 통해 각각의 입장을 밝히고 그에 따른 입장 차이를 제시문 속에서 찾으려는 노력은 긍정적으로 평가할 수 있습니다. 다만 선거제도에 대한 입장 차이를 대체로 제시문에 나타나 있는 것에 한정해서 파악하고 있는 점은 아쉬움으로 남습니다. 창의력에 있어 좀 더 좋은 평가를 얻기 위해서는 제시문에 표면적으로 드러나 있지 않지만 그 속에 내재해 있는 전제와 현상을 밝혀 낼 수 있어야 합니다.
표현력	A	대체로 자신이 표현하고자 하는 바를 쉽고 간결한 문장으로 표현하고 있습니다. 또한 기본 용어들의 의미도 대체로 자연스럽게 연결되고 있습니다.

국어과 첨삭 지도

장점

전반적으로 논제에서 말하고자 하는 바를 충실히 이해하고 논의를 전개하고 있습니다. 선거제도에 대한 서로 다른 입장을 각각의 단락으로 구성하여 글의 전체적인 균형을 맞추고 있습니다. 또한 두 괄식 문장을 이용해 각각의 입장을 먼저 제시한 후 제시문들의 논거를 재구성하여 자신의 주장을 뒷받침하고 있습니다.

단점

충실한 제시문의 이해에 비해 입장을 뒷받침하는 논거들은 제시문의 범위를 벗어나지 못하고 있습니다. 주장이 좀 더 타당하고 신뢰성을 주기 위해서는 제시문에 나와 있지 않은 기본 전제나 가정을 찾아내어 서술해야 합니다. 이는 제시문에 대한 깊이 있는 분석에서 나온다고 할 수 있습니다. 입장의 차이를 밝히라는 것은 단순히 서로 다르다는 사실을 밝히는 것에서 그치는 것이 아니라 다른 근본적인 이유를 제시하라는 의미로 받아들이는 것이 좋습니다. 이미 논제에서 서로 차이점이 있음을 제시하였기 때문에 학생은 그 차이점의 범위와 근본 이유에 대해 상세히 논술해야 하는 것입니다.

구성의 특징

제시문이 두 개이고 입장 역시 두 개로 나뉘기 때문에 단락을 두 개로 나누는 것이 합리적이라 생각합니다. 이 학생은 크게 두 개의 단락으로 나누어 각각의 입장을 밝히고 있습니다. 이런 논제에 대한 전형적인 구성 형식입니다. 대체로 잘 되었다고 할 수 있습니다. 이러한 형식 외에 제시문 (가)와 제시문 (나)의 입장의 공통점을 하나의 단락으로, 그리고 입장의 차이점을 하나의 단락으로 생성할 수도 있을 것입니다. 이러한 형식의 구성은 전형적인 형식보다 논의의 깊이가 깊다고 할 수 있습니다. 이는 좀 더 많은 분량을 써야 할 때와 둘의 공통점을 찾을 수 있을 때 사용한다면 좋은 평가를 받을 수 있을 것입니다.

표현

②번 문장은 주술관계를 고려해 좀 더 자연스럽게 고칩니다.

'제시문 (가)에서는 → 제시문 (가)는'

③, ④번 문장에서는 루소의 말을 인용하여 자신의 주장을 뒷받침하고 있습니다. 하지만 단순히 루소의 말을 인용하는 데 그치기보다는 좀 더 깊이 있는 논의를 전개할 필요가 있습니다. 즉 루소의 입장은 선거가 국민의 정치적 참여 기회를 제한하고, 국민이 선거를 통해 정치권력을 통제할 수도 없다는 것을 의미합니다. 제시문의 내용을 단순히 인용하거나 요약 정리하는 것만으로는 좋은 평가를 받을 수 없습니다. 제시문의 이면에 내재한 전제들을 찾고, 일반화된 문장으로 서술할 수 있어야 합니다.

⑤번 문장은 완결된 문장으로 서술하는 것이 좋습니다.

→ '이는 대표자들이 국민들의 의사와는 상관없이 제정한 법률이나 정책에 국민들이 따라야 함을 의미한다.'

⑥번 문장은 주술관계를 고려하여 자연스럽게 바꿉니다. '제시문 (나)에서는 → 제시문 (나)는'

⑦번 문장은 의미 흐름을 고려해서 자연스럽게 바꿉니다. '국가나 국민에 → 국가와 국민이'

이 주장을 뒷받침하는 논거의 의미를 고려할 때 다음과 같이 바꾸는 것이 좋겠습니다. → '이는 선거를 통해 국민이 국가의 운영과 그들의 삶의 방식에 직접적인 영향을 미칠 수 있다는 것이다.'

제언

제시문과 논제에 대한 충실한 이해를 바탕으로 논리적으로 자신의 주장을 펼치고 있습니다. 제시문 속의 주장들을 재구성하여 각각의 입장을 잘 정리하고 있고, 문장 역시 쉽고 간결하게 쓰고 있습니다. 다만 전체 글의 논의 수준이 제시문의 범위를 벗어나지 못하고 있는 점은 아쉬운 점으로 남습니다. 제시문들의 내용이 전제하고 있는 기본 이념을 좀 더 생각해 보고 글을 썼으면 하는 아쉬움이 남습니다. 또한 논거를 제시함에 있어 자신의 주장이 확실히 뒷받침될 수 있도록 문장의 의미를 명확하게 하는 것이 좋겠습니다.

평가항목	등급	총평
이해 · 분석력	B	논제는 제시문 (가)와 (나)의 입장 차이를 명확하게 분석하는 것이 목적입니다. 이 학생은 제시문의 내용은 정확하게 이해하고 있으나, 논의의 범위가 너무 피상적인 수준에 그치고 있습니다. 제시문에 대한 입장 차이는 제시문 속에 나와 있는 구체적 사례들을 일반화할 수 있을 때 파악됩니다. 즉 제시문 (가)의 내용을 종합할 때 기본 전제는 '국민의 의사는 대표될 수 없다' 라고 파악할 수 있습니다. 이에 반해 선거의 중요성을 강조하는 제시문 (나)의 경우는 '국민의 의사는 대표될 수 있다' 는 기본 전제가 내재해 있다고 할 수 있습니다.
논증력	B⁺	주장을 먼저 제시하고 그에 대한 뒷받침 논거를 제시문 속에서 찾아 서술하고 있습니다. 제시문 (가)에는 루소의 말을 근거로 들었고, 제시문 (나)에서는 선거가 미치는 영향력을 통해 근거를 마련하고 있습니다. 그러나 대부분의 논거가 제시문 속에서 쉽게 찾을 수 있는 일반적인 것이라는 점에서 아쉬움이 남습니다.
창의력	B	이러한 논제에서 창의력이란 제시문 간의 입장 차이를 밝히고, 그 입장 차이의 배경을 밝혀내는 것입니다. 이는 제시문 (가)의 '의사는 대표될 수 없다' 는 점과 제시문 (나)의 '의사는 대표될 수 있다' 는 주장에는 직접 민주주의와 간접 민주주의라는 근본적인 배경 차이가 전제되어 있다고 할 수 있습니다. 이러한 배경의 차이를 분석하고 찾아내어 일반화할 수 있도록 꾸준한 노력이 필요합니다.
표현력	A	크게 두 개의 단락으로 나누어 각각의 입장을 균형 있게 서술하고 있습니다. 두 단락 모두 주장이 앞에 놓이는 두괄식 구조를 취함으로써 분명한 의사 전달을 하고 있습니다.

| 학생 답안과 첨삭 지도의 실제(2)

학생 답안

선덕고 김영현

① 제시문 (다)에서 나타난 정치적 무관심의 문제는 기존의 간접 민주 정치가 가진 단점에 기인한 것이다.

시민들은 선거를 통하여 대표자를 뽑는다. 하지만 대표자가 국정을 운영함에 있어 국민의 의사가 제대로 반영되지 못할 수 있다. 국민 각각이 원하는 국가 발전이나 국민 생활의 방향이 다르기 때문이다. ② 제시문 (가)의 말을 인용하자면 의사가 대표될 수 없는 것이다. ③ 여기서 제시문 (다)의 정치적 무관심층이 생겨난 두 번째 이유가 나타난다. ④ 즉, 정치에 참여하더라도 결과는 달라지는 것이 없으며 행사할 수 있는 영향력에 한계가 있어 무력감을 느끼는 경우이다.

⑤ 또한 시민들에 의해 선출된 대표자가 합법적으로 권력을 남용할 수 있다. ⑥ 시민의 이익이 아닌 자신의 이익을 위한 정책과 제도를 통해 제시문 (가)에 나타난 듯이 시민을 노예 상태로 만든다. ⑦ 이를 통해 시민들은 정치에 환멸을 느끼고 증오감을 가진 경우가 나타난다. ⑧ 여기서 나아가 시민들은 정치 이외의 활동에서 더 큰 만족을 느낀다.

오늘날 우리나라에서 나타나는 정치적 무관심도 기존 간접 민주 정치가 가진 아킬레스건 때문이다. ⑨ 시민이 선거를 통해 대표자를 선출하여도 대표자가 시민의 의사를 고려하지 않은 정책이 시민들의 정치에 대한 불신과 무관심을 낳은 것이다.

■ 글의 개요 분석

1. 국민의 정치적 무관심은 간접 민주주의의 단점에 기인한다.
2. 국민의 정치적 무관심은 국민 개개인마다 다른 생활 방식과 국민의 정치 행위에 따른 결과의 미미함에 기인한다.
3. 또한 대표자들의 합법적 권력 남용과 국민의 관심 분야가 다양해진 것은 정치적 무관심을 더욱 심화하고 있다.

사회과 첨삭 지도

김성우 선생님

Idea Tip

- 정치적 무관심 현상이 발생하는 원인에 대해 자세히 알아봅시다.
- 정치적 무관심의 문제점에 대해 자세히 알아봅시다.
- 우리 정치 현실에서 정치적 무관심이 어떻게 나타나고 있는지 알아봅시다.

논리분석

제시문 (가)의 입장을 선택해 제시문 (다)의 정치적 무관심 현상을 설명하고 있습니다. 이를 위해 정치적 무관심은 간접 민주주의의 단점에 기인한다고 먼저 밝히고 있습니다. 그런 후 정치적 무관심의 발생 이유를 제시문 (가)의 입장과 연결하여 자신의 주장을 펼치고 있습니다. 전반적으로 논리적 흐름은 자연스럽게 이루어지고 있으나, 정치적 무관심 현상을 자신이 선택한 입장을 보충할 수 있는 논거로 다양하게 활용하지 못한 점은 아쉽습니다.

문제 2의 요지는 제시문 (가)와 제시문 (나)의 두 입장 중 어느 한 입장을 선택하여 제시문 (다)에 나타난 정치적 무관심을 설명하는 것입니다. 이를 위해 두 입장 중 어느 입장을 분명히 선택하여 제시한 후 논의를 전개해 나가야 합니다. 제시문 (가)는 '국민의 의사는 대표될 수 없다'는 직접 민주주의적 입장을 취하고, 제시문 (나)는 '국민의 의사는 대표될 수 있다'는 간접 민주주의적 입장을 취한다고 할 수 있습니다.

제시문 (가)의 입장에서 국민의 정치적 무관심 현상은 직접 민주주의를 옹호할 수 있는 근거가 될 수 있습니다. 왜냐하면 정치적 무관심은 오늘날의 간접 민주주의에서 더욱 심화되고 있는 현상이기 때문입니다. 또한 대표자가 권력을 합법적으로 남용하는 것과 국민이 정치적으로 행사할 수 있는 권한이 미미한 것은 직접 민주주의의 향수를 더욱 불러일으키는 요인으로 작용하기 때문입니다.

제시문 (나)의 입장에서 국민의 정치적 무관심 현상은 국민들의 정치적 의사의 또 다른 표현이라고 할 수 있습니다. 이는 대표자들이 권력의 정당성을 얻지 못하고, 법률이나 정책의 추진에 심한 저항을 받을 수 있음을 의미합니다. 또한 국민들의 다양해진 선호를 반영하기 위해서도 현대의 민주주의는 대표를 통한 간접 민주주의를 취할 수밖에 없다고 주장할 수 있을 것입니다.

①번 문장에서 언급한 부분은 간접 민주 정치가 가진 단점이라고 할 수는 없습니다. 국민 각자가 원하는 생활 방식이 다른 것은 직접 민주 정치에서도 마찬가지일 것입니다. 그러므로 이는 주장을 보강하는 논거로는 적절하지 않습니다.

②, ③, ④번 문장에서 '국민의 의사가 대표될 수 없다'는 것과 '국민이 정치에 참여하더라도 영향력이 미비하다'는 것은 서로 상관성이 떨어집니다. '국민의 의사가 대표될 수 없다'는 주장에는 국민이 직접 정치에 참여하여야 한다는 결론이 내려집니다. 그런데 정치에 참여하더라도 그 영향력에 한계가 있다는 것은 이와는 다른 주장입니다. 이는 국민의 주장이 반영될 수 있는 정치적 제도의 보완이 필요하다는 주장과 연결될 수 있습니다.

⑤, ⑥번 문장에서 시민이 노예가 되는 것은 대표자가 자신의 이익을 위해 정책과 제도를 제정하기 때문이라기보다는 국민이 정치에 참여할 수 있는 기회가 없기 때문입니다. 의미 파악이 정확해야 하겠습니다.

⑦, ⑧번 문장에서 정치 이외의 활동에 대한 구체적 논거가 필요합니다. 단순히 제시문을 인용하는 것은 글의 신뢰성을 떨어뜨리는 요인입니다.

개념분석

국민의 정치적 무관심이 생기는 이유를 좀 더 정확하게 이해할 필요가 있습니다. 정치적 무관심은 간접 민주 정치 제도 자체로 인해 발생하는 측면도 있지만 현대 사회로 발전해 오면서 생겨난 개인주의적 측면과 사회의 다변화로 인한 측면도 있습니다. 이에 대한 정확한 분석 없이 단순히 제시문에 있는 원인들을 모두 간접 민주 정치의 원인으로 받아들여서는 안 될 것입니다.

정치적 무관심에 대해서는 다각적인 분석이 필요합니다. 그중에서 정치적 무관심이 불러올 문제점으로 다음과 같은 것들을 들 수 있습니다. 첫째, 정치가가 시민의 의사와는 관계없이 정치적 권력을 행사할 수 있습니다. 둘째, 시민들이 정치에 무관심하기 때문에 무능력한 정치인이 당선될 수 있으며, 유능한 정치인도 시민의 비판이 없기 때문에 무능력해질 수 있습니다. 셋째, 시민들의 견제와 감시가 없기 때문에 정치인들이 권력을 맘껏 휘두를 수 있습니다. 넷째, 시민들이 비판을 하지 않기 때문에 잘못된 정치를 하더라도 정치인들이 책임을 지지 않을 수 있습니다. 다섯째, 의회는 국민의 대표기관으로서 국민의 의사를 대표합니다. 그런데 국민들이 정치에 무관심하기 때문에 의회의 대표기관으로서의 기능이 약해질 수 있습니다. 여섯째, 민주주의는 국민의 참여를 바탕으로 하는데 국민이 정치에 무관심하기 때문에 민주주의가 위기에 직면할 수 있습니다.

제언

입장을 선택해서 현상을 해석하는 논제입니다. 이에 대해 학생은 자신의 입장을 분명히 선택하여 현상을 해석하고 있습니다. 현상의 원인을 논리적으로 재구성하여 자신의 주장을 보강한 것은 인상 깊은 부분이나, 그 원인에 대한 비판적 분석이 없다는 점은 아쉬움으로 남습니다. 국민의 정치적 무관심은 직접 민주주의의 입장에서 간접 민주주의를 비판하기 좋은 자료입니다. 이를 위해 평소 우리 사회 현실에서 발생하는 정치적 무관심 현상을 비판적으로 평가해 보는 훈련이 필요하리라 생각합니다.

평가항목	등급	총평
이해 · 분석력	B⁺	문제 2의 요지는 제시문 (가)와 (나) 가운데 한 입장을 선택하여 제시문 (다)의 정치적 무관심 현상에 대해 논술하는 것입니다. 학생은 전반적으로 논제와 제시문을 충실히 이해한 후 자신의 주장을 펼치고 있습니다. 제시문 (가)의 직접 민주주의적 입장을 취하여 정치적 무관심을 간접 민주주의의 문제점으로 보고 설명하고 있습니다.
논증력	B	직접 민주주의적 입장에서 간접 민주주의의 문제점인 정치적 무관심 현상을 설명하고 있습니다. 그런데 무관심 현상의 원인에 대해서만 서술하고 있어, 자신이 선택한 입장을 보강하지 못하고 있습니다. 정치적 무관심이 자신이 선택한 직접 민주주의적 입장과 어떤 연관을 맺는지 설명하지 못한 점은 아쉬움으로 남습니다.
창의력	B	제시문 (다)에 나오는 정치적 무관심의 원인을 다시 설명하는 데 그치고 있습니다. 이런 정치적 무관심이 발생하는 근본 이유에 대해 자신의 입장에서 설명할 수 있어야 합니다. 사고의 범위를 넓혔으면 좀 더 창의적인 글이 되었을 것입니다.
표현력	A	주장과 근거 설명, 그리고 주장의 구조로 글을 마무리하고 있습니다. 대체로 쉽고 간결한 문장으로 자신의 주장을 펼치고 있습니다.

국어과 첨삭 지도

송창현 선생님

장점

제시문 (가)와 (나) 중 하나의 입장을 선택하여 제시문 (다)를 논술하라고 한 질문에 대해 이 학생은 제시문 (가)의 직접 민주주의를 지지하는 입장에서 제시문 (다)의 정치적 무관심을 설명하고 있습니다. 우선 글의 서두에 자신의 입장을 먼저 밝히고, 본론에서 정치적 무관심의 원인을 하나씩 하나씩 분석하여 나가는 전개 방법은 인상 깊은 부분입니다. 그렇기 때문에 글이 자신의 결론을 향해 막힘없이 나아가고 있는 것으로 보입니다.

단점

자신의 입장을 서두에 밝혔음에도 불구하고 본론에서 이를 명확하게 뒷받침하지 못한 점은 아쉬움으로 남습니다. 정치적 무관심의 원인 중 어떤 부분이 자신이 선택한 입장에서 설명 가능한지를 명확하게 밝힐 수 있었으면 좋았을 것입니다. 정치적 무관심에 대한 원인들의 논리적 구성은 자연스러우나 각각의 원인에 대한 논거 제시는 부적절한 면이 있습니다.

구성의 특징

이 글은 전체 네 개의 단락으로 구성되어 있습니다. 네 개의 단락을 의미 단위로 재구성한다면 크게 두 개의 큰 단락으로 묶을 수 있을 것입니다. 하나는 정치적 무관심의 원인을 밝히는 부분이고, 또 하나는 정치적 무관심이 간접 민주 정치가 가진 치명적 약점에 기인한다는 것입니다. 그런데 이 두 단락 중에 앞의 단락에 너무 많은 비중을 두어 글이 전체적으로 정치적 무관심의 원인을 분석하는 글로 오인되고 있습니다. 이를 해결하기 위해서는 우선 정치적 무관심의 원인을 중 자신의 입장을 뒷받침할 수 있는 것을 선택적으로 제시하는 것이 좋겠습니다. 그런 후 그 근본적인 원인이 '국민의 의사가 대표될 수 없다'는 직접 민주주의적 입장에 기인한다고 매듭지으면 되겠습니다.

표현

①번 문장에서 선거를 통해 대표자를 뽑는 것과 국민의 생활 방식이 제각기 다른 점은 필연적 연결 관계가 성립하지는 않습니다. 곧 대표자가 저마다 다른 국민의 의사를 반영하지 못하는 것은 당연한 것입니다. 이는 직접 민주 정치에서도 마찬가지일 것입니다. 그러므로 이는 정치적 무관심의 원인으로는 적절하지 못합니다.

②번 문장은 구어체적 표현으로, 문어체로 바꾸는 것이 좋습니다.

→ '제시문 (가)에 따르면 의사는 대표될 수 없는 것이다.'

③번 문장에서 부사어와 서술어의 호응 관계를 고려해야 합니다. '여기서 제시문 (다)의 ~ 이유가 나타난다'를 '여기서 제시문 (다)의 ~ 이유를 찾을 수 있다'로 고치는 것이 좋겠습니다.

④번 문장에서는 서술어의 목적어가 필요합니다. 또한 의미 관계가 자연스럽게 단어를 바꾸어야 합니다.

→ '즉, 국민이 정치에 참여하더라도 결과는 달라지는 것이 없으며, 또한 정치적 권리를 행사할 수

있는 범위에 한계가 있어 무력감을 느끼는 것이다.'

⑥시민이 노예 상태가 되는 것은 대표자들이 그들의 이익만을 추구하기 때문이 아닙니다. 이는 국민의 정치 참여 기회가 제한되어 있기 때문입니다. 그러므로 의미를 명확하게 전달하기 위해 다음과 같이 바꾸는 것이 좋겠습니다.

→ '시민의 이익보다는 자신의 이익을 위한 정책과 제도를 시행함으로써 시민이 점점 정치를 불신하게 만든다.'

⑧번 문장처럼 제시문을 그대로 인용하는 것은 좋은 점수를 받기 어렵습니다.

⑨번 문장은 의미가 명확하지 않습니다.

→ '시민에 의해 선출된 대표자가 시민의 의사를 고려하지 않은 정책을 시행함으로써 시민들의 정치적 불신감과 무관심을 유발하고 있다.'

제언

논제에 대한 좀 더 깊이 있는 이해를 바탕으로 글을 써야 할 것입니다. 제시문을 충실히 이해했어도 논제에 대한 파악이 제대로 되지 않는다면 글의 방향이 잘못될 수 있습니다. 이 학생의 글은 대체로 제시문은 체계적이고 논리적으로 분석하고 있으나, 논제에 대한 이해는 피상적인 수준에 그치고 있습니다. 평소 논제를 다각적으로 이해하는 훈련이 더욱 필요합니다.

평가항목	등급	총평
이해 · 분석력	B	제시문 (다)에 대해서는 정확하고 충실하게 이해하고 있습니다. 그러나 입장을 선택해 현상을 분석하라는 논제에 대해서는 단순히 현상의 원인을 재구성하는 데 그치고 있어 아쉬움이 남습니다. 좀 더 현상 자체가 가지는 의미를 자신의 입장에서 다각적으로 분석할 수 있어야 하겠습니다.
논증력	B	정치적 무관심의 원인을 논리적으로 잘 재구성하고 있는 점은 칭찬할 수 있는 부분입니다. 그러나 정치적 무관심이 발생하는 원인들에 대해서는 적절한 논거도 없이 단순히 제시문을 인용하는 데 그치고 있습니다. 또한 정치적 무관심을 단순히 간접 민주주의의 문제점으로만 일방적으로 단정짓는 것은 위험한 주장일 수 있습니다.
창의력	B	자신이 선택한 입장과 정치적 무관심 현상이 가지는 연관성을 다각적으로 분석해야 합니다. 정치적 무관심의 원인 중 일부는 직접 민주주의에서도 일어날 수 있습니다. 그렇기 때문에 정치적 무관심을 무조건 간접 민주주의를 비판하는 논거로 사용하기에는 무리가 있습니다. 제시문에 나와 있는 원인들 중 좀 더 자신의 입장을 보강할 수 있는 것을 선택하여 논거로 사용하였으면 하는 아쉬움이 남습니다.
표현력	A	짧은 분량에 비해 단락 구분이 많습니다. 아마도 현상에 대한 원인을 모두 밝히려다 보니 단락이 많이 필요했던 것으로 보입니다. '제시문 (가)의 말을 인용하자면' 이라는 표현은 구어체에 가까운 표현입니다. 문어체를 사용하는 것이 글의 완성도를 높일 수 있습니다.

학생 답안과 첨삭 지도의 실제(3)

학생 답안

■ **글의 개요 분석**

1. 다수결의 원칙과 민주주의 원칙을 따르는 '영리한 군중'은 최근 정보화의 발달과 함께 큰 영향력을 발휘하고 있다.
2. '영리한 군중'은 여론을 하나로 통합시켜 주는 기제로 작용한다.
3. 그러나 '영리한 군중'은 군중의 결단을 무비판적으로 수용할 가능성이 있다.

선덕고 김영록

① 제시문 (사)에 나온 '영리한 군중'은 휴대전화와 인터넷에 의해 형성된 군중으로서 우리나라에 최근 큰 영향력을 발휘하여 왔다. ② 이 영리한 군중은 다수결의 원리를 채택하되, 소수의 의견을 무시하지 않는다는 점에서 자유 민주주의의 원칙을 어느 정도 따르고 있다. ③ 미군 장갑차에 숨진 여중생들 추모 인파와 대통령 탄핵을 반대한 150만 명의 시민들을 통해 다수의 지지를 기반을 두면서, 교육 정책에 항의한 고등학생들의 예를 통해 소수의 의사도 존중한다는 가능성을 보여준다.

④ 또한 이들은 기존 여론 형성 과정에서 나타나는 문제점을 극복한 모습을 보여주었다. 분열과 대립에서 벗어나 통합의 가능성을 마련한 것이다. ⑤ 지난 2002 월드컵의 붉은악마들이 보여준 하나의 통일된 힘을 예로 들 수 있다.

⑥ 그러나 '영리한 군중'도 위험성을 안고 있다. ⑦ 휴대전화와 인터넷을 통해 기하급수적으로 증가한 군중의 행동에 따라 옳고 그름을 결정할 수 있다는 것이다. ⑧ 따라서 주체적이지 못하며 잘못된 방향으로 여론이 형성될 수 있다.

사회과 첨삭 지도

김성우 선생님

논리분석

이 학생은 우선 제시문 (사)의 분석을 통해 '영리한 군중'의 개념을 정의하고 있습니다. 논리적 주장을 펼치기 전에 개념을 명확하게 정의하고 나가는 것은 좋은 방법입니다.

첫 번째 단락에서는 '영리한 군중'의 내적 성격을 제시문 (라)를 통해 밝히고 있습니다. '영리한 군중'은 다수결의 원칙에 따라 다수의 지지를 받는 사안을 사회 현안으로 부각시킬 뿐만 아니라 소수의 의견도 사회의 주목을 받게 할 수 있다고 주장합니다. 주장을 뒷받침하는 예로 '대통령 탄핵 사건'과 '고등학생들의 교육 정책 시위'를 구체적 논거로 제시하고 있습니다.

두 번째 단락에서는 제시문 (마)의 다양한 여론 형성 방법 중에 '영리한 군중'의 모습을 아래에서 위로 향하는 여론 형성 과정으로 설명하고 있습니다. 이는 '영리한 군중'이 여론을 아래에서부터 통합할 수 있다는 장점을 보여 주는 논거로 제시되고 있습니다.

Idea Tip

- '영리한 군중'과 관련하여 '전자 민주주의'에 대해 자세히 알아봅시다.
- '전자 민주의의'가 가져올 수 있는 장점과 단점에 대해 자세히 알아봅시다.
- '다수결의 원칙'이 가질 수 있는 문제점에 대해 자세히 알아봅시다.

세 번째 단락에서는 제시문 (바)의 '사회적 증거' 현상과 관련하여 '영리한 군중'의 여론 형성이 한 편으로는 무비판적이고 수동적인 군중을 재생산할 수 있음을 경고하고 있습니다.

제시문들을 논리적으로 분석하여 '영리한 군중'이 가지는 가능성과 위험성에 대해 객관적으로 잘 분석하고 있는 글이라 하겠습니다.

①, ②번 문장에서 '영리한 군중'의 개념을 명확히 밝히고, 그의 성격을 잘 파악하여 서술하고 있습니다. 다만 '어느 정도 따르고 있다' 등의 자신 없는 표현은 지양하는 것이 좋습니다.

→ '~ 원칙을 따르고 있다'고 바꾸는 것이 좋겠습니다.

③번 문장은 '영리한 군중'의 성격을 구체적으로 보여 줄 수 있는 예입니다.

④번 문장에서 기존 여론 형성 과정에서 나타나는 문제점을 극복하는 모습으로 통합의 가능성을 제시하고 있습니다. 하지만 제시문 (마)와 관련하여 해석해 본다면 '아래로부터의 여론 형성과 함께 통합의 가능성'을 제시하는 것이 더욱 타당하게 보입니다.

⑥, ⑦, ⑧번 문장에서 '영리한 군중'의 위험성을 보여 주는 구체적 예를 제시해 주었다면 좀 더 균형감 있는 글이 되었을 것입니다.

개념분석

질문의 핵심이라 할 수 있는 '영리한 군중'의 개념과 성격 그리고 '다수결의 원리'에 대해 정확하게 이해하고 있습니다. '영리한 군중'은 정보화의 발달과 함께 정치, 경제, 사회, 문화 등 우리 사회 전반에 걸쳐 나타나고 있는 새로운 사회 모습입니다. 특히 정치 분야에서는 '전자 민주주의'를 가능하게 하는 원동력으로 작용하고 있습니다.

'전자 민주주의'는 시간과 공간의 한계를 뛰어넘어 누구나 쉽게 토론에 참여하여 여론을 형성할 수 있는 정치 형태입니다. '전자 민주주의'는 국민 모두를 정치에 참여하게 하여 궁극적으로 간접 민주주의의 한계를 극복하여 직접 민주주의적 요소를 강화할 수 있는 장점을 가집니다. 그러나 잘못된 정보의 난무와 상호 비방, 흑색선전 등으로 인한 정보의 오염, 그리고 정보의 홍수로 인한 올바른 정보 선택의 어려움으로 인해 오히려 정치적 무관심을 불러 올 수 있다는 단점을 가지고 있습니다.

제언

전반적으로 제시문을 정확하게 이해하고 분석하고 있으며, 논제에서 요구하는 핵심을 정확하게 파악하고 있는 글입니다. 제시문 속에 나오는 구체적인 예들을 자신의 주장을 뒷받침하는 논거로 적절하고 논리적으로 사용하고 있습니다. 다만 제시문에 언급되지 않은 예들을 찾는 노력이 부족했으며, 자신 없는 표현을 사용하는 것은 지양해야 할 점으로 지적할 수 있습니다.

평가항목	등급	총평
이해 · 분석력	A	질문의 요지를 정확히 이해하고 각각의 제시문을 자신의 주장을 뒷받침하는 데 적절하게 이용하고 있습니다. 제시문 (라)와 (마)의 다수결 원리를 통해 '영리한 군중'의 가능성을 시사하고, 제시문 (바)의 사회적 증거 현상을 통해 '영리한 군중'의 위험성을 논술하고 있습니다.
논증력	A	제시문 (사)의 다양한 예들을 '영리한 군중'이 자유 민주주의 사회 발전에 끼칠 수 있는 가능성과 위험성으로 다시 분류하여 논술하고 있습니다. 이를 위해 제시문 (라)와 (마)의 일반적 원리와 제시문 (사)의 구체적 논거들을 연결하여 자연스럽게 논증하고 있습니다. 또한 제시문 (바)의 사회적 증거 현상을 '영리한 군중'의 문제점으로 잘 적용하여 논리를 전개하고 있습니다.
창의력	B⁺	'영리한 군중'의 개념과 성격을 잘 분석하여, 제시문 (라), (마), (바)의 내용과 잘 연결시키고 있습니다. 창의력의 바탕에 제시문에 대한 정확하고 충실한 이해가 놓여 있습니다. 이 학생은 제시문들의 연관성을 정확히 숙지하여 글을 서술하였기에 글이 자연스럽게 전개되었습니다.
표현력	B	'어느 정도 따르고 있다' 등은 글의 신뢰성을 떨어뜨릴 수 있습니다. 주장을 전개해 나갈 때 자신 없는 표현은 지양해야 합니다. 주장을 뒷받침할 수 있는 논거를 마련하고 있다면 좀 더 자신 있는 표현을 사용할 필요가 있습니다.

국어과 첨삭 지도

장점

제시문에 대한 정확한 독해를 바탕으로 질문에서 요구하는 '영리한 군중'의 가능성과 위험성을 논리적으로 지적하고 있는 글입니다. 제시문의 내용을 적절하게 참고하여 자신의 주장의 논리성을 보강하고 있습니다. 제시문 (사)의 '영리한 군중'의 가능성을 제시하기 위해 제시문 (라)와 (마)를 잘 분석하여 논의 전개에 적절히 활용하고 있습니다. 또한 제시문 (바)의 '사회적 증거' 현상을 이용하여 '영리한 군중'의 문제점을 시사하고 있는 부분도 논리적입니다.

단점

글이 논리적이고 균형있게 전개되고 있으나 신선하다는 인상을 주지는 못하고 있습니다. 이는 제시문에 있는 예들을 재구성하여 사용하였기 때문이라 보입니다. 물론 제시문에 대한 재구성이 논리성을 가지고 있지만, 제시문 속의 예들의 사용에는 한계가 있기 마련입니다. 독창적인 글이 되기 위해서는 제시문에서 언급하고 있는 예들을 뛰어넘어 자신만의 논거들을 찾을 수 있어야 하겠습니다.

구성의 특징

총 3개의 단락으로 구성된 글입니다. 첫 번째 단락은 '영리한 군중'의 개념과 성격을 구체적 예를 통해 제시하고 있습니다. 두 번째 단락에서는 '영리한 군중'이 자유민주주의 사회 발전에 끼칠 수 있는 가능성을 구체적 예를 통해 제시하고 있습니다. 세 번째 단락에서는 '영리한 군중'이 민주주의 발전에 끼칠 수 있는 위험성에 대해 제시하고 있습니다. 전반적으로 질문에서 요구하는 사항들을 충실히 반영하고 있으며, 단락도 균형감 있게 구성되어 있습니다.

표현

②번 문장에서 군중은 형식적 집단이 아니기 때문에 다수결의 원리를 '채택하고 있다'라고 하기보

다는 '따르고 있다'라고 하는 것이 자연스럽습니다. 또한 '어느 정도'라는 모호한 표현은 명확하게 바꾸는 것이 좋습니다.

→ '이 영리한 군중은 다수결의 원리에 따르되, 소수의 의견을 무시하지 않는다는 점에서 자유 민주주의의 원칙에 부합한다.'

③번 문장은 문장이 길어지면서 문장의 의미 관계가 모호해지고 있습니다. 문장을 나누고 의미를 명확하게 해 주는 것이 좋겠습니다.

→ '미군 장갑차에 숨진 여중생들을 위한 거리의 추모 인파와 대통령 탄핵을 반대한 150만 명의 시민들의 모습은 영리한 군중이 다수결의 원칙에 기반하고 있음을 보여 준다. 또한 교육 정책에 항의한 고등학생들의 촛불 시위는 영리한 군중이 소수의 의사도 존중하는 모습을 보여 주는 예라 하겠다.'

④, ⑤번은 쉽고 간결한 문장으로 자신의 주장을 전개하고 있습니다.

⑦번 문장은 과도한 생략으로 문장의 의미가 모호해졌습니다. 생략된 부분을 보충해서 문장의 의미를 명확하게 해 주어야 합니다.

→ '휴대전화와 인터넷을 통해 기하급수적으로 증가한 군중의 행동에 절대적으로 의지하여 사안의 옳고 그름을 판단하는 위험성을 내포하고 있다.'

⑧번 문장에서는 앞 문장과 논리적 관계를 고려한 연결어가 필요합니다.

→ '이로 인해 주체적이지 못하고 잘못된 방향으로 여론이 형성될 수 있다.'

제언

제시문에 대한 정확한 독해를 통해 질문에 대한 정확한 답을 하고 있습니다. 제시문 (라), (마), (바)를 모두 활용하여 자신의 주장을 전개해 나가고 있는 점은 긍정적으로 평가할 수 있습니다. 다만 논리적 흐름을 뒷받침하기 위한 명확한 문장 사용이 아쉬움으로 남습니다. 문장의 의미가 명확하지 못할 경우 전체 글의 논리 흐름에 장애를 줄 수 있기 때문입니다. 세 개의 단락 설정은 질문에서 요구한 답을 하기에 적절하였다고 판단됩니다. 다만 단락 간의 균형 유지와 논리적 완결성을 위해 마지막 단락에도 적절하고 구체적인 예가 있었으면 아쉬움이 남습니다.

평가항목	등급	총평
이해·분석력	A	문제 3의 의도를 정확하게 파악하고 글을 전개해 나가고 있습니다. '영리한 군중'에 대한 개념을 제시문 (사)를 통해 이해하고, '다수결의 원리'에 대해서도 제시문 (라)와 (마)를 통해 정확히 이해하고 있습니다. 또한 제시문 (라), (마), (바)가 제시문 (사)의 가능성과 위험성 중 어디에 해당할지에 대해 정확하게 분석하고 있습니다.
논증력	A	제시문 (라)와 (마)의 다수결의 원리와 여론 형성 과정의 설명을 통해 '영리한 군중'이 이러한 원리에 부합하는 군중임을 증명하고 있습니다. 이를 위해 '영리한 군중'의 사회적 모습 중 그와 관련된 예들을 선별해서 자신의 주장을 강화하고 있습니다. 또한 '사회적 증거' 현상이 '영리한 군중'의 문제점으로 부각될 수 있음을 날카롭게 지적하고 있습니다.
창의력	B	'영리한 군중'의 다양한 면을 제시문들을 모두 이용하여 논리적으로 증명하고 있는 글입니다. 다만 '영리한 군중'의 가능성과 함께 위험성에 대한 구체적 예를 제시해 주었으면 아쉬움이 남습니다.
표현력	B⁺	질문에서 요구하는 사항들을 잘 준수하면서 적절한 단락 구성과 표현으로 글을 논리적으로 잘 전개해 나가고 있습니다.

| 논술 심화 문제

■ 사회적 딜레마 (social dilemma) : 합리적인 개인의 행동이 사회적인 합리성과 일치하지 않는 상황을 말한다. 전체 사회로 보면, 공유재 사용에서 자신의 이익을 최대화시키려는 개인의 합리적 행동이 사회적으로 공익을 해치는 상황을 일컫는다.

(가)　사회적 딜레마의 가장 비극적인 사례는 공유지의 비극이다. 마을이 공유하는 목초지에서 누구나 가축을 방목할 수 있기 때문에 너도나도 지나치게 많은 가축을 풀어 놓게 되면 단기간에 풀이 모두 사라질 수밖에 없다. 결국 공유지가 황폐화되면 마을 사람들 모두 가축을 키우지 못해 살림이 가난해진다. 개인의 욕심을 덜 챙기고 마을 전체의 이익을 위해 가축 수를 막무가내로 늘리지 않았다면 이런 비극적인 사태는 일어나지 않았을 것이다. 공유지의 비극 개념을 처음으로 제시한 논문에서 개럿 하딘은 다음과 같이 결론을 내리고 있다.

"그 속에 비극이 있다. 사람들 각자는 제한된 세계에서 무한대로 자신의 가축을 늘리도록 강요하는 체계 속에 갇혀 있다. 파멸이야말로 공유지의 자유를 믿는 사회에서 각자 자신의 최대의 이익을 추구하면서 모든 사람들이 달려가는 목적지이다. 공유지에서 자유는 모두에게 파멸을 가져온다."

– 이인식, 『미래교양사전』

(나)　이기적 개체로부터 이타적 행동이 출현하는 까닭을 설명한 대표적 이론은 1971년 미국의 로버트 트라이버스가 제안한 상호 이타주의 이론이다. 상호 이타주의의 기본은 "네가 나의 등을 긁어 주면, 내가 너의 등을 긁어 준다"는 식의 호혜적 행동이다. 트라이버스는 이 이론을 검증하는 사례로 청소고기를 들었다. 작은 물고기 가운데 약 50여 종은 큰 물고기의 비늘에 붙어 있는 기생생물을 뜯어먹고 산다. 그러나 큰 물고기는 청소고기를 잡아먹지 않는다. 큰 물고기는 깨끗해져서 좋고, 청소고기는 먹이를 공급받아서 이익이 되기 때문이다. (중략)

자기중심적인 사람들로부터 협동을 이끌어 내는 최선의 전략은 무엇일까. 1984년 미국 정치 학자인 로버트 액슬로드는 컴퓨터 토너먼트를 실시하여 팃포탯(Tit for Tat) 프로그램을 선정했다. 대갚음을 뜻하는 팃포탯은 "처음에는 협력한다. 그 다음부터는 상대방이 그 전에 행동한 대로 따라서 한다"는 두 개의 규칙으로 구성된다. 한 마디로 당근과 채찍(회유와 위협) 정책의 요체를 합쳐 놓은 전략이다.

결론적으로 팃포탯은 상대방과 싸워서 굴복시키는 것이 아니라 상대방으로부터 쌍방 사이에 만족스러운 행동을 끌어냄으로써 컴퓨터 토너먼트의 우승자가 된 것이다.

팃포탯의 상호작용은 제로섬이 아니었다. 바꾸어 말하자면 논제로섬의 세계에서는 협력 관계가 시간이 경과함에 따라 증대된다는 결론이 도출된 것이다. 액슬로드의 표현을 빌리자면, "상호 협동은 중앙 통제 없이도 이기주의자들의 세계에서 출현할 수 있다. 그것은 호혜주의에 입각한 개체들의 집단에서 비롯된다."

거래·계약·교환·분업·양보·의무·빚·은혜. 우리가 일상생활에서 흔히 듣는 이 단어들 속에는 호혜주의 정신이 깃들어 있다. 인간은 유일무이하게 상호 이타주의에 익숙한 존재인 것이다. 그렇다. 우리는 본능적으로 탁월한 장사꾼들이다. 더불어 살 줄 아는 지혜를 가진 동물이다. 인생은 결코 제로섬 게임이 아닌 것을.

– 이인식, 『미래교양사전』

(다)   인간의 기본적인 자유와 권리를 보장받으려는 노력은 오래전부터 있어 왔지만, 체계적으로 논의된 것은 사회계약론자와 자연법론자들에 의하여 천부인권 사상이 주장된 근대에 이르러서였다. 특히, 로크는 국가 성립 이전의 자연상태에서 모든 사람이 생명, 자유 및 재산에 대한 자연법상의 권리를 가지고 있으며, 이러한 자연권의 보장을 위하여 계약을 맺고 국가를 구성했다고 하였다.

인간의 자유와 권리는 국가의 헌법에 의하여 창설된 것이 아니라, 국가 권력과는 관계 없이 국가 성립 이전에도 이미 존재하였던 초국가적인 것이다. 다시 말하면, 국가가 빈손으로 태어난 국민에게 여러 가지 기본권을 부여한 것이 아니라, 어느 국민이든 태어날 때부터 이미 인간으로서 지녀야 할 많은 기본권을 가지고 태어난 것이다. 그리고 이러한 기본권을 보장받기 위하여 국가를 구성하였으므로, 국가는 천부적이고 초국가적인 기본권을 보장할 의무를 지고 있으며, 또한 함부로 제한할 수 없다. 이러한 의무를 확실히 수행하기 위하여 기본권을 헌법에 규정하여 문서로써 재확인하고 있다.

– 고등학교 『정치』

(라) 자유민주주의는 다채로운 의견과 다양한 이익의 표출을 전제로 하는 정치제도이기 때문에 만장일치의 합의에 도달하기가 쉽지 않다. 따라서, 자유민주주의는 충분한 토의 과정을 거쳐 몇 가지 의안을 성립시킨 다음, 그 가운데에서 가장 많은 사람들의 지지를 얻는 의안을 최종 의사로 선정하는 '다수결의 원리'를 채택하고 있다. 그러나 자유민주주의는 인간의 존엄성을 존중하는 이념이기 때문에, 부결된 개개인의 소수 의견도 함부로 묵살해 버리지 않는다. 비록, 다수결로 어떤 결정이 내려졌다고 하더라도, 그 시행 과정에서는 가능한 한 소수 의견 중에서 의미 있는 요소를 반영하기 위하여 최선의 노력을 다한다.

– 고등학교 『윤리와 사상』

문제 │ 자유민주주의 사회에서 개인과 개인, 집단과 집단 간에 이해관계의 충돌이 일어나는 이유를 제시문 (가)와 (나)가 공통적으로 지적하고 있는 인간 본성과 관련해서 서술하고, 이해관계 상충을 해결하기 위한 방법의 하나인 '다수결주의'에 대해 (다)와 (라)를 참조해서 비판적으로 논술하시오(1,200자 내외).

 | # 심화 문제 해설

1. 출제 의도

본 논술 문제는 기본 논술 문제의 문제의식을 확장해서 민주주의 사회의 대표적 의사 결정 방식인 '다수결주의'에 대해 비판적으로 살펴보게 하는데 목적이 있다. 이기적이고 자유로운 개인들의 이해관계가 상충할 때 이해의 총합을 최대로 하는 것이 가장 옳다고 여기는 '다수결주의'는 우리 사회에서 가장 널리 사용되고 있는 의사 결정 방식이다.

그러나 이러한 '다수결주의'를 무조건적으로 신봉할 경우 다수의 독재로 흐를 위험도 있다. 따라서 개인들 간의 문제, 그리고 사회적인 문제에 대해 의사 결정할 때 '다수결주의'를 채택한다고 해도 이에 대한 보완책도 고려해야 한다. 이런 맥락에서 본 논술 문제는 학생들로 하여금 지금까지 무비판적으로 받아들였던 '다수결주의'에 대해 비판적으로 살펴볼 것을 요구한다.

2. 제시문 분석

본 논술문에서 먼저 파악해야 할 것은 인간의 본성이다. 제시문 (가)와 (나)는 인간의 이기심 때문에 나타나는 문제와 이기적인 인간들 사이에 발생하는 문제를 해결할 수 있는 현실적인 대책에 대해 설명하고 있다.

제시문 (가)는 '공유지의 비극'으로, 이기적인 인간들 사이에 바람직한 결과가 나오는 것이 얼마나 힘든지를 설명하고 있다. '공유지의 비극'이란 소유권이 분명치 않은 자원을 모든 사람들이 공동으로 사용할 때, 개개인의 이기적 사용에 따른 자원 고갈 현상이 나타나는 것을 말한다. 이와 비슷한 예로는 죄수의 딜레마 등이 있다.

제시문 (나)는 이기적인 인간들 사이에서 협력 관계가 형성되는 것을 인간의 이타심이 아니라 이기심 자체에서 찾는다. 이렇게 인간의 이기심에 주목하는 것은 현대 사회에서 일어나는 많은 문제에 대해 현실적인 해결 방안을 고민해 보기를 기대하기 때문이다.

제시문 (다)는 천부인권 사상을 설명하고 있다. 모든 사람이 기본권을 보장받아야 하며 이것을 보장받기 위해 계약을 맺어 국가를 세웠다는 것이 계약론의 핵심이다. 국가가 생기기 이전에 이미 인간은 자연권을 갖고 있었기 때문에 국가도 누구나 갖고 있는 자연권을 함부로 제약할 수 없다. 제시문 (다)를 통해 최근 국가가 정책을 추진하는 모습을 볼 때 다수결주의의 '효율성'에만 집착해서 개별 국민들의 자연권을 보장하는 데 혹시 소홀했던 것은 아닌지 의문을 갖는다면 논술 답안의 수준은 더 높아질 것이다.

3. 문제 해설

인간이 마땅히 지켜야 할 도덕을 상정하는 것이 아니라, 이기적 인간들 사이에 정의로운 제도나 도덕이 출현하는 것을 설명한 대표적인 예가 공리주의이다. 공리주의는 누구나 자유롭고, 또 모두가 이기적이라는 가정하에 개인들의 행복과 불행을 수치로 나타낼 수 있다고 보고, 개개인의 행복의 총합을 최대로 하는 것이 정의로운 것이라 본다. 다수결주의는 이런 공리주의의 대표적인 의사 결정 방식이다.

하지만 다수결주의는 전체 사회의 이익을 위해 소수의 희생을 강요하는 경향이 있다. 이는 다수의 독재로 흐를 위험성을 내포하기 때문에 학생들은 아무 비판 없이 다수결 원칙에 따라 결론을 내리는 것이 가장 정의롭다는 생각을 뒤집어서 비판해야 한다. 실제 공리주의도 이러한 위험성으로 인해 비판받아 왔다. 즉 공리주의적 다수결 원칙에 따를 경우 전체 사회 행복의 총합을 크게 할 수만 있다면 노예 제도도 합당한 제도로 받아들일 수 있다는 논리가 성립되기 때문이다.

실제 생활 속에서도 우리는 다수결로 결정하기로 만장일치로 결정한 뒤 다수결을 하는 것이 아니라, 다수결로 하기로 다수결로 결정하고서 그것을 따르도록 강요하는 경향이 있다. 이런 다수결주의의 문제와 그 보완책에 대해 충분한 고민을 한 뒤 논술해야 한다.

심화 문제 예시 답안

마포고 조용욱

① 현대 사회에서 우리나라는 자유민주주의를 채택하고 있다. ② 즉, 개인의 이익을 최대한 보장해 주는 사회를 근간으로 삼고 있는 것이다. 이 사회의 특징은 개인의 자유를 보장해 준다는 점이기 때문에 개인과 개인, 집단과 집단 간에 얼마든지 복잡한 이해관계 충돌이 일어날 수 있다. ③ (가)에서는 '공유지의 비극'을 통해 인간의 본능적인 욕심과 그러한 욕심을 드러내게끔 하는 사회에 대해 언급하고 있다. 또 제시문 (나)는 자기중심적인 인간으로부터 이상적 결과를 낳기 위한 것으로 상호 이타주의 관념을 제시하고 있다.

④ 두 제시문을 통해서 알 수 있는 것은 자유 민주사회 속에의 갈등이 '인간 본성'으로부터 비롯된다는 것이다. ⑤ (가)제시문에서 언급된 바와 같이 인간의 이기주의적 본능이 없었다면 목초지는 더 이상 황폐해지지 않았을 것이다. 여기서의 목초지를 우리가 사는 사회로 생각한다고 해도 결과는 마찬가지이다. ⑥ (나)제시문에서도 볼 수 있듯 인간이 이기적 본성을 드러내어 개인의 이익을 위해서 행동하기 때문에 상호 이타주의가 생성된다. ⑦ 여기서 개인의 이익이 다른 사람의 이익을 침범했을 때 사회적 갈등이 일어나는 것이다. 결론적으로, 인간의 본능이 이해관계 충돌의 원인이 되는 것은 당연하다.

⑧ 이러한 인간 본성에서 비롯되는 이해관계 상충을 위한 대안이 바로 '다수결 주의'이다. '다수결주의'란 토의를 통해 얻은 의안 중 가장 많은 사람이 선호하는 의안을 최종 의사로 선정하는 것을 말한다. ⑨ 하지만 명분상으로는 좋아 보이는 다수결 주의는 여러 가지 문제를 야기할 수 있다. ⑩ 첫째 다수결의 원리는 지지하는 자들이 많은 사람이나 권력층에 의해 불공정하게 행해질 소지가 있다. ⑪ 일례로 한강 상류 지역 정화시설 축조에 대해 생각해 보자. 분명 인간의 본능적 욕구를 가진 사람들이라면 찬반양론이 첨예하게 대립할 것이다. ⑫ 상류층은 정화시설 축조 비용 부담 때문에 반대를 할 것이고 ⑬ 하류층은 정화된 물을 마실 수 있기에 찬성할 것이다. 이때 하류층 사람들의 인원수가 더 많거나 하류층 쪽 주민 중 권력이 있는 사람이 있

■ 글 개요 분석 및 특징

1. 자유민주 사회에서 갈등은 인간 본성이 이기적이기 때문에 나타난다.
2. 자유민주 사회에서 이러한 갈등 해결에 대안은 다수결주의이다.
3. 그러나 다수결주의는 불공정하게 행해질 수도 있고, 또한 최종 의사도 정확하지 않다.

다면 결과는 뻔하다. 다수결의 원리 자체가 의미 없어지는 것이다. ⑭ 두 번째로 다수결의 원리는 그 최종 의사가 정확하지 않다. ⑮ 아무리 다수의 사람이 찬성을 하는 안건이라도 그 안건이 잘못될 수가 있는 것이다. ⑯ 즉 '그나마 나은' 해결책을 찾는 것일 뿐 이론이 진짜라고는 보장할 수 없다.

⑰ 자유민주주의에서는 우리에게 정말 도움이 되는 부분도 많지만 그에 따른 문제도 적지 않다. 가장 중요한 것은 원칙에 맞는 행동으로 피해가 가는 일이 없게 자유로운 삶을 영위하는 것이 아닐까?

사회과 첨삭 지도

논리분석

이 학생은 제시문 (가) 공유지의 비극과 제시문 (나) 상호 이타주의 모두 '인간의 본성'을 이기적으로 본다고 해석하고 있습니다. 이기심의 충돌 때문에 자유민주 사회에서는 갈등이 일어나며, 이를 해결하는 대안이 다수결주의라고 제시합니다. 다수결주의는 이상적인 갈등 해결 수단이 될 수 없는데, 그 이유는 첫째, 다수에 의해 또는 권력자에 의해 불공정하게 이용될 수 있기 때문이고, 둘째, 다수의 사람이 찬성한다고 해서 반드시 바른 해결이 되는 것은 아니기 때문이라고 서술하고 있습니다.

이 글은 고1 학생의 글이라는 점을 감안할 때는 무난하다고 평가할 수 있지만, 대입 논술고사를 앞둔 고3 학생의 글이라면 내용의 깊이나 논리 전개가 부족하다고 평가할 수 있습니다. 이 학생이 앞으로 공부를 더 하면서 도움을 받을 수 있게 고3 수험생이라고 생각하고 조언을 하겠습니다.

먼저 이 문제의 의미를 보다 깊이 있게 파악해야 합니다. 우선 (가)와 (나)가 인간의 본성을 이기적으로 봤다는 의미를 뽑아내는 게 필요하지만, 이 정도 분석은 사실 어느 학생이나 할 수 있는 것입니다. 여기서 좀 더 깊은 고민을 해야 합니다. 인간의 이기심은 개인 간, 개인과 집단 간, 집단 대 집단 간의 갈등을 유발하기도 하고, (가)에서 보듯이 사회적으로 비효율적인 결과를 유발하기도 합니다.

(나)는 어떨까요? (나)는 이기적인 인간들이 왜 남을 돕는지 설명하고 있습니다. 사회적으로 안 좋은 결과를 가져온다는 것이 아니라, 이기적인 인간들끼리 사회적으로 선한 행동을 하고 있다는 것을 보여 줍니다. 본성이 이기적인 인간들인데 어떻게 남을 돕는다는 걸까요? 돕는 행위를 통해 자신이 일정한 이익을 얻을 수 있기 때문에 돕는다는 것입니다. 즉 남을 돕는 선한 행위를, 남을 생각하는 마음이나 착한 본성에 의지해서 설명하는 것이 아니라 이기심으로 설명하고 있는 것입니다.

만일 본성이 이기적인 인간들에게 도덕적인 요구만 한다면 그 의도는 선했을지라도 결과는 그다지 좋지 않을 수 있습니다. 그런데 만일 인간들에게 현실적인 이익을 주면서 그 대가로 돕도록 한다면 동기는 그다지 선해 보이지 않아도 오히려 현실적으로 더 많은 성과를 낼 수도 있을 것입니다. 선한 동기가 악한 결과를 가져오기도 하고, 악한 동기가 선한 결과를 가져올 수도 있다는 것을 이해하도록 하기 위해 (나) 제시문을 준 것입니다. 이는 이상주의와 현실주의의 차이를 보여 주는 것이기도 합니다.

⑤에서는 첫 문장에서 이기적 본성 때문에 남을 돕는 이타주의가 생성된다고 쓴 뒤, 갑자기 개인 이

익이 다른 사람의 이익을 침범할 때 사회적 갈등이 일어난다고 썼습니다. 이는 (나)를 통해서 추론할 수 있는 내용이 아닙니다. 이 학생은 이기적 본성 때문에 갈등이 일어난다는 것을 이미 머릿속에 담고 있는 상태에서 (나)를 읽었기 때문에, 갈등을 이야기하지 않는 (나)에서도 갈등 얘기를 끄집어내야 한다고 본 것입니다. 그러다 보니 논리적으로 무리가 있는 문장이 나왔습니다. 사안을 객관적으로 바라보지 못하고 보고 싶은 것만, 또 보고 싶은 방식으로만 본 것입니다.

제시문 (다)와 (라)를 준 이유는 다수결주의에 대한 문제의식을 던져 주기 위함입니다.

⑩, ⑮번 문장에서 언급된 두 주장은 다수결주의의 폐해를 지적하기 위한 적절한 근거가 됩니다. 매우 잘 지적했습니다. 특히 다수가 찬성한다고 해서 그것이 꼭 옳은 것은 아니라는 주장은 존 스튜어트 밀의 『자유론』에 나오는 이야기입니다. 밀은 여기에서 전체 인류가 똑같은 생각을 하고 있고 한 사람만 다른 말을 하고 있다고 해서, 그 사람을 침묵하게 만들 수는 없다고 말합니다. 전체 인류가 틀렸고, 그 한 사람만이 진리를 말하고 있는 것일 수도 있기 때문입니다. 어린 나이지만, 이 학생은 자신도 모르게 존 스튜어트 밀이라는 대학자와 비슷한 주장을 하고 있으니 대단하다 할 만하지요?

아쉬운 것은 주어진 제시문의 내용을 좀 더 확장해서 썼으면 하는 점입니다. 예를 들어 '다수결이 다수에 의해 불공정하게 행해질 수 있다'는 내용을 (다)에 나온 내용과 개념을 활용해서 썼다면 더 깊이 있는 글이 됐을 것입니다. (다)에서 말하듯이 국가도 소수 개인의 자연권을 함부로 침해할 수 없는데, 다수결이라는 편한 방법으로 문제를 해결하는 데 익숙한 우리 사회는 다수의 이익을 위해 소수의 이익을 쉽게 침해하기도 한다는 정도로 전개했다면 본인 주장을 더 돋보이게 했을 것입니다.

마지막으로 대안의 제시가 구체적이지는 않다 하더라도 적어도 논제가 요구하는 문제의식을 담고는 있어야 합니다.

⑰번 문장에서는 다수결주의가 갖는 일반적인 문제점만을 제시한 뒤 그것에 대해 역시 해도 그만, 안 해도 그만인 내용을 짧게 서술하고 논술을 마친 점이 아쉽습니다. 성인 군자에게 요구되는 자비심이나 도덕심이 아니라 이기적인 인간들에게 현실적으로 적용할 수 있고, 또 소수의 개인들의 자연권도 함부로 침해하지 않는 의사 결정 방식의 모습을 대략적으로라도 제시했다면 더 나은 결론이 됐을 것입니다. 고등학교 정치 교과에서 나오는 존 롤스의 『정의론』을 공부한다면 고민의 깊이가 좀 더 깊어질 수 있을 것입니다. 그렇게 되면 학생 글의 첫문장에서 썼듯이 자유민주주의가 '개인의 이익을 최대한 보장해주는 사회'만은 아니라는 것을 이해할 수 있을 것입니다. 자유민주주의에서 '자유'는 개인이 자유롭게 자신의 이익을 최대한 추구할 수 있게 보장하는 것이지만, '민주'는 그로 인해 나타날 수 있는 폐해(빈부 격차나 인권 침해 등)를 민주적으로 조절해 나간다는 두 가지 의미를 담고 있습니다. 본 논술 문제도 자유와 민주의 조화 관점에서 질문을 던진 것입니다.

개념분석

⑤번 문장은 목초지가 황폐해지는 현상이 인간의 이기적인 본능 때문임을 잘 파악하고 있습니다. 이를 공유지의 비극이라고 합니다. 이렇게 인간의 이기적인 본성 때문에 사회적 협력이 잘 이루어지지 않는다는 내용을 담고 있는 또 다른 내용으로는 '무임승차자' '죄수의 딜레마' 등의 이론이 있습니다.

⑩ 권력층은 소수일 수도 있습니다. 소수인 권력층의 힘으로 결과가 바뀌는 것은 다수결주의의 문제점이 아닙니다. 만일 소수의 권력층이 다수의 여론을 조작해서 자신에게 유리하게 작용하도록 했다면 이

는 다수결 원리가 불공정하게 사용될 수 있는 예가 되겠지요. 여기서는 이런 내용을 설명해 주거나, 아니면 많은 인원 수 자체가 권력으로 작용할 수 있다는 점을 제시하는 것이 더 나을 듯합니다. 다수의 독재가 되겠지요. 그러므로 '지지하는 사람들이 많은 사람이나, 권력층에 의해'와 같이 병렬식으로 서술하는 것은 개념상 바람직하지 못합니다. 이 문장은 다음과 같이 바꾸는 것이 좋습니다.

→ '다수의 생각이 소수의 생각에 큰 영향력을 행사한다는 점에서 다수결은 하나의 권력으로 작용할 우려가 있다.'

⑭ 바람직하지 못한 안건이 통과되었다고 해서 그 최종 의사가 정확하지 않다고 말할 수 없습니다. 최종 의사가 정확하지 않다는 것은 결론이 나지 않은 상태를 말합니다. 그러므로 단어의 사용이 표현하고자 했던 의도에 적절하지 않았습니다.

→ '다수결 원칙에 따라 결정한 사안이라도 그 사회가 원하는 바람직한 해결책이 아닐 수도 있다.'

제언

현 수준에서 아쉬운 점은 제시문을 통해 깊이 있는 문제의식을 갖지 못했다는 것입니다. 논제와 제시문을 보고 인간의 본성을 파악하고, 그로 인해 갈등이 발생하게 되는 것, 이를 해결하기 위한 다수결이 꼭 옳은 것만은 아니라는 점을 단편적으로는 파악했지만, 이것들이 자연스러운 고리로 연결되지 못하고 있습니다. 이 연결고리를 찾기 위해서는 제시문의 피상적인 내용에만 집착해서는 안 되며, 깊은 고민을 해야 합니다. 학생도 다수결이 다수의 독재로 흐를 수 있다는 것까지는 파악했지만, 다수의 독재가 갖는 문제점을 더 깊이 있게 지적하기 위해서는 '기본권' '천부인권 사상' 등에 대한 공부가 더 필요합니다. 논리 분석 부분에서 조언했던 내용을 토대로 민주주의에 대해 더 공부한다면 보다 나은 글을 쓸 수 있을 것입니다.

평가항목	등급	총평
이해 · 분석력	B⁺	제시문 (가)와 (나)의 사례는 그 행위 결과는 다르지만, 인간의 본성을 이기심으로 본다는 것이 공통적입니다. 이런 본성 때문에 이해관계의 충돌이 일어날 수 있고, 이러한 갈등 해소 방법 중 하나가 다수결주의라는 것을 연결할 수 있어야 합니다. 또한 이기적인 인간들의 갈등을 다수결주의로 해결할 때 어떤 문제가 생길 수 있는지를 (다)와 (라)를 참조해서 지적할 수 있어야 합니다. 그런 뒤, 이타적 인간이 아니라 이기적 인간들 사이의 이해 갈등을 기본권을 보장하면서 해소할 수 있는 방안을 고민했다면 매우 완성도 높은 글이 됐을 것입니다. 비교적 제시문들의 핵심 구조는 잘 파악했습니다.
논증력	B⁺	제시문도 비교적 간결하고 구체적으로 분석하였으며 제시문의 내용과 자신의 주장을 무난하게 연결하고 있습니다. 그러나 서술의 초점이 대체로 분석된 제시문의 내용과 다수결주의를 연결하는 데 치중되고 다수결주의에 대한 비판적 서술에 대해서는 일반적인 문제점만 지적하고 넘어갔다는 생각이 듭니다. 다수결주의를 인간 본성과 연결하지 못한 점과 인간의 이기적인 본성을 이용하여 갈등을 해소할 수 있는 현실적인 대안을 제시하지 못했다는 점은 아쉽습니다.
창의력	B	다수결주의에 대한 비판적 서술이 일반적인 문제점의 나열에만 그치고 갈등 해소를 위한 구체적인 대안을 제시하지 못했습니다. 사회과 관련 내용은 잘 이해하고 있으나 앞으로는 관련된 지식을 이해하는 데서 한 단계 더 나아가 자신만의 생각을 정리해 본다면 더 완성도 높은 글을 쓸 수 있을 것입니다.
표현력	B	필요 없는 단어가 끼어들어서 문장을 장황하게 만들고 있습니다. 의미를 전달하는 데 꼭 필요한 단어만으로 보다 간결하게 쓰는 연습을 한다면 더 좋은 문장이 될 것 같습니다.

국어과 첨삭 지도

송창현 선생님

장점

논제에서 요구하는 부분에 맞게 글의 단락을 구성하여 글의 완결성을 높이고 있습니다. 제시문 (가)와 (나)의 내용을 분석하는 데 충실하려고 노력하였고, '다수결주의'의 문제점을 지적하면서 구체적 사례를 통해 자신의 주장을 뒷받침하고 있는 점은 높게 평가할 수 있습니다. 또한 제시문 (나)에서 인간의 본성이 상호 이타적일 수 있지만 서로가 서로의 이익을 침해하게 되었을 때 갈등이 일어날 수 있다고 지적한 부분은 글의 논리력을 한층 강화하고 있다고 보입니다. 전반적으로 문제의 의도에 맞게 글의 구성과 분량을 잘 조절하였다고 평가할 수 있습니다.

단점

이 학생은 서론과 본론, 결론의 3단 구성을 취하고 있지만 서론과 결론이 제 역할을 다하지 못하고 있습니다. 서론에서는 현대 사회에서 빈번하게 발생하는 이해관계의 충돌 사례를 통해 독자의 관심을 불러일으킨 후 자연스럽게 그 이유를 인간 본성과 연결시키는 것이 좋을 것입니다. 또한 제시문 (가)와 제시문 (나)의 분석을 통해 둘의 공통점을 정확하게 이끌어 내지 못한 점은 아쉬움으로 남습니다. 그리고 '다수결주의'의 비판적 검토에서 단순히 문제점 지적에 그치고 그에 대한 보완책을 마련하지 못한 채 글을 마무리하고 있는 점은 글의 완성도를 떨어뜨리는 요인으로 작용합니다.

구성의 특징

서론, 본론, 결론의 3단 구성을 취하고 있습니다. 서론에서 현대 사회는 개인의 자유를 최대한 보장하는 구조이며, 이로 인해 개인 간의 이해관계의 충돌이 빈번하게 발생할 수 있다고 전제하고 있습니다. 본론에서는 두 제시문의 연관성을 고려하여 이해관계 충돌의 원인을 분석하고, 그 대안인 '다수결주의'의 문제점에 대해 분석하고 있습니다. 마지막 결론에서는 서로 간에 원칙을 준수하기를 주장하고 있습니다

전반적인 단락의 구성은 무난해 보입니다. 논제에서 요구하는 부분이 많지 않기 때문에 너무 많은 단락을 나누는 것은 오히려 글의 통일성을 해칠 수 있습니다. 이런 점에서 전체 구성은 잘 되었다고 평가할 수 있습니다. 다만 서론의 역할이 단순히 제시문 (가)와 (나)의 내용을 요약하는 데 그치고 있고, 결론의 내용이 본론에서 다룬 다수결주의의 대안이라고 하기에는 지나치게 가벼운 수준이라는 점은 아쉬움으로 남습니다.

표현

①번 문장에서 '현대 사회에서'를 시간을 나타내는 부사어로 바꾸는 것이 좋겠습니다.

→ '오늘날'

②번 문장은 의미가 명확하도록 정확한 대상으로 바꾸어 주는 것이 좋습니다.

'이 사회' → '우리 사회'

'개인의 자유를 보장해 준다는 점' → '개인의 자유를 최대한 보장해 준다는 점에서'

③번 문장은 전체 글의 논리 흐름으로 볼 때 불필요한 부분입니다. 삭제하는 것이 좋겠습니다. 단순히 제시문을 요약하는 것은 논리 흐름에 맞지 않습니다.

④번 문장에서 좀 더 구체적으로 갈등의 원인을 '인간의 이기적 본성' 때문이라고 지적해 주어야 합니다.

⑤ '(가)제시문에서 → 제시문 (가)에서'

⑥번 문장은 전체 글의 의미 관계를 고려할 때 다음과 같이 문장을 수정하는 것이 좋겠습니다.

→ '또한 제시문 (나)에 나타나는 인간의 상호 이타적 모습 역시 그 근간에는 인간의 이기적 본성이 내재하고 있음을 알 수 있다.'

⑦인간의 본성이 아니라 인간의 이기적 본성 때문이라고 구체적으로 제시해 주는 것이 좋습니다.

⑧번 문장에서 '다수결 주의'와 '다수결주의'가 나란히 나오는데, 같은 글에서는 동일한 띄어쓰기 원칙이 적용되어야 합니다. '다수결주의'로 바꾸어야 합니다.

⑨번 문장은 문장의 의미가 자연스럽게 연결되도록 문장을 수정하는 것이 좋겠습니다.

→ '하지만 다수결주의는 운영 면에서 여러 가지 문제들을 안고 있다.'

⑩번 문장은 수식 관계가 모호하여 의미 파악이 곤란합니다.

→ '첫째, 다수결의 원리는 다수의 횡포를 유발할 수 있고, 또한 그 집행 과정에서 외부 권력에 영향을 받을 수 있는 한계를 가진다.'

⑪번 문장에서 나오는 '본능적 욕구'는 정확한 표현이 아닙니다. '이기적 본성'으로 바꾸는 것이 좋겠습니다.

⑫, ⑬ 단어를 정확하게 사용해야 합니다. 다음과 같이 바꾸어야 합니다. '상류층' → '상류 지역 주민', '하류층' → '하류 지역 주민'

⑯정확한 의미를 위해 정확한 단어를 사용해야 합니다.

→ '그나마 나은 해결책을 찾는 것일 뿐 그 대안이 옳다고는 보장할 수 없다.'

⑰결론은 본론의 내용을 요약 정리하거나 본론의 해결 방안을 제시하는 역할을 해야 합니다. 이런 면에서 이 부분은 제 기능을 충실히 하지 못하고 있습니다.

제언

전반적으로 논제에 대한 이해와 제시문에 대한 충실한 독해를 보여 주고 있지만 글의 논리적 흐름을 방해하는 문장들이 곳곳에 사용되고 있습니다. 제시문 간의 연결고리를 찾으려는 노력은 보이나, 공통점을 확실히 찾는 데는 한계가 있었습니다. '다수결주의'에 대한 문제점을 지적하고 구체적 사례를 통해 설명하고 있는 부분은 긍정적으로 평가할 수 있으나, 문제점에 대한 비판적 분석으로만 그치는 점은 아쉬운 점입니다. 글의 완성도를 높이기 위해서는 문제점에 대한 분석과 함께 그에 대한 보완책 마련도 언급되어야 하겠습니다.

평가항목	등급	총평
이해 · 분석력	B	심화 논제는 두 가지를 요구하고 있습니다. 하나는 이해관계 충돌의 원인을 제시문 (가)와 (나)에 나타나는 공통된 인간 본성으로 설명하는 것입니다. 또 하나는 그러한 충돌을 해결하는 방법의 하나인 '다수결주의'에 대해 비판적으로 검토하는 것입니다. 위 학생은 제시문에 대한 분석은 충실히 하고 있으나, 제시문 (가)와 (나)의 공통적인 인간 본성을 찾는 데는 부족함이 있습니다. 또한 '다수결주의'를 분석하는 수준이 일반적이고 교과서적인 차원에서 머무르는 한계가 보입니다.
논증력	B⁺	대체로 무난하게 자신의 주장을 뒷받침하는 논거를 제시하고 있습니다. 첫 번째 논제의 답을 이해관계의 충돌 이유를 인간의 이기적 본성과 타자와의 이익 충돌에서 찾고 있는 점은 높게 평가할 수 있습니다. 그리고 다수결주의의 문제점을 구체적 사례를 통해 제시하고 있는 점 역시 높게 평가할 수 있습니다. 그러나 본론에서 논증하고 있는 부분과 결론에서 제시되고 부분 사이에 연결 고리를 찾을 수 없는 점은 아쉬움으로 남습니다.
창의력	B	다수결주의에 대한 비판적 논의는 단순히 다수결주의의 문제점 지적에만 그쳐서는 좋은 평가를 받을 수 없습니다. 좀 더 논의의 깊이를 더하여 다수결주의가 가지는 한계점을 보완할 수 있는 대안 제시를 할 수 있어야 합니다. 대안 없는 단순한 문제점 제시는 글의 완결성을 떨어뜨리는 요인으로 작용합니다. 이런 점을 보완해야 하겠습니다.
표현력	B	말하고자 하는 바가 분명히 드러날 수 있도록 문장을 세련되게 써야 할 필요가 있습니다. 단어들의 연결 관계가 모호하고, 단어가 정확하게 사용되지 못해 글의 논리적 흐름을 방해하고 있습니다.

| 제시문 원문 읽기

1. 이인식, 『미래교양사전』 중 「사회적 딜레마, 스파게티냐 스테이크냐」

된장찌개와 궁중전골, 스파게티와 스테이크. 친구 여러 명과 식당으로 저녁을 들러 간다. 돈은 똑같이 내기로 약속했다. 한식집에서는 된장찌개와 궁중전골, 양식집에서는 스파게티와 스테이크를 골라 먹을 수 있다. 모두 가격이 저렴한 된장찌개나 스파게티를 시키면 각자 내야 할 돈이 많지 않다. 그러나 다른 친구들은 스파게티를 주문하고 나 혼자만 스테이크를 시키면 제값보다 돈을 덜 내고 근사한 식사를 할 수 있다. 하지만 나는 스파게티를 주문했는데 다른 친구들 모두 스테이크를 시킨다면 돈은 똑같이 내고도 나 혼자만 값싼 음식을 먹게 되어 억울하다. 된장찌개를 시킬 것인가, 궁중전골을 먹을 것인가. 이러한 선택은 한 마디로 딜레마(dilemma)이다.

사회적으로는 이러한 딜레마는 다양한 상황에서 발생한다. 이를테면 전체의 이익을 위해 많은 사람들이 제몫의 이익을 희생하는 선택을 하지 않으면 안 되는 경우이다. 일상생활에서는 가령 대학 입시가 일제히 치러지는 날 교통 혼잡을 고려해 자가용 대신 버스를 이용해야할지 고민하거나, 텔레비전에 병든 아이들의 딱한 사정이 소개될 때 성금을 내는 전화번호를 눌러야 인간의 도리를 다하는 것이 아니냐고 생각하는 순간에 이러한 딜레마에 봉착하게 되는 것이다. 강대국들이 군비 확대 경쟁을

멈추는 문제를 놓고 티격태격하거나 천연자원과 환경을 보존하기 위해 여러 나라가 모여 지속 가능한 발전 문제를 놓고 협상할 때 이러한 딜레마가 발생한다. 따라서 사회적 딜레마(social dilemma) 또는 공공재산 게임(public-goods game)이라고 부른다.

사회적 딜레마의 가장 비극적인 사례는 공유지의 비극(tragedy of commons)이다. 마을이 공유하는 목초지에서 누구나 가축을 방목할 수 있기 때문에 너도나도 지나치게 많은 가축을 풀어놓게 되면 단기간에 풀이 모두 사라질 수밖에 없다. 결국 공유지가 황폐화되면 마을 사람들 모두 가축을 키우지 못해 살림이 가난해진다. 개인의 욕심을 덜 챙기고 마을 전체의 이익을 위해 가축 수를 막무가내로 늘리지 않았다면 이런 비극적인 사태는 일어나지 않았을 것이다. 공유지의 비극 개념을 처음으로 제시한 논문에서 개런 하딧은 다음과 같이 결론을 내리고 있다.

"그 속에 비극이 있다. 사람들 각자는 제한된 세계에서 무한대로 자신의 가축을 늘리도록 강요하는 체계 속에 갇혀 있다. 파멸이야말로 공유지의 자유를 믿는 사회에서 각자 자신의 최대의 이익을 추구하면서 모든 사람들이 달려가는 목적지이다. 공유지에서 자유는 모두에게 파멸을 가져온다."

2. 이인식, 『미래교양사전』 중 「사회적 증거, 여럿이 가는 길이 반드시 옳은 길인가」

1960년대 후반 어느 겨울 아침에 한 남자가 사람이 붐비는 뉴욕 시의 인도에 서서 60초 동안 멀거니 하늘만 쳐다보고 있었다. 그는 이 행동이 다른 사람에게 어떤 영향을 미칠지 알아보려는 사회심리학자들의 실험에 참여하고 있었다.

대부분의 행인들은 본체만체 스쳐 갔으며 4퍼센트만이 그 사내처럼 하늘을 올려다보았다. 그러나 실험에 참여하는 사람의 수를 늘릴수록 하늘을 올려다보는 행인들의 비율은 증가했다. 예컨대 다섯 명이 하늘을 응시하면 행인의 18퍼센트, 15명이면 40퍼센트가 1분 동안 가던 길을 멈추고 하늘을 쳐다보았다.

이 실험은 사람들이 다수의 행동이나 의견은 옳은 것이라고 여기는 성향이 있음을 보여주었다. 다른 사람들의 행동에 따라 어떤 행동의 옳고 그름을 결정하는 것을 사회적 증거(social proof) 현상이라고 한다. 요컨대 사회적 증거에 따라 행동하면 실수할 확률이 줄어든다고 판단하기 때문에 많은 사람들은 다른 사람들이 하는 대로 행동하게 마련이다.

사회적 증거의 대표적인 사례는 텔레비전 코미디 프로그램에서 자주

사용하는 가짜 웃음이다. 가짜 웃음은 바보스럽고 어색하므로 좋아하는 사람이 많지 않을 것이다. 그럼에도 코미디 프로그램에서 가짜 웃음을 많이 넣는 까닭은 시청자들이 다른 사람들의 웃음소리를 듣고 더 자주, 더 오래 웃을 뿐만 아니라 그 프로그램을 더 재미있다고 생각하는 것으로 나타났기 때문이다. 코미디 프로그램 제작자들은 사회적 증거라는 지름길에 따라 기계적으로 반응하려는 인간의 속성을 교묘히 이용한 셈이다.

가짜 웃음의 경우처럼 사회적 증거에 따라 맹목적으로 행동하는 사람들을 겨냥하는 사례는 한두 가지가 아니다. 가령 텔레비전 상품광고는 제품이 베스트셀러임을 강조하여 소비자들을 유혹한다. 불우이웃 돕기 성금을 거두는 언론기관은 신문지면에 돈을 낸 명사들의 명단을 지속적으로 내보낸다. 교회에서는 공개적으로 헌금 바구니를 돌려 다른 신도들처럼 돈을 낼 수밖에 없도록 만든다.

사회적 증거에 악용되지 않기 위해서는 무엇보다 사회적 증거를 무조건 신뢰하지 않도록 노력해야 할 것이다. 특히 사회적 증거가 제공하는 정보가 의도적으로 조작되었거나 잘못투성이는 아닌지 확인해볼 필요가 있다.

3. 이인식, 『미래교양사전』 중 「영리한 군중, 네트워크 군대의 엄지손가락」

벌써 몇 년째 수만 명이 순식간에 길거리로 몰려나오는 군중집회가 사회 분위기를 이끌고 있다.

2002년 여름에는 월드컵 축구대표팀을 응원하는 붉은 악마들이, 가을에는 미군 장갑차 사고로 숨진 여중생들을 추모하는 인파가 거리를 가득 메웠다. 2004년 봄 전국 곳곳에서 연인원 150만 명 이상이 거리에 나와 대통령 탄핵을 반대하는 촛불을 밝혔다. 2005년 봄에는 고등학생들까지 서울 광화문에 모여서 정부의 교육 정책에 항의하는 촛불 집회를 가졌다.

이러한 군중집회의 성격을 규정하는 개념은 보는 각도에 따라 다양하겠지만 적어도 참가자의 상당수가 영리한 군중(smart mob)이라는 사실에는 대부분 동의할 것이다. 영리한 군중은 '휴대 전화와 인터넷으로 무장한 새로운 형태의 군중'을 뜻한다. 인터넷을 통해 연결된 집단이므로 네트워크 군대(network army)라고도 부른다. 영리한 군중은 2002년 미국의 과학저술가인 하워드 라인골드가 자신의 저서 제목에서 처음 사용한 말이다. 라인골드는 2002년 한국의 신세대들이 인터넷과 이동 통신 기술을 사용해 노무현 대통령의 당선에 결정적 기여를 했다고 주장했다.

영리한 군중은 한국의 대선에 앞서 필리핀에서 정치적 영향력을 발휘한 적이 있다. 2001년 1월 필리핀의 에스트라다 대통령이 네트워크 군대 앞에 무릎을 꿇었기 때문이다. 당시 필리핀 젊은이들 사이에서는 이동전화로 짧은 문자 메시지를 교환하는 행위가 생활의 일부가 되었다. 2001년까지 총인구 7,000만 명 중에서 500만 명의 필리핀 사람들이 휴대전화를 소유하고 있으며, 날마다 7,000만 개의 문자 메시지를 주고받았다.

2001년 에스트라다 대통령의 탄핵심판을 그와 가까운 상원의원들이 갑자기 종결시키자 '피플 파워'가 발동했다. 야당 지도자들은 문자 메시지를 발송했고, 탄핵 소송 절차가 갑작스럽게 중단된 지 75분 만에 2만 명이, 1986년 마르코스를 권자에서 몰아낸 시위가 발생했던 바로 그 자리에 모여들었다. 나흘에 걸쳐 100만 명 이상의 마닐라 시민들이 문자 메시지의 파도에 휩쓸려 밀물처럼 몰려오자 결국 에스트라다는 실각했다. 그는 엄지손가락으로 휴대전화의 문자를 눌러대는 사람들, 곧 엄지족(thumb tribe)에게 권력을 잃은 역사상 최초의 국가수반이 되었다. 총 한 발 쏘지 않고 엄지손가락에서 나온 문자 메시지만으로 권력자를 몰아낸 것은 네트워크 군대의 역사에 기념비가 될 만한 사건이다. 물론 그것이 유일한 성과는 아니지만.

1999년 11월 시애틀에서 열린 세계무역기구(WTO) 회의에 항의하는 시위가 벌어졌다. 시위대는 농민, 노동조합, 환경운동가, 무정부주의자 등 특정 목적을 가진 소규모 집단으로 구성되었다. 이들은 공식적인 지도자나 조직도 없었으며, 장기적인 전략도 없었다. 하지만 이들은 WTO 회의를 세계적 화제로 만드는 데 성공했다. 이 시위 이전에는 WTO에 대한 사회적 관심이 전무한 상태였기 때문에 시위대들은 '시애틀 전투'에서 승리를 거둔 것으로 평가된다. 물론 그들이 승리를 쟁취할 수 있었던 것은 휴대전화, 라디오, 휴대용 컴퓨터로 급조한 통신 네트워크 덕분이었다.

시애틀에서 마닐라에 이르는 시위나 서울의 탄핵반대 촛불 집회에 참여한 영리한 군중은 특정한 쟁점에 대해 관심을 공유하고 있지만 자발적으로 모인 공동체이므로 공식적인 지휘체계가 있을 리 만무하다. 그럼에도 불구하고 영리한 군중이 소기의 성과를 거둘 수 있었던 까닭은 마치 흰개미와 같은 사회적 곤충처럼 행동했기 때문이다.

흰개미는 역할에 따라 제각기 여왕개미, 수개미, 병정개미, 일개미로 발육하여 수만 마리씩 큰 집단을 이루고 살면서 질서 있는 사회를 형성한다. 특히 아프리카의 초원에 사는 버섯흰개미들은 높이가 4미터나 되는 탑 모양의 둥지를 만들 정도이다. 말하자면 흰개미 집단은 개개의 흰개미가 가진 것의 총화를 훨씬 뛰어넘는 지능과 적응능력을 보여주었다. 이처럼 전체가 그 부분들을 합쳐놓은 것보다 항상 큰 경우에는 상향식 사고방식으로 접근해야 한다. 상향식은 부분(아래)의 행동이 전체(위)를 결정한다고 전제한다.

영리한 군중은 전적으로 상향식으로 행동한다. 네트워크 군대의 상향식 체계에서 분출되는 집단적인 힘은 시애틀, 마닐라, 서울에서 여러 차례 그 파괴력이 입증되었다.

그러나 모든 영리한 군중이 반드시 현명한 군중이 아니라는 사실을 잊어서는 안 될 것 같다. 만약 영리한 군중의 대다수가 정치사회적 문제를 제대로 파악하지 못한 채 행동에 들어간다면 그야말로 민주주의는 공허한 것이 되고 말 테니까.

어쨌거나 네트워크 군대의 엄지손가락에서 권력이 나오는 세상이 된 것을 싫든 좋든 받아들여야 될 것 같다.

4. 이인식, 『미래교양사전』 중 「이기적 이타주의, 인류는 타고난 장사꾼」

일벌은 꿀을 훔쳐가는 침입자에게 침을 쏘고 죽는다. 침을 쏠 때 내장 기관의 일부가 찢겨져 몸 밖으로 나오므로 죽게 되는 것이다. 일벌의 살신성인적인 행동은 집단의 식량창고를 지켜냈으나 당사자는 그 이익을 공유하지 못하므로 이타적이라 할 수 있다.

이타적 행동은 같은 종뿐만 아니라 다른 종 사이에도 발견된다. 빈 고둥 껍데기 속에 사는 집게는 그들 등에 말미잘을 짊어지고 산다. 말미잘은 게의 음식물에서 나오는 찌꺼기를 먹고 사는 대신 독이 있는 자신의 촉수로 게를 보호해준다.

수많은 생명체가 협동한다는 것은 생존경쟁과 적자생존을 강조하는 진화론에서 볼 때 패러독스가 아닐 수 없다.

이기적 개체로부터 이타적 행동이 출현하는 까닭을 설명한 대표적 이론은 1971년 미국의 로버트 트라이버스가 제안한 상호 이타주의(reciprocal altruism)이론이다. 상호 이타주의의 기본은 "네가 나의 등을 긁어주면, 내가 너의 등을 긁어준다"는 식의 호혜적 행동이다.

트라이버스는 이 이론을 검증하는 사례로 청소고기를 들었다. 작은 물고기 가운데 약 50여 종은 큰 물고기의 비늘에 붙어 있는 기생생물을 뜯어먹고 산다. 그러나 큰 물고기는 청소고기를 잡아먹지 않는다. 큰 물고기는 깨끗해져서 좋고, 청소고기는 먹이를 공급받아서 이익이 되기 때문이다.

트라이버스는 상호 이타주의 이론을 뒷받침하는 수단으로 죄수의 딜레마(prisoner's dilemma)를 내세웠다. 1950년 창안된 논제로섬 게임이다. 모두가 함께 이기거나 모두가 동시에 질 수 있는 게임이다.

가령 당신과 친구가 범죄 혐의로 함께 체포되어 각자 다른 감방에 갇혀 있다고 하자. 검사가 두 사람에게 똑같은 제안을 한다.

"무죄를 주장하더라도 정황 증거가 충분하므로 모두 2년 징역형을 선고받게 된다. 그러나 만일 당신이 유죄를 자백하고 무죄를 주장하는 친구에게 유죄 판결을 내리기 쉽도록 협조한다면 당신을 무죄로 풀어주겠

다. 보복은 두려워 말라. 친구는 5년을 감옥에서 썩을 테니까. 하지만 둘 다 유죄를 인정하면 똑같이 4년을 선고받게 될 것이다."

당신이라면 어떤 결정을 내리겠는가. 언뜻 생각하면 유죄 인정이 유리해 보인다. 그러나 꼭 그렇지는 않다. 친구 역시 유죄 인정이 좋다고 생각하기 때문이다. 결국 두 사람 모두 석방되기는커녕 4년형을 받아 무죄 주장을 했을 때보다 2년 더 옥살이를 하게 된다. 이기적 동기로 친구를 배반했기 때문에 둘 다 손해를 보게 된 셈이다.

죄수의 딜레마 같은 상황은 일상생활에서 자주 발생한다. 그렇다면 자기 중심적인 사람들로부터 협동을 이끌어내는 최선의 전략을 무엇일까. 1984년 미국 정치학자인 로버트 액슬로드는 컴퓨터 토너먼트를 실시하여 팃포탯(Tit for Tat)프로그램을 선정했다.

대갚음을 뜻하는 팃포탯은 "처음에는 협력한다. 그 다음부터는 상대방이 그 전에 행동한 대로 따라서 한다"는 두 개의 규칙으로 구성된다. 한 마디로 당근과 채찍(회유와 위협) 정책의 요체를 합쳐놓은 전략이다.

결론적으로 팃포탯은 상대방과 싸워서 굴복시키는 것이 아니라 상대방으로부터 쌍방 사이에 만족스러운 행동을 끌어냄으로써 컴퓨터 토너먼트의 우승자가 된 것이다.

팃포탯의 상호작용은 제로섬이 아니었다. 바꾸어 말하자면 논제로섬의 세계에서는 협력관계가 시간이 경과함에 따라 증대된다는 결론이 도출된 것이다. 액슬로드의 표현을 빌리자면, "상호 협동은 중앙 통제 없이도 이기주의자들의 세계에서 출현할 수 있다. 그것은 호혜주의에 입각한 개체들의 집단에서 비롯된다."

거래 · 계약 · 교환 · 분업 · 양보 · 의무 · 빚 · 은혜. 우리가 일상생활에서 흔히 듣는 이 단어들 속에는 호혜주의 정신이 깃들어 있다.

인간은 유일무이하게 상호 이타주의에 익숙한 존재인 것이다. 그렇다. 우리는 본능적으로 탁월한 장사꾼들이다. 더불어 살 줄 아는 지혜를 가진 동물이다. 인생은 결코 제로섬 게임이 아닌 것을.

좀 더 자세히

침묵의 나선 효과와 다수의 의견

사람은 주위로부터 고립되는 것을 두려워한다. 그래서 사회적 이슈나 사건에서 자신과 다른 사람의 생각 사이에 어떤 차이가 있는지를 조심스럽게 살핀다. 자신의 신념이나 생각이 지배적인 견해와 일치하면 자유롭게 의견을 개진한다. 반대로 동조자를 얻지 못하면 입을 굳게 다물어 버리는 경우가 종종 있다. 세 치 혀를 잘못 놀려 불이익이나 왕따(집단따돌림)를 당하기보다는 아예 침묵하는 게 삶의 지혜라고 판단한다.

독일의 여성 매스컴학자 노엘레-노이만은 이를 '침묵의 소용돌이' 이론으로 설명했다. 대중은 자신의 의견이 우세한 여론에 속하면 더 크게 주장하지만, 열세에 속하면 침묵하려는 경향이 있다고 했다. 나선형의 소용돌이처럼 비주류 의견은 침묵의 늪으로 깊이 빠져든다는 것이다. 그만큼 개인은 다수의 주류에 끼고 싶은 욕망이 강하고, 획일화된 여론 형성의 압력을 받는다는 뜻이다.

침묵의 소용돌이는 개인주의적 사회보다는 집단주의적 사회에서 일어날 개연성이 높다는 게 정설이다. 역사적 시련을 많이 겪은 한국인의 경우 그런 '눈치' 가 잘 발달됐다. 상대방의 다른 의견을 쉽게 포용하지 않는 우리 문화에서는 더욱 그렇다.

현충원 방문, 남북한 통일축구 등으로 떠들썩했던 8 · 15 민족대축전은 침묵의 소용돌이를 떠올리게 한다. '민족공조', '자주', '통일' 이라는 단어를 입에 올리지 않으면 지식인 축에도 끼지 못하는 게 요즘의 세태다. 통일지상주의식 여론몰이 속에서 반대 의견을 가진 국민은 침묵한다.

일본에 있는 친북성향의 매체인 조선신보는 최근 "지난날 남조선에선 민주화와 통일을 위해 일어난 학생들이 경찰에 끌려갔지만 오늘은 반통일세력이 그 대상이 되고 있다"고 꼬집었다. 보수단체 회원들이 경찰에 단속되고, 태극기 사용과 '대~한민국' 이란 구호를 정부가 저지하는 진풍경을 빗댄 말이다.

'80 대 20' 이란 법칙이 있다. 범죄의 80%를 범죄자 20%가 저지르듯 20%의 강한 비주류가 80%의 힘없는 주류를 압도하며 사회적 변화를 끌어간다는 것이다. 우리 사회에선 80%의 다수가 반통일세력이라는 낙인을 두려워해 침묵의 소용돌에 빠지고 있다는 느낌이다.

● 자료 출처 : 중앙일보(2005. 8. 20.)

◎조선 시대의 여론

> 서부 사람 박희충이 그의 아버지 박성량이 도장을 위조한 죄로 체포되었는데 용서해 달라고 격쟁했습니다. 이미 심리를 거쳐 뒤바꿀 수 없는 사안입니다.
> 광주의 양인 이소사가 격쟁했는데 남편 구인원이 대궐문에 돌을 던진 죄로 6년 동안 구금되어 있는데 재조사해서 석방시켜 달라고 합니다. 이미 구인원이 판결에 승복하여 끝난 문제입니다.
> — 1787년 『일성록』에 나타난 형조의 격쟁보고서

1. 조선시대에는 언론의 자유를 어느 정도나 누릴 수 있었을까요?

조선 개국 초기 1401년(태종 1년)에 태종은 중국의 제도를 본떠서 백성들이 직접 왕에게 호소할 수 있도록 신문고(처음에는 등문고라고 했음)를 설치하였습니다. 억울하고 원통한 일이 있는 사람들은 신문고를 쳐서 왕에게 직접 호소하도록 하는 제도였습니다. 그러나 아무 때나 신문고를 칠 수 있는 것은 아니었고, 서울에 사는 사람들의 경우, 먼저 담당 관원에게 호소하여 해결되지 않으면 사헌부에 호소하였습니다. 지방에 사는 사람들의 경우 먼저 자기 고을의 수령에게, 그 다음은 관찰사에게, 그래도 해결되지 않으면 사헌부에 호소하도록 하였습니다. 사헌부가 먼저 이 사안들을 검토하고, 사헌부의 처리에도 만족하지 못하면 마지막 단계가 신문고를 칠 수 있었습니다. 각 단계별로 전 단계의 관원에게서 그 사안을 처리했다는 확인서를 받아 제출해야만 다음 단계에 호소할 수 있었습니다. 이러한 절차를 지키지 않으면 아무리 정당한 사유가 있어도 신문고를 칠 수 없게 만들었고 오히려 엄벌을 내렸습니다. 신문고는 절차가 복잡하다는 어려움은 있었으나 호소할 수 있는 내용에 대해서는 제약이 심하지 않았습니다. 그러다 보니 신문고를 두드리는 사람들이 많아졌고 이에 따라 수령이나 관찰사들이 자신들이 처리할 수 있는 문제들도 신문고에 미루는 경우가 많아지면서 점차 신문고에 대한 제한이 강화되기 시작하였습니다. 결국 하층민들에게는 그림의 떡이었습니다. 그나마 명맥을 유지하던 신문고 제도도 특권 지배층의 반발로 세조 때부터 폐지와 설치가 반복되다가 중종 때는 아

예 폐지되기도 하였습니다. 영조 때 잠시 부활하기도 하였으나 영조 역시 신문고 때문에 골치를 앓다가 폐지시키고 말았습니다. 이렇게 되자 하층민들은 새로운 수단을 찾게 되었는데 그것이 바로 상언과 격쟁이었습니다. (중략) 상언이나 격쟁도 처음에는 신문고와 마찬가지로 호소할 수 있는 일의 범위가 제한되었고, 다른 사람이 대신하는 것도 금지되어 있었습니다. 이러한 제약에도 불구하고 일반 백성들은 상언과 격쟁을 적극적으로 이용하였고, 지배층은 남발에 따른 분란을 이유로 규제를 강화하려 하였지만 결국 시대적인 대세를 거스를 수는 없어, 결국 18세기 초에 아들이나 손자, 아버지와 할아버지를 위한 일, 지어미가 지아비를 위한 일, 아우가 형을 위한 일, 노비가 주인을 위한 일과 기타 지극히 원통한 일에 대해서도 상언과 격쟁이 허용되었습니다. 이로써 다른 사람이 대신 호소할 수 있는 길이 열리게 되었습니다. 상언과 격쟁이 남발되자 영조 때는 상언과 격쟁을 금지시키고 창덕궁 남쪽에 있는 진선문과 정사를 보는 돈화문 안에 신문고를 다시 설치하였지만 효과를 거두지 못하자 신문고 설치와 폐지를 반복했습니다. 그러나 정조는 백성들의 병폐를 적극 수렴하려 하였고, 이에 상언과 격쟁은 더욱 활성화되었습니다. 이로부터 상언, 격쟁이 대폭 허용되고, 민폐 일반에 관계되는 사안 모두가 대상이 되는 질적인 변화가 일어나기도 하였습니다. 그러나 19세기에 세도정치가 강화되면서 신문고나 상언, 격쟁은 제 기능을 다할 수 없었으며 억울함을 풀 길 없던 백성들은 부정한 관리나 지주의 집에 요구사항과 온갖 욕설을 담은 글을 많은 사람들이 볼 수 있는 곳에 붙이거나(괘서), 동헌의 뒷산에 올라가 큰 소리로 수령과 아전의 비리를 외치거나(산호), 밤에 횃불시위(거화)를 하기도 하였습니다. 백성들에 대한 억압과 수탈이 더욱 심해지면서는 '봉기'를 일으켜 적극적인 방법으로 대응하였습니다.

● 자료 출처: 한국역사연구회, 『조선시대 사람들은 어떻게 살았을까?』, 청년사, 2005, 110~117쪽.

2. 상언과 격쟁은 사회 · 문화적으로 어떤 의미를 가지고 있을까요?

격쟁은 명쟁(鳴錚) · 명금(鳴金)이라고도 하는데 백성들이 꽹과리나 북을 이용한 것은 이것들이 농악에 사용되는 도구였기 때문입니다. 격쟁은 궐내격쟁, 위내격쟁, 위외격쟁의 세 가지로 구분됩니다. 궐내격쟁은 직접 궐내로 들어가서 왕에게 호소하는 형태이고, 위내격쟁과 위외격쟁은 왕의 거동 시에 행한 것입니다. 16, 17세기

key word

■ 상언 : 왕의 행차가 있을 때 그 앞에 나아가 글을 올려 억울함을 호소하는 제도. 조정에서는 한 사람에게 2회의 상언을 허용하였다.

■ 격쟁 : 임금이 궐 밖으로 행차할 때 주변에 몰려들어 꽹가리를 치고 북을 울려 이목을 끈 다음 구두로 자신의 억울함을 호소하는 제도.실

에는 백성들이 꽹과리와 북을 치며 대궐로 난입하는 궐내격쟁이 대부분을 차지하였고 18세기 후반부터는 위외격쟁이 주로 행해졌습니다. 정조 때는 정조가 조정에 틀어박혀 수령과 암행어사의 보고를 받는 것으로 만족하지 않았기 때문에 격쟁을 더욱 강화하고 개선하여 능동적으로 백성의 소리를 직접 들었습니다. 격쟁은 합법적인 호소 수단으로 횟수의 제한이 없어서 똑같은 문제를 가지고 몇 번이든 반복할 수 있었는데, 서울의 이안묵이란 사람은 1790년부터 산의 소유권 문제를 놓고 3년 동안 일곱 번이나 격쟁을 하기도 하였습니다. 국왕의 능행이나 원행은 1년에 한두 차례가 보통입니다. 정조는 재위 24년 동안 66차례 행차, 1년에 세 차례나 갔으며, 행차 중 상언과 격쟁을 3,355건 처리하였습니다. 이는 한 차례 행차 중 평균 51건을 처리했다는 뜻입니다. 정조 재위 기간 동안 현륭원 참배는 모두 13차례였고, 이때 처리한 상언은 1,100회에 이릅니다. 평균 85건의 민원을 처리한 셈입니다. 정조의 상언격쟁 개방 조치에 백성들은 자질구레한 하소연이나 중상모략까지 임금님께 상언이나 격쟁을 하였고 이에 정조도 1788년에는 도성 안에서는 격쟁을 하지 못하도록 하기도 하였습니다. 이때를 기회 삼아 조정의 신료들은 상언과 격쟁을 금지시키려 하였으나 정조는 오히려 도성 안에서의 상언격쟁을 부활시켰습니다. 서울에서도 백성들의 통행량이 많고 어가가 자주 드나드는 탑골에서 북촌으로 올라오는 길인 통운교와 경복궁 앞에 놓인 혜정교, 창덕궁의 돈화문 밖에 있는 파자교 등에 한해 상언격쟁을 할 수 있도록 하였습니다. 상언과 격쟁이 끊이지 않았다는 것은 당시 백성들의 수준이 높아졌다는 반증이며, 이것은 농민층의 분화와 상공업적인 분위기의 진전, 그에 따른 신분제의 동요와 같은 사회경제적 변동과 함께 사회적 갈등이 커지면서 일반 백성들의 저항의식도 성장함으로써 이루어진 결과라고 할 수 있을 것입니다. 신문고와, 상언, 격쟁 등을 통해 그 당시 백성들의 인권이 어느 정도는 보장될 수 있었던 것입니다.

● 자료 출처: 이상각, 『이산 정조대왕 조선의 이노베이터』, 추수밭, 2007, 168~177쪽

| 기출문제 탐구

(2007년 수학능력평가 국사 기출문제)

1. 밑줄 친 '왕'이 실시한 정책으로 옳은 것은?

왕은 행차 때면 길에 나온 백성들을 불러 직접 의견을 들었다. 또한 척신 세력을 제거하여 정치의 기강을 바로잡았고, 당색을 가리지 않고 어진 이들을 모아 학문을 장려하였다. 침전에는 '탕탕평평실(蕩蕩平平室)' 이라는 편액을 달았으며, "하나의 달빛이 땅 위의 모든 강물에 비치니 강물은 세상 사람들이요, 달은 태극이며 그 태극은 바로 나다"라고 하였다.

① 병권 장악을 위해 금위영을 설치하였다.

② 왕권 강화를 위해 여러 붕당을 번갈아 등용하였다.

③ 능력 있는 신하들을 뽑아 스승의 입장에서 재교육시켰다.

④ 의정부의 권한을 강화하고 현명한 재상에게 정치를 맡겼다.

⑤ 백성이 억울한 사정을 호소할 수 있도록 신문고를 설치하였다.

정답 : ③

☞ 문제 해설

만천명월주인옹(萬川明月主人翁)은 "하나의 달빛이 땅 위의 모든 강물에 비치니 강물은 세상 사람들이요 달은 태극이며 그 태극은 바로 나다"는 의미로, 여기서 말하는 왕은 정조를 말합니다. 정조 시기에는 규장각을 정책을 뒷받침할 강력한 정치 기구로 육성하였으며 이를 통해 붕당의 비대화를 막았습니다. 또한 초계문신 제도를 시행하여 신진 인물이나, 중·하급 관리 중에서 유능한 인사를 재교육시켰으며, 장용영을 설치하여 군사적 기반을 확립하였습니다. 또한 화성을 축조하여 정치적, 군사적 기능을 부여하였습니다. 누구보다 백성들의 민심에 귀를 귀울여 상언이나 격쟁 등을 활성화시켰습니다.

금위영은 숙종 때 설치된 것이며 왕권 강화를 위해 붕당을 번갈아 등용한 것도 역시 숙종 때입니다. 의정부의 권한을 강화하고 재상 정치를 시행한 것은 조선 초기의 일이며 신문고는 조선 태종 때부터 존재하였으나 후에 폐지되었다가 영조 때 다시 부활했습니다. 그러므로 선택지의 내용 중 정조 시기의 내용은 ③번입니다.

(2006년 4월 전국연합학력평가 국사 기출문제)

2. 다음과 같은 왕의 행차가 이루어진 시기의 사실로 옳은 것은?

① 규장각이 왕의 비서 기능을 하였다.
② 북벌론을 내세워 군사력을 강화하였다.
③ 신문고가 부활되고 속대전이 편찬되었다.
④ 왕위 계승의 정통성과 관련하여 예송이 발생하였다.
⑤ 진주에서 시작된 농민 봉기가 전국으로 확산되었다.

정답 : ①

☞ **문제 해설**

그림은 정조가 자신의 아버지인 사도세자의 묘(현륭원)를 참배하기 위해 행차하
는 반차도입니다. 정조 재위 기간 동안 현륭원 참배를 모두 13차례 하였고, 이때
처리한 상언은 1,100회입니다. 그러므로 문제의 왕은 정조를 가리키고 있습니다.
규장각은 정조 때 왕권을 뒷받침할 수 있는 기구로 육성된 기관입니다. 북벌론을
주장했던 때는 효종 때이며, 신문고가 부활되고 속대전이 편찬된 것은 영조 때, 예
송문제가 발생한 것 역시 효종 때이며, 진주에서 농민봉기가 일어난 것은 1862년
으로 철종 때입니다. 그러므로 정답은 ①번입니다.

(2007년 3월 전국연합학력평가 국사 기출문제)

3. 다음 역사 신문의 [______]에 들어갈 내용으로 적절한 것을 〈보기〉에서 모두 고른 것은?

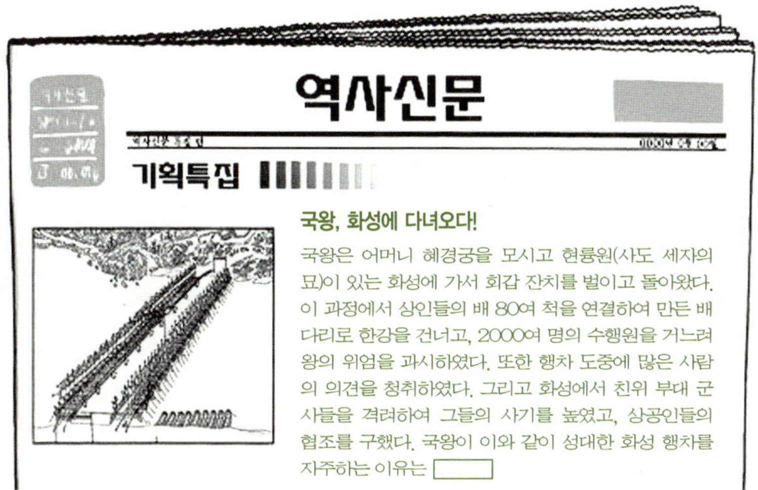

보기

ㄱ. 재야 산림의 의견을 정책에 반영하기 위한 것이다.

ㄴ. 왕권을 뒷받침할 수 있는 장용영을 육성하기 위한 것이다.

ㄷ. 화성을 자신의 정치적 이상 실현의 근거지로 삼기 위한 것이다.

ㄹ. 시전 상인들의 특권을 보장하여 사상의 활동을 억제하기 위한 것이다.

---

① ㄱ, ㄴ ② ㄱ, ㄷ ③ ㄴ, ㄷ ④ ㄴ, ㄹ ⑤ ㄷ, ㄹ

정답 : ③

☞ **문제 해설**

붕당을 없애고 왕권을 강화하려 했던 정조는 화성을 세워 자신의 정치적 이상을 실현하려고 하였습니다. 화성에 정치적, 군사적 기능을 부여함과 동시에 상공인을 유치하여 자신의 정치적 이상을 실현하는 상징적 도시로 화성을 육성하려 시도하였습니다. 그리고 친위 부대인 장용영을 설치하여 각 군영의 독립적 성격을 약화시키고 병권을 장악함으로써 왕권을 뒷받침하는 군사적 기반을 갖추었습니다. 정조 때는 육의전을 제외한 시전 상인의 특권인 금난전권을 폐지하였으므로 정답은 ㄴ, ㄷ인 ③번이 됩니다.

1. 지역 간의 의견 대립은 어떻게 해결하는가?

> **●서울 · 경기 환경 시설 공동 이용**
>
> 국내 지방 자치 단체 간에 혐오 시설 빅딜이 이루어졌다. 구로구는 지난 1996년부터 광명시와의 경계인 천왕동에 하루 150톤 처리 용량의 쓰레기 소각장 건설을 추진했으나, 인접한 광명 시민의 반대로 뜻을 이루지 못했었다. 광명시는 하수 처리장 건설이 시급한 실정이었지만, 마땅한 부지가 없었다. 2000년 6월부터 구로수 관내에서 배출되는 생활 쓰레기를 광명시의 소각장에서 처리하고, 그 대신 광명시는 관내에서 처리해야 할 오 · 폐수를 구로구의 가양 하수 처리장에 맡기게 되었다.
>
> 이번 환경 빅딜을 성시시킴으로써 구로구는 쓰레기 소각장 증설 비용 가운데 227억을 보조하고도 630억 원의 예산을 절약하게 됐고, 소각장 건설 부지로 확보한 18,000여 평도 다른 용도로 사용할 수 있게 되었으며, 광명시 역시 하수 처리장 건설 비용 1,600여 억 원을 아낄 수 있게 되었다. (○○일보, 2000. 2. 9)
>
> – 고등학교 『사회』

지방 자치 제도가 실시되면서 환경 관리의 관점에서 정보 공개, 주민 참여, 정책 혁신과 같은 긍정적인 측면도 있으나, 지역 간의 환경 갈등이 심화되고 지역의 개발 우선주의가 팽배하게 되는 문제점도 함께 노출되었습니다.

님비(NIMBY) 현상은 Not In My Back Yard의 약자로, 쓰레기 소각장, 쓰레기 매립장 등 혐오 시설이나 화력 발전소 등을 세울 경우, 그 필요성을 인정하면서도 그 지역에 사는 주민들은 이를 적극 반대하는 현상입니다.

반대로 핌피(PIMFY) 현상은 Please In My Front Yard의 약자로, 지하철 역, 학교, 병원 등 생활 편의 시설이 들어오기를 바라는 주민들이 이를 서로 유치하기 위해 경쟁을 벌이는 현상입니다.

이러한 문제가 발생하는 원인으로 첫째, 중앙 정부와 지방 자치 단체 간의 권한과 기능의 중첩을 들 수 있습니다. 그동안 중앙 정부가 가지고 있던 공공 분야에서의 의사 결정권이 점차 지방 자치 단체와 주민에게 이전되고 있습니다. 그러나 지역 개발, 환경 및 자원 관리 등 일부 분야에서는 아직 중앙 정부와 지방 자치 단체 간의 권한이나 영역이 중복되기도 합니다. 둘째, 이해 당사자 간의 신뢰 부족을 들 수 있습니다. 신뢰의 부족은 이해 집단이 서로 자기 주장만을 고집하게 하고 갈등에 대한 타협과 조정을 어렵게 합니다. 셋째, 환경 보전과 삶의 질을 중시하는 가치관으로의 변화를 들 수 있습니다. 과거의 개발 우선적인 가치관에서 친환경적인 가치관으로의 변화는 그동안 경제의 효율성을 추구하기 위하여 환경적 가치의 희생을 당연시해 온 기존의 관행에 변화를 가져왔습니다.

지역 간에 발생하는 분쟁에는 대부분 타당한 원인이 존재합니다. 따라서 님비, 핌피 등 지역 개발을 둘러싼 분쟁을 단순히 지역 이기주의의 산물이라고 규정하기는 곤란합니다. 국토 개발과 관련하여 발생하는 분쟁의 원인을 살펴보면 대부분 행정 제도적, 경제적, 기술적 측면에서 충분한 이유를 지니고 있으므로, 이의 해결은 결과적으로 자원 이용과 배분에 있어 효율성과 형평성을 증진하는 데 커다란 효과가 있습니다. 따라서 갈등과 분쟁은 당사자 간의 민주적이고 합리적인 노력을 통해 해결되어야 합니다.

2. 내 지역의 발전을 위해서 다른 지역은 피해를 입어도 좋을까요?

전북 진안군에 들어서는 용담 댐을 둘러싸고 충청권과 전북권이 8년째 '물꼬' 싸움을 벌이고 있다. 한국 수자원 공사는 전라북도 지역의 물 부족 문제를 해결하기 위해 금강 상류인 진안군에 용담 댐을 건설 중이다. 수위가 내려가면 대청호의 수질이 나빠질 것으로 보는 충청권은 이에 강하게 반발하고 나섰다.
(○○일보, 2000. 10. 19)

― 고등학교 『사회』

지역 개발은 지역 사이에 서로 다른 이해관계를 초래할 수 있습니다. 한 지역의 개발은 다른 지역에 환경 문제 등의 피해를 주거나 상대적으로 지역 간 경제적, 사회적 격차를 초래하기 때문입니다. 하천의 상류에 산업 단지나 축산 단지를 세우면, 하류는 물 오염 때문에 피해를 보게 됩니다. 여러 나라를 지나는 국제 하천의 경우, 상류에 있는 나라가 댐을 세워 하류의 유량이 줄어들게 되면 국제 분쟁이 발생하기도 합니다.

대구시의 위천 산업 단지 개발을 둘러싼 부산시와 대구시의 갈등이 대표적인 사례입니다. 대구 광역시와 주민들은 침체된 지역 경제의 활성화와 첨단 산업 도시로의 발전을 위해 낙동강 유역에 추가적으로 대규모 산업 단지를 조성할 계획을 세웠습니다. 1960년대부터 우리나라 섬유 산업의 중심지였던 대구시는 국내 생산비 상승과 중국·동남 아시아의 값싼 섬유 제품의 수입으로 지역 경제가 쇠퇴하기 시작했습니다. 이에 위천 공단을 건설하여 첨단 산업으로 산업 구조를 재편하고 새로운 일자리를 창출하고자 했던 것입니다.

그러나 낙동강 하류의 부산 광역시·경상남도 지역 지방 자치 단체들과 주민들은 수질 오염을 우려하여 이를 강력하게 반대하였습니다. 낙동강은 영남 내륙 공업 지역과 남동 임해 공업 지역의 중공업 단지를 흐르면서 우리나라에서 수질 오염이 가장 심각한 하천입니다. 게다가 1991년 구미시의 ○○ 전자에서 독극물인 페놀을 낙동강으로 무단 방류하면서 낙동강 하류 지역이 크게 피해를 입은 사건도 발생하였습니다.

대구시와 부산시·경상남도 간에 갈등을 드러내고 있는 위천 산업 단지 조성 계획은 1980년대 말부터 거론되기 시작했습니다. 그러나 지방 자치 제도의 본격적인 시행과 더불어 위천 산업 단지 지정을 둘러싼 지역 간 마찰과 정치적 분쟁이 민감하게 결합됨에 따라 국가 산업 단지로의 지정 승인이 계속 미루어졌습니다. 이로 인해 중앙 정부 내 관련 부처들 간, 중앙 정부와 지방 자치 단체 간, 지방 자치 단체들 간, 그리고 지방 자치 단체와 지역 시민들 간에 복잡한 갈등 양상이 나타나게 되었습니다. 이러한 지역 개발을 둘러싼 지역 간의 첨예한 갈등으로 인하여 대구의 위천 공단 건설은 결국 무산되었습니다.

지역 개발로 인한 지역 분쟁을 해결하는 방법으로는, 지방 정부나 독립적이고 공정한 분쟁 해결 기구 등 제3자가 조정자가 되어 계획과 집행 과정에서 두 지역의 주민이나 지역 주민과 기업 사이의 불신을 해결하고 합리적으로 타협을 하도록 하는 방법이 있습니다. 또한 피해를 보는 지역 주민들에게 적절하게 보상하는 것도 들 수 있습니다.

| 기출문제 탐구

(2006년 수학능력평가 세계지리 기출문제)

1. 메콩 강 유역에 관한 수업 장면이다. 발표 내용이 적절하지 않은 학생은?

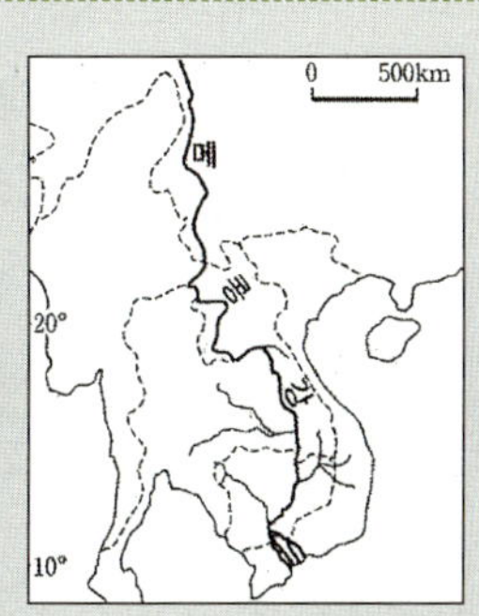

교사 : 다음 지도를 보고 메콩 강 유역의 자연 환경과 주민 생활에 대해 말해 보세요.

민수 : 이 정도 규모의 하천이라면 하구에는 큰 삼각주가 발달할 것 같아요.

민희 : 하구 지역은 열대 기후로 벼농사가 널리 이루어질 것 같아요.

교사 : 그러면 유역 내 국가들에게 메콩 강은 어떤 가치를 가질까요?

영수 : 메콩 강 유역은 천연자원이 풍부하여 성장 잠재력이 매우 크다고 합니다.

수진 : 메콩 강 중상류에 위치한 국가들이 댐을 건설하면 하류 지역 국가들의 농업 활동에 크게 도움을 줄 것 같아요.

영희 : 최근에는 여러 국가들이 메콩 강 유역 개발 계획을 수립하여 공동 번영을 추구하고 있습니다.

① 민수　② 민희　③ 영수　④ 수진　⑤ 영희

정답 : ④

☞ 문제 해설

메콩 강은 중국의 티베트 고원에서 발원하여 라오스, 미얀마, 태국, 캄보디아, 베트남을 거쳐 남중국해로 흘러가는 세계적인 국제 하천입니다. 특히 하구 일대에 발달한 대규모의 삼각주와 덥고 습한 계절풍 기후가 벼농사에 유리하여 세계적인 곡창지대를 이루고 있습니다. 메콩 강은 주변 연안국들 간에 수상 교통의 통로가 되기도 하며, 농업용수 · 공업용수의 중요한 수원이기도 합니다.

최근 중국이 메콩 강 상류에 대규모 댐을 건설하기 시작하면서 하류 지역 국가들의 반발이 예상됩니다. 중국은 메콩 강 상류에 8개의 댐을 건설하여, 생산된 전력을 광동성 · 장수성 등 동남부 공업 지역으로 공급하려고 계획하고 있습니다. 그러나 하천 상류에 댐이 건설되면 하류 지역의 유량이 감소하고 수질 오염, 삼각주 면적 축소 등이 예상되어 메콩 강 하류 지역의 동남 아시아 국가들은 강력하게 반대하고 있습니다.

　이러한 지역 갈등을 예방하고자 연안 국가들 간의 메콩 강 유역 개발 계획을 수립하여 지역 간 연계된 개발을 추구하고 있습니다.

(2004년 수학능력평가 한국지리 기출문제)

2. 다음 지역의 (가)~(마)에 대한 설명으로 옳지 않은 것은?

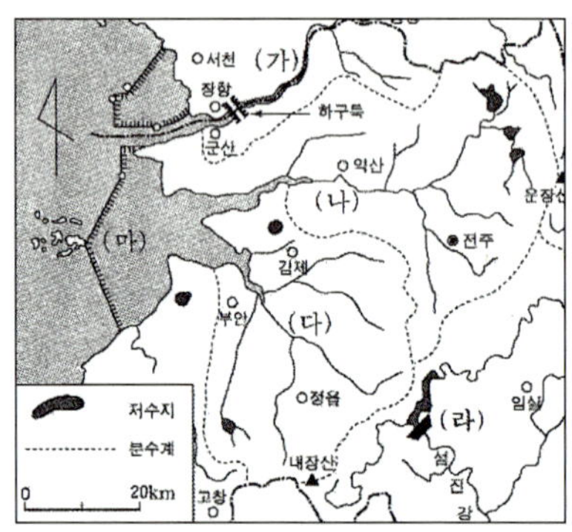

① (가) 하천의 수운 기능이 호남선 등 철도의 개설로 활성화되었다.

② (나) 하천은 본래 곡류하였으나, 제방 축조로 직선화되었다.

③ (다) 하천 하류 주변의 간척지는 내륙에서 해안 쪽으로 확대되었다.

④ (라) 댐의 건설로 확보한 물을 (다) 하천 유역에 공급하고 있다.

⑤ (마) 지구의 간척 사업을 둘러싸고 토지 확보와 간석지 보전이라는 주장이 대립하고 있다.

☞ 정답 : ①

☞ **문제해설**

　(가) 하천은 금강으로 조선시대에 쌀을 운반하는 중요한 수운 기능을 담당했습니다. 특히 강경 지역은 조선시대 3대 시장 중 하나로 금강의 수운 기능을 이용한 상업의 지역 중심지였습니다. 그러나 호남선·장항선 등 근대 교통로인 철도가 개통되고, 일제의 수탈을 위해 군산 항구가 성장하면서 금강의 수운 기능은 쇠퇴하기 시작했습니다. 1960년대 이후 금강 하구둑이 건설되면서 금강의 수운 기능은 거의 불가능한 상태입니다.

(나) 하천은 만경강으로, 넓은 충적지 위를 자유롭게 흐르는 자유곡류 하천입니다. 자유곡류 하천은 잦은 유로 변경으로 주변의 홍수 피해가 일어나기 쉽습니다. 따라서 잦은 범람을 방지하고 주변의 농경지 확보를 위해서 직강 공사를 많은 경우가 많습니다.

(다) 하천 하류는 동진강 하구로 조차가 커서 넓은 간석지가 발달합니다. 우리나라 황해안의 간석지에는 농경지 확보를 위해 예로부터 소규모의 간척 사업이 시행되어 왔습니다. 일제 시대에는 쌀 생산을 위하여 만경강 · 동진강 하류 일대에 대규모의 방조제를 쌓고 농경지를 확보했습니다. 1960년대 경제개발 계획의 일환으로 대규모 계화도 간척지가 조성되어 우리나라 최고의 곡창지대를 이루고 있습니다.

(라) 댐은 섬진강 댐입니다. 섬진강 상류에 위치한 섬진강 댐은 1965년 호남평야의 용수 공급을 위하여 건설되었습니다. 다목적 댐인 섬진강 댐은 전력을 생산하고 유역변경식으로 동진강 하구의 농경지에 농업용수를 공급하고 있습니다.

(마)는 새만금 간척 지구입니다. 호남 지역의 지역 경제를 활성화하고 농경지와 공업용지를 확보하기 위해서 대규모 간척 사업이 행해지는 지역입니다. 그러나 다양한 생태계의 보고인 간석지를 보전하고자 하는 시민단체의 반대가 거세 의견 대립이 나타나고 있습니다.

과학기술 고도화와 인간

'과학기술 고도화'와 관련된 쟁점 역시 논술 고사의 단골 주제다. 과학기술이 발전하면서 사람들이 살아가는 물리적 환경은 크게 변했다. 물리적 환경의 변화는 사회의 기존 가치관이나 도덕 체계의 정당성까지 의문시한다. 특히 오늘날의 과학기술 발전은 과거 수천 년 동안 진행됐던 것보다 더 빠르고 폭넓게 진행되고 있다. 만일 이러한 변화에 대해 정신적, 도덕적으로 준비하지 않는다면 사회는 큰 혼란에 빠질 수 있다. 인문계 학생들에게까지 자연과학적 질문을 던지는 것은 이런 이유에서다.

과학기술 고도화와 관련해서는 크게 두 가지 주제가 자주 출제됐다. 먼저, 상위권부터 중하위권 대학에 상관없이 자주 나온 주제는 '정보화'다. 언어, 사회적 관계, 전자감시, 낙관론과 비관론 등 정보통신기술 고도화로 인한 다양한 변화의 모습과 그 의미에 대해 많은 대학이 문제를 출제했다. 중상위권 대학이 정보화 주제와 함께 과학철학적 질문도 종종 던져 왔다. 환경을 어떻게 바라봐야 하는가 하는 흔한 주제에서부터 인간과 동물, 인간과 기계는 같은 존재인지 여부를 묻는 어려운 논제도 있었다. 이런 물음들은 가까운 미래에 충분히 직면할 수 있는 질문들이다.

지금까지 실시해 온 고전 논술형 문제에서는 조지 오웰의 『1984』 같은 고전의 일부를 제시한 뒤 이를 토대로 학생의 생각을 논술하라는 형태가 주를 이뤘다. 하지만 통합교과형 논술에서는 좀 더 구체적인 상황과 전제 조건을 제시한 뒤 학생의 창의적인 생각을 묻는 형태로 바뀔 전망이다. 유명한 고전을 중심으로 예상 문제와 답안을 미리 암기하는 기존 학습법으로는 출제자의 의도에서 빗나간 답안을 작성하기 쉽다는 말이다. 필요한 것은 깊이 있는 학습과 스스로의 진지한 고민이다.

학생들은 이 단원을 통해 과학기술을 바라보는 다양한 관점, 생명 복제를 둘러싼 논란 등을 정리할 수 있을 것이다. 나아가 인문계 학생들이 왜 자연과학을 공부해야 하는가 하는 심층적인 문제까지 고민해 보게 될 것이다.

| 논술 기본 문제

■ 교과 체계

구분	관련 교과 및 단원
기본	고등학교 『윤리와 사상』 Ⅰ. 윤리와 사회 사상의 의의 고등학교 『시민 윤리』 Ⅱ. 현대 사회 문제와 시민 윤리 고등학교 『사회·문화』 Ⅵ. 미래 사회의 전망과 대응
심화	고등학교 『윤리와 사상』 Ⅰ. 윤리와 사회 사상의 의의 고등학교 『시민 윤리』 Ⅱ. 현대 사회 문제와 시민 윤리 고등학교 『사회·문화』 Ⅵ. 미래 사회의 전망과 대응

(가)　21세기의 로봇은 어떤 모습일까? 로봇 공학 전문가인 한스 모라벡은 그의 저서 『로봇』(1999)에서 로봇 기술의 발달 과정을 생물 진화에 견주어 흥미롭게 전망하고 있다. (중략)

2020년까지 나타날 2세대 로봇은 1세대보다 성능이 30배 뛰어나며 생쥐 정도로 영리하다. 1세대와 다른 점은 스스로 학습하는 능력을 갖고 있다는 것이다. 가령 부엌에서 요리할 때 1세대 로봇은 한쪽 팔꿈치가 식탁에 부딪히더라도 다른 행동을 취하지 못하고 미련스럽게 계속 부딪힌다. 그러나 2세대 로봇은 팔꿈치를 서너 번 부딪히는 동안 다른 손을 사용해야 한다고 판단하게 된다. 주위 환경에 맞추어 스스로 적응하는 능력을 갖고 있기 때문이다.

3세대 로봇은 원숭이만큼 머리가 좋고 2세대 로봇보다 30배 뛰어나다. 주변 환경에 대한 정보와 함께 그 안에서 자신이 어떻게 행동하는 것이 좋은지를 판단할 수 있는 소프트웨어를 갖고 있다. 요컨대 어떤 행동을 취하기 전에 생각하는 능력이 있다. (중략)

2040년까지 개발될 4세대 로봇은 20세기의 로봇보다 성능이 100만

배 이상 뛰어나고 3세대보다 30배 똑똑하다. 이 세상에서 원숭이보다 30배가량 머리가 좋은 동물은 다름 아닌 사람이다. 말하자면 사람처럼 보고 말하고 행동하는 기계인 셈이다.

– 이인식, 『미래교양사전』

(나)　합리주의적 인간관에 의하면, 사람은 이성에 따라 생각하고 행동할 때에 가장 사람다운 사람이 된다. (중략)

　합리론의 대표자는 데카르트이다. 그는 감각적 경험을 통해 얻은 지식은 주관적일 뿐만 아니라 단편적이고 우연한 것이어서, 명백한 진리로 믿을 수 있는 것이 못 된다고 보았다. 따라서, 그는 의심할 여지 없이 확실한 지식을 찾기 위하여 일단 모든 것을 의심해 보았다. 이것이 이른바 '방법적 회의'이다. 그 결과, 아무리 모든 것을 의심한다고 해도 더 이상 의심할 수 없는 한 가지 사실에 이르게 되었는데, 그것은 "의심(생각)하고 있는 내가 있다"는 것이다. 그리하여 그는 "나는 생각한다. 그러므로 나는 존재한다"라는 확고부동한 명제를 얻을 수 있었다. 데카르트의 이러한 태도에는 인간의 사유 능력, 즉 이성에 대한 신뢰가 깔려 있으며, 이는 대부분의 합리론자들에게 공통되는 모습이기도 하다.

– 고등학교 『윤리와 사상』

(다)　뇌의 구조를 설명한 이론 중에서 가장 많은 지지를 받고 있는 것은, 1973년 미국의 신경과학자 폴 매클린이 제시한 3부 뇌(triune brain) 모형이다. 그는 도마뱀에서 다람쥐에 이르기까지 다양한 동물의 행동을 연구한 끝에, 사람의 뇌는 진화하는 과정에서 차례대로 발달한 3개 부분으로 구성되어 있다는 이론을 발표했다. 3부 뇌 모형에 따르면, 뇌의 구조는 파충류형 뇌, 변연계, 신피질이 서로 연결되어 있다.

　파충류는 3억 년 전에 지구상에 출현하여 2억 년 전에 하등의 포유류로 진화되었기 때문에 사람의 파충류형 뇌는 약 2억~3억 년 전에 진화된 것으로 보인다. 이 뇌 부분은 호흡과 같은 인간의 생존에 필요한 일

k e y w o r d

■ **맞춤아기**: 1997년 미국에서 인조 염색체가 최초로 합성됨에 따라 유전자 치료에 대한 관심이 고조됐다. 인조 염색체를 이용하면 원하지 않는 유전자 대신 원하는 유전자를 담은 염색체를 삽입하여 세포의 유전적 구성을 마음대로 바꿔 질병 치료에 이용할 수 있다. 그러나 인조 염색체는 질병 치료 이상의 의미를 내포하고 있다. 생식세포에서 질병에 관련된 유전자를 제거하는 데 머물지 않고 지능, 외모, 건강을 개량하는 유전자를 보강할 수 있기 때문이다. 뛰어난 머리, 준수한 외모, 예술적 재능 등 누구나 바라는 형질의 유전자로 인조 염색체를 합성하여 생식세포에 집어넣는다면 맞춤아기(designer baby)를 생산할 수 있다. 2020년경에는 설계대로 만들어진 주문형 아기가 태어날 수 있다는 전망도 있다.

상적 행동을 조정하는 기능을 한다.

파충류형 뇌를 둘러싼 부분은 하등의 포유류에서 볼 수 있는 변연계이다. 대략 1억 5,000만 년 전에 진화된 것으로 보인다. 변연계는 공포, 기쁨, 분노와 같은 정서 반응과 관련된 조직으로 이루어져 있다.

포유류가 진화하여 5,000만 년 전에 인류의 조상인 영장류가 출현함에 따라 마지막으로 신피질이 발달하였다. 신피질은 인간의 기억, 학습, 사고의 기능을 맡고 있다. 파충류형 뇌와 변연계가 인간의 동물적 본능을 지배하는 원시적 뇌라면, 뇌의 90퍼센트를 점유하는 신피질은 원시적 뇌를 통제하여 인간의 이성을 드러내는 역할을 한다.

– 이인식, 『미래교양사전』

(라)　우리나라를 포함하여 미국과 유럽 각국들이 앞 다투어 벌이는 줄기세포와 냉동 배아 등을 이용한 장기 생산과 질병 치료 등 첨단 생명 공학이 제기하는 새로운 인간관 문제와 관련하여, 독일의 사회철학자인 하버마스는 그의 최신작 『자연의 미래』에서 과학 기술의 위험과 한계를 지적하였다.

그는 인터뷰에서 "이미 댐은 붕괴되었다"며 유전자 연구가 더 이상 '윤리'의 이름으로 막을 수 없는 대세임은 인정하면서도, "한 인격체가 되기 이전 단계의 인간 생명을 도구화함으로써 인류는 파멸의 길로 접어들 수 있다"라고 경고하였다.

하버마스는 질병 치료라는 현실적 명분과 생명 불가침이라는 도덕 원칙 사이의 싸움에서 어느 한쪽 편을 들지는 않았다. 다만, 현재의 추세대로 갈 때 언젠가는 부모가 자식의 출생에 앞서 '유전자 슈퍼마켓 쇼핑'을 통해 '부모의 뜻'에 맞추어 자식에게 유전자를 집어넣어 주는 상황이 올 것을 우려하였다. 그럴 경우, 태어난 아이가 자라면서 운동선수가 되기를 희망한다면 음악적 재능만을 '투입'해 준 부모를 원망하는 기이한 상황이 초래될 수도 있다.

– 고등학교 『시민 윤리』

(마)　　정보사회는 밝은 면과 어두운 면을 동시에 가지고 있다. 정보통신기술은 우리 삶을 편리하고 유익하게 만들어 주고 있지만, 그러한 기술의 그릇된 사용으로 인한 부작용도 많이 나타나고 있다. 특히, 정보통신기술은 이전 사회에 있었던 윤리적 문제를 더욱 복잡하게 하거나, 새로운 윤리적 문제를 만들어 내고 있다. 그러므로 우리는 정보사회에서 인간의 행위가 윤리적으로 어떤 의미가 있는지에 대하여 심각하게 고민해야 한다. 정보사회에서 일어나고 있는 대표적인 윤리적 문제에 대해서 살펴보기로 하자.

　　첫째, 정보통신기술이 발전함에 따라 심각한 사회적 문제가 되고 있는 사생활 권리 침해 문제이다. 최근, 다양한 최첨단 정보통신기술을 이용하여 다른 사람의 사생활 권리를 침해하는 사례가 자주 발생하고 있어 이에 대한 대책이 매우 시급한 상황이다.

– 고등학교 『시민 윤리』

keyword

■ **안드로이드(android)** : 과학소설에서 사람으로 착각하기 쉬울 정도로 사람처럼 만든 인조인간을 가리키는 용어. 휴머노이드는 기계장치로 만들지만 안드로이드는 생물학적 물질로 만든다는 면에서 구별된다. 필립 킨드레드 딕(1928~1982)의 소설 『안드로이드는 전기 양의 꿈을 꾸는가?』(1969)가 1982년 〈블레이드 러너〉라는 제목의 영화로 만들어지면서 널리 알려진 용어이다.

문제 1 │ 제시문 (가)는 미래에 인간을 닮은 로봇, 즉 안드로이드가 출현할 수 있다는 전망을 담고 있다. 제시문 (나)의 관점에서 이 예측을 비판하시오(450~500자).

문제 2 │ 제시문 (다)의 관점에서 (가)의 예측을 지지한 뒤, (가)의 예측이 실현될 경우 나타날 수 있는 문제점이 무엇인지 논술하시오(450~500자).

문제 3 │ 제시문 (라)와 (마)는 과학기술이 고도로 발전함에 따라 나타날 수 있는 윤리적인 문제에 대해 언급하고 있다. 과학기술 고도화가 가져올 수 있는 윤리적인 문제에는 어떤 것이 있는지 앞의 제시문에서 언급한 사례 이외의 예를 들어 설명하고, 과학기술 고도화에 대해 어떤 자세를 취해야 하는지 논술하시오(450~500자).

 | 문제 해설

1. 출제 의도

이 문제는 너무나도 유명한 주제를 다루고 있다. 하지만 생소한 주제보다도 이처럼 유명한 주제가 오히려 논술 답안을 작성하기 더 어려운 경우가 많다. '과학기술의 발달이 반드시 진보만을 의미하는 것은 아니다' 는 너무나 상투적인 주지의 사실이다. 따라서 과학기술이 희망과 두려움의 이미지를 동시에 지니고 있다는 상황과 관련된 논술 과제를 받았을 때는 학생들은 오히려 더 당황하게 된다. 남들이 모두 언급하는 내용을 뛰어넘는 독창적인 답안을 작성하기 어렵기 때문이다.

■ '과학기술과 진보' 를 다룬 논술 문제들

- 현대 사회의 합리성과 효율성의 문제 (고려대 2002학년도 수시 2)
- 과학기술이 인간의 삶에 미치는 영향 (고려대 2002학년도 수시 1)
- 환경문제의 해결 방안 (경희대 2003학년도 정시)
- 과학과 세계관 (경희대 2001학년도)
- 기계적 세계관과 유기적 세계관 (동국대 2003년도 정시)
- 과학과 신비주의의 상관관계 (동국대 인문 2002학년도 정시)
- 현대사회와 과학기술이 가지는 상관관계 (성균관대 2003학년도 수시 1)
- 과학 기술의 발달과 삶의 방식의 변화 (성균관대 2000학년도)
- 현대 과학이 전통적 인간관에 미치는 영향 (이화여대 1999학년도)
- 산업혁명 이후 기계발달이 인간의 사회에 끼친 영향 (서울대 2005학년도, 모의논술)
- 정보화 사회의 프라이버시 (서강대 2007학년도 수시 1)
- 인터넷 시대의 구술문화 (이화여대 2007학년도 수시 1)
- 인간의 정체성과 인간과 기계 (한양대 2006학년도 정시)

과학기술에 대해서는 운명적으로 '낙관' 과 '두려움' 이라는 극단적인 감정이 공존하고 있기 때문에 전통적인 고전 논술은 물론 통합교과논술에서도 절대로 놓쳐서는 안 되는 주제이다. 그 낙관과 두려움의 근원에는 과학기술에 대한 사람들의 편견이 늘 자리 잡고 있다. 생명과학의 발전은 유전적 질병이나 불치병으로부터의 해방, 노화 방지와 장수를 약속하는 반면 생명의 창조라는 신의 영역에 도전함으로써 벌어질 수 있는 심각한 상황에 대한 불안감을 낳는다. 황우석의 줄기 세포 논란이 하나의 예이다. 과학과 정보기술의 발전은 인류에게 합리성과 효율성으로 인한 생산성 향상이라는 선물을 안겨 줬지만, 전체주의적 통제 사회로 갈 수 있다는 우려 역시 현실화되고 있다.

이제 과학기술이 고도로 발전하는 것을 지켜보기만 할 것이 아니라, 인간의 본질, 인간의 정체성에 대해 진지한 고민이 필요한 시점이다. 진정한 인간이란 무엇이며 생명은 어디까지로 봐야 하는 것인지, 조지 오웰의 『1984』의 예측은 빗나간 것인지 아니면 현재 진행형인지 등에 대해 철학적인 고민이 필요하다. 국가의 부를 증대해야 한다는 정책적 지원하에 과학기술은 우리에게 유토피아의 모습을 가져다줄 것으로 선전된다. 그러나 과학기술은 많은 위험성 또한 내포하고 있는 것이 현실이다.

이후 제시되는 논술 문제는 과학기술 고도화를 객관적인 입장에서 비판적으로 살펴볼 수 있게 한다. 뿐만 아니라 기술 고도화가 제기하는 인간 본연의 문제에 대해 고민해 보도록 요구하고 있다.

2. 제시문 분석

제시문 (가)는 미래학자가 예측하고 있는 로봇의 발전 모습이다. 2040년까지 개발될 것으로 보이는 제4세대 로봇은 동물의 수준을 넘어 인간과 똑같이 생각하고, 행동하고, 느끼는 수준에 도달할 것으로 예측된다. 이러한 예측이 실현되기 위해서는 인간을 정신/육체로 나누고, 인간과 동물(기계)을 대립항으로 보는 데카르트의 이원론적 세계관이 극복되어야 한다.

제시문 (나)는 데카르트의 이원론을 설명하고 있다. 인간은 정신(이성)을 갖고 있기 때문에 동물이나 기계와는 다르다는 것이 데카르트의 생각이다. 이런 관점에서 보자면 동물이나 기계가 아무리 고도로 진화하거나 발전하더라도 이성을 소유할 수는 없다. 따라서 인조인간이 나오는 것은 불가능하다. 혹 인조인간이 나오더라도 진정한 인간으로 간주할 수 없다.

반면에 (다)는 인간의 뇌를 진화론적 관점에서 설명하고 있다. 이른바 이성이라는 것도 보다 진화한 뇌의 작용일 뿐 동물의 본능과 질적으로 다른 무엇이라고 받아들일 수는 없다는 것이다. 이러한 관점을 취할 경우 인간 뇌 작용의 신비만 밝혀진다면 이성적으로 생각할 수 있는 기계를 만드는 것이 가능해지고, 결과적으로 인조인간이 출현하는 것도 가능하다. 이러한 경우 인간과 기계의 경계에 대한 문제가 일어나게 될 것이고, 두 존재 간의 바람직한 관계에 대한 논의도 필요할 것이다.

3. 문제 해설

문제 1과 문제 2는 인간 본질에 대한 질문으로, 앞서 인간과 동물의 관계에 대한 주제에서 제기한 문제가 연장된 것이다. 과학기술 고도화는 이 문제를 보다 심각하게 제기하고 있다. 이제는 인간과 동물 사이의 관계뿐만 아니라 기술을 등에 업고 새롭게 등장한 기계와의 관계도 재정립해야 할 시점이다. 학생들은 이에 대해 고민해 보아야 한다.

문제 3은 과학기술 고도화에 대한 우리의 자세에 대해 묻는다. 과학기술 고도화에 대해서는 (마)에서 언급하듯이 낙관적인 관점과 비관적인 관점이 상존하고 있다. 과학기술에 대해 무조건 찬양하는 것도 옳지 않거니와, 기술 발전이라는 현실을 거부하고 원시로 돌아갈 수도 없다. 학생들은 이러한 상황에서 기술 발전이 가져올 수 있는 구체적인 문제점에는 어떤 것이 있는지 고민한 뒤, 어떻게 이를 최소화하고 인간에게 도움이 되도록 만들겠느냐 하는 문제에 대해 논술해야 한다.

학생 답안과 첨삭 지도의 실제(1)

학생 답안

원종고 강다니엘

①인간이 되고 싶어하는 A.I.의 주인공과 등장 인물들을 통해 인간로봇이 사람처럼 될 수 있냐는 궁금증이 생긴다.

A.I. 대부분의 인간로봇은 감각적으로 판단한다. 자신의 머릿속에 주입된 생각만 할 뿐 인간의 감성, 이성은 찾아 볼 수 없다. 하지만 많은 로봇들이 인간이라고 생각하는 주인공 로봇은 인간처럼 감성적이고 이성적으로 판단하고 행동한다. ②그렇다면 로봇은 인간이 될 수 있을까? 아니다. 이유는 간단하다.

무엇보다, 인간은 창의적이다. 로봇은 만들기 전 제한적인 프로그램과 목적들을 가지고 있어서 인간처럼 환경에 따른 적절한 조치를 취할 수 없다. 또한 로봇은 이성이라는 감정이 없어서 위급한 상황이나 앞으로의 일어날 일을 예측할 수 없다. 이성은 프로그램으로 만들 수 있는 것이 아니라 인간처럼 끊임없는 경험과 생각 속에서 발생하는 것이기 때문이다.

③따라서 A.I.의 주인공처럼 자신의 존재를 지각하고, 초인지전략을 할 수 있는 인간 로봇은 존재할 수 없다.

■ 글의 개요 분석

1. 로봇은 인간이 될 수 있을까?
2. 인간은 창의적이지만 로봇은 제한된 프로그램으로 이루어져 있다.
3. 로봇은 끊임없는 경험과 생각이 없기 때문에 앞으로의 일을 예측할 수 없다.
4. 자신의 존재를 지각하고 초인지전략을 할 수 있는 인간로봇은 존재할 수 없다.

사회과 첨삭 지도

김성우 선생님

논리분석

영화 A.I.의 주인공에 대한 설명을 통해 '로봇이 인간이 될 수 있을까' 라는 질문을 던진 뒤, 인간이 될 수 없다고 스스로 답을 하며 그 이유로 두 가지를 들었습니다. 첫째, 인간은 창의적이지만 로봇은 그렇지 못하다는 점, 둘째, 로봇은 인간과 달리 이성이나 감정이 없다는 점입니다. 그리고 마지막 문단에서 다시 한 번 A.I.의 주인공 로봇처럼 자신에 대해 생각하고 '초인지전략' 을 쓸 수 있는 로봇은 없다고 확인했습니다.

대입 논술 고사에서 필요한 것을 중심으로 조언을 하자면, 먼저 서론/본론/결론 식의 기계적인 문단 구분을 하지 마십시오. 도입 부분에서 문제제기를 하고 주의를 환기시킨 뒤, 본론에서 논증을 하고, 마지막으로 본론 내용과 주장을 정리하는 식의 글이 꼭 요구되지는 않습니다. 오히려 대입 논술

Idea Tip

■ 데카르트가 인간과 동물(기계)을 어떻게
달리 보고 있는지 공부해 봅시다.

시험에서는 서론을 뛰어넘고 과감하게 본론부터 끌고 들어가야 하는 경우가 많습니다.

학생 글의 첫 문장은 이미 논제에 나와 있습니다. 만약 1,200자 정도로 긴 글을 쓸 경우라면 이런 문제제기가 필요하겠지만, 500자 정도의 짧은 글에서는 주의, 환기나 문제제기가 아니라 논제 질문에 대한 답이 먼저 나오는 것이 좋습니다.

또한 이 학생은 영화 A.I. 얘기로 전체 글의 절반을 채웠습니다. 이런 SF영화들이 가까운 미래 사회에 인간에게 던질 진지한 질문들을 미리 보여 준다는 측면에서 교육적으로 매우 좋은 것은 사실입니다. 하지만 여기서는 영화 이야기를 하지 않아도 논의를 끌어가는 데 문제가 없습니다. 왜냐하면 이미 제시문 (가)에서 인조인간의 출현에 대해 이야기하고 있기 때문입니다. 차라리 제시문 (가) 내용을 언급하고 이런 예측이 가능한 이유와 근거를 (나)와 대비시켜 밝히는 게 좋습니다. 예로 든 영화가 본인 글에서 정말로 중요한 역할을 하고 있지 않다면, 제시문을 무시하면서까지 큰 비중을 차지할 필요는 없습니다.

이 학생 글의 핵심 내용은 셋째 문단입니다. 인간의 '창의성, 이성'을 로봇의 '프로그램'과 대비시키고 있는데, 이 차이를 밝히는 것이 본 논제의 핵심입니다. 힘 있는 글이 되기 위해서는 인간과 로봇은 '이성'의 있고 없음에 따라 구분되며, 이성은 인간만이 갖는 특질임을 밝힌 뒤, 셋째 문단에서 언급하고 있는 내용을 중심으로 그 이유를 짜임새 있게 전개했다면 더 나은 글이 됐을 것입니다.

개념분석

인간과 기계의 차이나 유사성에 대해 대략적인 이해는 하고 있지만, 아직 개념이나 내용을 완벽하게는 파악하지 못했습니다. 그러다 보니 글에서 논란의 여지가 있는 것들이 많이 보입니다.

앞서 설명했듯 두 번째 단락에서 '감각'과 '이성, 감성'을 잘못 대비했습니다. '감각'을 비교해서 차이를 밝히려면 로봇이 감각하는 것과 인간이 감각하는 것을 비교했어야 하고, '정신 작용'을 비교해서 둘 사이의 차이를 밝히고자 했다면 로봇의 정신 작용('정신'이라는 말 속에 이미 인간만이 가진 것이라는 뜻이 들어가 있다면 이 말을 붙이기는 부적절하지만)과 인간의 정신 작용을 비교했어야 합니다. 여기서는 육체적인 '감각'과 정신적인 '이성, 감성'을 잘못 비교했습니다.

영화 A.I.의 주인공 로봇은 '인간과 같이 감성적이고 이성적으로 행동'하기보다는 '감성적이고 이성적으로 행동하는 것처럼 보이려고 노력한다'고 하는 게 맞겠죠. 영화를 보면 완벽한 인간이 아니다 보니 종합적으로 판단하는 게 아니라 한 가지만을 보고 판단하는 모습도 나타납니다. 이러한 차이가 있음에도 주인공 로봇을 인간과 같은 존재로 본 것은 학생 스스로 로봇의 프로그램과 인간의 이성을 아직 명확히 구분해서 이해하지 못했기 때문입니다.

이유가 간단하다고 밝혔는데, 절대 옳다 또는 절대 그르다 식의 극단적인 표현은 자제하기 바랍니다. 인간과 기계의 차이를 밝히는 것은 간단한 문제가 아닙니다.

또한 같은 단락에서 '창의적'이라는 개념과 '이성, 감성'을 대비시켰는데, 이 둘을 뚜렷이 구분할 수 있을까 하는 생각이 듭니다. 논제에서 제시문 (나)를 토대로 (가)를 비판하라고 했다면 이성의 범주에 창의성 개념을 포함시키는 게 좋을 것 같습니다.

그리고 이성이라는 감정이 없다며 이성과 감정을 동일시하고 있는데, 이성과 감정은 서로 구분되는 개념입니다. 로봇은 인간만이 가지고 있는 이성과 감정이 없다고 주장할 수 있습니다.

여기서는 이성이 경험과 생각 속에서 발생한다고 했는데, 제시문 (나)에 따르면 이성은 인간만이 경험과 무관하게 처음부터 갖고 있는 능력입니다. 그렇기 때문에 이를 기준으로 데카르트가 인간과 동물, 인간과 기계를 구분했던 것입니다. 이에 대한 반론은 제시문 (다)를 보면 추출해 낼 수 있습니다. '제한적인 프로그램'이 인간과 대비되는 로봇의 특성으로 제시될 수 있을 것입니다. 인간은 기계보다 계산은 못하지만, 종합적으로 판단할 수 있습니다. 인간과 체스 게임을 벌여 이긴 컴퓨터가 있다고 하지만, 그것을 인간보다 더 뛰어나고 위대하다고 말할 수 없는 이유도 데카르트적 관점에서 보자면 인간은 프로그램되어 있지 않은 상황에 처해도 종합적으로 판단할 수 있는 이성이 있기 때문입니다. 따라서 이런 내용을 전체 글에서 부각시켰다면 더 좋았을 것입니다.

제언

매우 어려운 철학적인 주제임에도 기계의 프로그램과 인간의 이성을 대략적으로나마 대비했다는 점을 높이 평가하고 싶습니다. 여기서 더 필요한 것은 이런 대략적인 지식을 보다 정교하게 가다듬는 것입니다.

또한 글을 쓸 때 보다 짜임새 있게 구성하는 연습을 해야 할 것 같습니다. 무조건 이런저런 사례를 들며 글을 쓸 필요는 없습니다. 논제의 성격에 따라 사례가 필요한 것도 있고, 그렇지 않은 것도 있습니다. 특히 이런 짧은 글에서 모든 사람들이 봤다고 확신할 수 없는 특정 영화를 예로 들면, 그 영화에 대한 설명이 반을 넘게 됩니다. 그러므로 최대한 논제에서 요구한 대로 제시문 내용을 토대로 문제의식을 확장하고, 두괄식으로 글을 쓰도록 하십시오.

평가항목	등급	총평
이해 · 분석력	B⁺	논제를 비교적 잘 이해해서 글을 전개했습니다. 로봇과 인간의 차이를 정신적인 면에서 찾아 자신의 주장을 적절하게 폈습니다. 그러나, 이 차이를 드러내기 위해 필요한 개념이나 내용에 대한 이해는 아직 부족한 편입니다.
논증력	B	글은 자신의 주장이 명확히 드러나도록 전략적으로 써야 합니다. 특히 짧은 글을 쓸 때는 질문에 대한 핵심 내용으로 치고 들어가십시오. 인간과 똑같은 로봇이 나올 수 있다는 (가)의 예측을 반박하기 위해 필요한 것은 학생 글 가운데 셋째 문단입니다. 인간의 정신적 능력과 로봇의 프로그램은 다르다고 주장한 뒤, 이것이 어떻게 다른지 차근차근 풀어 나가는 식으로 전개했다면 더 농도 짙은 글이 됐을 것입니다.
창의력	B⁺	로봇을 제한적인 목적으로만 반응하는 프로그램으로 파악하여 인간의 창조적, 종합적인 정신 능력과 대비시킨 것이 좋았습니다. 이 논제의 핵심적인 내용이기도 합니다.
표현력	B	부정확한 용어나 개념을 자주 사용하고 있습니다. 예를 들면, 인간과 로봇을 똑같이 정신적인 면을 중심으로 비교해야 하는데 로봇은 '감각적'인 반면 인간은 '이성'이 있다 식으로 육체적 감각과 정신적 이성을 대비시켰습니다. 어떤 의도로 이런 글을 썼는지는 이해하지만, 보다 정확하게 의미가 전달될 수 있도록 적절한 개념을 선택해야 합니다.

국어과 첨삭 지도

이지선 선생님

장점

논제에서 제시한 핵심 논의를 영화 사례를 통해 밝히고 있는 참신함이 돋보이는 답안입니다. 영화 A.I. 속의 로봇을 비유하여 인간과 로봇의 경계를 논하려한 시도가 좋았습니다. 문제제기부터 결론에 이르기까지 논의를 흩뜨리지 않은 점을 칭찬할 만합니다.

단점

논제에서 요구한 것은 제시문 (나)의 관점에서 안드로이드의 출현에 대한 예측을 비판하라는 내용이었습니다. 우선은 제시문 (나)의 내용이 무엇을 의미하는지 간단히 기술해 주었다면 논리적 근거로 활용하기에 적절했으리라 생각합니다. 비판의 근거가 되는 사례로 인간의 창의성에 주목하고 있습니다. 뒤에 기술한 이성에 더 초점을 맞춘다면 탄탄한 근거가 될 것입니다.

마지막 결론 부분에서는 앞에 기술된 내용과 동떨어진 개념이 나타나 생소한 느낌입니다. 본론에 기술된 내용의 정리이거나 연관하여 유추해 낼 수 있는 내용이어야 이해가 쉽습니다.

구성의 특징

서론에서는 영화 속 로봇과 인간을 같은 존재로 볼 수 있는지에 대한 문제를 제기하고 있습니다. 읽는 이로 하여금 호기심을 자극할 수 있는 좋은 방식입니다. 본론에서는 로봇이 인간이 될 수 없다는 본인의 견해에 대하여 근거를 제시하고 있습니다. 인간은 창의적이고 이성적이지만, 로봇은 그럴 수 없는 존재라는 이유를 대고 있습니다. 본론의 앞 부분이 서론의 내용과 중복되는 느낌입니다. 좀 더 깔끔한 단락상의 정리가 필요합니다. 결론에서는 인간과 로봇은 같을 수 없다는 진술을 반복하여 기술하고 있습니다. 결론의 내용이 너무 단출하여 힘을 잃었습니다. 앞의 내용을 요약하는 것 이상의 기술이 필요합니다.

표현

①번 문장은 주체와 서술의 호응도 적절하지 않으며, 의미가 모호하고 어색한 표현입니다. 좀 더 자연스럽게 고치는 것이 좋겠습니다. 글의 시작 부분은 그 글의 전체적인 인상을 좌우하므로 신경을 써야 합니다. '영화 A.I.는 로봇이 인간과 동일한 존재인가에 대한 질문을 던지고 있다. 영화 속 주인공들은 사람이 되고 싶어하는 강한 열망을 표출한다' 로 고치면 어떨까요?

②번 문장의 '무엇보다, 인간은 창의적이다' 에서 내용의 흐름상 '무엇보다' 는 '가장 우선시되는' 이유가 있다는 의미입니다. 따라서 '무엇보다, 인간이 가진 창의성 때문이다' 정도로 고치는 것이 의미 전달 면에서 효과적입니다.

③번 문장에서는 지금까지 논의되지 않았던 '초인지전략' 이 언급되어 읽는 사람을 당혹스럽게 합니다. 의미를 설명하는 데는 유용한 개념이지만, 앞서 언급된 내용들과의 관련성이 있거나 유추가 가능해야 내용상 자연스럽습니다. 결론 문장이 너무 간략하여 어색하며, 논의의 핵심을 짚어 주었다면 더 좋았을 것입니다.

제언

한 편의 글을 논리적으로 완성하는 데 있어 단락의 구성과 역할은 매우 중요합니다. 이 학생은 서론과 결론의 역할을 제대로 활용하지 못했습니다. 문제를 제기해야 하는 서론 부분이 본론의 서두와 내용상 모호해져 분명한 의미 전달이 되지 않았습니다.

또한 결론에서 보여 주어야 할 논의의 핵심 정리와 앞으로의 전망 등이 드러나지 않았습니다. 본론의 논증 과정이 논제를 푸는 데 있어 중추적 역할을 한다 해도, 서론과 결론이 각각 담당해 주어야 할 중요한 역할이 있습니다. 이에 대한 숙지와 연습이 필요합니다.

또한 제시문의 내용을 중심으로 논거를 찾아야 할 경우, 필요한 제시문의 부분을 언급해 준다면 논의가 더욱 분명해 보일 수 있습니다. 의미를 전달할 때, 정확한 어휘가 가지는 의미는 매우 크므로 자신의 생각을 명확하게 보여 줄 수 있는 어휘의 선택과 문장의 연습도 요구됩니다.

평가항목	등급	총평
이해 · 분석력	B	논제에서 요구하는 바를 이해하려 노력했습니다. 미래 사회의 안드로이드에 대해 영화를 통해 단서를 제공하고 있습니다. 주요한 논의점이 무엇인지를 판가름하는 데 부족함이 있습니다. 제시문을 충분히 활용했다면 논제의 핵심을 잘 드러냈을 것입니다.
논증력	B⁺	자신의 견해에 대한 논거를 잘 제시했습니다. 로봇과 인간의 경계를 구분하는 기준으로 '창의성'을 제시하였습니다. '이성'에 초점을 둔다면 더 명확한 논거가 되리라 생각합니다. '문제제기-논증-결론'의 구조로 안정적인 느낌입니다.
창의력	A	제시문의 내용을 바탕을 영화의 소재를 이끌어낸 것이 신선했습니다. 영화 속 로봇의 문제로 논의가 진행되어 흥미를 유발하고 참신한 느낌을 줍니다. 로봇과 인간의 다른 점을 기술할 때 연관된 사례를 제시했다면 설득력을 높였을 것입니다.
표현력	B	간결하고 명확한 뜻을 전달할 수 있는 문장 표현 연습이 필요합니다. 뜻이 분명하지 않아 의미 파악이 어려운 문장들이 보입니다. 또한 부자연스러운 어휘들로 논의의 흐름을 깨는 경우가 있습니다. 이에 대한 부단한 노력이 필요합니다.

| 학생 답안과 첨삭 지도의 실제(2)

학생 답안

원종고 이혜연

①제시문 (다)의 뇌 구조에 대한 이론을 살펴볼 수 있듯이 뇌는 오랜 기간에 걸쳐 발전되어 왔다. 처음에는 단순히 생명활동을 위한 파충류형 뇌로써 존재했다. 하지만 시간이 지남에 따라 감정을 지닐 수 있는 뇌 구조로 변해 갔다. 그 이후로도 뇌는 기억과 학습, 사고를 할 수 있는 단계까지 발전해 왔다. 이처럼 뇌도 오랜 시간에 걸쳐 서서히 이성을 갖는 단계까지 진화했다.

그렇다면 로봇이 인간과 닮은 안드로이드까지 발전할 것이라는 예측은 실현가능해 보인다. 뇌가 오랜 시간 진화해 온 것처럼 처음에는 정해진 감정과 움직임만 가지는 로봇이라도 연구가 계속된다면 인간과 같은 안드로이드 출현은 기대해 볼 만하다.

②그러나 안드로이드가 출현하게 되다면 인간들 사이에 감정이 획일화될 우려가 있다. 기계와 이야기하는 시간이 많아지고 입력된 정보에 의해 같은 생각을 하게 되는 등의 문제가 발생한다. ③또 로봇이 우리의 일을 더 많이 해 주면서 현재에도 문제가 되는 비만, 그리고 발전된 사회에서의 경쟁은 심화될 것이다.

사회과 첨삭 지도

김성우 선생님

논리분석

생물이 진화하면서 인간 뇌와 같은 형태가 나왔다는 (다) 내용을 요약한 뒤, 이런 관점에서 볼 때 로봇 연구가 계속되면 인조인간도 출현할 수 있을 것이라는 말로 (가)를 지지합니다. 결론에서는 안드로이드가 출현하면 입력된 정보에 의해 같은 생각을 하게 되어 인간들의 감정이 획일화될 수 있고, 로봇이 인간의 일을 대신해 줌으로써 비만이 심화되고, 경쟁도 심화될 것이라는 문제점을 제시하고 있습니다. 첫 문단 논리 전개부터 검토해 보겠습니다.

첫 번째 단락의 ①번 문장은 비문입니다. '제시문 (다)에서 알 수 있듯이 생물의 뇌는 오랜 기간에 걸쳐 진화해 왔다' 정도로 고쳐야 합니다.

첫 문단은 제시문 (다)의 내용을 요약하고 있습니다. 논제에서는 요약하라는 요구는 하지 않았습니다. (다)를 참조해서 (가) 내용을 지지하라고 했습니다. 그럼 단순한 요약이 돼서는 안 됩니다. 주장을 돋보일 수 있게 방향을 잡아 써 줘야 합니다. 예를 들어 무미건조하게 '뇌는 오랜 기간 거쳐 진화한 것이다' 라고 쓰는 것보다는 '정신적 능력 때문에 인간과 다른 존재가 질적으로 다르다고 주장하는 이들도 있지만, 사실 인간의 뇌는 (다)에서 보듯 오랜 기간에 거쳐 진화한 것이지 질적으로 다른 것이 아니다' 라고 쓰는 것은 어떨까요? 아무 방향 없이 첫 문단이 진행되는 것이 아니라, 반대 주장을 극복하겠다는 방향성이 잡히게 됩니다. 이렇게 시작하면 지금보다 더 복잡한 수준의 기계를 만들면 인간 뇌처럼 작용할 수 있는 것도 만들 수 있다는 주장으로 자연스럽게 이어집니다.

두 번째 단락에서는 '진화' 가 중요한 의미라는 것은 파악했지만, 특히 뇌의 진화가 핵심적인 내용이라는 것은 아직 이해하지 못한 것 같습니다. 이런 관점을 유물론이라 합니다. 인간과 동물, 인간과 기계를 질적으로 다른 것으로 보는 것이 아니라 단지 복잡한 정도의 차이 정도로 보는 것입니다. 이런 입장이라면 인간의 뇌가 작용하는 신비만 밝혀 낸다면, 뇌를 닮은 기계를 만들 수 있게 되고 이것을 통해 생각하는 로봇도 만드는 것이 가능하다고 봅니다.

세 번째 단락의 내용은 본인의 예측과도 어긋납니다. 먼저 입력된 정보에 의해 같은 생각을 하게 된다고 했는데, 만일 인간 정신 작용과 똑같이 작동하는 뇌를 가진 존재가 탄생한다면 그 존재 역시 입력된 정보대로만 생각하는 것이 아니라 인간처럼 종합적으로, 다양하게 생각하게 될 것이니까요. 또 로봇이 우리 일을 더 많이 해 준다고 했는데, 이는 아무리 인간처럼 생각하고 스스로 존엄하다고 느끼는 존재가 만들어진다고 해도 인간과 똑같지 않고, 인간보다 못한 존재로 여기기 때문에 우리 일을 대신 시키려는 것이겠죠? 그렇다면 우리가 그 존재보다 우월한 이유는 정신(이성)에 있는 것이 아니라 다른 데 있다는 말인가요? 기술이 발전해서 외양이나 정신 모두 인간과 구별되지 않는 로봇이 나온다면 그것은 인간인가요, 기계인가요? 우리 일을 대신 시킴으로써 비만이 더 많아질 것이라는 예측 이전에 해야 할 고민은 이런 것들입니다. 이성을 갖고 있는 기계가 있다 해도 그것은 우리 인간보다 못한 존재라고 수상할 합낭한 근서가 있을 때 비로소 인조인간을 사용할 수 있을 것입니다. 경쟁이 심화된다는 이유가 명확하지 않습니다. 인간과 기계의 구분이 사라지면서 인조인간이 인간의 일자리를 빼앗게 된다 등의 논거가 왔다면 더 좋았을 것입니다.

개념분석

여기서는 학술적인 용어나 개념보다는 미래사회에 인간과 공존하게 될지도 모르는 존재에 대한 개념을 잡는 것이 필요할 것 같습니다. 스스로 존엄하다고 느끼는 기계가 나타났을 때 그것을 인간으로 봐야 할지 아니면 기계로 봐야 할지, 내 몸에서 나온 세포로 복제한 존재가 나왔을 때 그것은 나인지 아니면 타인인지, 또는 인간인지 그저 동물과 같은 존재인지, 눈, 피부, 신장 등 신체 일부의 어디까지 이식했을 때 나는 온전히 나로 남을 수 있는지 등 과학기술 고도화는 존재 개념에 대해서 많은 질문을 던집니다. 따라서 이런 논제를 파악하고 글을 쓸 때는 인간을 포함한 모든 존재에 대한 개념 정립이 필요합니다.

제언

과학철학과 관련한 주제는 기술적으로 글을 쓰는 것보다는 얼마나 치열하게 고민해 보았는지가 더 중요합니다. 공부하다 지치면 SF영화들을 보십시오. 책 속에서 어렵게 던지는 질문들이 영화 속에서는 흥미롭게 제기됩니다. 스트레스도 풀면서 공부도 할 수 있으니 일석이조입니다. 실제 논술 고사에서는 영화의 한 장면이나 대사가 제시문으로 나오기도 합니다.

평가항목	등급	총평
이해 · 분석력	B+	비교적 논제의 의도를 잘 파악해서 정리했습니다. (다)에서 중요한 개념으로 '진화'를 뽑아내고, 이를 토대로 (가)의 내용이 가능하다는 것을 무난하게 잘 썼습니다. 다만, 이럴 경우 어떤 문제가 발생할 수 있는가 하는 점은 좀 더 깊이 생각해야 합니다. 기술이 발전하면 인간과 같은 로봇이 나올 수 있다는 주장에 스스로 반하는 내용이기 때문입니다.
논증력	B+	크게 무리 없는 논리 전개입니다. 둘째 문단에서 뇌가 진화하면서 인간의 뇌가 나왔다는 것을 이해하고, 인간을 닮은 로봇의 출현 여부도 그 핵심이 뇌에 있다는 것을 이해했다면 이것을 강조하는 글이 됐을 텐데 하는 아쉬움도 남습니다.
창의력	B+	기존 논의를 토대로 잘 이해해서 썼습니다. 논술에서의 창의력은 뜬금없는 주장과는 다릅니다. 여러 주제에 대해 스스로 의문을 던지며 그 답을 찾아 공부하다 보면 남과 구분되는 시각을 가질 수 있습니다.
표현력	B+	표현이나 개념 사용 면에서는 크게 문제가 보이지 않습니다만, 문장 요소 간 호응이 어색해 의미가 제대로 전달되지 않는 문장은 가끔 보입니다. 조금 더 간결한 문체로 쓰는 연습을 하고, 다른 사람이 이 글을 읽었을 때 정확히 이해할 수 있을지 염두에 두고 글쓰기를 하십시오.

국어과 첨삭 지도

장점

논제 분석이나 자신의 견해를 밝히는 데 있어 막힘이 없고 논리정연합니다. 제시문 (다)의 진화론적 입장에 대한 분석이 상세하여 내용을 이해하기 쉽습니다. 이 관점이 안드로이드의 출현을 긍정하는 입장이라는 것도 자연스럽게 기술되었습니다. 첫 번째 단락에서 두 번째 단락으로의 논의가 이어지는 것도 매우 자연스럽고 타당해 보입니다. 논제의 요구에 성실하게 답하려 노력한 흔적이 보입니다. 안드로이드가 출현할 경우 나타날 수 있는 문제점을 다양하게 살폈습니다.

단점

논제에서 요구한 것은 크게 두 가지로 나눌 수 있습니다. 진화론적 관점에서의 안드로이드 출현 가능성 지지와 이러한 상황이 가져올 수 있는 문제점입니다. 둘 중에서 후자 쪽이 좀 더 비중 있게 다뤄져야 합니다. 학생의 답안은 제시문의 분석과 진화론적 관점을 지지하는 부분에 너무 많이 할애했습니다. 안드로이드 출현의 문제점은 두 번째 단락의 뒷부분에만 설명되어 있어 비중이 매우 작게 느껴집니다. 문제점을 부각시키기 위한 다양한 접근이 필요합니다. 또한 제시한 문제점의 타당성도 고려해 봐야 합니다. '감정의 획일화'나 '비만' 등은 내용상 적절하지 않은 사례로 보입니다. 좀 더 논제의 요구에 합당한 문제점이 제시되어야 합니다.

구성의 특징

학생의 답안은 크게 두 부분으로 나누어집니다. 전반부는 제시문 (다)에 대한 분석입니다. 진화론의 입장에서 뇌는 이성을 갖추는 단계까지 진화되었음을 이야기합니다. 후반부의 내용은 다시 두 가지로 나눌 수 있습니다. 안드로이드 출현 가능성의 타당성과 이에 따른 문제점입니다. '그러나~' 이후부터는 새로운 단락으로 구성하는 것이 적절할 듯합니다. 앞부분은 전반부와 합치고, 안드로이드 출현의 문제점을 본론으로 부각시켜 내용을 정리하는 것도 좋겠습니다.

표현

①번 문장의 '뇌 구조에 대한 이론을 살펴볼 수 있듯이' 는 부자연스러운 표현입니다. '뇌 구조에 대한 이론에서 보이듯이' 로 고치는 것이 좋겠습니다.

②번 문장의 '감정이 획일화될 우려가 있다' 에서 '감정이 획일화' 된다는 표현은 어색한 것 같습니다. 그리고 '기계와 이야기하는 시간이 많아지' 는 것이 문제가 된다는 것은 잘못된 표현입니다. 또한, '같은 생각을 하게 된다' 는 것은 앞의 '감정의 획일화' 와 유사한 뜻인 것 같아 의미가 중복된 느낌입니다. 기계가 인간을 지배했을 때 생길 수 있는 존엄성, 가치관 등의 문제를 다루는 것이 적절하지 않을까요?

③번 문장에서 제시한 위에서 제시한 '비만' 이나 '경쟁' 의 문제는 안드로이드가 아니라 단순한 기계라도 가능한 이야기입니다. 또한 이러한 문제의 주요 원인은 로봇이라기보다 사회적인 요인으로도 해석이 가능합니다. 사례가 부적절하다는 생각이 듭니다.

제언

제시문을 분석하고 어느 한 입장을 논리적으로 지지한 면에서는 훌륭한 답안입니다. 하지만 논제를 분석할 때는 출제자가 좀 더 중점을 두고 요구하는 바가 무엇인지 탐구해야 합니다. 이 문제의 경우, 인간과 유사한 안드로이드가 출현했을 때 나타날 수 있는 문제점이 핵심입니다. 하지만 답안은 제시문의 진화론적 관점에서 안드로이드의 출현을 옹호하는 데만 심혈을 기울인 것 같습니다. 문제점에 좀 더 비중을 두고 구체적으로 지적하면 좋겠습니다.

평가항목	등급	총평
이해·분석력	A	출제자의 의도를 잘 파악하였습니다. 제시문 (다)의 관점 해석으로 인간과 유사한 안드로이드의 출현을 긍정하고 있습니다. 또한 이러한 예측에 따른 문제점을 잘 찾아냈습니다. 기본적인 논제 파악 능력이 우수한 학생입니다.
논증력	B⁺	논제에서 요구한 바대로 논리적으로 설명하였습니다. 제시문을 활용한 근거 찾기는 잘 하였으나, 현상에 따른 문제점 파악은 미흡했습니다. 뒷부분의 논리가 약해 보입니다. 논리적 완결성을 위해 3단 구성을 취하는 것이 좋습니다.
창의력	B	제시문의 내용에서 크게 벗어나지 못했습니다. 제시문을 활용해서 답하는 문제이긴 하지만, 문제점을 기술할 때 독창적인 사고를 드러낼 수 있어야 합니다. 구체적 사례를 설명하는 데도 남들과는 다른 새로운 시각이 요구됩니다.
표현력	A	문장이 논리적이며, 간단명료하게 쓰려고 노력한 흔적이 보입니다. 불필요한 표현이 적어 읽기가 편합니다. 적절한 어휘 사용만 연습한다면 훨씬 좋은 글이 될 것입니다.

학생 답안과 첨삭 지도의 실제(3)

학생 답안

■ **글의 개요 분석**

1. 과학기술의 급속한 발전으로 생명 경시 현상이라는 윤리적 문제가 생겨났다.
2. 이 현상이 심해지면 범죄가 증가해 사회를 혼란시킬 수 있다.
3. 더구나 과학기술을 잘못 사용하면 무서운 무기가 될 수도 있다.
4. 따라서 과학기술을 맹신해서는 안 된다.
5. 과학기술을 객관적으로 바라보고, 올바르게 쓸 수 있는 지혜가 필요하다.

원종고 김소정

①과학기술이 현대 사회에 오면서 더욱더 발전하고 있다. ②이러한 과학기술의 급속한 발전으로 생겨난 윤리적 문제가 있다. 그것은 바로 생명 경시 현상이다. 요즘 들어 복제에 대한 연구가 활발히 진행되고 있다. ③지금까지는 동물에 한해서만 연구가 허용되고 있다. 그러나 동물의 복제 연구가 성공한다면 다음 타깃은 인간이다. ④인간을 복제하는 것은 자신과 똑같이 생긴 사람을 한 명 더 만드는 것인데 이 복제는 자칫 잘못 사용하면 생명을 아무렇지 않게 여기는 현상이 일어날 수 있다. ⑤이 현상이 심해지면 범죄 증가와 같은 사건이 빈번하게 일어나 사회를 혼란시킬 수 있다. ⑥위의 사례를 봤을 때 과학기술의 발전은 무조건적으로 좋기만 한 것은 아니다. ⑦자칫 잘못 사용하면 나라의 혼란을 가중시킬 수도 있고, 세계 전체를 뒤흔들 수 있는 무서운 무기인 셈이다. ⑧따라서 과학기술을 너무 맹신하는 자세는 좋지 않다. ⑨과학기술을 객관적으로 바라보고 올바르게 쓸 수 있는 지혜가 필요하다.

사회과 첨삭 지도

김성우 선생님

논리분석

논술 준비를 처음 시작하는 학생들에게서 나타나는 글쓰기 형태를 보여 주고 있습니다. 논술은 이유와 근거를 제시하며 주장을 펴는 것입니다. 논술에 익숙하지 않은 많은 학생들은 이유와 근거를 대는 것에 약합니다. 그러다 보니 누구나 알 수 있는 일반적인 주장만 나열하고 마지막에 '잘해 봅시다' 식으로 끝내 버리곤 합니다. 해야 할 말이 정리가 되면 굳이 웅변조로 글을 쓰지 않아도 읽는 사람에게 의미를 전달할 수 있습니다. 그러나 익숙하지 않은 주제를 접하게 되면 쓸 말이 없다 보니 과장된 표현만이 나오게 됩니다. 고3 수험생의 절반 이상이 이런 형태로 글을 쓴다고 해도 과언이 아닙니다. 이 학생의 글을 통해 이런 문제를 하나하나 살펴보겠습니다.

짧은 글을 쓸 때는 불필요한 문장은 가급적 없애거나 줄여야 합니다. ①, ②번 문장은 이미 논제에서 묻고 있는 것을 반복하고 있습니다. 또한 '이러한 과학기술의 급속한 발전으로 생겨난 윤리적 문제가 있다'고 썼는데, 이런 문장은 필요가 없습니다. 문제가 있다면 그것이 무엇인지 곧바로 밝히십시오. 학생들이 자주 쓰는 이와 비슷한 문장으로는 요약하라는 논제에 '요약해 보겠다'고 쓴 뒤 요약하는 것입니다. 깊이 있는 글을 쓰기에 500자는 무척 짧습니다. 공간을 아끼십시오. '과학기술 발전으로 인한 윤리적 문제로는 생명 경시 현상의 만연을 들 수 있다' 정도면 좋겠습니다.

③~⑤번 문장은 모두 '~할 수 있다'는 추측성 문장입니다. 추측이 논리적으로 받아들여지기 위해서는 그럴듯한 이유와 근거를 들며 설명해야 합니다. 동물복제 연구가 왜 인간복제로 이어지는지, 복제 연구가 왜 생명 경시 현상으로 이어지는지, 이 현상이 심해지면 어떤 범죄가 왜 증가하게 될 것인지 아무런 설명 없이 여러 가지 부정적인 현상만 나열했습니다.

⑥~⑧번 문장과 같이 과학기술을 너무 맹신하지 말자는 주장을 펴기 위해서는 앞에서 과학기술을 맹신하는 모습에 대해 지적하는 내용이 나와야 합니다. 그래야 도입과 전개, 마무리가 유기적으로 연결됩니다. 그런 것 없이 추측성 주장만 나열한 뒤 과학기술에 대해 맹신하지 말자고 말하니 공허한 느낌이 듭니다.

개념분석

어색하거나 부정확한 용어, 개념, 불완전한 문장 표현 등이 많이 보입니다.

④번 문장에서 문장의 주어부에 해당하는 것은 '이 복제는'이고 술어부는 '현상이 일어날 수 있다'인데, 이 둘 사이의 호응이 안 됩니다. '인간을 복제하는 것은 자신과 똑같이 생긴 사람을 한 명 더 만드는 것이다. 인간복제가 흔해지면 생명을 아무렇지 않게 여기는 현상이 나타날 수 있다'로 쓰면 어떨까요?

⑤번 문장에서 '범죄 증가와 같은 사건'이라고 썼는데, 범죄가 일어나는 것은 사건이 발생하는 것과 같은 뜻으로 쓸 수 있지만, 범죄 증가는 사건이 아니라 현상입니다.

⑦번 문장의 '세계 전체를 뒤흔들 수 있는 무서운 무기인 셈이다'라는 표현은 과장되고 감정이 넘치는 표현입니다. 만일 앞에서 이 주장이 충분히 납득될 만한 이유와 근거를 댔다면 받아들이겠지만, 그것 없이 '뒤흔들 수 있다', '무서운 무기' 등의 표현을 쓰는 것은 적절하지 못합니다.

마지막 문장은 과학기술을 유토피아나 디스토피아 양극단으로 보지 말자는 뜻이어야 하므로 '객관적'이 아니라 '중립적'이 정확한 표현입니다.

제언

어떤 주제와 관련해서든지 이유와 근거를 대면서 쓰는 연습을 하십시오. 이런 훈련이 되면 어느 정도까지 이유와 근거를 대야 하는지 스스로 감을 잡을 수 있습니다.

또한 의미가 정확히 전달될 수 있는 문장을 쓰는 연습을 해야 합니다. 말은 주변 상황과 맥락을 통해 큰 오해 없이 이해할 수 있기 때문에 문법을 지키지 않고 말해도 의사소통에는 문제가 없습니다. 하지만 글은 기록으로 남는 것일 뿐만 아니라, 표정이나 몸짓, 상황적 맥락에 의존하지 않고 의미를 전달하는 것이기 때문에 좀 더 신중히 정확하게 써야 합니다. 다른 사람이 내 글을 읽었을 때 내가 의도한 바가 정확하게 전달될 수 있을 것인가를 고려하여 글을 쓰시기 바랍니다.

평가항목	등급	총평
이해·분석력	B	최근 이슈가 되고 있는 동물복제 문제를 예로 들었는데, 여기서 발생할 수 있는 윤리적 문제에 대한 설명이 제대로 되지 않았습니다. 어떤 윤리 문제가 제기될 수 있다는 것을 밝히는 것으로는 불충분하며, 왜, 어떤 이유로 그런 문제가 제기될 수 있는지 논의를 하는 것이 중요합니다.
논증력	C⁺	근거는 없고, 추측성 주장만 있습니다. 생명 경시가 생길 수 있다, 범죄가 늘어날 수 있다는 이야기를 이유와 근거 없이 나열한 뒤, 과학을 맹신하지 말자고 급작스럽게 마무리하고 있습니다. 왜 그런지 이유를 찾기 바랍니다.
창의력	C⁺	이미 상식적으로 충분히 알고 있는 내용만 기술했습니다. 내용이 일반적일 경우라도 그것을 풀어 나가는 방식이 어떠하냐에 따라 충분히 창의성을 발휘할 여지가 있습니다. 하지만 이 글은 풀어 나가는 방식도 주장만 열거함으로써 창의력을 발휘하지 못했습니다.
표현력	B	필요 없이 장황해진 문장이나 '그것은 바로 ~이다', '세계 전체를 뒤흔들 수 있는 무서운 무기다' 처럼 감정이 넘치는 표현이 많이 보입니다. 감정이 과잉되면 유치하게 보일 수 있습니다. '과학을 객관적으로 바라보자' 처럼 정확하지 않은 용어가 쓰이기도 합니다. 이 경우에는 '유토피아도 디스토피아도 아닌 중립적 시각으로 바라보자' 가 더 정확한 표현입니다. '타깃' 처럼 친구들 사이에서 쓰는 비공식적인 표현도 자제해야 합니다.

국어과 첨삭 지도

장점

주어진 논제에 대하여 솔직하게 쓰려 노력한 답안입니다. 과학기술 발달에 따른 문제를 짚어 보고 이에 따른 본인의 견해를 담백하게 작성하였습니다. 과학기술 발달에 따른 문제점과 이에 대한 판단, 앞으로의 우리의 자세 등 논리적 순서를 잘 지켰습니다. 깊이 있는 논의가 진행된다면 더 좋은 답안이 될 것입니다.

단점

제시문에 나와 있는 사례에서 벗어나지 못했습니다. 논제에서 요구한 것은 제시문에서 언급한 사례 이외의 예를 들라는 것이었습니다. 사례가 중복되니 논제에 대한 깊이 있는 사고가 없다는 느낌을 줍니다. 사례의 독창성에 큰 점수를 부여하는 문제이니 특히 유의해야 합니다. 과학기술 고도화에 대한 자세 또한 식상한 수준에서 이루어졌습니다. 좀 더 구체적이고 깊이 있는 사고가 요구됩니다. 또한 답안을 구성할 때는 내용에 따른 단락의 구분이 매우 중요합니다. 드러내고자 하는 생각은 내용의 배열에 따라 많이 달라질 수 있습니다. 논제에서 요구하는 바가 크게 두 가지이므로 분량이 적더라도 두 단락 정도로 나누는 것이 좋겠습니다. 한 덩이의 글로만 이루어져 논의가 분명하게 드러나지 않고 답답한 느낌입니다.

구성의 특징

글 전체가 하나의 단락으로 이루어져 논의의 핵심을 파악하기 어렵습니다. 내용상의 흐름을 살펴보면, 과학기술의 급속한 발전에 따른 윤리적 문제와 이에 따른 생명 경시 현상의 만연, 이를 막기 위한 과학기술의 객관적이고 올바른 사용을 요청하는 내용입니다. 과학기술 고도화에 따른 윤리적 문제의 사례와 과학기술 고도화에 대한 우리의 자세로 크게 나누어 기술하는 것이 내용 이해에 도움이 될 것 같습니다.

표현

문장은 되도록 간명하게 쓰는 것이 좋습니다. ④번 문장의 '생명을 아무렇지 않게 여기는 현상'은 앞의 내용에 등장하는 생명 경시 현상과 같은 말입니다. 같은 말의 중복은 식상한 느낌을 줍니다. 사례의 독창성이 요구됩니다.

⑥~⑨번 문장은 전반적으로 문장의 어휘나 표현이 아쉽습니다. 좀 더 깊이 있는 사고가 요구되는 답안임에도 너무 추상적이고 일반적인 표현들이 많습니다.

제언

논제의 요구에 충실하려 했으나 제시문을 크게 벗어나지 못해 안타깝습니다. 과학기술 고도화에 따른 윤리적 문제나 과학기술 발전을 어떻게 바라볼 것인가에 대한 논의는 많이 출제되는 분야입니다. 일반적으로 많이 알고 있고 어느 정도는 답안을 작성할 수 있는 편안한 주제입니다. 이런 문제에서 돋보이기 위해서는 기존 논의에 대한 정확한 개념 정리와 남들이 잘 모르는 참신한 사례나 해결책의 제시가 필요합니다. 주제에 대한 깊이 있는 사고력과 독창적인 사례는 글에 대한 신뢰도를 높이기 때문입니다. 따라서 알고 있는 주제라 할지라도 자세하고 깊게 논의를 정리하고 자신만의 해결책을 생각해 둡시다. 또한 본인의 생각을 논리적인 글로 표현하려면 내용상의 흐름을 고려한 단락 구분도 필수적입니다. 아무리 짧은 글이라 할지라도 '서론-본론-결론' 또는 '본론-결론'의 구조를 가지는 것이 논술에서는 많은 도움이 됩니다.

평가항목	등급	총평
이해 · 분석력	B	출제자의 의도를 명확하게 파악하지 못했습니다. 과학기술 고도화에 따른 윤리적 문제에 대한 사례와 우리들이 취해야 할 자세가 주요 논제였습니다. 한쪽 부분에 치우친 논의가 이루어져 아쉽습니다. 논제 분석에 대한 연습이 더 필요합니다.
논증력	B	내용상 논리적 흐름이 명확하게 드러나지 않습니다. 하나의 문단으로 완성했기에 논의의 핵심을 찾기 어렵습니다. 내용상 단락을 몇 개로 나누는 것도 필요합니다. 분명한 의미 전달과 논리적 타당성 부여에 도움이 됩니다.
창의력	B	주어진 제시문의 예와 유사한 사례를 들고 있어 참신함이 떨어집니다. 논제에서 무엇보다 중시한 것은 제시문 이외의 사례라는 단서입니다. 이에 대한 깊이 있는 사고가 요구됩니다. 유사한 내용의 사례는 진부할 뿐 아니라 글의 신뢰도를 떨어뜨립니다. 주변 사물이나 현상에 대한 호기심과 관찰이 많은 도움이 될 것입니다.
표현력	B⁺	추상적인 단어나 표현이 많아 구체성을 확보하기 어렵습니다. 어떠한 내용이든 구체적인 문장으로 표현하는 연습이 필요합니다.

| 논술 심화 문제

(가)　자연과학의 발달과 더불어 과학 지상주의는 인간으로 하여금 자신의 도덕적 힘으로부터 멀어지게 하고 있다. 오늘날, 우리는 과학자가 말하고 전문가가 발견하여 입증하는 것만을 진리라고 여기고 있다. 과학에 대한 이러한 신념은 복잡한 세계에서 자신의 삶을 영위하면서 실재에 대해 알게 되는 인간의 지혜, 실재와 진리에 대한 인간의 믿음을 약화시키고 있다. 그 결과, 개인은 새로운 무지 상태, 무력감, 그리고 과학에 의해 주장되는 진리와의 관계에서 소외당하고 있다. 전문가들이 정책을 맡고 있고 기술은 모든 문제에 대한 해결을 약속해 주고 있기 때문에, 우리는 세계에 대한 무지의 평안함, 도덕적 문제와 그러한 문제에 대해 책임을 지는 것으로부터 자유로워지게 되었다. 그러나 이것은 우리가 지니고 있는 도덕적 능력을 크게 훼손시키는 결과를 초래하고 있다.

– 고등학교 『시민 윤리』

(나)　1959년 영국 물리학자인 찰스 스노는 '두 문화와 과학혁명' 이라는 제목의 강연에서 현대 서구 사회의 지적 생활이 문학적 지식인들의 인문적 문화와 자연과학자들의 과학적 문화로 양극화되었으며, 이 ①두 문화 사이의 단절이 심각해 사회 발전에 치명적 요인이 된다고 주장했다. 훗날 그는 두 문화 사이의 분극화 현상을 극복하는 제3의 문화의 필요성을 역설하였다. (중략)

대부분의 과학기술자들은 인문학 분야에 관심을 가질 만한 정신적 여유가 없다. 인문학자들은 아예 과학기술에 대해 무지할 뿐만 아니라 오히려 과학기술을 노골적으로 경시하는 풍조가 만연해 있다. 저널리즘 역시 인문학 전공자들이 주류를 형성해 대중에게 양질의 과학기술 정보를 공급할 준비가 미흡한 상태이다. 이러한 상황에서 제3의 문화가 한국 사회에 뿌리내리기를 기대하는 것은 어리석은 일인지 모른다.

하지만 21세기에 우리나라가 세계 문화의 중심권으로 진입하기 위해서는 과학을 이해하는 인문학자, 인문학적 상상력을 지닌 과학자가 많아져야 한다는 데 이의를 제기할 사람은 없을 줄로 안다.

　　　　　　　　　　　　　　　　　　　－ 이인식,『미래교양사전』

(다)　과학기술의 발전으로 초래될 영향을 사전에 평가하여 긍정적 영향력은 극대화하고 부정적 영향은 극소화시킬 필요성이 대두되었다. 이처럼 과학기술의 경제 · 사회 · 문화 · 윤리 · 환경에 끼치는 영향을 최소화하려는 시도를 기술 영향 평가라 한다.

　　기술 영향 평가의 기본 전제는 과학기술을 일종의 사회현상으로 간주하는 것이다. 다시 말해 과학기술을 일부 전문가들이 아니라 사회 전체가 참여해 논의해야 하는 대상으로 보는 것이다. 과학기술의 영향력이 갈수록 커지기 때문에, 과학기술 정책의 기획과 집행을 과학기술자들에게만 맡겨둘 게 아니라 인문사회 과학자들은 물론이고 일반 시민도 참여해야 한다는 게 기술 영향 평가의 기본 전제인 것이다.

　　　　　　　　　　　　　　　　　　　－ 이인식,『미래교양사전』

(라)　안드로이드는 기본적으로 자기 조절 기능을 가진 시스템, 곧 사이버네틱스 이론으로 규정되는 유기체이다. 사이버네틱스는 1948년 미국의 노버트 위너가 펴낸『사이버네틱스』에 제안된 이론이다. 이 책의 부제는 '동물과 기계에서의 제어와 통신의 연구'이다. 요컨대 동물과 기계, 즉 생물과 무생물에는 동일한 이론에 의하여 탐구될 수 있는 수준이 있으며, 그 수준은 제어 및 통신의 과정에 관련된다는 것이다. 생물과 무생물 모두에 대하여 제어와 통신의 과정을 사이버네틱스 이론으로 동일하게 고찰할 수 있다는 것이다. (중략)

　　안드로이드의 개념을 좀 더 확대하면 우리가 안드로이드 사회에 살고 있음을 실감할 수 있다. 사회라는 하나의 시스템 안에서 인간과 기계가 상호작용하는 모든 형태의 인터페이스 역시 안드로이드라 할 수 있기 때문이다. 실리콘에 단백질을 결합시키는 생체 칩, 컴퓨터 안에서 창조하는 인공생명, 센서를 통해 전투기와 인터페이스된 조종사 등은

keyword

■ 인터페이스(interface) : 인간과 도구가 접촉할 때 양쪽이 공유하는 경계면을 말한다. 세상은 인터페이스로 가득하다. 도끼의 자루, 자동차의 핸들, 피아노의 건반, 문의 손잡이 등이 바로 인터페이스다. 인터페이스는 인간과 도구의 물리적인 특성을 고려하여 설계되어야 한다. 그런데 컴퓨터의 경우에는 인간의 감각과 인지능력에 어울리는 사용자 인터페이스(user interface)가 제대로 설계되지 못했다. 다시 말하자면 컴퓨터는 목소리, 몸짓이나 표정, 접촉 등 인간의 다양한 의사소통 방법에 효과적으로 반응할 수 없다. 지금까지는 컴퓨터의 사용자 인터페이스는 모니터 화면에 데이터를 도형으로 표현하는 그래픽스 기술이 대부분이었다. 최근에는 가상현실과 같은 보다 효과적인 3차원 인터페이스가 개발되고 있다.

모두 안드로이드이다. 지구 전체를 안드로이드로 보는 견해까지 있다. 해러웨이는 제임스 러브록이 가이아 이론에서 제시한 것처럼 지구는 자기조절 기능을 갖고 있기 때문에 안드로이드라고 주장하였다. 21세기에는 정보기술과 생명공학이 발달할수록 생물체가 안드로이드로 바뀌는 현상이 가속화되면서 생물과 무생물, 사람과 기계의 경계가 서서히 허물어질 것이다. 사람과 기계가 공생하는 인간 안드로이드가 인류의 상속자가 되지는 않을는지.

- 이인식, 『미래교양사전』

(마)   우리나라를 포함하여 미국과 유럽 각국들이 앞 다투어 벌이는 줄기세포와 냉동 배아 등을 이용한 장기 생산과 질병 치료 등 첨단 생명 공학이 제기하는 새로운 인간관 문제와 관련하여, 독일의 사회철학자인 하버마스는 그의 최신작 『자연의 미래』에서 과학기술의 위험과 한계를 지적하였다. 그는 인터뷰에서 "이미 댐은 붕괴되었다"며 유전자 연구가 더 이상 '윤리'의 이름으로 막을 수 없는 대세임은 인정하면서도, "한 인격체가 되기 이전 단계의 인간 생명을 도구화함으로써 인류는 파멸의 길로 접어들 수 있다"라고 경고하였다.

하버마스는 질병 치료라는 현실적 명분과 생명 불가침이라는 도덕 원칙 사이의 싸움에서 어느 한쪽 편을 들지는 않았다. 다만, 현재의 추세대로 갈 때 언젠가는 부모가 자식의 출생에 앞서 '유전자 슈퍼마켓 쇼핑'을 통해 '부모의 뜻'에 맞추어 자식에게 유전자를 집어넣어 주는 상황이 올 것을 우려하였다. 그럴 경우, 태어난 아이가 자라면서 운동 선수가 되기를 희망한다면 음악적 재능만을 '투입'해 준 부모를 원망하는 기이한 상황이 초래될 수도 있다.

- 고등학교 『시민 윤리』

문제 | 제시문 (라)와 (마)를 읽고 제시문 (나)의 ①이 의미하는 바가 무엇인지 설명하고, (가), (나), (다)를 토대로 인문계 학생들이 자연과학을 공부해야 하는 이유를 논술하시오(1,200자 내외).

 **| 심화 문제 해설**

1. 출제 의도

본 단원의 기본 문제는 과학기술 고도화가 가져올 수 있는 인간 본질의 변화에 대해 질문을 던졌다. 나아가 심화 문제에서는 이 주제를 확대 적용해서 기술 고도화 문제를 자연과학자에게만 맡길 것이 아니라 인문학적인 관심과 연구가 필요함을 역설하고 있다. 학생들은 우선 과학기술 지상주의가 가져올 수 있는 위험성을 인식하여야 한다. 그리고 이를 해소하면서 인간을 위한 과학기술 고도화를 위해서는 과학기술 연구에 인문학적인 상상력과 연구가 필요하다는 점을 받아들이고 이에 대하여 논술해야 한다.

이에 덧붙여서 본 논술 문제는 전문가뿐만 아니라 일반인 역시 자신들의 생활 구석구석에 영향을 끼칠 수 있는 과학 발전에 주목해야 함을 환기하고 있다.

2. 제시문 분석

본 논술 문제를 풀기 위해서는 우선 제시문 (나)에서 설명한 찰스 스노의 '두 문화'에 대해 이해해야 한다. 1950년대, 스노우는 유명한 강연을 통해 영국 사회를 자연과학 문화와 인문학 문화로 양분하였다. 그리고 이 두 문화의 단절이 큰 문제라고 지적하면서, 두 문화 사이의 접합이 필요함을 지적했다. 두 문화의 대화와 접합이 필요한 이유는 (라)와 (마)에서 설명하듯 자연과학적 발전이 인문학적인 질문들을 던지고 있기 때문이다. 인문학적인 질문이란 무엇을 인간으로 볼 것이고, 어디까지를 생명으로 볼 것인지 등에 대한 진지한 물음을 뜻한다.

3. 문제 해설

과학기술 고도화가 일상생활까지 변화시키고 있는 현실에서 정작 변화의 당사자들은 과학기술 발전에 무관심하거나 아니면 유토피아적 선전에 몰입돼 그것을 일방적으로 찬양하는 태도를 보이고 있다. 이 시점에서, 본 논술문은 인간 본질에 대한 질문을 던짐으로써 이것이 과학자들에게만 맡겨둘 문제가 아니라 일반인들과 인문학 전공자들이 함께 고민해야 할 문제임을 인식시켜 주고 있다.

심화 문제 예시 답안

 원종고 방병성

■ 글 개요 분석 및 특징

1. 인문학자들은 과학기술의 발전을 경시하고, 과학자들은 인문학에 무지하여 두 문화의 양극화가 심화되었다.
2. 두 문화가 공존할 수 있는 제3의 문화가 형성되어야 한다. 그러나 현 교육제도는 학생들을 두 가지 계열로 나누고 있다.
3. 인문계 학생들이 자연과학을 배워야 하는 첫 번째 이유는 기술 영향 평가를 통해 인문학의 긍정적 영향력을 극대화할 수 있기 때문이다.
4. 두 번째 이유는 과학에 대한 잘못된 신념을 바로잡을 수 있다.
5. 세 번째 이유는 과학을 이해하는 인문학자가 많아져 우리나라가 세계 문화의 중심이 되는 데 도움이 될 것이다.

①과학기술의 발전으로 인문학과 자연과학은 밀접한 상관관계를 가지게 되었다. 하지만 인문적 문화와 과학적 문화가 대립하는 양극화 현상이 생겨 사회 발전에 악영향을 미치고 있다. 사회라는 한 공간에서 일어나고 있는 과학기술의 발전을 인문학자들은 경시하려 한다. 그러나 제시문 (마)에도 나와 있듯이 '윤리'라는 이름으로 현 시점의 과학기술을 막을 수는 없다. 또한 과학자들의 인문학에 대한 무지가 두 문화의 양립화를 심화시키고 있다. ②인문학자와 과학자는 이러한 두 문화의 심각성을 현실적으로 받아들여 학문적인 측면에서만 두 의견을 바라보지 말아야 한다. ③그래야만 두 문화가 공존할 수 있는 제3의 문화가 형성되어 사회 발전을 도모할 수 있을 것이다.

④그러나 현 교육제도에 따라 학생들은 인문계와 자연계로 나뉘어 수업을 받고 있다. 즉, 자신의 계열에 맞는 수업만 받고 있는 것이다. 인문계 학생들은 과학기술의 영향을 받고 있음에도 불구하고 과학적 배경지식이 자연계 학생보다 부족할 수밖에 없다. 인문계 학생들이 인문학과 자연과학이 상관관계가 있다는 것을 아는 것은 더 힘들어질 것이 분명하다. 그러므로 인문계 학생들은 자연과학을 배울 필요성이 있다. ⑤인문계 학생들이 자연과학을 배우게 되면 과학기술의 영향력이 커지고 있는 것과 동시에 기술 영향 평가를 실시하여 긍정적 영향력을 극대화시킬 수 있다.

⑥또한 과학자와 같은 전문가가 말한 것이 진리라고 믿는 과학에 대한 신념이 잘못되었다는 것을 알 수 있다. 과학에 대한 신념을 바로잡음으로써 인간은 살아가면서 알게 되는 인간의 지혜, 진리에 대한 믿음을 강화시킬 수 있다.

다음으로는 과학을 이해하는 인문학자를 많이 배출해 낼 수 있다는 점이다. ⑦21세기에 들어와서 세계 문화는 과학적인 측면이 많이 개입되어 있기 때문에 인문학자도 과학을 배워 활용할 필요가 있다. 이 점을 이용하여 우리나라가 세계 문화의 중심권으로 전입할 수 있는 발판을 만들어야 할 것이다.

　　인문계 학생들도 자연계열 학생들과 마찬가지로 과학기술의 발전에 따라 변화하는 사회에 살고 있다. ⑧인문학만을 추구하여 과학을 경시하는 태도로는 과학적 문화와 인문적 문화가 동시에 나타나는 사회에서는 소외당하게 될 것이다.

사회과 첨삭 지도

김성우 선생님

논리분석

이 학생은 다음과 같은 흐름으로 글을 썼습니다. 최근 들어 두 문화의 간극이 벌어지고 있는데, 이를 좁혀야 두 문화가 접합한 제3의 문화를 형성할 수 있다. 그런데 우리나라는 문과/이과로 나누어 교육하기 때문에 제3의 문화를 제대로 형성할 수가 없다. 인문계 학생이 자연과학에 대해 공부해야 하는 세 가지 이유가 있는데, 첫째, 그래야 과학기술 영향 평가를 제대로 할 수 있고, 과학지식이 전문가만의 것이 아님을 깨달아 인간 지혜, 진리에 대한 믿음을 강화할 수 있으며, 과학을 이해하는 인문학자를 많이 배출할 수 있다는 것입니다.

무엇보다 논제에 충실해야 합니다. 밑줄 친 문장에 대해 설명하라고 했으면, 어떤 이유로 두 문화의 간극이 벌어져서 사회 발전에 치명적 요인으로 작용할 수 있는지 이유를 설명해야 합니다. 제시문들을 통해 이런 것들을 추론해 낼 수도 있을 것입니다. 즉 기술적 발전이 물질 영역뿐만 아니라 정신 영역에까지 큰 변화를 야기하고 있고, 이에 대비하지 않으면 사회적 혼란이 커질 것이라는 점입니다. 지금까지 실전 문제에서 살펴본 것을 다시 검토해 보십시오. 기술 발전은 인권, 생명, 환경 등 많은 인문사회학적 문제들도 가져옵니다. 예를 들어 인간을 닮은 기계가 나왔을 때 그것이 인간인지 아닌지 논의하기 위해서는 자연과학자뿐만 아니라 종교학자, 법학자, 사회학자, 심리학자, 철학자 등도 필요합니다. 이런 관점에서 두 문화 접합의 필요성이 도출될 수 있겠죠. 이런 내용들이 논의된 뒤에 이 학생이 지적한 것처럼 인문계와 자연계를 기계적으로 나눠 서로에 대한 무지를 키우는 우리 교육제도의 문제점을 지적했다면(이것은 매우 좋은 지적입니다) 논제에 충실하면서 더 나은 글이 됐을 것입니다. 이유와 근거가 부족하다 보니 모든 문장에서 논리적 힘이 약해집니다. 전반적으로 제시문과 논제에 대해 대략적으로는 이해했지만, 이것을 구체적으로 풀어내는 힘은 약합니다. 학생의 글을 통해 세부적인 내용에 대해 조언해 봅시다.

①번 문장은 인문학과 자연과학의 상관관계가 밀접해졌다, 둘 사이의 간극이 커져서 사회에 나쁜 영향을 준다 등 제시문에 이미 나와 있는 내용을 반복하고 있을 뿐 어떤 이유로 이런 주장이 나왔는지에 대한 설명이 없습니다. 이하의 글도 마찬가지입니다. 그러다 보니 제시문의 겉 내용만 따다가 이어 붙였다는 느낌이 납니다.

②~③번 문장에서 두 문화가 공존할 수 있는 문화를 만들어야 한다고 주장하기 위해서는 왜 이 두

Idea Tip

■ 과학과 철학의 관계에 대하여 생각해 봅시다.

■ 인문학과 자연과학이 접목된 직업에는 어떤 것이 있는지 찾아봅시다.

문화가 서로를 이해해야 하는지에 대해 먼저 설명했어야 합니다. 이것이 없다 보니 근거 없는 주장이 되고 말았습니다.

⑤번 문장도 마찬가지입니다. 왜 인문계 학생이 자연과학을 배우면 기술 영향 평가에서 긍정적인 영향이 나타나는지에 대한 설명이 없습니다. 자연과학이 인간이나 사회에 대한 본질적인 물음들을 제기하고 있고, 이것은 자연과학자들만으로 해결할 수 있는 문제가 아니다 정도의 내용이 들어가면 좋을 것 같습니다.

문장과 문장은 논리적으로 자연스럽게 이어져야 합니다. 이 학생의 문장은 파편처럼 떨어져 있습니다. 셋째 문단에서는 문과생이 자연과학을 공부하면 왜 과학에 대한 잘못된 신념을 바로잡을 수 있는지 그리고 이것이 어떤 과정을 거쳐 인간의 지혜와 진리에 대한 믿음을 강화할 수 있는지에 대한 설명이 없습니다.

이하 나머지 문단도 마찬가지입니다. 과학을 이해하는 인문학자를 많이 배출할 수 있다고 했는데, 과학을 잘 이해하는 인문학자가 왜 필요한지 고민해 보고 그 이유를 생각하십시오. 이에 대해 답을 하는 것이 이 논제의 핵심입니다.

개념분석

의미가 모호하고 불완전한 문장, 개념이나 용어를 잘못 선택한 문장은 고치도록 합시다.

①번 문장에서 '양립화' 나 '양극화' 라는 말보다 두 문화의 차이를 더 벌리고 있다와 같이 자연스러운 우리말로 쓰도록 노력합시다.

②번 문장의 '두 문화의 심각성' 은 '두 문화가 큰 차이를 보이는 것의 심각성' 으로 고치는 것이 맞겠죠. 이런 심각성을 받아들인 뒤 '학문적인 측면에서만 두 의견을 바라본다' 는 문장은 단번에 의미를 파악하기가 어렵습니다. 두 문화의 차이를 학문적인 측면에서만 바라보는 것이 무슨 뜻인가요? 아마 각자의 입장에서만 바라보지 말자는 의미를 전달하고자 한 것 같습니다.

이 학생은 ⑤번 문장에서 인문계 학생들이 자연과학을 배우면 과학기술의 영향력이 커지고, 기술 영향 평가를 실시할 수 있을 것이라고 주장합니다. 그 근거는 무엇일까요? ⑤번 문장 역시 의미가 통하지 않는 문장입니다. '인문계 학생들이 자연과학을 배우면 과학의 사회적 영향을 잘 이해할 수 있고, 결과적으로 기술 영향 평가를 할 때도 제 역할을 할 수 있다' 정도의 의미로 정리해 보도록 합시다.

⑥번은 '과학자가 말하는 모든 것이 진리라고 믿는 것이 잘못되었다는 것을 알 수 있다' 정도로 바꾸는 게 좋겠습니다. 두 문장이 논리적으로 연결되지 않고 있기 때문입니다.

⑦번 문장에서 '세계 문화' 라는 개념이 여기서 갑자기 왜 나왔는지 모르겠습니다. '현대 사회' 정도로 바꾸면 어떨까요? '과학적인 측면' 이 개입됐다는 것도 의미가 모호합니다. '과학기술의 영향을 많이 받고 있다' 의 의미로 바꾸십시오. 그렇다 해도 이것이 21세기 들어와서, 즉 불과 6, 7년 전에 새로 나타난 현상이라고 말하는 것은 무리입니다. '전입' 이 아니라 '진입' 이 맞습니다.

마지막 문장은 '인문학만을 추구하고, 과학을 경시하면 과학적 문화와 인문적 문화가 동시에 나타나는 사회에서 소외당하게 될 것이다'로 바꾸는 게 어떨까요? 그리고, 소외라는 것은 대다수로부터 동떨어져 있는 것을 말합니다. 여기서 문제로 삼는 것은 몇몇 사람이 자연과학에 무지한 상태가 아니라 대다수 사람들이 자연과학에 무지한 상태입니다. 따라서 여기서 '소외'라는 문제를 제기하는 것은 그다지 적절하지 않습니다. 문제의 핵심을 파악하지 못해서 이런 내용이 나오는 것입니다.

제언

논제 요구 사항을 충실히 따라서 쓰십시오. 대입 논술 고사는 자유롭게 쓰는 에세이가 아니라 조건에 맞는 글을 쓰는 시험입니다. '요약한 뒤 사례를 들어 설명하라'고 했으면 먼저 요약하고, 사례를 찾아 써야 합니다. '비교 분석한 뒤 자신의 생각을 쓰라'고 했으면 첫 문단에서부터 비교 분석하는 내용이 나오는 것이 좋습니다. 자신이 그 주제에 대해 아는 것이 많다고 해도 이런 기본적인 요구사항을 지키지 않으면 좋은 평가를 받을 수 없습니다.

논술은 이유와 근거를 대고 주장을 펴야 합니다. 단순히 제시문에 나온 내용을 적당히 짜깁기해서는 안 됩니다. 제시문에 나온 내용이라 해도 이것을 완벽히 이해한 상태에서 본인의 말로 풀어 쓸 수 있어야 합니다. 그런 가운데 이유와 근거를 찾으십시오.

문장을 쓸 때는 의미가 정확히 전달될 수 있게 해야 합니다. 논술은 자기만족만을 위해 쓰는 것이 아닙니다. 자신의 생각을 정확하게 전달하기 위해 쓰는 것입니다. 그러기 위해서는 정확한 개념과 용어로 문법에 맞게 쓰는 것이 필요합니다. 조금만 신경을 쓰면 짧은 시간 안에 실천할 수 있습니다. 자기의 글을 제3자의 입장에서 읽어 보면서 고치십시오.

평가항목	등급	총평
이해·분석력	B⁺	논제와 제시문 내용을 비교적 잘 파악했습니다. 과학기술의 사회적 영향에 대해서도 폭넓게 알고 있는 듯합니다. 그러나 너무 많은 것을 알고 있다 보니 논제에서 요구하고 있는 것 외의 내용에 무게를 두고 글을 썼습니다. 자신이 알고 있는 것을 논제에 맞게 조율해서 다시 정리해야 할 것 같습니다. 선반석으로 주제에 대해 아는 것은 많은데, 아직 정리되지 않았다는 느낌이 듭니다.
논증력	B	자신 있는 주제가 나오면 학생들은 논제를 생각하지 않고 자기의 글만을 쓰는 경우가 있습니다. 논제에 충실하게 쓰는 것이 먼저입니다. 밑줄 친 문장의 의미를 밝히라고 했다면 이 내용에 대한 설명이 나와야 하는데 그러지 못했습니다. 또한 두 문화에 대한 이해가 부족하다는 것은 이해했지만 왜 인문계 학생이 자연과학을 공부해야 하는가에 대한 설명이 없습니다. 자신이 생각한 바를 논리적 연결성을 고려하지 않고 나열하기만 한 것도 아쉽습니다.
창의력	B⁺	두 문화의 간극이 벌어지고 있고, 과학 지식을 전문가만 독점하는 것의 문제 등 제시문 내용을 잘 이해했습니다. 특히 이를 통해 문과/이과 교육제도의 문제까지 파고든 것이 매우 좋았습니다. 좋은 문제의식입니다. 다만, 왜 이 두 문화 사이의 상호 이해 필요성이 커지고 있는가 하는 것까지는 생각해 내지 못해 아쉽습니다.
표현력	B	'극대화', '양극화', '양립화'와 같이 '~화(化)'라는 말을 자주 쓰고 있습니다. 이런 표현은 우리말을 어색하게 합니다. 자연스러운 우리말로 바꿔 주십시오.

국어과 첨삭 지도

이지선 선생님

장점

제시문의 내용을 잘 파악하고 쓴 답안입니다. 논제의 요구 사항은 제시문에 대부분 드러나기 때문에 잘 분석하여야 합니다. 이 학생은 제시문 파악에 충실했으며 많은 실마리를 찾은 것 같습니다. 내용에 따른 단락의 구분도 명확하여 내용 이해에 도움이 됩니다. 문장 표현도 간단명료하여 의미의 군더더기가 별로 없습니다.

단점

논제에서 요구한 핵심 사항에 대한 분석이 미흡합니다. 인문학 문화와 자연과학 문화의 단절이 심각해 사회 발전에 치명적이라는 진술에 대한 깊이 있는 인식이 드러나지 않았습니다. 이 밑줄 친 부분에 대한 상세한 설명이 뒤에 등장할 인문계 학생들이 자연과학을 공부해야 하는 이유와 자연스럽게 연결되게 되어 있습니다. 논제라는 것은 답안의 방향까지 좌우하기도 합니다. 밑줄 친 부분에 대한 논의가 미흡했기에 현재 사회에 갖는 인문학 문화나 자연과학 문화의 문제점들이 부각되지 못했습니다. 이에 대한 문제 인식이 필요합니다.

구성의 특징

서론에서는 인문학 문화와 자연과학 문화가 양극화되어 그 심각함이 현실적인 사회 문제가 되고 있다는 논의를 펼치고 있습니다. 제시문 (라)와 (마)를 토대로 한 밑줄 친 부분에 대한 상세한 분석이 아쉽습니다. 본론에서는 현 교육제도의 교육 내용의 편파성에 대해 언급하며 인문계 학생이 자연과학을 공부할 때 발생하는 긍정적인 면들을 살피고 있습니다. 결론에서는 인문계 학생들이 자연과학을 경시했을 경우 생길 수 있는 문제점을 지적하며 자연과학을 공부해야 한다는 점을 다시 한 번 강조하고 있습니다.

표현

②번 문장의 '이러한 두 문화의 심각성' 이란 표현은 의미가 분명하지 않은 표현입니다. 두 문화의 어떠한 심각성을 나타내고자 하는지 드러나야 합니다. '이러한 두 문화의 분극화 현상을 심각하게' 로 고치는 것이 좋겠습니다.

③번 문장에서 문제의 심각성을 받아들이고 새로운 대안을 제시한 것은 좋습니다. 여기에 '제3의 문화' 가 무엇을 말하는 것인지 구체적으로 부연 설명되었다면 신뢰도가 더 높아졌을 것입니다.

④번 문장에서 서술한 것과 같이 인문계와 자연계로 나누어진 것을 잘못으로 지적하기보다는 각각의 계열에 인문학과 자연과학 교과 내용 모두 포함되는 것이 더욱 절실하다는 내용이 들어가면 좋을 것 같습니다. 계열의 구분보다 각 계열의 커리큘럼이 더 문제시되는 것이 사실입니다.

⑥번 문장은 '또한 과학자가 말하는 진리가 때로는 잘못된 신념일 수도 있습니다' 정도로 수정하는 것이 더 자연스럽습니다.

제언

이 주제는 '인문학의 위기'와 연관을 지어 생각해 볼 수 있습니다. 학문 간의 연계를 고려한 인문학과 자연과학의 관계를 고찰해 볼 수 있는 좋은 기회입니다. 이 학생은 두 학문 간의 밀접한 상관관계를 전제로 인문계 학생들의 자연과학 공부가 필요함을 적절한 근거로 주장하고 있습니다. 제시문을 바탕으로 한 충실한 답안은 칭찬받을 만하나, 창의적인 사례들이 좀 더 제시되었으면 합니다. 또한 논제에서 제시한 요소들에 대한 깊이 있는 인식이 요구됩니다. 본인이 그 내용을 분명이 밝히고 있다는 것을 글 속에 드러나게 해야 합니다. 결론 부분에 대한 깔끔한 정리가 있었다면 훨씬 안정적인 글이 될 것입니다. 결론은 기본적으로 지금까지의 논의를 정리하고 마무리하는 단계입니다. 이에 더하여 앞으로의 전망이나, 제언이 부연된다면 더할 나위 없이 좋은 답안이 될 것입니다.

평가항목	등급	총평
이해 · 분석력	B⁺	출제자의 의도를 파악하려 애썼습니다. 인문학적 문화와 과학적 문화의 양극화 현상을 살폈고 이 현상의 문제점에 대한 기술이 상세합니다. 인문계 학생들이 자연과학을 공부해야 하는 이유에 대한 고민이 엿보입니다. 밑줄 친 부분의 의미 해석이 좀 더 자세하고 명확했다면 좋았을 것입니다.
논증력	A	문단 간 논리적 연결이 분명하여 이해하기가 쉽습니다. 현 교육제도에서 인문계 학생이 과학에 무지할 수밖에 없는 이유를 잘 설명하고 있습니다. 인문계 학생들이 자연과학을 공부해야 하는 이유를 타당성 있게 제시하고 있습니다.
창의력	B	제시문의 내용과 유사한 논거들이 있어 참신함이 떨어집니다. 제시문 밖의 새로운 사례들을 제시했다면 독창적인 답안에 도움이 될 것입니다. 구체적으로 기술하는 방식도 참신한 느낌을 주는 데 도움이 될 수 있습니다.
표현력	B⁺	가끔 어휘를 혼동하여 사용하여 의미 전달이 매끄럽지 않습니다. 그러나 전반적으로 쉬운 용어들로 접근하여 내용이 간명합니다.

| 제시문 원문 읽기

1. 이인식, 『미래교양사전』 중 「기술 영향 평가, 과학연구의 윤리적 · 법적 · 사회적 함의」

현대사회에서 과학기술은 국가의 경제발전뿐 아니라 국민의 일상생활에 많은 영향을 끼친다. 특히 정보기술, 생명공학기술, 나노기술 등 첨단 기술은 인간의 삶의 질을 향상시키는 긍정적인 측면과 함께 사생활 침해, 생명의 존엄성 파괴, 환경훼손 등 부정적인 측면을 내포하고 있다.

따라서 과학기술의 발전으로 초래될 영향을 사전에 평가하여 긍정적 영향력은 극대화하고 부정적 영향은 극소화시킬 필요성이 대두되었다. 이처럼 과학기술이 경제 · 사회 · 문화 · 윤리 · 환경에 끼치는 영향을 파악하여 과학기술의 바람직한 발전방향을 모색함과 아울러 부정적 영향을 최소화하려는 시도를 기술 영향 평가(technology assessment)라고 한다.

기술 영향 평가의 기본전제는 과학기술을 일종의 사회현상으로 간주하는 것이다. 다시 말해 과학기술을 일부 전문가들의 독점물이 아니라 사회 전체가 참여해 논의해야 하는 대상으로 보는 것이다. 과학기술의 영향력이 갈수록 커지기 때문에, 과학기술정책의 기획과 집행을 과학기술자들에게만 맡겨둘 게 아니라 인문사회과학자들은 물론이고 일반 시민도 참여해야 한다는 게 기술 영향 평가의 기본전제인 것이다.

이에 따라 선진국에서는 1970년대부터 기술 영향 평가를 전담하는 기구를 발족했다. 대표적인 사례는 1972년 미국 의회 안에 설치된 기술 영향 평가국(OTA)이다. 이와 유사한 조직이 프랑스, 영국, 독일의 의회에도 설치되었다.

우리 정부도 뒤늦은 감은 있지만 2001년 7월 발표된 과학기술기본법에서 기술 영향 평가의 제도적 장치를 마련했다. 아무쪼록 과학기술에 대한 정책결정이 과학기술자와 기술관료 들에 의해 좌우되지 않고 일반 시민들도 참여할 수 있는 길이 트이게 되길 바랄 따름이다.

이런 맥락에서 2001년 6월부터 과학기술부에서 지원하는 인간 유전체(게놈) 기능연구사업의 일환으로 진행 중인 엘시(ELSI) 연구에 주목할 필요가 있다. 엘시는 인간 게놈 연구의 '윤리적, 법적, 사회적 함의(ethnical, legal, and social implications)' 를 연구하고 그 실천적 대안을 모색한다. 가령 게놈 연구의 윤리지침이나 유전정보 보호방안을 마련하며, 게놈 활용에 대한 사회적 인식을 분석한다.

1990년부터 추진된 미국의 엘시 프로그램에 비해 뒤늦은 출발이지만 국내 엘시 연구에 윤리, 법률, 교육, 언론 등 다양한 학문의 전문가는 물론이고 시민운동 분야의 이론가들도 참여하고 있기 때문에 연구 활동을 지켜보는 일반 시민들이 적지 않다.

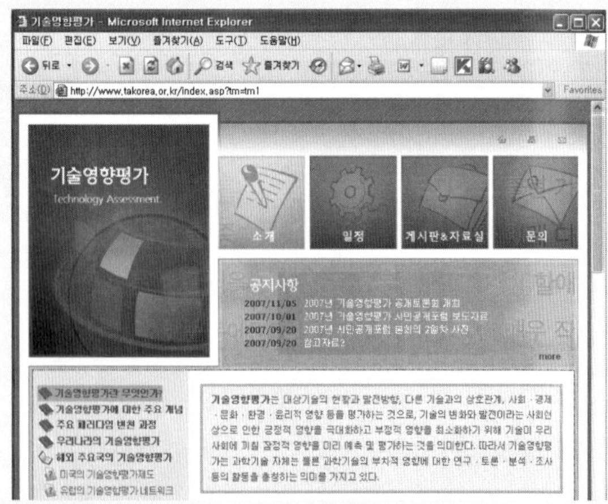

기술 영향 평가 홈페이지 http://www.takorea.or.kr
우리 정부는 2001년 7월 발표된 과학기술기본법에 따라 기술 영향 평가를 시행하고 있다.

2. 이인식, 『미래교양사전』 중 「마음의 아이들, 로보 사피엔스가 지구의 주인이 된다」

21세기의 로봇은 어떤 모습일까? 로봇 공학 전문가인 한스 모라벡은 그의 저서 『로봇』(1999)에서 로봇 기술의 발달과정을 생물 진화에 견주어 흥미롭게 전망하고 있다.

모라벡에 따르면 20세기 로봇은 곤충 수준의 지능을 갖고 있지만, 21세기에는 10년 마다 세대가 바뀔 정도로 지능이 향상될 전망이다. 이를테면 2010년까지 1세대, 2020년까지 2세대, 2030년까지 3세대, 2040년까지 4세대 로봇이 개발될 것 같다.

먼저 1세대 로봇은 동물로 치면 도마뱀 정도의 지능을 갖는다. 20세기의 로봇보다 30배 정도 똑똑한 로봇이다. 크기와 모양은 사람처럼 생겼으며 용도에 따라 다리는 2개에서 6개까지 사용 가능하다. 물론 바퀴가 달린 것도 있다.

평평한 지면뿐만 아니라 거친 땅이나 계단을 돌아다닐 수 있고, 대부분의 물체를 다룰 수 있다. 집안에서 목욕탕을 청소하거나 잔디를 손질하고, 공장에서 기계부품 조립하는 일을 척척 해낸다. 맛있는 요리를 할 수 있을 테고, 테러범이 숨겨 놓은 폭탄을 찾아내는 일도 잘 할 것이다.

2020년까지 나타날 2세대 로봇은 1세대보다 성능이 30배 뛰어나며 생쥐 정도로 영리하다. 1세대와 다른 점은 스스로 학습하는 능력을 갖고 있다는 것이다. 가령 부엌에서 요리할 때 1세대 로봇은 한쪽 팔꿈치가 식탁에 부딪히더라도 다른 행동을 취하지 못하고 미련스럽게 계속 부딪힌다. 그러나 2세대 로봇은 팔꿈치를 서너번 부딪히는 동안 다른 손을 사용해야 한다고 판단하게 된다. 주위 환경에 맞추어 스스로 적용하는 능력을 갖고 있기 때문이다.

3세대 로봇은 원숭이만큼 머리가 좋고 2세대 로봇보다 30배 뛰어나다. 주변 환경에 대한 정보와 함께 그 안에서 자신이 어떻게 행동하는 것이 좋은지를 판단할 수 있는 소프트웨어를 갖고 있다. 요컨대 어떤 행동을 취하기 전에 생각하는 능력이 있다.

부엌에서 요리를 시작하기 전에 3세대 로봇은 여러 차례 머릿속으로 연습을 해본다. 2세대는 팔꿈치를 식탁에 부딪힌 다음에 대책을 세우지만, 3세대 로봇은 미리 충돌을 피하는 방법을 궁리한다는 뜻이다.

2040년까지 개발될 4세대 로봇은 20세기의 로봇보다 성능이 100만 배 이상 뛰어나고 3세대보다 30배 똑똑하다. 이 세상에서 원숭이보다 30배가량 머리가 좋은 동물은 다름 아닌 사람이다. 말하자면 사람처럼 보고 말하고 행동하는 기계인 셈이다.

일단 4세대 로봇이 출현하면 놀라운 속도로 인간의 능력을 추월하기 시작할 것이다. 모라벡에 따르면 2050년 이후 지구의 주인은 인류에서 로봇으로 바뀌게 된다. 이 로봇은 소프트웨어로 만든 인류의 정신적 유산, 이를테면 지식 문화 가치관을 모두 물려받아 다음 세대로 너겨줄 것이므로 자식이라 할 수 있다. 모라벡은 이러한 로봇을 마음의 아이들(mind children)이라 부른다.

인류의 미래가 사람의 몸에서 태어난 혈육보다는 사람의 마음을 물려받은 기계, 즉 마음의 아이들에 의해 발전되고 계승될 것이라는 모라벡의 주장은 실로 충격적이지 않을 수 없다. 그럼에도 모라벡의 아이디어는 적지 않은 학자들의 지지를 받고 있다.

예컨대 인공지능 이론의 선구자인 미국의 마빈 민스키 교수는 "로봇이 지구를 물려받을 것인가? 그렇다. 그러나 그들은 우리들 마음의 자식들일 것이다"라고 모라벡에게 전폭적으로 공감하는 의견을 개진했다.

21세기 후반, 사람보다 훨씬 영리한 기계, 곧 로보 사피엔스(Robo sapiens)가 지구의 주인 노릇을 하는 세상은 어떤 모습일까. 아마도 사람은 없어도 되지만 로봇이 없으면 돌아가지 않는 세상이 될 것 같다.

3. 이인식,『미래교양사전』중「사이보그, 생물과 기계의 결합체」

1995년 크리스토퍼 리브는 승마 도중 말에서 떨어져 입은 척추 부상으로 하반신 불구가 되었다. 영화 〈슈퍼맨〉의 주연배우였기 때문에 그의 불운은 많은 사람들을 슬프게 했다. 그러나 사고 후 1년도 지나지 않아 휠체어를 타고 대중 앞에 다시 나타나서 많은 환자들에게 용기를 북돋워 주었다. 1996년 시사주간지 〈타임〉의 표지인물로 선정되고 그해 미국 민주당 전당대회에서 연사로 초청될 정도로 그는 눈부시게 재활에 성공했다. 하반신 마비 환자인 리브가 초인적인 활약상을 보일 수 있었던 까닭은 그가 사이보그(cyborg)로 변신했기 때문이다.

사이보그는 사이버네틱 유기체(cybernetic organism)의 합성어이다. 1960년대 세계적인 피아니스트이자 컴퓨터 기술자인 미국의 만프레드 클라인즈와 유명한 정신과 의사인 나단 클라인이 함께 쓴 논문에서 처음 사용한 단어이다. 이들은 인간이 우주여행을 할 때 우주복을 입지 않고 우주 공간에 존재하기 위해서는 기술적으로 인체를 개조해야 한다고 주장하고 기계와 유기체의 합성물을 사이보그라고 명명했다. 다시 말해 사이보그는 생물과 무생물이 결합된 자기 조절 유기체이다. 따라서 유기체에 기계가 결합되면 그것이 사람이건 바퀴벌레이건 박테리아이건 모두 사이보그라 부른다. 사람만이 사이보그가 될 수 있는 것은 아니다.

사이보스는 기본적으로 자기 조절 기능을 가진 시스템, 곧 사이버네틱스 이론으로 규정되는 유기체이다. 사이버네틱스는 1948년 미국의 노버트 위너(1894~1964)가 펴낸『사이버네틱스』에 제안된 이론이다. 이 책의 부제는 '동물과 기계에서의 제어와 통신의 연구'이다. 요컨대 동물과 기계, 즉 생물과 무생물에는 동일한 이론에 의하여 탐구될 수 있는 수준이 있으며, 그 수준은 제어 및 통신의 과정에서 관련된다는 것이다. 생물과 무생물 모두에 대하여 제어와 통신의 과정을 사이버네틱 이론으로 동일하게 고찰할 수 있다는 것이다.

사이보그란 용어는 오랫동안 주로 공상과학영화, 예컨대 〈블레이드 러너〉(1982), 〈터미네이터〉(1984), 〈로보캅〉(1987)의 주인공을 묘사하는 데 사용되는 신조어에 불과할 따름이었다. 그러나 1985년 미국의 페미니스트인 해러웨이는 〈사이보그를 위한 선언문〉이란 글을 발표하고 사이보그를 성차별 사회를 극복하는 사회정치적 상징으로 제시하였다. 이를 계기로 사이보그는 공상과학영화에서 뛰어나와 새로운 의미를 부여받게 되었으며 사이보그학(cyborgology)이 출현하였다.

사이보그는 종류가 매우 다양하기 이를 데 없다. 터미네이터나 로보캅처럼 공상적인 것에서부터 크리스토퍼 리브처럼 인간 사이보그에 이르기까지 다종다양하다. 유기체를 기술적으로 변형시킨 것은 모두 사이보그에 해당하기 때문이다. 가령 1998년 세계 최초로 로봇팔 이식수술을 받은 영국의 어느 장애인, 2002년 쌀알 크기의 베리칩(VeriChip)을 피부 밑에 삽입한 미국의 어느 가족은 물론이고 유전공학과 의학 기술로 심신의 기능을 개선시킨 사람들, 이를테면 인공장기를 갖거나 신경보철을 한 사람, 예방접종을 하거나 향정신성 약품을 복용한 사람들도 기술적인 의미에서 사이보그임에 틀림없다.

사이보그의 개념을 좀 더 확대하면 우리가 사이보그 사회에 살고 있음을 실감할 수 있다. 사회라는 하나의 시스템 안에서 인간과 기계가 상호작용하는 모든 형태의 인터페이스 역시 사이보그라 할 수 있기 때문이다. 실리콘에 단백질을 결합시키는 생체 칩, 컴퓨터 안에서 창조하는 인공생명, 센서를 통해 전투기와 인터페이스된 조종사 등은 모두 사이보그이다. 지구 자체를 사이보그로 보는 견해까지 있다. 해러웨이는 제임스 러브록이 가이아(Gaia)이론에서 제시한 것처럼 지구는 자기조절 기능을 갖고 있기 때문에 사이보그라고 주장하였다.

21세기에는 정보기술과 생명공학이 발달할수록 생물체가 사이보그로 바뀌는 현상(cyborgization)이 가속화되면서 생물과 무생물, 사람과 기계의 경계가 서서히 허물어질 것이다. 사람과 기계가 공생하는 인간 사이보그가 인류의 상속자가 되지는 않을는지.

4. 이인식, 『미래교양사전』 중 「제3의 문화, 과학과 인문학은 어떻게 만나는가」

1959년 영국 물리학자인 찰스 스노(1905~1980)는 '두 문화와 과학혁명' 이라는 제목의 강연에서 현대 서구사회의 지적 생활이 문학적 지식인들의 인문적 문화와 자연과학자들의 과학적 문화로 양극화되었으며, 이 두 문화 사이의 단절이 심각해 사회 발전에 치명적 요인이 된다고 주장했다. 훗날 그는 두 문화 사이의 분극화 현상을 극복하는 제3의 문화(the third culture)의 필요성을 역설하였다.

1995년 미국 과학저술가인 존 브록만은 『제3의 문화』를 펴내고, 미국의 경우 우주와 인간의 본질에 관한 논의에서 과학이 문학이나 철학 대신에 중심 역할을 하기 시작했다고 주장했다.

제3의 문화를 주도하는 과학자로 소개된 사람들은 대부분 우리나라에도 저서가 번역 출간될 정도로 대중에게 널리 알려진 인물들이다. 예컨대 리처드 도킨스, 스티븐 제이 굴드, 스튜어트 카우프만(이상 생물학), 폴 데이비스, 로저 펜로즈(이상 물리학), 마빈 민스키(컴퓨터 과학), 스티븐 핑커(진화심리학) 등이다. 이들의 저서를 접한 적이 있는 독자들이라면 미국 사상계의 주도권이 인문학자들로부터 과학자들에게 옮겨지고 있다는 브록만의 주장이 결코 과장된 것은 아니라고 여길 터이다. 이들의 연구를 제3의 문화라고 일컫는 이유는 자명하다. 인문사회과학과 자연과학의 학제간 연구인 인지과학, 복잡성과학, 진화심리학 등에서 괄목할 만한 성과를 내고 있기 때문이다.

인지과학은 사람의 마음을 연구한다. 철학, 심리학, 언어학, 인류학, 신경과학, 인공지능 등 여섯 개 학문이 공동 연구를 한다. 인지과학의 목표는 뇌와 마음의 관계를 밝히는 데 있다.

복잡성과학은 미국의 산타페 연구소가 주도한다. 물리학, 생물학, 경제학, 사회학, 컴퓨터 과학의 기라성 같은 인물들이 이 연구소를 중심으로 복잡적응계를 연구한다. 복잡성과학의 목표는 복잡적응계에서 질서가 창발하는 원리를 밝히는 데 있다. 진화심리학은 사람의 마음이 진화의 산물이라고 전제한다. 진화생물학, 인지과학, 인류학, 신경과학의 연구 성과를 토대로 모든 인류가 공유하는 마음의 특성들, 이를테면 언어, 폭력성, 짝짓기, 미적 감수성, 질투심, 기만행위, 이타주의 등이 자연선택에 의한 적응의 산물임을 밝히기 위해 노력한다.

이러한 학제간 연구의 출현으로 인문학과 자연과학의 전통적인 경계가 허물어질 수밖에 없었다. 과학과 인문학의 수평적 통합으로 학문의 지식체계가 바뀌면서 주도권이 과학자 쪽으로 넘어가게 되었다고 볼 수 있다. 그러나 우리나라 경우는 별개의 문제인 듯하다.

대부분의 과학기술자들은 인문학 분야에 관심을 가질 만한 정신적 여유가 없다. 인문학자들은 아예 과학기술에 대해 무지할 뿐만 아니라 오히려 과학기술을 노골적으로 경시하는 풍조가 만연해 있다. 저널리즘 역시 인문학 전공자들이 주류를 형성해 대중에게 양질의 과학기술 정보를 공급할 준비가 미흡한 상태이다. 이러한 상황에서 제3의 문화가 한국사회에 뿌리내리기를 기대하는 것은 어리석은 일인지 모른다.

하지만 21세기에 우리나라가 세계 문화의 중심권으로 진입하기 위해서는 과학을 이해하는 인문학자, 인문학적 상상력을 지닌 과학자가 많아져야 한다는 데 이의를 제기할 사람은 없을 줄로 안다.

과학자들도 사고의 전환이 있어야 할 테지만 아무래도 한국사회의 여론 주도 세력인 인문학자들이 앞장서서 제3의 문화와 같이 열린 지적 풍토가 마련되도록 노력해야 될 것 같다.

| 좀 더 자세히

1. 터미네이터 — 정신과 육체의 문제

이원론

몇몇 전문가에 따르면 우리는 지능을 갖춘 킬러안드로이드를 만들 수 없다. 지능은 정신을 가진 존재의 것인데 안드로이드는 정신을 가진 존재가 아니다. 왜 그런가? 안드로이드는 물리적인 존재인데 정신은 물리적이지 않기 때문이다. 우리 인간은 전적으로 물리적인 존재만은 아니다. 우리에게는 정신이 있다. 우리의 일부는 물리적인 육체와는 상당히 다르다. 이 부분이 곧 우리의 정신이며, 그것이 다른 무엇이더라도 어쨌든 물리적이지는 않다. 안드로이드에게는 이런 물리적이지 않은 구성 성분이 없다. 그것은 그저 강철과 전자회로일 뿐이다. 그러므로 안드로이드는 정신을 소유하지 않으며, 지능을 보여 줄 수도 없다. 안드로이드는 단순한 기계일 뿐이다. 설치된 프로그램의 목표를 수행할 수 있더라도 참된 지성과는 거리가 멀다.

이 견해를 '이원론'이라 한다. 대다수 이원론자들에 따르면 우리 인간 각자는 다른 어떤 존재들이 존재할 수 없는 그런 방식으로 인해 특별하다. 두뇌를 다루는 외과의사가 당신의 머리를 열었을 때 정신 세계의 거주자들을 찾을 수 없는 까닭은, 그것들이 물리적인 존재가 아니기 때문이다. 어떤 의미에서 그것들은 뇌 안에 존재하지만 물리적인 의미에서는 결코 존재하지 않는다. 그러므로 그것들은 두뇌를 다루는 과학자의 물리적인 조사 방법으로 밝혀질 수 있는 존재도 아니다. (중략)

반면 터미네이터와 같은 안드로이드는 물리적이다. 이는 〈터미네이터 1〉의 마지막에 아널드가 고철 덩어리가 됐을 때 분명히 드러난다. 그러므로 이원론에 따르면 물리적인 존재인 안드로이드는 정신을 가질 수 있는 종자가 아니다. 사고와 경험을 가질 수 있고, 자신의 안드로이드적인 목적들을 수행하는 데 필요한 지성을 보여 줄 수 있는 어떤 것을 갖고 있지 않다는 얘기다. 따라서 실제로 안드로이드는 불가능하다.

이원론은 훌륭한 공상과학소설들을 불가능한 것으로 만든다. 나의 견해로는 이것이 바로 이원론에 대한 가장 확고한 반론이다. 우리가 이원론에 빠져 있다면 '터미네이터' 시리즈가 나올 수 있겠는가? 없었을 것이다. (중략)

이원론자가 말하는 바는 정확히 무엇일까? 이원론은 정신—사고하고 추론하는 우리의 일부, 즉자적인 의식과 다른 것들에 대한 의식이 있는 우리의 일부—이 물리적이지 않은 것이라고 말한다. 그런데 이 말이 정확히 무엇을 의미하는가? 일단 이는 통상 다음과 같은 의미로 받아들여진다.

정신은,

o 크기도 형태도 없고

o 질량이 없으므로 무게도 없으며

o 색깔이나 냄새 등등도 없고

o 원자와 분자 같은 인식 가능한 물리적 입자들로 이루어져 있지도 않으며

o 자연법칙(예를 들면 에너지 보존의 법칙)도 따르지 않는다.

물론 위에서 간과된 것이 있다. 위 설명은 정신의 존재를 순전히 '부정적인' 접근으로 설명한다. 정신의 존재가 무엇인가에 대해 아무 설명도 하지 않은 채 정신적 존재가 갖지 않은 요소를 나열하고 그것을 다시 부정함으로써 정신을 설명하려 했을 뿐이다. 마치 개의 본질이 아닌 것들을 나열함으로써 (개는 바위도 아니고 고양이도 아니고 구름도 아니라는 식으로) 개의 본질을 설명하려는 것과 같다. 당신이 우주에서 개가 아닌 모든 존재를 전부 나열할 만큼 인내심이 대단하다고 하더라도 이는 개의 존재를 모르는 누군가에게 개를 설명하는 데 하나도 도움이 안 된다. 이원론자가 자신의 주장을 설명하려면, 단순히 정신의 존재가 아닌 것보다는 정신 자체에 대해 더 많은 것을 말해야 한다. (중략)

정신을 물리적이지 않은 것으로 보는 이원론자의 개념을 깨닫더라도 문제는 여전히 남아 있다. 물리적이지 않은 것이 물리적인 세계에 어떻게 영향을 미쳐 왔는가? 문제는 이원론자들이 정신을 물리적인 것과는 별개의 것으로 간주한 나머지 정신이 어떻게 물리적인 것에 영향을 미치고 그것으로부터 영향을 받는가를 이해하지 못한 데 있다. 하나의 사물이 다른 사물에 영향을 미치려면 이러한 상호작용이 일어나게 하는 공통의 특성을 두 사물이 공유해야 한다. (중략)

이원론자에 따르면 정신에는 크기나 형태가 없다. 그렇다면 크기나 형태가 전혀 없는 것에 어떻게 가까이 갈 수 있는가? 이원론에 따르면 정신은 질량을 가지지 않으며 따라서 무게도 가지지 않는다. 그렇다면 운동량은 속력에 따라 곱으로 늘어나는 질량인데 정신적인 것이 어떻게 운동량을 가지는가? 간단히 말해, 물리적인 것들의 상호작용은 운동량이나 운동 에너지처럼 양의 전달과 관계 있다. 그러나 이원론자의 주장이 정확하다면 정신과 정신적 현상은 이러한 양을 가지는 것이 아니다. 이원론이 옳다면 우리는 물리적이지 않은 정신과 물리적인 육체가 상호작용하는 과정을 전혀 이해할 수 없는 것이다.

이원론자의 문제는 정신과 육체가 너무도 분명하게 상호작용을 한다는 점이다. 한 폭주족이 아널드

에게 다가간다. 그가 비추는 빛이 아널드의 광학기구에 도달한다. 이것은 단순히 물리적인 사건이다. 이때 빛 때문에 아널드의 지각과 범주화가 작용하게 되고 아널드는 자기 앞의 대상이 폭주족이라고 믿게 된다. 믿음은 정신적인 상태이고 무엇인가를 믿는다는 것은 정신적인 사건이다.

유물론

유물론이란 우리가 순수하게 물리적인 실체일 뿐, 그 이상의 존재는 아니라는 견해다. 우리는 다른 피조물들과 다를 바 없는데—혹은 다른 피조물들과 마찬가지로 취급될 수 있는데—단지 좀 더 복잡한 존재일 뿐이다. 아마도 우리는 그들보다 더 지능이 높겠지만 이것은 우리 뇌가 가진 크기나 복잡성과 관련이 있을 뿐이다. 우리는 개나 고양이, 심지어 시계와 마찬가지로 물리적인 존재이다. 우리를 구성하는 물질이 다른 물리적인 존재보다 복잡한 방식으로 되어 있으며, 이것이 우리에게 다른 존재들보다 높은 지능과 능력을 부여할 뿐이다.

〈터미네이터〉 시리즈의 주요 전제는 '지능을 가진 기계'가 있을 수 있다는 것이다. 인간의 몸체가 물리적이지 않은 정신에 적합한 운반체라면, 안드로이드 아널드의 몸체가 적합하지 않은 이유는 무엇인가? 만일 적합하다면 안드로이드도 영혼을 가졌는가? (중략)

컴퓨터는 최근 놀라운 성공을 거둬 왔다. 그중에서도 백미는 체스를 할 수 있는 컴퓨터 딥블루다. 딥블루와 같은 컴퓨터는 한 가지 작업에만 능통하다. 컴퓨터 프로그램은 매우 전문화되어 있다. 한 가지 영역에선 신의 경지를 초월한 것처럼 보이는 지능을 가졌지만, 그 밖의 것에 관해서는 완전히 저능아다. (중략)

변화에 대한 능력은 진정한 지능의 특징이다. 우리는 안드로이드를 조정자의 입장에서 디자인해야 한다. 이는 모든 본질적 요소들에 있어 안드로이드의 뇌가 신경망에 따라 고안되어야 한다는 것을 뜻한다. 연결체나 병렬 분산 처리라고도 일컬어지는 신경망으로서의 컴퓨터 모델은 컴퓨터 시스템을 사실적인 신경망처럼 만들 수 있다는 생각에 기초한다. (중략)

대체적인 윤곽을 그려 볼 때, 데카르트를 비롯한 많은 이들은 십중팔구는 틀렸다. 순수하게 물리적인 존재도 지능을 가질 수 있고—즉 정신적인 상태를 가진 어떤 종류의 것이 될 수 있고—우리가 주의를 안으로 돌렸을 때 발견하게 되는 '정신세계의 거주자'도 있을 수 있다. 물리적인 존재에게는 적합한 몸체에 적합한 신경망만 있으면 된다.

● 자료 출처 : 마크 롤랜즈, 『SF철학』, 미디어 2.0, 2005, 77~98쪽

2. 위험사회(Risk Society)에 대한 이해

독일 사회학자 울리히 벡은 현대 사회를 위험사회로 규정했다. 벡은 옛 소련 체르노빌 원자력 발전소 폭발사고를 계기로 첨단 과학기술 고도화에 따른 현대적 위험을 고찰한다. 현대 사회의 위험들은 질병, 자연재해, 사고 같은 과거의 위험처럼 특정 지역에서만 한정적, 예외적으로 일어나는 것이 아니다. 과학기술로 움직이는 현대 사회의 위험은 늘 존재하고 있고, 그 피해의 정도와 규모가 어디까지인지 한정할 수 없다. 현대의 위험은 지금 세대를 지나 다음 몇 세대에 걸쳐 피해를 줄 수도 있고, 위험 발생지에만 머물지 않고 전 지구적으로 누구에게나 피해를 줄 수도 있다는 것이다. 그렇기에 그는 성찰적 근대화를 진행해야 한다고 주장한다. 다음 울리히 벡의 글을 읽고, 위험사회에 대해 이해해 보자.

그러므로 우리는 더 이상 자연을 이용하거나 인류를 전통적 제약들에서 해방시키는 데에만 관심을 기울일 것이 아니라, 기술-경제적 발전 자체에서 발생하는 문제들에도 반드시 관심을 가져야 한다. 근대화는 성찰적인 것이 되고 있다. (중략)

서구 복지국가들에서는 지금 이중의 과정이 진행 중이다. 한편에서 금세기 전반기의 물질적 생존과 굶주림으로 위협받는 제3세계와 비교했을 때, '일상의 빵'을 위한 투쟁은 다른 모든 것에 그림자를 드리우는 기본 문제로서의 긴박성을 잃어버렸다. 많은 사람들에게 문제가 되는 것은 굶주림이 아니라 '비만'이다. (중략)

체계적으로 말하자면 시간차는 있을지라도 근대화가 지속되는 중에 '부를 분배하는' 사회의 사회적 지위와 갈등은 '위험을 분배하는' 사회의 그것들과 결합되기 시작한다. 서독에서는 늦어도 1970년대 초부터 이러한 이행이 시작되었다. 이것이 나의 테제이다. 이것은 서독에서는 두 가지 유형의 주제와 갈등이 중첩되어 있다는 것을 의미한다. 우리는 아직 위험사회에서 살고 있지 않지만, 더 이상 결핍사회의 분배 갈등 내에서만 살아가지도 않는다. 이러한 이행이 전개되는 정도에 따라 이전의 사고 및 행동양식에서 벗어나도록 할 실질적인 사회변혁이 진행될 것이다. (중략)

위험은 여기서 분별되고 있는 것과는 달리 이미 산업사회 시기의 특징이 아닌가? 위험이 근대성의 발명품이 아니라는 것도 맞는 말이다. 콜럼버스처럼 신세기와 신대륙을 발견하기 시작한 사람은 누구라도 확실히 '위험'을 감수했다. 그러나 이것은 개인적인 위험이지, 핵분열이나 방사성 폐기물의 축적처럼 전 인류를 대상으로 하는 위험과 같은 지구적 위난이 아니다. 저 초기 시대에 '위험'이라는 낱말은 용맹과 모험을 뜻했지 지구상에 존재하는 모든 생명의 자기파멸에 대한 위협을 뜻하지는 않았다.

삼림파괴도 처음에는 경지로 개간되면서, 뒤에는 무자비한 남벌로 말미암아 이미 수세기에 걸쳐서 진행되어 오고 있다. 그러나 오늘날의 삼림파괴는 산업화의 필연적 결과로서 대단히 상이한 사회-정치적 결과를 낳으면서 지구적으로 전개되고 있다. 노르웨이나 스웨덴처럼 임상이 풍부한 나라들도 오염유발 산업을 거의 보유하고 있지 않지만 영향을 받고 있다.

19세기 초에 템스 강에 빠진 선원들은 익사하는 것이 아니라 이 런던 하수구의 악취와 독가스를 마셔서 질식사했다고 한다. 또한 중세 도시의 좁은 거리를 걷는 것은 마치 코를 두들겨 맞으며 걷는 것과 같았다고 한다. 그럼에도 불구하고 당시의 위해는 코나 눈을 공격하기 때문에 분명히 감지될 수 있었다. 반면에 오늘날의 문명이 낳은 위험들은 분명히 인지되지 않으며 (식료품에 포함된 유독물질이나 핵 위협과 같이) 물리-화학적 공식의 영역에 자리 잡고 있다.

또 다른 차이는 이것과 직접적으로 결합되어 있다. 과거의 위해들은 위생학 기술의 저공급에 연원을 둔 것으로 파악될 수 있다. 오늘날의 위해들은 산업적 과잉생산에 그 기초를 두고 있다. 따라서 오늘날의 위험과 위해는 (사람 및 동식물에 가해지는) 위협의 지구적 본성과 근대적 원인의 면에서 겉보기에 유사한 중세 시대의 그것들과는 근본적으로 다르다. 이것들은 근대화가 낳은 위험이다. 이것들은 산업화가 낳은 대량생산물이며 산업화가 지구적으로 전개되면서 체계적으로 강화된다.

위험 개념은 성찰적 근대화 개념과 직접적으로 결합된다. 위험은 근대화 자체가 유발하고 도입한 위해와 불안을 다루는 체계적인 방식으로 정의될 수 있다. 종래의 위난들에 대립되는 것으로서 위험은 근대화가 지닌 위협적 힘 및 그 의심스러운 지구화와 결합된 결과이다. 그것은 정치적으로 성찰적이다. (중략)

앞으로 초점이 될, 수년간에 걸쳐 사람들의 정신을 발칵 뒤집어 놓은 생태적 위험과 고도기술의 위험은 질적으로 새로운 것이다. 이러한 위험이 낳은 고통에서 알 수 있듯이 새로운 위험은 더 이상 그 발생지, 즉 산업시설에 묶이지 않는다. 그 본성상 이 위험은 이 행성의 모든 생명체를 위협한다. 이 위험을 산정하기 위한 표준적인 기초들, 즉 사고와 보험, 의료적 예방조치 등은 이러한 현대적 위협의 기본적 차원에 들어맞지 않는다. 그 본성상 이 위험은 이 행성의 모든 생명체를 위협한다. 예컨대 원자력발전소의 안전은 사적으로 보증되지 않으며 보증될 수도 없다. 원자력 사고는 ('사고'라는 용어의 제한된 의미에서) 이미 사고가 아니다. 이 사고는 대대로 지속된다. 그 피해자에는 사고가 발생한 시점이나 장소에서 살고 있지 않는, 시간이 지난 뒤에 태어나거나 멀리 떨어진 곳에서 살고 있는 사람들마저도 포함된다.

이것은 이제까지 과학과 법에 의해 확립되어 온 위험의 산정 방법이 무너지는 것을 의미한다. 표준적인 위험도로 현대적 생산력과 파괴력을 다루는 것은 잘못임에도 불구하고 그것들을 합법화하는 대단히 효과적인 방법이다. 위험과학자들은 19세기의 국지적 사고와 20세기 말의 널리 퍼져 가고 있는 파국적 잠재력 사이에 1세기라는 격차가 없는 듯한 규범적 방식으로 위험을 취급한다. 사실 계산할 수 있는 위험과 계산할 수 없는 위협을 구분해 본다면, 위험 산정의 표면 아래에서 그것이 전쟁용이건 복지용이건 새로운 종류의 산업화된, 생산하기로 결정된 계산 불가능성과 위험들이 고도위험 산업의 지구화에 따라 만연되고 있다. 막스 베버의 '합리화' 개념은 성공적인 합리화에 의해 생산된 이러한 후기 근대적 현실을 더 이상 포착할 수 없다. 기술적 선택의 능력이 커짐에 따라 그 결과의 계산 불가능성도 커진다. 이 같은 지구적 결과에 비하자면 초기 산업화가 낳은 위해는 사실 다른 시대에 속하는 것이었다. 고도로 발전된 핵과 화학적 생산력이 낳은 위난은 장소와 시간, 노동과 여가, 공장과 국민국가, 심지어 대륙 간의 경계에 대해 우리가 생각하고 행동해 왔던 기초와 범주들을 폐기한다. 달리 말해서 위험사회에서는 알지 못하고 의도하지 않았던 결과들이 역사와 사회에서 지배력을 행사하게 된다.

후기 근대성 내에서 생산되는 위험은 부와는 본질적으로 다르다. 내가 말하는 위험은 무엇보다 인간의 인식 능력을 완전히 벗어나는 방사성으로 대표되지만, 동식물과 인간에게 장단기적인 영향을 미치는 대기와 물과 음식물에 포함되어 있는 유독물 및 오염인자들도 포함된다. 이 위험은 체계적이고 종종 되돌릴 수 없는 해를 끼치지만 일반적으로 눈에 보이지 않으며, 인과적 해석에 기초를 두기 때문에 처음에는 그에 대한 지식의 견지에서만 존재한다. (중략)

어떤 사람들은 다른 사람들보다 위험의 분배 및 성장에 의해 더 큰 영향을 받는다. 즉 사회적 위험 집단들이 생겨난다. 몇 가지 차원에서 이 집단들에는 계급 및 계층 지위의 불평등성이 따르지만, 이 집단들은 근본적으로 다른 분배논리를 작동시킨다. 근대화의 위험은 조만간 위험을 생산하거나 그로부터 이익을 얻는 사람들에게도 타격을 가한다. 이 위험은 부메랑 효과를 지니고 있으며, 이 효과는 계급 및 국가를 분열시킨다. 생태재해와 원자낙진은 국경을 무시한다. 부자와 권력가라고 해도 이것으로부터 안전하지 않다. 이 위험은 건강에 대해서만 해로운 것이 아니라 정당성과 재산과 이윤에 대해서도 해를 입힌다. (중략)

위험은 먼저 제3세계와 산업국들 사이에서, 두 번째로 산업국들 사이에서 새로운 국제적 불평등을 낳는다. 오염물질의 순환이 지니는 보편성 및 초국성의 견지에서 바바리아 숲에서 자라는 풀잎의 생명은 궁극적으로 국제협정의 체결 및 준수 여부에 의존하게 된다. 위험사회는 이런 의미에서 세계적 위험사회이다.

위험의 정의에는 언제나 패자가 있으며 또한 승자도 있다. 이들 사이의 공간은 사안에 따라, 그리고 권력의 차이에 따라 변한다. 승자의 관점에서 보자면 근대화의 위험은 거대한 사업거리이다. 위험은 경제학자들이 오랫동안 찾아 온 탐욕스러운 수요이다. 굶주림은 채워질 수 있으며 궁핍도 충족될 수 있으나, 문명의 위험은 밑 빠진 독과 같은 수요를 가지고 있어서 충족될 수 없으며 무한히 자가 생산될 수 있다.

사람들은 부를 소유할 수 있지만, 위험에 대해서는 단지 영향 받을 수 있을 뿐이다. 말하자면 위험은 문명에 의해 발생한다. (중략)

● 자료 출처 : 울리히 벡, 『위험사회─새로운 근대성을 향하여』, 새물결, 1997, 54~59쪽

3. 과학철학(philosophy of science)을 이해하는 방법

과학철학을 이해하는 한 가지 방법은 그것이 세 가지 관심영역, 즉 과학의 인식론, 과학의 형이상학, 그리고 과학의 사회적 역할과 기능으로 나누어져 있다고 생각하는 것이다.

과학의 인식론자들은 다음과 같이 묻는다. "과학 이론은 진리인가?" "과학 이론은 어떻게 세계와 관련되는가?" (중략)

형이상학적인 논점은 "그 대상이 실제로 무엇과 같은가"라는 질문을 불러일으킨다. (중략)

과학의 사회적 역할과 기능에 초점을 맞추면 상이한 논점이 제기된다. 거의 대부분의 과학자들이 과학은 도덕적으로 자율적이라는, 즉 그것은 기본적으로 그 판단과 관련하여 가치 자유적이라는 명제를 받아들이는 것처럼 보인다. 다른 말로 하면 과학자들이 실험이나 이론과 관계된 결정을 내릴 때 그들이 사용하는 방법은 '과학적' 기준만을 포함하고 있으며 그래서 그들이 과학 내에서 내리는 선택에 도덕적 고려는 부적합한 것으로 제외된다. 하지만 그런 명제는 진실이라 하더라도 분명 과학의 이론 구축 측면에 대한 것이다. 그것은 과학적 발견의 결과에 대해서는 전혀 설명하지 않는다. 예를 들어 과학자들이 핵의 힘의 사용으로 환경에 미치는 대규모의 효과를 고려했어야 하는가? 특정 과학자들이 채용하는 실험 방법과 연관된 도덕적 질문들, 이를테면 고통스러운 과학적 테스트에 동물을 사용하는 것을 허용할 수 있는가 같은 질문들 역시 제기된다.

이와 연관된 하나의 논점은 사회적 경향이나 압력이 과학에 영향을 미치는가 아닌가 하는 것이다. 과학자들이 독립적이고 공정한 존재라고 보아야 하는가 아니면 우리들 다수처럼 재정적, 정치적 고려에 의해 영향을 받는 존재로 보아야 하는가? 예를 들어, 특정 회사를 위해 작업하는 과학자들은 연구를 할 때 그 조직의 사업상 필요에서 나온 지침에 지도를 받으리라고 가정하는 것이 합리적일 것처럼 보인다. 또 정부가 바뀌면 연구 방향과 관련된 과학자의 판단이 영향을 받게 되리라는 시사도 전혀 근거 없는 것은 아니다. 특히, 그의 작업이 국가의 연구비 보조에 의존하고 있다면 말이다.

● 자료 출처 : 앤드류 에드거 · 피터 세즈윅 엮음, 『문화 이론 사전』, 한나래, 2003

◎ 과학기술의 발전과 우리 사회의 발전

> 1851년 런던에서 만국 박람회가 열렸다. 19세기 인류가 이룩한 모든 진보적 성과를 과시하기 위해 열린 이 행사에는 각국이 자랑하는 최고의 제품들이 10만 점 이상 전시되었다. 영국 전시관에서 가장 눈길을 끈 것은 증기해머, 수압식 인쇄기, 동력을 사용한 방적기, 탈곡용 엔진 같은 기계제품들이었다. 바야흐로 영국의 기계와 기술은 세계를 앞지르기 시작하였다.
>
> -고등학교 『세계사』

1. 기계의 발달은 인간 생활에 어떤 변화를 가져왔을까요?

자연의 힘을 그대로 사용하여 인간의 노동력을 대신하는 기계들은 세상을 훨씬 더 많이 변화시켰습니다. 그런데 기계와 공장을 돌리기 위해서는 석탄과 철이 필요했습니다. 그래서 석탄과 철을 가진 나라들이 갑자기 부각되기 시작하였습니다. 이러한 변화는 사람들 사이에도 어마어마한 변화를 가져오게 되었습니다. 기계를 움직이기 위해서는 그렇게 많이 배울 필요가 없었습니다. 기계가 모든 것을 알아서 하고 움직이는 방법도 몇 시간이면 쉽게 배울 수 있었기 때문입니다. 방직기계 소유주는 사람 몇 명만 쓰면(여자나 어린이들도 가능했습니다) 예전에 직조공들 100명이 일하는 것보다 기계를 이용해서 더 많은 양의 일을 할 수 있었습니다. 도시에 갑자기 이런 기계들이 공급이 되면, 도제와 장인으로 일하면서 수년간 배워 왔던 것들이 아무짝에도 소용없게 됩니다. 기계는 인간보다 더 빠르고, 더 훌륭하고, 게다가 비교할 수 없을 만큼 가격도 저렴하였습니다. 기계는 사람처럼 먹거나 잠자지 않아도 되고, 휴식을 취할 필요도 없었기 때문입니다. 그렇다 보니 많은 도시의 직조공들은 실업자가 되었습니다. 기계가 그들을 대신해서 일을 하니 굶어죽을 도리밖에 없었습니다. 실업자가 된 직조공들은 굶어죽기 전까지는 무슨 일이든 해야 했으므로 아무리 형편없는 보수를 받더라도 간신히 생계만 유지할 수 있다면 무슨 일이든지 하려고 하였습니다. 그러다 보니 그들은 경쟁적으로 자신의 보수를 낮추어 불렀고 기계를 소유한 사람들은 기계가 가지고 있는 장점, 예를 들면 사람이 쉬는 동안이나 잠을 자는 동안에 기계가 해낼 수 있는 분량만큼의 임금을 낮추거나, 사람이 잠을 자는 동안만큼 기계가 일하는 분량을 자신의 아이들이나 부인을 내보내서 하게 하였습니다. 모든 공장 주인들이 그렇게 나쁜 사람들이었다고 생각할 필요는 없지만 노동자들에게 가장 적은 임금을 주는 악덕 공장주들의 물건은 가격이 쌌기 때문에 소비자들은 그것을 가장 많이 찾았습니다. 따라서 다른 공장주들도 양심의 가책을 느끼거나 동정심을 느끼면서도 노동자에게 그들처럼 대할 수밖에 없었습니다. 인간은 기계가 나타나기 이전보다 더 편리하게 살지는 몰라도 편리하다고 해서 반드시 더 행복한 것은 아니었던 것입니다.

- 에른스트 H. 곰브리치, 『곰브리치 세계사』, 자작나무, 2005, 209~219쪽

2. 기계파괴 운동은 어떤 의미를 가지고 있을까요?

1812년 3월, 영국의 한복판 노팅엄에서 임금 인하에 항의하는 노동자 집회가 열렸습니다. 집회는 낮에 조용히 끝났습니다. 그러나 밤이 되자 일부 노동자가 이웃 마을에 있는 메리야스 공장으로 들어가 약 60여 대의 편물기를 해머로 부숴 버렸습니다. 노동자도 마을사람도 범인을 알고 있었지만 경찰에 밀고하지는 않았습니다. 즉 모두가 범인 감싼 것입니다. 이것이 기계파괴 운동의 시작이었습니다. 그리고 이 파괴 운동은 즉시 다른 지역으로 확대되었습니다. 이때 아마 비밀 사령부가 설치되어 활동했을 것입니다. 기계파괴 운동이 그 이전부터 때때로 있었지만 이때의 기계파괴는 계획적이었습니다. '네드 러드'라고 서명된 협박장이 새로운 기계를 들여온 공장 주인의 집으로 보내졌습니다. '네드 러드'는 공장에서 감독에게 두들겨 맞고 그 분풀이로 기계를 때려 부순 소년의 이름입니다. 물론 이 소년이 협박장을 보낸 것은 아니었고, 누군가가 이 이름을 쓴 것일 뿐이었지만 한두 사람이 그런 것이 아니었습니다. 여하튼 이 협박장에는 새로운 기계를 사용하지 말든지 아니면 노동자의 임금을 인상하든지 등등 여러 가지 요구사항과 만일 이 요구에 응하지 않으면 기계를 파괴하겠다는 내용이 적혀 있었습니다. 그리고 실제로 요구가 지켜지지 않으면 그날 밤 복면을 뒤집어쓴 남자 수십 명이 공장에 가서 기계를 부쉈습니다. 기계파괴는 점차 다른 지역으로 확산되었고 마침내 공장에 불을 지르거나 공장 주인을 살해하기도 하는 등 더욱더 격렬해졌습니다. 정부도 이것을 방치할 수는

keyword

■ **네오러다이트(Neo-Luddite)** : 첨단기술의 발달로 21세기에는 기계가 사람의 일자리를 위협하는 데 그치지 않고 인간 존재 자체에 도전할지 모른다고 주장하는 사람들을 일컫는다. 폭탄 테러리스트로 유명한 카진스키는 대표적인 네오러다이트이다. 그는 1995년 기술과 기계가 갖는 인간성 말살의 위험을 경고한 3만 5,000단어 분량의 방대한 논문을 발표하여 세간의 관심을 끌었다. 이 논문에서 카진스키는 컴퓨터 기술의 발달로 사람이 기계에 대한 통제권을 계속 갖든지 아니면 기계가 사람의 감독 없이 모든 결정을 내리든지 하는 양자택일의 시대가 올 것이라고 전망했다.

없어서 기계를 파괴하는 사람은 사형에 처한다는 법률을 만들어 공포했고, 경찰 이외에 군대까지 동원하여 단속하기도 하였습니다. 여론은 이 러다이트(러드의 이름을 딴 기계파괴 운동)에 동정적이었지만 기계를 파괴한다고 해서 세상이 좋아진다고 보이지는 않았으며, 방화와 살인을 인정할 수는 없었기 때문에 기계를 파괴하는 사람들에게 "기계 그 자체가 나쁜 것이 아니라 노동자를 희생시키는 사용 방법이 나쁜 것이다. 따라서 기계를 파괴할 것이 아니라 노동자의 권리를 지키는 쪽으로 운동 방향을 바꾸어야 한다"고 호소하였습니다. 기계파괴 운동은 새로운 기계 설비 때문에 일자리를 잃은 사람들이 분노와 절망에 휩싸여 일으킨 사건으로 초창기 노동 운동의 한 형태로 평가되고 있습니다. 이러한 기계파괴 운동에 대하여 기계의 소유주도 어쩌면 그 기계를 단지 물려받았을 수도 있는데 사람들이 귀족이나 농노들에게 하는 것보다 더 심하게 다루는 것은 부당하다고 생각하는 사람들도 나타났습니다. 이들은 공장이나 기계같이 그것을 소유함으로써 다른 사람들의 운명을 지배하게 되는 물건들은 개인 소유가 되어서는 안 되고 공동의 소유가 되어야 한다고 주장하였습니다. 이러한 견해를 가지고 있는 사람들을 사회주의자라고 하며 이들은 이후 몇몇의 노동자가 기계를 파괴한다고 하여 사회가 변화되는 것이 아니기 때문에 노동자들의 권리를 찾기 위해 노동자 전체가 단결해야 한다고 주장하면서 노동 운동을 좀 더 조직적으로 변화시켜 나갔습니다.

● 자료 출처 : 대월서적편집위원회, 『에세이 세계사 4』, 백산서당, 1994, 89~91쪽

| 기출문제 탐구

(2005년 대학수학능력평가 세계사 기출문제)

1. 다음과 같은 상황에 대응하여 나타난 움직임으로 적절한 것을 〈보기〉에서 모두 고른 것은?

> 영국 산업혁명기에 성장한 공업 도시에는 경제적 번영과 최악의 생활환경이 공존하였다. 노동자들의 노동 조건과 주거 환경은 극히 열악하였다. 노동자들은 하루 14~15시간이나 되는 장시간 노동을 하기도 했으나, 임금이 매우 낮아서 최소한의 생계 유지도 어려웠다.

보기

ㄱ. 차티스트가 인민 헌장을 선언하였다.

ㄴ. 오언이 이상 사회의 건설을 주장하였다.

ㄷ. 현실의 부조리를 비판하는 『유토피아』가 집필되었다.

ㄹ. 자의적인 인신 구속을 금지하는 권리청원이 승인되었다.

① ㄱ, ㄴ　　② ㄱ, ㄷ　　③ ㄴ, ㄷ　　④ ㄴ, ㄹ　　⑤ ㄷ, ㄹ

정답 : ①

☞ **문제 해설**

영국의 산업혁명은 생산력의 비약적인 증가로 농업사회를 산업사회로 변화시키고 산업 자본가들의 힘을 크게 증대시켰습니다. 그러나 한편으로 기존의 노동자들의 일자리를 잃게 했고 인구가 도시로 몰려들면서 주택, 위생 등 여러 가지 도시 문제가 나타나게 되었습니다. 이는 산업 자본가와 임금 노동자 두 계급의 출현을 가져오게 되었고 이를 계기로 자본주의를 비판한 사회주의가 등장하게 되었습니다. 노동자들은 산업혁명 이후 영국의 선거법 개정 운동에 참여하였으나 아무런 혜택을 받지 못하자 '인민헌장'을 내걸고 차티스트 운동을 전개하였으나 실패하였고, 공상적 사회주의자 로버트 오언은 계몽과 설득을 통해 생산과 소비를 모든 사람이 공동으로 하는 이상 사회를 건설할 것을 주장하였습니다. 문제는 산업혁명기에 대하여 묻는 것으로 ㄱ과 ㄴ은 모두 산업혁명기의 노동자와 관련 있는 내용이므로 정답이며 『유토피아』는 르네상스 시기에 씌어진 것이고, 권리청원은 청교도혁명 당시 승인된 내용이므로 정답과는 거리가 있습니다. 그러므로 정답은 ①번입니다.

(2006년 3월 전국연합학력평가 기출문제)

2. 다음 기사의 사건이 초래한 사회 문제에 대하여 토론을 하고자 할 때, 토론 주제로 적절하지 않은 것은?

① 주택 문제, 어떻게 해결할까?

② 기계파괴 운동, 과연 정당한가?

③ 미성년자의 장시간 노동, 해결 방안은?

④ 심화되는 빈부 격차, 어떻게 해결할 것인가?

⑤ 흑인 노예의 대거 유입, 실업 문제 해결책은?

정답 : ⑤

☞ **문제 해설**

그림에서 나타내는 내용은 산업혁명입니다. 산업혁명은 기계의 발명과 사용에 따른 생산 방법의 근본적인 변혁과 경제, 사회 전반의 커다란 변화를 일컫는 것으로 기계의 발달은 노동자들의 일자리를 잃게 만들었으며, 노동자들의 삶을 질을 저하시켰습니다. 이로 인해 노동자들은 기계를 파괴하는 운동을 하기도 하였습니다. 미성년자와 부녀자도 적은 보수를 받고 공장에 나가 노동력을 착취당했으며 도시로 인구가 몰리게 되자 주택 문제, 환경 문제, 위생 문제 등 각종 도시 문제가 발생하게 되었습니다. 기계를 소유한 자본가와 노동자의 빈부 격차는 점점 벌어지게 되었습니다. 그러므로 앞의 선택지 내용 중 산업혁명과 거리가 먼 것은 ⑤번입니다. 흑인 노예 문제는 아메리카에서 발생하였습니다.

(2007년 7월 전국연합학력평가 세계사 기출문제)

3. 다음 도표와 관련된 시기의 사회 모습을 가장 옳게 설명한 학생은?

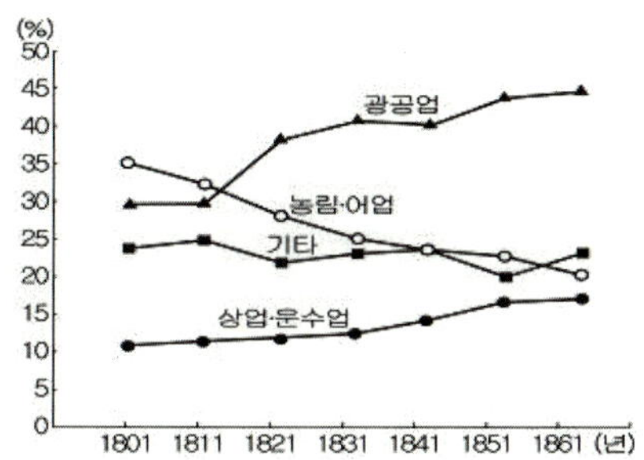

① 갑 : 상업혁명이 일어나고 있었습니다.

② 을 : 노동조합의 결성이 활발해졌습니다.

③ 병 : 1차 인클로저 운동이 전개되고 있었습니다.

④ 정 : 선대제 수공업의 비중이 커지고 있었습니다.

⑤ 무 : 자국의 산업 보호를 위해 보호 무역주의를 추구하였습니다.

정답 : ②

☞ **문제 해설**

영국의 산업별 인구 구성비의 변화를 보면 광공업, 상업은 비중이 점차 높아지고 있으며 농림. 어업은 점차 구성비가 낮아지는 것을 알 수 있습니다. 이 시기는 산업혁명시기를 나타내고 있습니다. 산업혁명은 공장제 기계 공업에 의한 대량 생산 체제를 발달시켜 농업과 공업 등 산업 전반에 걸쳐 비약적인 생산의 증대를 가져왔지만, 자본주의 모순이 심화됨에 따라 사회주의 사상이 대두하고, 노동조합의 결성이 활발해졌습니다. ①은 신항로 개척의 결과로 나타났으며, ③과 ④는 산업혁명 이전의 사실입니다. ⑤는 절대왕정 시기의 경제 정책입니다. 그러므로 정답은 ②번입니다.

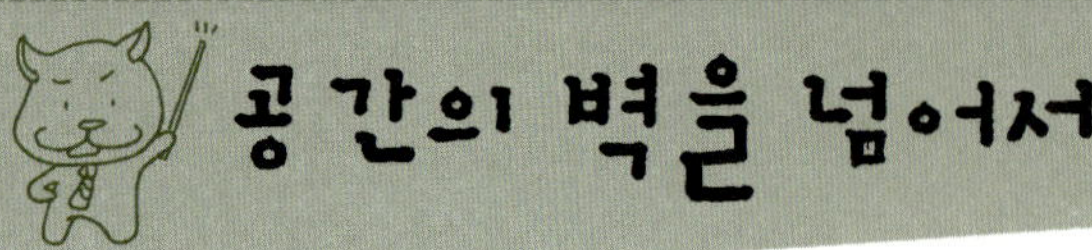

1. 급속한 도시화는 어떠한 문제를 야기할까요?

서울 마포나루 하류의 난지도(蘭芝島)는 이름 그대로 난초가 피어나고 영지가 돋아나는 아름다운 섬이었다. 홍수 때면 섬 전체가 물에 잠기곤 하였지만 철따라 오리, 고니 떼가 날아들어 그윽한 정취를 자아냈다. 그러나 지난 1978년 쓰레기 매립장으로 되면서 90m 높이의 거대한 쓰레기 섬으로 변하였다. 난지도 쓰레기 매립지가 폐쇄되면서 인천광역시 검단 해안 간척지에 쓰레기 매립지가 조성되어, 오는 2015년까지 수도권에서 배출되는 쓰레기를 처리하게 되었다. 이 시설이 잘못 관리될 경우, 수도권 2,000만 주민들이 자기 집 코앞에 쓰레기를 쌓아 두고 살아야 하는 사태가 발생할 수도 있다.

– 고등학교 『사회』

2,000만 명 이상의 인구를 거느린 멕시코시티는 세계 최대의 도시이다. 1970년대에 비해 20여 년 만에 인구가 두 배로 늘었으며, 2025년에는 다시 지금의 갑절에 이를 것으로 전망된다. 멕시코시티는 교통난과 거리의 노점상에 신음하는, 도저히 구제할 길 없는 도시로 보인다. 인구밀도는 런던의 네 배, 멕시코의 제2의 도시인 과달라하라의 무려 일곱 배에 이른다. 멕시코시티의 악명 높은 대기 오염의 주범은 값싼 연료를 사용하는 수많은 자동차들이다. 멕시코시티는 대기 오염을 줄이기 위해 대대적인 처방에 나섰다. 갖가지 묘안이 백출했는데 그중에는 유독가스를 빼내기 위해 주위의 산에 구멍을 뚫는다든지 자동차 배출 가스에 향수를 섞는다든지 방독면 휴대를 의무화한다든지 하는 기상천외한 발상도 있었다. 거대한 송풍기로 멕시코시티 상공의 오염된 공기를 날려 버린다는 계획은 과학적 타당성이 없다는 이유로 세인의 조롱거리만 되고 말았다.

멕시코시티의 뒤를 바짝 따르는 인구과밀도시가 상파울루다. 상파울루는 세계에서 가장 빠르게 커 가는 도시일 것이다. 1554년 예수회 선교사들이 세운 상파울루는 1988년에 인구 2,000만 명을 넘어섰다. 현재 라틴아메리카에서 가장 중요한 제조업 기지가 들어선 상파울루는 주로 커피 산업을 중심으로 발전했다. 커피 산업은 상파울루에 대규모 산업 시설이 들어설 수 있는 자본을 대 주었다. 상파울루에 공장이 들어서면서 전국 각지에서 수백만 명이 일자리를 찾아 이곳으로 몰려들었다. 현재 상파울루 시민의 10퍼센트는 생활 환경이 매우 열악한 빈민가에서 살고 있다. 식수 오염과 유아사망률의 증가는 상파울루의 심각한 문제가 되고 있다. 식수 오염과 유아사망률의 부산물인 산성비가 이곳에도 어김없이 내리고 있다. 상파울루의 산성비는 산성도가 보통 물의 1,000배에 달한다.

– 케네스 C. 데이비스, 『지오그래피』, 푸른숲, 2003, 387~388쪽

2. 우리나라 도시화의 문제점은 무엇인가요?

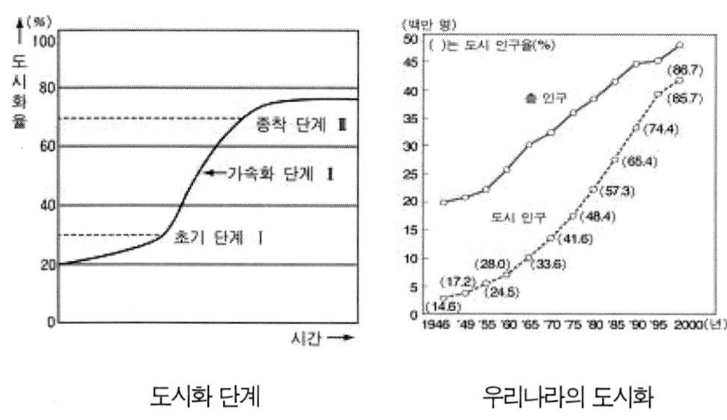

도시화 단계   우리나라의 도시화

도시화는 도시로 인구가 집중하고, 그 결과 도시적 생활 양식이 확대되며 국가 전체 산업구조가 변화되는 과정입니다. 한 국가의 도시화 추세는 대체로 3단계로 구분되며 초기-가속화-종착단계로 나누어집니다.

초기 단계는 인구의 대부분이 촌락에 거주하며 인구가 전국적으로 분산되는 단계입니다. 아직 산업화가 이루어지지 않은 미개발국이 해당하며, 우리나라의 1960년대 이전까지가 이 단계에 해당합니다.

가속화 단계는 산업화에 따라 농촌 인구가 도시로 집중하여 도시 인구가 급성장하는 단계입니다. 우리나라는 1960년대 이후 경제개발에 따른 이촌 향도 현상으로 도시화의 가속회 단계에 들어섰습니다. 특히 서울을 비롯한 대도시와 남동 연안의 신흥 공업 도시의 급성장이 두드러져 1970년대 말에는 도시화율이 50%를 넘었습니다. 이 시기 급속한 도시 인구의 성장으로 도시 지역은 주택부족, 지가상승, 환경오염, 교통체증, 실업, 범위 등 각종 도시 문제가 발생하게 됩니다. 반면에 농촌 지역은 청장년층 인구의 전출로 인하여 노동력 부족, 고령화 문제 등이 발생합니다. 세계의 많은 개발도상국이 가속화 단계에 들어섰으며, 급속한 도시 환경 악화로 많은 문제를 겪고 있습니다.

종착 단계는 도시 인구가 70%를 넘어서서 도시화율 증가가 점차 둔화되는 단계입니다. 주로 도시 성장이 안정된 선진국이 해당되며, 우리나라는 1990년대 말 도시화율이 75%를 넘어서면서 종착 단계에 들어섰습니다.

우리나라는 1960년대 이후 산업화에 따라 도시화가 급속하게 진행되어 도시 인구는 이미 선진국 수준에 도달해 있습니다. 그러나 그동안 성장 위주의 경제개발로 인하여 지방도시는 침체하고 대도시와 수도권의 위성도시가 급성장하였습니다. 수도권의 경우 이미 서울로의 전입보다 서울에서의 전출이 많은 교외화 현상이 나타나고 있으며 서울과 그 위성도시 간에 대도시권의 성격이 강화되고 있습니다.

특히 우리나라는 인구, 산업시설, 문화시설 등이 수도권에 집중되어 있어 종주도시화가 심각합니다. 종주도시화는 수위 도시의 인구 규모가 제2위 도시의 인구 규모보다 2배 이상이 되는 인구 규모의 불균형 현상입니다. 종주도시화는 산업화 초기 성장 거점 개발을 하면서 개발도상국가에서 일시적으로 출현하는 현상이며, 경제성장과 더불어 균형 발전을 통해 사라집니다. 그러나 우리나라의 경우 아직도 서울 중심의 종주도시화 현상이 남아 있어 이에 따른 지역 격차 심화 등 여러 가지 문제를 야기하고 있습니다.

| 기출문제 탐구

〈2007년 수학능력시험 한국지리 기출문제〉

1. 우리나라 도시의 인구 규모에 따른 순위 분포 패턴을 (가)에서 (나)로 바꾸고자 할 때, 지역 개
   발 방향으로 적절한 것을 〈보기〉에서 모두 고른 것은?

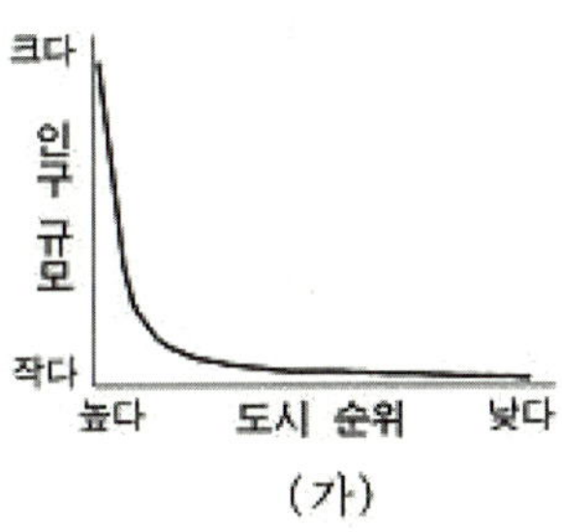

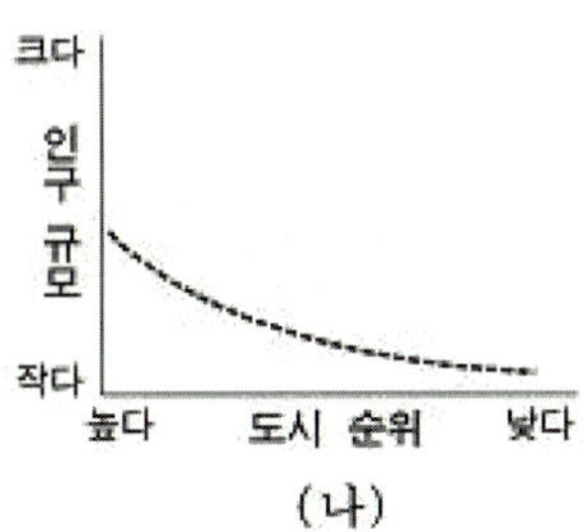

보기

ㄱ. 자립적인 광역시 경제권 육성

ㄴ. 비수도권 도시의 특성화 개발

ㄷ. 도시 간 수직적인 계층성 강화

ㄹ. 수위 도시의 대외적 관문 기능 강화

① ㄱ, ㄴ   ② ㄱ, ㄷ   ③ ㄴ, ㄷ   ④ ㄴ, ㄹ   ⑤ ㄷ, ㄹ

정답 : ①

☞ **문제 해설**

  (가)의 그래프는 수위 도시에 인구가 집중되어 있는 종주도시화 현상이 나타나
고 있습니다. 이러한 종주도시화는 급속한 경제성장에 따라 특정 도시에 인구가 집
중하는 개발도상국가에서 주로 보이는 도시 현상입니다. 종주도시화는 지역 간 경
제 격차를 심화시키고 국토 통합을 방해하여 국토의 효율적인 이용을 어렵게 합니
다. 따라서 수위 도시에 집중된 경제·행정 기능을 지방으로 분산하고, 광역시 중
심의 지방 경제권을 육성하여 도시 간 수평적인 계층성을 강화해야 합니다. 우리나

라는 균형 개발을 위해서 신산업지대를 조성하고 있습니다. 신산업지대는 지역의 특성을 바탕으로 한 고부가가치 산업을 특성화하여 지방의 경제를 활성화하는 데 목적이 있습니다.

(2005년 9월 모의수능 한국지리 기출문제)

2. 다음 그림 (가)~(라)는 도시화의 과정을 단계별로 나타낸 모식도이다. 각 단계에 대한 설명 중 옳은 것을 〈보기〉에서 모두 고르면?

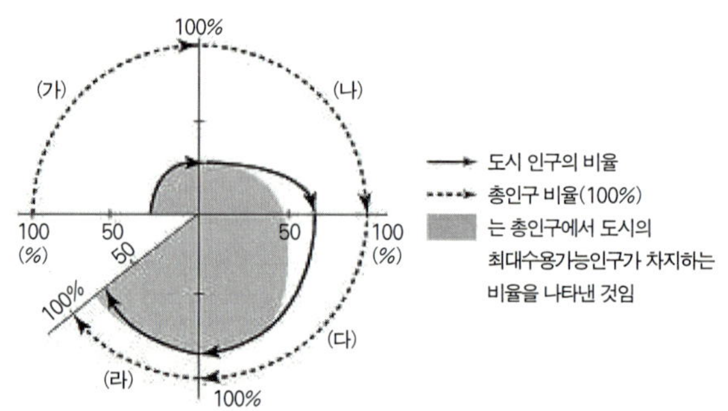

보기

ㄱ. (가) 단계는 도시 인구가 농촌 인구보다 많다.

ㄴ. (나) 단계는 과잉 도시화 현상이 나타난다.

ㄷ. (다) 단계는 도시화의 초기 가속화 단계이다.

ㄹ. (라) 단계는 역도시화 현상이 나타난다.

① ㄱ, ㄴ   ② ㄱ, ㄷ   ③ ㄴ, ㄷ   ④ ㄴ, ㄹ   ⑤ ㄷ, ㄹ

정답 : ④

☞ **문제 해설**

(가) 단계는 도시화 초기 단계로 아직 본격적인 도시화가 이루어지지 않았습니다. 전체 인구의 70% 정도가 아직 농촌 지역에 분포하며, 인구 대부분은 1차 산업에 종사합니다. (나) 단계는 초기 가속화 단계로 급속한 도시화가 이루어지는 시기

입니다. 산업화로 인해 농촌 인구가 일자리를 찾아 도시로 이주하는 이촌 향도 현상이 나타나며, 농촌 인구는 감소하고 도시인구는 빠르게 증가합니다. 도시 인구가 도시 수용 능력보다 큰 과잉 도시화 현상이 나타나 도시 지역은 주택부족, 지가상승 등 각종 여러 가지 도시 문제가 발생합니다. (다) 단계는 도시 인구 증가율이 완화되는 후기 가속화 단계입니다. 산업구조가 고도화됨에 따라 이촌향도 현상도 안정되기 시작하며, 도시 지역은 기반시설 건설, 주택건설, 대중교통 확충 등을 통하여 도시 수용 능력을 확대합니다. (라) 단계는 마지막 종착 단계입니다. 인구의 70% 이상이 도시에 분포하며 대부분 2·3차 산업에 종사합니다. 이 시기 대도시권이 확대되고 교통과 통신이 발달하여, 대도시에서 위성도시로 이주하는 역도시화 현상이 나타나기도 합니다.

(2007년 수학능력시험 한국지리 기출문제)

3. 그림은 서울의 과밀화 과정을 도식적으로 표현한 것이다. (가)~(라)에 대한 설명으로 옳은 것을 〈보기〉에서 모두 고른 것은?

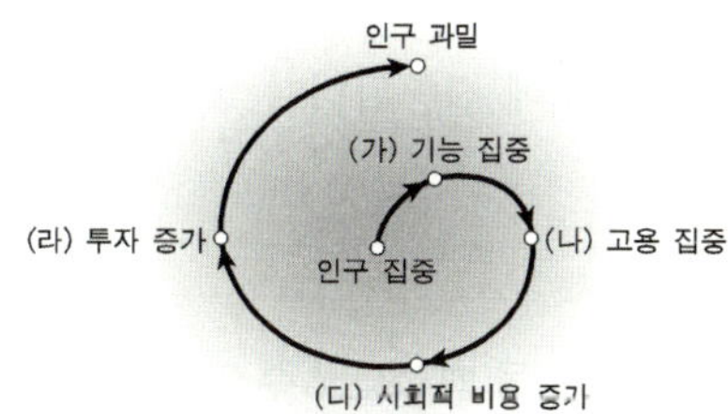

> **보기**
>
> ㄱ. (가) : 중앙집권 체제에 따라 정치·행정 기능이 집중된 반면, 대기업 등 민간 기능의 집중은 미약했다.
> ㄴ. (나) : 급속한 산업화로 많은 일자리가 창출되고 노동 시장이 확대되었다.
> ㄷ. (다) : 주택, 교통, 환경 등에 대한 공공 지출이 요구되었다.
> ㄹ. (라) : 도시 경쟁력을 강화하기 위해 각종 개발 규제가 완화되면서 2차 산업이 집중되어 왔다.

① ㄱ, ㄴ   ② ㄱ, ㄷ   ③ ㄴ, ㄷ   ④ ㄴ, ㄹ   ⑤ ㄷ, ㄹ

정답 : ③

☞ **문제 해설**

　그림은 서울에 인구와 산업이 집중되는 과정을 모식적으로 나타낸 것입니다. (가)는 성장거점 개발에 따라 서울에 기능이 집중되는 단계입니다. 우리나라가 1970년대 채택한 성장거점 개발은 성장 가능성이 큰 지역을 거점 지역으로 선정하여 효율적으로 투자를 집중하는 지역개발 방식입니다. 서울은 정치·행정 기능뿐만 아니라 대기업 등 민간의 산업시설도 집중되어 있는 우리나라 정치·경제의 중심지로서 성장 가능성이 가장 큰 지역입니다. (나)는 급속한 산업화로 서울에 산업시설이 집중되고 많은 일자리가 창출되는 단계입니다. 이 시기 도시 지역의 일자리를 찾아 농촌의 많은 인구가 이촌 향도하면서 도농 간의 인구 격차가 심화되기 시작했습니다. (다)는 서울 인구의 급증으로 주택부족, 환경오염, 교통체증 등 각종 도시 문제가 발생하는 단계입니다. 정부는 이러한 도시문제를 해결하기 위하여 택지개발, 도로확충, 개발제한구역 지정 등 공공지출을 늘리게 됩니다. (라)는 발달된 도시 지역에 투자가 더욱 집중되는 단계입니다. 경제의 중심지로 서울에 산업시설이 집중되자 정부는 과밀화 문제를 해결하기 위하여 각종 개발규제를 시행합니다. 그러나 기반시설의 이용, 신속한 정보 획득 등 기존 도시의 집적 이익 때문에 2·3차 산업은 더욱 수도권 지역에 집중됩니다.

(2005년 수학능력시험 한국지리 기출문제)

4. 다음의 계획이 성공적으로 실행되었을 때 나타날 수 있는 현상에 대해 추론하였다. 옳은 것을 〈보기〉에서 모두 고른 것은?

〈산업 집적 지역 계획안〉

정부는 연관 관계가 깊은 다수의 기업과 기관이 집중된 산업 집적 지역(일명 산업 클러스터)을 추진하는 방안을 발표했다. 혁신 역량이 우수한 창원, 구미, 울산, 반월, 시화, 광주, 원주 등 6개 도시를 시범 단지로 지정하여 산업과 연구가 결합된 세계적인 산업 집적 지역으로 육성하기로 하였다.

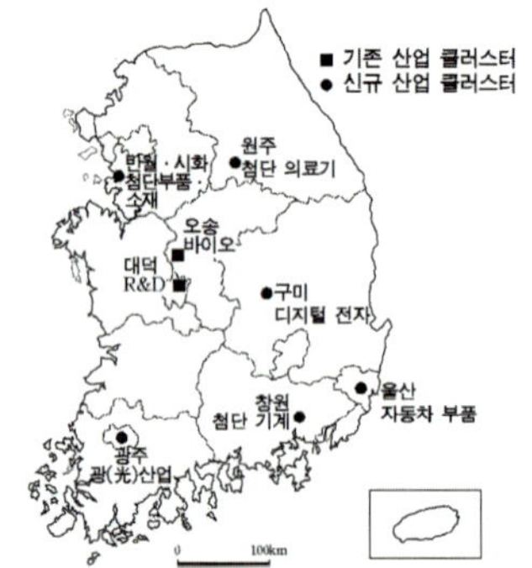

ㄱ. 산업의 지역 특화가 약화될 것이다.

ㄴ. 지방의 산업 경쟁력이 강화될 것이다.

ㄷ. 첨단산업이 강화되고, 산업 구조가 고도화될 것이다.

ㄹ. 산업 관련 연구 기관의 수도권 집중이 강화될 것이다.

정답 : ③

☞ 문제 해설

산업 집적 지역 계획은 수도권 과밀화를 완화하고 지방도시를 육성하기 위한 정책입니다. 지방 산업의 특성을 살린 첨단산업을 유치하여 지역의 산업경쟁력을 강화하고자 합니다. 1990년대 이후 우리나라 산업구조가 고도화되면서, 수도권 지역에 첨단산업 시설이 집중하여 수도권과 지방과의 지역차가 더욱 심화되었습니다. 이에 대한 대책으로 수도권 중심의 연구기관과 기업을 특정 지역에 이주시켜 지역의 특화 산업으로 발전시키고자 합니다. 첨단산업은 부가가치가 높고 운송비 비중이 낮은 입지자유형 산업으로 다른 산업에 비하여 비교적 입지조건이 자유롭습니다. 따라서 관련 첨단산업을 묶어 연구기관과 생산시설을 함께 육성시킨다면 지방의 산업 발달을 기대할 수 있습니다. 일본도 도쿄 중심의 산업구조를 개편하고자 첨단산업의 지방분산 정책을 시행하고 있습니다.

정상과 비정상, 문화의 기능

사회 교과서에서 문화는 생활양식의 총체로 정의된다. 이는 문화에 대한 다양한 정의 가운데 하나일 뿐이다. 생활양식의 총체로서 문화를 정의한다면, 문화에는 지금까지 인간이 쌓아 온 모든 것들이 포함된다. 옳고 그른 것의 의미는 아니다.

문화는 가치중립적이지 않다. 한 사회에서 형성된 문화는 개인들의 가치와 행위에 큰 영향을 준다. 단순히 영향만을 주는 것이 아니라 문화를 따르지 않을 경우 제재를 가하기도 한다. 제재할 수 있는 것은 문화가 어떤 대상을 정상과 비정상으로 나누는 기준으로 작용하기 때문이다.

전통 사회에서 구성원들은 문화적 분류 기준을 아무 의심 없이 받아들였다. 혹 자신이 기준을 넘어서는 행동이나 사고를 했다 해도 비밀스럽게 추진했을 뿐 드러내 놓고 자신의 독특성을 말하지는 못했다. 그러나 이제는 얼마 전까지 공개적으로 자기 정체성을 드러내지 못했던 사람들도 적극적으로 자신의 정당성을 주장한다. 획일적인 문화와 도덕의 타당성이 의심받기도 한다. 이러다 보니 일견 혼란스럽기도 하다. 옛날처럼 일방적으로 다수의 문화적 기준을 소수에게 강요할 수 없게 됐다. 그렇다고 모든 것의 상대성을 인정한다면 사회가 유지될 수 없다. 보편성과 특수성, 이 두 극단 사이에서 어떻게 균형을 잡아야 할까? 본 단원에서는 이러한 질문을 통해 우리 사회 안에서, 또 우리 사회와 다른 사회의 관계 속에서 갖춰야 할 자세가 무엇인지 찾아 있다.

■ 교과 체계

구분	관련 교과 및 단원
기본	고등학교 『윤리와 사상』 Ⅱ. 윤리의 흐름과 특징 고등학교 『사회 · 문화』 Ⅳ. 인간과 문화 현상의 이해
심화	고등학교 『사회 · 문화』 Ⅴ. 현대 사회와 사회 문제 Ⅱ. 개인과 사회 구조 고등학교 『시민 윤리』 Ⅰ. 시민사회와 윤리 Ⅱ. 현대 사회 문제와 시민 윤리

│ 논술 기본 문제

(가) 행위의 결과보다는 동기를 중시한 칸트는 어떤 다른 목적을 달성하기 위한 수단으로서의 명령이 아니라, 그 자체가 목적인 무조건적 명령으로서의 도덕법칙을 제시하였다. 즉, 조건이 붙는 가언명령(假言命令)이 아니라, 의무의 성격을 띤 정언명령(定言命令)을 제시한 것이다.

칸트가 도덕법칙으로서 첫째로 제시한 정언명령은 "네 의지의 격률이 언제나 동시에 보편적 입법의 원리가 될 수 있도록 행위하라"는 것이다. 이는 우리로 하여금 행위할 때 항상 보편적 입장에 설 것을 요구하는 것이며, 도덕적 원리는 모두에게 똑같이 적용될 수 있는 보편적 타당성을 지녀야 한다는 것이다.

– 고등학교 『윤리와 사상』

(나) 홉스는 인간들이 자기보존을 위하여 이기적일 수밖에 없다고 보았다.

따라서, 자연 상태에서 인간들은 저마다 자신의 생존과 이익만을 추구
하며, 그 결과는 '만인의 만인에 대한 투쟁'이다. 그것은 어떠한 법도
규범도 없는 무정부 상태를 의미한다. 따라서, 사람들은 스스로의 생존
과 이익을 지키기 위하여 계약을 맺어서 법과 규범을 만들고, 이것을
집행하기 위한 정부를 세우게 된다. 이때 법규의 위반자를 제재하기 위
해서는 주권자에게 절대권을 부여해야 한다고 그는 주장하였다. 이러
한 홉스의 사상은 당시에 절대 군주제를 옹호하는 역할을 하기도 하였
으나, 이후에 국민주권 사상으로 이어져 근대적 시민 국가를 형성하는
데 이론적인 토대를 제공하였다.

– 고등학교 『윤리와 사상』

(다) 현대의 나체주의는 20세기 초 독일에서 하나의 사회운동으로 얼굴을
내밀었다. 1903년 세계 최초의 나체촌이 독일에 출현했으며 1920년대
에 독일의 나체주의자들은 조직적인 활동을 전개하여 수천 명이 알몸
으로 공원과 해변에 몰려들었다. 1930년 미국에서는 뉴욕 근처에 최초
의 나체주의자 캠프가 생겼다. (중략)

미국의 경우 나체주의자 캠프는 수시로 경찰의 습격을 받았다. 나체
캠프에서 음란한 일이 벌어지고 있다고 상상하는 일반 시민들의 성화
에 못 이겨 보안관들은 습격에 앞서 비행기로 하늘에서 감시해야만 했
다.

대부분의 국가에서 공공장소, 이를테면 거리, 술집, 극장 같은 곳에
벌거벗고 나타나는 행위는 법률로 금지되어 있다. 따라서 나체주의자
들은 현장에서 체포되어 성기를 공공장소에서 노출한 범죄, 곧 공연(公
然) 외설죄로 기소되고 감옥으로 끌려갔다.

나체주의자 중에는 관음증이나 노출증을 가진 성도착자들이 섞여 있
긴 하지만 대부분 자연으로 돌아가고 싶어하는 지극히 정상적인 사람
들이다.

– 이인식, 『미래교양사전』

(라)　자문화 중심주의와 문화 사대주의는 결국 편견의 문제로 귀착된다. 그리고 편견은 갈등이나 차별을 야기시킨다. 한 사회 안에서도 문화적 차이로 갈등이 일어나는데, 나라가 다르다거나 민족이 다르다면 더 큰 문제가 발생할 수 있다.

　　사회마다 다양하고 독특하게 나타나고 있는 문화는 오랜 세월에 거쳐 학습되고 축적되어 온 삶의 결과이며, 그 사회의 구성원들에게는 무한한 가치와 의미를 담고 있다. 따라서, 어느 사회의 문화가 더 우월하고 어느 사회의 문화가 더 열등한가를 비교하는 것은 무의미하며, 특정 사회의 문화를 다른 사회의 기준에 입각해서 평가하는 것은 바람직하지 못하다. 이와 같이 문화의 다양성과 상대성을 인정하고, 어떤 문화를 그 사회의 특수한 자연 환경과 역사적, 사회적 맥락 속에서 이해하고 판단하려는 태도를 문화 상대주의라고 한다.

－ 고등학교 『사회 · 문화』

문제 1 | 제시문 (가)와 (나)는 사회의 도덕에 대해 어떤 견해 차이를 보이는지 예를 들어 설명하시오(450~500자).

문제 2 | (가)와 (나)의 관점 중 하나를 선택해 (다)에 나온 나체주의자의 행위가 도덕적인지 아니면 부도덕적인지에 대해 논술하시오(450~500자).

문제 3 | 제시문 (라)에서 설명하고 있는 문화 상대주의적 태도가 극단적으로 나타날 경우 일어날 수 있는 문제를 구체적인 예를 들어 설명하고, 문화에 대해 어떤 태도를 취해야 하는지 논술하시오(450~500자).

 **| 문제 해설**

1. 출제 의도

우리 사회에는 오랜 역사와 전통을 가지고 있는 제도나 관습, 문화 등이 있다. 이러한 제도나 관습, 문화 등은 우리가 당연하게 받아들이고 계승해야 할 것으로 여겨진다. 그러나 시대와 사회가 빠르게 변화함에 따라 당연하게 받아들여지던 것들 역시 변화의 장벽에 부딪치게 된다. 최근 대학 논술 문제는 학생들이 당연하게 받아들이는 제도나 관습, 문화 등에 대해 비판적으로 살펴볼 것을 요구하는 것이 많다.

본 논술 문제는 학생들이 당연히 받아들이는 여러 가지 중 도덕의 문제를 다루고 있다. 도덕을 인간들 사이의 약속으로 볼 경우 그것을 위반하는 것은 인간으로서의 당연한 의무를 위반하는 것이 아니라 단지 약속을 깬 것에 불과하게 된다. 약속이란 것이 시대와 사회마다 다르다면 인간이라면 마땅히, 당연히 지켜야 할 도덕이라는 것은 존재하지 않게 되고, 이는 상대주의적 관점으로 연결된다. 하지만 상대주의가 극단으로 치달을 경우에는 보편적인 아무것도 것은 없게 되고, 인간의 존엄성조차 상황에 따라 절대적 가치로 받아들여지지 않을 수 있다.

이런 맥락에서 도덕과 관련해 상대성과 보편성의 균형을 어떻게 잡아야 하는지에 대해 학생들의 진지한 고민을 요구하는 것이 본 논술 문제의 핵심이다.

2. 제시문 분석

제시문 (가)는 칸트의 의무론적 윤리설의 입장을 설명하고 있다. 칸트는 행위의 결과보다는 동기를 중시하는 입장이다. 그는 그 자체가 목적인 무조건적 명령으로서의 도덕법칙을 제시한다. 그의 도덕법칙은 모든 이에게 똑같이 적용될 수 있는 보편적 타당성을 지녀야 한다. 그러므로 칸트의 도덕법칙에 따를 때 인간은 '마땅히' 도덕을 지키고 따라야 한다.

제시문 (나)는 홉스의 목적론적 윤리설의 입장을 설명하고 있다. 홉스는 인간은 이기적인 대상이며, 자신의 생존과 이익만을 추구한다고 보고 있다. 이런 가정에서 사람들은 자신의 생존과 이익을 위해 계약을 통해 법과 규범을 만들었고, 이를 집행하는 정부를 세우게 된다. 이러한 홉스의 입장에서 도덕이란 만인의 만인에 의한 투쟁 상태로 빠지지 않기 위한 인간들의 약속이다. 그러므로 그 약속이란 시대와 사회에 따라 변화하고 달라질 수 있는 것이다.

제시문 (다)는 현대의 나체주의자들에 대해 설명하고 있다. 20세기 초 독일에서 시작된 나체촌은 20세기 중반 미국으로 확산되었다. 이러한 나체주의 운동은 대부분의 국가에서 법률과 도덕에 의해 처벌받았다. 하지만 이들의 대부분은 지극히 정상적인 사람들이며, 자연으로 돌아가고자 하는 의도를 지닌 사람들이다. 이 제시문은 도덕적 행위의 기준을 어디에 두느냐에 따라 다른 해석이 가능하다.

제시문 (라)는 문화 상대주의의 입장을 자문화 중심주의와 문화 사대주의와의 비교를 통해 설명하고 있다. 문화란 오랜 세월에 걸쳐 학습되고 축적되어 온 삶의 결과이므로, 문화 간의 우월을 따지는 것은 무의미하다는 것이다. 문화 상대주의는 문화의 다양성과 상대성을 폭넓게 인정하는 장점을 지니는 동시에 어떤 가치도 보편적이고 절대적이지 않다고 여길 수 있는 단점을 가진다.

3. 문제 해설

문제 1은 제시문 (가)의 칸트의 입장과 제시문 (나)의 홉스의 도덕에 대한 입장 차이를 예를 들어 설명하는 데 목적이 있다. 칸트는 도덕을 마땅히 지켜야 하는 의무로 생각한다. 이에 반해 홉스는 도덕이란 인간이 투쟁 상태인 자연 상태로 돌아가지 않기 위해 정한 약속의 일종으로 생각한다. 학생들은 도덕에 대한 두 입장을 이해한 후 구체적인 예를 들어 그 차이를 설명할 수 있어야 한다.

문제 2는 문제 1을 바탕으로 그중 하나의 입장을 선택하여 구체적 현상에 적용해 보는 것이다. 예를 들어 제시문 (다)의 나체주의자가 도덕적인지 부도덕적인지는 학생들이 선택하는 입장에 따라 다른 해석이 가능하다. 칸트의 입장에서는 나체주의자의 행위는 모든 사람들에게 똑같이 적용될 수 있는 보편적 도덕법칙은 아니므로 부도덕적 행위가 될 것이다. 이에 반해 홉스의 입장에서는 도덕이란 인간의 생존과 이익을 지키기 위해 정한 약속이므로 시대와 사회적 상황에 따라 변화될 수 있을 것이다. 그러므로 나체주의자들의 행위는 사회적 상황에 따라 도덕적일 수 있을 것이다. 물론 칸트 입장에서도 나체주의자를 도덕적이라고 볼 수 있고, 계약론적 입장에서도 나체주의를 부도덕이라 볼 수 있다. 중요한 것은 한 입장을 택해 그 관점에서 도덕이냐 부도덕이냐를 설명할 수 있어야 한다는 것이다. 이를 통해 도덕에 대한 두 입장의 차이를 좀 더 확실하게 이해할 수 있다. 학생들이 특정 사회현상에 대해 한 가지 입장으로 바라볼 것이 아니라 다양한 도덕 관점에서 바라볼 수 있기를 기대한다.

문제 3은 제시문 (라)에서 설명하고 있는 문화 상대주의가 불러올 수 있는 극단적 문제점을 구체적으로 설명하고, 문화를 대하는 태도에 대해 자신의 견해를 밝히는 것이다. 문화 상대주의는 보편적인 문화나 절대적으로 좋고 나쁜 문화를 상정하는 것이 아니라, 문화마다 시대와 사회에 적합한 가치가 존재함을 받아들이자는 입장이다. 도덕을 사람들 사이의 계약이나 약속으로 받아들일 경우 그 약속을 어떻게 정하느냐에 따라 도덕의 모습은 달라질 것이고, 그렇다면 시대와 사회를 불문하고 옳다고 할 수 있는 도덕이나 문화는 없게 된다.

하지만 사람들은 특정 문화를 만든 뒤에는 그 문화적 잣대로 행위나 관습, 제도, 의식 등을 평가하고, 정상과 비정상으로 나누는 경향이 있다. 예를 들어 우리나라는 밥그릇을 상에 놓고 먹는 것이 정상이지만 일본이나 중국은 똑같은 행위가 비정상이 되고, 일본이나 중국에서는 밥그릇을 들고 먹는 것이 정상이지만 우리나라에서는 비정상이 된다.

각 문화는 나름의 맥락과 이유가 있다는 입장이 문화 상대주의이고 이러한 태도가 세계화 시대에 필요한 자세라고 많이 언급한다. 그러나 이런 문화 상대주의가 극단으로 치달을 경우 인간의 보편성 자체를 인정하지 않을 수도 있기 때문에 문제를 야기할 수도 있다. 학생들은 모든 것을 나름대로 다 인정해 주는 태도가 가져올 수 있는 위험성을 구체적인 사례를 찾아 설명하고, 문화를 바라보는 바람직한 태도는 어떤 것인지 논술해야 한다. 이를 통해 문화에 대한 균형적인 인식 태도를 갖출 수 있을 것으로 기대한다.

| 학생 답안과 첨삭 지도의 실제(1)

학생 답안

■ 글의 개요 분석

1. 칸트는 윤리에 대해 의무론적 입장이며, 홉스는 목적론적 입장이다.
2. 칸트는 도덕법칙을 정언명령이라 하여 마땅히 지켜야 하는 것으로 보고 있다.
3. 홉스는 자연 상태로 돌아가지 않기 위해 도덕을 지켜야 하는 것으로 보고 있다.

선덕고 김석현

① 칸트는 서양 근대 합리론으로 대표되는 사람으로서, 윤리에 대해 의무론적인 입장을 보인다. 반면 홉스는 서양 근대 경험론으로 대표되며, 윤리에 대해 목적론적 입장을 나타낸다.

② '남의 것을 탐내지 말라'라는 도덕규범이 있다고 해보자. 칸트는 행위 자체에 선악이 있다고 보았기 때문에 규범 자체는 선이다. ③ 하지만 그 규범을 지키는 동기를 보면 두 가지로 나뉜다. ④ 마땅히 해야 하기 때문에 지키는 것과 타인에게 칭찬받으려 지키는 것이다. 칸트는 전자를 정언명령이라 하며 도덕적 가치가 있다고 보고, 후자를 가언명령이라 하며 도덕적 가치가 없다고 본다.

⑤ 홉스는 규범을 지키는 이유가 조금 다르다. 몇몇 개인이 규범을 지키지 않고 남의 것을 탐하기 시작하면 자연 상태로 돌아갈 위험이 있다. 그렇기 때문에 이를 막기 위해 법과 같은 국가의 제재를 동원하는 것이다.

⑥ 즉, 둘 다 규범을 지킨다는 측면에서는 같으나 칸트는 마땅히 지켜야 하는 것이므로 지키는 것이고, 홉스는 자연 상태로 돌아가지 않기 위해 지키는 것이다.

사회과 첨삭 지도

김성우 선생님

논리분석

제시문 (가)와 (나)의 입장을 칸트와 홉스의 입장으로 정리하여 논술하고 있습니다. 칸트는 의무론적 윤리설의 입장에서 행위 자체는 선악이 있을지라도 규범 자체는 선이라고 주장합니다. 또한 규범을 지키는 동기를 둘로 나누어 그중 도덕법칙에 해당하는 것은 정언명령이라고 설명하고 있습니다. 칸트에 대한 풍부한 배경지식을 바탕으로 칸트의 도덕법칙을 체계적이고 논리적으로 설명하고 있습니다. 홉스는 목적론적 윤리설의 입장으로, 투쟁 상태인 자연 상태로 돌아가지 않기 위해 법과 규범이 필요하다고 주장합니다. 위 학생은 이 점을 정확하게 파악하여 논술하고 있습니다. 이러한 논의를 바탕으로 규범을 지킨다는 측면에서의 공통점을 제시한 후 칸트와 홉스의 차이점을 마지막에 제시해 줌으로써 글의 완성도를 높이고 있습니다.

Idea Tip

- 칸트의 도덕법칙이 현실에서 어떻게 적용되는지 예를 찾아봅시다.
- 홉스의 철학에 대해 자세히 알아봅시다.
- 우리가 당연하게 생각하고 있는 것들에 대해 비판적으로 접근해 봅시다.

①번 문장에서 글의 서두로 칸트와 홉스의 입장을 분명하게 제시해 주고 있습니다. 질문에서 요구하는 답을 출제 의도에 맞게 정확하고 간결하게 서술하고 있습니다. 이는 주제를 요약 제시하는 역할과 함께 자연스럽게 다음 단락의 내용을 예측하게 해 줍니다. 다만 의무론/목적론이 어떤 차이가 있는지 자신의 말로 풀어서 설명했다면 더 좋았을 것입니다.

②번 문장에서는 질문에서 요구하는 대로 구체적인 예를 들어 설명하고 있습니다. 그러나 칸트의 이론을 설명할 때 '선악' 과 '선' 이라는 개념은 구체적으로 정의되지 않아 난해한 느낌을 주고 있습니다. 이를 좀 더 쉬운 용어로 풀이하는 것은 어떨까요?

→ '칸트는 인간의 행위에 좋고 나쁨을 판단할 수 있으나, 규범 자체는 그 자체로 옳다고 말한다.'

③번 문장에서는 분석의 방법으로 칸트의 도덕법칙을 설명하고 있습니다. 정언명령과 가언명령을 구체적으로 설명하고, 그중 정언명령이 도덕법칙에 해당된다고 논리적으로 설명하고 있습니다. 논리 전개가 우수한 부분입니다.

⑤번 문장에서 홉스의 자연 상태에 대한 설명이 덧붙여진다면 좀 더 의미가 명확하게 전달될 수 있을 것입니다. 홉스는 인간을 이기적 존재로 파악하여 자연 상태는 만인의 만인에 의한 투쟁 상태라고 전제하였습니다. 그러므로 홉스의 입장에서 규범을 지키고자 하는 이유는 이런 투쟁 상태로 회귀하지 않기 위함이라고 할 수 있습니다.

⑥번 문장에서는 두 입장의 공통점을 제시한 후 차이점을 후술하고 있습니다. 자신이 분석한 바를 바탕으로 글의 주제를 명확하게 제시해 주고 있습니다. 글의 서두와 문미가 자연스럽게 잘 조화되어 글의 완성도를 높이고 있습니다.

개념분석

도덕에 대한 칸트의 입장과 홉스의 입장을 정확한 제시문 독해를 통해 설명하고 있습니다. 제시문에 나오지 않은 부분은 자신의 배경 지식을 이용하여 보강 설명을 하고 있습니다. 칸트와 홉스의 도덕법칙에 대해 정확히 이해한 후 각각의 입장을 설명하고 있습니다. 참고로 칸트의 윤리설과 목적론적 윤리설을 설명하면 다음과 같습니다.

칸트는 인간이 선하거나 악하도록 선천적으로 결정된 것이 아니라 자유의지에 따라 선을 택하여 실천할 수도 있고, 악을 택하여 실천할 수도 있는 자유의지의 존재라고 보고 있습니다. 칸트의 정언명령은 이성적 존재자인 인간에게 단적으로 부과하는 무조건적인 의무입니다. 그것을 명제로 표현하면 "네 의지의 준칙이 항상 주관적인 동시에 보편적인 법칙 수립이라는 원리로서 타당하도록 행위하라" 라는 근본 원리가 됩니다. 이것은 형식적 원리로 제1표식입니다.

제2표식은 다음과 같이 표현됩니다. "네 인격과 모든 타인의 인격 중의 인간성을 네가 한갓 수단으로서만 대우하지 말고 동시에 목적 자체로서 대우하도록 행위하라."

목적론적 윤리설은 인간의 감각적인 욕구를 자연적인 경향으로 보고 이를 충족시키는 것이 도덕적으로 타당하다고 주장합니다. 인간 삶의 궁극적인 목적인 행복(쾌락)을 달성할 수 있는 행위는 옳고, 그렇지 못한 행위는 옳지 않다고 주장합니다. 또한 인간 사회의 변화에 따라 또는 인간의 욕구 변화에 따라 도덕적인 행위가 결정되므로 시공을 초월한 보편적이고 절대적인 도덕법칙이란 존재할 수가 없다고 주장합니다. 목적론적 윤리설은 의무론에 비해 인간 사회의 변화에 따라 능동적으로 대처하는 윤리적 융통성을 발휘하기가 쉬울 수 있습니다. 그러나 사회 구성원 모두가 승인할 수 있는 객관적인 목적을 어떻게 찾아낼 것인가는 여전히 문제로 남습니다.

제언

질문의 출제 의도를 정확히 파악하고 있으며, 질문에서 요구하는 두 입장의 차이점을 구체적 예를 들어 논리적으로 설명하고 있습니다. 칸트와 홉스의 이론적 차이점도 정확히 이해하고 있으며 글의 전체적인 구성도 적합하다고 할 수 있습니다. 전반적으로 제시문을 정확하게 독해하고 있으며, 글의 통일성과 완결성도 높습니다.

평가항목	등급	총평
이해 · 분석력	A	논제에 대한 정확한 이해를 바탕으로 두 제시문의 내용을 잘 분석하고 있습니다. 전체적으로 논리력이 뛰어나며, 도덕에 대해 서로 다른 견해 차이를 풍부한 배경지식을 바탕으로 구체적으로 서술하고 있습니다. 또한 논제에서 요구하고 있는 구체적 예를 통해 자신의 주장을 논리적으로 잘 전개해 나가고 있습니다.
논증력	A	매우 짜임새 있게 구성했습니다. 도입 부분에서 둘의 차이가 이것이다 하고 밝힌 뒤, 본문에서 예를 들어 풀어 설명하고, 다시 마무리로 주장을 재확인함으로써 모든 문단이 하나의 주제를 향하도록 구성해서 좋았습니다. 구체적인 예로 '남의 것을 탐내지 말라'는 도덕규범을 들어 칸트와 홉스가 어떻게 이를 다르게 설명할지 밝힘으로써 둘의 차이를 명확히 이해할 수 있었습니다.
창의력	A	칸트의 의무론적 윤리설의 입장과 홉스의 목적론적 윤리설의 입장을 구체적인 예를 통해 논리적으로 무리 없이 전개해 나가고 있습니다. 교과 내용에 대한 풍부한 배경지식을 바탕으로 논제에서 요구한 바를 충실히 설명하고 있습니다. 다만 교과서적인 개념을 자기 말로 풀어 설명했다면 더 좋았을 것 같습니다.
표현력	B+	칸트와 홉스에 대한 이론과 개념에 대해 정확히 이해하고 있습니다. 또한 글의 서두와 결론의 입장을 통일시킴으로써 자신의 주장을 보강하고 있는 점은 글의 완결성을 한층 높이고 있다고 생각됩니다.

국어과 첨삭 지도

장점

이 답안은 문제에서 요구한 바를 충실히 따르고 있으며, 제시문에 대한 이해력과 분석력이 돋보입니다. 글의 서두에서 칸트의 입장과 홉스의 입장을 간략하게 정리한 후 본론에서 각각의 입장에 대한 상세한 설명을 하고 있습니다. 본론에서는 '남의 것을 탐내지 말라'는 구체적 도덕규범을 가지고 칸트의 도덕법칙과 홉스의 도덕관에 대해 비교와 대조의 방법을 통해 논리적으로 설명하고 있습니다. 또한 칸트의 도덕법칙을 위해 분석과 정의를 기법을 사용하여 글의 신뢰도를 높이고 있습니다. 그리고 결론에서 두 입장의 공통점과 차이점을 다시 한 번 정리해 줌으로써 글의 완성도를 높이고 있습니다.

단점

전반적으로 자신이 알고 있는 배경지식을 적절히 활용하여 글을 논리적으로 전개하고 있습니다. 다만 홉스의 도덕관을 설명함에 있어 제시문에 너무 의지하여 필요한 설명을 빠뜨리고 있는 점은 아쉬움으로 남습니다. 그리고 칸트의 도덕법칙을 설명함에 있어 의미가 난해할 수 있는 철학 용어를 그대로 사용하여 글의 명확성을 떨어뜨리고 있는 점은 개선해야 합니다. 그러나 대체로 문제의 요구 조건을 정확히 파악하고 있으며, 내용 역시 논리적으로 전개되고 있습니다.

구성의 특징

전체가 네 개의 단락으로 나누어져 있어 자칫 단락이 많다는 인상을 줄 수도 있으나, 각각의 단락들이 제 기능을 다함으로써 오히려 글의 통일성을 높여 줍니다. 첫 번째 단락에서 칸트와 흡스의 입장을 합리론과 경험론, 의무론과 목적론으로 간략하게 정리하면서 본론의 내용을 제시하고 있습니다. 이를 바탕으로 두 번째 단락에서 칸트의 도덕관을 먼저 구체적으로 설명해 주고 있습니다. 정의와 분석의 기법을 이용하여 논리적이고 체계적으로 입장을 분석하고 있습니다. 세 번째 단락에서는 흡스의 도덕관을 그의 자연 상태에 대한 간단한 설명과 함께 제시하고 있습니다. 마지막 단락에서는 본론에서 논의한 두 입장의 공통점과 차이점을 분명하게 밝혀 줌으로써 글을 마무리하고 있습니다. 짧은 분량임에도 불구하고 단락 간 연결의 논리적 치밀성이 돋보이는 글입니다.

표현

①번 문장에서는 문장 간의 병렬관계를 유지하여 의미 파악이 쉽습니다. 또한 둘의 입장을 명확하게 제시해 신뢰성을 얻고 있습니다.

②번 문장에서처럼 칸트가 행위 자체에 선악이 있다고 보았다는 이유로 규범 자체가 선하다는 결론을 내리기에는 논리적인 연결고리가 부족합니다. 그러므로 의미 관계를 명확하게 해 주어야 합니다. → '칸트는 행위 자체에 선악이 있다고 보았고, 규범 자체는 선하다고 보았다.'

③번 문장은 앞의 문장과 논리적 흐름이 연결되고 있는 부분이므로 '하지만'이란 연결어는 적절하지 않습니다. 논리적 흐름이 자연스럽도록 알맞은 접속어를 사용해야 합니다. '하지만' → '그리고'

④번 문장에서는 '전자를 정언명령이라 하며…… 후자를 가언명령이라 하며'라고 쓰고 있습니다. 논리적 의미 흐름을 고려할 때 다음과 같이 바꾸어 써야 합니다. '～하며' → '～하여'

⑤번 문장에서 '자연 상태'에 대한 설명이 없기 때문에 의미가 모호할 수 있습니다. 그러므로 자연 상태를 설명할 수 있는 수식어가 필요합니다. → '투쟁 상태의 자연 상태로'

⑥번 문장은 본론의 내용을 한 문장으로 잘 요약하고 있습니다.

제언

전반적으로 제시문을 정확하게 독해하고, 질문의 의도를 정확히 파악하여 논리적으로 두 입장을 설명하고 있습니다. 주장에 대한 논거가 충분하며, 논거 역시 타당하고 적절하게 사용되고 있습니다. 간혹 문장의 정확한 의미 파악을 방해하는 요소가 있으나, 글의 전체적인 논리 파악을 방해하지는 않습니다. 그러나 의미가 명확한 글은 분명한 문장에서 시작된다는 점에 유념하여 좀 더 신중을 기울여야 하겠습니다.

평가항목	등급	총평
이해 · 분석력	A	출제 의도와 논제에 대해 정확한 이해를 바탕으로 제시문을 정확하게 독해하고 있습니다. 논제에서 요구하고 있는 사항들을 대부분 잘 준수하고 있으며, 구체적인 예를 통해 설명하라는 부분 역시 충실히 지키고 있습니다. 전반적으로 글에 대한 이해도가 매우 높다고 평가할 수 있습니다.
논증력	A	제시문에 대한 정확한 분석과 함께 각각의 입장을 설명하는 데 필요한 배경지식을 효과적으로 사용하고 있습니다. 칸트의 입장을 설명하기 위해 그의 이론을 간단하게 설명해 줌으로써 글의 신뢰도를 높이고 있습니다. 또한 칸트와 홉스 공통점과 차이점을 정확하게 밝혀 줌으로써 글의 완성도를 높이고 있습니다.
창의력	B+	글의 서두에 두 사람에 대한 기본 정보를 제시하고, 본론에서 각각의 입장에 대한 구체적 논거를 마련한 후, 글의 마지막에서 두 입장의 연관성을 밝히고 있습니다. 글의 구성이 논제에서 요구하는 사항을 밝히는 데 적합하게 이루어졌다고 평가할 수 있습니다. 전반적인 논의의 수준도 높고, 문장의 논리성도 뛰어난 편에 속합니다. 다만 홉스의 인간에 대한 기본 전제를 밝혀 두었으면 하는 아쉬움이 남습니다.
표현력	B	각각의 입장을 설명함에 있어 정의되지 않은 용어들이 있습니다. '선'과 '악'이라는 용어는 좀 더 이해하기 쉬운 용어들로 바꿨으면 의미가 더욱 명확해질 수 있었을 것입니다. 또한 문장 간의 의미 연결이 자연스럽지 않은 부분은 글의 긴밀성을 떨어뜨리는 요인으로 작용할 수 있습니다.

| 학생 답안과 첨삭 지도의 실제(2)

학생 답안

■ 글의 개요 분석

1. 도덕규범이 사회적 합의로부터 도출된다는 홉스의 입장에서 나체주의자들은 그들의 행동이 도덕적이라고 주장한다.
2. 하지만 칸트의 입장에서 볼 때 나체주의는 모든 사람들에게 보편적으로 적용될 수 있는 법칙은 아니라는 점에서 비도덕적 행위로 평가된다.

선덕고 오영은

① 홉스는 도덕규범이 사회적 합의로부터 도출된다고 보았기 때문에 시대나 사회에 따라 다르게 나타날 수 있다고 보았다. ② 그래서 기존 사회에서 나체주의가 부도덕한 규범이라 할지라도, 나체주의자 집단에서는 도덕적인 것이라고 주장한다.

③ 일면 옳은 것으로 보이나, 홉스는 그것이 보편화되었을 경우 나타날 문제에 대해 간과하고 있다. ④ 나체주의의 규범이 보편화되면, 성범죄가 급격히 증가하는 등의 사회적인 혼란을 야기할 가능성이 있다. ⑤ 기존 사회와 나체주의자 집단 모두 성범죄에 대해 부도덕적이라는 입장을 보인다는 점에서 알몸으로 거리를 다니라는 규범은 보편화될 수 없다. ⑥ 보편화될 수 없는 규범은 네 의지의 격률이 언제나 동시에 보편적 입법의 원리가 될 수 있도록 행위하라는 칸트의 원칙에 어긋난다.

⑦ 그러므로 나체주의자의 행위는 몇몇 소수의 규범이고, 보편화될 수 없으므로 부도덕하다.

사회과 첨삭 지도

논리분석

문제 2는 제시문 (가)의 칸트의 입장과 제시문 (나)의 홉스의 입장 중 어느 하나를 선택하여 제시문 (다)의 나체주의자들이 행위가 도덕적인지 판단하는 것입니다. 질문을 해결하기 위해서는 둘 중 하나의 입장에서 나체주의자들의 행위를 논리적으로 분석하면 됩니다. 위 학생은 두 입장 중 칸트의 입장으로 나체주의자들을 평가하고 있습니다. 이를 위해 우선 홉스의 입장에서 나체주의자들의 행위를 먼저 분석하고 있습니다. 그런 후 홉스적 입장의 평가가 가지는 모순과 문제점들을 칸트의 입장에서 하나씩 분석하여 비판하고 있습니다. 그런 후 나체주의자들의 행위는 보편적 도덕규범이 될 수 없다고 결론내리고 있습니다.

①번 문장에서는 홉스의 기본 전제에서 논리적으로 주장이 도출되고 있습니다.

②번 문장 중에서 '나체주의자 집단에서는 도덕적인 것이라고 주장한다' 는 생략된 문장성분을 보강하여 문장의 의미를 명확하게 할 필요가 있습니다.

→ '나체주의자 집단에서는 그 행위를 도덕적인 것으로 주장할 수 있다.'

③, ④번 문장은 홉스의 주장을 반박하기 위해 칸트의 입장에서 논리적으로 분석하고 있는 부분입니다. 대체로 자연스럽게 논리가 전개되고 있습니다. 하지만 나체주의가 보편화되면 성범죄가 증가할 것인가 하는 문제에 대해서는 반론이 있을 수 있다는 점도 참고로 알아 두시기 바랍니다. 서구 유럽 사회가 우리보다 성적으로 개방돼 있지만 오히려 성범죄가 더 적다는 주장도 있습니다. 더 공부를 하면서 고민해야 할 부분입니다.

⑤번 문장에서는 기존 사회와 나체주의자 모두 성범죄에 대해 부도덕적이라는 논거를 바탕으로 나체주의는 보편적 도덕규칙이 될 수 없음을 논리적으로 설명하고 있습니다.

④, ⑤, ⑥ 세 문장들은 삼단 논법의 논리적 연결고리 속에서 전개되고 있습니다. 논리적 전개 과정이 자연스러우며, 개념의 사용도 정확하게 이루어지고 있습니다.

⑦번에서는 칸트의 입장에서 행위의 의미를 분명하게 밝혀 줌으로써 글이 완결성을 높이고 있습니다. 여기에 고민거리를 하나 던져 주겠습니다. 한 사회의 지배적인 도덕을 깨고자 하는 소수자들의 도덕은 늘 있어 왔습니다. 그 가운데는 지배적인 도덕으로 부상한 도덕도 있었습니다. 나체주의자의 도덕이 시간이 지나서 보편적인 도덕의 지위로 올라설 수 있는 가능성은 없을까요? 보다 칸트적으로 이 문제에 접근하려면 소수와 다수의 관점으로 접근하기보다는, 아무리 다수가 옷을 벗고 다닌다고 해도 그것은 인간에게 맞는 도덕행위가 아니라고 논의를 끌어가야 적합한 전개가 될 것입니다.

개념분석

이 학생의 글에서 자주 사용되고 있는 '규범' 이라는 용어의 정확한 의미를 알고 사용해야 하겠습니다. 규범이란 인간이 사회생활을 하는 데 있어, 구속되고 준거하도록 강요되는 일정한 행동양식을 말합니다. 규범은 단순히 강제적인 구속만을 지니는 것은 아닙니다. 이를 따름으로써 사회 생활이 순탄하게 이루어지는 측면도 있습니다. 일반적으로 규범은 사회적 규범으로서 존재하며 그 강제의 강도에 따라서 세 가지 단계로 나눌 수 있습니다.

Idea Tip

- 우리 사회에서 볼 수 있는 도덕적 행위와 비도덕적 행위의 판단 근거를 구체적 사례를 통해 확인해 봅시다.
- 홉스의 주장의 한계는 무엇인지 자세히 찾아봅시다.

첫째 단계는 관습 등에서 볼 수 있는 것처럼 그때까지의 사회생활의 관행에 입각해서 사람들의 생활·행동을 규제하는 것으로, 이를 위반한 경우에는 비웃음·따돌림 등의 제재를 받을 수 있습니다. 둘째 단계는 도덕적 관습으로, 이를 위반한 때는 공동 절교 등 물리적인 제재를 받습니다. 사람들의 행동을 규제하는 것은 이 단계의 규범인데, 이것은 비록 성문화되어 있지 않지만 일상적인 행동을 제재하는 강력한 힘을 가지고 있습니다.

셋째 단계는 제재의 주체가 어떤 형태이든 공적인 성격을 띠어서 권력을 가지는 경우입니다. 규범은 전형적으로는 법이라는 형식을 취하며 재판 등을 통하여 공적으로 제재가 이루어집니다. 이러한 강제력의 측면과는 다른 측면, 즉 규범의 형태를 보면, 전통·도덕·제도 등이 있으며, 이들은 규범이 개개인의 내부에 내재화되어 가는 경우의 매개체이기도 합니다. 이때의 규범들은 일정한 구속력을 진다기보다는 사회생활을 위한 일정한 생활방식으로서 기능을 하고 있습니다.

이러한 '규범'의 정의를 따를 때 나체주의자들의 규범은 칸트의 입장에서 규범이라기보다는 하나의 집단 규칙이나 개인적 삶의 방식 정도로 이해될 수 있을 것입니다.

제언

전반적으로 칸트와 홉스의 입장을 분명히 이해한 상태에서 논리적으로 글을 전개해 나가고 있습니다. 나체주의자들의 행동이라는 구체적 사회현상을 놓고, 칸트의 입장에서 정확하게 분석하고 비판하고 있습니다. 비판적 주장의 근거들이 나름대로 타당성을 가지고 있으며, 글의 논리적 연결고리들도 매우 세부적으로 이루어지고 있습니다. 짧은 글임에도 불구하고 타당한 논거를 충분히 갖춘 완성도 높은 글입니다.

평가항목	등급	총평
이해·분석력	A	제시문 (가)와 (나)의 관점 중 하나를 선택하여 구체적 사회현상을 평가하는 것이 핵심 논제입니다. 이를 위해 학생은 칸트의 입장에서 나체주의자들의 행위를 판단하고 있습니다. 즉 보편성의 입장에서 나체주의자의 행동을 비판했습니다.
논증력	A	자신이 선택한 칸트의 입장에서 나체주의자들의 행위에 대한 평가를 하기에 앞서 나체주의자들이 스스로 도덕적이라고 주장하는 근거를 먼저 밝혔습니다. 즉 나체주의자들의 행위는 홉스의 관점에서는 도덕적이라 평가할 수 있다고 밝히고 있습니다. 그런 후 자신의 입장에서 그것이 비도덕적 행위가 되는 이유를 논리적 근거를 내세워 비판하고 있습니다. 논리적으로 공격할 대상을 명확히 한 뒤 반론을 제시한 것이 좋았습니다.
창의력	A	도덕을 사회적 합의를 통한 약속이나 계약으로 보는 홉스의 입장에서 나체주의자들의 주장을 찾고 있습니다. 그리고 나체주의가 보편적으로 적용될 수 있는 도덕법칙이 아니라는 칸트의 입장과 더불어 나체주의자들의 주장이 가지는 모순점을 병행하여 제시함으로써 글의 설득력을 높이고 있습니다.
표현력	B⁺	전반적으로 자신의 입장을 쉽고 간결하게 표현하고 있습니다. 다만 글의 서두와 문미에 의미가 모호한 문장이 사용되고 있는 점은 아쉬움으로 남습니다.

국어과 첨삭 지도

송창현 선생님

장점

짧은 글임에도 불구하고 상대방에 대한 반박과 자신의 주장에 대한 논리적 근거를 효과적으로 제시하고 있습니다. 제시문에 대한 이해를 바탕으로 상대방 주장의 근거를 논리적으로 분석하고 있습니다. 전체 글의 구성도 이러한 논리적 흐름을 방해하지 않고 통일되게 만들어 주는 역할을 하고 있습니다. 전반적으로 글의 의미 전달이 분명하고, 글의 완성도도 매우 높은 편입니다.

단점

논제에 대한 이해와 제시문에 대한 분석은 훌륭하나, 문장의 연결이 자연스럽지 못한 부분이 보입니다. 적절하게 문장 부호를 사용한다면 좀 더 의미가 분명하게 전달될 수 있을 것입니다. 전체적인 구성은 2단 구성을 취하고 있는데, 마지막 단락은 굳이 단락을 따로 나누어 제시하지 않아도 될 듯합니다. 논리적 흐름이 앞의 문단과 연결되는 것이 자연스럽기 때문입니다.

구성의 특징

두 개의 큰 의미 단락으로 구성되어 있습니다. 하나는 흡스의 입장에서 나체주의자들의 행위를 판단하는 것이고, 또 하나는 칸트의 입장에서 흡스의 주장을 논리적으로 비판하는 것입니다. 각각의 단락들이 단락 내 주장을 뒷받침하기 위해 적절하고 타당한 논거들을 제시하고 있어 글의 완결성을 높이고 있습니다. 다만 마지막 단락의 경우는 앞의 단락과 의미가 연결될 수 있으므로 하나로 통합하는 것이 좋을 것 같습니다. 전반적으로 단락들이 긴밀하게 연결되어 있습니다.

표현

②번 문장의 '나체주의가 부도덕한 규범이라 할지라도, 나체주의자 집단에서는 도덕적인 것이라고 주장한다'는 문장성분 중 목적어가 생략되었습니다. 반드시 있어야 하는 문장성분이 생략되면 문장의 의미가 모호해집니다.

→ '~나체주의자 집단에서는 그 행위를 도덕적인 것이라고 주장한다.'

③번 문장은 자연스러운 의미의 연결을 위해 수정할 필요가 있습니다.

→ '~ 보편화되었을 때 나타날 수 있는 문제에 대해 간과하고 있다.'

⑥번 문장에서 의미의 영역을 제한해 주어야 하는 경우에는 따옴표를 사용하여 표시하는 것이 좋습니다.

→ '보편화될 수 없는 규범은 "네 의지의 격률이 언제나 동시에 보편적 입법의 원리가 될 수 있도록 행동하라"는 칸트의 원칙에 어긋난다.'

제언

전체적으로 잘 쓴 글입니다. 제시문에 대한 이해도 뛰어나고, 논제에 대한 분석도 잘 이루어졌습니다. 질문의 의도를 정확하게 파악하고 있으며, 자신의 입장이 더욱 설득력을 얻을 수 있도록 상대방 주장에 대해 논리적으로 반박하고 있습니다. 마지막 단락의 불필요한 구분에도 불구하고, 전체 글의 구성은 주장을 효과적으로 뒷받침하고 있습니다. 다만 문장의 의미가 분명해질 수 있도록 문장성분의 생략에 주의하십시오. 또한 다른 사람의 말을 인용하거나 이론의 구절을 인용할 때는 적절한 문장 부호를 사용하십시오.

평가항목	등급	총평
이해 · 분석력	A	제시문과 논제에 대한 이해도가 높은 글입니다. 나체주의자들의 행위를 정확히 분석하여 그들이 가진 주장의 모순점을 찾아내고 있습니다. 출제 의도를 정확하게 파악하고 있다고 판단됩니다.
논증력	A	상대방의 주장에 대한 반론을 펼칠 때 자신의 입장만을 밝히기보다는 상대방 주장의 근거를 밝혀 그 부분을 논박하는 것이 효과적인 방법입니다. 이 학생은 나체주의자들의 근거를 밝힌 후 그것의 문제점에 대해 정확하고 논리적으로 지적하고 있습니다.
창의력	A	짧은 글임에도 불구하고 자신의 주장이 효과적으로 제시되고 있습니다. 이는 글의 구성을 체계적이고 논리적으로 계획했기 때문이라 생각합니다. 상대방의 주장이 보편화되었을 때 발생할 수 있는 결과를 예측해 봄으로써 상대방의 주장이 가질 수 있는 문제점을 효과적으로 지적하고 있습니다.
표현력	B	전반적으로 의미 전달이 명확합니다. 단, 글의 서두에 의미가 명확하지 않은 부분이 보입니다. 또한 마지막 단락은 앞의 단락에 연결시키는 것이 좋겠습니다.

| 학생 답안과 첨삭 지도의 실제(3)

학생 답안

■ **글의 개요 분석**

1. 마야 문명의 왕위 계승 의식은 문화 상대주의적 입장에서 볼 때 의미를 가질 수 있지만, 보편적 도덕법칙의 입장에서 볼 때 비판받을 수 있다.
2. 문화 상대주의적 입장과 더불어 시대 상황에 따른 융통성 있는 시각이 필요하다.

선덕고 최태림

① 마야 문명의 사람들은 왕을 신과 통하는 사람으로 여겼다. 그래서 왕과 신이 서로 통하는 의식을 왕위를 계승하면서 거행했는데, 그 의식은 왕의 성기와 왕비의 혀를 칼로 찔러 피를 받아 그 피를 태움으로 진행된다. 이것은 분명 마야 문명 내에서는 그 나름대로의 종교적 의미 또는 역사적 가치를 지니겠지만, 이런 의식을 상대주의적 관점에서 바라본다면 전 세계에서 인간의 존엄성이 심하게 훼손되는 문제를 낳을 것이다.

② 문화를 대할 때 상대주의적 관점에서 접근해야 한다는 점에는 누구나 동의할 것이다. ③ 하지만 시대 상황에 따라 다른 관점이 부차적으로 쓰일 수 있다. ④ 100년 전 한국에서는 국수주의가 위정척사의 모습으로 나타났다. 지금 볼 때 위정척사 사상은 분명 잘못된 선택이었지만, 지금처럼 세계화가 빠르게 진행되고 약자의 문화가 강자의 문화에 의해 잠식되는 상황 속에서는 국수주의가 우리 것을 지킨다는 측면에서 약간의 필요성은 가지고 있다고 하겠다.

사회과 첨삭 지도

김성우 선생님

Idea Tip

- 문화 상대주의의 개념과 구체적 예들을 찾아봅시다.
- 국수주의의 개념과 구체적인 예들을 찾아봅시다.

논리분석

문제 3은 논제에서 두 가지를 요구하고 있습니다. 하나는 문화 상대주의가 극단적으로 나타날 경우 일어날 수 있는 문제를 구체적 예를 들어 설명하는 것이고, 또 하나는 문화를 대하는 바람직한 태도에 대한 자신의 입장을 서술하는 것입니다. 학생은 크게 두 개의 단락으로 나누어 질문에 답을 하고 있습니다.

첫 번째 단락에서는 '마야 문명의 왕위 계승 의식'이라는 구체적 예를 통해 이것이 보편적인 현상으로 받아들여질 경우 인간의 존엄성이 크게 훼손될 수 있음을 지적하고 있습니다. 두 번째 단락에서는 문화 상대주의의 기본 관점을 취하면서도 시대적 상황에 따라 융통성 있는 태도를 갖자고 주장하고 있습니다.

첫 번째 단락의 논리적 흐름은 대체로 타당합니다. '마야 문명'이라는 특정 사회에서 행해지는 특수한 의식에는 문화 상대주의적 관점이 적용될 수 있습니다. 그러나 그것이 문화적 보편성의 관점으로 받아들여질 경우 인간의 존엄성이 심각하게 훼손될 수 있는 문제점이 있습니다. 이런 점이 문화 상대주의의 문제점이라 설명하고 있습니다.

두 번째 단락은 조금 논지에서 벗어나고 있는 듯한 인상을 줍니다. 문화 상대주의를 기본 관점으로 받아들이고 있지만 다음 주장이 전체 글의 논지와는 거리가 있어 보입니다. 시대적 상황에 따라 다른 관점이 부차적으로 쓰일 수 있다고 하면서 '국수주의'를 예로 들어 설명하고 있습니다.

그런데 과연 '국수주의' 자체를 문화의 관점으로 설명할 수 있을지에 대해서는 의문입니다. '국수주의'는 하나의 사상인데 이를 특정 사회의 문화로 볼 수는 없기 때문입니다. 이 부분에서는 '국수주의'를 설명하기보다는 문화 상대주의를 주장하면서도 그것이 가질 수 있는 한계점을 극복할 수 있는 방안이나 태도를 제시하는 것이 글의 논리적 흐름으로 볼 때 타당합니다. 흥미 있는 사례를 통해 독자의 관심을 잘 끌었습니다.

①번 문장에서는 '마야 문명의 왕위 계승'이라는 구체적인 예를 통해 문화 상대주의가 극단적으로 적용될 경우 인간의 존엄성이 심각하게 훼손될 수 있음을 보여 주고 있습니다.

②, ③번 문장에서는 문화 상대주의를 기본적인 전제로 두고 있음을 말하고 있습니다. 그러나 여기에 덧붙여 좀 더 다른 관점이 쓰일 수 있다고 주장하고 있습니다.

④번 문장에서는 '국수주의'가 우리나라의 특수한 상황 속에서는 긍정적으로 받아들여질 수 있음을 설명하고 있습니다. 하지만 이는 단순히 세계화라는 특수한 상황 속에 '국수주의'라는 사상이 도움을 줄 수 있다는 의미이지, '국수주의' 자체가 우리의 문화로 인식될 수 있다거나 이것이 문화 상대주의의 입장에서 이해될 수 있다는 의미는 아닙니다.

개념분석

'국수주의'의 올바른 개념에 대한 설명이 필요하다고 생각합니다.

국수주의란 자기 나라의 고유한 역사 · 전통 · 정치 · 문화만을 가장 뛰어난 것으로 믿고, 다른 나라나 민족을 배척하는 극단적인 태도나 경향을 말합니다. 극단적인 국가주의와 같은 뜻으로 사용되기도 하며, 타 민족 · 타 국가에 대하여 배타적, 초월적 성격을 지닙니다. 역사적인 실례로 일본의 메이지유신 이후의 국수보존사상, 제2차 세계대전 당시 이탈리아의 파시즘, 독일의 나치즘 등을 들 수 있습니다.

국수주의의 주장에 따르면, 종족집단의 역사적 형성과 함께 생겨난 종족(민족)문화가 외래의 이질문화에 위협받을 때, 종족문화는 스스로 '문화방위' 의 자세를 취하게 된다고 합니다. 따라서 이질문화의 침입을 방어하는 '토착주의' 운동이 일어나며, 이 운동은 단순한 정신 운동으로 그치지 않고 전통적 사회의 혁신을 불러일으킨다고 합니다. 그러나 이들의 주장과 행동은 근본적으로 자국민의 우수성을 편협한 배외사상으로써 고집한다는 점에서 극단적인 국가주의임에 틀림이 없습니다.

이와 비슷한 개념으로 자문화 중심주의가 있습니다. 자문화 중심주의는 자기 문화의 가치와 관습의 관점에서 다른 문화를 평가하는 것을 일컫습니다. 자신들만의 삶의 방식을 사랑하고, 다른 문화들은 얕잡아보거나 심지어 적대적으로 대하는 것은 모든 사람들에게서 일반적으로 일어나는 일입니다.

자문화 중심주의는 긍정적인 가치와 부정적인 가치를 모두 가지고 있습니다. 부정적인 가치는 명백합니다. 자문화 중심주의는 다른 문화의 사람들에 대한 편견으로 귀착될 수 있습니다. 그래서 소통을 어렵게 만들고, 오해와 불신을 가져오게 합니다. 자문화 중심주의의 긍정적인 측면은 자국의 문화를 보호할 수 있다는 점입니다. 다른 문화의 음식, 관습, 인식 등을 거부함으로써 그 문화의 전통을 보존하는 보수적인 힘으로 작용합니다. 그 문화의 독자성을 유지하는 데 도움을 줄 수 있게 됩니다.

이 학생은 문화 상대주의의 관점을 취하는 것이 바르다고 생각하나 상황에 따라 자문화 중심주의적 시각이 필요함을 말하고자 하는 것 같습니다. 즉, 국수주의와 자문화 중심주의의 개념을 혼동할 것입니다.

제언

'문화 상대주의' 가 극단적으로 나타난 경우의 예는 적절하다고 할 수 있으나, 질문이 요구하는 문화에 대한 태도를 논술하는 부분에서는 의미가 명확하게 전달되지 못한 아쉬움이 있습니다. '마야 문명의 왕위 계승' 이라는 구체적 예가 독특하고 참신한 편이나, 좀 더 현실 상황에 가까운 예를 들어 주는 것이 독자들의 관심과 집중도를 더욱 높일 수 있을 것입니다. '국수주의' 에 대한 이해가 조금 부족한 것이 아쉬움으로 남지만, 대체로 질문의 요지를 잘 이해하고 쓴 글이라 평가합니다.

평가항목	등급	총평
이해 · 분석력	B⁺	제시문 (라)에서 설명하고 있는 문화 상대주의를 정확하게 이해하고 있습니다. 이를 바탕으로 '마야 문명의 왕위 계승 의식' 을 구체적 예로 제시하고 있습니다. 문화에 대한 태도를 논하라는 두 번째 문항의 의도는 잘 파악하였으나, 실제 내용이 이에 정확하게 일치하지 못하는 점은 아쉬운 점입니다.
논증력	B	문화 상대주의가 극단적으로 나타날 때 발생할 수 있는 문제점을 구체적 예를 통해 설명하라고 한 부분에 '마야 문명의 의식' 을 든 점은 높게 평가할 수 있습니다. 그러나 두 번째 단락에서 문화에 대한 태도를 밝히는 부분에서 '국수주의' 와 '위정척사' 의 예는 그리 적절하지 않습니다.
창의력	B⁺	마야 문명의 왕위 계승 의식의 예를 통해 문화 상대주의의 극단적 모습을 보여 주고, 그 속에서 발생할 수 있는 문제점을 잘 지적하고 있습니다. 이 점은 창의력이 돋보입니다. 그러나 문화 상대주의를 논하면서 '국수주의와 위정척사' 의 문제를 거론한 것은 독창성을 갖추려는 시도이기는 하지만, 이 논의와 그다지 연결되지 않는다는 점에서 아쉬움이 남습니다.
표현력	B⁺	'국수주의' 가 문화가 될 수 있을지에 대해 고민해 보아야 합니다. '국수주의' 가 가진 의미를 생각할 때 이는 문화의 적절한 예라 할 수 없습니다.

국어과 첨삭 지도

송창현 선생님

장점

제시문 (라)의 문화 상대주의를 정확하게 독해하여. 문화 상대주의의 예를 자신만의 배경지식 속에서 찾아 적용하고 있습니다. 그리고 구체적 예를 통해 문화 상대주의가 가질 수 있는 일반적인 문제점을 논리적으로 잘 유도해 냈습니다. 질문에서 요구하는 바를 두 개의 단락으로 나누어 하나씩 잘 풀이해 나가고 있습니다. 전체적인 문장의 길이도 알맞은 편이며, 국어 규범도 대체로 잘 지키고 있습니다.

단점

단락 구성은 잘 되었다고 평가할 수 있으나, 첫 번째 단락의 논리적 흐름에 견줄 때 두 번째 단락의 논리적 전개는 조금 떨어집니다. 두 번째 단락의 주장에서는 성급하게 일반화하려는 경향이 보이며, 자신의 주장을 명확하게 제시하지 못한 아쉬움이 남습니다. '자문화 중심주의'의 개념을 '국수주의'와 혼동하여 글의 전체적인 흐름이 흐트러졌습니다.

구성의 특징

질문에서 요구하는 두 개의 사항을 설명하기 위해 글을 두 개의 단락으로 나누어 전개하고 있습니다. 첫 번째 단락에서는 '마야 문명'이라는 특수한 예를 들어 문화 상대주의의 극단적 모습을 보여주고 있습니다. 두 번째 단락에서는 문화 상대주의의 기본 관점과 함께 문화적 국수주의도 상황에 따라 필요함을 주장하고 있습니다. 질문에서 요구하는 조건과 분량을 잘 고려하여 적절하게 단락을 구성했다고 평가할 수 있습니다.

표현

①번 문장에서는 문장 내의 논리적 의미와 문장 간의 논리적 연결고리 모두가 자연스럽게 이루어졌습니다. 구체적 현상을 지적하면서 단락의 마지막에 현상에 대한 평가를 내어 놓는 미괄식 구조를 취해 질문에서 요구하는 문화 상대주의의 극단적 경우가 보일 수 있는 문제점을 자연스럽게 도출하고 있습니다.

②번 문장은 지나친 일반화입니다. 문화 상대주의 역시 하나의 관점일 뿐입니다. 이를 모든 이들에게 당연하게 요구하는 것은 지나칠 수 있습니다.

③, ④번 문장은 문화 상대주의적 자세 이외에 자국 문화에 대한 국수주의적 집착도 필요함을 역설하고 있는 부분입니다. 하지만 이러한 의미가 정확하게 전달되지 못하고 단순히 '국수주의'라는 사상이 오늘날에도 필요하다는 주장 정도에서 그치고 있어 아쉽습니다.

제언

대체로 국어 규범을 잘 지키고 있으며 쉽고 간결하게 문장을 사용하고 있습니다. 문화 상대주의에 대한 구체적 예시에서 독창성이 보이며, 구체적 사례에서 일반적인 원리를 이끌어 내는 논리적 전개도 대체로 만족스럽습니다. 다만, 두 번째 단락의 주장이 명확하게 전달되지 못해 글의 통일성이 떨어지고 있습니다. 그러나 첫 번째 단락에서처럼 문장 간의 논리적 흐름을 잘 연결할 수 있다면 향후 반드시 더 좋은 글을 쓸 수 있을 것으로 기대됩니다.

평가항목	등급	총평
이해 · 분석력	A	제시문에 대한 내용 이해와 논제에 대한 문항 분석이 충실한 편입니다. 문화 상대주의에 대한 정확한 이해를 바탕으로 적절한 예를 들고 있습니다. 또한 문화에 대한 태도에 대해 논술하라는 부분에서도 자신의 주장을 충실히 제시하고 있습니다.
논증력	A	제시문 (라)를 바탕으로 문화 상대주의에 대한 정확한 이해를 하고 있습니다. 또한 마야 문명에 대한 구체적 논거를 통해 질문에 충실히 대답하고 있습니다. 다만 아쉬운 점은 문화에 대한 태도를 취하는 부분에서 주장이 분명하지 않은 점과 그를 뒷받침하는 논거가 적절하지 않은 점은 아쉬움으로 남습니다.
창의력	B	문화 상대주의의 극단적 모습을 통해 나타날 수 있는 문제점에 대해서는 창의적으로 서술하고 있습니다. 다만 문화에 대한 태도를 설명함에 있어 좀 더 밀접하고 다양한 예를 들 수 있었으면 합니다.
표현력	B⁺	전반적으로 균형 있게 글의 단락을 구성하고 있으며, 쉽고 간결한 문장을 사용하여 의미가 쉽게 전달되고 있습니다.

| 논술 심화 문제

(가)　인간의 성적 일탈 행위 중에서 동성애만큼 사회적 수용 기준이 시대에 따라 달라진 예는 드물다. 인류 역사를 되돌아보면 동성애는 대부분의 사회에서 경멸과 금지의 대상이었으나, 성 풍습에 따라 용인되기도 했다. 고대 그리스에서는 남자의 동성애가 찬미되었다. 동성애에 도덕적 권위를 부여한 인물은 소크라테스이다. (중략)

　　로마 시대에는 가톨릭이 국교로 공인되면서 동성애는 교회법에 의해 죄악으로 간주되었다. 동성애는 수음이나 피임처럼 하느님이 허용한 성교의 본래 목적인 종족 보존과는 무관한 탐욕적인 성행위이기 때문에 성경의 계율을 어긴 범죄로 본 것이다.

　　16세기 초에는 영국에서 동성애를 사형으로 다스리는 법률이 제정되었다. 종교적 차원을 넘어 사회적 범죄로까지 낙인이 찍힌 것이다. 프랑스에서는 동성애자를 화형에 처했다. (중략)

　　20세기에는 산업화와 도시화의 영향으로 성 풍습에 극적인 변화가 일어나면서 나라에 따라 동성애에 대한 태도가 다양하게 나타났다. 미국의 앨프리드 킨제이가 1948년과 1953년에 두 차례 발표한 보고서를 계기로 동성애에 대한 대중의 거부감이 완화되다.

　　1969년 6월에는 스톤월 폭동 사건이 터져 미국 사회가 발칵 뒤집혔다. 스톤월은 뉴욕 중심가의 동성애자 전용 술집인데, 경찰의 과잉 단속이 빌미가 되어 일반 시민들이 동성애자에 가세하여 경찰을 공격했다. 역사상 전무후무한 동성애자들의 반란이 일어난 것이다.

　　스톤월 폭동을 계기로 동성애자의 존재는 일반인들의 관심사로 부각되었으며 동성애자들은 인권 회복 운동을 조직적으로 전개하기 시작했다. 마침내 1974년 미국 정신병학회는 동성애를 공식적으로 정신질환 목록에서 삭제했다.

　　정신병의 굴레에서 벗어난 동성애자들은 본격적인 커밍 아웃(coming out)을 시작했다. 커밍 아웃은 글자 그대로 밀실 밖으로 나와 주변 사람들에게 자신이 동성애자임을 떳떳이 밝히는 행위를 뜻한다. 그들의 적극적인 행동은 취업, 결혼, 군복무에서 이성애자와 동등한 법률적 권한을 요구하고 나섰다.

– 이인식, 『미래교양사전』

(나) 교문에서 머리 염색을 단속하는 것을 본 태영은 부모님과 나눈 대화가 생각이 났다. "예전엔 장발과 미니스커트를 사회적인 문제라고 여겨서 경찰이 단속했단다." 과거에 문제였던 장발과 미니스커트를 지금은 문제라고 생각하지 않는다. 그렇다면 학생의 머리 염색도 언젠가는 문제가 되지 않을지도 모른다. 펜팔을 하는 폴의 편지를 보면 캐나다는 학교에서 머리 염색을 간섭하지 않는다고 한다.

이와 같이 예전에는 사회 문제였지만 지금은 아닌 것도 있고, 어떤 곳의 사회 문제가 다른 곳에서는 문제가 되지 않는 경우도 있다. 그렇다면 사회 문제는 시기나 장소, 그 사회 구성원의 생각에 따라서 달라지는 것이 아닐까? (중략)

1960년대 우리나라의 '미니스커트와 장발 문제', 현재 미국의 '불법 이민 노동자 문제'와 같은 현상을 사회 문제라고 한다. 이런 현상은 그 사회의 많은 사람들이 바람직하지 않다고 여겨, 이를 고쳐야 한다고 생각하는 것들이다. 그러므로 사회 문제는 '사회에 해로운 상태', '사회 집단이나 제도를 위협하는 인간의 행동 유형'을 말하거나 '사회의 구성원들 다수가 사회 규범을 지키지 않는 상태'라고 볼 수 있다.

– 고등학교 『사회 · 문화』

(다) 축구 선수가 경기 도중 갑자기 공을 손에 들고 달려가서 골을 넣었다면 어떻게 될까? 그는 아마 퇴장을 당할지도 모른다. 왜냐하면 규칙을 위반하는 행동에 대해서는 일정한 제재가 가해지기 때문이다. 이와 같이 인간은 사회가 요구하는 규범의 틀 속에서 생활하며, 사회적으로 용인되는 행동의 범주를 벗어나게 되면, 그에 따른 제재를 받게 된다. 이

렇게 규범을 벗어나는 행동을 일탈 행동이라고 하며, 이에 대한 각종 제재는 사회의 질서를 유지하기 위한 제도적 장치라고 볼 수 있다.

그런데 어떤 행동이 일탈 행동인가 아닌가 하는 것은 사회에 따라 달라진다. 이는 사회적 행동을 평가하는 가치관이나 규범이 사회적 조건이나 상황에 따라 달라지기 때문이다. 예를 들면, 이토 히로부미를 암살한 안중근 의사는 우리나라에서 애국자로 추앙받지만, 일본에서는 암살자로 간주된다. 이러한 사실은 일탈 행동의 상대적 특징을 말해 주는 것이다.

– 고등학교『사회 · 문화』

(라)　시민사회에서는 개인적 가치와 삶의 목표가 서로 다르더라도 그것이 타인의 동등한 자유와 권리를 침해하지 않는 범위 내에서는 최대한 허용되어야 한다. 이처럼 시민사회에서는 개인에게 최대한의 자유를 허용하고 사회적 가치의 강제를 최소화함으로써 공동선을 실현할 수 있다고 본다.

그런데 인간의 자유와 이성은 불완전하므로 사회는 법이나 제도 등 타율적인 영역을 설정해 줄 필요가 있다. 대체로, 사적인 영역에 속하는 것은 자율에 맡기는 반면에, 공적인 영역에 속하는 것은 법과 제도로써 타율적인 강제를 적용하게 된다.

– 고등학교『시민 윤리』

(마)　전통적으로 성윤리 규범이 무너지게 된 것은 피임약의 개발, 임신 중절 등 의료 기술의 발달에 큰 원인이 있다. 또, 사회 활동에 참여하는 여성이 늘어나면서 여성의 권리가 강화되자, 여성의 성은 종속적인 지위에서 벗어나 사랑, 결혼, 자녀 출산 이외의 성 행위를 금지하는 전통적인 성윤리에 저항하게 되었다. 이와 같은 여성의 성적 권리 주장이 사회 운동으로 확대된 것이 바로 '여성주의 운동'이다. 유럽에서 시작된 이 운동은 전통적인 성적 관행을 정면으로 부정하는 이른바 '성해방'을 주장하였고, 이로부터 자유주의 성윤리가 등장하였다. 자유주의

자들은 '충분히 숙지된 자발적인 상호 동의'만 있으면 모든 성관계는 도덕적으로 나쁘지 않다고 주장한다.

이러한 주장을 펴는 자유주의 성윤리는 온건주의와 급진주의의 두 부류로 구분된다. 온건한 자유주의자들은 서로 사랑한다는 전제 조건 하에서 자발적인 동의를 도덕적인 성관계의 조건으로 보는 입장인 데 비해, 급진적인 자유주의자는 사랑이 없어도 자발적인 동의만 있으면 동성애, 성 매매, 근친상간 등 어떤 유형의 성관계도 도덕적으로 허용될 수 있다고 주장한다.

– 고등학교 『시민 윤리』

문제 | 제시문 (가)는 동성애자에 대한 사회적 인식이 어떻게 변해 왔는지를 기술하고 있다. 이렇게 동성애자에 대한 사회적 인식이 바뀌어 온 현상을 일탈에 대한 (나), (다), (라)의 내용을 토대로 설명하고, (마)의 급진적인 자유주의자의 주장에 사회적 제재를 가해야 하는지 여부에 대해 논술하시오(1,200자 내외).

심화 문제 해설

1. 출제 의도

시대와 사회에 따라 문화의 모습은 달라지며, 문화는 정상과 비정상을 나누는 기준이 된다. 또한 문화는 사람들의 행위를 정상적인 행위와 일탈 행위로 구분짓는 기준이 되기도 한다.

문화나 도덕을 사회적인 약속 또는 계약으로 볼 경우, 그 약속이 행동 하나하나에 대해 엄하게 적용될 경우 일탈자가 양산될 가능성이 높아지며, 약속이 느슨하게 적용될 경우 똑같은 행위가 사회적으로 포용될 가능성이 높아진다.

본 논술 문제에서 학생들은 동성애 사례를 가지고 도덕과 문화, 일탈 등에 대한 이러한 작동 원칙을 이해하고 있음을 설명해야 한다. 또한 이러한 기준을 적용하여 성관계와 관련된 특정 행위의 도덕성 여부를 판단해야 한다.

2. 제시문 분석

제시문 (가)는 인류의 역사 속에서 동성애에 대한 사회적 인식과 평가가 어떻게 변화되어 오고 있는지를 보여 준다. 동성애가 찬미되던 고대 그리스 시대에서 로마 시대, 16세기를 거쳐 20세기 스톤월 폭동 사건까지 동성애에 대한 사회적 인식은 많은 변화를 겪어 왔다. 최근 동성애자들은 본격적으로 커밍 아웃을 하고 있으며, 이를 통해 적극적으로 자신들의 권익을 요구하고 있다.

제시문 (나)는 장발과 미니스커트 단속의 예를 통해 사회 문제라고 생각했던 것들이 시대와 사회가 변함에 따라 문제가 되지 않는다는 사실을 보여 준다. 즉 '사회에 해로운 상태'라는 의미의 사회 문제도 시기와 장소, 그 사회 구성원의 생각에 따라 달라진다는 사실을 보여 주고 있다.

제시문 (다)는 일탈 행동을 사회 규범을 벗어나는 행동이라 정의하고, 그러한 행동은 사회적 제재를 받는다고 말한다. 일탈 행동 여부의 판단 기준은 사회마다 다른데, 이는 사회적 행동을 판단하는 가치관이나 규범이 사회적 조건이나 상황에 따라 달라지기 때문이라 말한다.

제시문 (라)는 시민사회에서의 개인의 자유와 권리에 대해 말하고 있다. 개인의 자유와 권리는 타인의 그것을 침해하지 않는 범위 내에서 최대한 허용되어야 하지만 이를 위반할 시에는 공적 영역의 법과 제도로서 제재할 수 있다.

제시문 (마)는 급진적인 자유주의자들의 사랑법에 대해 말하고 있다. 여성주의 운동에서 시작된 자유주의 성윤리는 온건주의와 급진주의로 구분된다. 이 중 급진주의적 자유주의자들은 사랑이 없어도 자발적인 동의만으로 성관계도 허용될 수 있다고 주장한다.

3. 문제 해설

제시문 (가)는 동성애가 사회적, 종교적으로 억압과 제재를 받다가 현대 사회로 오면서 서로 다른 성적 취향의 하나로 인정되는 과정을 설명하고 있다. 동성애를 사례로 학생들은 사회적인 일탈과 이에 대한 처벌이 시대와 사회에 따라 달리 규정될 수 있는 문제임을 이해해야 한다. 이는 『사회 · 문화』 교과에서 발췌한 (나)와 (다)에서도 언급된다.

■ **문제 핵심분석**

● 합리주의와 인간 행동
● 과시 소비 현상의 개인적 · 사회적 원인
● 과시 소비 현상의 사회적 영향과 해결 방안

과거와 현재를 비교할 때, 일탈적인 머리 스타일과 옷차림이 바뀌었다는 점과 똑같은 인물이 이 사회와 저 사회에서 달리 평가받는다는 점을 들어 일탈이 시기나 장소, 사회 구성원의 생각에 따라 달라질 수 있는 상대적인 것임을 설명해야 한다. 즉 시기와 장소에 따라 달리 규정 지을 경우, 똑같은 행위가 어떤 사회에서는 (라)에서 말하고 있는 사적인 영역에 속한다고 평가받아 사회적 대상에서 제외되는 반면 어떤 사회에서는 공적인 영역에 속한다고 평가받아 사회적 제재를 받기도 한다. 학생들은 제시문 (가)의 동성애 행위가 사회적으로 제재를 받다가 최근 법률적 권리까지 인정받게 된 것을 사회적 약속으로서의 도덕과 일탈, 개인적 영역과 사회적 영역 등의 개념과 내용으로 설명해야 한다.

제시문 (마)에서 급진주의자들은 어떤 형태의 성행위도 개인 간의 동의가 있다면 허용해야 한다는 주장을 펴고 있다. 이에 대해 학생들은 이 행위가 사적 영역에 속하므로 자율적 행위로 인정해야 하는지, 아니면 공적인 영역에 속하는 행위이므로 타율적 제재를 가해야 하는지에 대해 나름의 견해를 피력해야 한다.

심화 문제 예시 답안

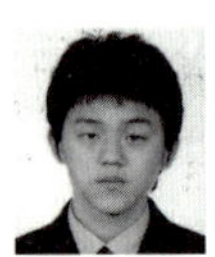
마포고 김진수

① 몇 해 전, 한 연예인이 자신이 동성애자임을 밝혔다가 곤욕을 치른 적이 있다. 외국의 여러 나라들은 동성애자들의 권리를 위한 법 제정이 되어 있고, 사회적 인식이 많이 나아졌지만, 우리나라는 아직 동성애자에 대한 편견이 남아 있다. ② 똑같은 사랑이라는 이름하에, 인간과 인간 사이의 관계이지만 자신들과 다르다는 이유로 그들을 부정하고 있는 것이다. ③ 심지어 그들은 정신적 문제가 있는 사람들로 취급을 한다. 하지만 우리 사회뿐만이 아닌 전 세계적으로 그 수가 늘어남에 따라 인식이 변화되어 가고 있다. 그 이유는 무엇일까?

④ 사회적 인식은 그 사회 구성원들과 시대가 지남에 따라 변화되어 왔다. ⑤ 고대 그리스의 소크라테스는 동성애에 도덕적 권위를 부여하였지만, 가톨릭의 교황은 종족 보전과 무관한 탐욕적 성행위의 죄악으로 몰아넣었다.

■ 글 개요 분석 및 특징

1. 우리 사회뿐만 아니라 전 세계적으로 동성애자에 대한 인식이 변하고 있다.
2. 사회적 인식은 사회 구성원과 시대에 따라 변화하는데, 동성애의 문제도 이에 해당한다.
3. 사회적 문제인 일탈 행위 역시 시대가 변함에 따라 그 대상이 변화한다.
4. 자발적 동의하에 이루어지는 성행위는 도덕적이라고 주장하는 급진적 자유주의자들의 주장은 비판받아야 한다.
5. 동성애의 문제는 사회의 편견의 문제이나, 급진적 자유주의자들은 공적 영역의 측면에서 사회적 제재를 받아야 한다.

⑥ 이처럼 동성애에 대한 사회적 인식은 시대가 지남에 따라 찬미의 대상에서 죄악으로 변화되어 왔다. ⑦ 금욕을 중시한 가톨릭에서는 종족 번영을 위한 하느님이 인정한 성행위에 위배된다는 표면적 이유를 벗어나 동성들이 모여 있는 수도원에서의 성행위의 발생을 두려워했기 때문인지 모른다.

⑧ 1970년대 초, 우리 사회의 문제로 대두되었던 미니스커트와 장발은 더 이상 문제로 치부되지 않는다. ⑨ 당시에는 기성세대를 향한 신세대의 반항 정도로 취급되었지만, 지금은 개성의 표현으로 여기기 때문이다. 일탈이라 취급되었던 이것은 시대가 지나감에 따라 개성이란 이름으로 분류된다. ⑩ 일탈은 사회규범을 벗어나는 것이지만, 시대와 지역에 따라 변해감을 알 수 있다. ⑪ 대표적인 예로 빈 라덴은 서방 국가에게는 단순한 테러범이지만, 중동 국가에게는 영웅으로 칭해진다. ⑫ 하지만 이같이 불분명한 가치관의 차이에서 오는 이것은 타인의 자유를 침해하게 되면 그것은 사회적 제재를 받게 된다.

⑬ 전통적인 성윤리 규범은 여성의 권리 강화와 함께 일어난 여성주의 운동에 의해 무너져 내렸다. ⑭ 그들은 자발적 동의하에 이루어진 성행위에 대한 도덕적 논란을 없애려 하면서 온건주의와 급진주의자로 나뉘었다. 온건은 서로 사랑해야 함을 전제조건으로 내세웠으며, 급진은 자발적 동의만 있으면 모든 성행위가 도덕적으로 허용된다고 말한다. 급진주의자의 주장에 따른다면 성 상품화, 성폭력의 증가로 인한 사회질서의 혼란 등 여러 가지 사회 문제가 야기될 것이므로 사회적 제재를 가해야 한다.

⑮ 동성애는 다수의 눈에서 본 일종의 편견임이 분명하다. ⑯ 민주주의의 맹점은 소수의 의견이 무시되는 데에 있다. 다수는 자신과 반대되는 행동을 하는 그들을 사회적 일탈로 치부하기보다 본질은 자신과 같다는 걸 이해해야 한다.

⑰ 급진주의자들은 자신들의 주장에서 오류를 찾아야 할 것이다. 자발적 동의의 성관계가 도덕적 제재 없이 허용된다면 성의 악용이 더욱 늘어날 것이며, 사회질서에 혼란을 가져올 것이다. ⑱ 사랑이 무엇인지 성적인 행위에 있어 어떤 의미를 가지는지 곰곰이 생각해 보아야 한다.

사회과 첨삭 지도

김성우 선생님

Idea Tip

- 사회적 일탈 행위의 의미가 변화한 예를 구체적으로 찾아봅시다.
- 동성애에 대한 다양한 견해를 찾아 읽어 봅시다.
- 성 윤리와 관련하여 자신의 생각을 정리해 봅시다.

논리분석

일반적인 사회 인식의 변화 과정을 설명하는 글입니다. 오랜 역사 속에서 그 평가가 달랐던 동성애에 대해, 그 사회적 인식 변화의 이유를 일탈의 개념과 성격을 이용하여 설명해야 하는 문제입니다. 우선 제시문 (나), (다)의 독해를 통해 사회 문제와 일탈의 개념과 성격을 찾아내고, 제시문 (라)의 독해를 통해 사회적 제재가 이루어지는 영역을 이해해야 합니다. 사회 문제와 일탈 행위가 변하는 이유를 제시문을 통해 분석한 후에는 제시문 (가)의 동성애자들에 대한 사회적 인식 변화 과정을 논리적으로 설명해야 합니다. 또한 이런 논의를 급진적 자유주의자들의 성행위에 구체적으로 적용하여 자신의 판단을 내려야 합니다.

학생은 사회 문제와 일탈의 개념과 그 성격의 변화를 정확하게 이해하고 있으며, 동성애에 대한 인식 변화 이유도 논리적으로 설명하고 있습니다. 다만 제시문 (라)에서 밝히고 있는 사회적 제재의 영역을 동성애자와 급진적 자유주의자들의 성행위에 분명하게 적용하지 못하고 있습니다.

①번 문장에서 시사적 사건을 통해 흥미를 유발한 후 다른 나라의 상황과 우리나라의 상황을 비교하고 있습니다. 문제를 제기하기 위한 도입부로 적절하다고 판단됩니다.

②번 문장에서는 동성애에 대해 긍정적인 관점에서 서술하고 있습니다. 그러나 동성 간의 사랑을 옹호하기 위해 지나치게 주관적인 판단을 내리고 있습니다. 우리나라의 경우 동성애에 대해 부정적인 견해가 많은 이유는 외국과 다른 사회적 관습과 문화적 전통 때문이라고 할 수 있습니다.

③번 문장에서는 논리적으로 자연스럽게 문제제기에 도달하고 있습니다.

④, ⑤, ⑥번 문장에서 제시문 (가)의 내용을 핵심만 간략하게 요약하여 제시하고 있습니다. 동성애에 대한 사회적 인식이 찬미에서 죄악으로 변화되고 있다고 설명함으로써 인식의 변화에 초점을 두고 있습니다.

⑦번 문장은 제시문에서 설명되고 있지 않은 가톨릭의 동성애 비난 이유를 자신의 논리 체계 속에서 설명하고 있습니다. 비판적 시각이 돋보이는 부분입니다.

⑧, ⑨, ⑩번 문장에서는 제시문 (나)와 (다)를 정확하게 독해해서 일탈과 사회 문제가 시대와 사회의 변화에 따라 달라질 수 있음을 논리적으로 설명하고 있습니다.

⑪번 문장에서는 제시문의 예를 응용해 자신만의 예를 만들어 내고 있습니다. 창의성이 돋보입니다.

⑫번 문장에서 일탈 행위가 시대에 따라 변화하지만 이런 행위가 타인의 자유를 침해하면 사회적 제재를 받게 된다는 의미를 말하고자 하는 것 같습니다. 그러나 문장을 불분명하게 사용하여 글의 논지를 방해하고 있습니다.

⑬번 문장은 본론의 첫 번째 논의가 끝나고 두 번째 논의로 넘어가는 부분입니다. 그런데 두 번째 논의의 시작이 앞의 논의와 자연스럽게 연결되지 못하고 독립적인 인상을 주고 있습니다. 그러므로 전체 글의 통일성을 위해 사회규범의 변화 측면에서 자연스럽게 연결하도록 해야 합니다.

→ '시대에 따라 사회규범이 변화하는 것처럼 전통적인 성윤리 규범도 여성의 권리 강화와 함께 일어난 여성주의 운동에 의해 무너져 버렸다.'

⑭번 문장과 같이 제시문 (마)의 내용을 단순히 요약하는 것은 의미가 없습니다. 그중에서 문제화되고 있는 급진적 자유주의자들의 행위에 논의를 한정할 필요성이 있습니다.

⑮, ⑰번 문장은 단정적으로 결론을 내리고 있습니다. 앞의 논의로 볼 때 동성애에 대한 인식은 시대와 사회에 따라 변화하는 것으로 우리나라에는 아직까지 인식의 변화가 오지 않았기 때문입니다.

⑰, ⑱번 문장에서는 급진주의자들의 행위가 비판받는 이유를 성의 악용과 사회질서의 혼란 야기 등으로 정리하고 있습니다. 그러나 좀 더 분명하게 질문에서 요구한 답변을 할 필요가 있습니다. 다시 말해 급진적 자유주의자들의 행위에는 사회적 제재를 가해야 한다고 분명하게 말해주어야 주제를 분명하게 전달할 수 있습니다.

개념분석

논제를 풀어 나가는 데 가장 핵심적인 개념이 '일탈'이라고 할 수 있습니다. 일탈은 사회규범으로 벗어나는 것으로 사회의 목적과 사상, 조직 등으로부터 벗어나는 것을 의미합니다. 어떤 행위를 일탈로 규정하거나 일탈 행위의 범주로 규정하는 것은 이러한 행위에 대한 사회 구성원들의 자연스러운 반응을 반영한 것입니다(사회적 반응으로서의 일탈). 즉 규율, 환경, 개인의 특성, 그리고 대중의 반응이 '일탈적인 것'과 '그렇지 않은 것'을 구별하는 데 기여한다는 것입이다. 따라서 일탈을 창조하는 것은 행동에 대한 사회적 반응입니다. 일탈에 대한 다른 규정들은 특별한 사회, 문화적 배열(타협)에 기인합니다. 재산 범죄의 경우, 재산이 사적으로 소유되고 중요시되는 곳에서만이 가능해지고 중요해집니다. 정신질환의 경우, 한 개인의 역할 취득에 있어서의 무능력, 더욱이 타인의 행위를 이해하는 것에 있어서의 무능력은 정신질환 또는 정신이상이라는 낙인을 이끄는 것처럼 보입니다.

일탈이라는 행위 역시 상대성이라는 관점에서 이해할 수 있습니다. 우리 사회에서 절대적인 믿음을 얻고 있는 가치는 소수입니다. 사회적 규범 역시 시대와 장소에 따라 상이하게 해석되며, 서로 다르게 적용됩니다. 일탈 행위도 이러한 상대적 맥락에서 해석할 수 있을 것입니다.

제언

전반적으로 제시문을 충실히 이해하고 있으며, 동성애에 대한 사회적 인식의 변화 이유를 논리적으로 설명하고 있습니다. 대체로 서론과 본론이 각각의 기능을 충실히 하고 있으며, 본론에서 다루어지고 있는 문제들에 대해 타당한 논거를 마련하고 있습니다. 제시문에 나타난 현상에 대한 깊이 있는 분석과 함께 제시문을 응용한 예를 제시한 점은 긍정적으로 평가할 수 있습니다. 다만 본론 1과 본론 2 사이의 논리적 연결이 자연스럽지 못하여 글의 통일성을 떨어뜨리고 있는 점은 개선해야 합니다. 평상시에 분량이 긴 글을 쓰는 연습을 꾸준히 한다면 충분히 좋은 글을 쓸 수 있으리라 생각합니다.

평가항목	등급	총평
이해 · 분석력	A	동성애자에 대한 사회적 인식이 바뀌어 온 현상을 제시문 (나), (다), (라) 속의 일탈과 관련하여 설명하고, 이를 바탕으로 급진주의 자유주의자들의 주장을 평가하는 것이 출제의 의도입니다. 위 학생은 출제 의도를 정확히 파악한 후 글을 쓰고 있으며, 제시문의 내용을 대체로 만족할 만한 수준으로 읽어 내고 있습니다. 제시문 (가)의 내용을 하나의 단락으로 간략히 요약하고 있으며, 제시문 (나), (다), (라)에서 공통적으로 말하고자 하는 바도 잘 지적하고 있습니다.
논증력	B	동성애자에 대한 인식이 변화된 이유를 사회적 인식의 변화에서 찾고 있습니다. 또한 사회적 인식은 그 사회 구성원과 시대가 변함에 따라 달라질 수 있다고 논리적으로 설명하고 있습니다. 이를 뒷받침하기 위해 '빈 라덴' 이라는 구체적 예를 들어 줌으로써 주장의 신뢰성을 높이고 있습니다. 다만, 급진적 자유주의자들의 주장에 대해서는 그들이 일으킬 수 있는 사회적 문제들을 제시하는 것만으로 성급하게 결론을 내리고 있는 아쉬움이 있습니다.
창의력	B⁺	연예인의 커밍 아웃 사건을 서론에 제시하여 독자들의 호기심을 유발하고 있습니다. 그리고 그를 통해 자연스럽게 동성애자에 대한 사회적 인식 문제를 거론하고 있습니다. 그런 후 제시문 (나), (다), (라)의 요약 정리를 통해 동성애자에 대한 사회적 인식이 변하는 이유를 설명하고 있습니다. '빈 라덴' 의 예는 제시문의 예를 응용한 창의적 표현으로 평가할 수 있습니다.
표현력	B⁺	대체로 개념을 정확하게 이해하고 있으며, 자신의 주장을 이끌어 내기 위한 논리적 전개 과정도 만족할 만합니다. 다만 사전적 의미를 정확하게 알지 못하고 사용하는 어휘들이 있어 의미의 명확성을 흐리고 있는 점은 단점으로 지적할 수 있습니다.

국어과 첨삭 지도

장점

다섯 개의 제시문을 읽고 그 속에서 문제를 풀어 나가며 실마리를 잘 찾고 있습니다. 제시문 (가)의 동성애에 대한 인식의 변화 과정을 제시문 (나)와 (다)의 사회 문제의 개념과 성격과 잘 연결하여 설명하고 있습니다. 각 단락의 구분과 분량도 적절하며, 단락에서 주장하고 있는 주제도 대체로 분명한 편입니다. 자신의 입장을 밝히면서 구체적 예를 제시하려는 노력이 글의 신뢰도를 높이고 있습니다. 또한 제시문의 예를 응용하여 자신만의 예를 찾아내는 창의적인 부분도 글의 신선함을 높이는 요소로 작용하고 있습니다. 전반적으로 논리적이고 체계적인 글입니다.

단점

서론과 본론의 구분이 분명하며 결론에서 자신의 주장을 잘 마무리하고 있습니다. 다만 본론에서 다루고자 하는 두 사안이 서로 밀접하게 연결되지 못해 글의 긴밀도를 떨어뜨립니다. 그리고 '시간' 과 '시대' 의 사전적 의미를 혼동하여 사용함으로써 문장의 의미를 혼란스럽게 합니다. 또한 전체 논의 과정에서 불필요한 문장과 단락이 사용되어 글의 통일성을 해치고 있는 부분도 개선해야 합니다. 대체로 무난한 글이라 할 수 있지만, 세부적인 부분에서 좀 더 신경을 써야 할 것으로 보입니다.

구성의 특징

서론/본론/결론의 3단 구성을 취하고 있습니다. 서론은 흥미 유발과 문제제기의 기능을 충실히 하고 있으며, 본론은 서론에서 제기한 문제에 대한 답을 논리적으로 분석하여 전개해 나가고 있습니다. 본론에서 두 사안을 긴밀하게 연결하지 못한 단점이 있지만 전체적인 글의 구성은 하나의 완결된 결론으로 향하고 있습니다. 1,200자의 분량을 고려하여 적절하게 삼단 구성을 잘 이끌어 나가고 있습니다.

표현

①번 문장은 띄어쓰기 규정에 맞게 고쳐야 합니다. 또한 앞 문장과의 의미 관계를 고려해야 합니다. '몇 해전' → '몇 해 전', '사회적 인식이 많이 나아졌지만' → '사회적 인식도 많이 나아졌지만'

②번 문장의 '자신들과 다르다는 이유로'에서 자신들과 다르다는 이유에 대한 자세한 언급이 없습니다. 어떤 면에서 다른지가 불분명합니다. 구체적 논거가 필요한 부분입니다.

③번 문장은 서론의 마지막 문장으로 본론에서 다룰 문제제기를 하고 있습니다. 서론의 기능을 충실히 수행하고 있다고 평가할 수 있습니다.

④번 문장의 '시대가 지남에 따라' 부분은 어휘 사용이 정확하지 않습니다. 통상 '시대'는 '변하다'와, '시간'은 '지나다'와 연결됩니다.

⑤번 문장의 '가톨릭의 교황은 종족 보전과 무관한 탐욕적 성행위의 죄악으로 몰아넣었다'라는 부분은 수식 관계를 단순화하면서 의미를 분명하게 해 줄 필요가 있습니다.

→ '가톨릭의 교황은 동성애를 종족 보전과 무관한 탐욕적 성행위로 규정지었다.'

⑥번 문장의 '찬미의 대상에서 죄악으로 변화되어 왔다' 부분은 병렬 관계를 고려해서 바르게 다시 써야 합니다.

→ '~찬미의 대상에서 죄악의 대상으로 변화되어 왔다.'

⑦번 문장은 의미가 명확하지 않습니다. 모호한 문장은 전체 논리를 해칩니다.

→ '금욕을 중시한 가톨릭에서는 종족 번영이라는 하느님이 인정한 성행위에 위배된다는 표면적 이유를 제시했다. 하지만 그들은 동성들이 모여 있는 수도원에서의 동성애 발생을 두려워하고 있었는지도 모를 일이다.'

⑧번 문장은 의미상 시간 부사어를 삽입해야 합니다. '~지금 더 이상~'

⑨번 문장의 '시대가 지나감에 따라 개성이란 이름으로 분류된다'라는 부분은 '시대가 지나감에 따라 개성이란 이름으로 분류되고 있다'라고 하는 것이 의미를 더 자연스럽게 연결시켜 줍니다.

⑩ '시대와 지역에 따라 변해 감을 알 수 있다.' → '시대와 지역에 따라 다름을 알 수 있다.'

⑫번 문장은 의미가 불분명한 모호한 문장입니다. 의미가 분명해지도록 고쳐야 합니다.

→ '하지만 일탈 행위가 타인의 자유를 침해하게 되면 사회적 제재를 받게 된다.'

⑬, ⑭번 문장은 두 번째 논의가 시작되고 있는 부분입니다. 좀 더 단락이 매끄럽게 연결될 수 있도록 적절한 연결고리를 만들 필요가 있습니다.

→ '이러한 맥락에서 전통적인 성윤리~'

⑮번 문장에서처럼 단정적인 표현은 피하는 것이 좋습니다. 특히 타당한 논거 없는 무조건적 주장은 비판받을 소지가 많습니다.

⑰번 문장은 전체 논지와는 상관없는 부분이라 할 수 있습니다. 삭제하는 것이 좋겠습니다.

⑱번 문장은 글의 마지막 주장이라고 하기에는 너무 모호하고 포괄적입니다. 질문에 대한 명확한 답으로 바꾸는 것이 좋겠습니다.

→ '급진적 자유주의자들의 행위는 공적 영역에 해당하는 성매매, 성범죄 등을 유발할 수 있기에 마땅히 사회적 제재를 가해야 한다.'

제언

대체로 간결하고 쉬운 문장으로 글을 구성하고 있습니다. 제시문에 대한 정확한 독해를 바탕으로 질문에서 요구한 것을 정확하게 파악하고 있습니다. 논제에서 요구한 두 가지 사항을 본론에서 균형 있는 비율로 논리적으로 설명하고 있습니다. 제시문 (나)와 (다)에서 설명하고 있는 사회 문제와 일탈의 개념과 성격을 동성애에 대한 사회적 인식 변화에 적용해 논리적인 결론을 도출하고 있습니다. 전반적으로 무난하게 출제 의도를 파악한 글입니다. 다만 쓰임이 맞지 않는 어휘가 사용된 점과 전체 맥락에서 불필요한 문장이 사용되고 있는 점은 개선해야 할 부분입니다. 향후 개요를 작성한 후 그에 맞춰 글쓰기 연습을 한다면 이런 실수들은 고쳐질 수 있을 것입니다.

평가항목	등급	총평
이해 · 분석력	B	정확한 독해력을 바탕으로 다섯 개의 제시문의 핵심 주장을 정확하게 파악하고 있습니다. 제시문 (가)를 간단히 요약 정리하고 있는 것이 돋보이며, 사회 문제와 일탈의 개념을 설명하고 있는 제시문 (나), (다), (라)의 공통점도 대체로 무난하게 찾아내고 있습니다. 다만 제시문 (라)에서 말하는 사적 영역과 공적 영역이라는 개념을 학생의 글 속에서 제대로 사용하지 못하고 있는 점은 아쉬움으로 남습니다.
논증력	B⁺	서론과 본론을 나누어 논제에 대한 답을 서술하고 있습니다. 서론에서는 시사적인 사건을 통해 독자의 흥미를 유발하고 본론에서 다루게 될 동성애의 문제를 자연스럽게 언급하고 있습니다. 본론에서는 동성애에 대한 사회적 인식의 변화가 일어난 이유를 제시문들의 핵심을 연결하여 잘 설명하고 있습니다. 그러나 본론 두 번째의 자유주의자들의 성행위는 본론 첫 번째와 자연스러운 연결 관계를 형성하지 못하여 글의 통일성을 해치고 있습니다. 또한 자유주의자들의 성행위 설명 사이에 다시 동성애자들에 대한 이야기가 삽입되어 글의 논리적 흐름이 끊어지는 문제점이 있습니다.
창의력	B	연예인 커밍 아웃 사건, 미니스커트와 장발, 빈 라덴 등의 구체적 예들을 적절하게 사용함으로써 자칫 글이 추상적이고 일반적인 논의로 그칠 수 있는 위험에서 빠져나오고 있습니다. 추상적이고 일반적인 주장들을 할 때는 그것들이 실제 현실에서 적용된 예들을 찾아 제시해 주는 것이 글의 신뢰성을 높이는 방법이 됩니다. 대체로 앞에서 지적한 부분들을 지키려 노력한 글이라 하겠습니다.
표현력	B	대체로 단락의 구성과 문장의 쓰임이 만족스러우나, 전반적인 논리 흐름에 비해 문장 내의 의미 흐름이 자연스럽지 못한 곳이 있습니다. 또한 '시간'과 '시대'의 사전적 의미를 정확하게 구분하지 못하여 문장이 혼란스러운 인상을 주고 있는 것은 개선해야 할 점입니다.

| 제시문 원문 읽기

1. 이인식, 『미래교양사전』 중 「동성애 부부, 이성애 부부와 대등한 권리」

인간의 성적 일탈행위 중에서 동성애만큼 사회적 수용 기준이 시대에 따라 달라진 예는 드물다.

인류 역사를 되돌아보면 동성애는 대부분의 사회에서 경멸과 금지의 대상이었으나, 성 풍습에 따라 용인되기도 했다. 고대 그리스에서는 남자의 동성애가 찬미되었다. 동성애에 도덕적 권위를 부여한 인물은 소크라테스이다. 남성 동성애자(게이)들은 항문 성교나 넓적다리 성교를 했다. 여성 동성애자(레즈비언)들은 나무로 만든 모조 남근의 양쪽 끝을 각각의 질 안에 삽입한 다음 끈으로 허리를 동여매고 뒹구는 방식으로 황홀경을 맛보았다.

로마시대에는 가톨릭이 국교로 공인되면서 동성애는 교회법에 의해 죄악으로 간주되었다. 동성애는 수음이나 피임처럼 하느님이 허용한 성교의 본래 목적인 종족 보존과는 무관한 탐욕적인 성행위이기 때문에 성경의 계율을 어긴 범죄로 본 것이다.

16세기 초에는 영국에서 동성애를 사형으로 다스리는 법률이 제정되었다. 종교적 차원을 넘어 사회적 범죄로까지 낙인이 찍힌 것이다. 프랑스에서는 동성애자를 화형에 처했다.

성 과학의 여명기인 19세기에 이르러 동성애를 사악한 원죄의 산물이나 범죄적 성향의 표현으로 보는 대신에, 정신석 요인에서 비롯된 성적 일탈 행위로 규정했다. 동성애가 치료 가능한 정신질환 증세로 간주됨에 따라 수많은 게이들이 정신 분석, 거세, 고환 이식, 호르몬 처리, 전기 충격 치료, 뇌 수술 따위의 실험 대상이 되었다.

20세기에는 산업화와 도시화의 영향으로 성 풍습에 극적인 변화가 일어나면서 나라에 따라 동성애에 대한 태도가 다양하게 나타났다. 미국의 앨프리드 킨제이(1894~1956)가 1948년과 1953년에 두 차례 발표한 보고서를 계기로 동성애에 대한 대중의 거부감이 완화된다.

킨제이에 따르면 오로지 게이로 평생을 일관한 남자가 4퍼센트, 오르가슴을 수반한 동성애 경험을 적어도 한 번 가진 적이 있는 사내가 37퍼센트였다.

1969년 6월에는 스톤월 폭동사건이 터져 미국 사회가 발칵 뒤집혔다. 스톤월은 뉴욕 중심가의 동성애자 전용 술집인데, 경찰의 과잉 단속이 빌미가 되어 일반 시민들이 동성애자에 가세하여 경찰을 공격했다. 역사상 전무후무한 동성애자들의 반란이 일어난 것이다.

스톤월 폭동을 계기로 동성애자의 존재는 일반인들의 관심사로 부각되었으며 동성애자들은 인권 회복 운동을 조직적으로 전개하기 시작했다. 마침내 1974년 미국 정신병학회는 동성애를 공식적으로 정신질환 목록에서 삭제했다.

정신병의 굴레에서 벗어난 동성애자들은 본격적인 커밍 아웃(coming out)을 시작했다. 커밍 아웃은 글자 그대로 밀실 밖으로 나와 주변 사람들에게 자신이 동성애자임을 떳떳이 밝히는 행위를 뜻한다. 그들의 적극적인 행동은 취업, 결혼, 군 복무에서 이성애자와 동등한 법률적 권한을 요구하고 나섰다.

1975년 미국 연방정부는 동성애자라는 이유로 취업 거부를 하지 못하게 했다. 또한 동성애 부부(same-sex couple)에게 이성애 부부와 대등한 권리를 부여하는 움직임이 잇따랐다. 1999년 10월 프랑스 의회는 동성애 부부를 법적으로 인정하는 법률을 의결했다. 같은 달 영국 대법원은 게이에게 동거하던 게이의 유산 상속권을 부여하는 판결을 내렸다. 캐나다에서는 2001년 인구 통계에 동성애 부부 항목을 신설하여 새로운 가족 형태의 하나로 포함시켰다.

의학계 일각에서는 레즈비언 부부들이 인간복제 기술로 자식을 갖게 된 가능성을 조심스럽게 점치고 있다.

우리나라 동성애자들의 짝짓기 무대로 소문난 서울 탑골공원 뒤편의 낙원동에서 동성애 부부 결혼식이 성대하게 치러질 날이 다가오고 있는 것은 아닐까.

 **좀 더 자세히**

■ 정상과 비정상의 구분

문화는 사회에서 여러 기능을 수행한다. 그 가운데 대표적인 것이 분류 기능이다. 어떤 행동양식이나 가치가 한 사회의 문화를 형성하면, 이는 다시 구성원들의 행위와 생각에 영향을 미친다. 사회의 필요에 따라 만들어진 문화는 이후 자연화한다. 자연화한다는 것은 필요에 의해 만들어진 것임에도 불구하고 그것을 받아들이는 사람은 그것을 마치 원래부터 존재했고, 당연히 옳은 것처럼 받아들인다는 얘기다. 이런 과정을 통해 한 사회의 문화는 어떤 행동이나 생각은 정상적인 것으로, 다른 것은 비정상적인 것으로 분류하는 기준으로 작동한다. 문화가 한 사회에서 분류 기능을 한다는 것은 이런 이유에서다.

전통 사회에서는 대부분의 사람들이 비슷하게 생각하고, 행동한다. 모두 똑같은 방향을 바라보고, 조금이라도 기준에서 벗어나면 사회적인 제재가 가해진다. 제재를 받는 사람은 그것을 받아들일 수밖에 없다. 현대 사회에 들어와 사정이 달라졌다. 예전에는 비정상 영역에 속한다고 생각되던 소수의 사람들도 자신의 정당성을 주장한다. 정상과 비정상, 우월과 열등의 이분법적 기준으로 자신을 바라보지 말고 단지 다른 것으로 봐달라고 적극적으로 요구한다. 장애인, 외국인 노동자, 동성애자, 여성 등 사회적 소수자와 약자들의 인권 문제가 제기되는 것도 차이를 동등하게 받아들이려는 사회적 분위기와 무관하지 않다. 다수의 기준을 소수에게 강요하는 것은 인식적인 폭력으로 받아들여지기도 한다.

일찍이 동양의 철학자 장자도 「제물론」에서 미꾸라지, 원숭이, 사람은 각자에게 맞는 장소에서 살고 있을 뿐 어느 곳이 더 살기에 적합한 곳이라고 말할 수 없다며 상대주의적 입장을 피력했다. 장자의 철학이 오늘날 다시 살아난 것일까. 개인과 집단 간 차이를 인정하고 받아들이자는 차이의 철학, 차이의 윤리가 상식으로 부상하고 있다. 하지만, 이런 상대주의적 태도가 극단으로 치달을 경우 인간 존엄성에 대해서도 상대적으로 접근하게 되는 문제가 발생하기에 보편성의 근거를 찾으려는 목소리도 높다. 피에르 레비라는 프랑스 사회학자는 모두가 다르다는 것만 보편적으로 동일하게 받아들여야 할 뿐 아무 것도 같은 것은 없다며 '획일적 전체성이 없는 보편'이라는 말로 현대 사회 사이버 공간의 특성을 밝히기도 했다. 이는 보편과 특수의 균형을 잡으려는 철학적 노력이라 할 수 있을 것이다.

본 단원에서는 보편성이 갖는 억압적 성격을 비판적으로 인식하면서도 무한정 특수성, 상대성으로만 갈 수도 없는 현실에 대해 학생들에게 진지한 고민거리를 던지고 있다. 아래 글은 근대 사회 이후 현대까지 보편과 특수에 대한 인식이 어떻게 변해 왔는지 담고 있다. 포스트모더니즘 논의가 최근에는 조금 유행이 지난 측면이 있긴 하지만, 대학논술고사 제시문으로 가끔 나오는 내용이다. 이 글을 읽고 보편과 특수에 대해 철학적인 이해의 폭을 넓혀 보자.

새로운 사회이론―포스트모더니즘

중세 시대에 있어서 자연은 신비의 대상이었고 형이상학적으로 이해되었다. 자연은 신의 피조물이고 신의 섭리를 체현한 것으로 믿었기 때문에 본받아야 할 예찬의 대상일 수는 있으나 정복의 대상일 수는 없었다. 자연을 인간의 자의에 따라 정복한다는 것은 신을 모독하는 것이므로 당시의 세계관으로는 용납될 수 없는 것이다. 중세 시대에는 인간도 신의 피조물이고 신에 예속된 존재로 생각되었기 때문에 신의 섭리에 따라야 한다는 것이 지배적인 사조였다.

중세의 종교철학이었던 스콜라 철학은 신의 대변자인 교회의 가르침에 순종하도록 가르쳤고, 교회는 인간이 신 앞에 빈손이어야 한다는 교리를 주입함으로써 봉건제도를 정당화하였다. 중세 사회에서는 이와 같이 교회의 독단과 봉건제도의 억압이라는 처지에 체념적으로 순응할 수밖에 없었다. 따라서 당시의 인간관은 무력감에 빠진 수동적 인간관이었다.

그러나 근세에 이르러 인간은 이제 신에 예속된 존재도 아니고 교회의 권위에 무비판적으로 복종해야 할 존재가 아님을 자각하게 되었다. 근세에 이르러 비로소 인간이 우주의 중심이자 궁극 목적이라는 인간중심주의가 싹트기 시작하였고, 인간은 이제 스스로를 자율적 주체로 여기게 되었다. 중세 시대의 숙명론적이고 수동적인 인간관을 극복하고 자신감에 넘치는 능동적이고 주체적인 인간관이 싹튼 것이다. (중략)

근세에 이르러 인간은 신의 권위 그리고 신의 대변자인 교회의 독단적 권위로부터 해방되어 인간 스스로의 가치를 적극적으로 인정하게 되었고, 인간적 가치의 핵심은 무엇보다도 이성적 능력에 있다는 사실을 자각하였다. 이성적 능력이란 사유하는 능력이며, 그중에서도 특히 개념적으로 사유하는 능력을 뜻한다. 구체적인 개별 대상을 단서로 하여 추상적인 보편성을 추론하는 개념적 사유 능력인 이성을 통해서 우리 인간은 일반 법칙을 수립하여 예측 가능성을 높이고, 자연을 통제하고 정복할 수 있게 되었다.

근세 경험론의 시조라 할 수 있는 베이컨이 아는 것을 힘이라고 하였을 때, 이 힘은 자연을 정복할 수 있는 이성적 능력을 자각한 선언이었고, 근세 합리론의 시조인 데카르트가 '나는 생각한다. 그런 고로 나는 존재한다'고 한 것도 사유 능력을 궁극적 토대로 하여 그 정초 위에 모든 것을 합리적으로 구축할 수 있다는 자신감의 표현이다. 경험적 이성이든 합리적 이성이든 이성만이 종교적·사회적·학문적·윤리적 가치판단의 기준이며, 이성적 능력을 가진 존재인 인간이 이제 교회의 권위를 인정하느냐 않느냐라는 것도 스스로 결정할 수 있고, 기존의 사회제도를 수용하느냐 않느냐라는 것도 자율적으로 판단할 수 있는 존재라는 자각이 싹텄으니 이성에의 이 같은 확신을 모더니티의 특징이라 할 수 있다. 인류는 이제 자연을 정복하고 도덕성을 함양함은 물론 제도적 정의를 실현하고 사회를 발전시킬 수 있다고 하는 진보의 부푼 꿈을 가지게 되었으니, 이를 계몽의 과제 혹은 모더니티의 기획이라 한다.

그러나 계몽사조 이래의 모더니티의 기획은 인간해방과 진보를 강조해 왔으나, 해방적 기능만을 수행한 것이 아니라 이른바 계몽의 역설이라고 하는 엄청난 역기능을 초래하였다. 한때 종교적 독단과 봉건제도의 억압 그리고 자연의 횡포와 가난으로부터 인류를 해방시킨 모더니티의 기획이 우리를 물질의 노예로 전락시키고, 능률을 빙자하여 관료주의적 철창 속에 얽매이게 하였다. 퇴폐적 향락 산업과 흥행 위주의 문화 산업은 해방과 자유를 표방하면서 에로스의 창조적 승화를 억압하고 허위의 욕구를 충동함으로써 비판적 이성을 마비시키는 새로운 유형의 이데올로기로 등장하였다. 뿐만 아니라 계몽주의적 기획이 실증주의의 시녀가 되어 자연을 오직 지배와 정복의 대상으로 여김으로써 자연을 파괴하여 인류의 생존 그 자체를 위협할 정도로 가공할 공포 분위기를 조장하였다. 더욱이 과학과 기술에 대한 지나친 강조는 자연뿐만 아니라 인간도 통제와 조종의 대상으로 삼아, 이제 인류는 인간에 의한 인간의 지배라고 하는 새로운 차원의 야만으로 전락하게 되었고, 히틀러의 극우 전체주의나 스탈린의 극좌 전체주의가 자행한 반인륜적 만행은 그 대표적 사례라 아니할 수 없다.

이른바 문화의 비극, 물상화의 만연, 상품의 물신숭배, 관료제적 합리화의 철창, 이성의 몰락, 도구적 이성의 팽배 혹은 계몽의 역설이라는 표현들은 모두가 중세의 암흑과 억압으로부터 인류를 구제하고 해방시키려 했던 모더니티의 기획이 실제로는 새로운 차원의 가공할 공포와 억압으로 되돌아가는 역설에 대한 거센 반발이며, 모더니티의 비판적 극복을 요청하는 표현들이라 할 수 있다.

앞에서 본 것처럼, 포스트모더니즘을 태동시킨 사상적 조류를 포스트모더니티라 하고 포스트모더니티를 모더니티의 비판적 극복이라고 볼 때, 문학과 예술 분야의 포스트모더니즘은 마땅히 모더니티의 역기능에 의하여 왜곡된 인간성과 상실되고 소외된 인간성을 되찾는 인간 회복 운동이어야 한다고 본다. 우리는 이러한 주장의 타당성을 포스트모더니즘의 사상적 원류인 니체와 하이데거에서 볼 수 있을 것이다.

우리는 이성과 감성 혹은 지적 차원과 정적 차원을 이원적 대립으로 규정하고, 전자에 특권적 지위를 부여해 온 전통 철학의 주지주의, 이성중심주의 즉 로고스중심주의에 대한 철저한 비판을 포스트모더니즘에서 볼 수 있으나, 이성중심주의에 대한 철학적 비판은 니체와 하이데거의 존재론에서 그 원형을 볼 수 있다. 우선 니체는 인간의 창조적 능력은 아폴론적 차원과 디오니소스적 차원 간의 끊임없는 대립과 투쟁을 통해서 발휘된다고 보았다.

아폴론적 차원은 논리적이고 이성적이며 질서 정연함을 추구하는 차원이고, 디오니소스적 차원이란 질풍처럼 출렁이고 축제의 열광에 도취된 본능의 차원이다. 전자는 합리적이나 후자는 합리적으로는 설명할 수 없는 비합리적 요소이다. 아폴론은 해맑은 이성을 상징하고 디오니소스는 노도와도 같은 본능을 상징하는 희랍 신화의 용어이다. 니체는 인간을 합리적 이성의 힘인 아폴론적 요소와 본능의 열정에 도취된 디오니소스적 요소 사이에서 전개되는 끊임없는 투쟁의 장으로 본다.

요컨대 인성은 통제하는 이성인 아폴론적 차원과 강렬한 열정인 디오니소스적 차원으로 이루어지고 참으로 창조적인 삶은 아폴론과 디오니소스적 차원의 갈등과 조화를 통해서 가능하나, 소크라테스 이후 그리고 특히 데카르트 이후의 서구 철학은 이성과 감성을 이원적 대립으로 규정하고, 전자에 특권적 지위를 부여하며, 지적 기능만을 강조하는 주지주의요 이성중심주의라는 것이다. 이와 같은 이성중심주의로 인하여 소외되고 창백한 이론 인간을 대량 생산하게 된 것이 모더니티의 특징이며, 비극을 망각한 비극이자 현대적 병리의 핵심이다. (중략)

모든 의미의 근원이었던 신의 죽음은 오히려 우리 인간으로 하여금 참으로 자유롭고 창조적일 수 있게 하였다는 것이다. 따라서 우리는 궁극적 근원과 보편적 기준에의 환상을 버리고, 자신의 삶을 인도할 수 있는 자기 고유의 가치와 자기 자신의 관점을 스스로 창조하여야 하는 것이다. (중략)

요컨대 후기산업사회에서는 인간해방을 표방하는 정치적 설화가 사변적 통일성에 의하여 절대적 진리를 얻을 수 있다고 하는 철학적 설화 같은 모든 유형의 거대설화가 그 신빙성을 상실하게 되었고, 그 자리에 이제는 다양한 미소설화(micro narratives)가 공존하게 되었다는 것이다. 따라서 탈현대적 조건은 보편적 가치체계에 대한 합의의 환상을 버리고, 서로의 불일치와 차이가 있을 수 있다는 자각을 통해서 다양성과 다원성을 존중하여야 할 시대적 특성을 뜻한다.

● 자료 출처 : 전경갑, 『현대사회학의 이론』, 한길사, 1993, 318~326쪽

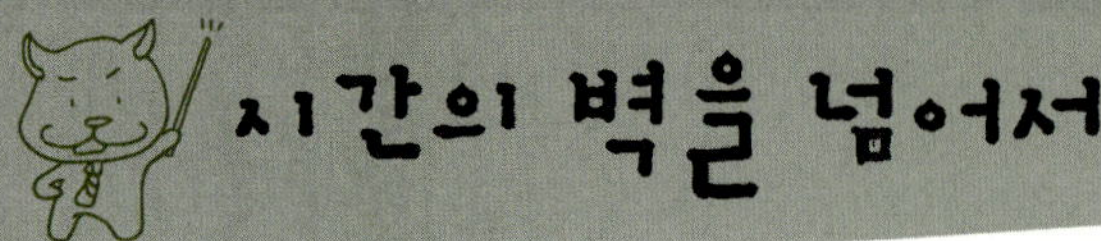

◎ 정상과 비정상의 역전에 대해 생각해 보자.

keyword

■ **삼종지도(三從之道)**: 여자가 지켜야 할 법도를 이르는 말. 조선시대의 여자는 결혼 전에는 아버지를 따르고 결혼한 후에는 남편을 따르고 남편이 죽은 후에는 자식을 따라야 했다.

> 경전에 이르기를 "믿음은 부인의 덕이다. 한 번 남편과 혼인하면 종신토록 고치지 않는다"라고 하였다. 이 때문에 삼종(三從)의 의(義)가 있고, 한 번이라도 어기는 예가 없는 것이다. 세상의 도덕이 날로 나빠진 뒤로부터 여자의 덕이 정숙하지 못하여 사족(士族)의 딸이 예의를 생각지 아니해서 혹은 부모 때문에 절개를 잃고, 혹은 자진해서 재가하니, 한갓 자기의 가풍을 파괴할 뿐만 아니라, 실로 성현의 가르침에 누를 끼친다. 만일 엄하게 금령을 세우지 않는다면, 음란한 행동을 막기 어렵다. 이제부터 재가한 여자의 자손은 관료가 되지 못하게 하여 풍속을 바르게 하라. (『성종실록』)
>
> – 고등학교 『국사』

요즘은 이혼과 재혼이 비교적 자유로운 편입니다. 그렇다면 과거에는 어떠했을까요? 위의 내용을 보면 조선 시대에는 여자의 재혼을 금지했다는 것을 알 수 있습니다. 그렇다면 고려 시대에도 여자의 재혼이 금지되었을까요? 무엇이 정상이고 무엇이 비정상일까요?

1. 고려시대의 여성의 지위는 어느 정도였을까요?

고려시대에는 남녀가 혼인한 뒤에 어느 쪽에서 거주하였을까요? 당연히 남자의 집에서 살았을 것으로 생각하기 쉽지만 고려는 서류부가혼(壻留婦家婚)이 일반적이었습니다. '서류부가혼'이란 결혼식을 처가에서 하고 결혼 후에도 일정 기간 사위가 처가살이를 하는 것입니다. 처가살이가 고려시대 일반적인 결혼 생활의 한 가지 유형이었던 만큼 가족 내에서 여성의 지위는 무시할 수 없었을 것입니다. 남편이 사망하여 과부가 된 여자가 계속해서 시집살이를 해야만 했던 조선시대와 달리 고려의 경우에는 과부들 중 상당수가 친정에 돌아가서 생활을 하였습니다. 또한 고려시대의 재산상속은 남녀를 불문하고 자녀 간 균분상속으로 이루어졌습니다. 부모의 유언이 없을 경우 재산이 자녀 간에 균등하게 분배된 것입니다. 이는 그에 따른 의무도 균등하였음을 의미합니다. 부모님이 돌아가셨을 경우 제사는 아들뿐만 아니라 딸도 돌아가며 맡았으며, 이를 윤행(輪行)이라 하였습니다. 또한 고려시대에는 부모가 딸과 사위와 함께 사는 경우가 많았으므로 부모 공양에 있어 딸의 역할이 상당하였다고 추측할 수 있습니다. 고려 시대에는 여성에게도 재산이 균등하게 상속되었을 뿐 아니라, 상속받은 몫에 대한 여성의 재산권 행사가 인정되고 보호되었습니다. 즉 결혼한 여성이 자기 명의의 재산을 가지고 있었음을 뜻합니다. 현재 우리나라가 법적으로 부부 별산제를 이루고 있다고 하더라도 실제로는 부인 명의의 재산에 대해 세금을 높게 매김으로써 여성의 재산권 행사에 제한을 주는 것에 비하면, 고려 시대 여성의 재산권 행사는 보다 안정적으로 보장되었다고 할 수 있습니다.

고려시대에는 이혼뿐만 아니라 재혼도 비교적 자유로웠습니다. 따라서 고려시대에는 이혼율도 상당한 수준이었다고 할 수 있습니다. 송나라 사신의 고려 견문기인 『고려도경』을 보면 "고려인들은 쉽게 결혼하고 쉽게 헤어져 그 예법을 알지 못하니 가소로울 뿐이다"라고 되어 있습니다. 이는 이혼이나 재혼이 비교적 자유로웠던 시대상을 말해 주고 있는 것입니다. 물론 이혼을 요구하는 쪽은 여성 측보다 남성 측이 훨씬 많았으나 이혼이 남성 측에 의해 일방적으로 이루어진 것만은 아니었습니다. 충숙왕의 다섯 번째 비인 수비 권씨는 원래 전형이란 사람에게 시집을 갔으나, 전씨 집안이 좋지 않다고 하여 이혼하고자 하였습니다. 일이 제대로 이루어지지 않자 그녀는 왕명에 의탁하여 이혼을 하고 그 후에 왕비가 되었습니다. 특수한 예이기는 하지만 어쨌든 여성에 의해 이혼이 요구되었던 대표적인 사례라고 할 수 있습니다. 수비 권씨는 남편의 집안이 좋지 않다는 이유만으로 이혼을 할 수 없어, 왕명에 의해 강압적으로 이혼을 한 것입니다. 이처럼 고려시대 이혼은 남편과 부인, 어느 한편이 요구를 하면 이루어질 수 있었지만 아무런 이유 없이 일방적으로 이루어지는 것은 금지되어 있었습니다. 그렇다면 이혼 이후에 또는 과부로서 재혼은 법적으로 가능했을까요? 고려 시대에 법적으로 재혼이 비교적 자유로웠다는 것은 고려의 마지막 왕인 공양왕 때 도평의사사에 의해 청원된 기록을 보면 알 수 있습니다. 이 기록에 따르면 고려 마지막 왕의 재위 기간까지도 여성의 재혼이 계속 이루어지고 있었음을 알 수 있습니다. 이 기록은 여성에 대한 재혼 금지 규정이 아니고, 산기 이상 관리의 처로 외명부에 속한 여성의 경우 재혼을 허용하지 말고, 6품 이상 관리의 처인 경우도 3년 동안은 재혼을 허용하지 말자는 것이었습니다. 그러나 이것도 청원에 불과한 것이어서 결국 고려시대에는 여성의 재혼을 법적으로 제한한 적은 없었다고 해야 할 것입니다.

● 참고문헌 : 고등학교 『국사』

2. 조선시대에는 이혼과 여성의 재혼이 가능하였을까요?

조선시대에 결혼한다는 것은 어떠한 의미였을까요? 오늘날처럼 '사랑하기 때문에', '같이 있고 싶어서' 하는 것이 아니라, '위로는 조상을 받들고 아래로는 후사를 잇기 위해서' 라는 거창한 명분하에 이루어지는 것이 결혼이었습니다. 그런데 결혼은 여자가 남자의 집에 가서 사는 것이었으므로 여성에게 많은 것이 요구되었습니다. 시집의 가부장적 질서에 적응해야 함은 물론 시집의 대를 잇는 것이 여자의 제일가는 사명이었습니다. 이 때문에 조선시대에는 결혼하는 딸에게 시집 생활에 적응할 수 있는 생활 교육과 함께 성교육도 행해졌습니다. 생활 교육은 주로 말과 행동거지 및 여러 법도에 대한 교육이었으며, 성교육은 아들을 낳기 위한 것이었습니다. 또한 여성은 가정을 운영하는 중심으로 가정 일은 남편이 간섭할 수 없었고 가정 내에서 부인의 지위는 절대적이었습니다. 여성에게는 재산권도 있었는데 이렇게 여성에게 재산상의 지위를 인정해 준 이유는 재혼이 금지되었기 때문이었습니다. 남편이 죽은 뒤에 수절을 하려면 경제적인 보상이 있어야 했기에 여성의 재산권은 보호되지 않을 수 없었습니다. 그러나 조선 후기로 갈수록 여성의 재산 상속에 대한 권리는 점점 낮아졌고, 제사의 중요성이 커짐에 따라 맏아들이 더욱 중요해졌습니다. 여자는 남존여비 사상이 보다 강력해짐에 따라 차남 이하의 아들들보다도 더 적은 상속을 받게 되었으며 특히 시집간 딸은 '출가외인' 이라는 관념이 확실해지면서 상속에서 배제되어 갔습니다. 반면 정절에 대한 의식은 점점 극단화되어 이전에는 남편이 죽은 뒤 재혼만 하지 않아도 열녀였는데, 이제는 남편을 따라 죽든지 해야 겨우 열녀 축에 낄 수 있었습니다.

이러한 조선시대에도 이혼을 했을까요? 조선시대의 이혼은 가부장적 가족제도를 유지하기 위해 행해졌습니다. 이른바 칠거지악(七去之惡)은 이를 단적으로 보여 줍니다. 처가 시부모를 잘 모시지 못하거나, 대를 이을 아들을 낳지 못하거나, 말이 많아 대가족제도를 잘 운영할 수 없게 한다거나, 도둑질을 하는 경우도 칠거지악에 들었습니다. 그런데 이 '칠거' 는 사실 적용하기가 매우 애매하였습니다. 처가 쫓겨나면 갈 곳이 없다거나, 부모의 3년상을 같이 치렀다거나 가난할 때 시집와 뒤에 부유하게 되었다거나 할 때는 칠거에 해당하는 죄를 범했어도 처를 내쫓을 수 없었습니다. 이것은 '삼불거(三不去)'라 하여 여성을 이혼으로부터 보호하는 제도 였습니다.

그러나 실제로 이혼이 거의 허락되지 않았던 것은 정절 이데올로기 때문입니다. 남편이 죽은 뒤 정절을 지키게 하자니 재혼이 금지될 수밖에 없었고, 재혼을 할 수 없는 사회에서 이혼녀가 양산된다는 것은 곧 사회 문제가 되기 때문입니다. 그렇다 면 조선시대의 여성들은 그저 버림받는 대상일 뿐 스스로 이혼을 요구할 수는 없었 을까요? 조선시대에는 음란과 불효만 이혼 사유가 되었습니다. 처가 이혼을 할 수 있는 경우는 남편이 처의 조부모, 부모를 때리거나, 처의 외조부, 외조모, 백숙부 모, 형제, 고모, 자매를 죽였거나, 장모와 간통하는 경우 등의 의절을 범했을 때와 남편이 집을 떠나 살았는지 죽었는지 모르는 상태가 3년 이상 계속될 때였습니다. 또 남편에게 매를 맞았을 때도 이혼할 수 있었는데 이때는 뼈가 부러지는 이상의 중상을 당했을 때에 한해 남편의 동의가 있어야 가능했습니다. 이와 같은 일은 매 우 특수하여 일상에서는 거의 일어나기 힘든 일이었으므로 여성들은 남편을 협박 하여 강제로 이혼장을 받아 내거나 남편을 피하여 도망쳤습니다. 이러한 행위는 처 벌의 대상이었습니다. 여성들에게는 이혼의 권리가 거의 없었다고 해도 과언이 아 니었으며 이혼이 허락된다고 해도 재혼이 불가능하고 사회, 경제적 활동도 할 수 없었기 때문에 선뜻 이혼할 수 없었습니다. 이혼을 해도 설 자리가 없었던 여성들 은 그저 이혼이나 소박을 당하지 않도록 전전긍긍하며 인내의 세월을 보낼 수밖에 없었습니다. 남성에 의해 모든 것이 결정 될 수밖에 없는 존재, 이것이 바로 조선시 대 여인이었습니다.

● 참고문헌 : 고등학교 『국사』

기출문제 탐구

(2006년 수학능력평가 기출문제)

1. 표는 어느 집안의 상속 현황을 정리한 것이다. 당시의 사회상에 대한 추론으로 옳은 것을 〈보기〉에서 모두 고른 것은?

	남자 종(명)	여자 종(명)	논(두락)	밭(두락)
제사 비용	8	10	155	15
장남	41	44	203	368
장녀	41	45	332	292
차남	42	43	328	250
서자 1	5	6	72	59
서녀 1	5	3	26	35
서녀 2	4	4	34	53
서자 2	6	5	58	30

보기

ㄱ. 적·서의 차별이 없었을 것이다.

ㄴ. 아들들은 동성 마을에 모여 살았을 것이다.

ㄷ. 딸은 결혼 후 자기 재산을 따로 관리했을 것이다.

ㄹ. 재산 상속에서 아들과 딸의 차별이 없었을 것이다.

① ㄱ, ㄴ ② ㄱ, ㄷ ③ ㄴ, ㄷ ④ ㄴ, ㄹ ⑤ ㄷ, ㄹ

정답 : ⑤

☞ **문제 해설**

위의 표를 보면 장남, 장녀, 차남이 상속받은 남자 종과 여자 종, 그리고 논과 밭의 비율이 거의 비슷함을 알 수 있습니다. 그러나 서자와 서녀들과는 상속 재산상에 차이가 있음을 알 수 있습니다. 그러므로 적·서 차별은 존재하였을 것으로 보입니다. 앞의 내용으로는 아들들이 동성 마을에 모여 살았을 것을 추정할 수 없습니다. 고려 시대에는 자녀들이 부모의 유산을 골고루 분배받았으며 태어난 차례대로 호적에 기재되어 남녀 차별을 받지 않았습니다. 아들이 없을 때는 양자를 들이지 않고 딸이 제사를 지냈으며 여성의 재가도 비교적 자유로웠습니다. 조선 중기까지 혼인 후에 남자가 여자의 집에서 생활하는 경우가 있었으며 아들과 딸이 똑같이 재산을 상속받는 경우도 많았고, 재산 상속을 같이 나누어 받는 만큼 제사도 형제가 돌아가면서 지내거나 책임을 분담하기도 하였습니다. 이러한 경향은 조선 후기로 갈수록 부계 중심의 가족제도가 강화되면서 변화되어 갔습니다. 그러므로 정답은 ⑤번입니다.

(2005년 수학능력평가 국사 기출문제)

2. 다음 자료와 관련된 시기의 가족 제도의 특징을 〈보기〉에서 모두 고른 것은?

> 지금은 남자가 장가들면 여자 집에 거주하여, 남자가 필요로 하는 것은 모두 처가에서 해결하고 있습니다. 그리하여 장인과 장모의 은혜가 부모의 은혜와 똑같습니다. 아아, 장인께서 저를 두루 보살펴 주셨는데 돌아가셨으니, 저는 장차 누구를 의지해야 합니까!
>
> – 『동국이상국집』

보기

ㄱ. 친영 제도가 확대되었다.	ㄴ. 가부장적 종법 질서가 뿌리를 내렸다.
ㄷ. 아들이 없는 경우 딸이 제사를 받들었다.	ㄹ. 사위가 처가의 호적에 이름을 올리기도 하였다.

① ㄱ, ㄴ ② ㄱ, ㄷ ③ ㄴ, ㄷ ④ ㄴ, ㄹ ⑤ ㄷ, ㄹ

정답 : ⑤

☞ **문제 해설**

『동국이상국집』은 고려시대 이규보의 시문집입니다. 고려시대에는 사위가 처가의 호적에 입적하여 처가에서 생활하는 경우가 적지 않았으며, 사위와 외손자에게까지 음서의 혜택이 있었습니다. 부모의 유산은 자녀에게 균등 분배하였으며 딸이 제사를 지내기도 하였습니다. 친영제도는 조선시대에는 성리학적 유교 윤리가 정착되면서 나타난 혼인 육례(六禮)의 하나로, 신랑이 신부 집에 가서 예식을 올리고 신부를 맞아 오는 제도를 말합니다. 종법사상은 조선 후기에 강조된 가족 조직 원리로서 남계제, 즉 부계제를 중심으로 한 가계계승과 재산상속을 강조하는 것입니다. 고려시대의 가족 제도의 특징을 찾는 문제이므로 정답은 ⑤번입니다.

(2007년 6월 전국연합학력평가 국사 기출문제)

3. 다음은 어느 시기 족보를 조사한 내용이다. 이 시기의 사회 모습으로 옳은 설명을 〈보기〉에서 고른 것은?

⊙ 족보에 9천여 명이 수록되어 있는데, 그중 해당 성씨는 10%에 불과하고 나머지는 모두 외손이다.

⊙ 외손이란 딸의 아들, 딸만을 가리키는 것이 아니라 외손의 외손을 모두 포함한다.

⊙ 족보에 아들, 딸 구분 없이 나이순으로 기재하였다.

보기

ㄱ. 자녀들이 제사를 돌아가며 지냈다.　　　ㄴ. 문중을 중심으로 사우가 많이 세워졌다.

ㄷ. 아들이 없어도 대부분 양자를 들이지 않았다.　　　ㄹ. 동족 마을이 만들어져 족보를 적극 편찬하였다.

① ㄱ, ㄴ　② ㄱ, ㄷ　③ ㄴ, ㄷ　④ ㄴ, ㄹ　⑤ ㄷ, ㄹ

정답 : ②

☞ **문제 해설**

　문제의 족보는 기록되어 있는 사람 중 90%가 외손이며, 족보에 아들, 딸 구분 없이 나이순으로 기재되어 있는 것으로 미루어 보아 고려시대의 족보입니다. 고려시대에는 아들이 없을 때에는 양자를 들이지 않고 딸이 제사를 지냈으며, 상복 제도도 친가와 외가의 차이가 크지 않았습니다. 재산상속도 균등하게 이루어진 만큼 제사에 대한 의무도 균등하였습니다. 그러나 조선시대에는 부계 위주의 족보를 적극적으로 편찬하였고, 집안에서는 양자를 들이는 것이 일반화되었으며, 같은 성을 가진 사람끼리 모여 사는 동성 마을도 만들어졌습니다. 따라서 이때에는 개인이 개인으로서 인정받기보다는 문중이라고 하는 친족 집단의 일원으로 인식되었습니다. 그러므로 정답은 ②번입니다.

(2007년 3월 전국연합학력평가 기출문제)

4. 다음 일기를 통해 파악할 수 있는 당시의 사회상으로 옳은 것은?

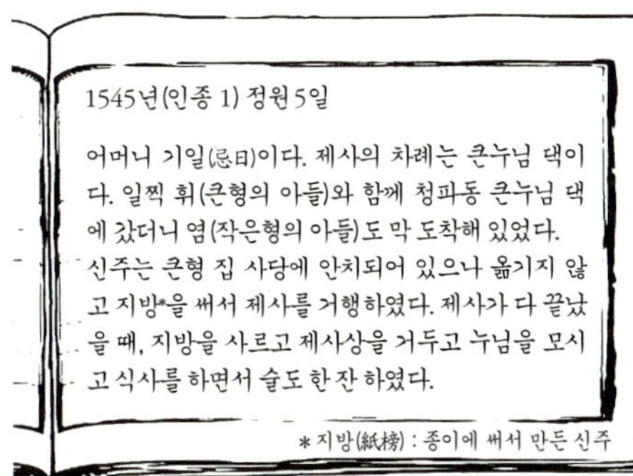

① 큰아들이 부모의 제사를 전담하였다.

② 재산은 아들딸 구분 없이 골고루 분배되었다.

③ 혼인한 여성은 출가외인이라는 인식이 널리 퍼졌다.

④ 아들이 없는 경우 양자를 들이는 일이 일반화되었다.

⑤ 혼인 후 남자 집에서 생활하는 친영 제도가 정착되었다.

정답 : ②

☞ **문제 해설**

위의 내용은 조선 중기 인종 때의 일로 제사를 큰누님 댁에서 지낸다는 내용이 기록되어 있습니다. 조선의 가족제도는 부계와 모계가 함께 끼치는 형태에서 부계 위주의 형태로 변화하여 갔습니다. 조선 중기까지는 혼인 후에 남자가 여자 집에서 생활하는 경우가 있었으며, 아들과 딸이 부모의 재산을 똑같이 상속받는 경우가 많았습니다. 집안의 대를 잇는 자식에게 5분의 1의 상속분을 더 준다는 것 외에는 모든 아들과 딸에게 재산을 똑같이 나누어 주는 것이 관행이었습니다. 재산을 나누어 받는 만큼 그 의무인 제사도 형제가 돌아가면서 지내거나 책임을 분담하기도 하였습니다. 그러나 조선 후기에 성리학적 유교 윤리가 정착이 되면서 부계 중심의 가족제도가 강화되었습니다. 제사는 반드시 큰아들이 지내야 한다는 의식이 확산되었고 재산 상속에서도 큰아들이 우대를 받았습니다. 처음에는 딸이 출가외인이라 하여 재산 상속에서 권리를 잃어 갔으며, 점차 큰아들 외의 아들도 제사나 상속에서 권리를 잃어 갔습니다. 아들이 없는 집안에서는 양자를 들이는 것이 일반화되었으며, 혼인 후에는 남자의 집에서 생활하는 친영 제도가 정착되었습니다. 그러므로 정답은 ②번입니다.

◎종교의 차이가 전쟁까지 일으킬 수 있을까요?

1. 팔레스타인 지역—유대인과 아랍인 간의 분쟁

팔레스타인 분쟁은 유대인들이 제2차 세계대전 이후 성서의 2,000년 기록을 근거로 이 지역에 대한 권리를 주장하면서 이스라엘 국가를 건립한 데서 비롯되었습니다. 팔레스타인 지역은 서기 135년경 이곳에 거주하고 있던 유대인(유대교 신봉)들이 로마에 의해 추방된 후 아랍인(이슬람교 신봉)들에 의해 통치되어 왔습니다.

그러나 19세기 후반 유럽에서 반유대인 운동이 전개되자 유대인들은 고향으로 돌아가자는 '시오니즘' 운동을 전개하면서 팔레스타인 지역으로 이주하기 시작했습니다. 한편 제1차 세계대전이 발발하자 영국은 오스만 제국의 약화와 전쟁의 승리를 위해 팔레스타인 지역을 미끼로 아랍 민족과 유대인들을 전략적으로 활용하는 정책을 강구했습니다. 영국은 아랍 민족의 협력을 얻어 오스만 제국을 견제하기 위하여 팔레스타인 지역에 아랍 독립 국가를 창설시켜 준다는 약속(맥마흔 선언)을 하였습니다.

또한 동시에 영국은 미국에 거주하고 있는 유대인들을 이용하여 미국의 대독일 전쟁 참여를 유도하고 유대인 재벌들의 재정 지원을 얻어내기 위해 유대인들의 민족 국가를 팔레스타인 지역에 건설하는 것을 지지하겠다는 약속(벨푸어 선언)을 하였습니다.

그 결과 제2차 세계대전 이후 유대인과 팔레스타인과의 갈등이 고조되었으며, 1947년 UN에서 팔레스타인을 아랍지구 48%와 유대지구 52%로 분할하는 결의안이 가결되었습니다. 1948년 이스라엘 독립이 선포되자, 이집트, 요르단, 사우디아라비아, 시리아, 레바논 등 아랍 국가들이 이를 거부하고 선제 공격을 가함으로써 1차 중동전쟁이 발발하였습니다. 이후 1974년까지 4차례의 중동전쟁을 치르면서 이스라엘은 시리아의 골란 고원, 요르단 강 서안 지구, 가자 지구와 시나이 반도를 차지하면서 팔레스타인 지역의 대부분을 차지하게 됩니다.

한편 팔레스타인 100만 명이 강제 추방되면서 무장단체를 결성해 게릴라 활동을 벌이기 시작했습니다. 팔레스타인 독립국가의 건설을 목표로 1964년 결성된 '팔레스타인 해방기구(PLO)'는 세계 곳곳에서 테러 등으로 대이스라엘 투쟁을 전개하였습니다. 이에 이스라엘도 레바논 PLO 본부를 습격하는 등 1960년대 이후 이스라엘과 팔레스타인의 '피의 악순환'은 계속되고 있습니다.

1987년 팔레스타인의 인민봉기(인타파다) 이후 이스라엘과 팔레스타인 해방기구는 평화 협정을 맺고 팔레스타인 자치국 건설에 합의했습니다. 그러나 네타냐후 이스라엘 총리의 유대인 정착촌 건설 강행, 팔레스타인의 협상 거부와 테러, 샤론 이스라엘 총리의 이슬람 성지 방문 사건 등으로 평화 협상의 실현은 불투명해지고 있습니다.

이스라엘 건국와 그에 대한 아랍 국가들의 강경한 저항으로 촉발된 이스라엘 분쟁은 민족, 영토, 종교, 분리 독립, 식민 유산 등 다양한 요인이 복잡하게 얽혀 있으며, 중동 지역의 석유 문제와 연루되어 있는 세계 평화의 중요한 쟁점입니다.

2. 카슈미르 지역—인도와 파키스탄의 분쟁

카슈미르 분쟁은 1947년 인도와 파키스탄이 영국 지배에서 분리 독립하면서 시작되었습니다. 원래 한 나라였던 인도 대륙은 힌두교(인도)와 이슬람교(파키스탄)에 따라 두 나라로 갈라졌습니다.

이슬람 주민이 대다수인 카슈미르 지역은 파키스탄에 귀속될 예정이었으나, 당시 카슈미르 지도자가 힌두교도였기 때문에 파키스탄 귀속을 망설였습니다. 그러나 카슈미르의 이슬람교도 주민들이 파키스탄 무장 세력의 도움을 받아 폭동을 일으켰고, 인도의 힘을 빌려 이들을 물리치면서 카슈미르는 인도의 통치권 하에 들어가게 되었습니다. 이것이 제1차 인도-파키스탄 전쟁입니다.

이후 1972년 2차 인도-파키스탄 전쟁, 1999년 2차 인도-파키스탄 전쟁이 발생하였고, 심라(Simla) 협약을 도출해 대화를 통해 사태를 해결한다는 원론에 합의했습니다. 그러나 파키스탄은 분쟁 발생 시마다

주민 투표를 통해 결정을 해야 한다는 주장을 하고 있으며, 인도는 심라 협약 정신에 의거해 대화를 통해 해결해야 한다고 주장하고 있습니다.

특히 인도로부터 분리 독립을 외치는 '잠무 카슈미르 해방전선(JKLF)', '성스러운 군대(LeT)' 등이 결성되면서, 카슈미르 지역의 무력 충돌이 심각해지고 있습니다. 이들은 파키스탄과 아프가니스탄의 지원을 받으며 인도군에 대한 테러전을 벌이고 있으며, 인도군은 민간인 탄압과 무자비한 보복을 가해 악순환이 반복되고 있습니다. 2001년 인도 국회의사당 폭탄 테러는 양국간의 긴장을 극대화하여 군사 충돌 위기로 발전하기까지 했습니다.

60년에 걸친 카슈미르 분쟁은 종교 갈등에서 출발하여, 지금은 인도·파키스탄의 영토 분쟁, 인도·중국 간의 지역 패권 갈등, 테러와의 전쟁 등으로 복잡하게 얽혀 있습니다.

기출문제 탐구

(2001년 수학능력평가 세계지리 기출문제)

1. 지도에 표시된 국가 및 지역에서는 인종, 민족, 종교의 차이로 갈등과 분쟁이 발생하였다. 각 지역에 대한 설명으로 알맞지 않은 것은?

① (가) 지역에서는 영국계의 신교도와 아일랜드계의 구교도 사이에 갈등이 존재하고 있다.

② (나) 지역에서는 이슬람교, 가톨릭교, 그리스정교를 믿는 민족 간의 갈등이 내전으로 확대되었다.

③ (다) 지역의 주요 분쟁 원인은 유대인과 아랍인 사이의 민족적, 종교적 갈등이다.

④ (라) 지역에서는 힌두교도와 불

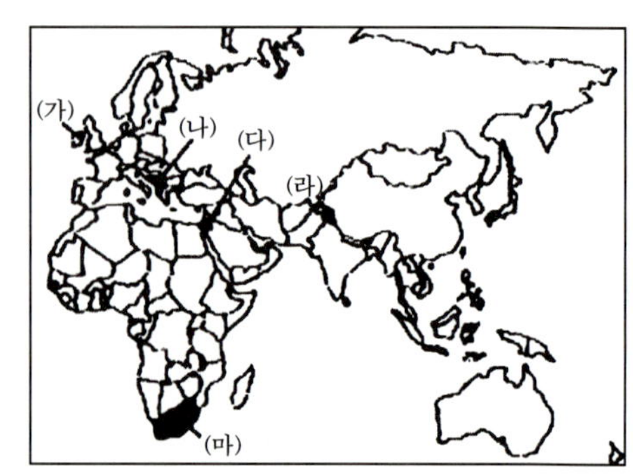

교도 사이의 종교적 갈등이 영토 분쟁으로 확대되어 전쟁이 발생하였다.

⑤ (마) 국가에서는 흑인과 백인 사이에 인종차별 문제가 발생했으나, 오늘날은 점차 개선되고 있다.

정답 : ④

☞ 문제 해설

(가) 지역은 북아일랜드 지역입니다. 아일랜드는 과거 영국의 통치하에 있었으나 북아일랜드 지역을 제외하고 독립하였습니다. 이러한 역사적 배경으로 인하여 북아일랜드는 영국계의 신도교와 아일랜드계의 구교도 사이의 갈등이 심각한 지역입니다.

(나) 지역은 발칸 반도의 유고슬라비아 지역입니다. 이곳은 예로부터 동서양의 접경지역으로 다양한 문화가 만나 민족과 종교가 복잡하게 혼재되어 있는 곳입니다. 1990년대 소련의 공산주의가 붕괴된 이후 민족주의가 강화되면서 이슬람교, 가톨릭 교, 그리스 정교를 믿는 민족 간의 갈등이 내전으로 확대되었습니다.

(다) 지역은 팔레스타인 지역입니다. 이곳은 유대민족(유대교 신봉)이 이스라엘을 건국하면서 기존의 아랍민족(이슬람교 신봉)과 갈등을 빚는 지역입니다.

(라) 지역은 카슈미르 지역입니다. 카슈미르 지역은 힌두교를 믿는 인도와 이슬람교를 믿는 파키스탄의 접경지대로, 주민의 대다수가 힌두교를 신봉하지만 인도의 통치하에 있어 종교 갈등이 발생하였습니다. 경제적 가치를 가지고 있는 카슈미르 지역을 놓고 인도와 파키스탄의 영토분쟁으로 확대되어 전쟁 직전까지 사태가 악화되었습니다.

(마) 지역은 남아프리카 공화국입니다. 남아프리카 공화국은 과거 '아파르트헤이트'라는 흑인차별 정책으로 소수의 지배층인 백인과 다수의 피지배층인 흑인 간의 갈등이 있던 곳입니다. 그러나 1990년 흑인차별 정책이 폐지되고 최초로 흑인 대통령이 당선되면서 흑백 간 인종갈등이 서서히 완화되고 있습니다.

(2005년 수학능력시험 세계지리 기출문제)

2. 다음은 중·남부 아프리카에 관한 모둠별 학습 주제와 활동 내용이다. ㈎~㈒에 들어갈 내용으로 적절하지 않은 것은?

(학습주제)   (학습 활동 내용)

유럽의 아프리카 식민 지배 역사	→ ㈎
끊임없이 일어나는 분쟁과 내전	→ ㈏
경지 개간과 열림 우림의 파괴	→ ㈐
국가별 플랜테이션 발달 정도	→ ㈑
다이아몬드 광산의 지역적 분포	→ ㈒

① (가) : 국경선의 형태와 지명 조사
② (나) : 다양한 부족과 언어의 분포 확인
③ (다) : 이동식 화전 농업 지역 파악
④ (라) : 수출용 상품 작물 재배 면적 조사
⑤ (마) : 카르스트 지형의 형성 과정 조사

정답 : ⑤

☞ **문제 해설**

　중·남부 아프리카 지역은 끊임없는 분쟁과 내전으로 발전이 더딘 지역입니다. 이 지역은 과거 오랫동안 유럽 열강의 식민지 통치를 받았습니다. 19세기 말 유럽의 열강들은 베를린에서 모임을 갖고 아프리카를 분할하였습니다. 그러나 그 경계는 자연적 경계나 아프리카 원주민들의 인종적 구분과는 무관하게, 정복국의 편의에 따라 설정되었습니다. 그 결과 국경선과 부족의 경계선이 달라 서로 다른 문화를 가진 부족이 한 국가 안에서 살게 되었으며, 이로 인해 독립 이후에도 지역 갈등이 빈번하게 발생하고 있습니다. 아프리카는 다양한 자연환경과 천연자원을 갖고 있어 발전의 가능성이 높으나, 끊임없는 지역 분쟁과 단일 작물 중심의 플랜테이션 농업 구조, 사막화 등으로 인하여 수많은 난민이 발생하고 있습니다.

(2006년 수학능력시험 세계지리 기출문제)

5. ㉠~㉤과 관련된 지리적 설명으로 적절하지 않은 것은?

> ●그가 이야기를 시작했다. "나와 내 가족은 풍년이 든 어느 해 ㉠메카 순례에 나서기로 했소. 그것은 내게 남은 단 하나의 의무였다오." (중략) 때로는 베일로 얼굴을 가린 정체 모를 사람들이 나타나기도 했다. 대상의 행로를 지켜보고 있던 그들은 ㉡사막에 사는 베두인 족이었다. (중략) 얼마 후 우리는 우물과 야자나무가 있는 제법 큰 ㉢오아시스 마을에 도착했다.
>
> ●오아시스 주변에는 고층 빌딩숲이 들어서고, 고급 승용차의 행렬이 도로를 메워 막대한 ㉣오일 달러의 힘을 실감케 한다. 하지만 석유 개발을 둘러싼 강대국들과의 갈등이 지속되고 있을 뿐만 아니라, 최근에는 ㉤물 자원 개발을 둘러싼 국가 간 분쟁까지 발생하고 있다.

① ㉠ : 종교와 주민 생활의 밀접한 관련성을 볼 수 있다.

② ㉡ : 국경 설정으로 정착화가 이루어져 왔다.

③ ㉢ : 관개 시설을 확충하여 경지 면적을 확대하기도 한다.

④ ㉣ : 소비 생활의 변화와 빈부 격차에 영향을 주고 있다.

⑤ ㉤ : 해수를 담수화하는 과정에서 자주 발생한다.

정답 : ⑤

☞ 문제 해설

위의 설명은 이슬람교를 신봉하는 서남아시아와 북부 아프리카 지역에 대한 설명입니다. 이슬람교는 신앙고백, 기도, 금식, 희사, 성지순례의 5대 의무를 규정하고 있습니다. 이 지역 국가들은 근대 국가가 성립되면서 국경선 확정, 교통 수단의 변화, 정착화를 유도하는 정부의 정책 등으로 유목민의 숫자가 크게 감소했습니다. 오아시스를 중심으로 대추야자, 밀 등을 재배하는 오아시스 농업이 발달하며, 현대적인 지하수를 개발하면서 경지 면적이 확대되고 있습니다. 서남아시아와 북부아프리카의 국가들은 오일 달러를 이용하여 경제가 크게 발전했으나 일부 계층에만 부가 집중되어 빈부 격차가 큽니다. 사우디아라비아를 비롯한 일부 국가들은 석유 고갈 이후의 시대를 대비해 사막의 태양열을 이용한 에너지 개발, 바닷물의 담수화 및 지하수 개발에 힘쓰고 있습니다. ⑤ 수자원을 둘러싼 갈등은 건조 지역을 지나는 국제하천인 유프라테스 강, 요르단 강 등의 개발과 관련되어 있습니다.

인간중심의 근대화

신의 통제에서 벗어나 이성에 대한 믿음을 토대로 인간이 스스로 사회 문제를 해결하고, 물질적 풍요를 달성하려던 근대 사회의 꿈을 계몽의 기획이라 한다. 계몽의 기획은 그 꿈을 달성하는 듯 보였지만, 이내 예상치 못했던 문제에 부닥쳤다. 신분질서는 사라졌지만 경제력에 따른 계급 격차가 발생했고, 노동의 주인이었던 인간이 노동의 종이 됐으며, 풍요 뒤에는 소외와 환경 파괴가 이어졌다. 무엇보다 20세기 초 일어난 두 차례의 세계 대전은 근대화가 과연 제대로 추진된 것인가 하는 의문을 갖게 했다.

어떤 이들은 이성중심주의라는 근대 철학에서 이런 문제의 원인을 찾기도 했다. 데카르트 이후의 근대 철학이 모든 것을 이분법으로 나눠 어느 한쪽을 우월한 존재로, 다른 한쪽은 열등한 존재로 놓음으로써 일방적 지배, 착취 관계를 정당화했다는 것이다. 한편 또 다른 이들은 이성중심주의가 문제가 아니라 이성을 제대로 사용하지 못했다는 점을 지적한다. 수단만을 중시하는 이성이 지배적이었기 때문에 이런 문제가 발생한 것이므로, 목적을 고려해서 제대로 이성을 사용하면 이런 문제도 해결할 수 있을 것으로 기대한다.

진보와 발전은 여러 가지 부작용을 동반한 것이 사실이다. 우리 사회 역시 지난 1990년대에 성수대교 붕괴와 삼풍백화점 참사를 겪으면서 짧은 기간에 큰 성과를 낸 압축적 성장이 과연 바람직한가 하는 반성의 목소리도 있었다. 그렇다고 진보를 포기하고 자연 상태로 돌아가는 것이 바람직한 것일까? 호롱불 아래서 생활하는 것이 그리움의 대상이 될 수는 있을지언정 그런 생활로 돌아가는 것이 가능하기는 한 것이며, 가능하다 해도 바람직한 것일까?

모든 것이 효율성 중심으로 돌아가는 근대화에 대한 반성과 반동으로 현대 사회에서는 느림의 미학이 주목받기도 한다. 지속 가능한 개발, 지속 가능한 성장, 인간중심의 정보화와 같은 선언적 표현도 무언가 달라져야 한다는 의미를 담고 있다. 우리는 어떤 선택을 해야 할까? 이 단원을 통해 개발과 보존이라는 양 축 사이의 균형을 잡아 보자.

■ 교과 체계

구분	관련 교과 및 단원
기본	고등학교 『시민 윤리』 Ⅱ. 현대 사회 문제와 시민 윤리 고등학교 『경제』 Ⅴ. 세계 시장과 한국 경제의 미래 전망
심화	고등학교 『경제』 Ⅲ. 경제 주체의 합리적 선택 Ⅴ. 세계 시장과 한국 경제의 미래 전망

| 논술 기본 문제

(가)　생태여성주의는 문자 그대로 생태사상과 여성주의가 결합된 이론이자 사회운동이다. 에코페미니즘이란 용어는 1974년 프랑스의 프랑수아 드본느가 처음 사용했다. 드본느는 자연 파괴와 환경오염의 원인이 남성중심적인 사회제도에 있다고 주장했다.

　생태여성주의는 남성에 의한 여성 억압을 사회 내부에 존재하는 주요한 지배 유형으로 보고, 사회의 지배와 자연의 지배에는 깊은 연관성이 있다고 전제한다. 사회의 억압적 대상으로 여성의 위치와 인간의 억압적 대상으로 자연의 위치가 서로 같다고 보는 것이다. 요컨대 생태여성주의는 지배 유형에서 여성과 자연의 동일성을 전제하고 여성해방과 자연해방을 동시에 추구한다. (중략)

　생태여성주의는 적어도 세 가지 측면에서 공통된 합의점을 공유하고 있다. 첫째, 생태적 위기를 극복하기 위해 사회적 변혁이 필요하다. 지배의 위계가 존재하는 사회는 자연을 지배하고 파괴할 가능성이 높다. 따라서 사회적 변혁은 위계를 제거하여 평등, 문화적 다양성, 비폭력에 대한 가치를 재구축하는 방향으로 이루어져야 한다.

둘째, 사회적 변혁은 반드시 지적 변혁을 수반하지 않으면 안 된다. 생태여성주의는 위계적이며 이원론적인 사고방식을 배격한다. 이를테면 남성과 여성, 인간과 자연, 정신과 육체, 이성과 감성, 주관과 객관 따위의 이론을 거부한다. 왜냐하면 이원론적 사고가 위계적 가치 체계와 결합하여 자연에 대한 인간의 지배, 여성에 대한 남성의 지배를 정당화하기 때문이다. (중략)

셋째, 자연의 가치를 평가하는 관점을 바꾸어 인간과 자연의 관계가 반드시 변혁되도록 해야 한다. 생태여성주의는 자연의 도구적 가치보다는 목적적 가치를 중시한다. 도구적 가치의 척도는 유용성이다. 어떤 대상이 도구적 가치를 갖는다는 것은 다른 무엇을 얻는 데 유용하다는 것을 의미한다. 가령 천 원짜리 지폐는 물건을 살 수 있으므로 가치가 있다. 한편 어떤 대상이 목적적 가치를 갖는다는 것은 그 자체로 가치를 갖는다는 것을 뜻한다. 가령 사랑이나 문화 유산은 유용성을 뛰어넘는 가치를 갖고 있다. 요컨대 자연의 가치를 인간의 유용성 측면에서 평가할 것이 아니라 그 자체로 이해해야 한다. 인간이 자연을 결코 수단이 아니라 목적으로 대해야 한다는 것이다.

– 이인식, 『미래교양사전』

(나) 데카르트는 『방법 서설』에서 낡은 철학 대신에 인간으로 하여금 자연의 지배자와 소유자가 될 수 있게끔 하는 새로운 철학을 제시하는 것이 자신의 의도라고 밝힌 바 있다. 그에 의하면, 우리 인간은 본질적으로 의식적·정신적 존재로서, 물질적 자연의 세계로부터 완전히 분리되어 있는 전혀 별개의 존재라는 것이다. 인간의 정신으로부터 분리된 자연은 죽은 물질적인 것에 불과하다는 것이다. 이러한 근대의 자연관은 자연환경을 인간과 분리된 것으로 보고, 자연을 통제하고자 하는 기술의

발달을 가져왔다.

이후 서양에서는 인간이 자연의 지배자이고 자연은 인간의 번영을 위한 수단에 불과하다는 견해가 지배적이었다. 즉, 서구인들은 이성을 지닌 인간만이 내재적 가치를 지니며, 모든 자연은 인간을 위한 도구라고 생각했던 것이다. 이러한 인간중심적이고 정복 지향적인 자연관은 인간과 자연을 분리시키고 무분별한 자연 착취와 자원 남용을 정당화함으로써 생태계의 급격한 파괴와 자연의 훼손을 가져왔다. (중략)

환경에 관한 동양인들의 일반적인 견해는 대체로 중국의 유학과 도가 사상, 인도의 불교 사상, 그리고 한국적 전통에서 형성된 자연관 등에서 찾아볼 수 있다. 이들은 내용이 서로 다르지만, 공통적으로 위대한 자연에 대한 두려움과 자연의 순리에 따르는 생활 규범과 관련되어 있다. 동양 사상에서는 자연과 우주는 서로 의존하고 끊임없이 보완하면서 조화와 균형을 이룬다고 생각하였다. 유학의 애물(愛物) 사상은 자연 친화성을 잘 드러내고 있다. 모든 생명체는 자신의 생명 유지를 위해 다른 생명체를 희생시켜야만 한다는 것은 인정하되, 필요 이상의 살생을 하지 말 것을 가르치고 있다.

공자는 낚시는 하되 그물질은 하지 않았고 자는 새는 잡지 않았다고 한다. 또, 『주역』에서는 동물들이 도망갈 수 있도록 한쪽 방향은 터놓고 사냥하는 것을 상징적으로 보여 주고 있다. 이것은 개체 생명의 삶과 죽음을 물(物)의 유기적 관계망의 신진대사 과정으로 이해하여 그 죽임의 최소화를 도모하고자 한 것이다. 이러한 유학의 애물 사상은 '최소한의 소비'나 '지속 가능한 개발'이라는 생태학적 덕목과 연결될 수 있다. 즉, 소비 양식 자체를 포기할 수 없는 인간 실존의 현실을 전제한 상태에서 필요한 만큼만 생산하고 소비하는 환경 윤리를 모색할 것을 제시하고 있다.

– 고등학교 『시민 윤리』

(다) 인류가 지난 세기처럼 지구 환경을 마음대로 파괴하고 성장에만 주력한다면, 우리의 생존 자체가 위협을 받을 수 있다는 우려의 목소리가

높다. 1992년 유엔환경개발회의에서 선진국들과 개발도상국들은 '환경적으로 건전하고 지속 가능한 개발'이라는 개념에 합의했다. 즉, 지구 생태계를 보존할 수 있는 방법을 택해 개발하자는 것이었다.

그러나 이러한 합의는 거의 이행되지 않았다. 오히려 기상이변과 지구 온난화의 주요 원인인 이산화탄소 등 온실가스 방출량이 최고 수준에 달하고 있다. 생물 서식지가 파괴되어 자연 상태보다 1,000배나 빠른 속도로 동식물의 멸종 과정이 진행되고 있어, 21세기 안에 지구 모든 생물 종의 50%가 멸종될 것이라는 보고도 있다. 이런 결과는 많은 정부와 기업들이 '환경적으로 건전함'보다는 '지속 가능한 개발'에 더 관심을 보이고 있다는 데 기인한다.

환경과 개발에 대해서 두 입장이 대립하고 있다. 생태주의자들은 환경문제는 물질적 풍요를 추구하는 개발 위주의 사회, 대량 생산, 대량 소비, 대량 폐기의 사회가 더 이상 지속될 수 없다고 주장한다. 삶의 가치관과 생활양식과 환경 친화적인 새로운 성장 모델을 찾지 않으면 생존 자체가 위협받을 수 있다고 한다.

반면, 환경 문제는 새로운 기술의 발전을 통해 해결해야 한다는 기술주의적 입장도 있다. 지나치게 불편을 강요할 경우 오히려 환경 개선이 힘들어진다며, 생태 공학 기술 개발에 노력을 기울여 과거에 비해 절반의 자원과 에너지를 사용해 두 배의 생산성을 내면 그만큼 환경오염도 줄어들 수 있다는 것이다.

– 고등학교『경제』

(라) 영국에서는 산업화되기 전에 오랫동안 커다란 공유지를 가운데 두고 모여 살았다. 공유지는 말 그대로 특정인이 소유하거나 통제하지 않기 때문에 누구나 마음껏 사용할 수 있었다. 마을 사람들은 이 땅에서 가축에게 풀을 먹였는데, 그 가축에서 생기는 털, 우유, 고기 따위에서 나오는 이익은 물론 가축 주인의 몫이었다. 따라서 방목하는 가축의 수를 늘리면 그만큼 그 주인에게 돌아가는 이익은 불어났다. 마을 사람들은 당연히 자신의 가축 수를 늘려 이익을 더 크게 보려고 했다. 그러나 너

도나도 가축 수를 늘리는 바람에 공유지의 풀을 너무 많이 뜯어먹어 풀을 구경하기 힘든 상황에 이르렀다. 마침내 더 이상 가축을 방목할 수 없게 됨에 따라 마을 사람들은 이익을 남기지 못해 결국 모두 가난하게 살지 않으면 안 되었다. (중략)

1968년 미국의 생태학자인 개럿 하딘은 영국의 공유지처럼 개개인의 자제할 수 없는 욕심으로 전체적인 파멸을 맞는 상황을 공유지의 비극이라고 명명했다. 공유지의 비극은 사적인 단기적 이익이 공적인 장기적 이익과 충돌할 때 비극적 결말이 불가피함을 보여 주었다. 이러한 비극을 사전에 예방하는 방법은 두 가지가 있다. 하나는 공유지를 사유화하는 방향이다. 만일 자신의 소유라면 어느 누가 마구잡이로 사용하겠는가. 다른 하나는 정반대의 것으로 정부가 나서서 각종 규제를 강화하는 방법이다. 공유지의 사용을 엄격하게 통제한다면 누구나 제멋대로 행동할 수 없기 때문에 그런 비극이 생길 리 만무하다.

– 이인식, 『미래교양사전』

(마) 1953년 일본의 야마기시 미요조가 제창한 공동체주의 운동을 야마기시즘이라 일컫는다. 야마기시즘이 꿈꾸는 공동체는 한 마디로 '돈이 필요 없는 사이좋은 즐거운 마을'이다. (중략)

1984년 경기도 화성군 향남면 구문천 3리(산안마을)에 한국 야마기시즘 사회 경향 실현지가 마련되었다. 산안마을 생태 공동체의 홈페이지에는 "모든 생활과 경영을 일체 생활 · 일체 경영 · 일체 사회로서 해 나아가고 있습니다. 산업 부분의 하나인 양계가 차지하는 비율이 높고, 함께 모여 살고 있기 때문에 단순한 양계장이나 공동체로 보는 분도 있습니다. 그러나 그것은 형태만을 본 오해이고 진목적은 다른 데에 있습니다. 그 목적은 급료나 분배가 없는 일체 생활 속에서, 사이좋게 즐겁게 살아가는 데 있고, 저희 자신만이 아니라 전 세계가 밝고 평화로운 사회로 바뀌기를 염원합니다"라고 목적을 밝혔다.

산안마을은 무엇보다 무소유를 삶의 근본 가치로 삼고 있다. 무소유는 공동소유와 다르다. 이들은 마을의 재산도 마을 주민들의 공동소유물로 보지 않을 정도로 아무것도 가지지 않는 사회를 꿈꾼다. 태양과 공기로부터 살아 있는 모든 것들이 그 혜택을 누리고 있는 것처럼 사람들의 삶도 그러해야 된다는 것이다. 세상의 어떤 것도 그냥 존재할 뿐 누구의 소유물도 아니며 누구나 사용할 수 있어야 한다는 것이 산안마을 공동체의 무소유 개념이다.

– 이인식, 『미래교양사전』

문제 1 | 위 제시문의 내용을 350자 내외로 요약하시오.

문제 2 | 제시문 (나)는 서양과 동양의 환경관이 서로 다르다는 것을 설명하면서, 현재 전 지구적인 환경오염의 원인을 서양의 환경관에서 찾고 있다. 제시문 (다)를 참조해서 이러한 주장을 옹호 또는 비판해 보시오(450~500자).

문제 3 | 제시문 (라)의 영국 마을과 제시문 (마)의 산안마을을 비판적으로 검토한 뒤, 우리가 지향해야 할 사회의 모습에 대해 논술하시오(450~500자).

 | **문제 해설**

1. 출제 의도

서양에서 발달한 계몽주의는 인간의 이성으로 인간과 사회를 움직이는 기본 원리를 파악할 수 있을 것이고, 이에 따라 사회를 개혁하고 향상시킬 수도 있을 것이라고 믿었다. 그렇게 때문에 이 사상은 현존 질서를 파괴하고 개혁하려는 혁신 사상이 되었다. 이러한 사상을 바탕으로 우리는 근대화를 이루어 왔고 그 결과 물질적으로는 매우 풍요로운 생활을 할 수 있게 되었다. 하지만 발전의 이면에 인간 존재 자체에 대한, 또는 자연에 대한 심각한 문제가 발생하게 되었고 이것은 인류를 위협하는 위험 요소로 부각되었다. 이에 본 문제는 근대화 과정을 비판적으로 살펴보고 그 폐해의 원인을 어디서 찾아야 하는지, 또 그에 대한 해결 방안을 어떠한 관점에서 찾아볼 수 있는지를 동양과 서양의 환경관 비교를 통해 고민할 것을 요구하고 있다.

2. 제시문 분석 및 문제 해설

서양의 근대 사회는 데카르트적 이성중심주의에 기반하여 이성에 대한 신뢰와, 인류의 무한한 진보를 확신하는 계몽의 기획이라는 이름으로 진행되었다. 인간 이성은 자연과 우주를 움직이는 법칙을 인식하고, 그럼으로써 자연을 인간에게 유리하도록 이용할 수 있다고 믿어 과학기술이 발전할 경우 빈곤과 질병에서 해방되고 인간 사회는 더욱더 진보할 수 있을 것이라 기대하였다. 하지만 계몽의 기획은 역설적이게도 인간소외 현상과 환경 파괴 등 인간과 자연에 대한 많은 문제를 야기시켰다.

제시문 (가)에서는 데카르트의 이원론이 이성을 중심에, 감성을 주변에 두어 이성적 영역에는 인간과 백인, 서양과 남자를, 감성적 영역에는 자연/동물이나 유색인, 제3세계와 여성을 둔 뒤 이성의 영역이 감성의 영역을 지배하고 억압하는 것을 논리적으로 정당화했다고 주장한다. 따라서 현대 사회의 문제를 해결하기 위해서는 억압받았던 감성의 영역을 다시 살려야 한다며 이러한 관점에서 생태여성주의를 설명하고 있다.

문제 1에서는 제시문 (가)를 요약하면서 이러한 내용을 숙지하도록 하고 있다. 이때 본문의 문장을 그대로 베껴 쓰는 것이 아니라 자신의 문장으로 재구성하여 요약하는 것이 중요하다.

제시문 (나)에서는 데카르트가 인간으로 하여금 자연의 지배자와 소유자가 될 수 있게끔 하는 새로운 철학을 제시하였으며 이로 인해 인간이 자연을 정복하고 다스리는 것을 정당화하게 되어 생태계의 급격한 파괴와 자연의 훼손을 가져왔다고 서술하고 있다. 한편 이에 대비되는 관점으로 인간과 자연을 하나로 보는 동양적 자연관을 설명하면서, 현재의 문제를 해결하기 위해서는 동양적 환경관에 의지해야 함을 주장하고 있다.

제시문 (다)에서는 '환경적으로 건전하고 지속 가능한 개발'의 개념을 통해 개발중심적인 서양의 진보주의적 환경관을 바꾸지 않으면 생명체의 생존 자체가 위협을 받을 수 있을 것이라고 주장하고 있다. 그러나 지나치게 불편을 강요할 경우 오히려 환경 개선이 힘들어지므로 이를 기술 발전을 통해 해결해야 한다는 주장에 대해서도 소개하고 있다.

문제 2에서 학생들은 제시문 (다)를 통해 제시문 (나)의 주장을 비판하거나 옹호해야 한다. 즉 인간과 자연을 하나로 보는 동양적 자연관을 통해 현재의 문제를 해결할지, 오히려 개발로 야기된 환경 문제를 기술과 개발을 통해 해결하자는 서양의 데카르트적 세계관에 따를지를 여러 가지 대안들을 비판적으로 살펴 자신의 입장을 전개해야 할 것이다.

제시문 (라)는 1968년 개럿 하딘에 의해 명명된, 개개인의 자제할 수 없는 욕심으로 전체적인 파멸을 맞는 공유지의 비극에 대하여 설명하고 있다.

제시문 (마)는 무소유를 삶의 근본 가치로 삼고 있는 산안마을에 대한 내용이다.

문제 3에서는 제시문 (라)와 (마)를 통해서 인간의 이기심으로 인해 목초지의 비극을 겪은 영국 마을과 사적 소유를 없앤 무소유의 개념으로 공동체를 꾸리는 산안마을을 비교하여 우리 사회가 나아갈 지향점을 모색할 것을 요구하고 있다. 이를 위해서는 인간의 본성과 사회 정책을 이상적인 모습으로 상정하기보다는 현실적인 입장에서 받아들여야 할 것이다. 예를 들어 (마)의 산안마을의 경우 사회 전체적으로 확대했을 때 현실적으로 가능할 것인가를 비판해 보거나, 실제 정책 측면이 아닌 이념과 도덕 차원에서 강조를 할 것인지를 생각해 볼 수 있을 것이다. 결과적으로 이 문제는 이기적인 인간이 현대 사회에서 바람직한 삶을 살기 위해 어떻게 해야 할지 고민하게 만드는 것이다.

학생 답안과 첨삭 지도의 실제(1)

학생 답안

■ **글의 개요 분석**

1. 생태여성주의는 자연 파괴와 환경오염의 원인이 남성중심적 사회제도에 있다고 주장한다.
2. 생태여성주의가 갖는 공통된 의견 세 가지를 서술하고 있다.

마포고 송인범

① 생태여성주의는 생태사상과 여성주의가 결합되어 자연 파괴와 환경오염의 원인이 남성중심적 사회제도에 있다고 주장하는 이론이다. 이 이론은 여성과 자연에 대한 지배 유형의 연관성을 전제로, 억압적 대상으로서 둘의 위치가 서로 같다고 보며 여성해방과 자연해방을 동시에 추구한다. ② 생태여성주의가 갖는 공통된 의견이 있다. ③ 지배의 위계를 제거하는 사회적 변혁. 이것에 수반되어야 하는, 지배를 정당화하는 이원론적 사고방식의 배격을 통한 지적 변혁. 그리고 자연을 인간의 유용성에 따라 수단으로 대할 것이 아니라 목적으로 대하도록 인간과 자연의 관계 변혁이 필요하다는 것이다.

사회과 첨삭 지도

김성우 선생님

Idea Tip

■ 인간과 자연환경에 대한 다양한 관점을 찾아 정리해 봅시다.
■ 신문 사설을 위에서 제안한 대로 요약해 봅시다.

논리분석

이 학생은 제시문 내용을 제대로 이해했습니다. 요약에 필요한 핵심적인 내용도 잘 뽑아서 정리했습니다. 하지만 이것을 재창조하지 못해 아쉽습니다. 대부분의 고등학생들이 이 학생처럼 요약을 합니다. 원문에 나와 있는 개념이나 용어, 문장 몇 개를 따다가 이어붙이는 방식으로 요약을 한다는 말입니다. 이것은 요약이 아닙니다. 엄밀히 말해 표절입니다. 실제 논술 고사에서도 '원문의 내용을 그대로 베껴 쓰지 말라'는 조건이 자주 붙습니다.

제시문은 생태여성주의의 기원, 생태여성주의가 보는 환경 파괴의 원인, 환경 파괴를 막기 위한 세 가지 제안으로 구성됐습니다. 이 학생도 같은 흐름으로 정리했습니다. 이를 재구성하려한다면 무엇보다 먼저 다른 짧은 글을 쓸 때와 마찬가지로 두괄식으로 정리하십시오. 이 글은 무엇 무엇에 대해 설명하고 있다고 앞에서 밝혀 주면 이 요약문을 읽은 사람이 더 잘 이해할 수 있습니다.

첫 문단에서 "이 글은 여성주의 관점에서 환경 보존 방책을 제안하고 있는 생태여성주의를 소개하고 있다"고 문장을 시작하면 이 원문이 여성주의적 관점에서 서술되었으며, 구체적으로는 세 가지 제안을 하고 있다는 글 전체의 내용을 미리 알 수 있게 됩니다. 독자는 더 잘 이해할 수 있게 되는 것이지요. 다시 한 번 말하지만 요약은 베끼기가 아니라 재구성입니다.

개념분석

원문의 개념과 문장을 그대로 따서 쓰지 말고, 가능한 한 자신의 말로 풀어 쓰기 바랍니다. 예를 들어 원문에는 '생태여성주의는 적어도 세 가지 측면에서 공통된 합의점을 공유하고 있다'고 나와 있습니다. 학생의 글에서 ②번 문장을 살펴보면 '합의점'을 '의견'으로 바꾸는 등 나름대로 베끼지 않으려는 모습을 보이고 있습니다. 하지만, 이것만으로는 부족합니다. 생태여성주의의 세 가지 합의점은 사회 변혁이 필요하고, 지적 변혁이 필요하며, 자연관도 바꿔야 한다는 것입니다. 이는 생태 위기를 극복하기 위해 필요한 것들을 제안하는 것입니다. 그렇다면 '생태여성주의는 환경 위기를 극복하기 위해서 세 가지가 필요하다고 말한다', '환경 위기를 극복하기 위해 필요한 것으로 생태여성주의는 세 가지를 제안한다', '생태 위기를 극복하기 위해 생태여성주의가 제안하는 것은 세 가지다'라는 식으로 원문의 영향력에서 벗어난 글을 쓰는 것이 좋습니다.

제언

첫째, 원문을 재구성하는 연습을 하십시오. 요약은 생각보다 어려운 작업입니다. 표절이 아니라 재창조로서의 요약이 되기 위해서는 원문의 내용을 정확히 이해해야 합니다. 이는 원문을 덮어 놓고도 원문의 내용이 무엇인지 남에게 설명할 수 있을 정도로 이해해야 한다는 것을 말합니다. 독해를 하고 핵심적인 개념이나 용어, 흐름을 연습장에 적어 놓으십시오. 요약할 때는 꼭 직접 인용할 필요가 있는 것이 아니라면 가급적 원문을 보지 말고 본인이 메모한 것을 보고 문장을 만들어 보십시오. 원문의 내용을 깨지도 않으면서 자기 목소리가 담긴 요약이 될 것입니다.

둘째, 특별한 경우가 아니면 인용문의 형태로 쓰십시오. 직접인용이나 간접인용을 하지 않으면 사실상 표절입니다. 이것은 내 얘기가 아니라 이 저자 또는 이 글의 내용이라는 것이 드러나게 문장을 쓰십시오. 예를 들어 이 학생은 '생태여성주의는 적어도 세 가지 측면에서 공통된 합의점을 공유하고 있다'고 썼습니다. 독자는 이 글을 읽으면 이 학생이 생태여성주의의 공통된 의견을 세 가지로 파악했다고 착각할 것입니다. '저자는 생태여성주의가 적어도 세 가지 측면에서 공통된 합의점을 갖는 것으로 파악한다'로 쓰면 학생 생각이 아니라 저자 생각임이 드러납니다.

평가항목	등급	총평
이해 · 분석력	A	제시문에서 설명하고 있는 것 가운데 핵심적인 내용을 잘 뽑아 정리했습니다. 환경 문제가 발생하는 이유에 대한 생태여성주의의 관점과 이를 해결하기 위한 세 가지 핵심적인 내용을 잘 정리했습니다.
논증력	B⁺	원 제시문의 내용 전개 순서에 따라 요약을 했기 때문에 논리적인 흐름이 자연스럽지만, 그 때문에 아쉬움이 남습니다. 요약은 내용을 그대로 반복하는 것이 아닙니다. 자신이 이해한 바를 토대로 다른 사람이 이 내용을 잘 이해할 수 있게 설명해 주는 식으로 재구성하는 것이 필요합니다.
창의력	B	요약 문제에서 창의력을 발휘하기는 힘들어 보이지만, 요약도 제2의 창조라 할 수 있습니다. 원문의 내용을 깨지 않는 선에서 제대로 이해될 수 있게 자기 말과 흐름으로 다시 구성해야 합니다. 원문에 나온 개념이나 용어를 따다가 적당히 조합해서 문장을 구성한 것이 아쉽습니다.
표현력	B⁺	원문의 문장을 짜깁기하기보다 자기 말로 다시 풀어 설명했다면 더 좋은 요약문이 됐을 것 같습니다.

국어과 첨삭 지도

이지선 선생님

장점

무엇보다 제시문이 나타내고자 하는 중심 내용을 정확하게 이해한 것이 칭찬받을 만합니다. 핵심적인 개념어들을 적절히 사용하여 내용의 본질을 흐리지 않고 잘 기술하였습니다. 요약형 논제에 대해 잘 이해하고 있는 것 같습니다. 본문의 내용을 정리할 때 자신의 언어로 재창조하려고 노력한 흔적이 보입니다. 이에 대한 연습이 더해진다면 좀 더 깔끔한 답안이 될 것입니다.

단점

글자 수를 제한하여 요약하려다 보니 문장들이 매끄럽지 않습니다. 정해진 분량으로 핵심을 놓치지 않으려면 핵심적인 개념어들이 무엇인지 순위를 매겨야 합니다. 중요한 순위의 단어들을 우선적으로 활용하여야 하며, 문장 표현이 어색해지지 않게 신경 써야 합니다. 요약하는 과정에서 똑같은 문장의 반복으로 느껴지는 표현들이 종종 있습니다. 아무리 요약형의 논제라 하더라도 자신이 제시문을 완벽하게 이해하고, 이를 다시 자신의 언어로 만들어 내야 합니다.

구성의 특징

글의 흐름을 중심으로 살펴보면, 생태여성주의란 무엇인지에 대한 설명, 생태여성주의가 가지는 전제 조건, 생태여성주의의 공통된 합의점이라 할 수 있습니다. 구성상 논리적이고 안정적인 형태이며, 제시문의 순서와도 동일한 구조입니다. 다만 공통의 합의점 부분이 미흡합니다. 좀 더 자세한 설명을 하거나, 논의가 분명해지도록 기술한다면 내용 이해에 많은 도움이 될 것입니다.

표현

①번 문장은 의미가 모호합니다. '결합되어'를 '결합된 것으로'라는 표현으로 고치는 것이 좋겠습니다.
③번 문장은 길이가 너무 길어졌습니다. 문장은 간단하면서도 명료하게 의미를 전달하는 것이 좋습니다. 특히 '이것에 수반되어야 하는'이란 부분은 내용상 삭제해도 무방합니다. 요약형 논제에서는 의미에 큰 영향을 끼치지 않는 부분은 우선적으로 생략하는 것이 좋습니다.

제언

요약형 논술은 논제의 요구에 맞게 제시문을 요약하는 유형입니다. 300~500자 정도로 요약하는 경우가 많기에, 불필요한 부분을 생략하고 핵심적인 내용만을 객관적으로 기술해야 합니다. 어떤 사안이나 사회적 현상에 대한 자신의 의견을 묻는 문제가 아님을 명심해야 합니다. 주관적 감정은 배제하고 최대한 제시문에 충실하게 객관적으로 답해야 합니다. 독해력과 핵심 내용의 체계적인 서술 능력을 평가하고자 한 문항임을 잊지 말아야 합니다. 무엇보다 자신의 언어로 재구성하는 것이 중요합니다. 제시문의 언어 표현이나 문장 구조를 그대로 옮기는 것은 지양해야 합니다. 또한 짧은 분량으로 요약된 답안도 완결된 글의 구조를 가져야 합니다. 분량만 달라졌을 뿐 글의 핵심 내용이나 구조는 변함이 없어야 합니다.

평가항목	등급	총평
이해 · 분석력	A	제시문의 핵심을 잘 파악하여 정리하였습니다. 요약형의 논제는 글의 흐름을 방해하지 않고 핵심 내용을 짚어내는 능력을 요합니다. 핵심 내용의 중요도를 판별하는 능력이 좀 아쉽습니다. 글에 대한 판독 능력은 훌륭한 편입니다.
논증력	B+	제시문의 내용을 바탕으로 용어의 설명, 전제 조건, 공통점 등을 잘 기술하였습니다. 논리정연하게 서술되어 매끄러운 글이 되었습니다. 후반부의 내용을 좀 더 자세하게 기술하면 좋겠습니다.
창의력	B	자신의 언어로 재창조하지 못해 아쉽습니다. 요약형 논제라 하더라도 제시문의 내용을 소화하여 자신의 생각으로 재창조해야 합니다. 그대로 옮겨 놓은 듯한 표현들이 보여 참신함이 떨어집니다. 문장이나 글을 재구성하는 연습을 많이 해야 합니다.
표현력	B+	제시문을 가지고 요약하다 보니 문장이 길어진 것 같습니다. 한 문장 안에 여러 내용을 담기보다는 적절한 길이의 문장, 쉼표, 지시어, 접속어 등을 사용하여 간명하게 표현하는 것이 좋습니다.

| 학생 답안과 첨삭 지도의 실제(2)

학생 답안

마포고 김기석

① 제시문 (나)에서는 현재 전 지구적인 환경오염의 원인을 서양의 환경관에서 찾고 있다. 그러나 나는 그러한 의견은 옳지 않다고 본다. 비록 인간중심적이고 실용성을 강조하는 서양의 환경관이 현재의 환경오염에 어느 정도 책임이 있을지도 모르지만, 그것에 이 모든 책임을 전적으로 지워서는 안 된다. 왜냐하면, 그러한 환경관을 맹목적으로 좇은 우리의 잘못이 더 크기 때문이다. ② 서양의 환경관이 환경오염의 원인이 된다면 동양에서는 받아들이지 않았어야 했고, 받아들인 이후에라도 그 환경관을 버리고 동양의 환경관을 되찾았어야 마땅하다. ③ 결국 그 자연관을 비판 없이 받아들이고 그 환경관에 의거하여 기술을 발전시켜 편리한 도구를 많이 만들어 놓고 뒤늦게 환경오염이 문제가 되고 나니 모두 그 환경관 하나에 책임을 묻는다는 것은 단지 책임 전가에 지나지 않는다고 본다. ④ 또, 제시문 (다)에서 볼 수 있는 기술의 발전을 통해 환경오염을 줄이는 방법이 필요하다. 과연 서양의 인간중심적 사상을 비판하면서 골프장이나 자가용을 포기할 사람이 몇이나 될까? 이미 기술을 버릴 수 없게 되었으니, 기술을 더 발달시켜서 환경오염을 줄이는 것이 필요하다고 본다.

■ 글의 개요 분석

1. 제시문 (나)는 지구적인 환경오염의 원인을 서양의 환경관에서 찾고 있다.
2. 환경오염의 원인이 서양의 환경관 때문이라고 책임을 지우는 것은 옳지 않다.
3. 환경오염은 어떤 환경관을 받아들였느냐에 따른 인간 선택의 몫이다.
4. 이미 기술을 버릴 수 없는 단계에 와 있으므로 기술을 통해 환경오염을 줄이는 것이 필요하다.

사회과 첨삭 지도

김성우 선생님

논리분석

환경문제의 원인을 서양적 환경관에서 찾는 것은 옳지 않다고 자신의 주장을 힘있게 드러내며 시작했습니다. 그 이유로 서양의 환경관을 받아들인 인간에게 문제가 있다고 지적합니다. 서양의 환경관이 잘못됐다면 동양은 그것을 받아들이지 말았어야 했다는 것이 이유입니다. 또한 이미 발전한 기술을 버릴 수 없는 현실 속에서 이러한 기술을 활용해 환경오염을 줄이는 방안을 생각하는 것이 더 좋다고 주장합니다.

①번 문장을 살펴보면 본인의 주장을 문두에서 명쾌하게 밝히고 있습니다. 독자가 입장을 명확히 이해한 상태에서 글을 읽을 수 있게 한다는 점에서 이런 두괄식 글쓰기가 필요합니다. 철학 자체가 문제는 아니며 그것을 활용하고 있는 인간 자체에게 문제가 있다고 본 것도 신선합니다. 이런 주장은 잘못된 철학을 바로잡을 수 있는 인간의 이성적 능력에 대한 신뢰로 이어질 수 있기 때문입니다. 즉, 이성적인 판단을 통해 이성중심주의의 오류를 바로잡을 수 있다고 주장할 수 있기 때문에 진보와 발전을 부정하지 않으면서도 문제를 해결할 수 있는 길을 열어 줄 수 있습니다.

②번 문장에서는 두 가지 잘못을 저질렀습니다. 첫째, 본 논제는 동양 사회에 한정해서 환경 파괴 문제를 묻고 있는 것이 아닌데, 이 학생은 동양에서 환경 파괴가 일어난 책임이 어디 있는가 하는 문제로 논의의 방향을 왜곡했습니다. 둘째, 문두에서 서양의 환경관 때문에 환경이 파괴된 것이 아니라고 했고, 이후의 내용을 보면 그것을 받아들인 우리가 잘못이라고 주장합니다. 이는 받아들인 책임이 누구에게 있는가와 상관없이 결국 서양 환경관은 환경 파괴의 책임 문제에서 자유롭지 못함을 뜻합니다. 따라서 문두의 주장, 서양 환경관이 잘못된 것은 아니라는 주장에 모순됩니다.

배경지식이 좀 더 깊었다면 ③번 문장에서 기술적 대응을 서양 합리론 철학과 연결시켜 논의를 전개할 수 있었을 것입니다. 여기서는 인간 이성을 더욱 발현해서 문제를 기술적으로 해결해야 하는가 아니면 이성중심주의를 버리고 이를 대체할 수 있는 다른 자연관을 통해 문제를 해결해야 할 것인지를 묻고 있기 때문입니다.

개념분석

근대 계몽주의에 대해 더 많이 이해해야 할 것 같습니다. 계몽주의는 이성중심주의와 함께 시작합니다. 신과 자연의 힘에 일방적으로 휘둘리기만 하던 인간은 이성에 대한 믿음과 함께 신과 자연으로부터 독립하기 시작합니다. 스스로 이성을 발현해서 사회제도를 만들고 과학기술을 발전시키면 풍요롭고 인간적인 세상이 만들어질 수 있을 것으로 예상했던 것입니다. 하지만 계몽주의에 토대를 둔 근대 사회가 유토피아를 가져온 것은 아닙니다. 빈부 격차는 더 심해졌고, 인간이 인간을 수단으로 여겨 소외와 착취가 만연했으며, 환경은 파괴됐습니다. 이런 폐해의 원인에 대해서는 여러 분석이 있는데, 모든 것을 이항 대립적인 관점에서 바라보는 이성중심주의에서 그 원인을 찾는 것이 대표적입니다. 이성적인 인간은 다른 존재보다 더 우월하기 때문에 자연환경이나 동식물을 인간 복지를 위해 일방적으로 개발해도 된다고 생각했다는 것입니다. 하지만 이런 주장에 모두 동의하는 것은 아닙니다. 예를 들어 자원고갈과 관련해서도 어떤 이는 인간의 이성은 불완전하며 인공적으로 이 문제를 해결할수록 더 사태가 악화될 것이기 때문에 자연으로 돌아가야 한다고 주장합니다. 반면, 다른 이는 인간은 항상 자연적 도전을 극복하면서 발전해 왔고 과학기술의 힘에 의지해 자연자원도 새로 개발해 왔다는 점을 들며 오히려 기술을 통해 문제를 해결할 것을 주장하기도 합니다. 이는 이성을 부정하는 것이 아니라 이성을 더욱더 신뢰하는 태도라고 할 수 있을 것입니다. 본 논제는 이런 관점으로 이해해야 합니다.

제언

대입논술고사를 잘 준비하기 위해서는 두 가지가 필요합니다. 첫째, 여러 주제에 대해 배경지식을 심도 있게 쌓아야 합니다. 어떤 이들은 논술을 문법에 맞는 정확한 글쓰기 정도로만 이해합니다. 논술이 이런 것이라면 준비하는 데 일주일이면 충분합니다. 문제는 정확하게 글을 쓸 수 있어도 쓸 말이 없다는 것입니다. 쓸 말이 없는 이유는 깊은 배경지식이 없기 때문입니다. 학교 안팎에서 다양한 견해를 공부하다 보면 나름대로 가치도 세우게 되고, 남이 보지 못하는 점도 찾을 수 있게 됩니다. 모든 주제에 대해 의문을 갖고 고민하며 공부하기 바랍니다. 그것이 논술의 첫걸음입니다.

둘째, 말하고 싶은 내용을 논술 형식에 맞게 쓸 줄 알아야 합니다. 아는 것이 많고 쓸 말이 많다 해도 문장과 구성이 엉망이라면 논술이 완성될 수 없습니다. 이것은 기술적인 측면에 해당합니다. 많은 사람들이 이것이 논술의 전부라고 생각합니다. 논술은 내용과 형식으로 완성된다는 것을 기억하십시오.

평가항목	등급	총평
이해·분석력	B	서양의 합리론 철학과 기술 발전의 연관성을 제대로 이해하지 못했습니다. 이성중심주의를 토대로 사회질서도 변하고, 자연관도 변했으며, 기술에 대한 믿음도 이어졌다는 것을 이해해야 본 논술을 제대로 쓸 수 있습니다. 또한 여기서는 왜 동양의 환경이 파괴되었나를 묻는 것이 아니라 환경 파괴 일반에 대해서 묻는 것입니다. 그런데 이 학생은 동양의 환경 파괴 책임이 누구에게 있는가 하는 질문에 대해 답하고 있습니다.
논증력	C+	앞부분에서 자신의 주장을 명확히 밝힌 것은 좋았습니다. 하지만 이것이 균형 잡힌 논거로 뒷받침되어야 하는데 주제에 대해 명확히 이해하지 못하다 보니 모순되고 중심 없이 흔들리는 글이 됐습니다. 예를 들어 이성중심주의는 비판하면서 기술에 대해서는 신뢰를 보이는 것은 논리적으로 자연스럽지 않습니다.
창의력	B+	환경관 자체가 아니라 그것을 신뢰한 인간에게 문제의 핵심이 있다고 지적한 것은 매우 참신했습니다. 하지만 이것이 논리적으로 제대로 전개되지 못한 것은 아쉽습니다.
표현력	B+	어색하거나 뜻이 모호한 표현, 문장이 적습니다. 문장 표현상 큰 문제점이 보이지 않습니다. 다만, 논술문에서 '나는 ~ 옳지 않다고 본다' 와 같은 표현은 자제하기 바랍니다. 논술문에서 '나' 라는 주어는 잘 나오지 않습니다. 또한 '~인 것 같다', '~라고 생각한다', '~라고 본다' 처럼 자신 없는 표현은 삼가십시오. 논술은 근거를 대고 자신 있게 주장하는 글입니다.

국어과 첨삭 지도

장점

이 학생은 서양의 환경관을 옹호하는 입장에서 답안을 작성하였습니다. 자신의 입장을 일목요연하게 정리하려 한 점은 훌륭합니다. 서양의 환경관을 전 지구적인 환경오염의 원인으로 보는 것은 잘못된 것이라며 그 이유를 자세하게 설명하고 있습니다. 또한 동일한 관점에서 환경 문제를 개선할 방법을 강구하고 있어, 논의의 흐름이 일관됩니다.

단점

논제에서 요구한 것은 동·서양의 환경관 중에 현 사회에서 무엇이 더 합리적일 수 있는지를 논하라는 것입니다. 또한 어떤 측면에서 해결 방안이 가능한지 언급해 주기를 원합니다. 하지만 이 학생의 답안은 환경관의 문제가 아닌 그것을 받아들인 우리의 잘못으로 돌리고 있습니다. 출제자가 의도한 논점에서 벗어난 것 같습니다. 이에 대한 설명이 너무 많은 부분을 차지하고 있어 서양의 환경관으로 지금의 환경 문제를 해결할 수 있다는 주장에 대한 논거가 불충분해 보입니다. 주된 논점이 무엇인지를 제대로 파악하는 연습이 필요합니다. 또한 단락이 하나로 이루어져 내용 파악이 어렵습니다. 의미적 관련성을 고려하여 두 단락이나 세 단락으로 나누는 것이 좋겠습니다.

구성의 특징

내용의 흐름을 고려하여 살펴보면, 현재 전 지구적인 환경오염의 원인을 서양의 환경관에서 찾는 것은 잘못된 것이라는 주장과 그 근거가 전반부를 구성하고 있습니다. 환경관에 책임을 묻기보다는 선택한 사람들의 문제라는 진술을 펴고 있습니다. 전반부가 3분의 2 정도를 차지하고 있으며, 후반부는 현재 환경오염의 문제를 어떻게 풀 것인가를 논의합니다. 역시 서양의 환경관의 관점에서 기술 발달로 이 문제를 해결하려 합니다. 내용상 두 부분으로 나누어지지만, 논의 배분이 균형 잡히지 못했습니다. 후반부의 내용을 보충하고 두 부분으로 나누는 것이 좋겠습니다.

표현

②번 문장에서 '받아들인 이후에라도 그 환경관을 버리고'라는 부분은 삭제되더라도 의미상 문제가 되질 않습니다. 불필요한 부분으로 문장의 의미를 흐릴 필요는 없겠지요? ②번 문장은 '서양의 환경관이 환경오염의 원인이 된다면 동양에서는 이를 받아들이지 말고, 동양의 환경관을 되찾는 것이 마땅하다(당연하다)'로 고치는 것이 더 자연스럽습니다.
③번 문장은 전반적으로 문장이 길어져서 의미를 파악하기가 어렵습니다. 머릿속에서 생각나는 대로 모두 기록하기 보다는 정리하고 다듬어서 뜻이 분명해지도록 기록하는 것이 좋겠습니다.
④번 문장은 논의의 흐름상 새로운 내용이 시작되는 부분입니다. 현재의 환경 문제를 해결할 수 있는 방안들을 제시한다는 의미로 기술해야 합니다.

제언

상반되는 입장 중 하나의 입장으로 사회현상을 해석하고 이를 옹호하거나 비판하는 논제 유형입니다. 이를 위해서는 우선 상반된 논의를 잘 이해하고 자신의 입장을 명확히 세워야 합니다. 자신의 입장을 뒷받침해 줄 논거를 잘 찾는 것도 중요합니다. 그래야만 주장이 빛을 발할 수 있습니다. 논술문은 전체적인 글의 완성도 중요하지만, 각각의 의미를 가지는 단락, 하나의 의미를 가지는 문장도 중요합니다. 의미가 분명한 문장들이 모여야만 좀 더 완결된 논리를 가질 수 있습니다. 짧은 글부터 시작하여 의미를 전달하는 단락을 구성하는 연습을 한다면 더욱 발전할 수 있습니다. 또한 논거를 제시하고 구체적인 사례로 힘을 실어야 합니다. 구체적일수록 글에 대한 신뢰도나 글의 독창성이 높아질 수 있습니다.

평가항목	등급	총평
이해 · 분석력	B⁺	출제자의 의도를 명확하게 간파하지 못했습니다. 동 · 서양의 환경관 중에 어느 입장을 옹호하는지 논증하라는 문제입니다. 가치 중립적인 문제라며 사용자들의 문제로 여기는 것은 문제의 취지에 맞지 않습니다. 제시문 (다)를 기반으로 한 논거는 구체적 사례가 필요합니다.
논증력	B	자신의 입장을 기술하는 데 있어 논리적 기술의 힘이 약합니다. 환경오염의 원인을 어느 환경관에서 찾는지와 앞으로의 해결 방안을 논하는 데 있어 명백한 입장 표명이 필요합니다. 타당한 논거들과 그에 해당하는 사례들의 제시가 있어야 합니다. 단락을 구성하는 연습이 더 필요합니다.
창의력	B	제시문의 내용을 바탕으로 논거를 대려면 독창적인 사례가 꼭 필요합니다. 환경관에 대한 글은 구체적인 방법이나 사례들이 중요한 역할을 할 수 있습니다. 제시문에서 크게 벗어나지 않아 밋밋한 글이 되었습니다.
표현력	B⁺	문장의 표현이 어색하고 의미 전달이 모호한 부분이 아쉽습니다. 자신의 생각을 솔직하게 옮기려 한 노력은 칭찬할 만합니다.

| 학생 답안과 첨삭 지도의 실제(3)

학생 답안

마포고 송슬기

제시문 (라)의 영국 마을은 커다란 공유지를 이용하여 양들을 방목하는 공동체적인 생활을 했다. ① 단기적인 시야 속에서의 이러한 생활에는 아무런 문제점이 보이지 않는다. 그러나 언제간 공유지의 풀이 모자라게 되어 양을 방목할 수 없는 상황에까지 봉착하게 된다. ② 인간은 이기적인 존재이므로 자신의 이익을 추구할 수 있는 상황만 허락된다면 무조건적으로 그로 인한 폐단은 발생할 수밖에 없다.

제시문 (마)의 산안마을은 무소유를 최고의 미덕으로 삼는다. 그러나, 아무리 열심히 일해도 자신에게 돌아오는 결과물이 하나도 없다면 자연적으로 노동자들은 근로 욕구를 상실하게 된다. 결국 모든 사람이 일을 하지 않게 되어 사회는 퇴보할 것이다.

③ 위의 두 마을은 그들만의 경제 체제가 각각 자유로운 이익 추구와 무소유라는 한쪽으로 너무 기울어 있다. 무엇이든지 한쪽으로 너무 치우친다면 폐단이 생길 수밖에 없다. 그러한 폐단을 조기에 근절하기 위해서는 동서양

■ 글의 개요 분석

1. 제시문 (라)의 공유지의 비극에 대한 내용 비판 : 이익을 추구하도록 자유롭게 두면 공유지의 풀이 모자라 방목할 수 없는 지경에 이르게 된다.
2. 제시문 (마)의 산안마을에 대한 비판, 자신에게 돌아오는 결과가 없다면 근로 욕구를 상실하게 될 것이다.
3. 두 마을의 경제 체제는 너무 한쪽으로 치우쳐 있어 중용의 덕이 필요하다.
4. 공유지와 산안마을에 대한 보완점을 제시했다.

의 사상가들이 공통으로 주장한 중용(中庸)—넘치거나 모자람이 없는 적당한 상태—의 덕이 필요하다. 완전한 자유방임—목초지 공유의 사례—은 앞에서도 언급했듯이 개개인이 모두 자신의 이익만을 추구하게 되므로 목초지의 풀을 얻게 하기 위한 공정한 경쟁을 유도함과 동시에 불공정한 독점을 규제하기 위한 법규도 만들어야 한다. 산안마을의 사례에서는 무소유가 물질에 집착하지 않게 하면서 즐겁고 사이좋게 살 수 있게 한다고 하지만, 경제적 유인이 없는 인간의 노동은 효율적일 리 없다. 무소유의 삶보다는 자신이 맡은 일에 최선을 다하게 함과 동시에 기본적인 소유욕도 충족시켜 줄 수 있는 체계적인 유인 구조를 확립해야 할 것이다.

사회과 첨삭 지도

유희경 선생님

Idea Tip

■ 자유방임주의, 무소유, 인간의 이기적 본능의 개념에 대해 좀 더 구체적으로 알아봅시다.

논리분석

자유롭게 개인의 이익을 추구하도록 내버려 둔다면 영국의 공유지의 비극처럼 풀이 모자라 더 이상 양을 방목할 수 없는 상황에 봉착할 것입니다. 그렇다고 산안마을처럼 무소유를 강조한다면 개개인에게 돌아오는 결과가 없어, 결국에는 근로 의욕을 상실하게 되고 사회가 쇠퇴할 것입니다. 그러므로 한쪽으로 치우치지 말고, 이 둘을 적절히 강조하는 중용이 필요하다고 주장하고 있습니다. 공유지에서는 공정한 경쟁을 유도함과 동시에 불공정한 독점을 규제하기 위한 법규가 필요하며 산안마을에서는 인간의 기본적인 소유 욕구를 충족시킬 수 있는 체계적 유인 구조를 확립해야 한다고 서술함으로써 두 마을에 대한 보완점을 제시하고 있습니다. 그러나 너무 많은 내용을 중간 과정 생략하고 제시하고 있습니다. 두 제시문을 통해 도출할 수 있는 논점들을 앞에서 제시하고 이를 중심으로 논의를 전개하는 것이 더 짜임새 있어 보일 것입니다.

①번 문장은 논리의 전개상 반드시 필요한 내용은 아닙니다. 군더더기 표현이므로 삭제해도 좋을 것 같습니다. '단기적인 시야 속에서'라는 표현도 '단기적으로 보자면' 정도로 고치는 것이 좋겠습니다.

현재 시행되고 있는 사안에 대해 비판하고 폐단을 시정하기 위한 내용이 아니고 공유지의 비극이나 산안마을의 폐단에 대하여 보완을 시도하고 있는 만큼 ③번 문장에서 조기에 근절한다는 표현보다는 '폐단을 보완하기 위해서'라는 표현을 쓰는 것이 더 좋을 것 같습니다. 또한 '무엇이든지 한쪽으로 너무 치우친다면 폐단이 생길 수밖에 없다'고 말하기 전에 이 두 사례가 어떤 문제가 있는지 밝혀 주어야 합니다.

세 번째 단락의 전반부는 주장의 핵심적인 부분에 해당되는 내용입니다. 그러나 논리의 전개상 이 내용 이후에 현실적으로 산안마을에 대하여 비판적으로 검토하고 현실적으로 중용을 어떻게 실현할 수 있을지에 대한 내용이 전개되어야 할 것 같습니다. 공유지의 비극을 통해 알 수 있듯이 본능적으로 이기심을 가지고 있는 인간들이 모여 사는 산안마을에서 무소유라는 개념이 현실적으로 유지될 수 있는가에 대하여 비판하여 우리가 지향해야 할 사회를 제시하거나, 현대 사회가 무소유의 개념에서 얻을 수 있는 부분을 통해 앞으로의 사회가 나아갈 길을 모색했어야 할 것입니다.

개념분석

완전한 자유방임, 무소유의 단점, 중용 등의 개념과 사회과 지식을 이용하여 자신이 드러내고자 하는 내용을 피력하였습니다. 그러나 이 문제는 인간의 이기적 본능에 대해서 파악한 후 무소유의 개념을 지키면서 사는 것이 현실적으로 가능한가에 대해 비판적으로 생각해 보고, 현실적으로 우리가 지향해야 할 사회의 모습에 대해서 깊이 있는 생각을 요구한 문제입니다. 문제가 요구하는 핵심적인 개념을 잘 파악해 내지 못한 점이 아쉽습니다.

제언

제시문에 대한 비판은 무난합니다. 영국의 공유지와 산안마을에 대하여 현실적인 장단점을 제시하였다는 점은 좋으나 두 마을에 대해 개별적으로 분석했을 뿐, 둘 사이에서 고민해야 할 바를 찾아내지 못했습니다. 결론적으로 지향해야 할 사회 모습을 제시하지 못하여 논제가 바라는 결론을 맺지 못하였습니다. 이것은 문제를 피상적으로 분석하거나 교과서에서 배운 것들을 적당히 조합해서 제시했을 뿐, 깊이 있는 고민을 하지 않았기 때문입니다. 분량도 요구한 것보다 많습니다. 이는 영국마을과 산안마을의 장점과 단점을 지적하는 부분에서 내용이 반복되었기 때문입니다. 논거를 제시함에 있어 반복되는 부분을 간결하게 다듬는다면 요구하는 분량에 맞추어 자신의 주장을 피력할 수 있을 것입니다. 자신의 주장을 전개하는 능력은 매끄러운 편이며 교과 지식이 탄탄하므로 문제를 좀 더 깊이 있게 생각하고 자신의 주장을 쓴다면 완성도 높은 글이 될 것입니다.

평가항목	등급	총평
이해 · 분석력	A	제시문 (라)와 (마) 각각에 대해 비판적으로 검토했을 뿐 이 둘을 통해 근본적으로 끌어내야 할 문제의식이 무엇인지 파악하지 못했습니다. 단순 요약만 해서는 안 됩니다. (라)가 이기적 인간 본성을 얘기했다면, (마) 마을은 이런 본성이 잘 드러나지 않습니다. (마)가 현실적으로 가능할까요? 아니라면 현실적으로 가능한 (라)가 좋은 사회일까요? 현실만을 따져야 한다면 인간은 이상을 꿈꿔서는 안 되는 건가요? 제시문을 통해 이런 고민거리를 찾아내야 깊이 있는 글이 나올 수 있습니다.
논증력	A	자신의 주장에 대해서는 적절한 근거를 제시하고 있으나 결과적으로 본 논제가 요구하는 논증을 하지 못하였습니다. 한쪽으로 너무 치우쳐서는 안 된다고 주장하기 전에 이 양극단의 주장이 어떤 문제가 있는지 분석했어야 합니다.
창의력	B	우리가 지향해야 할 사회의 모습에 대해서 고민한 흔적이 엿보이지 않습니다. 위에서 밝힌 것들을 포함한 진지한 고민이 필요합니다.
표현력	B⁺	자신이 서술하고자 하는 내용에 대해서는 무난하게 잘 표현하고 있으나 내용이 반복되고 있는 느낌이 듭니다.

국어과 첨삭 지도

이지선 선생님

장점

출제자의 의도대로 제시문의 분석을 통한 지향점을 잘 찾았습니다. 상반되는 제시문의 분석도 핵심을 잘 잡아 서로 비교하였기에 말하고자 하는 바가 잘 드러납니다. 두 제시문을 바탕으로 앞으로 지향해야 할 사회의 모습을 잘 유추해 냈습니다. 논리적으로 타당한 근거들을 제시했고 '중용' 이라는 개념으로 설명한 것이 신선했으며 내용의 이해가 쉽습니다. 결론의 도출이 자연스럽고 말하고자 하는 바도 분명해 보입니다.

단점

우리가 지향해야 할 사회의 모습이 추상적으로 그려진 느낌입니다. 좀 더 구체성을 가졌다면 글의 신뢰도가 높아졌을 것입니다. 제시문 (마)의 내용을 부연 설명한다면 내용 이해에 도움이 될 것이며, 글의 안정감도 제공할 것입니다. 군데군데 긴 문장이 보여 글의 흐름을 방해하고 있습니다. 간명한 문장을 만드는 연습이 필요합니다.

구성의 특징

내용은 크게 두 부분으로 나뉩니다. 전반부에서는 제시문 (라)와 (마)의 내용을 비판적으로 검토하고 있습니다. 각각의 마을이 가지는 문제점을 단적으로 표현하고 있습니다. 후반부에서는 두 마을이 가지는 문제점을 중심으로 이 둘의 조화를 주장하고 있습니다. '중용' 의 개념으로 공정한 경쟁과 적절한 규제의 조화를 설명하고 있습니다. 결론의 도출이 자연스럽습니다.

표현

①번 문장은 매끄럽지 못합니다. '이러한 생활은 단기적 안목으로는 아무런 문제점이 없어 보인다' 로 고치는 것이 좋겠습니다.
②번 문장은 불필요하게 문장이 길어져 의미가 모호해 보입니다. '인간은 이기적인 존재이므로 자신의 이익 추구에 따른 폐단은 당연하다' 로 간명하게 고치는 것이 좋습니다.

제언

논제를 파악하고 출제자의 의도에 맞게 답안을 작성하는 일에 익숙한 학생입니다. 자신의 주장을 논리적으로 이끌어내는 것이 자연스럽고 막힘이 없습니다. 제시문을 비판적으로 검토하면서도 핵심적인 사항들을 중심으로 둘을 잘 비교하였습니다. 이 분석이 결론을 이끌어내는 데 중요한 역할을 하고 있습니다. '중용' 이라는 개념으로 본인의 주장을 개성 있게 표현한 점은 매우 훌륭합니다. 평범한 진술을 달리 보이게 하는 효과를 가져왔습니다. 문장은 나타내고자 하는 바가 분명하고 군더더기가 별로 없습니다. 다만 문장이 장황해지면 그 뜻이 모호해지니 간결한 문장을 사용하는 연습이 필요합니다. 우리가 지향해야 할 사회의 모습에 대해 구체적으로 제시해 주었다면 좀 더 완성된 형태의 논술문이 되었을 것입니다.

평가항목	등급	총평
이해 · 분석력	B⁺	제시문의 핵심을 잘 파악하고, 논제에서 벗어나지 않은 답안을 작성했습니다. 제시문 (라)와 (마)의 차이점을 명백하고 인식하고 있으며 양자의 조화를 통한 사회의 모습을 제시하였습니다. 비판적인 검토 면에서 좋은 점수를 주고 싶습니다.
논증력	B	각각의 마을이 보이는 특징을 잘 설명하고 비판적으로 검토하였습니다. 이 논의를 바탕으로 현대 사회가 지향해야 할 모습을 논리적으로 잘 그리고 있습니다. 완전한 자유방임이 아닌 적당한 규제를 이끌어 낸 점이 칭찬할 만합니다. 결론의 정리도 논지를 흐리지 않았습니다.
창의력	B	제시문의 내용을 바탕으로 새로운 내용을 찾으려 노력하였습니다. 두 제시문 속의 마을을 통해 '중용'이라는 지향점을 찾아낸 것이 흥미롭습니다. 일반적으로 알고 있는 내용이라도 새로운 시각의 개념은 참신함을 줍니다.
표현력	B⁺	말하고자 하는 바가 분명하게 기술되어 이해하기가 쉽습니다. 적절한 어휘를 구사하는 능력이 뛰어납니다. 긴 문장보다는 짧은 문장으로 의미를 전달하는 것이 효과적임을 잊지 말아야 합니다.

논술 심화 문제

(가)　생물은 환경 조건에 적응하며 자연의 공격을 잘 견뎌 낸다. 가령 폭풍으로 열대우림에 빈틈이 생겨나면 기회를 잡은 종들이 재빨리 그 공간을 채운다. 이처럼 생물 다양성은 지구를 안정되게 유지하는 지렛대이다. 그러나 생물 다양성이 급속도로 파괴되면서 멸종 위기에 처한 종이 갈수록 늘어나는 추세이다. 원인 제공자는 물론 인간이다. 오늘날 생물의 멸종 속도는 사람이 지구에 나타나기 전보다 100~1,000배 빠르게 진행되고 있는 것으로 추정된다. 다시 말해 멸종 속도는 빨라지는 반면에 자연환경의 훼손으로 새로운 종이 생겨나는 속도는 더뎌지기 때문에 생물 다양성은 파국을 향해 치닫고 있는 것이다.

　생물 다양성 훼손의 가장 중요한 요인은 서식지의 파괴이다. 지구의 허파라 불리는 열대우림은 아마존의 정글처럼 개발의 손길이 미치면서 수풀이 빠른 속도로 사라짐에 따라 희귀 동식물 등 생태계가 붕괴되고 있다. 아프리카의 검은 코뿔소나 들개는 서식지 파괴로 멸종이 임박한 대표적인 동물들이다. 열대우림과 산호초에서 서식지 파괴가 현재 속도로 진행된다면 전체 생물 종의 절반이 21세기 말까지 지구 상에서 사라질 것으로 예상된다.

－ 이인식, 『미래교양사전』

keyword

■ 생물 다양성(biodiversity) : 사막에서 산호초, 해저의 분화구, 남극대륙, 열대우림에 이르기까지 식물과 동물이 독특한 조합을 이루며 살아가는 것을 생물 다양성이라고 한다. 지구의 생물 다양성은 3개 수준으로 형성된다. 맨 위는 생태계이다. 열대우림, 산호초, 호수와 같은 것들이다. 그 다음은 생태계를 구성하는 생물의 종이다. 사람도 생물 종의 하나이다. 생물 다양성의 밑바닥에는 생물의 유전자가 자리한다. 그러나 최근 지구 온난화와 인간의 무분별한 남획으로 멸종에 직면한 생물 종이 적지 않다. 게다가 서식지의 파괴도 이어져 멸종은 더욱 가속화되고 있는 실정이다.

(나)　인류가 지난 세기처럼 지구 환경을 마음대로 파괴하고 성장에만 주력
　　　한다면, 우리의 생존 자체가 위협을 받을 수 있다는 우려의 목소리가
　　　높다. 1992년 유엔환경개발회의에서 선진국들과 개발도상국들은 '환
　　　경적으로 건전하고 지속 가능한 개발'이라는 개념에 합의했다. 즉, 지
　　　구 생태계를 보존할 수 있는 방법을 택해 개발하자는 것이었다.
　　　　그러나 이러한 합의는 거의 이행되지 않았다. 오히려 기상이변과 지
　　　구 온난화의 주요 원인인 이산화탄소 등 온실가스 방출량이 최고 수준
　　　에 달하고 있다. 생물 서식지가 파괴되어 자연 상태보다 1,000배나 빠
　　　른 속도로 동식물의 멸종 과정이 진행되고 있어, 21세기 안에 지구 모
　　　든 생물 종의 50%가 멸종될 것이라는 보고도 있다. 이런 결과는 많은
　　　정부와 기업들이 '환경적으로 건전함'보다는 '지속 가능한 개발'에 더
　　　관심을 보이고 있다는 데 기인한다.

　　　　　　　　　　　　　　　　　　　　　　　　　　　　－ 고등학교『경제』

(다)　정부는 기업 활동에 대한 제반 여건을 마련해 주고 자유롭고 창의적
　　　인 경쟁 질서를 유지하도록 하여야 하며, 기업은 정부의 사회·경제적
　　　문제를 해결하기 위한 역할과 책임을 인정하고, 경제 규칙이나 규범을
　　　잘 지켜서 자율적 경제 운영의 기틀을 다져 나가야 한다.
　　　　기업이 상품을 생산하고 소비자가 이를 소비하는 과정, 기업이 폐기
　　　물을 처리하는 과정에서 환경오염 문제가 자주 발생한다. 오늘날 기업
　　　은 환경을 생각하지 않고는 활동 자체가 불가능할 정도로 환경에 대한
　　　책임이 강하게 요구되고 있다. 따라서, 기업은 환경 법규를 준수하는
　　　소극적인 차원이 아니라, 환경을 개선하고 오염을 방지하려는 적극적
　　　인 노력이 있을 때 사회적 정당성을 획득하고 장기적 성장의 기반을 마
　　　련할 수 있을 것이다.

　　　　　　　　　　　　　　　　　　　　　　　　　　　　－ 고등학교『경제』

(라)　이기적 개체로부터 이타적 행동이 출현하는 까닭을 설명한 대표적 이
　　　론은 1971년 미국의 로버트 트라이버스가 제안한 상호 이타주의 이론

이다. 상호 이타주의의 기본은 "네가 나의 등을 긁어 주면, 내가 너의 등을 긁어 준다"는 식의 호혜적 행동이다.

트라이버스는 이 이론을 검증하는 사례로 청소고기를 들었다. 작은 물고기 가운데 약 50여 종은 큰 물고기의 비늘에 붙어 있는 기생생물을 뜯어먹고 산다. 그러나 큰 물고기는 청소고기를 잡아먹지 않는다. 큰 물고기는 깨끗해져서 좋고, 청소고기는 먹이를 공급받아서 이익이 되기 때문이다. (중략)

자기중심적인 사람들로부터 협동을 이끌어 내는 최선의 전략은 무엇일까. 1984년 미국 정치학자인 로버트 액슬로드는 컴퓨터 토너먼트를 실시하여 팃포탯(Tit for Tat) 프로그램을 선정했다.

대갚음을 뜻하는 팃포탯은 "처음에는 협력한다. 그 다음부터는 상대방이 그 전에 행동한 대로 따라서 한다"는 두 개의 규칙으로 구성된다. 한 마디로 당근과 채찍(회유와 위협) 정책의 요체를 합쳐 놓은 전략이다.

결론적으로 팃포탯은 상대방과 싸워서 굴복시키는 것이 아니라 상대방으로부터 쌍방 사이에 만족스러운 행동을 끌어냄으로써 컴퓨터 토너먼트의 우승자가 된 것이다.

팃포탯의 상호작용은 제로섬이 아니었다. 바꾸어 말하자면 논제로섬의 세계에서는 협력관계가 시간이 경과함에 따라 증대되다는 결론이 도출된 것이다. 액슬로드의 표현을 빌리자면, "상호 협동은 중앙 통제 없이도 이기주의자들의 세계에서 출현할 수 있다. 그것은 호혜주의에 입각한 개체들의 집단에서 비롯된다."

거래 · 계약 · 교환 · 분업 · 양보 · 의무 · 빚 · 은혜. 우리가 일상생활에서 흔히 듣는 이 단어들 속에는 호혜주의 정신이 깃들어 있다. 인간은 유일무이하게 상호 이타주의에 익숙한 존재인 것이다. 그렇다. 우리는 본능적으로 탁월한 장사꾼들이다. 더불어 살 줄 아는 지혜를 가진 동물이다. 인생은 결코 제로섬 게임이 아닌 것을.

– 이인식, 『미래교양사전』

> **문제** | 제시문 (가)는 생물 다양성이 훼손되고 있는 현실을 보여 주고 있다. 생물 다양성 훼손으로 대표되는 환경 파괴를 막기 위한 노력의 일환으로 세계 각국이 '지속 가능한 개발'이라는 개념을 도입했지만, 제시문 (나)에서 지적하듯이 실효성이 없다. '지속 가능한 개발' 개념이 효과를 보지 못하고 있는 이유를 제시문 (라)에서 말하고 있는 인간 본성과 연결시켜 설명하고, 이런 관점에서 제시문 (다)에서 기업의 환경적 책임을 높이기 위한 방안에는 무엇이 있는지 논술하시오(1,200자 내외).

| 심화 문제 해설

1. 출제 의도

과거에는 기업의 관심이 이윤을 극대화하는 데 국한되어 있었다. 그러나 현대에 들어서 기업은 이윤을 추구하는 과정에서 여러 이해관계자의 직·간접적 도움을 받고 있으며 때로는 사회 문제를 유발시키기도 하여 사회의 여러 관계자를 배려하지 않을 수 없게 되었다. 이에 기업의 사회적 책임과 역할은 점차 강조되어 가고 있는 것이 사실이다. 이러한 현실 속에서 기업이 효과적으로 사회적 책임을 다할 수 있는 방법을 생각해 보지 않을 수 없게 되었다. 본 문제는 이것을 인간의 본성이 이기적이라는 시각에서 출발하려고 한다. 이기주의는 자신을 사랑하는 것이다. 일반적으로 이기주의라는 단어는 그리 좋은 의미로 사용되지는 않는다. 이기주의는 과연 나쁜 것인가 하는 문제에 대하여 맨드빌은, 꿀벌이 꿀을 모으는 이유는 본능적인 욕망을 만족시키기 위해서지만 그것이 벌집에 꿀의 양을 늘려 결과적으로는 공동체 전체의 이익이 되기 때문이라고 주장하였다. 그리고 인간 사회에도 같은 이치가 적용된다고 보았다. 즉 맨드빌은 인간의 탐욕, 사치심, 자만심 등이 경제발전에 기여한다고 보았던 것이다. 불쾌하고 유해한 악덕이 공익을 낳는다는 맨드빌의 의견에 애덤 스미스는 반대했지만, 『국부론』에서는 공익 증진을 의도적으로 내세울 때보다 자신의 이익만을 추구할 때 오히려 더 효과적으로 사회 전체의 이익에 기여한다고 주장함으로써 맨드빌과 더불어 이기주의가 사회 전체의 이익을 만드는 긍정적인 힘이라는 데 의견을 같이하고 있다. 자연 상태의 자유를 주게 되면 자신의 이익을 위해 타인에게 피해를 주게 되어 만인 대 만인의 투쟁 상태가 되어 버린다는 홉스의 주장이나, 소유권이 생기면서부터 개인 간 다툼이 많아지고 자연 상태가 불안정하게 되어 결국 국가를 형성하고 살아가게 된다는 로크의 주장처럼, 이기적인 인간들이 모인 사회에서 이기심을 최대한 활용하여 사회에 바람직한 결론을 도출할 수 있는 현실적인 방안이 무엇일지 학생들은 고민해 보아야 할 것이다.

2. 제시문 분석 및 문제 해설

본 제시문들은 환경에 대한 문제와 기업의 사회적 책임을 어떠한 연결고리로 풀어 갈 것인가에 대해서 제시하고 있다.

제시문 (가)는 이인식의 저서에 소개된 내용으로 생물 다양성이 훼손되고 있는 현실을 보여 준다. 이 글에서 생물은 환경 조건에 빨리 적응하여 자연의 공격에 잘 이겨내며, 생물 종이 소멸되면 다른 종들이 새로 생성되어 지구를 안정되게 유지하고 있는데, 오늘날에는 멸종 속도가 새로운 종이 생겨나는 속도를 앞지르기 때문에 생물 다양성은 결국 파국을 향해 갈 수밖에 없다고 주장한다. (가)의 내용은 환경 훼손의 심각성을 강조하고 있다.

제시문 (나)는 인류가 환경 훼손에 심각성을 느껴 생태계를 보존하기 위해 '환경적으로 건전하고 지속 가능한 개발'이라는 개념을 통해 이 문제를 해결하려고 하지만 기업들이 개발에 더 중점을 두어 실효성을 거두지 못하고 있다는 내용이다.

제시문 (가)와 (나)를 통해 학생들은 '지속 가능한 개발'이 효과를 보지 못하는 원인을 제시문 (라)의 '인간 본성'과 관련하여 진지하게 고민해야 할 것이다. 제시문 (라)에서는 상호 이타주의가 측은지심 같은 인간의 도덕적 마음이 아닌 개체의 이익, 생존을 증진시키려는 욕구에 의해 나타나게 되었다고 설명한다. 사회적으로 바람직한 결과를 가져오기 위해 인간의 이기심에 의지해야 한다는 내용은 "우리가 빵과 고기를 먹을 수 있는 것은 빵집 주인과 정육점 주인이 자비심을 베풀어서가 아니라 그들이 자신의 이익을 극대화하려고 하다 보니 의도하지 않게 그렇게 되었다"는 경제학자 애덤 스미스의 관점과도 일맥상통한다. 이처럼 이 논제는 '지속 가능한 개발'의 실패를 인간의 이기적 본성과 연결시켜서 설명할 것을 요구하고 있다.

제시문 (다)에서는 기업이 상품을 생산하고 소비자가 소비하는 과정, 기업이 폐기물을 처리하는 과정에서 환경오염 문제가 자주 발생하므로 오늘날의 기업은 환경에 대해 무거운 책임이 있다고 주장하고 있다. 그러나 이윤 추구가 최우선인 기업에게 여러 사회적 책임을 지우는 데 있어 도덕성에 호소하는 것이 실효성이 있는지를 생각해 보아야 할 것이다. 학생들은 기업의 책임을 높이기 위해 인간의 이기심을 적극 활용할 수 있는 방안을 진지하게 고민하여 논제를 풀어 가야 할 것이다.

심화 문제 예시 답안

■ 글 개요 분석 및 특징

1. 인간의 개발에 따른 이익 극대화의 추구로 지속 가능한 개발이 실패했다.
2. 개인은 기업의 이윤 창출을 위해 협조하여 열심히 일한다.
3. 그 이유는 기업이 이익을 창출하면 개인에게 그 수익을 배분하기 때문이다.
4. 기업의 환경적 책임을 높이는 데 이러한 경제적 원리를 이용해야 한다.
5. 환경적 책임을 높이는 방안으로 기업에 폐기물 배출량에 비례하여 세금 부과하는 방법이 있다.
6. 인간의 이기적 본능을 이용하여 정책 수립을 하면 환경문제도 해결이 가능하다.

① (라)에서 말하는 인간의 이기적이고 자기중심적인 행동은 인간이 경제적 유인 혹은 그 밖의 다른 것에 반응한다는 전제하에 성립된다. 이 때문에 인간은 개발을 통한 이익의 극대화를 추구했고 그 결과 '지속 가능한 개발'은 실효를 거두지 못한 구호로 전락해 버렸다.

현대 산업사회가 도래하면서 기업들은 분업을 통해 생산의 극대화를 추구하였다. 이 과정에서 인간은 돈을 벌기 위해 분업에 참여하고 자신이 부여받은 역할에 충실하여 기업의 생산력을 높이는 데 일조한다. 그 결과 기업은 향상된 생산성을 이용하여 큰 이익을 얻게 되고, 증대된 수익을 분업에 참여한 사람들에게 어느 정도 배분한다.

위 사례에서 기업의 수익 증대는 인간이 보상 또는 유인에 반응한다는 전제에서 비롯된다는 것을 알 수 있다. 마찬가지로 제시문 (다)에서 기업의 환경적 책임을 높이기 위한 방안 마련에도 위의 윤리를 적용시킬 수 있다.

② 정책 입안자의 입장에서 보면, 환경오염을 줄이기 위한 궁극적인 목표는 기업들이 배출하는 폐기물의 양을 줄이는 것일 것이다. 이에 대한 방안으로 그는 기업들의 폐기물 배출량에 비례하여 세금을 부과하고, 연말에 기업들의 배출량을 집계하고 비교하여 상대적으로 적은 폐기물을 배출한 기업들에게 세금면제 등의 보상을 하는 정책을 수립할 수 있다. 이 정책이 시행된다면 기업들은 배출량을 줄이기 위한 노력을 할 것이며 결과적으로 환경문제를 해결하는 데 크게 일조할 수 있을 것이다. 또한 해가 거듭될수록

배출량을 줄여 가며 기업들은 장기적 성장 기반을 마련할 수 있다.

위의 정책도 경제적 유인과 보상에 반응하는 인간의 이기심을 전제로 한다. 그 결과 기업들은 기업대로, 정부는 정부대로 나름의 효과를 거둘 수 있게 되고, 최종적으로는 호혜적인 결과를 도출해 낼 수 있는 여건이 마련될 수 있다. ③ 이렇게 정부의 정책 입안자는 인간의 이기적 본성을 전제로 하는 다양한 정책 수립으로 환경 문제를 해결할 수 있다.

사회과 첨삭 지도

유희경 선생님

Idea Tip

■ 기업의 사회적 책임의 변천, 지속 가능한 개발, 상호 이타주의, 인간의 본성과 같은 개념들을 정리해 둡시다.

논리분석

이 학생은 환경에 관심을 두고 보호해야 한다는 것은 알지만 인간의 이기적인 본성, 이익을 극대화하려는 성향 때문에 '지속 가능한 개발'이 실효를 거두지 못하고 있다고 지적했습니다. 그러면서 개인이 기업에서 열심히 일하는 이유를 경제적인 동기로 설명합니다. 기업이 이윤을 창출하는 데 구성원인 개인이 최선의 노력을 다하는 이유는 창출된 이윤이 자기에게 다시 분배될 것을 기대하기 때문이라고 강조합니다. 환경 문제를 해결하기 위해서도 이러한 인간의 이기적인 본능을 이용해야 한다고 주장합니다. 환경적 책임을 수행하는 데 그만한 경제적 보상이 따른다면 환경문제 해결이 더 쉬워질 것이라고 마무리하고 있습니다.

제시문 (라)의 내용은 상호 이타주의에 관한 내용입니다. ①번 문장의 내용을 요약해 보면 상호 이타주의적인 특성 때문에 인간은 개발을 통한 이익 극대화를 추구하였고 그 결과 지속 가능한 개발은 실효를 거두지 못한 것이 됩니다. 그러나 이 문제에서 요구한 것은 이익 극대화 추구로 인해 지속 가능한 개발에 실패한 것에 대하여 상호 이타주의에 드러나는 인간 본성을 이용하여 해결책을 제시하는 것입니다. 그러므로 밑줄 친 부분은 글 전체에 논리에서 어긋나는 문장입니다. 아니면, 중간 과정을 생략하고 논의를 전개해서 독자에게 오해의 여지를 남겼다고 보입니다.

두 번째 단락에서 기업에 참여하는 구성원의 사례를 들었습니다. 틀린 말은 아닙니다. 그런데 전략적인 글쓰기 측면에서 보자면 다른 사례를 찾는 것이 더 좋을 것입니다. 왜냐하면 본 논술이 주장하는 바는 이타적으로 보이는 행동을 끌어내기 위해 이기심을 활용해야 한다는 것입니다. 그런데 회사에서 일하는 사람은 이타적으로 보이는 행동을 하는 것이 아니라 그야말로 자신의 이익을 증대시키려고 일하는 것입니다. 따라서 학생 글의 주제를 드러내 보이는 예로 쓰기에는 적합하지 않습니다. 이타적인 행동이지만 그것을 통해 자기 이익을 충당하려는 다른 사례를 찾는 것이 나을 것 같습니다. 글의 마지막 단락에서 이 논제가 바라는 인간의 본성과 상호 이타주의 그리고 기업의 정책 방안에 대한 관계를 잘 규정하였습니다.

개념분석

지속 가능한 개발, 상호 이타주의, 기업의 제1목적인 이윤창출, 인간의 본성, 기업의 환경적 책임 등의 개념을 이용하여 자신의 의견을 비교적 잘 서술하였습니다. 그러나 개념을 어렵게 표현하다 보니 잘못된 개념을 사용하기도 하고, 내용을 쉽게 이해하는 데 어려움이 있었습니다.

①번 문장의 설명은 이해하기 너무 어렵습니다. 제시문 (라)에서는 인간이 서로 얻는 대가가 있을 때 상호 이타주의가 이루어진다는 내용이 서술되어 있는데, 이 문장에서는 상호 이타주의라는 개념을 이타주의적인 개념보다 인간의 이기적이고 자기중심적인 행동이라는 개념에 중점을 두고 표현하여 개념상에 약간의 차이가 있어 의미 전달이 모호합니다. '(라)에서 말하는 인간의 상호 이타주의적인 행동은 인간이 경제적 유인 혹은 그 밖의 대가에 반응한다는 것을 전제로 하고 있다'로 바꾸면 자연스럽습니다.

세 번째 단락의 '마찬가지로' 전후의 개념 연결이 매끄럽지 못합니다. 또한 기업의 수익 증대가 경제적인 보상 또는 유인에 반응하기 때문인 것은 윤리적인 부분이 아니라 경제적 원리에 해당한다고 할 수 있을 것입니다. 그러므로 윤리에 적용하는 것이 아니라 경제적 원리에 적용할 수 있다고 표현하는 편이 좋습니다. '기업의 수익 증대가 개인에 대한 경제적인 보상 또는 유인에 반응한다는 전제에서 비롯되기 때문에 이러한 특성을 기업의 환경적 책임을 높이기 위한 방안에도 적용할 수 있을 것이다'로 바꾸면 자연스럽습니다.

제언

전체적으로 문제가 요구하는 핵심적 내용을 잘 파악하여 논리적으로 잘 서술하였습니다. 그러나 글 전체에서 '인간은 보상 또는 경제적 유인에 반응한다는 전제에서 비롯된다'는 표현이 너무 자주 등장합니다. 반복되는 말을 할 때는 다른 말로 바꿔 표현하는 연습을 하십시오. 그리고 문장이 너무 어렵고 복잡합니다. 어렵게 쓴다고 좋은 글은 아닙니다. 문장을 자주 반복한다면 글의 구성이 탄탄하지 않다는 느낌을 주며 주장 자체가 자신 없게 느껴질 수도 있습니다. 교과 시간에 배운 내용을 구체적으로 생각해 보는 연습과, 어렵게 느껴지는 개념을 쉽게 표현하는 연습을 한다면 좋은 글을 쓸 수 있을 것입니다.

평가항목	등급	총평
이해 · 분석력	A	논제를 잘 이해하고 매끄럽게 논리를 전개했습니다. 첫 문단에서 인간의 본성이 이기적임을 밝힌 뒤 경제적인 유인에 따라 인간이 반응한다는 점을 잘 끌어냈습니다. 기업의 환경적 책임도 단지 의무로서 강요하는 것이 아니라 경제적인 유인책을 제시하여 행동으로 이끌어 내야 함을 무리 없이 전개했습니다.
논증력	A	논리적 구조는 매끄러운 편이나 같은 내용을 자주 반복 강조하여 지루한 느낌이 듭니다. 이는 논증의 집중도를 떨어뜨립니다. 둘째 문단과 셋째 문단은 한 문단으로 구성하는 것이 좋을 것 같습니다. 긴 글을 구성할 때는 각 문단을 양적으로 비슷하게 조정하는 것도 필요합니다.
창의력	B	기업의 환경적 책임을 도덕심이나 선한 본성에 호소하는 것이 아니라 이기심에 호소하는 것이 더 효과적이라는 주장이 좋습니다. 이는 이기적인 인간들이 자기 이익을 극대화하려다 보면 의도하지 않게 사회의 부가 극대화될 것으로 본 애덤 스미스의 관점과도 통합니다.
표현력	B+	표현을 어렵게 하는 경향이 있어 내용이 쉽게 이해되지 않는 것이 아쉽습니다. 어려운 말을 늘어놓는 것이 잘 쓴 글이 아니라, 쉽게 읽히는 글이 잘 쓴 글이라는 것을 명심하십시오.

국어과 첨삭 지도

이지선 선생님

장점

논제에서 요구하는 바에 매우 충실하며 솔직한 답변을 작성하였습니다. 불필요한 내용으로 논의를 흐리지 않았으며, 필요한 문장으로 한 편의 글을 잘 엮었습니다. 내용의 흐름도 매우 자연스럽고 그에 따른 의미의 단락이 적절합니다. 단락의 구성이 명확하기에 읽기에도 편하고 의미 전달력이 뛰어납니다. 기업의 환경적 책임을 높이기 위한 방안에 대한 고심이 엿보이는 답안입니다. 비교적 상세하게 기술하였으며, 그 논리적 타당성도 인정됩니다. 무엇보다 간결하고 명확한 문장 표현들이 글을 더욱 빛나게 하고 있습니다.

단점

두 번째 단락의 의미가 약간 모호해 보이기도 합니다. 기업의 생산 극대화와 노동자의 수익 배분의 관계를 인간의 이기적 본성으로 설명하고 있습니다. 내용의 흐름상 '지속 가능한 개발' 과 '인간의 이기적 본성' 사이의 관계를 구체적으로 설명해 주는 것이 좋겠습니다. 그래야만 논제에서 요구하는 바에 더욱 부합합니다. 기업의 사회적 책임을 높이기 위한 방안으로 좀 더 독창적인 사례들은 없을까 하는 아쉬움이 남습니다. 자신만의 참신함을 돋보이게 하는 아이디어가 필요합니다.

구성의 특징

서론에서 인간은 개발을 통한 이익의 극대화를 추구했고 이로 인해 '지속 가능한 개발' 은 실효를 거두지 못했음을 설명하고 있습니다. 본론에서는 앞의 논리를 전제로 기업의 환경적 책임을 높이기 위한 방안을 제시하고 있습니다. 폐기물 배출량을 집계하여 그에 대한 보상 정책을 실시하면 기업과 정부 모두가 나름의 이익을 추구할 수 있다는 것입니다. 결론에서는 지금까지의 내용을 정리하며 인간의 이기적 본성을 전제로 한 정책 수립이 환경 문제를 해결하는 현실적인 방법이 될 수 있음을 강조합니다.

표현

②번 문장에서 서술한 '궁극적인 목표' 는 그것이 추구하는 최종적인 지향점으로 이 문맥에는 어울리지 않습니다. 폐기물의 양을 줄이는 것은 환경오염을 막는 주된 방법 중의 하나가 아닐까요? 밑줄 친 부분은 '환경오염을 줄일 수 있는 주요한 방법은 기업들이 배출하는 폐기물의 양을 줄이는 것이다' 로 고치는 것이 좋겠습니다.

논제의 의도나 글의 흐름을 고려했을 때, ③번 문장은 '이렇게 인간의 이기적 본성을 전제로 하는 다양한 정책 수립이 환경 문제를 해결할 수 있는 현실적인 대안임을 알아야 한다' 등으로 고치는 것이 자연스럽습니다.

제언

논제의 분석이나 논리적인 글의 구성에서 흠 잡을 데가 별로 없는 좋은 답안입니다. 자신의 주장대로 논지의 흐름을 벗어나지 않고 명쾌하게 진술하고 있습니다. 논리적인 기술이나 군더더기 없이 깔끔한 문장 등도 칭찬하고 싶습니다. 방안으로 제시한 방법들도 고심 끝에 내놓은 현실적인 대안임을 인정합니다. 인간의 이기적 본성과 '지속 가능한 개발'의 논리적 관련성을 밝히는 데 조금 부족함이 있었습니다. 이는 추후 연습을 통해 나아지리라 생각합니다. 형식 단락의 수가 많으니 의미적 관련성을 고려하여 세 개에서 네 개의 단락으로 줄이는 것이 좋겠습니다. 앞으로 다양한 주제의 논제들을 접하여 여러 상황에 대응할 수 있도록 꾸준한 자기 연마가 필요합니다.

평가항목	등급	총평
이해·분석력	A⁺	출제자의 의도를 파악하고 제시문의 중심 내용을 이해하는 능력이 뛰어납니다. 논제에서 요구한 사항을 충실하게 답했습니다. 구체적인 방안을 제시하거나 제시문을 통한 논거 찾기도 정확하게 이해하고 있습니다.
논증력	A	논제의 요구 사항대로 논리적으로 기술하였습니다. '지속 가능한 개발'이 효과를 보지 못하는 이유의 근거를 명확하게 잘 찾았습니다. 이를 토대로 기업의 환경적 책임의 논의도 자연스럽게 이어가고 있습니다. 글의 구성도 논리적 흐름에 따라 체계적입니다.
창의력	B⁺	제시문의 내용을 바탕으로 독창성을 보이려 노력했습니다. 기업들의 배출량 집계로 보상 정책을 편다는 아이디어가 좋습니다. 여기에서 더 나아갈 수 있었으면 하는 아쉬움이 남습니다.
표현력	A	문장이 간결하고 군더더기가 없습니다. 적절한 어휘를 적재적소에 잘 사용하여 의미의 전달이 분명합니다.

| 제시문 원문 읽기

1. 이인식, 『미래교양사전』 중 「공유지의 비극, 단기적 사익과 장기적 공익의 충돌」

영국에서는 산업화되기 전에 오랫동안 커다란 공유지(commons)를 가운데 두고 모여 살았다. 공유지는 말 그대로 특정인이 소유하거나 통제하지 않기 때문에 누구나 마음껏 사용할 수 있었다. 마을 사람들은 이 땅에서 가축에게 풀을 먹였는데, 그 가축에서 생기는 털, 우유, 고기 따위에서 나오는 이익은 물론 가축 주인의 몫이었다. 따라서 방목하는 가축의 수를 늘리면 그만큼 그 주인에게 돌아가는 이익은 불어났다. 마을 사람들은 당연히 자신의 가축 수를 늘려 이익을 더 크게 보려고 했다. 그러나 너도나도 가축 수를 늘리는 바람에 공유지의 풀을 너무 많이 뜯어먹어 풀을 구경하기 힘든 상황에 이르렀다. 마침내 더 이상 가축을 방목할 수 없게 됨에 따라 마을 사람들은 이익을 남기지 못해 결국 가난하게 살지 않으면 안되었다.

만일 마을 사람들이 자제를 해서 자신의 가축을 지나치게 많이 방목하지 않았더라면 공유지의 풀이 계속 자라나서 공유지 덕분에 영원토록 가축을 길러 생계를 유지했을 터이다. 그러나 그 넓은 목초지에 소 한 마리, 양 한 마리 더 풀어 놓는다고 해서 티가 나는 것은 아니라고 생각하지 않을 사람이 어디 있었겠는가. 그래서 너도나도 자신의 몫을 챙긴 결과 모두

가 자멸하는 비극을 맞이하게 된 것이다. 1968년 미국의 생태학자인 개럿 하딘은 영국의 공유지처럼 개개인의 자제할 수 없는 욕심으로 전체적인 파멸을 맞는 상황을 공유지의 비극(tragedy of commons)이라고 명명했다. 개럿은 공유지의 비극을 통해 전 지구적으로 일어나고 있는 환경문제에 경종을 울린 것이다. 이를테면 아프리카 어부들이 고기잡이하는 것까지 내려가는 유럽 어선의 경우 마구잡이로 포획해서 단기적으로는 이익을 챙기고 있지만 장기적으로는 멸종될 시기를 앞당겨 결국 손해를 자초하고 있다.

공유지의 비극은 사적인 단기적 이익이 공적인 장기적 이익과 충돌할 때 비극적 결말이 불가피함을 보여 주었다. 이러한 비극을 사전에 예방하는 방법은 두 가지가 있다. 하나는 공유지를 사유화하는 방향이다. 만일 자신의 소유라면 어느 누가 마구잡이로 사용하겠는가. 다른 하나는 정반대의 것으로 정부가 나서서 각종 규제를 강화하는 방법이다. 공유지의 사용을 엄격하게 통제한다면 누구나 제멋대로 행동할 수 없기 때문에 그런 비극이 생길 리 만무하다.

2. 이인식, 『미래교양사전』 중 「야마기시즘, 돈이 필요 없는 산안마을 공동체」

1953년 일본의 야마기시 미요조(1901~1961)가 제창한 공동체주의 운동을 야마기시즘(yamagishism)이라 일컫는다. 야마기시즘이 꿈꾸는 공동체는 한 마디로 '돈이 필요 없는 사이좋은 즐거운 마을'이다.

야마기시가 주창한 이념에 바탕을 둔 사회를 실현하는 곳은 야마기시즘 사회 실현지라고 한다. 1958년 일본에 첫 번째 야마기시즘 사회 실현지가 탄생한 이후로 우리나라를 비롯해 스위스, 브라질, 독일, 오스트레일리아, 미국 등 세계 각국에 40여 개가 세워졌다. 이곳에서는 야마기시즘 농업으로 먹거리를 생산한다. 야마기시가 고안한 독창적인 양계법을 비롯해 축산, 낙농, 과수, 벼농사 등을 환경친화적 순환 농법으로 실행한다.

1984년 경기도 화성군 향남면 구문천 3리(산안마을)에 한국 야마기시즘 사회 경향 실현지가 마련되었다. 경향이란 명칭은 경기도 향남면의 약자일 뿐만 아니라 사람이라면 누구나 바라며 찾아가고 싶어하는 모두의 고향이라는 뜻이 담겨 있다. 산안마을 생태 공동체의 홈페이지(www.yamagishism.co.kr)에는 "모든 생활과 경영을 일체 생활·일체 경영·일체 사

회로서 해 나아가고 있습니다. 산업부분의 하나인 양계가 차지하는 비율이 높고, 함께 모여 살고 있기 때문에 단순한 양계장이나 공동체로 보는 분도 있습니다. 그러나 그것은 형태만을 본 오해이고 진목적은 다른 데에 있습니다. 그 목적은 급료나 분배가 없는 일체 생활 속에서, 사이좋게 즐겁게 살아가는 데 있고, 저희 자신만이 아니라 전 세계가 밝고 평화로운 사회로 바뀌기를 염원합니다"라고 목적을 밝혔다.

산안마을은 무엇보다 무소유를 삶의 근본 가치로 삼고 있다. 무소유는 공동소유와 다르다. 이들은 마을의 재산도 마을 주민들의 공동소유물로 보지 않을 정도로 아무것도 가지지 않는 사회를 꿈꾼다. 태양과 공기로부터 살아 있는 모든 것들이 그 혜택을 누리고 있는 것처럼 사람들의 삶도 그러해야 된다는 것이다. 세상의 어떤 것도 그냥 존재할 뿐 누구의 소유물도 아니며 누구나 사용할 수 있어야 한다는 것이 산안마을 공동체의 무소유 개념이다. 이러한 공동체이므로 산안마을은 돈이 필요 없는 사회이며 필요한 물건은 누구나 무료로 사용할 수 있다. 다른 야마기시 사회 실현지에서 물건을 필요로 할 때에도 물론 무료로 공급해 준다.

3. 이인식, 『미래교양사전』 중 「생물 다양성, 생물들이 차례로 사라지고 있다」

지구의 구석구석에 생물이 살지 않는 곳이 없다. 세계에서 환경이 가장 악조건인 사막에는 기묘한 생김새의 곤충과 도마뱀이 득실댄다. 산호초, 바닷물이 드나드는 늪지, 깊은 바다 밑의 분화구는 원시세포에서 각종 무척추동물에 이르기까지 다종다양한 생물의 보금자리가 되었다. 지구에서 가장 추운 해양 서식지인 남극 대륙에도 피가 얼지 않는 물고기들이 떼 지어 다닌다. 천연온실이라 할 수 있는 열대우림에는 지구 전체 생물 종의 절반 이상이 살고 있다. 사막에서 산호초, 해저의 분화구, 남극대륙, 열대우림에 이르기까지 식물과 동물이 독특한 조합을 이루며 살아가는 것을 생물 다양성(biodiversity)이라 한다.

지구의 생물 다양성은 3개 수준으로 형성된다. 맨 위는 생태계이다. 열대우림, 산호초, 호수와 같은 것들이다. 그 다음은 생태계를 구성하는 생물의 종이다. 예컨대 꽃, 나비, 물고기 같은 동식물이다. 물론 사람도 생물 종의 하나일 따름이다. 생물 다양성의 밑바닥에는 생물의 유전자가 자리한다.

생물은 환경조건에 적응하며 자연의 공격을 잘 견뎌낸다. 가령 폭풍으로 열대우림에 빈틈이 생겨나면 기회를 잡은 종들이 재빨리 그 공간을 채운다. 이처럼 생물 다양성은 지구를 안정되게 유지하는 지렛대이다. 그러나 생물 다양성이 급속도로 파괴되면서 멸종 위기에 처한 종이 갈수록 늘어나는 추세이다. 원인 제공자는 물론 인간이다. 오늘날 생물의 멸종 속도는 사람이 지구에 나타나기 전보다 100~1,000배 빠르게 진행되고 있는 것으로 추정된다. 다시 말해 멸종 속도는 빨라지는 반면에 자연환경의 훼손으로 새로운 종이 생겨나는 속도는 더뎌지기 때문에 생물 다양성은 파국을 향해 치닫고 있는 것이다.

생물 다양성 훼손의 가장 중요한 요인은 서식지의 파괴이다. 지구의 허파라 불리는 열대우림은 아마존의 정글처럼 개발의 손길이 미치면서 수풀이 빠른 속도로 사라짐에 따라 희귀동식물 등 생태계가 붕괴되고 있다.

아프리카의 검은코뿔소나 들개는 서식지 파괴로 멸종이 임박한 대표적인 동물들이다. 열대우림과 산호초에서 서식지 파괴가 현재 속도로 진행된다면 전체 생물 종의 절반이 21세기 말까지 지구 상에서 사라질 것으로 예상된다. 지구의 다른 서식지까지 감안하면 멸종될 생물 종의 수는 더욱 늘어날 것임에 틀림없다.

그 밖에도 지구 온난화와 인간의 무분별한 남획으로 멸종에 직면한 생물들이 적지 않다.

게다가 생명공학의 발달에 따른 이른바 생물 해적행위(biopiracy)가 생물 다양성 위기를 부채질하고 있다. 이윤 창출을 극대화하려는 다국적 기업들이 생명공학기술과 각종 지적 재산권을 무기로 앞세워 제3세계의 생물 다양성을 식민지화하는 것을 생물 해적행위 또는 생물식민주의(bio-colonialism)라 이른다. 다국적 기업들은 제3세계에서 특이하고 희귀한 유전자를 찾아내 토착생물 자원을 사유화하고 상업적으로 이용하기 때문에 생물 다양성 훼손에 일조하고 있는 것이다.

생물 다양성 문제는 지구 온난화나 오존층 파괴 등 환경오염보다 훨씬 더 인류의 생존을 위협할 것으로 전망되기 때문에 전 지구적 차원의 관심과 노력이 요청된다. 1992년 지구 정상회의(리우 회의)에서 생물 다양성 협약이 체결된 것도 그 때문이다. 생물 종의 보전에 관한 국제협약으로는 가장 포괄적인 것으로서 생물자원의 멸종을 막고 유전자원의 이용에 따른 이익을 공평하게 분배하는 데 그 목적이 있다.

2002년 지구 정상회의(리우+10회의)에서는 생물 다양성에 대한 몇 가지 이행계획을 마련하였다. 2010년까지 생물 다양성 감소 비율 축소, 2015년까지 고갈 위기의 어족 자원 보호, 2020년까지 위험 화학물질 소비 감축 등 합의사항을 내놓았으나 이행 여부를 강제하는 규정이 마련되지 못한 점이 지구 정상회의의 한계로 지적되었다.

4. 이인식, 『미래교양사전』 중 「생태여성주의, 자연 파괴는 남성중심 사회의 산물」

환경 파괴의 근본 원인이 윤리관 등 일반적인 요인보다는 지배 형태 등 사회적 요인에 있다고 주장하는 대표적인 접근 방법으로는 생태여성주의(ecofeminism)가 손꼽힌다.

생태여성주의는 문자 그대로 생태사상과 여성주의가 결합된 이론이자 사회운동이다. 에코페미니즘이란 용어는 1974년 프랑스의 프랑수아 드본느가 처음 사용했다. 드본느는 자연 파괴와 환경오염의 원인이 남성중심적인 사회제도에 있다고 주장했다.

생태여성주의는 남성에 의한 여성 억압을 사회 내부에 존재하는 주요한 지배 유형으로 보고, 사회의 지배와 자연의 지배에는 깊은 연관성이 있다고 전제한다. 사회의 억압적 대상으로 여성의 위치와 인간의 억압적 대상으로 자연의 위치가 서로 같다고 보는 것이다. 요컨대 생태여성주의는 지배 유형에서 여성과 자연의 동일성을 전제하고 여성해방과 자연해방을 동시에 추구한다.

생태여성주의는 생태 문제의 분석에서 다양한 페미니즘 이론을 이용한다. 여성의 억압에 대한 페미니스트들의 입장이 다양하기 때문에 여성의 지배와 자연의 지배 사이의 연관성에 대한 생태여성주의의 입장도 다양할 수밖에 없다.

이러한 다양성으로 말미암아 생태여성주의는 생태철학 이론이라기보다는 환경 문제에 접근하는 방법론으로 볼 수 있다. 그러나 생태여성주의는 적어도 세 가지 측면에서 공통된 합의점을 공유하고 있다.

첫째, 생태적 위기를 극복하기 위해 사회적 변혁이 필요하다.
지배의 위계가 존재하는 사회는 자연을 지배하고 파괴할 가능성이 높다. 따라서 사회적 변혁은 위계를 제거하여 평등, 문화적 다양성, 비폭력에 대한 가치를 재구축하는 방향으로 이루어져야 한다. 다시 말해 사회적 변혁을 통해 위계적 관계를 반드시 호혜적 관계로 바꿔야 한다.

둘째, 사회적 변혁은 반드시 지적 변혁을 수반하지 않으면 안 된다.

생태여성주의는 위계적이며 이원론적인 사고방식을 배격한다. 이를테면 남성과 여성, 인간과 자연, 정신과 육체, 이성과 감정, 주관과 객관 따위의 이원론을 거부한다. 왜냐하면 이원론적 사고가 위계적 가치 체계와 결합하여 자연에 대한 인간의 지배, 여성에 대한 남성의 지배를 정당화하기 때문이다.

또한 이원론적 사고는 여성과 자연을 부정적인 관점에서 연관시켜 자연과 여성에 대한 지배를 당연시한다. 따라서 생태여성주의는 자연 파괴에 대한 투쟁이 본질적으로 남성의 여성 억압에 대한 투쟁과 일맥상통하는 것으로 간주한다. 생태여성주의는 남성과 여성을 차별하고 인간과 자연을 분리하는 이원론을 종식시킬 수 있는 대안적 사고방식을 모색한다.

셋째, 자연의 가치를 평가하는 관점을 바꾸어 인간과 자연의 관계가 반드시 변혁되도록 해야 한다. 생태여성주의는 자연의 도구적(instrumental) 가치보다는 목적적(intrinsic) 가치를 중시한다. 도구적 가치의 척도는 유용성이다. 어떤 대상이 도구적 가치를 갖는다는 것은 다른 무엇을 얻는 데 유용하다는 것을 의미한다. 가령 천 원짜리 지폐는 물건을 살 수 있으므로 가치가 있다. 한편 어떤 대상이 목적적 가치를 갖는다는 것은 그 자체로 가치를 갖는다는 것을 뜻한다. 가령 사랑이나 문화 유산은 유용성을 뛰어넘는 가치를 갖고 있다. 요컨대 자연의 가치를 인간의 유용성 측면에서 평가할 것이 아니라 그 자체로 이해해야 한다. 인간이 자연을 결코 수단이 아니라 목적으로 대해야 한다는 것이다.

이와 같이 인간과 자연의 관계를 호혜적인 것으로 보는 관점은 상당 부분 생태학에서 비롯된다. 생태학에서는 다양한 생명체들이 자연환경과 호혜적인 방식으로 상호작용한다고 보기 때문이다. 따라서 생태여성주의는 인간과 자연의 관계가 상호의존적이어야 한다고 주장한다.

에코페미니즘은 아직 초기 단계로서 하나의 사상체계로 확립되지 않았으며 많은 반론을 받고 있다. 그럼에도 사회적 지배 유형에 대한 고려 없이는 자연 파괴와 여성 억압을 동시에 해결할 수 없다는 공감대를 형성했다는 측면에서 에코페미니즘은 환경 운동과 여성 운동에 크게 공헌한 것으로 평가된다.

 | **좀 더 자세히**

1. '효율' 만을 따지는 사회

대구 지하철 화재 참사를 생각하면 가슴이 답답해진다. 지금도 1994년에 발생한 성수대교 붕괴, 1995년 대구 지하철 공사현장 붕괴, 1995년 삼풍백화점 붕괴, 1999년 씨랜드 화재, 그리고 인천 호프집 화재 때와 무엇 하나 달라진 것이 없기 때문이다. 엄청난 사회적 재앙이 발생할 때마다 우리는 늘 사법처리를 위한 희생양을 찾고, 관재(官災)임을 증명하며, 재발 방지를 약속해 왔다. 하지만 지켜지지 않았다. 문제의 근본 원인을 해결하지 않고 응급처치에만 급급했기 때문이다. 연이은 참사의 직접적인 원인은 인재(人災), 즉 사람의 과실 때문이다. 하지만 작은 과실이 큰 재앙으로 번진 이유는 잘못된 시스템과 제도 때문이다. 시스템과 제도를 만들어 내는 것은 국민의 생각과 사고방식이다. 결국 참사의 근본 뿌리는 후진적 의식을 가지고 있는 우리 모두에게 있다.

우리는 산업화 과정에서 양적 확장, 이윤의 극대화, 가시적이고 단기적인 성과를 추구하는 효율(efficiency) 중심의 사고로 일해 왔다. 그 덕에 가난하고 굶주린 나라에서 지하철, 고층 건물, 고속도로 등의 편의시설을 갖춘 눈부신 경제성장을 일궈 냈다. 하지만 그 과정에서 적당주의와 한탕주의, 무엇이든 '빨리빨리' 하는 데는 익숙해진 반면 생명 존중과 장기적이고 지속적인 성과, 시너지 창출과 같은 효과(effectiveness) 측면은 소홀히 했다.

선진사회는 위험사회로 가는 길이다. 따라서 경제의 선진화와 함께 의식의 발전도 뒤따라야 한다. 하지만 우리는 그렇지 못했다. 개발경제 시대에 양적 확장은 중시했지만 환경이나 안전과 같은 질적 문제는 늘 차선으로 취급했다. 위험시설은 엄청나게 증가했지만 사고가 당장 발생하지 않는다는 생각에 끝내는 안전불감증에 걸리고 말았다.

성수대교 및 삼풍백화점 붕괴 사건을 계기로 정부가 설치한 안전관리심의관실을 1998년 이후에 폐지하고 민방위 재난통제본부도 대폭 축소했다. 이번 대구 지하철 화재와 같은 참사를 예방할 수 있는 기관이 IMF 금융위기 이후 구조조정된 것이다. 지하철의 효율화, 즉 이윤의 극대화를 위해서 전동차 내장재로 값비싼 불연재를 쓸 수 없었고, 운행 및 정비 인력도 최소로 운영할 수밖에 없었다. 안전과 환경에 관한 법안이 검토 과정에서 다른 법규와 충돌하거나 경제우선 정책과 상충될 때에는 폐기되거나 수정되기 일쑤였다. 각종 방재 법규, 소방 법규, 안전관리 법규도 그랬다.

해외 출장 중에 외국 소방훈련에 참가한 적이 있다. 고층 건물에서 약속이 있어 건물에 들어서니 경비를 보는 사람이 나에게 다가와 대피훈련이 시작됐다고 말해 주었다. 손님도 예외가 없다며 한 시간 이상 걸릴 것이라고 하는데 처음에는 불쾌했다. 하지만 덕분에 차근차근 소방훈련을 배울 수 있었고 생전 처음으로 화재가 났을 때의 대처법을 알게 되었다.

생각을 바꾸면 행동이 바뀌고, 행동을 바꾸면 습관이 바뀌며, 습관을 바꾸면 성품이 바뀌고, 성품을 바꾸면 운명이 바뀐다고 했다. 우리의 생각과 사고방식이 바뀌지 않는 한, 과거의 관행과 습관들이 계속된다. 한국을 안전하고 살기 좋은 나라로 만들려면 우리의 사고방식부터 바꿔야 한다. 신뢰와 사랑, 생명 존중과 같은 시민의식이 정착되지 않는 한, 사고는 계속될 것이다.

● 자료 출처 : 김경섭 한국리더십센터 대표, 「CEO칼럼」, 경향신문(2007. 3. 12)

2. 반성적 진보, 성찰적 근대화

위험사회로 규정된 현대 사회를 치유할 수 있는 적극적 대안으로 내세워진 것이 성찰적 근대화 모델이다. 사회주의 또는 포스트모더니즘과는 달리 베크는 자본주의 체제에 근본적인 신뢰를 보낸다. 근대화 과정이 일단은 산업화에 의한 물질적 풍요로움을 가져다주었다는 사실 하나만으로도 자본주의는 그 정당성을 갖고 있다고 보는 그는 환경보호의 명분하에 산업화 및 자본주의적 생활 질서의 포기까지도 불사하는 녹색당의 입장을 거부한다. 주변의 위험 때문에 겨우 20세기에 들어 안정되기 시작한 물질적 삶을 포기한다는 것은 옳지 않다는 것이다. 위험이 더 이상 간과되어서는 안 되는 현실을 숨기지 말고, 오히려 위험의 실상을 겉으로 드러내 놓고, 이를 제대로 파악하여 그에 대한 적극적인 통제와 대응책을 찾는 노력이 우리 주변 생활의 각종 위험을 극복할 수 있는 방법이다. 베크는 이렇게 함으로써 궁극적으로는 지금까지 인류가 일구어 온 물질적 삶의 보존과 더 나은 풍요로움이 가능하게 된다고 보았다. 위장되지 않고, 축소되지 않으며 또한 과장되지도 않는 위험에 대한 바른 인식은 근대 이후 인류를 꾸준히 계몽해 온 이론을 제시한 학문과 실제의 행동을 주도한 정치에 새로운 역할을 기대하게 한다. 사회적으로 엄청난 파급효과를 가져오며, 체계적으로 지식화되는 현대의 위험에 적절하게 대처하는 주체를 새로운 정치와 새로운 학문에서 찾았으며, 이 새로운 풍토가 풍미하는 근대화를 성찰적 근대화라고 하였다. (중략)

『위험사회』의 저자 베크는 서론에서 우리 시대의 유행어가 되어 버린 '포스트(post)' 개념은 혼란스러운 현대 사회의 무기력함을 적나라하게 보여 주고 있다고 주장한다.

그는 사회학자로서 지난 2~30년 동안의 근대화라는 이름하에 진행된 발전 과정의 모습을 단순히 포스트라는 접두어를 가지고 묘사하려는 안일함을 용납하지 않는다. 그래서 그는 위험사회 저술의 기본구도인 고전적 산업사회와 산업적 위험사회의 대립을 근대성과의 단절로 보는 시각을 경고하기도 하였다. 고전적 산업사회의 특징들이 급속하게 변하고 있다고 해서 이를 근대성 자체의 붕괴 조짐으로 여겨서는 안 된다는 것이다. 주변세계를 정복 대상으로 삼아 발전하였던 19세기적 근대화는 이제 그 주변 세계를 철저하게 소모하고, 발전의 관성에 따라 급기야는 스스로를 정복 대상으로 삼게 되어 위험사회 단계로 들어섰음을 누누이 강조하고 있음은 근대성의 기본틀을 부정하려는 것이 아닌 것이다.

사회적 위험을 위험으로만 느낀 나머지 주눅들어 지금까지 애써 일구어 온 근대화 자체에 대한 회의에 잠겨 그 틀을 포기하는 성급한 비관론에 빠지지 않고, 변화된 상황을 바르게 인지하고, 이를 오히려 새로운 기회로 삼아 반쪽짜리 근대성의 나머지 반쪽을 채우려는 노력과 과정을 담고 있는 것이 베크의 성찰적 근대화 모델이다. 계급, 핵가족, 직업노동, 학문, 진보, 민주주의 등 산업사회의 전통 요소들이 붕괴하기 시작하자 우리 시대는 시끌벅적 흥분하였다. 하지만 실은 산업사회가 정착하는 과정에서 산업사회 스스로 불안정하게 되는 것이 당연하다는 인식을 가질 수 있는 냉정함과 여유로움을 보이지는 못하고 있다. 이 불안정은 반쪽짜리 근대성의 나머지 반쪽이 성찰적 근대화로 채워짐으로써 저절로 사라지게 될 것이다. 간략하게 말하면, 근대성의 처음 반쪽은 지금까지의 과정을 일컫는 단순한 근대화이고, 나머지 반쪽은 성찰적 근대화에 의해 앞으로 채워져야 된다는 것이다.

기술을 도구로 자연정복을 이루는 인간과 그에 의해 파괴되어 가는 자연적 삶의 토대인 환경의 관계에서 생기는 문제들이 『위험사회』에서 다루어진 여러 주제들이다. 학문의 맹신, 기술적 진보에 대한 일방적 낙관과 자연으로부터의 소외 등을 경고한 루소, 인류 유산인 지구 생태계의 과잉 이용으로 인한 파괴를 우려한 밀, 그리고 최근 로마클럽의 보고 등은 환경 문제에 대한 학문적 관심과 경고의 고전이다. 그러나 환경 문제가 본격적으로 대두하여 정치, 사회, 경제 등 거의 모든 분야에서 가장 중요한 사안으로 다루어지는 분위기가 조성된 것은 그칠 줄 모르는 풍요로움의 욕구에 대한 반성이 다수에 의해 제기되던 1970년대부터이다.

이 글의 첫머리에 언급된 프랑스 정치혁명 이래 추구되어 온 인간중심의 사회가 과연 정립되고 있는가에 대한 회의가 진보의 이름으로 진행된 맹목적인 발전에 대한 비판을 갖게 하였다. 이와 같은 발전을 주도하고 주관한 학문, 특히 과학기술적 학문, 정치에 대한 새로운 기대는 기존의 학문체계와 정치판에 대한 실망으로 바뀌어, 밖에서 요구하던 수동적 자세에서 직접 안으로 뛰어들어 요구가 구체적인 정책으로 전환될 수 있는 새로운 체계를 만들기 시작하였다. 대표적인 주자로 녹색운동과 시민주도연합을 들 수 있다.

그러나 이들 움직임의 처음 취지는 많이 퇴색되어 이제는 우려마저 낳고 있다. 합리적인 정책 대안이 아닌 극단적인 도그마적 환경 정책의 관철 요구는 인간중심 사회의 기본인 인간의 자연적 권리마저도 포기하도록 강요하고 있는 실정이다. 또한 구체적 실천으로 옮겨지지 않는 공허한 구호만 난무하고 있다. 이러한 와중에 다양한 생각이 개진되어 인내와 냉정함을 지닌 대화를 통하여 하나의 수렴된 의견이 다수의 동의를 얻어 관철되는 민주주의의 기본 덕목은 점점 뒷전으로 밀려나고 있는 것이 현실이다. 엄청난 자원의 소비를 통해 유지되고 있는 서방 국가들의 경제적 풍요를 발전 모델의 모범으로 여과 없이 받아들이고 있는 85%에 달하는 다수의 빈민국이 엄연히 존재하는 지구촌의 모습은 공동적인 세계환경정책의 수립조차도 요원하게 한다.

우리는 생태계 파괴를 방지하기 위해 무엇을 할 수 있을까? 이성적 의지를 가졌다고 자부하는 우리는 환경보호를 위해 실생활에서 무엇을 포기할 자세가 되어 있는가? 과연 생태계 파괴와 환경 문제를 고작 기존의 정치, 경제, 사회 제도를 손가락질하고 질책하는 수준으로 진정 해결할 수 있을 것인가? 우리 개개인들 앞에 놓인 어려움을 해결한다는 미명하에 이른바 환경독재를 스스로 택하여 근대 이래 쌓아 온 자유민주주의적 기본 틀을 포기하는 어리석은 짓을 저지르지나 않을지.

● 자료출처 : 김영호, 「울리히 베크 : 위험사회」, 『현대사회의 구조와 변동』, 나남, 1996, 120~131쪽

3. 헬렌 니어링 · 스콧 니어링의 『조화로운 삶』

『조화로운 삶』의 니이링 부부는 대학 교수라는 안정적 도시생활을 버리고 시골로 들어가 자급자족하며 평생을 살았다. 하루에 4시간의 노동, 4시간의 글쓰기, 4시간의 친교 활동을 하며 보냈고, 자본주의 체제에 적합한 방식으로 도축된 고기를 먹지 않고 손수 가꾼 채소로만 식사를 했다. 아래 글을 읽고 이러한 삶을 평가해 보자.

우리는 어느 순간이나, 어느 날이나, 어느 달이나, 어느 해나 잘 쓰고 잘 보냈다. 우리가 할 일을 했고, 그 일을 즐겼다. 충분한 자유 시간을 가졌으며, 그 시간을 누리고 즐겼다. 먹고살기 위한 노동을 할 때는 비지땀을 흘리며 열심히 일했다. 그러나 결코 죽기 살기로 일하지는 않았다. 그리고 더 많이 일했다고 기뻐하지도 않았다. 사람에게 노동은 뜻있는 행위이며, 마음에서 우러나서 하는 일이고, 무엇을 건설하는 것이고, 따라서 매우 기쁨을 주는 것이기 때문이다.

일요일이 되면 평소와는 달리 먹고살기 위한 아무 노동도 하지 않고 아무 계획도 없이 하루를 보냈다.

일요일 아침에는 대개 음악을 감상했다. 그리고 저녁에는 종종 함께 모여 토론을 벌였다. 누군가 소리 내어 책을 읽기도 했는데 그러는 동안 다른 사람들은 나무 열매를 쪼개거나 콩 껍질을 벗겼으며, 바느질 이나 뜨개질 같은 자질구레한 자기 일을 하기도 했다. (중략)

우리는 모든 일들에서 원칙을 벗어나지 않으려고 애썼다. 우리가 처음에 십 년 계획을 세우면서 가장 중요하게 여긴, 우리 삶의 중심 원칙들은 다음과 같은 것들이다.

하나, 우리가 먹고사는 데 필요한 것을 절반쯤은 자급자족할 수 있게 되기를 바란다. 우리를 에워싸고 있는 이윤 추구의 경제에서 할 수 있는 한은 벗어나기를 희망한다.

대공황은 몇백만이 넘는 가장들을 위기에 몰아넣었다. 사실 이것은 시장에서 생필품을 사다 쓰는 사 람들을 늘 위협하고 있는 문제였다. 일당이나 월급을 받는 직장인들은 스스로의 일을 갖고 있지 못하다. 자기들과 상관없이 경제 정책이 결정되고, 정책을 수행하는 사람을 자기 손으로 뽑지도 못한다. 다시 말 해 이때의 수많은 실업자들은 자기 잘못으로 일자리를 잃은 것이 아니었다.

어쨌든 모든 생필품과 살림살이들을 돈 주고 사야만 하는 경제 구조 속에서 그이들은 직장을 잃은 것 이다. 수입은 끊겼지만 먹고 입고 자는 문제를 해결하다 보니 모아 놓은 돈은 바닥났고, 결국 그이들은 빚더미에 올라앉았다. 이렇듯 이윤을 추구하는 경제 구조 속에서 계속 살아가야 하기 때문에 우리는 앞 으로 다가올 그 두려운 일들을 받아들이거나, 아니면 실현할 수 있는 대안을 찾아내야만 했다. 우리가 생각해 낸 대안은 절반쯤은 자급자족하는 생활이었다.

둘, 우리는 돈을 벌 생각이 없다. 또한 남이 주는 월급을 받거나 무언가를 팔아 이윤을 남기기를 바라 지 않는다. 오히려 우리의 바람은 필요한 것들을 될 수 있는 대로 손수 생산하는 것이고, 그럼으로써 먹 고사는 일을 해결하는 것이 일차 목적이다. 한 해를 살기에 충분할 만큼 노동을 하고 양식을 모았다면 그 다음 수확기까지 돈 버는 일을 하지 않을 것이다.

'돈을 번다' 거나 '부자가 된다' 는 생각은 사람들에게 매우 그릇된 경제관을 심어 주었다. 우리가 경제 활동을 하는 목적은 돈을 벌려는 것이 아니라 먹고살기 위한 것이다. 돈을 먹고 살 수는 없으며, 돈을 입 을 수도 없고, 돈을 덮고 잘 수도 없다. 돈은 어디까지나 교환 수단일 뿐이다. 식의주(食衣住)에 필요한 물건을 얻는 매개체이다. 중요한 것은 우리가 먹고 마시고 입는 것들이지 그것과 맞바꿀 수 있는 돈이 아니다.

우리는 반드시 필요한 현금에 맞추어 돈을 벌려고 했다. 필요한 것이 마련되었다고 판단되면, 그 해의 남은 시간 동안에는 더 이상 농사를 짓지도 않았고 돈을 더 벌지도 않았다. 한 마디로, 먹고사는 것만 해결하고자 했으며, 이렇게 일단 기본 생활 수단이 마련되면 다른 일들에 관심을 돌려 열중했다. 우리가 관심을 가진 것은 사회 활동, 그리고 독서와 글쓰기와 작곡 같은 취미 생활이었다.

셋, 우리는 모든 일에 들어가는 비용을 우리가 가진 돈만으로 치를 것이다. 은행에서는 절대로 돈을 빌리지 않을 것이다. 땅이나 집을 담보로 넣어 융자를 얻은 뒤 이자를 갚느라 허덕이는 일은 결코 하지 않을 것이다.

어떤 경제 구조에서도 돈을 빌려 주는 사람들은 배를 두드리며 편히 산다. 개인이든 은행 같은 기관이든, 돈을 빌려 주고 담보를 잡으며, 이자와 경매 처분으로 얻는 수익금으로 살을 찌운다. 돈을 빌려 주는 사람들은 무엇을 생산하는 일에는 손가락 하나 움직이지 않으면서 안락하고 사치스러운 생활을 즐길 수 있다. 한편 돈을 빌려다 쓰는 생산자들은 이자를 꼬박꼬박 내야 하며, 그렇게 하지 못하면 자기의 모든 재산을 잃는다. 대공황 때 몇천 명에 이르는 농부들과 가장들이 자기들이 가진 모든 것을 잃었다.

● 자료 출처 : 헬렌 니어링 · 스콧 니어링, 『조화로운 삶』, 보리, 2000

◎인클로저 운동 : 양이 사람을 먹어치운다?!

> "그렇게 온순하고 조금씩만 먹던 양들이 요즘에는 지나치게 많이 먹고 또 사나워져서, 과장하면 인간들까지 다 먹어치우고 있습니다……그것은 비싼 양털을 얻을 수 있는 곳이면 어디든……귀족과 신사, 성직자인 수도원장까지도 백성들의 경작지를 빼앗아 온통 목장 울타리로 둘러싸 버렸기 때문입니다." (토머스 모어의 『유토피아』)
>
> – 고등학교 『세계사』

1. 인클로저 운동은 무엇인가요?

인클로저 운동은 당시 영국의 국민적 산업으로 크게 발달된 모직물 공업의 원료인 양모 수요의 급증에 따라 목장업을 위한 목장을 만들고자 농민을 추방하여 토지를 집중하고, 울타리를 쳤던 운동입니다. 이는 영국의 전통적인 농업제도에 큰 충격을 주면서 근본적인 변화를 가져온 운동으로 16세기에서 19세기 초까지 약 3세기에 걸쳐서 수행되었습니다. 그런데 인클로저는 전 기간을 통해서 획일적 또는 직선적으로 진행된 것이 아니라 시기에 따라 목적과 방법, 그리고 그 영향을 달리하면서 전개되었습니다. 인클로저 운동은 흔히 16세기, 17~18세기 전반기, 그리고 1760년 이후의 세 시기로 구분할 수 있습니다. 인클로저 최초의 국면은 1455~1607년의 한 세기입니다. 16세기 인클로저 운동은 물가 상승 속에서 화폐지대의 실질적인 가치 하락에 직면한 지주들이 토지에 대한 수입을 현실화하기 위해 추진했습니다. 토지를 둘러막아 공동권을 배제하고 개별적, 합리적으로 이용한다면 토지의 수익성은 높아지고 따라서 지대 수입도 증대될 수 있었기 때문입니다. 이 시기의 인클로저 운동은 공동지 내지 황무지가 아니라 공동 경작지를 대상으로 하였다는 점이 특징입니다. 특히 1520년 이전의 인클로저는 경지를 목장으로 전환하였는데, 이것은 농촌 공업으로 모직물 공업이 광범위하게 이루어지자 그 원료인 양모 가격이 상승함에 따라 양의 사육이 유리했기 때문이었습니다. 그러나 16세기 말에는 인클로저 운동이 관계 농민과의 합의에 의해서가 아니라 지주의 강압에 의해 추진되자 국가는 농민 보호를 위해 인클로저를 법률로 금지하기도 하였습니다. 그러나

지주들은 금지법을 위반하면서까지 인클로저를 추진하였고 그 경우 해당 토지를 경작하던 농민은 추방되었습니다. 17세기에 인클로저 운동은 크게 확산되었으나 이때는 농지의 이용도를 높이고 공동지와 황무지를 경작지로 조성하여 곡물 생산을 증대시키기 위한 것이었습니다. 17세기의 인클로저 운동은 연대기적으로 볼 때 가장 광범위하게 이루어졌으면서도 사회적으로 크게 주목받지는 않았습니다. 인클로저 운동의 최후 국면은 18세기 중엽부터 약 100여 년 동안입니다. 이 시기의 인클로저 운동은 의회법에 의거해서 수행되었습니다. 특히 이때 개방경지 지대에서 인클로저 운동이 집중적으로 추진되었는데 이것은 경작지의 목장지 전환과 밀접한 연관이 있었습니다. 또한 프랑스혁명과 나폴레옹 전쟁 시기에는 곡물 가격이 폭등하는 와중에서 개방경지만이 아니라 공동지와 황무지에서도 집중적으로 추진되었습니다. 인클로저 운동의 결과, 농촌의 공동체적 성격이 해체되었으며, 수많은 소농과 빈농이 토지에서 추방되어 토지 없는 임금 노동자로 전락하는 한편, 그러한 농업 노동자들을 고용하여 대규모 경작지를 자본주의적으로 경영하는 자본가적 차지농(借地農), 그리고 지주라는 영국 농업경영의 특징인 이른바 3분할제가 성립되기 시작하였습니다.

● 참고문헌 : 민석홍, 『서양사개론』, 삼영사, 2003 ; 김종현, 『영국 산업혁명의 재조명』, 서울대학교출판부, 2006

2. 인클로저 운동은 환경에 어떠한 영향을 미쳤을까요?

과거 유럽의 인클로저 운동은 경작지에 울타리를 쳐서 양목장으로 만드는 운동으로, 공동 경작지 및 공동림의 붕괴에 큰 영향을 미쳤습니다. 특히 인클로저 운동 이후에는 가축이 없다면 경작조차 불가능하였기 때문에 공동지의 개방은 전근대적 농업경영의 파괴를 가져왔으며, 인클로저는 자연 파괴도 가져왔던 것입니다. 이 때문에 영국에서는 인클로저에 대항하여 전원 보호 운동, 요즘 말하는 자연보호 운동이 시작되게 되었습니다. 1865년에 영국에서 조직되었던 세계 최초 민간 자연보호 단체인 '공유지 · 전원 · 산책로협회'도 인클로저의 경계 두르기로부터 자연을 지키려는 운동이었습니다.

현재도 경작지의 상당 부분이 가축을 위한 사료 작물 생산에 이용되고 있습니다. 옥수수, 보리, 귀리를 비롯하여 세계 곡물 생산량의 38%가 가축의 먹이로 이용되고 있고, 특히 미국의 경우 국내 곡물 소비량의 70%를 가축이 먹어치웁니다. 가축은 건조 지역의 생태적인 생산력을 감소시킴으로써 지구의 사막화에 큰 몫을 하고 있습니다. 세계 곳곳에서 삼림을 제거하고 목장을 만드는 개발 사업이 추진되고 있습니다. 1960년 이래 중앙아메리카 숲의 25% 이상이 목초지 조성을 위해 벌채되었고, 1970년 이래 라틴 아메리카의 농부와 목장 주인들은 2,000만 헥타르가 넘는 열대우림을 소목장으로 개간하였습니다. 아프리카에서는 과도한 방목으로 목초지의 60퍼센트 이상이 사막으로 변해 가고 있습니다. 에너지 측면에서 볼 때도 예를 들어 미국의 경우 농업에 소비되는 에너지의 2분의 1이 축산에 투입된다고 합니다. 또한 과다한 가축의 분뇨는 환경오염 물질이 되고 있습니다. 이렇게 가축의 증가는 21세기에도 큰 문제로 대두되고 있습니다.

● 참고문헌 : 아시 히로유키 · 야스다 요시노리 · 유아사 다케오, 『환경은 세계사를 어떻게 바꾸었는가』, 경당, 2003

| 기출문제 탐구

(2007년 6월 전국연합학력평가 기출문제)

1. 다음 자료와 관련된 시기의 상황으로 옳지 않은 것은?

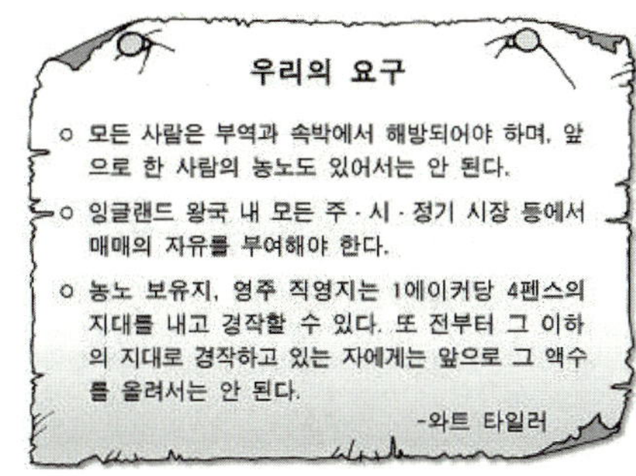

① 농노제가 동요하고 있었다.

② 인클로저 운동이 활발히 전개되었다.

③ 흑사병으로 농촌 인구가 감소하였다.

④ 프랑스에서는 자크리 농민 봉기가 있었다.

⑤ 지대 형태가 화폐 지대로 변화하고 있었다.

정답 : ②

☞ **문제 해설**

　문제의 내용은 영국의 와트 타일러의 연설입니다. 십자군 전쟁 이후 도시와 상공업이 발달하여 화폐 경제가 촉진되자, 영주는 지대를 화폐로 받기 시작하였으며 지대의 금납화로 농민은 부역에서 점차 해방되었습니다. 곡물 가격이 상승하면서 농민의 지위는 점차 향상되었고 14세기 중엽에 흑사병으로 인구가 크게 줄자 농민의 지위는 더욱 향상되었습니다. 그 결과 농노의 신분에서 벗어나 자영농민으로 성장하는 사람도 나타나게 되었습니다. 와트 타일러의 난은 곡물 가격 상승과 화폐 지대로의 변화로 수입이 줄어든 영주가 지대를 올리거나 농민의 예속을 강화하자 이에 저항하여 일으킨 대표적인 반란입니다. 인클로저 운동은 영국 절대주의 시기인 16세기부터 19세기까지 3세기에 걸쳐 수행된 운동으로, 당시 영국의 국민적 산업이었던 모직물 공업의 원료인 양모 수요의 급증에 따라 목장업을 위한 목장을 만들고자 농민을 추방하여 토지를 집중하고, 울타리를 쳤던 운동입니다. 그러므로 와트 타일러의 연설과 시기적으로 연관이 없는 내용은 ②번입니다.

(2006년 11월 고2 전국연합학력평가 기출문제)

2. 다음 사상이 등장하게 된 배경을 알아보기 위한 탐구 활동으로 가장 적절한 것은?

> 영국의 오언과 프랑스의 생시몽, 푸리에 등은 계몽과 설득을 통하여 모든 사람이 공동으로 생산과 소비를 하는 이상 사회를 건설하려 하였다. 이에 대하여 독일의 마르크스와 엥겔스는 『공산당 선언』과 『자본론』에서 유물사관을 제시하고, 인류의 역사는 계급투쟁의 역사이며 프롤레타리아 계급의 혁명으로 자본주의가 전복되고 공산주의 사회가 도래할 것이라고 주장하였다.

① 산업혁명으로 야기된 노동 문제를 조사한다.
② 신항로의 개척이 가져온 경제적 변화를 파악한다.
③ 나로드니키가 전개한 브나로드 운동의 결과를 조사한다.
④ 영국에서 일어난 제1차 인클로저 운동의 결과를 조사한다.
⑤ 메테르니히의 주도하에 형성된 빈 체제의 성격을 파악한다.

정답 : ①

☞ **문제 해설**

위의 내용은 사회주의에 대한 내용입니다. 산업혁명은 주택, 위생, 범죄 문제 등 각종 도시 문제를 발생시켰습니다. 또한 기계를 소유한 산업 자본가 계급과 임금 노동자 계급을 발생시켰으며, 이 두 계급 간의 대립은 자본주의 사회를 비판하는 사회주의의 등장으로 이어졌습니다. 영국의 1차 인클로저 운동은 목장업을 위한 울타리치기 운동으로 이때 추방되었던 농민들은 토지에서 유리되어 토지 없는 노동자로 전락하였습니다. 그러나 시기적으로 1차 인클로저 운동은 16세기 절대왕정 시기이므로 사회주의 등장과 직접적인 연관은 없습니다. 신항로 개척은 상업혁명과 가격혁명, 동방 산물의 유럽 유입 등의 결과를 가져왔으며, 브나로드 운동은

19세기 러시아의 알렉산드르 2세 때 일어난 농민 계몽 운동입니다. 빈 체제는 나폴레옹의 몰락 후 만들어진 정통주의와 보수 반동적인 체제로 사회주의와 밀접한 연관이 없습니다. 그러므로 정답은 ①번입니다.

(2005년 10월 전국연합학력평가 세계사 기출문제)

3. 다음 글을 통해 당시 시대 상황을 가장 타당하게 추론한 것은?

> 그렇게 온순하고 먹이를 조금씩만 먹던 양들이 요즘에는 너무 지나치게 많이 먹고 또 사납게 되어서, 과장해 말한다면 인간들까지 다 먹어치우고 있다. 이는 비싼 양털을 얻을 수 있는 곳이면 어디든 귀족과 신사, 성직자인 수도원장까지도 백성들의 경작지를 빼앗아 온통 목장 울타리로 둘러싸 버렸기 때문이다.
>
> – 토머스 모어, 『유토피아』

① 이성을 중시하는 계몽사상이 등장하였다.
② 성상 숭배 문제로 동·서 교회가 분열되었다.
③ 서임권을 둘러싸고 교황과 황제가 대립하였다.
④ 지중해 무역을 통해 이탈리아 도시들이 번성하였다.
⑤ 인클로저 운동으로 농민들이 토지로부터 유리되었다.

정답 : ⑤

☞ **문제 해설**

토머스 모어는 『유토피아』에서 당시 크게 변해 가던 영국 사회를 날카롭게 비판하고 이상적인 사회를 그렸습니다. 이 작품에서 그는 백성들의 경작지를 빼앗아 울타리를 쳐서 양 목장을 만드는 인클로저 운동을 비판하며, 사회의 구성원이 부를 공유하면서 공동의 선을 위하여 노력하는 공산제적인 사회가 이상적 사회라고 생각하였습니다. 이론적인 밑받침이나 체계화는 없지만 사회주의의 선구적인 작품으로 평가되고 있습니다. 그러므로 정답은 ⑤번입니다.

1. 인간이 자연을 보는 관점은?

환경 결정론은 인간의 사고와 행동이 자연적 조건에 의해 결정된다고 생각하여 인간생활에 대한 자연환경의 영향을 절대적인 것으로 보는 관점입니다. 독일의 지리학자 라첼(Ratzel)이 체계화한 이론으로, 환경 요소가 인간 생활에 미치는 영향을 생물학적인 인과관계의 법칙에 의해 파악하며, 인간의 문화 형성에 중요한 결정 요인이 되는 것은 천연자원, 기후, 지형 등 인간을 둘러싸고 있는 자연적 환경이라고 봅니다.

환경 가능론은 자연환경이 여러 가지 가능성을 제공하는 가운데, 인간이 자유의지에 따라 그것을 선택적으로 이용한다고 하여 인간의 역할을 능동적으로 보는 입장입니다. 프랑스의 지리학자 블라슈(Blache)가 체계화한 이론으로, 환경과 인간 생활의 관계에서 인간의 능동적인 활동을 중시하며, 자연은 인간의 선택 가능성을 창출하는 데 불과하다고 주장합니다. 동일한 자연환경도 이용하는 인간의 문화수준에 따라 다른 영향을 미친다고 봅니다.

근대 이후 인간의 기술력이 발달하면서 환경 가능론적 관점이 크게 확산되었습니다. 다목적 댐을 건설하여 홍수나 가뭄에 대비하고, 황해안의 넓은 갯벌을 간척하여 농경지로 이용하는 등의 사례가 대표적입니다. 그러나 환경 가능론적 관점은 무분별한 환경 훼손을 야기하여 인간과 자연의 공전을 모색하는 생태학이 나타나게 되었습니다.

생태학은 인간과 자연은 서로 영향을 주고받으며 인간은 자연의 일부로 공존해 가야 한다는 관점입니다. 인간의 자연 개발이 가속화되면서 지구 온난화, 오존층 파괴 등 환경오염 문제가 심각해지고 있습니다. 현재와 같이 개발을 진행할 경우, 자연뿐만 아니라 인간도 사라지게 된다고 생각하고, 자연을 보호하는 방향으로 인간 삶의 방식을 바꾸어야 한다고 주장합니다.

문화 결정론은 인간의 자연을 이용하는 데 문화적 배경이 크게 작용한다는 관점입니다. 미국의 지리학자 사우어(Sauer)가 체계화한 이론으로, 동일한 자연환경이라도 이를 이용하는 사람들의 문화적 배경에 따라 경관이 달라진다고 봅니다. 미국

캘리포니아라는 동일한 지역에서도 중국인은 벼농사를 지으며 남부 유럽인은 지중해식 농업을 짓는 예가 대표적입니다.

2. 우리 조상들의 자연관은 어떠했을까요?

우리 조상들의 자연 인식에 큰 영향을 주었고 현재까지도 우리 민족의 삶에 뿌리를 내리고 있는 것이 풍수(風水) 사상입니다. 풍수 사상은 산의 모양, 바람과 물의 흐름 등을 땅의 성격을 파악하여 좋은 터전, 즉 길지(吉地) 혹은 명당(明堂)을 찾는 사고 체계입니다.

풍수 사상은 살아 있는 사람의 주거공간을 찾는 것(陽基風水)과 죽은 사람의 묘지 자리를 잡는 것(陰宅風水)으로 나누어집니다. 주거 공간의 경우, 촌락의 입지에서 배산임수(背山臨水)의 형태가 가장 좋다고 알려져 있습니다. 배산임수는 겨울철 북서계절풍을 막아 주며 용수가 풍부하여 농경 생활에 적합한 입지로 오늘날에도 입지 선정에 많은 영향을 미치고 있습니다. 반면 묘지의 경우 조상의 산소를 잘 쓰면 자손이 복을 받는다는 생각이 오늘날까지 민간신앙으로 내려오고 있습니다. 그러나 음택풍수는 조선 후기 운명론적인 사상과 지나친 산소 다툼으로 실학자의 비판을 받기도 했습니다. 인간의 길흉화복이 마을과 집에 이치에 따라 달라진다고 주장한 풍수사상은 자연환경을 중시한 환경 결정론적 입장이라고도 할 수 있습니다.

그러나 우리나라 풍수는 '완벽한 땅이란 없다'고 전제하며, 땅의 기운이 너무 센 곳은 눌러 주고 약한 곳은 북돋워 주는 비보책(裨補策)을 강구합니다. 조선의 수도인 한양을 건설할 당시, 관악산의 화기(火氣)를 억누르기 위하여 숭례문을 건설하고, 좌청룡인 낙산의 기운을 북돋우기 위해서 흥인지문을 건설한 예가 대표적입니다. 따라서 풍수는 절대적인 환경 결정론이라 할 수 없으며, 인간의 삶과 어울리도록 자연환경을 바꾸고자 하는 적극적인 사고도 내포되어 있습니다.

또한 산지가 많고 골이 많은 한반도의 자연환경을 고려한 '배산임수' 입지라든지, 산맥의 흐름을 방해하는 입지는 금한다든지 하는 사례에서 자연과의 조화로운 삶을 추구한 생태학적 관점을 보이기도 합니다. 실제로 1960년대에는 고갯길을 낮추거나 산을 잘라서 길을 새로 내는 일을 반대하는 어른들도 많았습니다. 또한 다목적 댐의 건설은 물의 흐름을 차단하여 자연과 인간의 조화를 깨뜨린다고 주장합니다.

조선 후기 실학자들의 많은 책에서도 인간의 환경 파괴를 우려하는 생태학적 관점을 찾아볼 수 있습니다. 자연과의 조화를 추구한 조상들의 자연관은 환경의 파괴와 오염으로 인류의 생존마저 위협받는 시대를 살고 있는 우리에게 교훈을 줍니다.

산지 개간을 목적으로 나무를 베어 내고 새로 밭을 일구는 것을 막아야 한다. 왜냐하면 근래 언덕과 산기슭 곳곳마다 수목이 없어서 열흘 동안만 가물면 냇물이 단번에 마르고, 또 수일간 비가 오면 언덕이 무너져 논밭이 모두 수해를 입기 때문이다.

– 정약용, 『경세유표』

우리나라 법이 산허리 이상의 전지 개간을 허가하지 않는 것은 재목을 배양하기 위한 것이었다. 근세에는 법이 해이해져 재목의 부족뿐만 아니라 벼랑과 골짜기를 파헤치니 장마가 지면 무너져서 도랑이 막히고 밭고랑도 무너지게 된다.

– 이익, 『성호사설』

높은 산기슭을 모두 개간하면서 산에서 흙과 자갈이 흘러내려 시내를 메웠다. 헐벗은 산이 많은 지역에서는 피해가 많다. 이에 대한 대책으로는 높은 산중턱 아래에서는 화전을 금지해야 한다. 산에서 모래가 흘러내리지 않도록 대비해야 한다. 산사태로 모래가 드러난 곳에서는 사방공사를 하여 단단하게 둑을 쌓아야 한다. 시냇물이 고여 있는 곳은 연못을 만들고 큰 바위로 막아 토사가 아래로 흘러내리지 않도록 해야 한다. 연못에는 고기를 기르면 좋다. 아래의 시냇가에는 밭주인을 시켜서 논 밑에 연못을 만들고 물을 저장하도록 해야 한다. 그리고 가을에 집집마다 도토리를 한 말씩 가져오게 하여 봄에 무너진 곳에 심도록 해야 한다.

– 정지성, 『치수론』

| 기출 문제 탐구

(2005년 수학능력평가 한국지리 기출문제)

1. 다음 글에 나타난 자연관과 같은 입장을 취하는 학생을 고른 것은?

> 분명한 것은 자연은 자연 상태로 두는 것이 가장 인간의 꿈에 부합된다는 것이다. 지중해를 낀 나라들은
> 그 따스하고 자양분 넘치는 바다 풍경을 자원화시켜서 돈을 번다. 원칙은 손을 대지 않는다는 것이다.
>
> – ○○○, 『포구기행』

교사 : △△간척 사업에 대한 많은 논란이 있습니다. 갯벌 간척 사업에 대한 여러분의 입장에 대해 토론
　　　해 볼까요?

갑 : 우리나라에서는 땅이 부족하기 때문에 국토를 넓히는 것이 무엇보다 중요한 일입니다.

을 : 지역 주민들의 소득을 높이기 위해서 갯벌을 간척하여 공업 단지로 이용해야 합니다.

병 : 갯벌은 새들의 먹이가 풍부해서 철새 도래지로 보호해야 합니다.

정 : 이미 간척된 곳도 원래 상태로 되돌려 놓아야 합니다.

무 : 모든 환경 문제는 과학기술만 이용하면 충분히 극복할 수 있습니다.

① 갑, 을　② 갑, 무　③ 을, 병　④ 병, 정　⑤ 정, 무

정답 : ④

☞ **문제 해설**

　주어진 글은 자연과 인간의 공존을 중시하는 생태학적 관점입니다. 갑과 을의 의
견은 간척 사업을 제안하므로 자연환경을 변형하는 인간의 의지를 강조한 환경 가능
론적 관점입니다. 병과 정의 의견은 생태계 보호와 환경 보전을 제안하므로 인간과
자연의 공존을 모색한 생태학적 관점입니다. 무의 의견은 기술의 발달로 환경 문제
를 해결할 수 있다는 제안으로 환경 가능론적 관점입니다.

2. 다음과 같은 주장에 부합하는 내용을 〈보기〉에서 모두 고르면?

> 환경오염으로 인한 위기를 해결하기 위해서는 근본적으로 우리의 인식을 바꾸어야만 한다. 왜냐하면 생태계의 위기는 바로 인간 자신의 위기이기 때문이다. 우리는 인간과 자연을 분리시키는 생각으로부터 벗어나 생태계 자체를 중시하는 새로운 인식을 가져야 한다.

보기

ㄱ. 자연과의 조화와 공존을 모색해 나가야 한다.

ㄴ. 자연은 인간의 번영을 위한 도구적 가치이다.

ㄷ. 자연을 정복하기 위해 국제적인 협력을 해야 한다.

ㄹ. 자연의 운행에 인간의 욕망이 무리하게 개입해서는 안 된다.

① ㄱ, ㄴ ② ㄱ, ㄷ ③ ㄱ, ㄹ ④ ㄴ, ㄷ ⑤ ㄷ, ㄹ

☞정답 : ③

☞ **문제 해설**

주어진 글은 생태학적 관점입니다. 생태학적 관점은 인간과 자연은 서로 영향을 주고받으며 공존하는 관계이며, 생태계 안에서 인간의 삶을 영위해야 한다고 주장합니다. ㄴ은 자연환경은 가능성을 제공하며 이를 이용하는 인간의 의지를 강조하는 환경 가능론적 관점입니다. 보기에서 생태학적 관점을 지닌 것은 ㄱ, ㄹ입니다.

(2001년 수학능력평가 한국지리 기출문제)

3. 다음 자료에 나타난 주제를 오늘날의 관점에서 가장 잘 표현한 것은?

> 수십 년 전부터 산과 들이 모두 개간되어서 농사터가 되고, 마을이 서로 잇닿아서 산에는 한 치 굵기의 나무도 없다. 이로 미루어 보면 딴 고을도 이와 같음을 알 수 있는바, 착한 임금 밑에 인구가 점점 번성함을 알겠으나 산천은 손해가 많다.
>
> 예전에 인삼이 나는 곳은 모두 영(嶺) 서쪽 깊은 두메였는데 산 사람이 화전을 일구노라 불을 질러서 인삼 산출이 점점 적게 되고, 매양 장마 때면 산이 무너져서 한강에 흘러드니 한강이 차츰 얕아진다.
>
> — 이중환, 『택리지』

① 급속한 공업화와 도시화로 자연 환경이 점차 악화되고 있다.

② 집약도가 높은 농업일수록 소비 시장과 가까운 곳에 입지한다.

③ 성장 거점 개발 방식의 시행으로 지역 간의 불균형 발전이 심화되었다.

④ 지역의 풍부한 자원을 효율적으로 이용하여 생활 수준을 향상시키고 있다.

⑤ 자원 개발에 깊은 관심을 가지면 많은 천연 자원을 여러 곳에서 발견할 수 있다.

정답 : ①

☞ **문제 해설**

주어진 글은 화전의 증가로 인한 자연환경의 훼손을 우려하는 생태학적 관점입니다. 이중환의 『택리지』는 조선 후기 실학서로 우리나라 전국을 섭렵하는 자연·인문 지리서입니다. 택리지에서 이중환은 가거지(可居地, 살기 좋은 곳)의 조건으로 지리(地理), 생리(生利), 산수(山水), 인심(人心)을 들며, 인간과 자연의 공존을 중시했습니다. ④, ⑤는 자연환경의 이용을 강조하므로 환경 결정론적 관점입니다.

(2007년 4월 학력평가 한국지리 기출문제)

4. 자료와 같이 지역별 젓갈 문화의 차이가 나타나는 이유로 가장 적절한 것은?

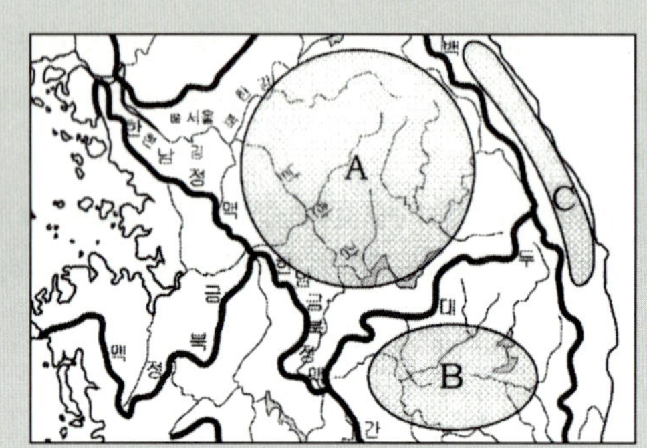

과거부터 우리나라는 지역에 따라 다양한 젓갈을 사용해 왔다. 예를 들어 A지역 사람들은 서해에서 잡힌 새우를 넣은 젓갈을, B지역에 살고 있는 사람들은 남해에서 잡힌 멸치를 넣은 젓갈을 사용해 김치를 담가 먹었다. 또한 C지역에 살고 있는 사람들은 오징어젓과 명태젓을 이용하였다.

① 산맥과 하천의 분포　　② 지역에 따른 기후 차이

③ 주민들의 구매력 차이　　④ 정기 시장의 발달 정도

⑤ 생산지와 소비지의 거리

정답 : ①

☞ **문제 해설**

　자료는 생활권에 따라 식생활의 차이가 나타난다는 내용입니다. 우리나라의 전통적인 생활권은 산줄기 사이를 흐르는 하천을 중심으로 형성되었습니다. 농업사회에서는 하천이 중요한 교통로로 작용했으며, 산은 교통의 장애가 되었기 때문입니다. 따라서 A, B, C 지역의 식생활 차이는 산줄기를 경계로 한 생활권의 차이 때문이며, 이는 자연환경의 영향을 중시한 환경 결정론적 관점입니다.

(2005년 10월 학력평가 한국지리 기출문제)

5. (가)와 (나)에서 공통으로 강조하고 있는 자연관과 가장 관계 깊은 것은?

(가) 인간이 자연환경을 변화시킬 수 있다는 사실을 인식한 것은 오래전의 일이거니와, 이러한 인식은 인간이 인위적인 환경의 변화를 예방하기 위해 노력해야 한다는 인식과 함께 발전해 왔다.

– 윌리엄 마이어, 『인간에 의한 환경 변화』

(나) 자연 풍토가 인간에게 영향을 미친다는 것은 분명하지만, 풍수는 어느 한쪽의 주도를 인정하지 않고 서로가 맞느냐 맞지 않느냐 하는 문제에 주로 관심을 쏟는다. 풍수는 기본적으로 사람과 땅 사이의 상생 조화에 관심을 갖기 때문에 경제적인 측면이 어느 정도 간과되는 것은 사실이다.

– 최창조, 『땅의 눈물, 땅의 희망』

① 자연환경은 인간의 활동에 의해 변형되어 왔다.
② 인간은 본질적으로 자연환경의 피동적 소산이다.
③ 인간은 자연을 이용할 수 있는 능력을 지니고 있다.
④ 지역성은 오랫동안 누적된 자연 극복 과정의 산물이다.
⑤ 지속 가능한 개발은 건강한 자연 환경을 중요시하고 있다.

정답 : ⑤

☞ **문제 해설**

주어진 글은 인간을 자연환경의 일원으로 보고 환경을 중시하는 생태학적 관점입니다. ①, ③, ④은 자연을 이용하는 인간의 의지를 강조하므로 환경 가능론적 관점입니다. ②는 인간의 삶에 절대적인 영향을 미치는 자연환경을 강조하므로 환경 결정론적 관점입니다. ⑤의 지속 가능한 개발은 미래 세대의 가능성을 손상시키지 않는 범위에서 현재의 발전을 추구하는 것으로, 자연과의 공존을 중시하는 생태학적 관점입니다.

아우라 사회논술
ⓒ 김평원 외 2007

초판 인쇄 | 2007년 11월 15일
초판 발행 | 2007년 11월 22일

지 은 이 | 김평원 김성우 송창현 이은영
          이지선 유희경 정소연 최상희
펴 낸 이 | 김정순
펴 낸 곳 | (주)북하우스
출판등록 | 1997년 9월 23일 제 406-2003-055호
책 임 편 집 | 허영수 한아름 안강휘
디 자 인 | 김은희 송윤형 정연화 최윤미 홍지숙

주   소 | 413-756 경기도 파주시 교하읍 문발리 파주출판도시 513-8
전   화 | 031-955-2555
팩   스 | 031-955-3555
전자우편 | editor@henamu.com

ISBN 978-89-5605-214-4   53710

이 도서의 국립중앙도서관 출판시도서목록(CIP)은 e-CIP 홈페이지(http://www.nl.go.kr/cip.php)에서
이용하실 수 있습니다. (CIP 제어번호 : CIP2007003472)

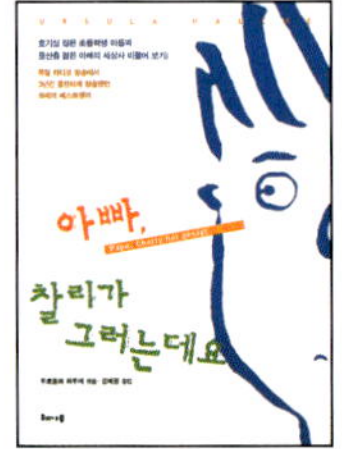

아빠, 찰리가 그러는데요 1, 2 우르줄라 하우케 지음 | 강혜경 옮김

여덟 살짜리 호기심 많은 소년과 국세청 공무원으로 일하는 중산층 아빠 사이에 오가는 대화로 이루어 진 책이다. 때로는 터무니없고 맹랑하게만 들리는 아들의 질문에 무릎을 치며 웃음을 떠뜨리게 되지만 우리 일상에 도사린 소시민적 이기주의를 날카롭게 지적하는 아들과 아빠의 대화를 읽어 나가면서 우 리는 진정한 가족애, 이웃애, 그리고 생활 속의 민주주의가 어떤 것인지 배울 수 있다.

'책따세' 선정 청소년 추천도서 | KBS 〈TV, 책을 말하다〉선정 올해의 책 | 논술전문 일교시닷컴 논술교재에 수록

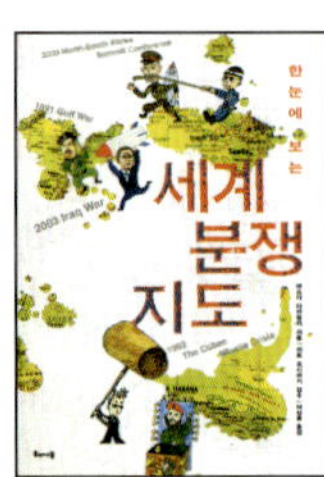

한눈에 보는 세계 분쟁지도 마스다 다카유키 지음 | 이상술 옮김

세계 곳곳에서 벌어지고 있는 민족 간, 국가 간의 전쟁과 분쟁, 내전과 내란의 음모들…… 과연 정의로 운 전쟁, 성스러운 전쟁이란 존재하는 것일까? 이 책은 분쟁의 근본 원인을 객관적으로 서술하고, 전개 상황 및 접전과 공방에 대해 시간 순으로 간결하게 정리하여 지금 이 순간에도 세계 도처에서 끊이지 않고 벌어지는 분쟁의 메커니즘을 한눈에 파악할 수 있게 안내해 준다. 매일같이 쏟아져 나오는 국제 뉴스를 따라가는 것이 버거운 학생들이라면, 이 책을 통해 국제 분쟁과 세계정세에 대한 포괄적인 안 목을 얻을 수 있을 것이다.

간행물윤리위원회 선정 '청소년 권장도서'

중세를 찾아서 자크 르 고프 외 지음 | 최애리 옮김

빛과 어둠이 대립하는 시대, 중세. 중세는 과연 위대한 고전시대와 빛나는 르네상스를 이어 주는 과도 기에 불과할까? 이 책의 저자인 프랑스의 역사학자 자크 르 고프는 중세를 암흑의 시기로 규정하기를 거부하고 기독교 교회의 영향 아래 이루어진 중세 문명의 진수를 되살려 낸다. 열정적이면서도 쉬운 문체로 우리가 알지 못했던 혁신적인 중세의 모습, 종말론 때문에 두려움에 떨면서도 결코 희망을 잃 지 않았던 중세의 정신을 오롯이 그려 내고 있다.

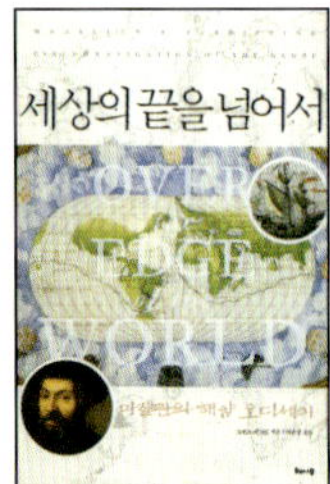

세상의 끝을 넘어서 로런스 버그린 지음 | 박은영 옮김

인류 최초의 세계일주 항해사 마젤란. 신화와 미신이 득세하던 고대의 세계관이 그를 막아서고 있었지 만 그는 세상의 끝을 넘어 바다로 향했다. 권력에 대한 탐욕, 성에 대한 환상, 종교에 대한 광신과 지평 선 너머의 세계에 대한 무지에도 불구하고 마젤란과 260명의 선원들은 역사상 가장 위대한 항해를 완 성했다. 이 책은 중세에서 르네상스로 이어지는 역사 여행이자 미지의 언어와 문화에 대한 인류학적 보고서이며, 향료무역과 정치권력을 두고 벌어진 투쟁의 기록이다.

우주와 인간 사이에 질문을 던지다   정재승 기획 | 김정욱 외 지음

대한민국 최고의 과학 지성들이 들려주는 현대과학의 현재와 미래! '과학'이라는 이름으로 인류가 지금까지 이룩한 성취의 역사를 일목요연하게 정리하고, 21세기 과학의 핵심적인 화두로 떠오른 주제들에 대해 현대과학은 어떤 답을 제시하고 있는지 보여 준다. 이 책은 광활한 미지의 세계인 우주의 기원에서부터 우리 인간의 마음은 어디서 시작된 것인지에 이르기까지 광범위한 영역을 아우르는 질문을 던진다.

'책따세' 선정 여름방학 추천도서 | 간행물윤리위원회 선정 '이달의 읽을 만한 책'

한국 과학기술 인물 12인   김근배 외 지음

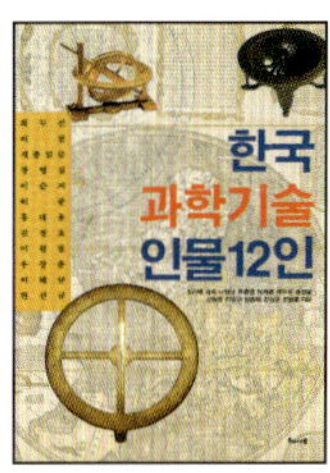

우리는 찬란한 과학기술문화의 전통을 자랑하지만 잘 알려진 것은 많지 않다. 이것은 구체적이고 심층적인 관심과 연구가 적었기 때문일 것이다. 이 책은 과학기술문화의 전통에 대한 근래의 연구를 최무선, 장영실 등 12인의 대표적인 과학기술자의 일화와 사례를 곁들여 소개하고 있다. 따라서 전문가뿐만 아니라 우리나라 과학기술사에 관심이 있는 독자들 역시 흥미롭게 읽을 수 있다. 전기류의 나열식 구성이 아닌 현재적 관점에서 각 인물과 그 업적을 재평가하고 있으며, 잘못 알려진 사실들을 바로잡아 우리 과학사에 대한 올바른 이해를 도모한다.

대한민국학술원 선정 우수학술도서 | 문화관광부 선정 우수학술도서

돌연변이   아먼드 마리 르로이 지음 | 조성숙 옮김

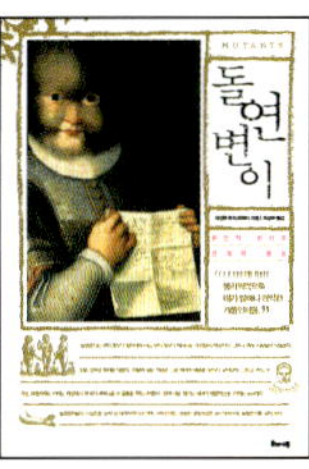

영화에서는 돌연변이를 괴물이나 초능력자로 그리지만 이 책에서 말하는 실제 현실은 다르다. 저자는 돌연변이와 관계된 역사적 사건과 인물들을 최신 발생생물학이나 유전공학과 결합하여 과학적으로 파헤친다. 돌연변이는 '정상'을 이해하기 위한 한 방편이며, 성장과 발생이라는 생명의 경이로움을 이해하기 위한 수단임을 이야기한다. 정상과 비정상을 가르는 편견의 잣대를 벗어나 열린 사고의 세계를 맛보고 싶다면 꼭 읽어야 하는 책이다.

대한민국학술원 선정 우수학술도서 | 과학기술부 인증 우수과학도서

새로운 천년의 과학   이인식 엮음

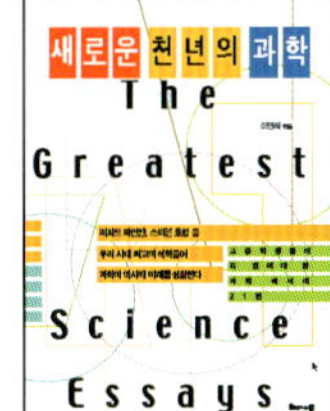

국내의 유명 대학들의 국어교재인 『대학국어』에 실려 그 명징함과 유려함이 입증된 글들을 중심으로 과학의 정수만을 담은 이 책에는 스티븐 호킹, 리처드 파인먼, 김용운, 복거일, 윤정로, 이봉재, 장회익, 최재천 등 20세기 과학 연구 보급에 크게 이바지한 이 시대의 위대한 석학 21명의 과학 에세이가 담겨 있다. 이 책은 인류의 현재와 미래를 보여 주는 과학의 빛나는 청사진이 될 것이다. 인문학과 과학의 경계를 넘나드는 과학 지식인들의 자유롭고 폭넓은 사고를 맛볼 수 있는 책이다.

"몰라서 못 쓰는 것이 아니다, 알고도 안 써지는 것이 논술이다!"

- 유명 대학 교수와 현장 교사들의 적극적인 추천
- 국내 과학저술가 1호 이인식의 빼어난 지문을 이용한 과학논술
- 실전 지도와 참여 학생들의 수시 합격으로 검증된 학습법
- 국어–과학 협동 수업을 통한 공교육 과학논술 프로그램
- 2008년 논술 예시문제를 통한 철저한 유형 분석

과학논술의 새로운 패러다임

아우라 과학논술

AURA Upgrade Program Writing on Science

김평원 오세진 이지선 지음

『아우라 과학논술』이 제시하는 9가지 과학논술 쓰기 전략!

❶ 과학적 논거 사용하기　❷ '나의 이야기' 숨기기　❸ '용두사미'와 '사족' 피하기　❹ 개념과 용어 명확하게 사용하기　❺ 내용을 압축적으로 표현하기

❻ 과학적 사고과정 드러내기　❼ 자신만의 답안 구조 개발하기　❽ 창조적인 논거 활용하기　❾ 논리적 연결고리 갖추기

● 대학 교수와 현장 교사의 추천사

이 책은 현직 고교 교사들의 논술 지도 경험을 바탕으로 구체적인 사례 위주로 구성되었다는 면에서 논술 교육 현장의 교사들에게 많은 도움이 될 것이다.
_이상원　서울대학교 기초교육원 글쓰기 담당 교수

사교육이 주도하는 파행적인 논술 열풍에 맞서 열악한 공교육 현장에서 이러한 수준 높은 성과물을 이뤄냈다는 데에 박수를 보낸다. _최규홍　연세대학교 천문우주학과 교수

과학교사의 지식과 국어교사의 논리적 글쓰기를 합하여 현장에서 학생들을 가르치며 정성을 들인 이 책은 논술을 공부하는 수험생 여러분들의 진정한 안내자가 될 것이다.
_이대욱　정신여자고등학교 국어교사

해나무